贵州省交通建设系列科技专著

贵州坝陵河大桥
建设关键技术

贵州省交通运输厅　**组织编写**

彭运动　罗　强　孟凡超　周　平　编　**著**

内 容 摘 要

本书为"贵州省交通建设系列科技专著"中的一本。全书基于坝陵河大桥建设关键技术研究内容撰写，主要包括：大桥工程概况及设计，山区峡谷风场特性及风洞试验技术，加劲梁气动优化及抗风技术措施，钢桁加劲梁新型结构体系及架设新技术，钢桁加劲梁桥面吊机悬臂架设监控技术，隧道锚设计及施工新技术等。这些内容涵盖了坝陵河大桥建设过程中关键技术的基本理论、方法、内容、措施和最新的研究成果。

本书可供从事大跨径悬索桥科研、规划、设计、施工的专业人士参考使用。

图书在版编目(CIP)数据

贵州坝陵河大桥建设关键技术 / 彭运动等编著 ；贵州省交通运输厅组织编写. —北京：人民交通出版社股份有限公司，2015.11

（贵州省交通建设系列科技专著）

ISBN 978-7-114-12575-1

Ⅰ. ①贵… Ⅱ. ①彭… ②贵… Ⅲ. ①悬索桥—桥梁结构—钢结构—贵州省 Ⅳ. ①U448.25

中国版本图书馆 CIP 数据核字(2015)第 255390 号

贵州省交通建设系列科技专著

书　　名：贵州坝陵河大桥建设关键技术
著 作 者：彭运动　罗　强　孟凡超　周　平
责任编辑：周　宇　韩　帅
出版发行：人民交通出版社股份有限公司
地　　址：(100011)北京市朝阳区安定门外外馆斜街 3 号
网　　址：http://www.ccpress.com.cn
销售电话：(010)59757973
总 经 销：人民交通出版社股份有限公司发行部
经　　销：各地新华书店
印　　刷：北京市密东印刷有限公司
开　　本：787×1092　1/16
印　　张：27.5
字　　数：630 千
版　　次：2015 年 11 月　第 1 版
印　　次：2015 年 11 月　第 1 次印刷
书　　号：ISBN 978-7-114-12575-1
定　　价：110.00 元

贵州省交通建设系列科技专著

编审委员会

总序

Preface

古往今来，独特的地形地貌赋予贵州重峦叠嶂山高谷深的隽秀之美，但山阻水隔也桎梏着贵州经济社会发展的步伐。打破交通运输瓶颈，建设内捷外畅的现代综合交通运输体系，与全国同步迈向小康，一直是贵州人的夙愿。

改革开放特别是进入"十二五"以来，党中央、国务院及交通运输部等国家部委高度重视贵州经济社会发展。2012 年年初，国务院出台支持贵州发展的国发 2 号文件，将贵州省经济社会发展的战略规划上升到国家层面。贵州省委、省政府立足当前、着眼长远，提出坚持把交通作为优先发展的重大战略，举全省之力加快交通基础设施建设。2012 年以来，贵州省先后启动了高速公路建设、水运建设三年会战，普通国省干线公路建设攻坚，"四在农家·美丽乡村"小康路行动计划，"多彩贵州·最美高速"和"多彩贵州·平安高速"创建等一系列行动，志在"十二五"末，通过交通大建设一举打破大山的束缚，畅通经济发展的交通网络。

广大交通建设者紧紧抓住发展的历史机遇，凝心聚智，在广袤的黔山秀水之间，用光阴和汗水构筑贵州面向未来的交通新格局。"十二五"期间，全省交通基础设施建设将完成投资 4 500亿元，新建成高速公路 3 600 公里，高速公路通车总里程将突破 5 100 公里，全省 88 个县（市、区）将全部通高速公路。乌江、赤水河建成四级航道 700 公里，改写了贵州无高等级航道的历史。建成构皮滩水电站翻坝枢纽工程，实现乌江航道全线通航。曾经的黔道天堑正变成康庄大道，一张以高速公路为骨架、国省干线公路为支撑、县乡公路为脉络、小康路为基础的四级公路路网正在形成，"扬帆赴江海"指日可待。

围绕贵州交通发展中出现的科技需求，贵州省交通运输厅组织开展了一批省部级重大科研项目攻关，重点突破一批关键、共性技术难题，在支撑工程建设、引领行业创新发展方面成效显著。在山区复杂条件下大型桥梁建设技术方面，形成了千米级悬索桥、高墩大跨刚构桥和钢管混凝土拱桥等设计施工成套技术，有力支撑了坝陵河大桥、清水河大桥、鸭池河大桥、赫章大桥、木蓬大桥等一批世界级桥梁建设工程，实现了我省桥梁建设技术的大跨越；针对西部山区复杂地质地形条件，从勘察设计、建设施工、养护管理和生态环保等方面系统开展基础研究和技术开发，形成一批山区高速公路修筑技术，其成果居国内先进水平，有力支撑了复杂山区环境下高速公路项目建设；在山区航道整治、船型标准、通航枢纽建设等方面取得的创新性成果，促进了贵州航运工程的发展；完成了“贵州乌蒙山区毕都高速公路安全保障科技示范工程”等交通运输部科技示范项目，有力推动了交通科技成果推广应用；以“互联网＋便捷交通”推进智慧交通建设，率先开展智能交通云的建设和应用。交通运输科技成果连续3年获得贵州省科技进步和成果推广一等奖。

为展现在公路、水路和交通安全、信息化建设等方面取得的技术成就，促进技术交流，加大推广应用，贵州省交通运输厅组织编写了“贵州省交通建设系列科技专著”。这套科技专著的出版，对传承科技创新文化，提升交通科技水平，深入实施科技兴省战略，促进贵州经济社会快速发展，意义重大、影响深远。

交通成就千秋梦，东西南北贯黔中。编撰这套系列科技专著，付出的是艰辛、凝结的是智慧、反映的是成绩，折射了交通改变地理劣势、奋斗推动跨越的创新精神，存史价值较高，是一笔当代贵州的可贵财富。

2015年10月

前言

Foreword

贵州省位于我国西南部高原山地，平均海拔在1 100m左右，地貌多为高原、山地、丘陵和盆地，其中92.5%的面积为山地和丘陵，是我国唯一没有平原支撑的省份。受大气环流及地形等影响，贵州山地和丘陵地区气候不稳定，灾害性天气种类较多。位于关岭县关索镇的坝陵河峡谷就处于贵州省多见的山地地带，峡谷两岸地势陡峭，河谷深达400～600m，地形起伏很大。深凹的峡谷地势阻碍了峡谷两岸的交通，如果能在这样的一座峡谷上建设一座大桥，就可以使黄果树风景区到关岭县城的行驶里程缩短20km，车程从30min缩短到5min，带来可观的经济效益和社会效益。

然而，坝陵河谷的陡峭地势、地质条件、桥址区多发的灾害性气候、河谷的巨大宽度和深度都给大桥建设提出了巨大的挑战。在这座峡谷上建成的桥梁将成为贵州交通建设史上规模最大、标准最高、技术难度最大的桥梁。

经过4年时间，凝聚了8家企业和高校的研究成果，贵州坝陵河大桥终于在2009年12月23日正式通车。贵州坝陵河大桥主桥为1 088m钢桁架悬索桥，桥梁全长2 237m，东塔高186m，西塔高201m，桥面至坝陵河水面370m，全桥使用各类钢材约6.5万t，用了80万个螺栓组，总投资14.8亿元，引桥采用50m预应力混凝土连续刚构，东岸引桥长940.4m，西岸引桥长200m，全桥浇筑混凝土约25万m^3，使用各类钢材约6.5万t。这座大桥的建设过程创造了多个我国桥梁建设史上的新技术和方法，其成果已服务于多座我国同类桥梁。

坝陵河大桥位于镇胜高速公路上，是目前国内跨度最大、世界跨度第六的钢桁加劲梁悬索桥。它东接壮美的黄果树大瀑布、西临三国索马古道、南毗神秘的红岩天书、北靠滴水滩瀑布，而其本身在建成后也成了黄果树风景区的一道壮美风景。

本书基于交通运输部2005年西部交通建设科技项目“坝陵河特大桥梁建设关键技术研究”的成果，向读者呈现大桥的总体设计以及在大桥建设过程中面临的一系列关键技术难题及相关技术措施。寄望于为今后我国同类桥梁建设提供建设依据，并推动我国山区峡谷大跨径悬索桥的设计和施工水平。

本书分为6章，第1章主要介绍了坝陵河大桥工程建设与设计情况；第2章主要介绍了坝陵河大桥桥址峡谷风场特性、风参数实测情况、风场的数值模拟及风洞试验；第3章主要介绍了坝陵河大桥选取的加劲梁形式和气动优化措施；第4章主要介绍了钢桁加劲梁桥面吊机悬臂架设技术；第5章主要介绍了坝陵河大桥施工监控技术；第6章主要介绍了坝陵河大桥隧道锚勘察、评价、设计和施工技术。

本书由彭运动、罗强组织撰写并统稿，其中第1章由彭运动、孟凡超、罗强撰写；第2章由周平、廖海黎撰写；第3章由刘高、门永斌撰写；第4章由纪为祥、蒋永生撰写；第5章由刘高、孔庆凯撰写；第6章由刘波撰写。在撰写过程中得到了马存明、王建新、李明水、马进、高衡、朱乐东、阮有力、覃宗华等的大力帮助与支持，在此表示感谢。

在编著过程中，难免有不详及作者未发现的不妥之处，恳请读者批评指正。

作 者

2015年9月

目 录

Contents

第 1 章　引言 ······ 1
1.1　工程概况 ······ 1
1.2　大桥工程设计 ······ 12
1.3　面临的关键技术难题 ······ 32
第 2 章　山区峡谷风场特性及风洞试验技术 ······ 34
2.1　桥址峡谷风场特性、风参数实测 ······ 34
2.2　山区峡谷风场的数值和风洞试验模拟 ······ 90
第 3 章　加劲梁气动优化及抗风技术措施 ······ 102
3.1　加劲梁气动优化方案 ······ 104
3.2　山区峡谷地形条件下的加劲梁抗风新措施 ······ 109
3.3　改进后主梁断面效果 ······ 170
第 4 章　钢桁加劲梁新型结构体系及架设新技术 ······ 174
4.1　钢桁梁现有吊装技术分析 ······ 174
4.2　钢桁加劲梁新型结构体系 ······ 201
4.3　钢桁加劲梁架设新技术 ······ 211
第 5 章　钢桁加劲梁桥面吊机悬臂架设监控技术 ······ 244
5.1　钢桁加劲梁悬索桥计算理论 ······ 244
5.2　钢桁加劲梁施工监控技术 ······ 263
第 6 章　隧道锚设计及施工新技术 ······ 313
6.1　隧道锚勘察技术 ······ 313
6.2　隧道锚围岩质量评价及计算参数 ······ 360
6.3　隧道锚边坡整体稳定性分析 ······ 384
6.4　现场缩尺试验的尺度效应和极限承载力分析 ······ 402
6.5　隧道锚施工开挖仿真优化分析 ······ 409
参考文献 ······ 422

第1章 引言

1.1 工程概况

1.1.1 建设的意义及必要性

贵州坝陵河大桥是沪瑞国道主干线贵州省境内镇宁至胜境关公路跨越坝陵河大峡谷的一座特大型桥梁，是镇胜高速公路的控制性工程。而沪瑞国道主干线是“五纵七横”国道主干线系统中的一横(GZ65)，是西南地区通往华东地区的主要通道之一。镇宁至胜境关高速公路是GZ65公路在贵州省境内的重要路段，也是贵州省规划的“两纵两横四连线”公路主骨架的重要组成部分。坝陵河大桥通车后可缩短该段公路里程约20km，缩短行车时间约30min，对完善国道网络起着重要的作用。

同时，该桥距离世界闻名的黄果树风景区约7km。它的建成对我国国防建设、黔滇省区的经济开发和旅游事业的进一步发展，都起着举足轻重的作用，能实现良好的社会效益和显著的经济效益。

在技术层面上，坝陵河大桥是贵州交通建设史上规模最大、标准最高、技术难度最大的桥梁。它的建成对多年封闭的西部大开发，在桥梁技术创新、设计理念、先进施工工艺的引进和开发、综合技术水平的提升，都具有很强的现实意义和深远的历史意义。

坝陵河大桥的科研成果积极为工程建设服务，均已运用到依托工程的各项建设中。坝陵河大桥的技术创新成果已为国内多座同类桥梁的建设所借鉴，包括甘肃刘家峡大桥等。大桥工程取得了多项拥有自主知识产权的技术创新成果。大桥的顺利建成使我国山区峡谷大跨径悬索桥的设计和施工水平得到了提升，并开创了全新的施工工法。随着我国交通建设的快速发展，21世纪前期我国山区公路建设突飞猛进，在复杂地质条件下修建的跨越大峡谷以及各种天然屏障的特大型桥梁会越来越多，而悬索桥又以其优越的跨越性能成为桥梁结构形式的首选，因此坝陵河大桥的创新成果将有重要的现实意义，将推动山区大跨径悬索桥建设的技术进步，经济和社会效益显著，推广应用前进广阔。

坝陵河大桥建设创新技术取得的主要经济效益如下：

(1)与缆索吊机方案相比，该项目采用桥面吊机施工可节省设备投入2 230万元。

(2)气动翼板采用桥梁新型工程塑料PPS(Polyphenylene sulfide)，比铝合金可节省材料投入1 900万元。

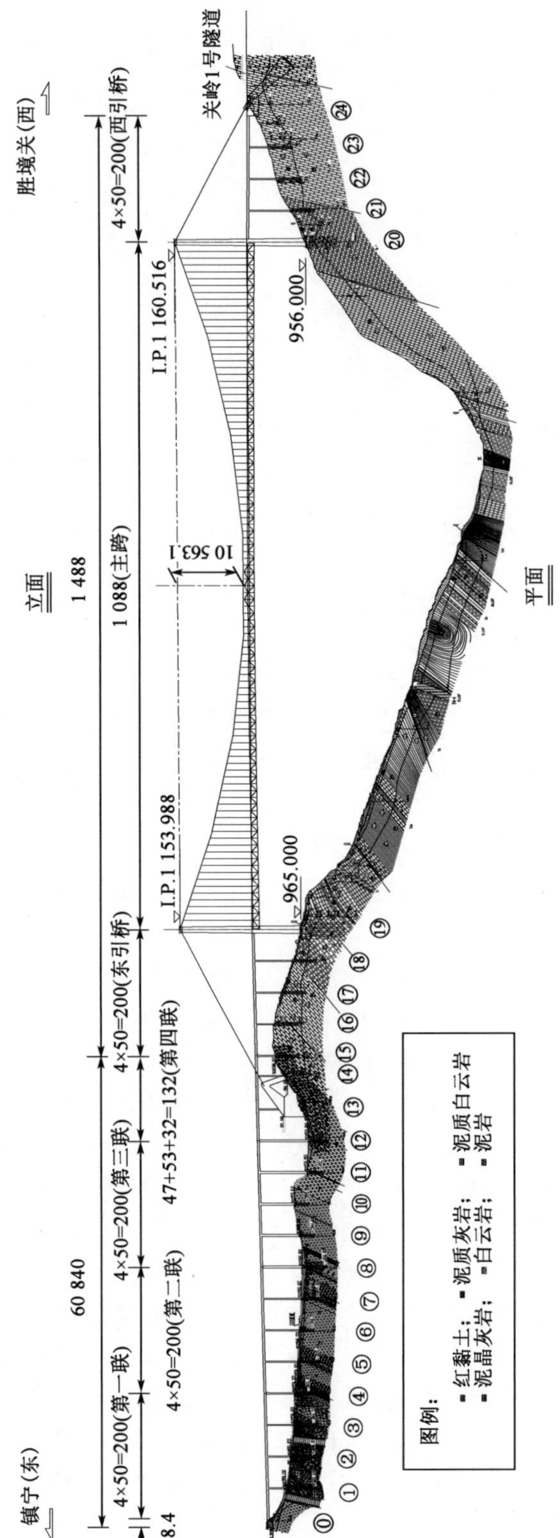

图1.1 坝陵河大桥立面图（上游侧）（尺寸单位：m）

(3)采用隧道锚比重立锚,节省混凝土用量约 5.0 万 m^3,节省造价 1 500 万元,同时减轻了对环境的污染。

(4)飞艇法进行先导索牵引,比采用直升机或火箭炮法节省 40 万元。

(5)采用柔性中央扣比阻尼器可节省 800 万元,如果相比较后期养护,节省费用更多。通过技术创新,该项目的科研成果直接节省费用约 6 470 万元,经济效果明显。

坝陵河大桥的工程范围包括大花哨大桥、东引桥、跨径 1 088m 的主桥、西引桥、交通工程等沿线设施和桥头公园,全桥总长 2 231m。如图 1.1、图 1.2 所示。

图 1.2 坝陵河大桥全景照(下游侧)

1.1.2 大桥建设自然条件

坝陵河大桥桥址两岸地势陡峭,起伏变化急剧。峡谷宽约 2 000m,深切达 600m,桥面距谷底约 370m,谷底坝陵河水面很窄,约 10 米多宽,平时流量很小,汛期流量也不大。桥址区位于我国西南地区康滇地带的东部边缘(图 1.3),桥址区灾害性气候主要为雷暴、雷雨、强风、大雾。两岸地质破碎,岩石节理发育,溶洞较多,是典型的喀斯特地貌形态。

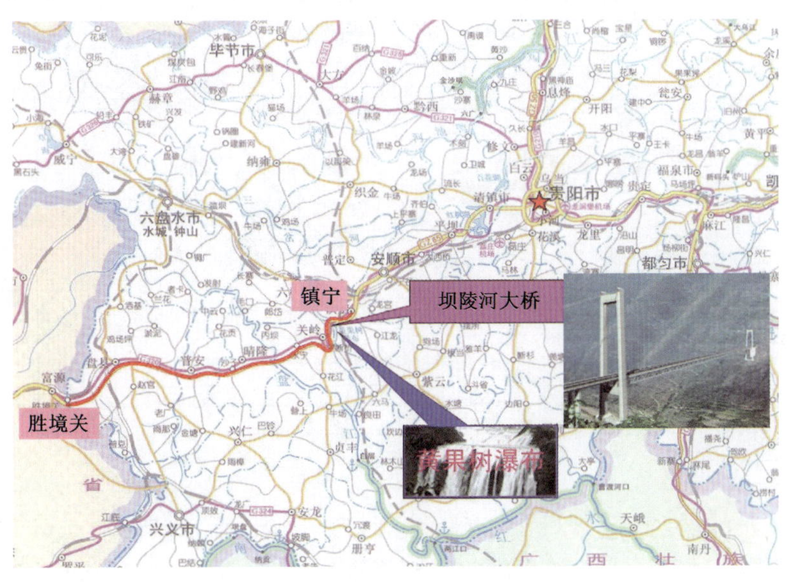

图 1.3 坝陵河大桥地理位置

1)地形地貌

坝陵河大桥桥址区地形为碳酸盐岩沿岩层走向形成峰峦连绵起伏的山体和深切沟谷，山体沿坝陵河河岸平行展布。河谷两岸峰体多呈锥状，峰锥之间常形成“V”字形或马鞍形地形。碎屑岩地层则形成宽达 800m 的河谷。两岸地形呈不对称展布，东岸河谷地形宽缓，地形坡度 15°～30°，局部达 60°～70°；西岸地形较陡，地形坡度 40°～70°，近河谷一带多为陡崖。桥位区最高峰体海拔高程为 1 303.30m，在桥轴线上最低高程（河床）为 673.10m，最大高差为 630.20m。

坝陵河大桥桥位区地貌属于构造剥蚀、溶蚀中低山峡谷。岩石建造类型以碳酸盐岩与陆源碎屑岩互层，以碳酸盐岩构成峡谷的谷坡，以碎屑岩互层构成谷底及缓坡为基本特征。地貌的显著特点是受构造及岩性控制，河谷走向与地质构造基本一致。坝陵河由北向南径流，河床紧临西岸谷坡，并以线状水流侵蚀作用为主，溶蚀作用为辅。

2)工程地质

(1)褶皱与断层

坝陵河大桥桥址区及其外围属杨子准地台黔北台隆六盘水断陷威宁北西向构造变形区。主体构造线为 NW，有一系列紧束褶皱及逆断层同期派生。其中郎岱向斜之次级褶曲—坡舟倒转向斜（图 1.4，桥址区主体构造）贯穿于桥址区，轴向 N30°W，与坝陵河走向近于平行，核部位于坝陵河东岸坡，轴面倾向 N60°E，倾角 70°，北西端跷起，南东端撒开扬起。由于强烈挤压应力的作用，倒转向斜西岸地层倾向曾由正常序转为倒转序，后经长期剥蚀后，方呈现今河谷坡面地层产状，即北东翼为倒转翼，南西翼北段为正常翼，南段在 K 线附近局部为倒转翼（图 1.4）。据地面调绘，由倒转向斜轴心向两翼出露地层依次为把南组（T3b）、赖石斜组（T3ls）、竹杆坡组（T2z）和杨柳井组（T2y），均为整合接触关系。

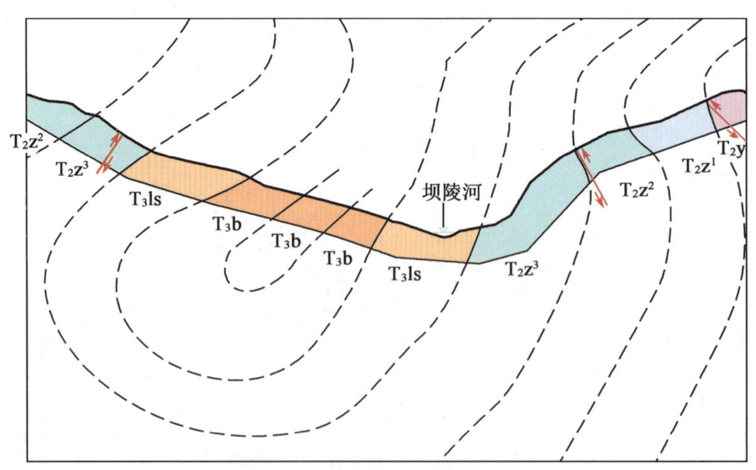

图 1.4 坡舟倒转向斜横剖面示意图

桥位近场区分布有关岭断裂（F2）、断桥断裂（F3）、纳骂—木寨断裂带（F4）、安庄坡断裂（F5）（图 1.5）。其中纳骂—木寨断裂带（F4）距桥址区较近，与桥址区断裂关系密切。勘察区分布的断裂构造基本属 F4 断层的派生构造。

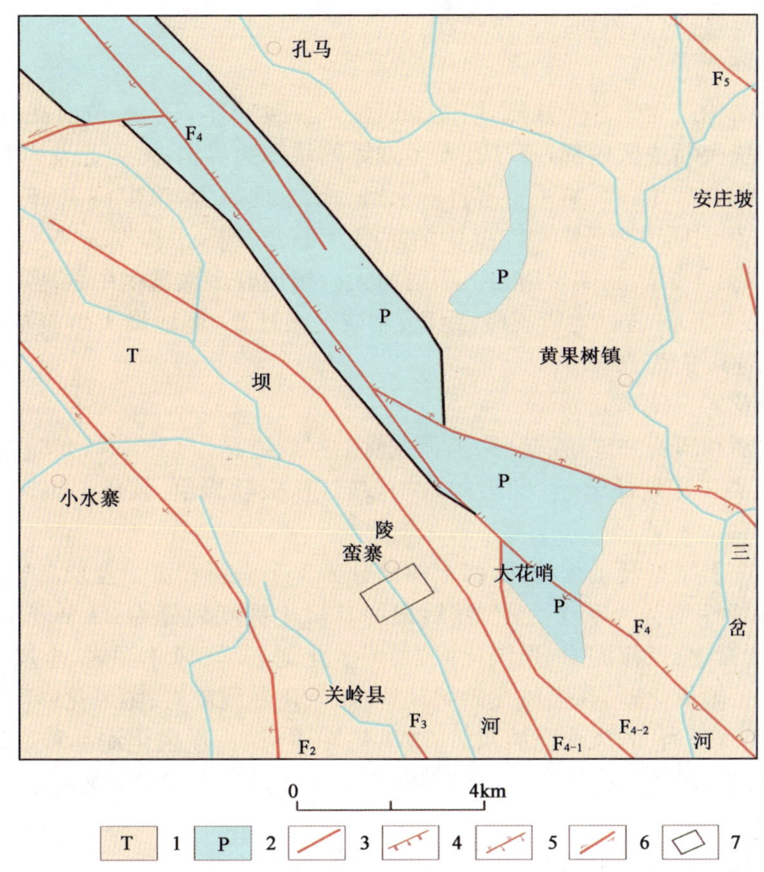

图 1.5 坝陵河大桥桥址区域地质构造略图

1-三叠系；2-二叠系；3-早、中更新世断裂；4-正断层；5-逆断层；6-平移断层；7-桥址区断层名称：F_2 关岭断裂；F_3 断桥断裂；F_4 纳骂—本寨断裂带；F_5 安庄坡断裂

工程地质调绘及钻孔资料证实，桥址区内发现 8 条规模不等的断层，经与区域断裂构造对比分析后，得知其构造性质、活动特点以及断层角砾岩带与区域性断层纳骂—木寨断裂带（F_4）十分相近，加之在断层带内未见后期脉岩穿插及角砾新破坏等痕迹，故认为桥区内的断裂同属中更新世以前活动断裂，归属为纳骂—木寨断裂的派生构造体系。

（2）地层岩性

①新构造运动。

坝陵河大桥桥址区处于相对比较稳定的扬子准地台，自三叠纪末以来地壳以间歇性上升为主。燕山期、喜山期岩浆频繁活动，未波及本区。桥址区内未见一处岩浆岩或火山岩，一些规模较大的断层带内亦未见晚期热液活动影响的迹象。自第四纪以来均以大面积间歇性掀斜隆升运动为特征，与此相应的侵蚀与沉积作用更迭发生，形成阶梯状叠置的多级夷平面或河流阶地，易溶岩地区溶蚀地貌呈带状分布。自晚更新世以来，地壳逐渐趋于稳定，在升降差异影响下，局部沉积、局部冲刷，致使晚更新世地层分布不连续，厚度薄，全新统沉积零星。并且，近场区数条断裂均系压性或压扭性老断裂，对其地质现象观察及断层带物质年龄测定结果，均表明为中更新世以前活动断裂，晚更新世以来已停止活动。从地层分布、构造活动迹象以及山川水势展布关系看，桥址区新构造运动不活跃。

②地震活动性。

由于桥址区新构造运动并不强烈，因此地震活动强度也不高。桥位所在区域处于新生代以来相对稳定的华南断块区内部，不存在发生强震的块体边界构造，因此发生 6.5 级以上强震的可能性很小。桥位区地震影响主要来自鲜水河—滇东地震带，该带自 1886～2001 年经历了 4 个平静活跃期，其周期为 20～30 年，其中活跃期为 3～20 年，平静期为 7～10 年。目前正处于 1988 年以来的第 4 个活跃期。历史上坝陵河大桥场地曾多次遭受中强地震的影响，其中有 9 次达Ⅴ度或Ⅴ度以上。通过地震震级、距离、衰减关系计算，场地最大地震基本烈度为Ⅵ度，设计基本地震加速度值为 0.05g。

③岩组划分及岩土体单元划分。

根据岩土类别和岩石强度，按《公路工程地质勘察规范》(JTJ 064—1998)表 G02-1 将桥址区岩土划分为 5 类工程地质岩组，即第四系松散岩组、极软岩组、软质岩组、硬质岩组和极硬岩组。

根据岩土体成因类型及工程特性，将土体划分为 1 个大层和 2 个亚层。岩体按成因时代、岩性差异及工程特性划分为 7 个大层，然后根据其风化程度划分为 22 个亚层，分别为：红黏土、碎石、块石、漂石、全风化泥岩、强风化泥岩、弱风化泥岩、微风化泥岩、全风化砂岩、强风化砂岩、弱风化砂岩、微风化砂岩、强风化砂质灰岩、弱风化砂质灰岩、微风化砂质灰岩、全风化泥质灰岩、强风化泥质灰岩、弱风化泥质灰岩、微风化泥质灰岩、强风化泥晶灰岩、弱风化泥晶灰岩、微风化泥晶灰岩、弱风化白云岩、白云质灰岩、全风化断层角砾岩、强风化断层角砾岩和弱风化断层角砾岩。

④含水岩组划分及地下水类型。

桥址区地下水分布主要受岩性及构造所控制。在地貌上形成以碎屑岩构成的河谷谷底及东岸的缓坡为弱含水层，含基岩裂隙水。以碳酸盐岩构成的河谷谷坡为富水层，含岩溶水。岩溶水分布因构造和岩性差异，具有条带性和分布不均匀的特点。桥区内岩组按含水性可分为：碳酸盐岩为岩溶裂隙含水层；泥质灰岩局部夹泥岩为弱含水层；泥岩局部夹砂岩、灰岩含水性极弱，为相对隔水层。根据含水介质特征及水动力条件，区内地下水类型主要为碳酸盐岩岩溶裂隙水和基岩裂隙水。

(3)不良地质现象

桥址区的不良地质有岩溶、软弱结构面、滑坡、岩堆和危岩，在此进行简述。

①岩溶及地下水水质评价。

据地面地质调绘，桥位区表层岩溶形态以溶沟、溶槽为主，其规模不大，宽度多小于 0.5m，个别部位见岩溶竖井，如 1 号竖井，宽 1～9m，长轴 18m，深 23.5m，形如葫芦状(图 1.6)，但该竖井不在大桥轴线范围之内，且属古岩溶，现已停止发育，对大桥无影响。

钻孔结果探知有 10 个钻孔不同程度的遇有溶洞或溶隙，钻孔溶洞、溶隙发育率为 7%(溶洞和溶隙总长/钻孔总深)，大于 0.5m 溶洞出现的概率为 56%，大于 1.0m 者比率为 38.5%，大于 2.0m 者比率为 18%，以小于 1m 者较为普遍。洞穴充填情况统计全充填者为 87%，空洞比率为 13%，洞穴以封闭型为主。另外，各钻孔最低溶隙下的钻孔控制深度最小为 5m，最大为 47.90m,一般为 7～15m。在钻探控制深度内,现有溶洞深度下 7～15m 深度段内基本不存在洞高 0.5m 以上的岩溶洞穴。结合区域资料,场区发育大规模溶洞的可能性小。

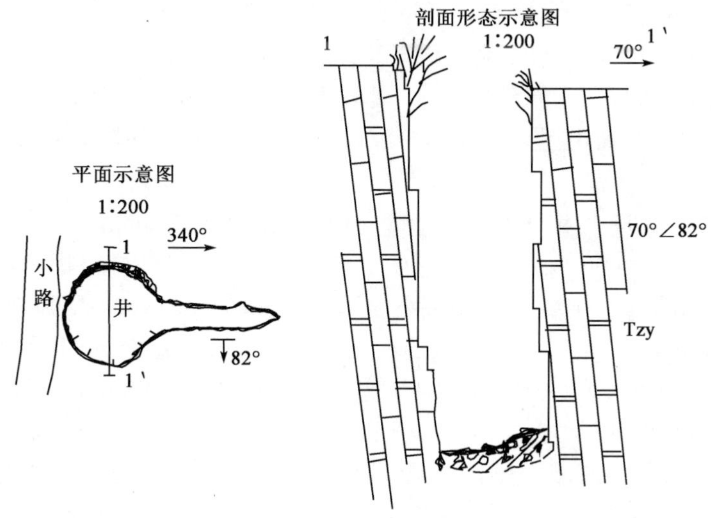

图 1.6 1号竖井实测

为查明溶洞在水平及垂直方向的发育情况,钻探的同时开展了物理勘察。从物探结果看,在其所探明的深度范围(地表下 50～100m)内,未发现大规模的岩溶洞穴的异常点,仅在地表可见的岩溶竖井上方,物探揭示清晰,同时间接证明在碳酸盐岩桥址区内形成大规模溶洞的可能性不大。

钻探、地面调绘和物探所获得的资料成果基本吻合,结果表明场地岩溶水主要分布于河谷两岸,分布不均,呈脉状岩溶管道,埋藏深度较大,以岩溶泉的形式出露并排泄于坝陵河。受大气降水补给,地下水径流路径较短,总体流向坝陵河,对桥基施工影响较小。

勘察过程中,在桥址区范围内分别采取了东西两岸岩溶水各 1 件,基岩裂隙水 1 件和坝陵河河水样 1 件进行室内腐蚀性水质分析,经判定,场区地下水及地表水对混凝土结构均无腐蚀性。

②软弱结构面。

场区内有 4 条断裂通过拟建桥轴线。3 条断裂带宽度从几米到数十米,断层角砾岩多为钙质胶结,中心为泥钙质胶结,断层旁侧裂隙带岩溶发育,其强度较两侧围岩明显减弱。另一条断裂带角砾岩为泥钙质胶结,岩芯破碎,与围岩力学强度差异不大。

全区层面有 3 类,分别为中厚层易溶岩层面、薄层泥质灰岩层面和砂岩、泥岩层面。

中厚层易溶岩层面岩性为中厚层泥晶质岩、泥灰岩、砂质灰岩,由于层间岩溶发育,如溶隙、溶洞等,致使层面凹凸起伏,张开度增大,特别是处在陡坡地形情况下,往往构成不稳定岩体的切割破裂面,也是崩塌、坠落、危岩产生的基本条件。

薄层泥质灰岩层面为薄层泥质灰岩间夹褐黄色黏土岩薄层,因易风化、软化容易形成层间的软弱结构面,由于层薄与泥灰岩间互出现,从整体上看对岩体稳定性影响不大。

砂岩、泥岩层面为碎屑岩,由于水动力分选作用,层面多平整光滑,闭合度好,特别在遇水膨胀后层间挤压紧密,岩体完整性好,力学强度较为均匀。

由于岩组软硬多变，加之历次构造切割影响，致使不同岩层不同构造部位节理变化不同，坚硬岩组节理发育，软岩类因风化或塑性变形，其节理多闭合不显或被风化土层所掩盖。

从全区节理分布趋势看，大略有以下特点：一是主要发育方向有 2 组（走向 NW 和 NE），构成共轭节理组，其锐角恰为场区构造主挤压应力方向；二是共轭剪切节理受后期追踪张裂影响，部分节理产状变化大，且走向延伸差；三是节理壁面多见次生碳酸盐淋积薄膜，部分被溶蚀成溶槽或溶沟，被次生红黏土混碎石充填，反映了节理面岩溶发展较为缓慢。

③滑坡。

桥址区共有两处滑坡，均位于东岸。HP1 小型浅层（图 1.7）主滑方向 250°，滑体长 40m，宽 40m，厚 2m，体积约为 3 200m^3，为小型浅层土层滑坡。滑体为松散堆积物，沿基岩面滑动。滑坡造成一户村民住宅开裂，后缘地面拉张裂缝宽 20～40cm，走向 160°，呈弧形延伸，错落坎高约 1m。滑坡后缘地面坡度为 10°，前缘地形较陡，坡度为 40°，该滑坡处于极限平衡状态。HP2 中型浅层古滑坡（图 1.8）前缘至坝陵河床，使河流弯曲，后缘为高度约 5m 的陡坡，主滑方向 270°，滑体长 120m，平均宽 100m，平均厚约 7m，体积约 84 000m^3，为中型浅层滑坡，滑体为第四系覆盖层，滑面为岩、土层接触带，滑床为泥岩，地面坡度普遍为 15°，仅后缘平台处地形缓，坡度为 10°，未发现变形迹象，滑坡体处于稳定状态。前缘受河流的侵蚀冲刷，局部存在边岸坍塌。

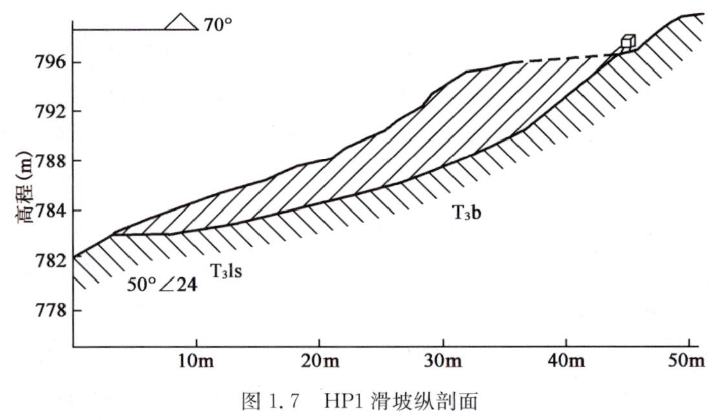

图 1.7　HP1 滑坡纵剖面

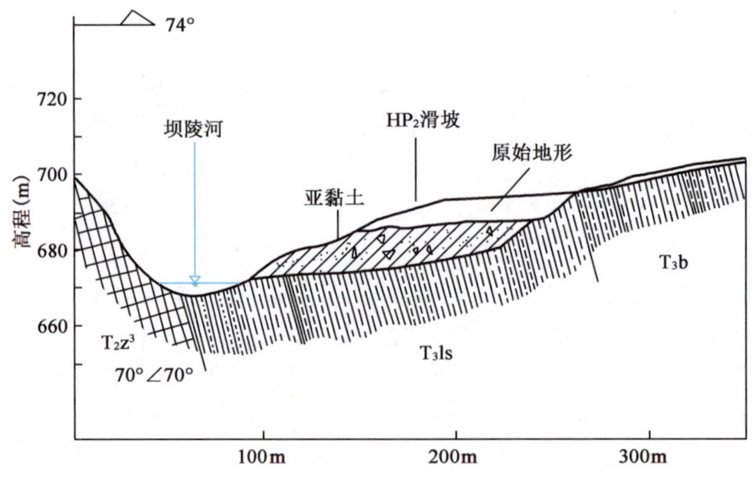

图 1.8　HP2 滑坡纵剖面

桥址区内的滑坡类型为浅层松散层滑坡，滑坡规模小。主要为雨季饱水后产生蠕滑变形，对桥位的安全与稳定不会构成危害。但施工中可能对临时设施和施工道路有一定的影响，应对临时设施和施工通道的布置作合理安排，避免滑坡造成危害。

④岩堆。

桥址区内岩堆分布于砂质灰岩形成的陡坡坡脚处，由危岩体塌落、崩塌，逐渐叠积而成，岩块零乱，大小不等，大者可达 3m×8m×6m，一般为 1.5m×1m×1m，其间有少量黏土、亚黏土充填。区内共分布有 4 个岩堆，均处于稳定状态。在岩堆体上进行施工，应自上而下削平岩堆体上的土方，不应在岩堆体下方进行大范围的土方开挖。

⑤危岩。

在砂质灰岩形成的陡崖上，由于节理面和卸荷裂隙的切割形成危岩和危石。危岩有三处，东岸一处，河床西岸陡崖两处。东岸处危岩主要对至滴水潭瀑布的公路有影响，工程施工中可采用清除危岩进行治理。西岸两处危岩远离施工现场，对工程本身不会产生不良影响，但在大桥建设过程中应注意避让，危岩下不应布设临时设施。除上述危岩外，区内仍有危石在陡崖附近零星分布，规模小，对于这些零星分布的小型危石，施工作业若在危石下方进行，可采用对危石进行清除的方法进行治理。

(4)桥址区地质评价

根据坝陵河大桥桥址区现场勘查结果，针对桥址区地质可得出如下结论：

①场地地震基本烈度为Ⅵ度，属建筑抗震有利地段，区域稳定性良好。

②桥址区东锚碇及西岸为顺向坡，岩层倾向与坡向一致，但在悬索桥方案中，西锚碇、西引桥和西索塔地段场地由于岩层倾角大于坡角，根据勘察资料，在悬索桥方案的西岸锚碇区、索塔区和引桥均未发现较大的影响场地稳定的不利结构面存在。因此，场地稳定性较好，自然条件下不存在产生大的边坡失稳的隐患。东锚碇位于山间槽谷靠斜坡地带，勘察过程中也未发现较大的影响边坡稳定的不利结构面及其组合存在，其自然稳定性也较好。东索塔场地附近，地层反倾，为逆向边坡，有利于边坡稳定。东引桥位于逆向坡场区，地形相对较缓，勘察过程中未发现明显的不利结构面组合存在，场地稳定性均较好。

③基础施工过程中将在东西锚碇和西索塔场地形成高陡的人工边坡，这些边坡虽由岩石组成，但由于桥址区浅部岩体节理裂隙较发育，岩体完整性较差，这些边坡仍具有不稳定性，施工过程中必须采取相应的措施防止其失稳，从而保证施工安全和工程质量。各工点的边坡稳定性评价及支护建议详见各工点的评价。

④对于悬索桥方案，基础范围主要位于硬质岩石分布区，地基强度高，只要选择好合理的基础持力层和适当的基础埋深，地基稳定性可以满足大桥需求。

⑤桥址区属于岩溶发育区，东西两岸的地基范围内均有岩溶发育。岩溶发育虽对场地稳定性影响小，但降低了地基岩体的完整性和承载力，对局部地段的浅部岩溶，其顶板稳定性差，基础应穿越岩溶顶板置于稳定的岩体之上。

⑥勘探区处于河谷地下水疏干区，除东索塔深基础可能受到地下水影响外，其余地段地下水对基础设计和施工影响甚微。

⑦桥址区具有基岩埋藏浅，强度高，风化破碎带深度不大，地下水及地表水对基础设计和施

工影响小等有利因素，以微风化基岩和部分硬质弱风化基岩为基础持力层，能满足工程要求。

⑧悬索桥索塔基础采用大直径嵌岩桩为宜，以微风化基岩作为基础持力层；引桥基础可采用大直径嵌岩桩或扩展基础，以弱风化或微风化基岩作为基础持力层。对浅部岩溶发育带，基础应穿过岩溶顶板，置于稳定的岩溶底板之上。两锚碇区可根据工程设计需要，选择基础方案，其中东锚碇硬质岩石出露浅，可采用扩展基础或桩基础。

3)气象

(1)气象概况

坝陵河大桥桥址区属中亚热带季风气候区，雨热同季，多云寡照，四季分明，具有春干夏雨秋爽的气候特点。由于地势高差较大，地形复杂，为深切河谷地带，气候垂直变化明显。

①气温。

受季风气候的影响，桥位区气温常年平均在 14.5～16.2℃之间，7 月最高，平均 23.6℃，1 月最低，平均 6.7℃。桥区气温极端最高在 33.8～35.3℃之间，极端最低气温在－11.1～－5.5℃之间。并且不遵循随海拔升高而降低的规律，水平分布上也无明显的规律性。

②降水。

坝陵河大桥桥址区的水气来自孟加拉湾和南海，受两股湿气流交汇作用，形成丰富的降雨。年平均降水量达 1 299.7～1 529.6mm。6～8 月为降水集中期，月降水量一般在 200mm 以上。其中年平均降水日数在 178.9～203.0d，各月平均降水日数均在 10 日以上，最多的 6、7 月份在 20 日左右，日降水量不小于 25mm 的大雨天数年平均在 14.175～15.475d，日降雨量不小于 50mm 的暴雨日数年平均在 3.95～5.125d。从季节分配上，夏季降水量多在 653.7～834.6mm之间，冬季降水量最少在 55.0～65.5mm 之间。雨汛由 4 月下旬或 5 月上旬开始，至 10 月下旬结束，5～10 月占全年降雨量的 82%～84%。

③风。

桥位区全年平均风速为 2.0m/s，春夏季节风速较大，平均风速的季节变化不大，风速不小于 17.2m/s 或风力不小于 8 级的大风天气全年各月均有出现，主要出现在春季，由锋面过境、强对流(如飑线、雷雨、龙卷或下击暴流等)等天气系统造成。全年大风日数在 0.65～6.525d，主要风向为东南风。

④雾。

桥区海拔高，雾气大。年平均雾日数为 5.8～19.4d，有随海拔增高而增多的趋势。冬季雾日较多。由于桥位区处于深切河谷地形，因为平流、辐射和蒸发的作用，清晨出现雾天的概率较高。

⑤气压和湿度。

气压的高低随着高低压天气系统的控制而升降。坝陵河大桥桥区年平均气压为 816.9～891.3hPa。冬季高于夏季，1 月份平均气压为 820.9～893.5hPa，7 月份平均气压为 812.8～885.8hPa。桥区属湿润气候区，空气中水汽含量较高，全年平均相对湿度为 80%左右，地域变化不大。各月平均相对湿度春季略低于其他季节。

(2)水文概况

桥址区地表水属珠江流域北盘江水系，主要河道为坝陵河。北部为山地，水流方向受地形和地质构造的制约，支流果母当河从海拔 1 130m 的地表层层下跌，形成滴水潭高潭瀑布，总落差达 405m，滴水潭上下级瀑布落差 120m 以上。坝陵河起源于郎岱北部，处于河流上游，长约 40km，河谷开阔，比降平缓，平均坡降 12.1%。枯季流量为 0.092 8m^3/s，平水期为 3～4m^3/s，丰水期为 5～6m^3/s。夏季大雨后猛增暴涨，水量增大数十倍，流量可达 15m^3/s 以上。坝陵河最高洪水位在 678～683m（K 线）。坝陵河为雨源性河流，主要接受降雨补给，地表径流量与降雨量的变化基本一致。

桥位区河谷开阔，河流受岩性控制，被束于河谷西侧的软质泥岩地层之中，河床受河流侵蚀，表现为下蚀作用为主。河床呈窄而浅的线状河道，因河流量小，流速缓慢，下蚀作用较弱，对拟建工程影响甚微。

（3）灾害性天气

①气候不稳定、灾害气候多样性。

贵州全年阴天日数一般超过 150d，常年相对湿度在 70%以上。受大气环流及地形等影响，贵州气候呈现多样性，“一山分四季，十里不同天”。气候不稳定，灾害性天气种类也较多，贵州地处低纬高原山区，自然灾害比较严重，每年省内有多种灾害天气频繁发生，危害严重。其主要有冰雹、雷暴、干旱、凝冻、倒春寒、秋风和秋绵雨等，各种灾害性天气出现频度大，对各种生产及人民生活危害较严重。

坝陵河大桥桥址区是冰雹天气的多发地带，主要出现在春季，常常给农作物及牲畜、房屋建筑造成危害。全年平均冰雹日数为 1.8～2.15d，六枝 4 月平均有 1.0d，镇宁 8～9 月和 12 月历史上从未出现过冰雹天气。

积雨云中发生激烈的雷电，并伴有阵雨的现象称为雷暴。强雷暴常常伴有大风、暴雨或冰雹，造成局部地区的严重危害。坝陵河大桥桥址区全年平均雷暴日数为 53.375～68.95d，多发生于夏季，冬季较少发生。

②桥址区峡谷风环境复杂。

坝陵河大桥位于地形特殊的山区，桥址风环境非常复杂，是我国西部山区桥址的典型代表。山间盆地、谷地等封闭地形受周围山岭的屏障作用，经实际对比观测证实，一般比平坦地区风速小 10%～25%，相应风压减小 20%～40%。河谷、山口地区，由于两岸山高气流受阻，在峡谷、山口处形成风速区，通常风速增大 10%～20%，相应的风压增大 20%～45%。峡谷和山口是指两岸山高大于 1.5 倍谷宽的情况，最大风速的方向与山谷所成的夹角不超过 22.5°，且沿峡谷、山谷的上风向，距桥址在 10 倍山高范围内没有屏障。

1.1.3 技术指标

（1）公路等级：双向四车道高速公路。

（2）设计行车速度：80 km/h。

（3）桥面宽度：24.5m。

（4）设计荷载标准：公路—Ⅰ级。

（5）桥面最大纵坡：<3%。

（6）桥面横坡：2%。

(7)设计洪水频率:1/300。

(8)设计基准风速:

运营阶段,100 年一遇,桥面高度处 10min 平均年最大风速为 25.9m/s;

施工阶段,10 年一遇,桥面高度处 10min 平均年最大风速为 21.76m/s;

施工阶段设计风速重现期为 30 年。

(9)地震基本烈度:6 度,按 7 度设防。

(10)横向布置(图 1.9)。

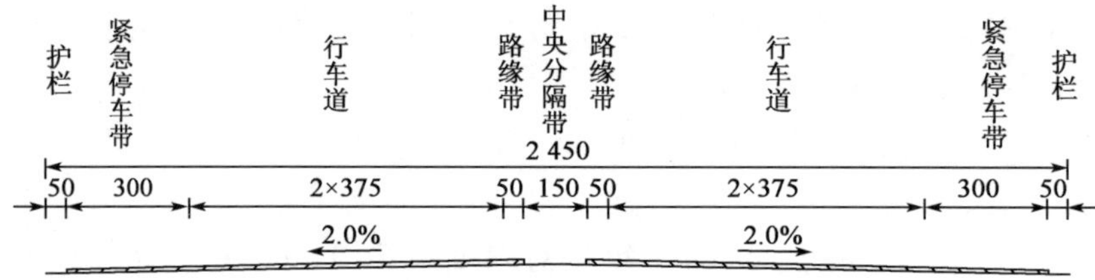

图 1.9　大桥横向布置(尺寸单位:cm)

1.2　大桥工程设计

根据坝陵河大桥特定的建设条件和工程特点,大桥的设计遵循以下原则:

(1)全面贯彻“技术先进、安全可靠、适用耐久、经济合理”的原则,充分吸取世界范围内建桥的新理论、新材料、新工艺和先进经验,要做到因地制宜。

(2)贯彻标准化应用的理念,针对西部山区峡谷地带特点,要开发适合此种地形条件施工的大型起吊及新型的安装设备。

(3)在满足桥梁使用功能的前提下,要力求桥梁造型新颖,使大桥与黄果树风景区、滴水滩瀑布及坝陵河访古区的景观相协调,要成功地反映时代特色,打造出一个地标性工程。

(4)针对坝陵河的特点,充分重视施工方案研究和施工组织设计,贯彻“施工决定设计”的理念。

(5)在造价合理的情况下,注意选用结构整体性好,承载潜力大、易于施工、坚固耐久的桥型结构,以满足超载车辆比例大的特点。

坝陵河大桥总体设计包括平、纵线形设计,桥跨总体布置及景观设计。大桥位于黄果树风景区内,环境景观要求非常高,为此大桥总体设计在考虑平、纵线形设计、桥跨总体布置合理的同时,注重桥梁景观设计和日后的运营养护管理。

坝陵河大桥总体设计包括平、纵线形设计,桥跨总体布置及景观设计。主桥和西引桥位于直线上,东引桥东面接大花哨大桥,路线平面设计为左右幅分离式的双幅桥,于锚碇附近逐渐汇合成并列双幅桥,在东锚碇附近大花哨大桥左右幅桥分别设置了 $R=1\ 100$m 的平曲线,东锚碇布置位于曲线段。全桥纵坡布置根据路线的总体设计和关岭 1 号隧道的布置,变坡点设置在主跨中央,为非对称双向坡,2.2%接−1.0%,主跨设置曲线半径为 $R=20\ 000$m 的竖曲线。如图 1.10～图 1.12 所示,坝陵河大桥桥跨布置见表 1.1。

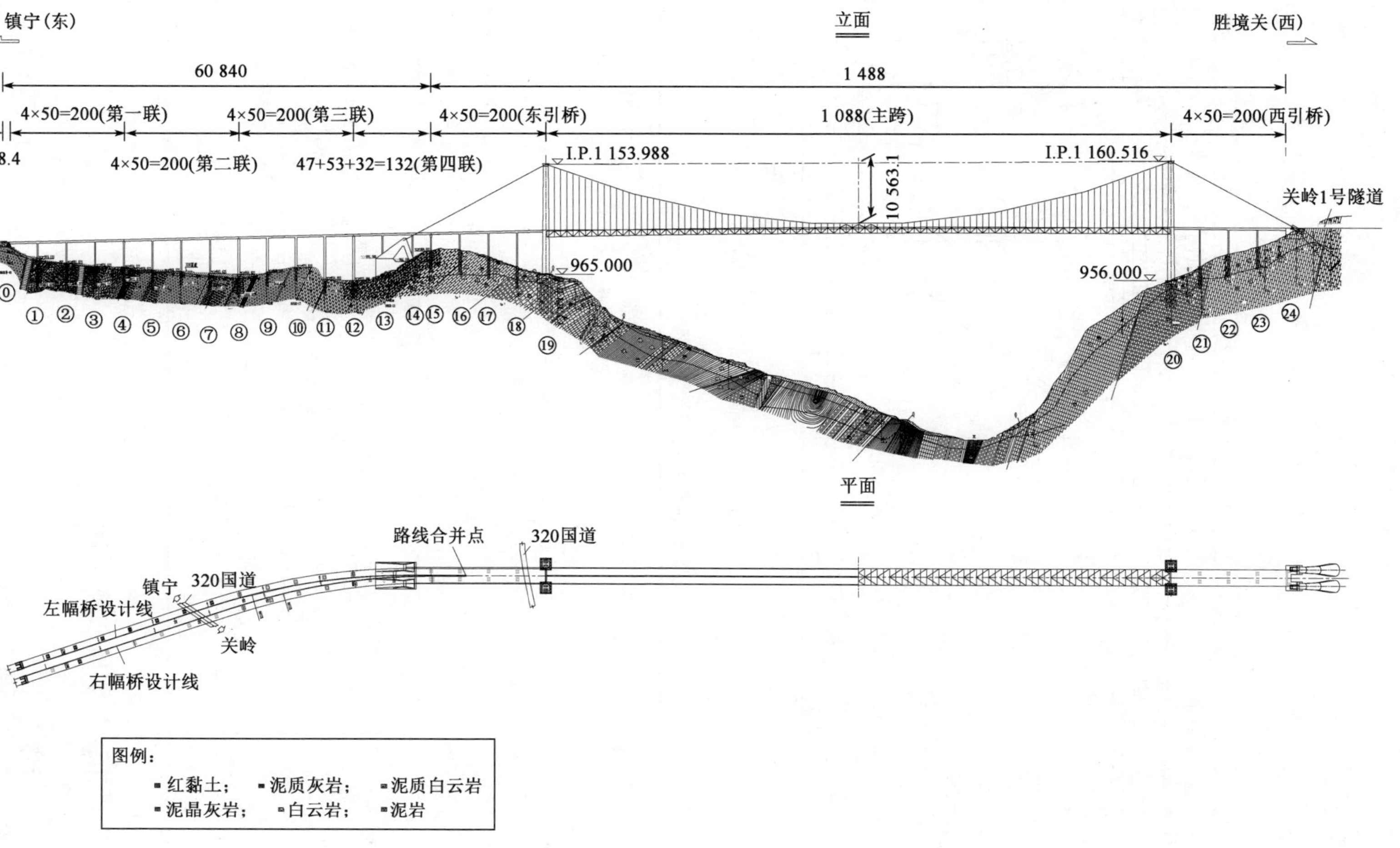

图1.10　坝陵河大桥纵平面总体布置图（尺寸单位：m）

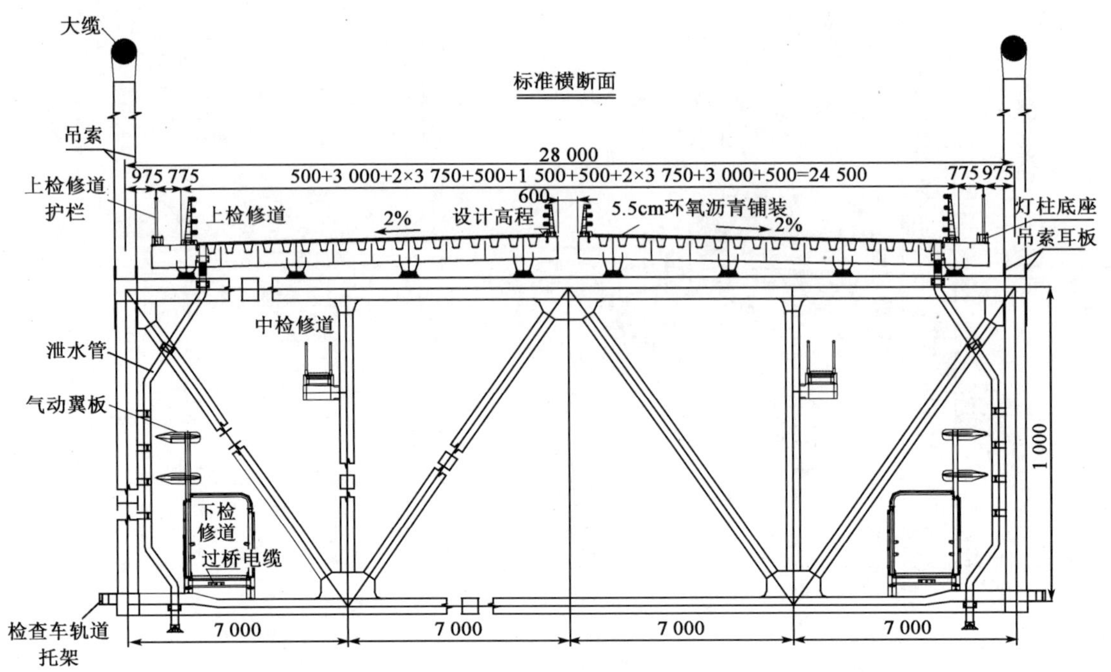

图 1.11　坝陵河大桥主桥横断面图(尺寸单位:mm)

坝陵河大桥桥跨布置一览表　　　　表 1.1

名称	起讫桩号(m)	桥跨组合(m)	结构形式	施工方案
大花哨大桥	ZK20+049.516～ZK20+657.916	3×(4×50)	PC 刚构(4 孔一联,共 3 联)	架桥机移动模架现浇施工
东引桥	ZK20+657.916～K20+991.000	(49.723+53+32)+4×50	PC 刚构(3 孔一联不等跨+4 孔一联,共 2 联)	架桥机移动模架现浇施工
主桥	K51+579.000～K52+069.000	主跨:1 088	悬索桥:钢桁加劲梁;门式 RC 索塔;东岸重力式锚,西岸隧道锚;基础均为 2.5m 直径的钻(挖)孔桩	加劲桁为桥面吊机架设;索塔为翻模施工;隧道锚采用奥式法挖
西引桥	K52+069.000～K22+279.000	4×50	PC 刚构	桩基贝雷满堂支架现浇
桥头公园	位于东岸	占地 3 000m	桥头花园;观光道;宣教馆	—

1.2.1　钢桁梁悬索桥总体设计

1)主桥跨径的确定

主桥跨径的确定遵循以下原则:

(1)减少高塔、墩风险。

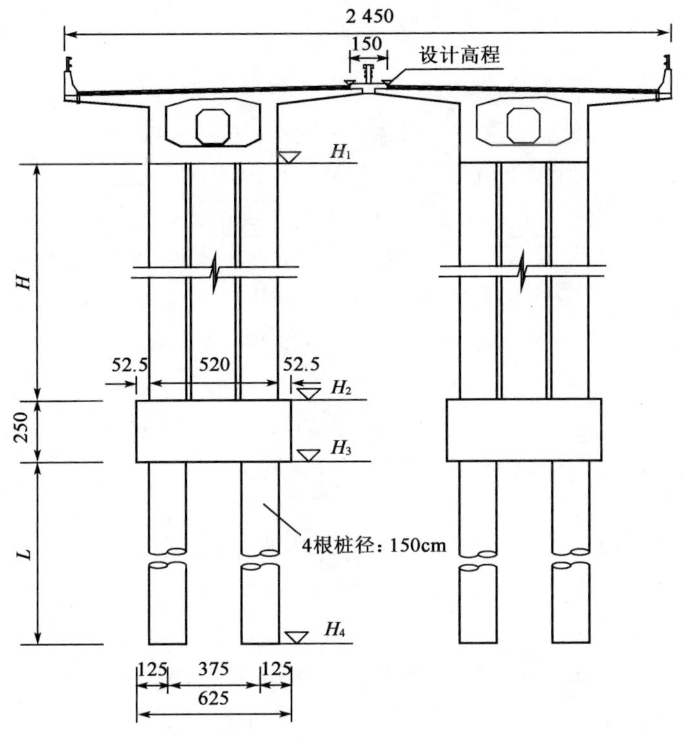

图 1.12 坝陵河大桥引桥横断面图(尺寸单位:cm)

桥址区地形地貌属世界罕见的深山峡谷，峡谷宽约 2 000m，深切达 600m，桥面距谷底约 370m，该桥要跨越高差如此大的沟谷，如何减少高塔、墩给桥梁结构带来的风险是设计者首先应该考虑的问题。

(2)确保索塔基础的安全、稳定。

两岸地质破碎，岩石节理发育，溶洞较多，是典型的喀斯特地貌形态。在这种地质条件下，修建跨越大峡谷的桥梁，必须考虑索塔基础的安全。

(3)降低施工难度。

在“施工决定设计”理念的指导下，为了方便施工尽量避免西岸索塔设置在关岭侧的陡壁上，合理选择主、引桥组合，以降低施工难度。

经反复研究，尽量将东岸索塔基础远离边坡的不稳定区，将大桥塔、墩避开断裂带，以增加索塔基础的安全和减少索塔基础的施工难度，在造价合理的前提下，经多方案比选，确定主跨为 1 088m。

2)主桥桥型的优化

(1)桥型方案的选定

坝陵河的地形为斜拉桥桥型方案的布置提供了一定的条件，其设计理论、设计方法均十分完善，静态设计和动态验算手段也很完备。抗风、抗震和抗疲劳等关键技术已得到了很好的解决，施工技术、施工工艺也很成熟，并且施工经验十分丰富。同时连续刚构桥采用墩梁固结，梁体连续，具有连续梁无伸缩缝、行车舒适平顺，T 形刚构不设支座、方便施工的优点，还具有较大的抗推刚度和横向抗扭刚度，其计算方法和施工经验也比较成熟，国内外修建也较多。

然而根据初步设计及补充初步设计，对主跨 400m 三塔斜拉桥、主跨 450m 双塔斜拉桥、主跨 220m 混凝土连续刚构桥、主跨 268m 混凝土连续刚构桥和主跨 1 068m 单跨钢桁梁悬索桥方案进行了同等深度的设计比较，无论三塔（双塔）混凝土斜拉桥还是连续刚构，都存在高塔、墩的风险。在西部高深峡谷区，高塔、墩斜拉桥和刚构桥不但设计有一定的难度，主要是施工极端困难，建成后也会存在诸多不确定的风险因素。为此，经反复论证研究，坝陵河大桥设计采用一跨跨越高深峡谷的钢桁梁悬索桥方案是比较合理的。

悬索桥跨越能力大，造型优美、规模宏伟，最为关键的是两索塔设在两岸较高处，桥塔的施工难度大为降低，完全避开了修建高塔、墩的风险。钢桁梁构造的化整为零，也为施工吊装提供了可能性。

(2)桥型方案的优化

悬索桥方案的桥跨布置 260m＋1 068m＋210m 基本确定后，根据专家们的意见，为了边坡稳定，东塔适当东移，在塔基范围局部改道 320 国道，并且进一步优化了纵断线形。具体优化工作如下：

①在东塔处强风化带较厚的陡坎上，将东塔位置东移了 20m，以改善东塔的受力和稳定性，跨径调整为 1 088m，西塔位置不变，根据受力需要对边跨跨径做适当调整，全桥总体布置为 248m＋1 088m＋228m。

②优化大桥纵断面设计线形，在主跨跨中设置变坡点，悬索桥主跨设置双向坡 2.2％和 －1.0％，东岸锚碇处引桥抬高约 25m，西锚碇处的设计高程基本不变，同时关岭一号隧道的隧道口后退 30m，根据调整后的线形重新进行主引桥（含大花哨大桥）总体布置，为取得较好的总体协调效果，引桥布跨原则上以 50m 跨径为主。

③针对桥址区谷深坡陡的特点，主桥上部钢桁梁的施工采用杆件拼装的方案，对钢桁梁构件的加工制作、运输和安装做更进一步研究。

(3)索塔方案的优化

索塔方案的优化遵循下列原则：

①确保两岸塔基及塔基边坡的安全、稳定。

②拟定多种构造方案，比选构造简单、受力合理的索塔方案。

③大桥位于举世闻名的黄果树风景区，特殊的地理位置使大桥的景观设计价值和意义不容忽视，从工程美学的角度出发，悬索桥索塔对桥梁的景观起着举足轻重的作用。

索塔方案的优化工作如下：

①尽量减少基础施工中的边坡开挖数量，针对索塔进行了两个方案的景观和技术经济比较。

②索塔采用简洁明快、刚劲挺拔的门形带肋框架结构，由塔柱、装饰肋板和横梁组成，塔柱为普通钢筋混凝土单箱单室箱形断面的结构，横梁为预应力箱形结构，东塔总高 185.788m，西塔总高 201.316m，基础采用 2.5m 直径的钻孔灌注桩，西塔按嵌岩桩设计，东塔按摩擦桩或嵌岩桩设计。

③索塔处的地基主要为岩石基础，根据地质条件针对能否取消下横梁进行了计算分析研究。

④西塔研究了高低塔腿的受力和构造的可能性、合理性。

⑤东塔桩基在风化破碎带部分进行了失效处理。

⑥由于东塔约 80m 深处有一个泥灰岩夹层，约 1.6m 层厚，研究了东塔的桩基类型(摩擦桩或嵌岩桩)。

⑦由于大桥高强度混凝土的用量较大，进行了混凝土地材碱性的相关试验。

1.2.2 主桥结构设计

1)加劲梁结构设计

(1)钢桁加劲梁架设方案

大桥设计阶段对桥面吊机、缆索吊机及跨缆吊机 3 个方案的优缺点进行了研究(表 1.2)。

施工方案主要技术经济比较 表 1.2

项　　目	方案名称		
	桥面吊机方案	缆索吊机方案	跨缆吊机方案
安装跨径 (m)	1 088	1 088	1 088
拼装场地	使用引桥作桁片拼装场地，不需另辟拼装场地	利用引桥桥面作为钢桥面板的拼装场地，仍需另外开辟拼装场地(6 000m²)	使用引桥作桁片拼装场地，不需另辟拼装场地
杆件堆放场地(m²)	3 000	2 000	3 000
两侧场地面积(m²)	6 000	16 000	6 000
吊装设备	只需桥面吊机，设备简单，机械化程度高	设备多而复杂	需改造常规跨缆吊机，在本桥，不能充分利用起吊能力
吊装质量 (t)	60	120(不包括起重绳、跑车、跑车架、吊钩、配重等)	60
设备安装难易程度	简单、速度快	工序多、复杂、费时	工序多、费时
架设速度	桁片吊装速度相对较慢，中间部分桥面板可流水作业	节段整体吊装速度快，但桥面板需钢桁梁合龙后安装	跨缆吊机移动慢，接近跨中部分梁段吊装难度大
气候影响	小	大	较大
全桥架设时间(d)	254	262	330
提前拼装时间(d)	20	88	20
估算费用(万元)	1 200	4 848	3 620
对环境的破坏程度	拼装场地和储存场地较小，对环境破坏小	需较大拼装场地和储存场地，对环境的破坏大	拼装场地和储存场地较小，对环境破坏小
推荐情况	推荐	不推荐	不推荐

经综合比较，3 个方案的吊装速度均能满足技术要求，但缆索吊机方案要占用较大的拼装场地，由于本桥地形条件限制，特别是西岸，开辟场地和运输条件均有较大困难，且对环境破坏较大。从设备的投入看，桥面吊机最经济，施工也比较安全。综合上述分析研究，大桥上部结构钢桁梁施工架设方案采用桥面吊机方案是合理的。

(2)加劲梁吊装

根据桥位地形特点，钢桁加劲梁架设时采用桥面吊机，且钢桁加劲梁采用平面结构悬臂拼装法由两侧索塔向跨中推进。钢桁加劲梁各构件及相关设备在引桥上的堆放及拼装计划有详细的施工组织设计,其施工荷载满足引桥设计受力要求。

桥面吊机的技术参数如下:

①主钩额定起重量:≥560kN;

②副钩额定起重量:≥560kN;

③最小/最大吊距:10m/35m;

④起重机总质量:≤120t;

⑤工作时风速:≤10m/s;

⑥行走速度:5.5m/min;

⑦起重特性:主钩起重量×吊距　560kN×22m;

⑧副钩:起重量×吊距　250kN×35m。

桥面吊机的轨道应满足结构受力要求,具体尺寸根据桥面吊机的实际技术参数选用。在施工架设期间,要确保桥面吊机稳定和安全。

运梁小车的技术参数如下:

①最大负载:560kN;

②最大轮压:150kN;

③行走速度:0～12m/min;

④最大走行坡度:0.10。

运梁小车的轨道应满足结构受力要求,具体尺寸根据运梁小车的实际技术参数选用。在施工架设期间,要确保运梁小车的稳定和安全。

主桥施工期间,引桥将作为运输通道和拼装、堆放场地并承受部分施工荷载。为保证引桥的受力安全,要求各类施工荷载尽可能靠近箱梁腹板布置,桥面板承受的面荷载不超过 $10.5kN/m^2$,集中荷载不超过 30t,集中荷载顺桥向间距不小于 10m,顺桥向同一位置的集中荷载横向数量不大于 2 个,集中荷载必须布置在腹板两侧各 1m 范围内。

根据架设单元分类,钢桁加劲梁选用节段整体吊装、平面构架悬臂架设法和单杆架设组合的方案,具体流程如下。

①首先在引桥或引道和接线路基两侧布置一个临时堆放场。

②将两侧引桥桥面作为拼装场地,在拼装场地上拼装主桁架平面构架、主横桁架平面构架、正交异性钢桥面板块等。在拼装胎架上,主桁架按至少 3 个节间一次拼装作业进行拼装,当所有的接口拼装完成、检测几何精度并符合要求后,施拧靠索塔方向两个节间之间的高强度螺栓,使两个节间形成一个吊装节间,第 2 个节间和第 3 个节间的接口作为桥位吊装安装接口。对安装接口的自由端进行临时加固,然后解体,吊走已连接的吊装单元,第 3 个节间作为下面两个节间的拼装接口胎架,平移后参与下一个吊装节间的拼装,与上一拼装作业一样,进行第 3～5 节间的拼装,第 5 节间同样作为下一个吊装节间的接口胎架。这样,依次循环进行拼装和安装作业。

③钢桁加劲梁梁端 3 个节间的钢桁架,采用整体吊装方案进行架设。为确保安全,钢桁架整体节段吊装过程中应保持缓慢、平稳地提升。

④钢桁加劲梁梁端 3 个节间安装过程中,为了避免钢桁加劲梁施工过程中竖向支座和横向抗风支座受损,在钢桁加劲梁梁端安装临时约束。在全桥合龙后,解除钢桁加劲梁梁端临时约束,将竖向支座和横向抗风支座精确就位受力。

⑤钢桁加劲梁梁端 3 个节间安装完成后,后续架设过程中每 2 个节间的钢桁梁作为一个

架设单元,架设过程(图 1.13)如下。

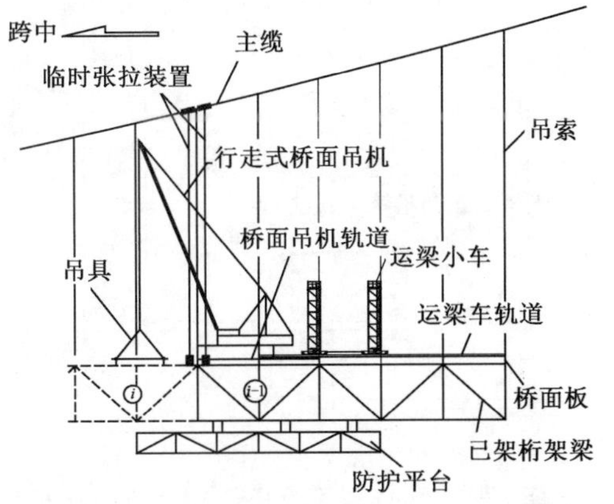

a)步骤一：移动防护平台悬臂一个节间；桥面吊机安装第i梁段上游主桁片；安装上游侧临时张拉装置

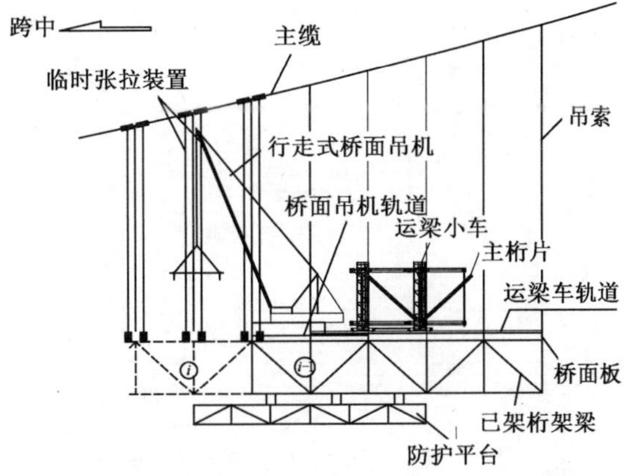

b)步骤二：桥面吊机安装下游侧主桁片；安装下游侧临时张拉装置

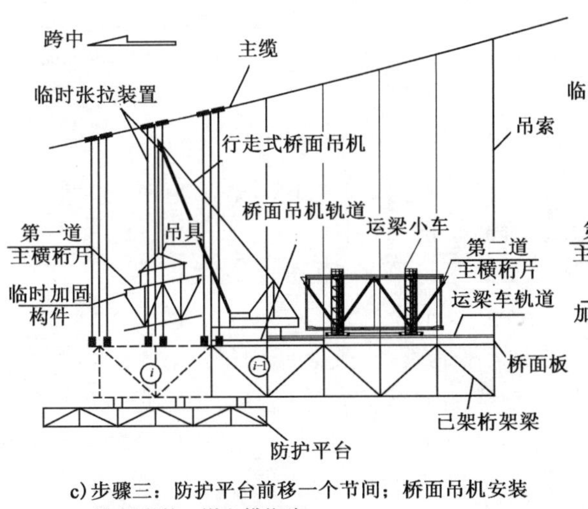

c)步骤三：防护平台前移一个节间；桥面吊机安装第i梁段第一道主横桁片

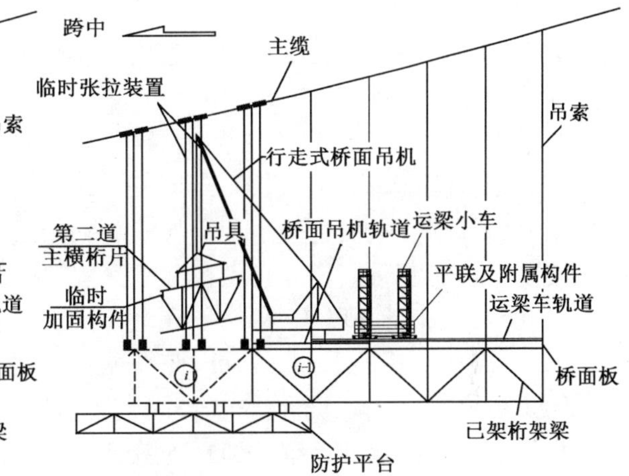

d)步骤四：防护平台前移一个节间；桥面吊机安装第i梁段第二道主横桁片

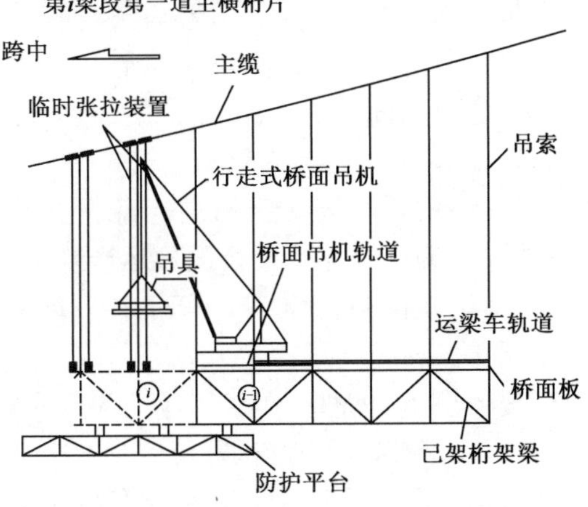

e)步骤五：桥面吊机安装上下平联及附属构件

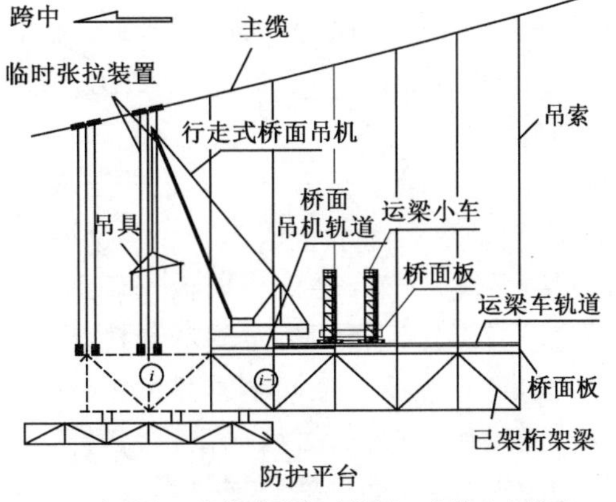

f)步骤六：张拉牵引临时装置，安装永久吊索

图　1.13

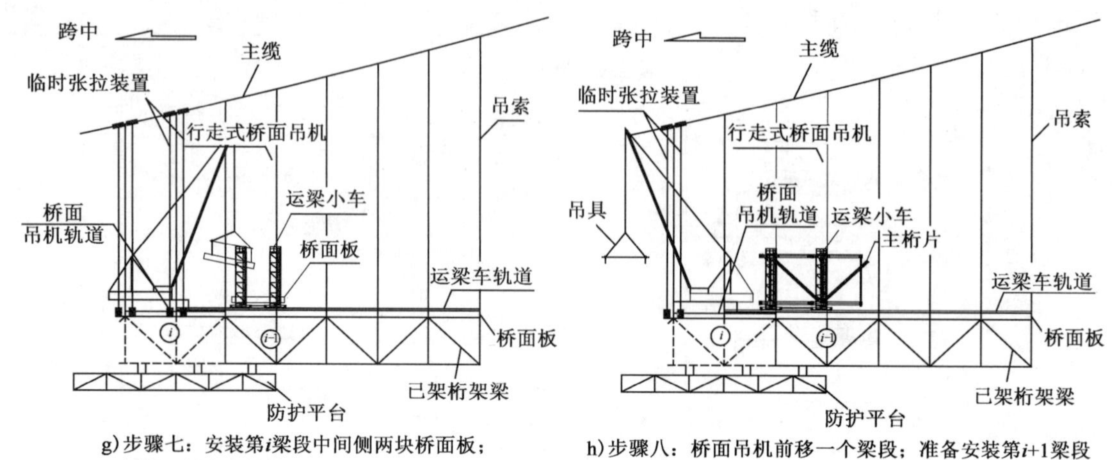

图 1.13 标准节段安装工序图示

第 1 步：通过运输平车将第 4、5 两个节间上游侧的主桁架平面构架运送到位，通过桥面吊机安装主桁架平面构架。主桁架平面构架安装到位后，桥面吊机不松钩，安装临时吊索。临时吊索就位后，桥面吊机松钩。

第 2 步：安装第 4、5 两个节间下游侧的主桁架平面构架，施工工序与第 1 步相同。

第 3 步：通过运输平车将 E5F5F5′E5′主横桁架平面构架运送到位，通过桥面吊机安装主横桁架平面构架。主横桁架平面构架安装到位后，桥面吊机松钩。

第 4 步：安装 E6F6F6′E6′主桁架平面构架，施工工序与第 3 步相同。

第 5 步：安装下平联、下检修道和中检修道，然后安装上平联。

第 6 步：在此基础上，通过临时张拉装置将主桁架吊装就位，安装锚固吊索。

第 7 步：通过运输平车将第 4 节间上游靠近桥轴线侧的正交异性钢桥面板运送到位，通过桥面吊机安装。正交异性钢桥面板安装到位后，桥面吊机不松钩，将第 3、4 节间上游靠近桥轴线侧的两块正交异性钢桥面板之间进行临时连接，具体做法是：

a. U 形肋、纵梁腹板、纵梁下翼缘板之间的拼接板就位，全部螺栓孔由普通螺栓和部分冲钉进行连接，每个纵梁腹板和翼缘板的连接冲钉数量均不少于 10%且不少于 6 个。

b. 桥面板之间进行密封，避免雨水或其他污染物腐蚀桥面板、U 形肋、纵梁、横梁之间的拼接板和接口。

第 8 步：安装第 4 节间下游靠近桥轴线侧的正交异性钢桥面板，施工工序与第 7 步相同。

第 9 步：通过运输平车将第 5 节间上游靠近桥轴线侧的正交异性钢桥面板运送到位，通过桥面吊机安装。正交异性钢桥面板安装到位后，桥面吊机不松钩，第 4、5 节间上游靠近桥轴线侧的两块正交异性钢桥面板之间的连接与第 7 步相同。

第 10 步：安装第 5 节间下游靠近桥轴线侧的正交异性钢桥面板，施工工序与第 9 步相同。

⑥桥面吊机轨道前移，桥面吊机行进两个节间。铺设运梁小车轨道，进行后续 2 个节间的架设。如此循环，直到全部桁架梁在跨中合龙。其间，为了释放由于悬臂拼装引起的主桁架各杆件内力，在第 10、20、81 和 91 四个节间的上弦杆上设置临时铰。在设铰节间，相应的下弦杆断开，上、下横梁则通过抗风拉索连接来抵抗横向风荷载。在施工架设期间，设铰节间处主桁

架有较大的转角，施工应制定详细的施工组织设计方案，以保证桥面吊机和运梁平车能安全、平稳地通过铰节点。

对于临时铰处前后两个节间的正交异性钢桥面板，其安装方案需要架设单位制定专门的详细施工组织设计。

⑦合龙段的合龙顺序应严格按规定执行。经多次观测后制定合龙措施，选择一天中较低温度时段进行合龙段吊装，从而保证合龙梁段能够顺利进入安装位置；合龙前应使用顶推或牵引装置使钢桁架顺桥向发生一定位移，该位移由监控单位提供，从而使得成桥后加劲梁在二期恒载作用下能达到设计位置；当临时连接处两侧下弦杆之间的距离足够小时，应及时进行临时铰的合龙。

⑧钢桁加劲梁在梁段依次安装过程中可能造成误差的累积，所以必须在合龙段安装前，且已实施上述强制位移后，现场测量其所在位置两相邻梁段间实际距离及高程，确保合龙段的安装精度。如有必要，钢桁梁制造单位配合安装单位在现场对合龙梁段的对接连接钢板进行二次下料（配切），具体做法：合龙段的钢桁梁杆件按设计尺寸下料，合龙处的连接钢板在纵桥向增加 2 倍螺栓孔间距尺寸（2×90mm），一端的螺栓孔按设计钻孔，另外一端根据合龙前的两侧尺寸下料，对应于此端的钢桁梁杆件的高强螺栓孔在纵桥向增加一排。

⑨桁架梁合龙后，吊装合龙段的正交异性钢桥面板就位，吊机逐步往两岸后退，铺设其余的正交异性钢桥面板。

⑩全桥所有正交异性钢桥面板吊装完毕并临时连接后，以一联为单位，以跨中固定支座为对称中心进行工地接缝的焊接和栓接工作，先焊接纵桥向焊缝，然后焊接横桥向焊缝。

⑪全桥所有正交异性钢桥面板焊接完毕后，安装正交异性钢桥面板之间的伸缩装置。在此基础上，对正交异性钢桥面板纵梁下方拉压钢支座进行就位调整并固定。

（3）钢桁加劲梁总体设计

主跨为 1 088m 的单跨简支钢桁梁，跨径组成为 248m＋1 088m＋228m，主缆矢跨比为 1/10.3，主缆横桥向间距为 28.0m，吊索顺桥向间距为 10.8m。在主跨跨中处，主缆与钢桁架之间设置 3 对柔性中央扣。

（4）钢桁加劲梁总体构造

①钢桁加劲梁的组成。

钢桁加劲梁由钢桁梁和正交异性钢桥面板两部分组成。

钢桁梁由主桁架、主横桁架和上、下平联组成。主桁架采用整体节点板连接。主桁架为带竖腹杆的华伦式结构，由上弦杆、下弦杆、竖腹杆和斜腹杆组成。主桁架的桁高为 10m，标准节间长为 10.8m，两片主桁架左右弦杆中心间距与主缆间距相同，为 28m。上弦杆、下弦杆及斜腹杆均选用闭口箱形断面；竖腹杆在主桁架端部及中央扣处采用闭口箱形断面，其余均采用 H 形断面。主横桁架采用单层桁架结构，由上横梁、下横梁、外侧斜腹杆、竖腹杆和内侧斜腹杆组成，外侧斜腹杆选用 H 形断面，其余均选用闭口箱形断面。上、下平联采用 K 形结构，并选用闭口箱形断面。

正交异性钢桥面板由桥面板、U 形加劲肋、纵向板肋、横隔梁和倒 T 形纵梁组成，倒 T 形纵梁与主横桁架上横梁的上翼缘板之间设置拉压式盆式橡胶支座。正交异性钢桥面板在横桥向分为左右两幅，两幅桥面板之间水平净距为 599.9mm。每幅桥面板在端部 10 个节段作为一联，中部每 20 个节段作为一联，全桥共设置 6 联，每两联之间设有伸缩缝。

②加劲梁主要结构尺寸。

a. 主桁架。

a)上弦杆：箱形截面，翼缘板 644mm×28mm，腹板 700mm×28mm。

b)下弦杆：箱形截面，翼缘板 644mm×28mm，腹板 700mm×28mm。

c)斜腹杆：箱形截面。

(a)梁端斜腹杆：翼缘板 670mm×22mm，腹板 644mm×20mm(在杆端连接处，翼缘板加厚为 28mm，腹板尺寸不变)。

(b)第 2～11 节间及第 90～99 节间处的斜腹杆：翼缘板 540mm×16mm，腹板 656mm×18mm(在杆端连接处，翼缘板加厚为 22mm；两侧腹板收拢，与一块 28mm 厚的板焊接)。

(c)跨中 78 个节间范围内的斜腹杆：翼缘板 540mm×14mm，腹板 656mm×16mm(在杆端连接处，翼缘板加厚为 22mm；两侧腹板收拢，与一块 28mm 厚的板焊接)。

d)竖腹杆：箱形截面或 H 形截面。

(a)梁端竖腹杆：(箱形截面)翼缘板 640mm×20mm，腹板 644mm×18mm(在杆端连接处，翼缘板加厚为 28mm，腹板尺寸不变)。

(b)中央扣位置处竖腹杆：(箱形截面)翼缘板 532mm×16mm，腹板 644mm×18mm(在杆端连接处，翼缘板加厚为 28mm，腹板尺寸不变)。

(c)其余部位处竖腹杆：(H 形截面)翼缘板 430mm×18mm，腹板 608mm×16mm。

b. 主横桁架。

a)上横梁：箱形截面。

(a)端上横梁：翼缘板 640mm×28mm，腹板 644mm×22mm。

(b)固定支座处的上横梁(端上横梁除外)：翼缘板 530mm×20mm，腹板 660mm×22mm。

(c)其余部位处的上横梁：翼缘板 530mm×20mm，腹板 660mm×18mm(在杆端与上弦杆连接处，腹板加厚为 22mm，截面其余尺寸不变)。

b)下横梁：箱形截面。

(a)端下横梁：翼缘板 640mm×22mm，腹板 664mm×22mm。

(b)其余部位处的下横梁：翼缘板 530mm×14mm，腹板 472mm×14mm(与主横桁架腹杆连接处，腹板加厚为 22mm，翼缘板加厚为 20mm)。

c)外侧斜腹杆：H 形截面。

(a)梁端外侧斜腹杆：翼缘板 430mm×20mm，腹板 556mm×22mm(在杆端连接处，翼缘板加厚为 22mm，腹板尺寸不变)。

(b)其余外侧斜腹杆：翼缘板 430mm×20mm，腹板 456mm×16mm(在杆端连接处，翼缘板加厚为 22mm，腹板尺寸不变)。

d)中间竖腹杆及内侧斜腹杆：箱形截面。

(a)梁端中间竖腹杆及内侧斜腹杆：翼缘板 430mm×16mm，腹板 524mm×14mm。

(b)其余中间竖腹杆及内侧斜腹杆：翼缘板 430mm×14mm，腹板 428mm×12mm。

c. 上、下平联：箱形截面。

上平联端部 1～3 个节间：翼缘板 430mm×18mm，腹板 464mm×16mm。

下平联端部 1～2 个节间：翼缘板 430mm×18mm，腹板 472mm×16mm。

上平联端部 4～9 个节间、下平联端部 3～8 个节间：翼缘板 430mm×14mm，腹板 472mm×14mm。

d. 其余杆件：翼缘板 430mm×14mm，腹板 472mm×12mm。

③正交异性钢桥面板主要尺寸。

a. 桥面横坡：双向 2%。

b. 桥面板厚：16mm(行车道)；14mm(紧急停车带)。

c. 检修道面板厚：8mm。

d. 桥面板 U 形加劲肋：厚 8mm，上口宽 300mm，下口宽 184.4mm，高 280mm，间距 600mm。

e. 纵向板肋：厚 10mm、16mm，高 160mm。

f. 纵梁：腹板高 874.1～1 086.1mm，腹板厚 12mm、14mm。

g. 翼缘：宽 240mm、280mm、320mm，翼缘厚 18mm、20mm、22mm。

h. 间距：3 500mm、3 600mm。

i. 横隔梁：腹板高 700mm，腹板厚 12～16mm，下翼缘宽 200mm，下翼缘厚 16～20mm，标准间距 2 160mm。

j. 加劲梁两端处间距：1 980～2 100mm。

④高强螺栓种类。

主桁架上、下弦杆、端斜腹杆：M27(ϕ30 孔)。

钢桁架其余构件：M24(ϕ26 孔)。

正交异性钢桥面板：M22(ϕ24 孔)。

⑤加劲梁及正交异性钢桥面板的节段划分。

钢桁梁采用从两侧索塔向跨中架设的方案。主桁架的端节间作为第一个架设单元，采用单根杆件架设；然后每 2 个节间的主桁架作为一个架设单元，采用平面构架法拼装，跨中两个节间的架设单元作为合龙段。主横桁架每片作为一个架设单元，在梁端节间的架设单元采用单根杆件架设，其余各架设单元采用平面构架法拼装。上、下平联采用单根杆件拼装。

正交异性钢桥面板在横桥向分为左右两幅，两幅桥面板之间的水平净距为 599.9mm。每幅桥面板平面展开宽为 12 896.1mm，节段划分为 A、B、C、D、E 共 5 种类型，每个节段沿横桥向划分为 2 个安装单元。

⑥面成桥线形为凸形竖曲线。

主桁架除端部各一个节间外，其余区域等分为 98 个标准节段。标准节段的上弦杆长为 10 781.0mm，下弦杆长为 10 777.8mm，上(下)弦杆在两个节段间的间隙为 20mm。除端部节间外，正交异性钢桥面板在桥跨区域也等分为 98 个标准节段，标准节段的长为 10 801.5mm。

⑦各构件间的连接。

a. 钢桁架各构件间的连接。

主桁架的斜腹杆、竖腹杆与弦杆的整体节点板连接由传统的插入式改为对接式。采用该连接方式后，高强度螺栓由单剪改为双剪，节点板的尺寸可相应减小，且杆件的连接更为方便。该整体节点的设计在国内尚属首次，经过整体节点的静力、疲劳试验，验证了整体节点的安全性、可靠性及耐久性。

主桁架的上、下弦杆通过整体节点板与竖腹杆和斜腹杆连接。主桁架的弦杆与主横桁架的横梁、平联之间通过焊接节点板连接。主横桁架的上、下横梁设置了竖向焊接节点板，主横桁架的竖腹杆、斜腹杆通过竖向焊接节点板与上、下横梁连接。主横桁架的上、下横梁设置了水平整体节点板，上平联、下平联分别通过水平整体节点板与上横梁、下横梁连接。在节点板处，各构件之间均采用高强度螺栓连接。

b. 正交异性钢桥面板各构件之间的连接。

正交异性钢桥面板的桥面板与 U 形加劲肋、纵向板肋、横隔梁、纵梁之间通过焊接连接。在顺桥向两块正交异性钢桥面板之间通过焊接连接；U 形加劲肋、纵向板肋和纵梁通过高强度螺栓连接。

每幅正交异性钢桥面板每种类型的节段(A、B、C、D、E)在横桥向均划分为 5 块，其中靠桥梁轴线侧 2 块桥面板在现场的拼装胎架上焊接为一个吊装单元，其余 3 块桥面板焊接为一个吊装单元。在两个吊装单元之间，桥面顶板通过焊接连接，横隔梁通过高强度螺栓进行连接。

在正交异性钢桥面板的桥面板、U 形加劲肋和横隔梁的相交处，由于承受反复作用的车轮荷载，应力非常复杂，为提高此处的抗疲劳性能，将此处的横隔梁局部先加工成 12mm×10mm 的倒角，待各板件就位后，将横隔梁与桥面板和 U 形肋的焊接采取连续焊过倒角的方式，将此处填实。

c. 正交异性钢桥面板各联之间的连接。

正交异性钢桥面板在两端 10 个节段作为一联，在跨中区域每 20 个节段作为一联，全桥共设置为 6 联，每两联之间设置一道伸缩缝，伸缩缝宽 400mm。

d. 钢桁架与正交异性钢桥面板之间的连接。

正交异性钢桥面板的纵梁下面设置拉压盆式橡胶支座，盆式橡胶支座放置在主横桁架上横梁的上翼缘板上并与之固定，全桥共计 848 个。

e. 主桁架与主缆之间的连接。

主桁架上弦杆的腹板向上伸出耳板，吊索通过耳板销接将钢桁加劲梁吊在主缆上。

f. 钢桁加劲梁的梁端约束。

在钢桁加劲梁的梁端，主桁架的下弦杆底面在对应端竖腹杆位置各设置一个竖向支座，全桥共计 4 个。在端主桁架上、下弦杆的外侧，对应端主横桁架的上、下横梁处各设一个横向抗风支座，全桥共计 8 个。在索塔处，左右两幅正交异性钢桥面板的端部各设置一个伸缩装置，全桥共计 4 个。

g. 钢桁加劲梁架设期间临时构造。

(a)主桁架上弦杆临时铰构造。

根据施工阶段钢桁梁的受力情况，在主桁的上弦杆上设置了 4 对临时架设铰。

由于受架设条件限制，钢桁加劲梁的架设由索塔开始向主跨中心推进，采用桥面吊机进行悬臂架设。其中钢桁架梁端 3 节间采用整体吊装方案进行架设，然后每两个节间的主桁架作为一个架设单元，采用平面构架法拼装，即架设过程中主桁架和主横桁架均拼装成平面桁架结构进行拼装。施工过程分析结果表明，钢桁架采用逐次无铰刚接法架设时，施工阶段吊索及主桁架杆件内力较大。为了释放由于悬臂拼装引起的吊索和主桁架各杆件的过大内力，在主桁架第 10、20、81、91 节间的上弦杆设置临时铰，下弦杆断开。上弦杆临时铰的构造为：上弦杆的两侧腹板各向上伸出一个耳板，并在上弦杆腹板外侧各安装一个带耳板的拼接板，其中耳板处设置销轴孔，与销轴形成铰节点。在临时铰所处的节间，上弦杆与斜腹杆、上平联之间设置临时连接构件,通过临时连接构件来约束斜腹杆和上平联的运动。临时铰与钢桁架统一制造加工。临时铰(图 1.14)的现场安装、拆除由钢桁加劲梁承包人与上部结构施工单位配合完成。临时铰的拼接板拆除后,需对相应上弦杆上的高强度螺栓的栓接面进行重新涂装,以保证栓接面的抗滑系数满足设计要求。

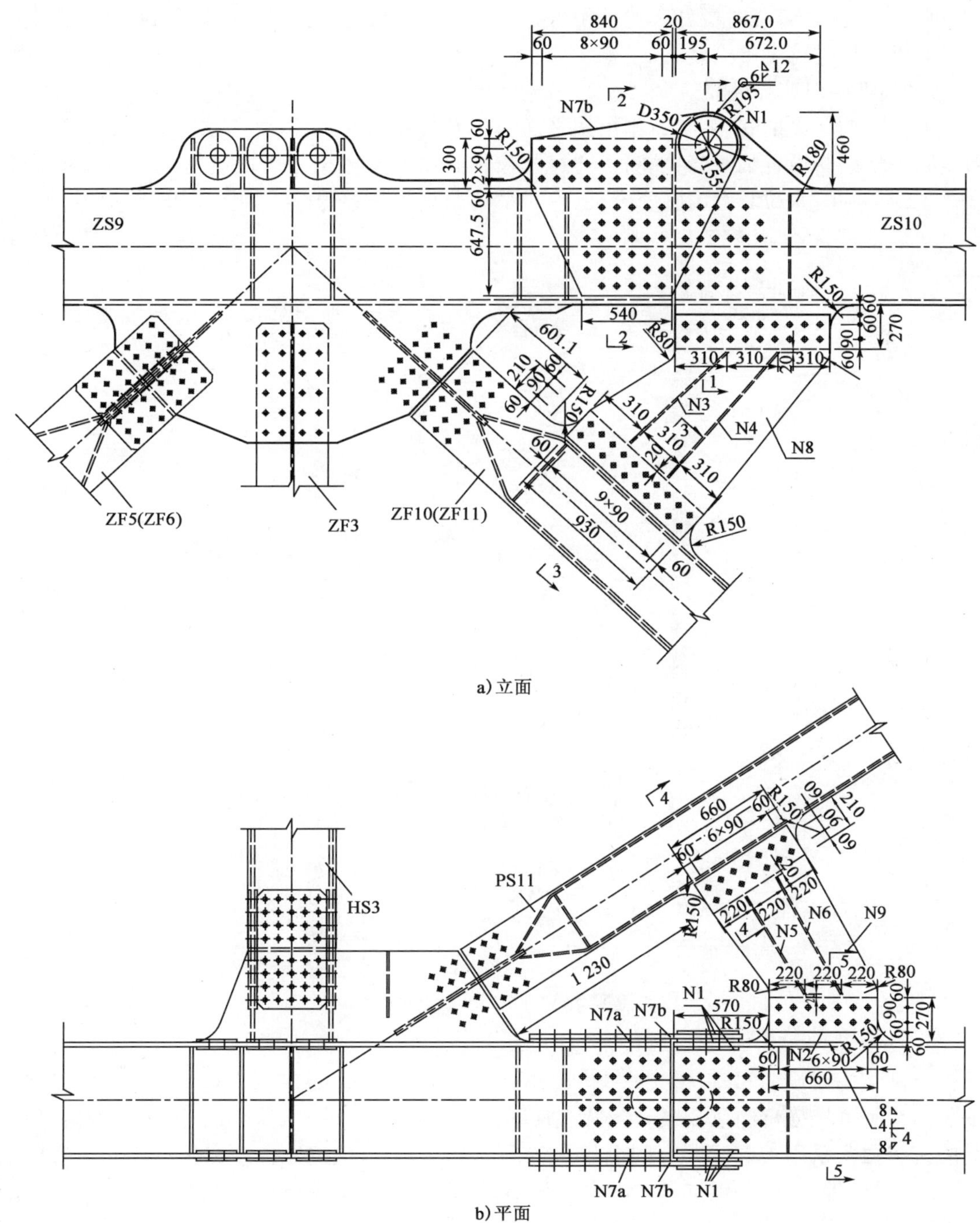

图 1.14 施工临时铰构造图(尺寸单位:mm)

(b)主桁架上弦杆与斜腹杆(上平联)之间的临时连接构造。

在上部结构架设期间,主桁架临时铰所在节间的主桁架斜腹杆、上平联靠近临时铰侧没有安装就位。为了约束斜腹杆和上平联自由端的运动,在上弦杆与斜腹杆之间、上弦杆与上平联之间设置临时连接构造。临时连接构造为:在上弦杆、斜腹杆和上平联上分别伸出一段拼接板,在拼接板之间设置临时拉杆。待全桥合龙后,拆除临时拉杆,并对上弦杆、斜腹杆和上平联上伸出的拼接板进行重新涂装。

(c)主桁架临时张拉装置。

在上部结构架设期间,为了将主桁架平面结构安装在吊索上,需要在主桁架平面结构上弦杆待安装吊索两侧设置临时张拉装置,通过张拉临时吊索将主桁架平面结构提升就位并安装吊索。主桁架临时张拉装置由临时索夹、临时吊索吊具和托梁构成。如图 1.15 所示。

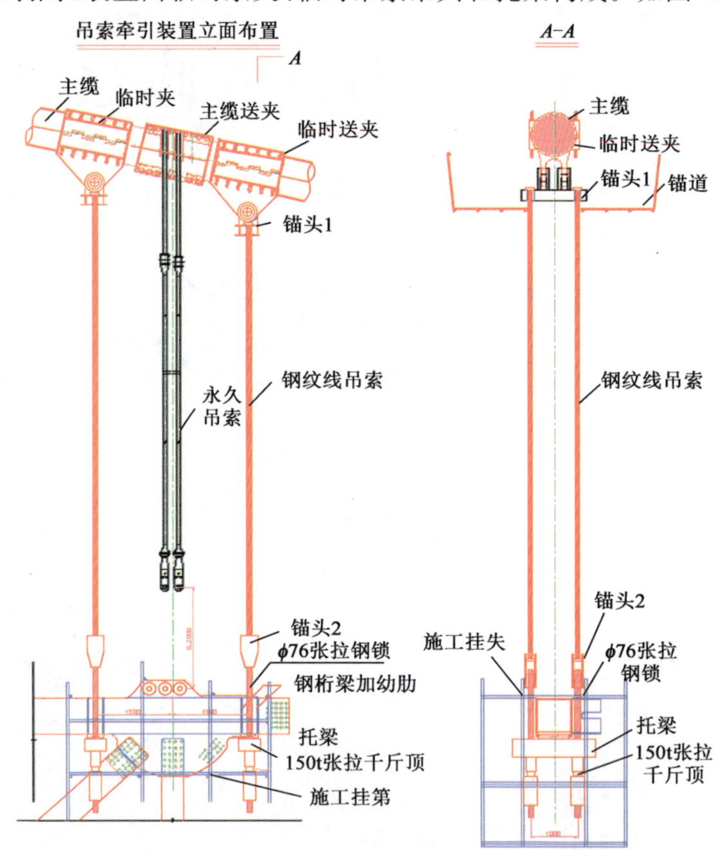

图 1.15 施工临时张拉装置构造图

(d)主横桁架上(下)横梁抗风拉索构造。

在上部结构架设期间,钢桁架第 10、20、81 和 91 节间的上、下平联靠近主桁架临时铰侧没有安装。为了抵抗横桥向风荷载,在设铰节间的主横桁架上(下)横梁之间设置抗风拉索,每个铰处的抗风拉索采用 4×ϕ32mm 的钢丝绳(6×19S+IWR),该抗风拉索在施工期间需实时监控,索力可以调整,确保每根抗风拉索索力为 200±50kN。

(e)钢桁架及正交异性钢桥面板临时吊点构造。

在钢桁架各杆件、主桁架及主横桁架的平面结构、正交异性钢桥面板均设置临时吊点。钢桁架及正交异性钢桥面板临时吊点由钢桁加劲梁承包人与钢桁架及正交异性钢桥面板统一制造加工。正交异性钢桥面板的临时吊点在铺设桥面铺装前应割除,割除后需进行打磨处理并进行重新涂装。

(5)加劲梁吊装阶段的受力分析

通过对采用的吊装方案进行详细的施工过程模拟计算,采用有限元分析软件 ANSYS(图 1.16),施工过程模拟采用倒拆法。逐步拆除梁段,同时撤去相应的施工荷载,实现施工过程模拟的逆过程分析。

图 1.16 有限元模型图

由于桥面吊机悬臂架设时,一期荷载架设难度和风险较大,结构受力也较复杂,当一期荷载安装完毕后结构已形成整体,结构受力状态大大改善,因此计算时仅计算一期安装荷载的架设过程,未考虑剩余桥面板荷载的架设。

为了减小主梁架设期间产生的架设内力,主梁在主跨范围对称设置了 4 对架设铰,即双铰方案,计算中采取上弦耦合平动自由度放松转动自由度、下弦断开的方式模拟施工过程梁段间在铰接点处的转动。

全桥施工过程分为如表 1.3 所示的施工过程分析荷载步。

施工分析荷载工况(倒拆法) 表 1.3

荷载步	荷载工况内容	备　注
1	成桥状态	—
2	施加猫道荷载	—
3	拆除二期恒载部分附属荷载	—
4	拆除合龙时未架设的桥面板荷载,施加桥面吊机荷载	合龙状态
5	激活架设铰	形成架设铰
6	拆除合龙段,模拟合龙段吊装工况	—
7	模拟 25 号梁段桥面板吊装工况	桥面板吊装
8	模拟 25 号梁段临时吊索预张力	吊索安装
9	模拟 25 号梁段第二片主横桁架吊装工况	—
10	模拟 25 号梁段第一片主横桁架吊装工况	—
11	模拟 25 号梁段第二片主桁架吊装工况	—
$5+i\times6+1$	模拟$(26-i)$号梁段第一片主桁架吊装工况	(i:从 1 到 22)
$5+i\times6+2$	模拟$(25-i)$号梁段桥面板吊装工况	$(25-i)$号梁段
$5+i\times6+3$	模拟$(25-i)$号梁段临时吊索预张力,吊索安装	$(25-i)$号梁段
$5+i\times6+4$	模拟$(25-i)$号梁段第二片主横桁架吊装工况	$(25-i)$号梁段
$5+i\times6+5$	模拟$(25-i)$号梁段第一片主横桁架吊装工况	$(25-i)$号梁段
$5+i\times6+6$	模拟$(25-i)$号梁段第二片主桁架吊装工况	$(25-i)$号梁段

通过计算采用设置 4 个临时铰的钢桁梁悬臂架设施工方案是可行的，并要求上部安装单位在此基础上进行施工方案的细化和施工设备的设计。为了保证成桥线形的准确性，要求加劲梁安装前对所有构件进行精确称重，并将称重结果反馈给设计单位和施工监控单位，以进一步调整桥梁线形，确定主缆长度。

(6)加劲梁使用阶段的受力分析

①计算荷载。

a. 竖向荷载：恒载、公路－Ⅰ级车道荷载(总体计算)、公路－Ⅰ级车辆荷载(桥面板空间计算)、检修道人群荷载。

b. 风荷载：运营阶段与活载组合的风荷载按主跨桥面处风速为 25m/s 计算，不与活载组合的风荷载按主跨桥面处风速为 25.9m/s 计算。

c. 温度作用：设计合龙温度为 15℃。对于钢结构取升温 22.3 ℃、降温－29.1℃、线膨胀系数取 1.2×10^{-5}；对于混凝土取升温 8.8℃、降温－8.7℃、线膨胀系数取 1.0×10^{-5}。

d. 地震作用：地震基本烈度为 6 度，大桥按 7 度设防。

②主要荷载组合。

a. 恒载＋活载。

b. 恒载＋活载＋温升。

c. 恒载＋活载＋温降。

d. 恒载＋活载＋温升＋风力。

e. 恒载＋活载＋温降＋风力。

f. 恒载＋地震力。

③计算分析体系。

在全桥总体结构分析中，正交异性钢桥面板、检修道、防撞护栏等附属设施作为外荷载，不参与钢桁架的受力。全桥计算模型由钢桁架、索塔、主缆和吊索构成空间模型，在此基础上计算不同构件在各种荷载组合工况作用下产生的内力和位移。

对于正交异性钢桥面板体系，将正交异性钢桥面板的顶板、加劲肋及横隔梁视为以纵梁为支承的正交异性板，采用空间有限元模型进行分析计算，并采用 P-E 法进行校核。

④主要计算内容。

对大桥主体结构，根据全桥体系中的计算结果对钢桁架各构件的强度、刚度和稳定性进行验算。根据正交异性钢桥面板体系的计算结果，对正交异性钢桥面板各构件的强度、刚度和稳定性进行验算。对大桥局部构造，建立空间计算模型，对加劲梁局部构件进行检算。

⑤受力分析及结果。

a. 计算模式。

采用有限位移理论二维有限元模型计算，单元及节点的划分见离散图，全桥共划分为 325 个节点，622 个单元。

主缆和吊索采用索单元模拟，索塔采用梁单元模拟，加劲梁的上下弦杆、竖杆和斜腹杆均采用桁架单元进行模拟。结构的约束条件为：缆在散索鞍转点处固结，在塔顶主索鞍中心处按永不脱离点考虑即无相对位移；索塔在承台底固结；加劲梁在梁端处纵向位移和转角位移均为自由，竖向位移约束。结构计算离散图如图 1.17 所示。

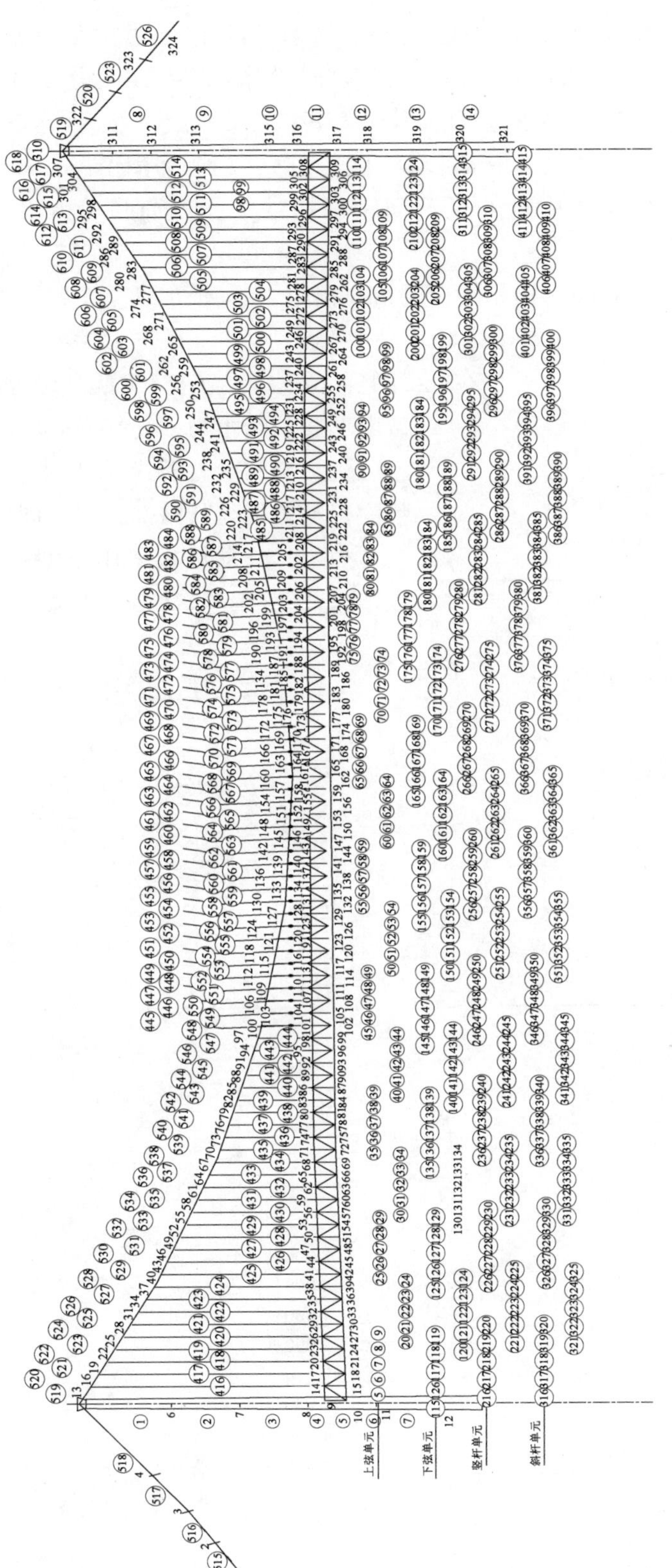

图1.17　主跨1 088m加劲梁结构计算离散图

为了有效减小钢桁架整体节点的二次应力并节约钢材，坝陵河大桥钢桁加劲梁主桁架和主横桁架在国内首次采用新型整体节点方案。斜腹杆与整体节点的连接方式由传统的插入式改为对接式，以降低二次效应，节约钢材，便于施工架设。

为提高全桥刚度，减小加劲梁的纵向位移，同时有效改善跨中附近吊索可能出现的弯折和疲劳问题，设计采用在跨中附近 6 个节间钢桁加劲梁和主缆间单侧设置 3 对柔性中央扣。

采用气动翼板与桥面板中间开槽相结合的抗风措施，在钢桁加劲梁主跨中部 80 个节间范围内安装气动翼板。气动翼板安装在下检修道外侧的立柱上，分上下两层布置，两层气动翼板截面形心的间距为 1.0m。气动翼板在构造上参考飞机机翼的受力模式，将机翼自身独立受力调整为气动翼板与其内部骨架共同受力，并以骨架受力为主。气动翼板采用新型材料——特种工程塑料 PPS(聚苯硫醚)蒙皮。

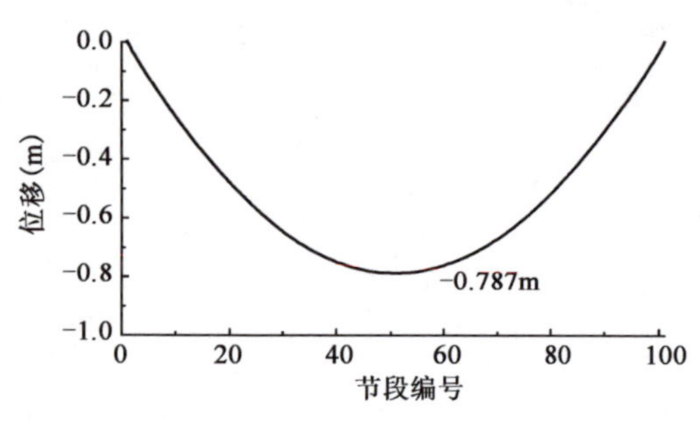

图 1.18 升温时桥梁位移图

b. 计算结果。

(a)加劲梁变形图(图 1.18～图 1.20)。

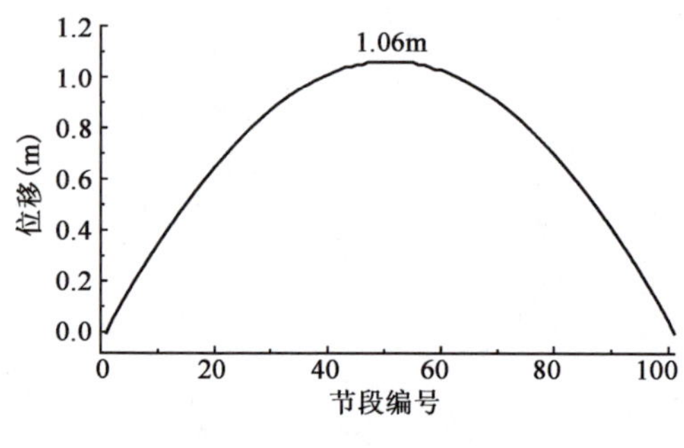

图 1.19 降温时桥梁位移图

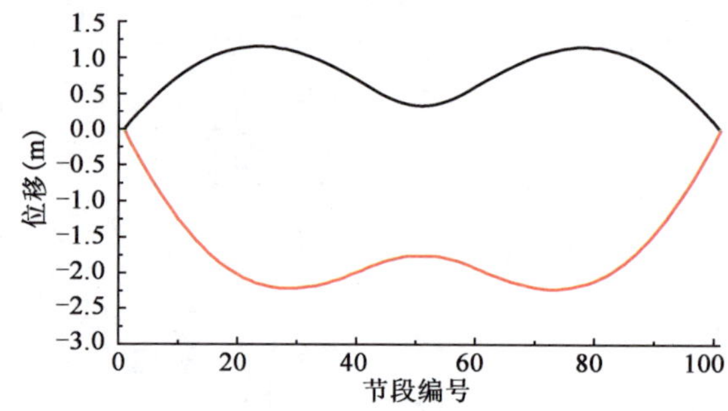

图 1.20 活载作用下加劲梁上弦杆竖向位移包络图

(b)加劲梁内力包络图(图 1.21～图 1.28)。

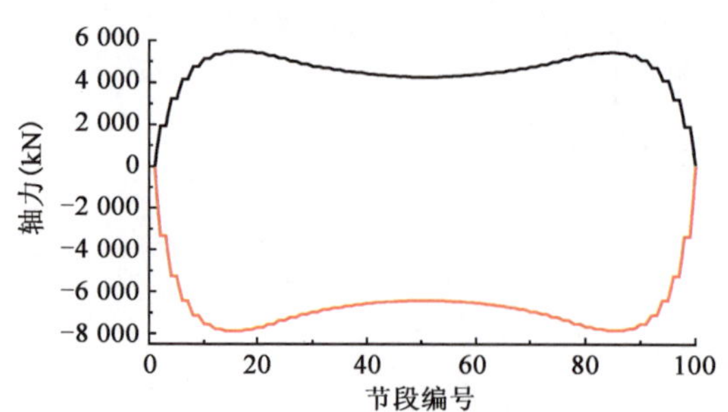

图 1.21 加劲梁上弦杆活载轴力包络图

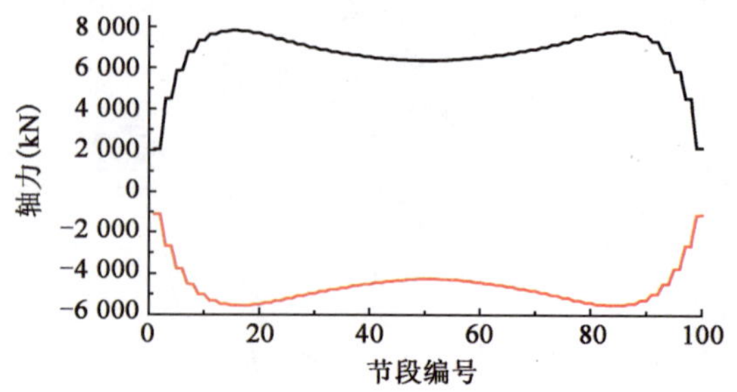

图 1.22 加劲梁下弦杆活载轴力包络图

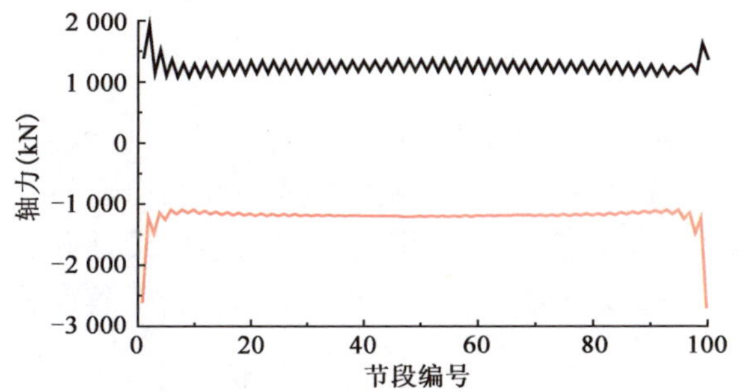

图 1.23 活载作用下加劲梁斜腹杆轴力包络图

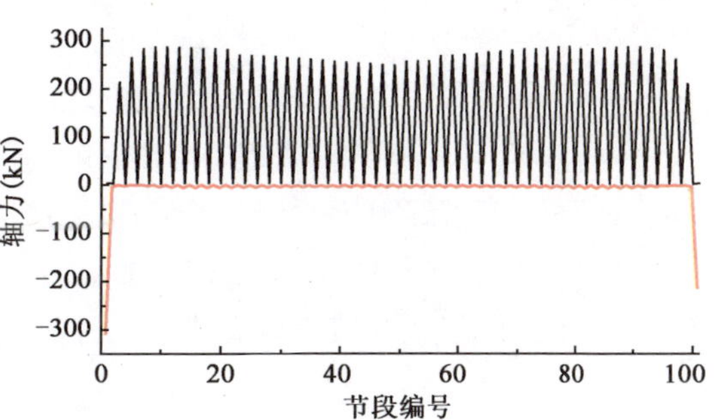

图 1.24 活载作用下加劲梁竖杆轴力包络图

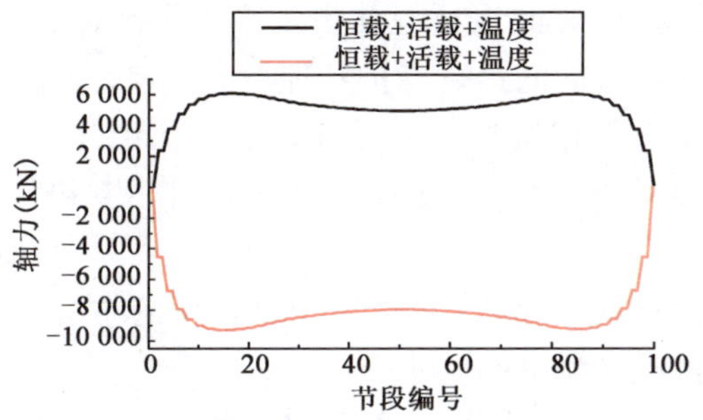

图 1.25 加劲梁上弦杆轴力包络图

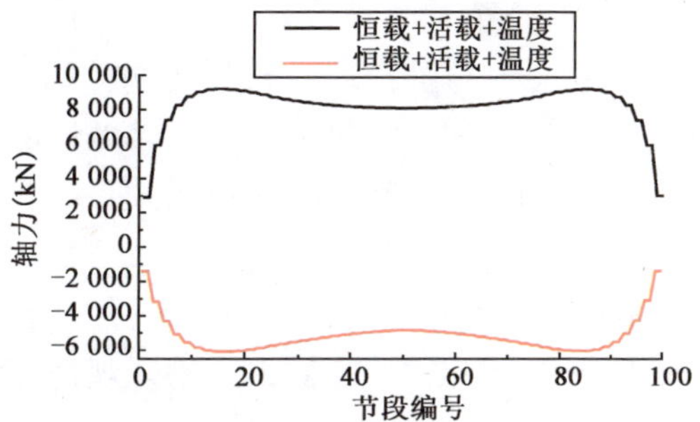

图 1.26 加劲梁下弦杆轴力包络图

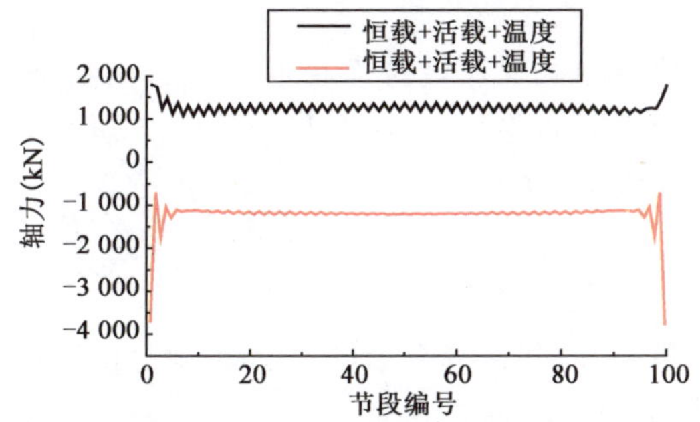

图 1.27 加劲梁斜腹杆轴力包络图

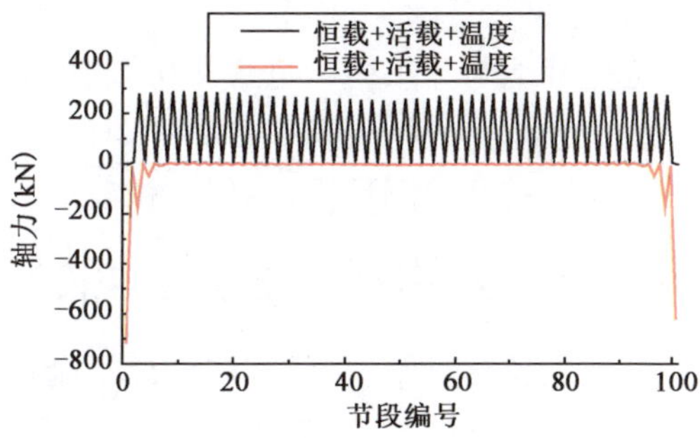

图 1.28 加劲梁竖杆轴力包络图

(c)加劲梁应力包络图(图 1.29、图 1.30)。

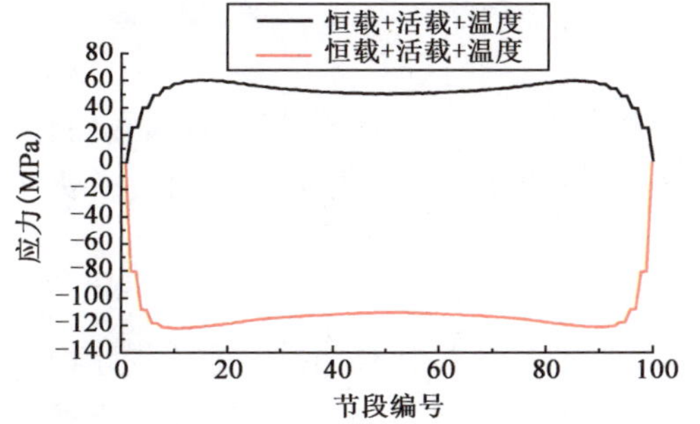

图 1.29 加劲梁上弦杆应力包络图

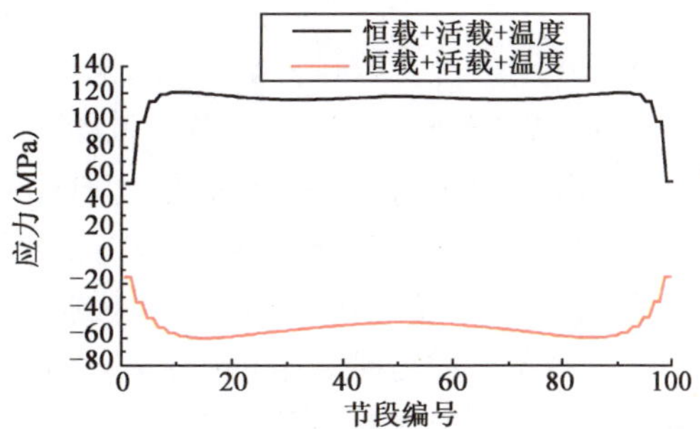

图 1.30 加劲梁下弦杆应力包络图

1.2.3 引桥设计

主桥和西引桥位于直线上，东引桥东面接大花哨大桥，路线平面设计为左右幅设计线分离式的双幅桥，于锚碇附近逐渐汇合成并列双幅桥，在东锚碇附近大花哨大桥左右幅桥分别设置了 R 为 1 100m 的平曲线，东锚碇布置位于曲线段。全桥纵坡布置根据路线的总体设计和关岭一号隧道的布置，变坡点设置在主跨中央，为非对称双向坡，2.2%接－1.0%，主跨设置曲线半径为 R 为 20 000m 的竖曲线。

1.2.4 大桥景观设计

大桥位于黄果树风景区内，对环境景观要求非常高，为此大桥总体设计在考虑平、纵线形设计、桥跨总体布置合理的同时，注重桥梁景观设计和日后的运营养护管理。

大桥平纵线形力求平面顺畅、纵坡均衡，在视觉上保持线形的连续性，使驾乘者和游人在心理和生理上有相当的安全感和舒适感，并与沿线环境相协调。使得大桥与周围环境和黄果树景区融为一体。

大桥桥面距离谷底约 370m，大桥纵断面线形设计成一个大凸拱形，与悬索桥的主缆线形组成优美的空中曲线，在桥下风景区观桥，感觉大桥犹如飘浮在空中。

在大桥景观设计方面，对全桥结构造型、色彩、各部分结构的美学元素构成，不同结构间的过渡，桥面系以及景观照明等进行系统的设计，使大桥不仅雄伟、美观，而且与周围环境协调和谐，相得益彰。

为更好地与黄果树风景区相协调，使大桥具有功能和景观双赢的效果，大桥设计时特别增设了桥头公园及大桥观光平台的景观设计，桥头公园主题的建筑造型、内部布展及景观绿化等设计都紧密结合周围环境，确保大桥能成为黄果树景区独特的新景点。

1.2.5 大桥健康与安全监控设计

针对大桥的日常管养，专门设计了全桥健康监测系统，并在宣教馆设置专门的健康监测监控室，使大桥的健康状况受到实时监控，以确保大桥的百年寿命。

1.3 面临的关键技术难题

(1)山区峡谷风场特性及风洞试验技术

坝陵河大桥项目通过风剖面和风场地形试验，系统研究了西部山区深切峡谷风场特性，形成了一套确定山区斜切峡谷桥梁设计风速的方法。通过风洞试验，获得了坝陵河大桥钢桁梁悬索桥的气动参数和改善结构抗风性能的方法。

(2)加劲梁气动优化及创新抗风措施

坝陵河大桥项目研制了桥梁新型工程塑料(PPS)气动翼板抗风装置，并通过节段模型试验揭示了风偏角变化对大跨径钢桁梁悬索桥颤振稳定性的影响规律，优化了依托工程的气动控制措施，保证了坝陵河大桥的抗风稳定性。

(3)钢桁加劲梁新型结构体系及创新架设技术

坝陵河大桥项目在国内悬索桥钢桁加劲梁架设中采用桥面吊机悬臂架设工法和两铰逐次刚接的钢桁加劲梁架设施工新技术，形成了山区钢桁加劲梁悬索桥施工成套技术。在国内采用悬索桥柔性中央扣纵向约束体系，有效减小了加劲梁纵向位移，改善了短吊索的疲劳性能。采用计算机技术，对钢桁梁悬索桥的施工架设进行仿真分析，并指导施工。

(4)钢桁加劲梁桥面吊机悬臂架设监控技术

坝陵河大桥项目结合桥面吊机的架设工艺，建立了钢桁梁悬索桥施工参数识别方法，完善了大跨度钢桁架加劲梁悬索桥施工监控计算理论，形成了钢桁梁悬索桥施工监控准则。

(5)隧道锚设计及施工创新技术

坝陵河大桥项目发展了岩溶发育地区隧道锚的勘察方法，提出了“多尺度岩体溶蚀率”的概念，建立了裂隙溶蚀岩体质量评价及力学参数确定方法，发展了现场隧道锚缩尺试验与数值模拟的反演方法，得到了隧道锚承载力尺寸效应的定量影响规律，解决了世界最大规模的大断面(21m×25m)、大倾角(53°)、小间距(7m)隧道锚的技术难题，提出了隧道锚的养护管理和提高耐久性的具体措施。

第2章

山区峡谷风场特性及风洞试验技术

2.1 桥址峡谷风场特性、风参数实测

2.1.1 山区峡谷风场特性、风参数研究的必要性和内容

坝陵河位于贵州省西南部，属珠江水系北盘江流域，北部为石山山原山地和盆地，海拔较高，地形起伏较大；南部为低中山，低山丘陵。区内河流切割侵蚀强烈，地形破碎，岩溶发育明显，坡度大，地表常处于干旱缺水状况。按照气候带的划分标准，该地区为典型的中亚热带季风湿润气候区，雨热同季，多云寡照，四季分明，具有温和，春干夏雨的气候特点。

坝陵河大桥地处高山峡谷之间，桥位处的山地气象条件与河流、平原地区存在明显差异。与沿海和平原地区风速相比，山区峡谷阵风强烈、频繁，紊流强度大，非平稳特性突出。如图 2.1和图 2.2 所示，坝陵河大桥为国内首座单跨超过千米的钢桁加劲梁悬索桥，主跨跨径为 1 088m。图 2.3 为该桥桥位附近的地形图，从图中可见：桥位处两侧山顶最高处约 1 200m，镇宁侧稍低；谷底高程 679.948m，峡谷深 560m；关岭侧山坡较陡，镇宁侧坡稍缓，谷顶宽度介于 2～2.5km。大桥在两侧山腰约 2/3 高度处跨越坝陵河峡谷。两桥塔坐落在峡谷两侧的山坡上，镇宁侧桥塔（以下简称镇宁塔）承台顶面高程 965.000m，塔顶高程1 153.988m；关岭侧桥塔（以下简称关岭塔）承台顶面高程 956.000m，塔顶高程 1 160.516m。在镇宁塔处、主跨跨中和关岭塔处，加劲梁桥面高程分别是 1 040.725m、1 048.341m 和 1 047.253m。

图 2.1 坝陵河大桥所跨越的深切峡谷地貌

大桥结构跨度大、结构自振频率低，对风作用非常敏感。运营和施工中的抗风安全是坝陵河大桥设计的一项控制因素，因而需要开展桥位处山区峡谷自然风风场特性、风参数的实测研究工作，为坝陵河大桥的抗风设计提供合理的风参数。

本章的主要研究内容如下：

(1)通过在桥位与邻近气象站开展不同地形处风速的同步观测，以及低空相控阵声雷达（风廓线仪）对大桥中部位置进行大气边界层 500m 高度范围内各高度风速观测，研究山区峡谷平均风速场的空间分布规律，计算桥位不同高度不同重现期的极值风速。

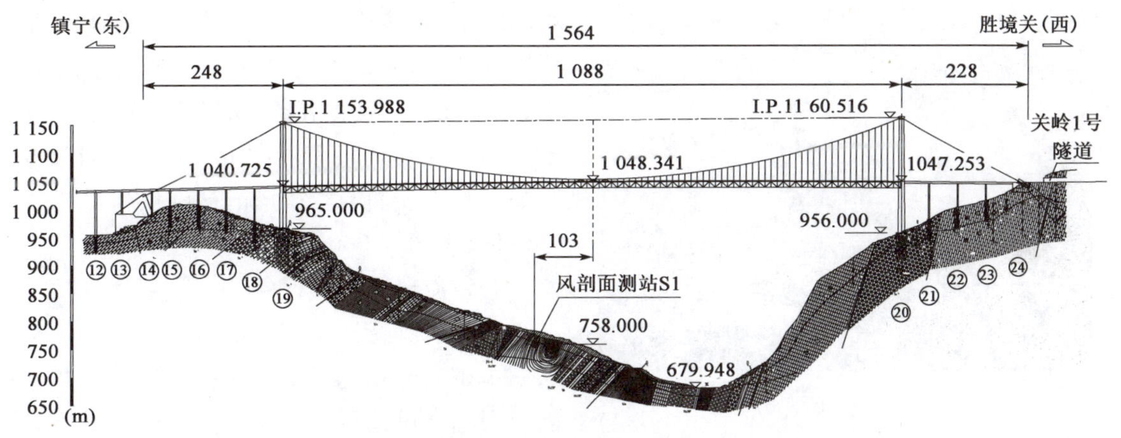

图 2.2 坝陵河大桥总体布置图(尺寸单位:m)

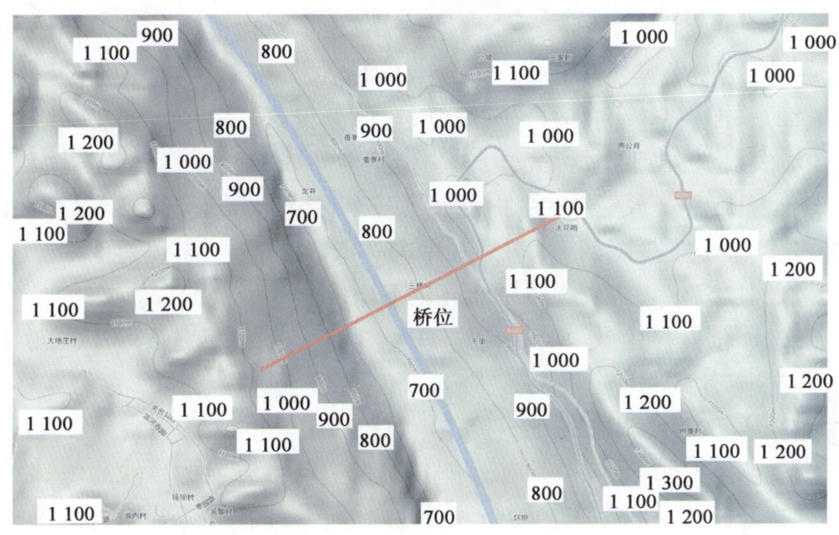

图 2.3 桥位附近地形图

(2)利用超声风速仪开展桥位风紊流特征观测,分析研究桥址风紊流特征,包括紊流强度、阵风因子、风攻角等风参数。

(3)总结山区峡谷风场特性及风参数研究成果,为坝陵河大桥的抗风设计提供合理的风参数,为我国西部类似桥梁工程的抗风设计提供基础性资料。

2.1.2 山区峡谷风场实测技术及实测结果

1)山区峡谷风场实测技术

(1)紊流观测

①观测点位置。

受到研究经费的限制,对桥位处的紊流特征观测只在一个位置上进行。由于对大跨径桥梁风致振动来说作用在桥面上的脉动风荷载是最主要的,因此观测高度应在桥面高度附近。考虑到桥位处的局部地形条件、观测塔架的建设成本以及为了减少施工活动和设备等对紊流

图 2.4 观测塔架现场

观测的干扰，最终把观测塔架位置选在大桥东桥塔（镇宁塔）北面约 100m 处、公路边的山坡上（见图 2.4），钢塔架高 65m（不含避雷针），避雷针基座顶端离塔架基础顶面 69m（图 2.5），观测塔基础顶面与东桥塔的基础顶高程基本相当，可取为 965.000m。

②紊流风速测量设备。

紊流风的特性研究要求同时获取瞬时风速的三个正交分量，且采样频率不低于 10Hz，故需使用超声风速仪。考虑到桥址处主要受季风和局部大风影响，风速超过 40m/s 的概率较低，因此，经过大量的调研工作，决定选用由美国 RM Young 公司生产的81000型超声风速仪（图 2.6）。主要性能如下：可测量三维瞬时风速；采样频率 4～32Hz；风速量程40m/s；测量精度±0.1%±0.05m/s。

超声风速仪的采样频率较高，适合于脉动风速的测量，但其抗雨性能较差，在大雨的情况下，残留在超声波发射/接收头上的雨滴会对测量精度造成影响。为此，还附加了一套由一个 RM Young 05103 螺旋桨式水平风速风向探头和一个 RM Young 27106 螺旋桨式垂直风速探头组成的三维机械式风速仪（图 2.7），采样频率为 2Hz，用来与超声风速仪同步测量桥面高度处的三维平均风速，以确保恶劣天气下桥面高度平均风的测量精度。

两套风速仪共用一套由美国 Campbell Scientific 公司生产的 CR1000 数据采集器（图 2.8），该采集器配有 CFM100 存储连接模块和 CFMC1G 17407 1G 存储卡，可进行自动数据记录。整个系统由一套 50W 太阳能直流供电系统供电。

如图 2.9 所示，超声风速仪安装塔架西侧伸向大桥跨中方向的挑臂的端部。机械风速仪的水平风速风向探头安装在塔架东侧伸向大桥边跨的挑臂的端部，竖向风速探头安装在挑臂上离端部 1.2m 处。两个挑臂长度均为 3m，风速仪离地约 62.6m 高度，绝对高程约 1 027.6m。而大桥跨中桥面的高程为 1 048.341m，镇宁侧和关岭桥塔处桥面高程分别为 1 040.725m 和1 047.253m。因此，观测塔风速仪高度比镇宁塔处的桥面高度低了约 13m，比跨中桥面高程低了约 21m，比关岭塔处的桥面高程低了约 20m。

数据采集设备、电池等安装在塔架附近的小屋内，风速信号采用专用信号线传输。在塔架顶端安装了一根竖向避雷针，在风速仪附近安装了 3 根水平投影互成 120°的斜向避雷针，配合直流供电系统和数据信号线防雷装置，组成了整个风速观测系统的防雷系统。

（2）气象观测

①观测点位置。

为了建立周边气象站和桥位处的风速相关关系，气象观测是实现山区峡谷风场实测技术之一。2006 年 3 月 15 日，坝陵河大桥 69m 气象观测铁塔建成后，大桥北岸架设了一个平均风速观测站，如图 2.10 所示。同时，在关岭气象站、镇宁气象站设置了 2 个小型气象站（图 2.11 和图 2.12），进行同步风速、温度等测量和记录。

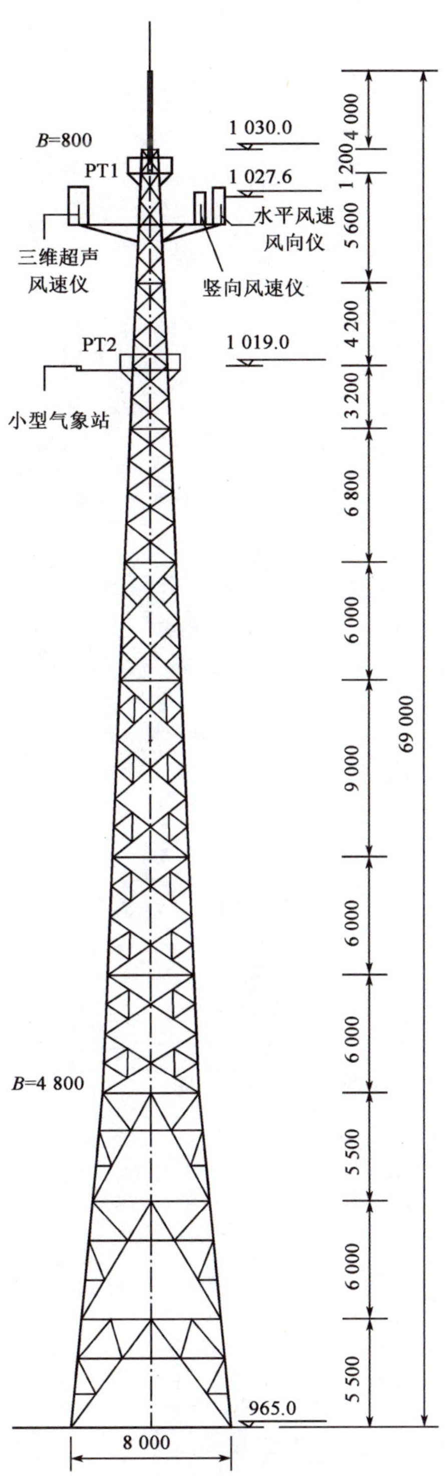

图 2.5　观测塔架(尺寸单位:mm)

图 2.6　Young 8100 三维超声风速仪

a) Young 05103两维水平风速风向仪

b) Young 27106一维竖向风速仪

图 2.7　螺旋桨式机械风速仪

图 2.8　Campbell CR1000 数据采集器

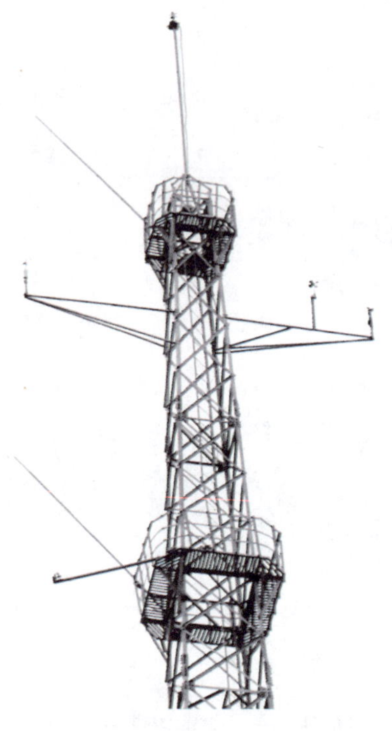

图 2.9 安装在观测塔架上的风速仪[左(西)：超声风速仪；右(东)：机械风速仪]

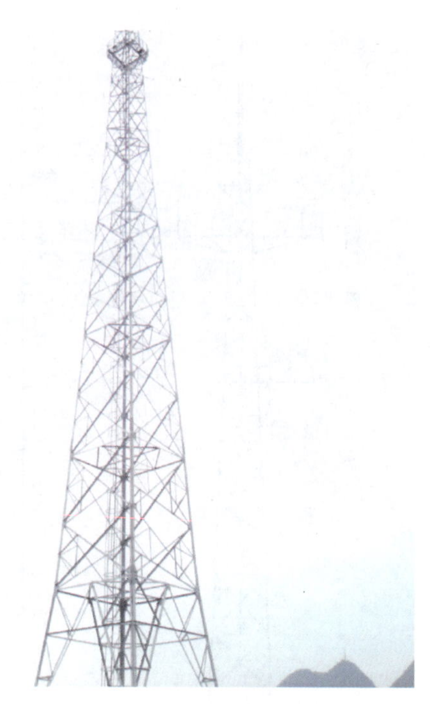

图 2.10 坝陵河北岸风速观测铁塔及观测站

图 2.11 关岭风速观测铁塔及观测站

图 2.12 镇宁风速观测传感器设备

小型气象站的具体位置如下：

a. 坝陵河大桥桥位自动站，东经 105°38′05″，北纬 25°57′49″，海拔 1 019m，离地 54m。

b. 关岭自动站，东经 105°37′48″，北纬 25°55′48″，海拔 852m，离地 10m。

c. 镇宁自动站，东经 105°45′47″，北纬 26°03′00″，海拔 1 279m，离地 10m。

②平均风速观测设备。

平均风速观测仪器采用美国戴维斯的数字自动气象站 WeatherLink for Vantage Pro，如图 2.13 所示，其中的风速仪为风杯式风速仪。

根据观测内容的需要，开发出了“数据分析采集系统”和“历史资料整理系统”两个应用软件。“数据分析采集系统”对从平均风速自动站采集到的大量的实时数据进行分析整理后提取出如下数据，并用文本的形式输出：

a. 逐日 24 次正点 10min 平均风速、风向以及风时。

b. 逐日 10min 平均最大风速、风向以及风时。

c. 逐日瞬时最大风速、风向以及风时。

由于设备易因雷击损坏或自然损坏，需及时购买新的组件更换，并恢复数据的观察和采集，以保证风速观测的正常进行。

(3)风廓线观测

①观测点位置。

经过对坝陵河大桥桥址附近峡谷地形和桥下三棵树村房屋条件、供电条件的实地考察，确定了风廓线仪的两个观测位置，如图 2.14 所示，其中 S1 测站设为主测站，其位于大桥的下游约 299m，沿大桥轴向离开跨中向镇宁塔约 103m，高程约 758m；S2 测站为备用测站，其位于大桥的下游约 322m 处的一个小山包上，接近跨中位置，高程约 730m，距 S1 测站的水平直线距离约 106m。主测点 S1 的位置如图 2.15 所示。在 S1 主测站有一石结构的民房，可供存放仪器设备，并可供电源，测试时，声雷达被安装在民房地平屋顶上。测点 S1 测量环境如图 2.16 所示。在 S2 处无民房，需临时从 S1 测站接电源，测量条件较恶劣，因此，只有在 S1 测站测量期间遇到大风并且在安全条件许可的情况下，才会把设备移往该处进行临时测量。

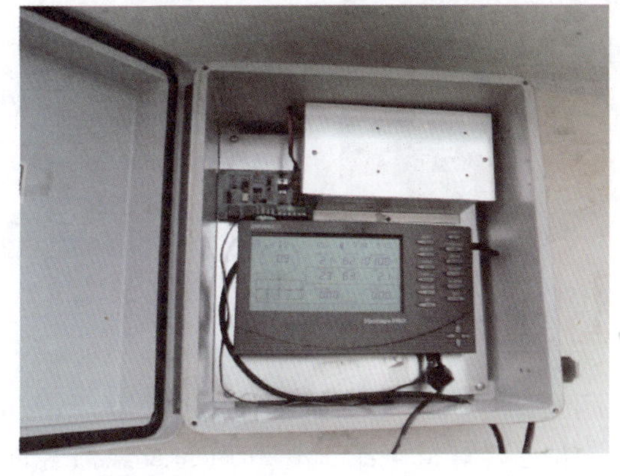

图 2.13 平均风速观测站数据采集器

图 2.14 测点位置地形照片

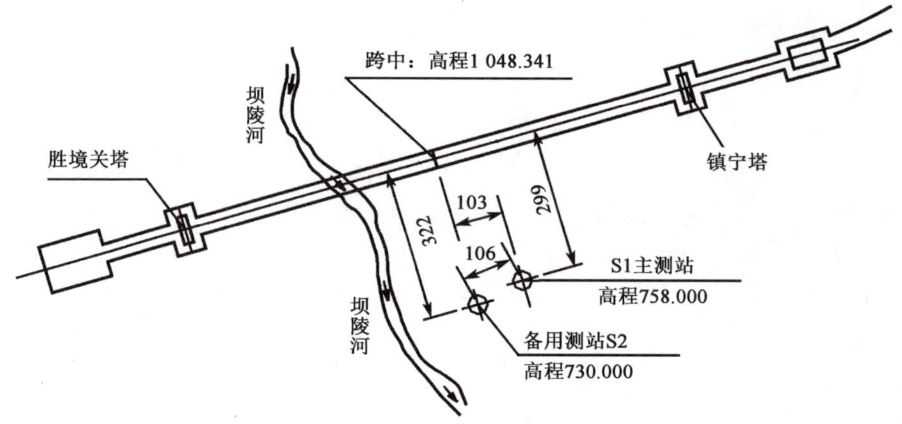

图 2.15　测点位置平面示意图(尺寸单位:m)

图 2.16　S1 测站照片

②风廓线观测设备。

风廓线的观测采用了由德国 SCINTEC 公司生产的 MFAS 型 SODAR 相控阵声雷达风廓线仪系统(图 2.17)进行风廓线的实测。该声雷达能够测量三维风速和风向及紊流竖向剖面,其主要性能指标见表 2.1。主要附件有:MFASNS 标准声音屏蔽设备、MFAPAE 主设备供电单元、MFAHEA 天线加热设备和 MFAPHE 天线加热设备供电单元。

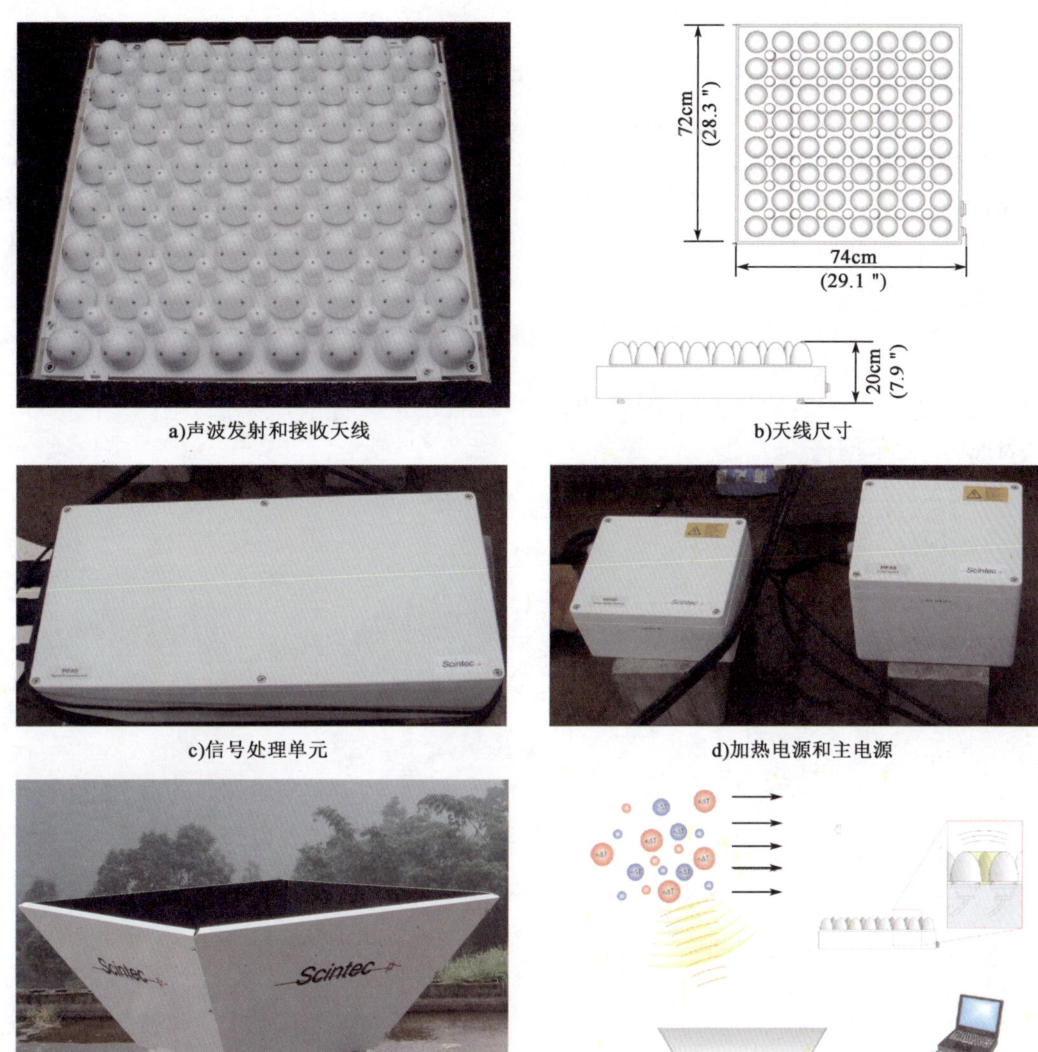

a)声波发射和接收天线　　b)天线尺寸

c)信号处理单元　　d)加热电源和主电源

e)标准隔音罩　　f)工作原理图

图 2.17　MFAS SODAR 风廓线仪

MFAS 型 SODAR 相控阵声雷达风廓线仪主要性能指标　　表 2.1

工 作 频 率	1 650～2 750MHz	垂直风速测量精度	0.03～0.1m/s
最低探测高度	20m	风向测量精度	2°～3°
最高探测高度	1km	水平风速量程	−50～50m/s
垂直高度分辨率	10～250m*	垂直风速量程	−10～10m/s
水平风速测量精度	0.1～0.3m/s		

注：* 表示实际测量厚度与测量层厚有关，并受天气和周围声环境的影响。

2)山区峡谷风场实测结果

(1)紊流风特性实测结果

紊流观测系统于2006年7月上旬安装就位并进行了一个多月的试运行和现场调试工作，2006年8月18日开始转入正式运行阶段。期间，由于天气、鼠害等恶劣的野外自然条件所引起的冬季和连续长时间阴雨雪天太阳能电池日照不足、线路被老鼠咬断、仪器故障等因素造成了某些时段的数据记录中断。此外，虽然安装了避雷系统，但超声风速仪还是于2007年6月遭雷击，不再记录数据。由于经费有限，无法再添置一台超声风速仪，因此，遭雷击后只有机械风速仪仍在正常运行。

由于机械风速仪的采样频率较低，因此，紊流风特性的分析是基于超声风速仪于2006年7月至2007年6月这一年内的有效记录数据展开的。图2.18给出了在坝陵河大桥桥位处测得的典型强风样本的风速时程曲线，从图中可以看出，峡谷风的脉动强度比平原地区的脉动强度大，表现出较大的不平稳性。

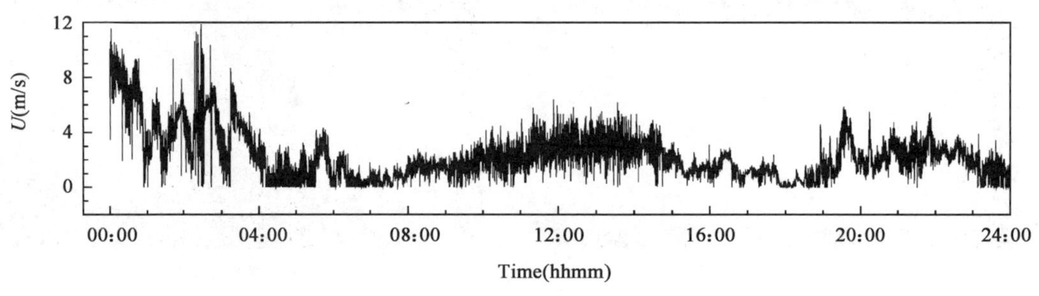

图2.18 风速时程实例

①阵风因子。

风的脉动强度也可以用阵风因子G_u来表示，阵风因子一般定义为一定时距内的最大瞬时风速$\hat{U}$与该时距的平均风速U之比

$$G_u = \frac{\hat{U}}{U} = 1 + \frac{\hat{u}}{U} \tag{2.1}$$

式中，$\hat{U}=U+\hat{u}$。在本书中，平均风速时距按《公路桥梁抗风设计规范》(JTG/T D60-01—2004)取10min。考虑到实际记录数据可能会受到各种因素的干扰，因此直接取风速记录数据中的最大值作为瞬时风速的方法往往是不可靠的。因此，最大瞬时风速一般取为10min中时段内所有1～3s时距平均风速($\overline{U}_{3s}$)的最大值，这里瞬时风速的统计时距取为3s，即

$$\hat{U} = \max(\overline{U}_{3s}) = 1 + \max(\overline{u}_{3s}) \tag{2.2}$$

$$\overline{U}_{3s} = U + \overline{u}_{3s} \tag{2.3}$$

这样，阵风因子可按下式计算

$$G_u = \frac{\max(\overline{U}_{3s})}{U} = 1 + \frac{\max(\overline{u}_{3s})}{U} \tag{2.4}$$

图2.19为根据观测得到的样本数据得到阵风因子与10min平均风速的关系图，表2.2为不同风速范围阵风因子的散布区间和平均值，其中实测数据只考虑平均风速不低于1.5m/s的情况。从图2.19和表2.2可见，和风攻角与平均风速的关系类似，阵风因子数值的离散度

也较大，而且其离散度同样是随着风速的增加而降低。最大阵风因子为3.75，对应的风速为1.84m/s，最小阵风因子为1.05，对应的风速为1.97m。在风速达到7m/s左右前，各风速区间阵风因子的平均值随着风速的增加有下降的趋势；当风速达到7m/s左右后，各风速区间阵风因子的平均值随着风速的增加有上升的趋势，但是，从总体上看，各风速区间阵风因子的平均值随风速增加而变化的幅度不是太大，在1.3～1.6之间变化。在考虑平均风速大于1.5m/s的全部实测数据的情况下，阵风因子的平均值为1.50，而只考虑平均风速大于8m/s的实测数据时，阵风因子的平均值为1.45。

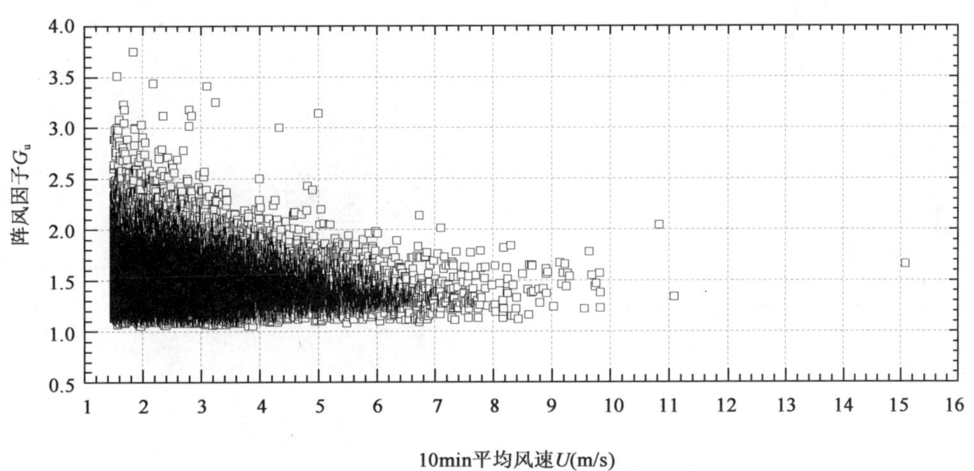

图2.19　桥位处桥面高度的阵风因子与风速关系

不同风速范围阵风因子的散布区间和平均值　　表2.2

风速范围(m/s)		[1.5, 2.0)	[2.0, 3.0)	[3.0, 4.0)	[4.0, 5.0)	[5.0, 6.0)	[6.0, 7.0)	[7.0, 8.0)
阵风因子G_u	区间	1.05～3.75	1.06～3.44	1.05～3.41	1.09～3.00	1.08～3.14	1.09～2.14	1.11～2.01
	平均	1.55	1.50	1.47	1.44	1.40	1.37	1.38
风速范围(m/s)		[8.0, 9.0)	[9.0, 10.0)	[10.0, 11.0)	[11.0, 12.0)	[15.0, 16.0)	≥1.5	≥8
阵风因子G_u	区间	1.12～1.84	1.22～1.78	2.04*	1.34*	1.66*	1.05～3.75	1.12～2.04
	平均	1.41	1.49	—	—	—	1.50	1.45

注：*表示该风速范围只有一个数据，不统计平均值。

图2.20为不同风速范围情况下阵风因子分布的概率密度。由此可见，在考虑风速大于1.5m/s的全部数据的情况下，阵风因子在1.4左右的发生概率最大。当平均风速大于4m/s时，阵风因子大概在1.09～3.14之间变化，发生概率最大的值仍然是1.4左右。平均风速大于6m/s时，阵风因子在1.05～2.2之间变化，发生概率最大的值在1.3左右。平均风速大于8m/s时，阵风因子在1.1～2.1之间变化，发生概率最大的值在1.2～1.6之间。平均风速大于9m/s时，阵风因子在1.2～2.1之间变化，发生概率最大的值在1.2～1.7之间。平均风速大于10m/s的情况只出现3次，阵风因子在1.3～2.1之间变化，分别为1.34、1.66和2.04。总体上看，坝陵河大桥桥位处峡谷中的阵风因子较平原地区大。

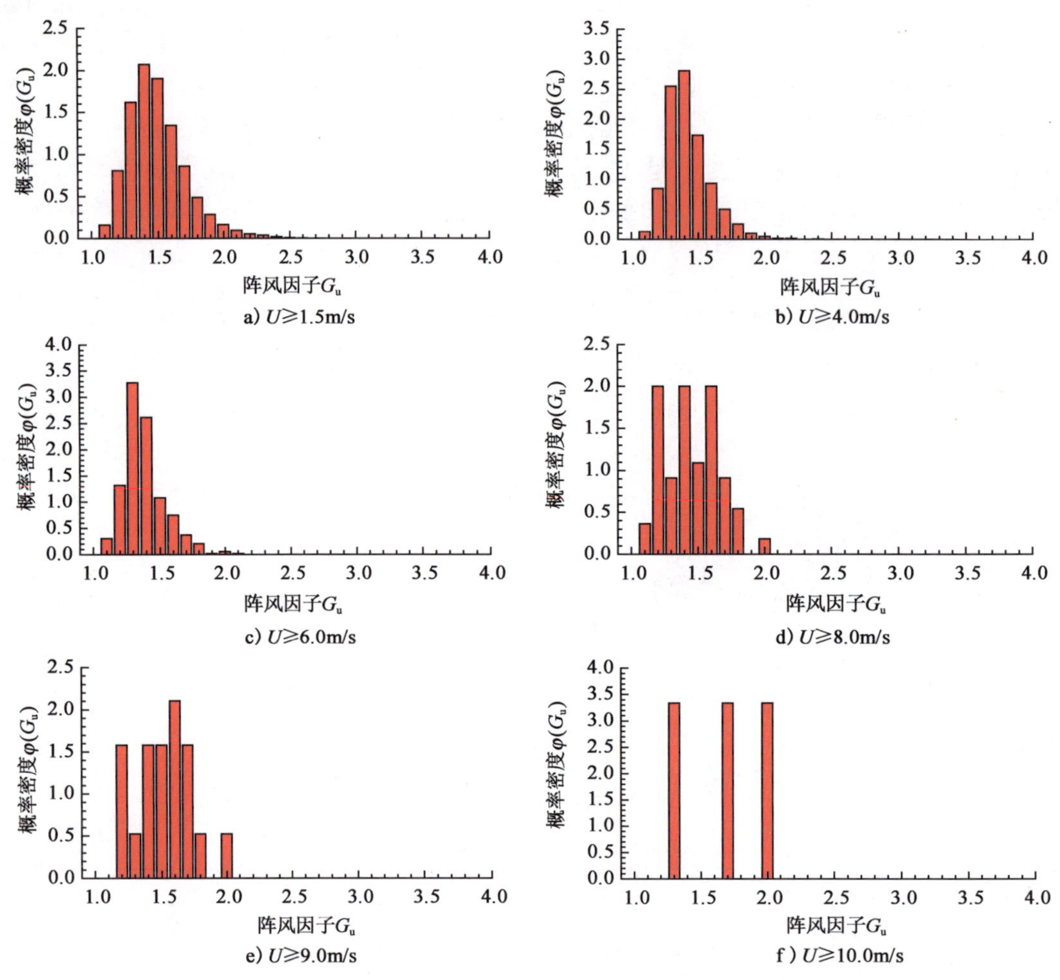

图 2.20　不同风速范围阵风因子分布的概率密度

②紊流强度。

脉动风速的根方差表征了紊流中风速脉动的强度，有时也被称为绝对的紊流强度。然而，在实际应用中往往用无量纲的相对紊流强度来表征紊流中风速的脉动强度，它定义为标准时距内脉动风速根方差与平均风速之间的比值

$$I_i=\frac{\sigma_i}{U}\qquad(i=u,v,w)\tag{2.5}$$

式中：σ_u、σ_v、σ_w——分别表示顺风向、水平横风向和竖向脉动风速 $u(t)$、$v(t)$和 $w(t)$的根方差；

I_u、I_v、I_w——分别为顺风向、水平横风向和竖向相对紊流强度。

由于在大多数情况下都是使用相对紊流强度来表示紊流风速的脉动强度，因此，相对紊流强度常被简称为紊流强度，或紊流度。紊流度是用来确定结构脉动风荷载的关键参数之一。

图 2.21～图 2.23 分别给出了在坝陵河大桥桥位处峡谷中测得的顺风向紊流度 I_u、水平横风向紊流度 I_v 和竖向紊流度 I_w 与平均风速之间的关系图，其中平均风速不低于 1.5m/s。表 2.3 给出了不同风速范围紊流度数值的散布区间和平均值。

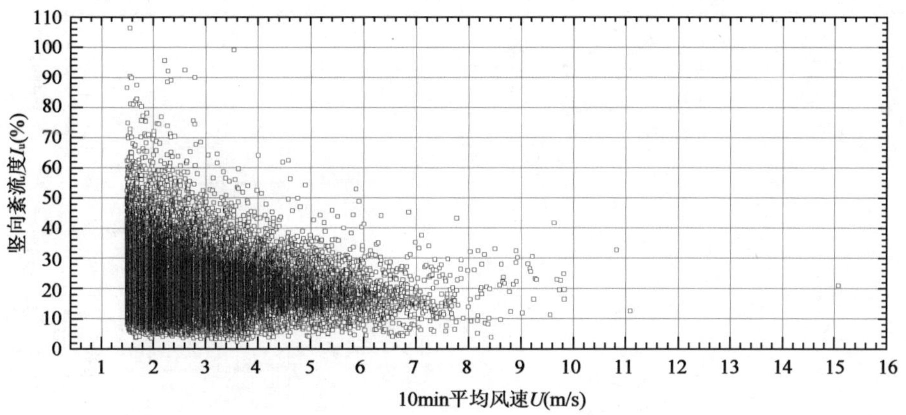

图 2.21 顺风向紊流度 I_u 和平均风速 U 的关系图

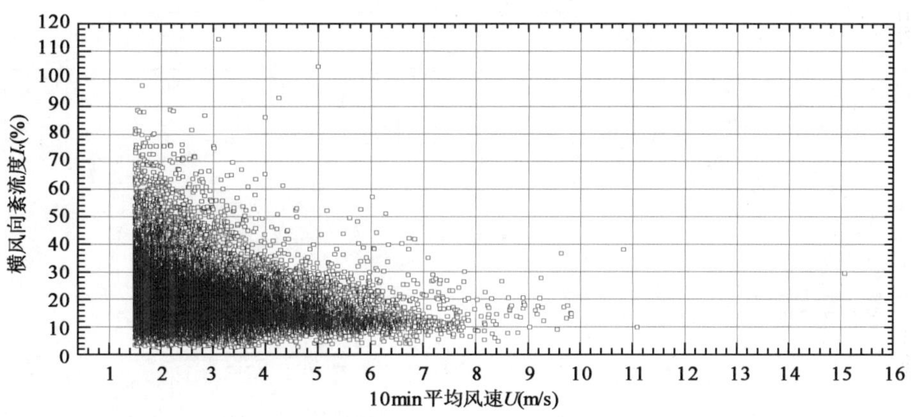

图 2.22 水平横风向紊流度 I_v 和平均风速 U 的关系图

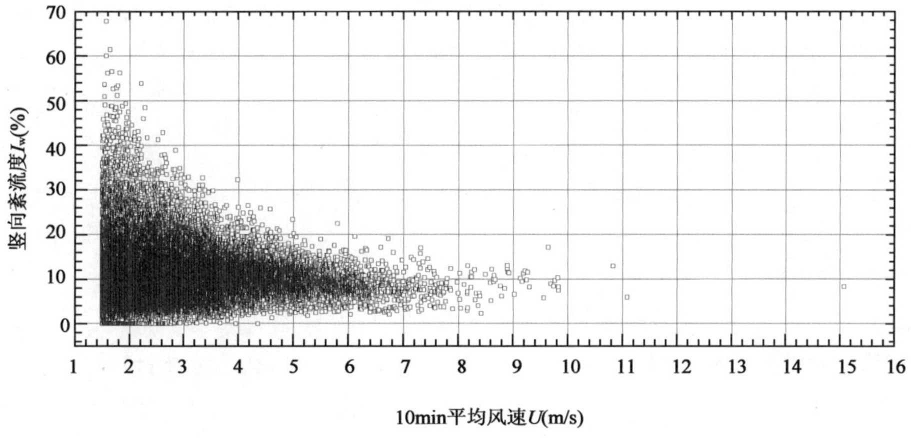

图 2.23 竖向紊流度 I_w 和平均风速 U 的关系图

不同风速范围紊流度的散布区间和平均值　　表 2.3

风速范围(m/s)		[1.5, 2.0)	[2.0, 3.0)	[3.0, 4.0)	[4.0, 5.0)	[5.0, 6.0)	[6.0, 7.0)	[7.0, 8.0)
I_u(%)	区间	3.63～106.37	3.56～95.65	2.30～99.2	3.93～64.21	4.63～53.13	4.19～45.37	5.86～43.42
	平均	24.53	22.51	21.02	20.19	18.57	17.15	17.31
I_v(%)	区间	2.4～97.54	2.49～88.85	2.5～114.35	2.78～93.10	3.81～104.41	3.96～57.10	5.43～35.10
	平均	22.95	20.28	18.25	16.56	14.81	13.97	14.13
I_w(%)	区间	0.00～67.78	0.00～53.88	0.00～32.85	0.00～26.49	1.78～22.47	2.1～19.63	2.76～17.06
	平均	12.00	11.38	11.06	10.58	9.45	8.40	7.99
风速范围(m/s)		[8.0, 9.0)	[9.0, 10.0)	[10.0, 11.0)	[11.0, 12.0)	[15.0, 16.0)	≥1.5	≥8
I_u(%)	区间	3.94～33.14	11.36～41.74	32.76*	12.61*	20.99*	2.30～106.37	3.94～41.74
	平均	19.06	22.82	—	—	—	22.21	20.76
I_v(%)	区间	4.74～26.48	9.08～36.69	38.14*	9.86*	29.33*	2.4～114.34	4.74～38.14
	平均	13.91	17.03	—	—	—	19.81	15.47
I_w(%)	区间	2.29～13.13	5.80～17.17	12.95*	5.92*	8.36*	0～67.78	2.29～17.17
	平均	8.42	9.71	—	—	—	11.25	8.83

注：* 表示该风速范围只有一个数据。

从图 2.21～图 2.23 和表 2.3 中可以看到，与阵风因子的特点相似，各方向的紊流度实测数值的离散度很大，且低风速时的紊流度要大于高风速时的紊流度。随着风速的增加，各方向的紊流度值及其离散程度都呈下降趋势。当平均风速在 2m/s 左右时，I_u 和 I_v 有时可超过 60%，甚至超过 90%，I_w 也有出现超过 40%，甚至超过 60%的情况，这主要是由于平均风速过小加上峡谷中紊流的风速脉动较强的原因所造成。在风速达到 7m/s 左右前，各风速区间紊流度的平均值随着风速的增加有下降的趋势；当风速达到 7m/s 左右后，各风速区间紊流度的平均值随着风速的增加有上升的趋势，但是，从总体上看，各风速区间紊流度的平均值随风速增加变化不是太大，I_u、I_v 和 I_w 的各风速区间平均值分别介于 17%～25%、13%～23%和 8%～12%之间。在考虑平均风速大于 1.5m/s 的全部实测数据的情况下，I_u、I_v 和 I_w 的平均值分别为 22.2%、19.8%和 11.3%，而只考虑平均风速大于 8m/s 的实测数据时，I_u、I_v 和 I_w 的平均值分别为 20.8%、15.5%和 8.8%。

图 2.24～图 2.26 则是在不同风速范围情况下，各方向紊流度分布的概率密度。由此可见，当平均风速超过 4m/s 时，I_u、I_v 和 I_w 分别超过 35%、30%和 18%的概率都很小。对于平均风速分别大于 1.5m/s、4m/s、6m/s 和 8m/s 时，发生概率最大的 I_u 值分别为 20%左右、16%左右、15%左右和 20%～24%；发生概率最大的 I_v 值分别为 16%左右、12%左右、12%左右和 8%～20%；发生概率最大的 I_w 值分别为 9%左右、9%左右、8%左右和 6%～12%。

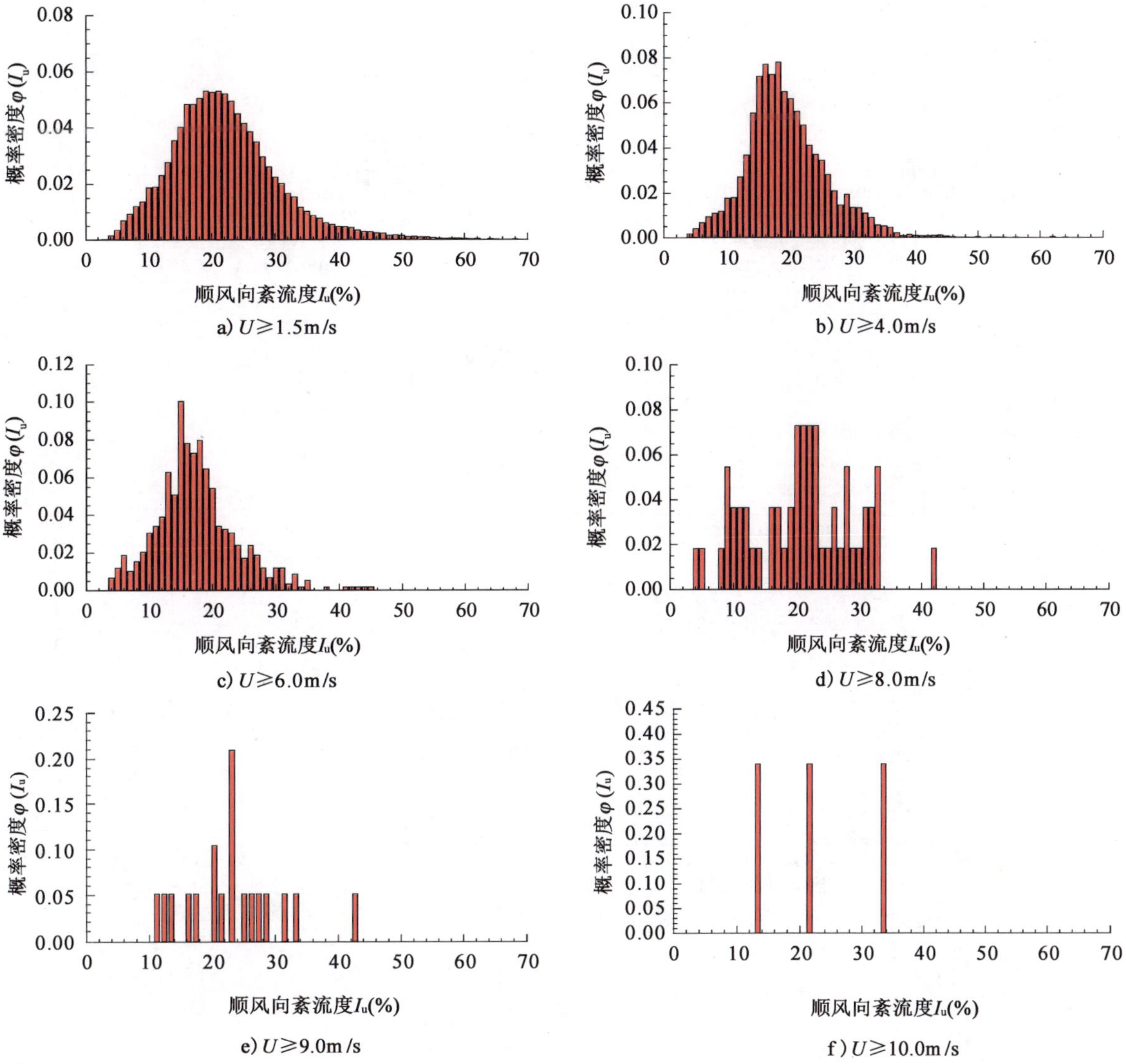

概率密度 $\varphi(I_u)$

顺风向紊流度 I_u(%)

a) $U \geqslant 1.5$m/s

b) $U \geqslant 4.0$m/s

c) $U \geqslant 6.0$m/s

d) $U \geqslant 8.0$m/s

e) $U \geqslant 9.0$m/s

f) $U \geqslant 10.0$m/s

图 2.24　不同风速范围顺风向紊流度 I_u 分布的概率密度

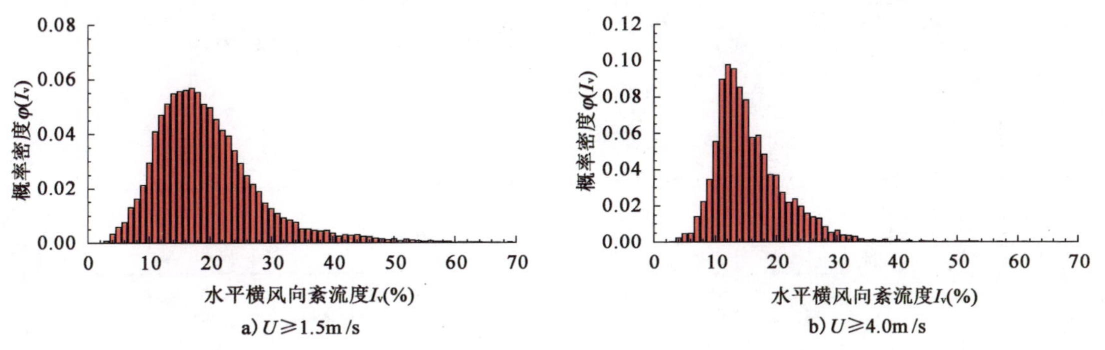

a) $U \geqslant 1.5$m/s　　b) $U \geqslant 4.0$m/s

图　2.25

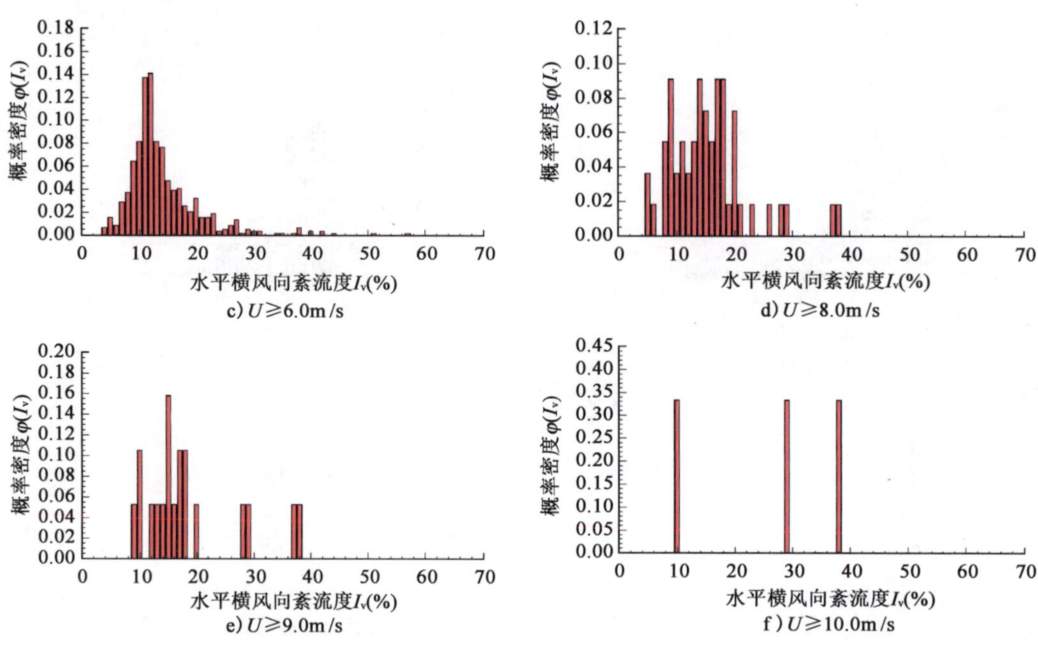

图 2.25　不同风速范围水平横风向紊流度 I_v 分布的概率密度

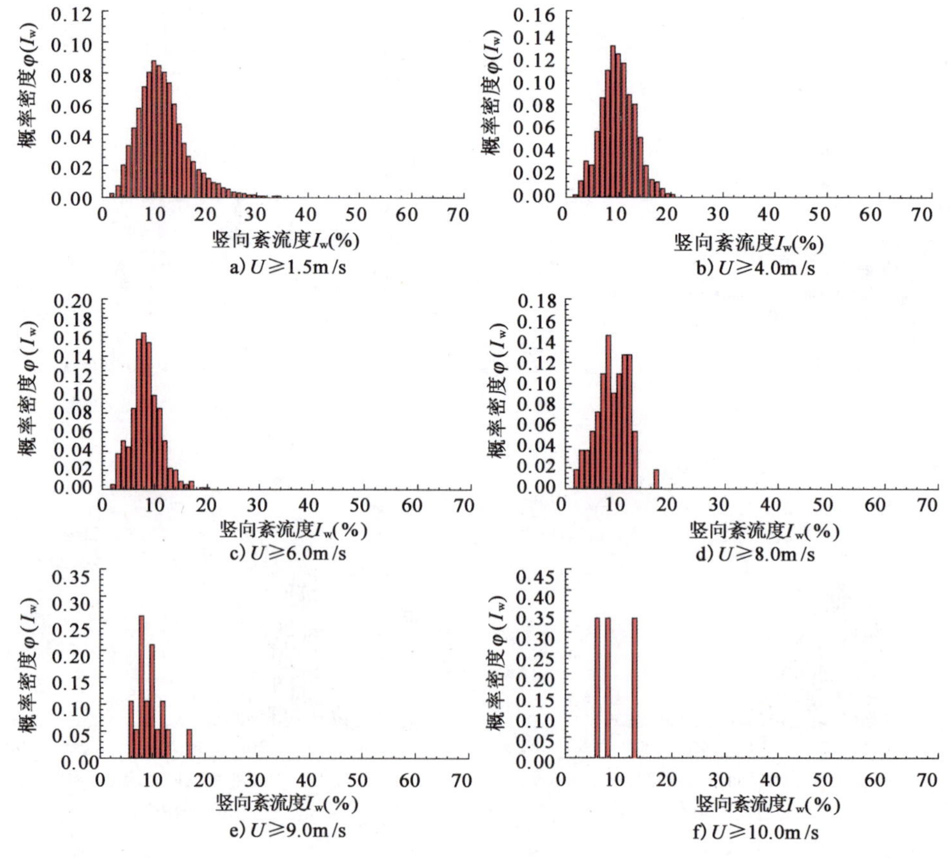

图 2.26　不同风速范围竖向紊流度 I_w 分布的概率密度

图 2.27 和图 2.28 分别显示了横风向紊流度和竖向紊流度与顺风向紊流度之间的比值(I_v/I_u 和 I_w/I_u)与风速之间的关系。表 2.4 给出了不同风速范围紊流度比值 I_v/I_u 和 I_w/I_u 的散布区间和平均值。从图 2.27、图 2.28 和表 2.4 中可以看到,与紊流度的特点相似,各方向的紊流度比值 I_v/I_u 和 I_w/I_u 实测数值的离散度也很大,且低风速时的 I_v/I_u 和 I_w/I_u 值要大于高风速时的相应值。随着风速的增加,各方向的紊流度值及其离散程度都呈下降趋势。当平均风速在 2m/s 左右时,I_v/I_u 和 I_w/I_u 值的有时可分别超过 3.0 和 1.5,甚至分别接近 5 和 2,这主要是由于平均风速过小加上峡谷中紊流风速的不稳定性所造成。

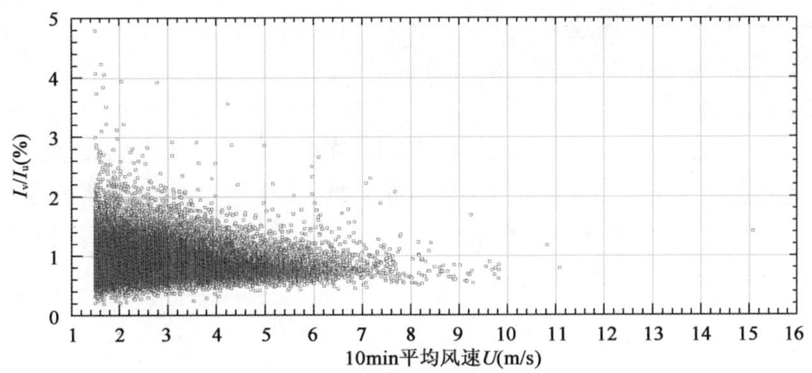

图 2.27 水平横风向紊流度与顺风向紊流度之比 I_w/I_u 和平均风速关系

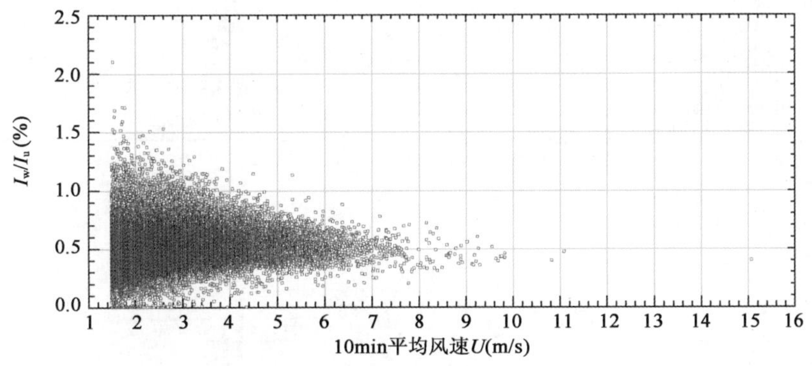

图 2.28 竖向紊流度与顺风向紊流度之比 I_v/I_u 和平均风速关系

不同风速范围紊流度比值的散布区间和平均值 表 2.4

风速范围(m/s)		[1.5, 2.0)	[2.0, 3.0)	[3.0, 4.0)	[4.0, 5.0)	[5.0, 6.0)	[6.0, 7.0)	[7.0, 8.0)
I_v/I_u	区间	0.188~4.782	0.195~3.933	0.233~2.903	0.306~3.544	0.411~2.845	0.433~2.645	0.454~2.297
	平均	0.968	0.930	0.895	0.838	0.811	0.828	0.853
I_w/I_u	区间	0~2.100	0~1.585	0~1.284	0~1.138	0.157~1.129	0.185~0.876	0.202~0.776
	平均	0.484	0.508	0.535	0.538	0.523	0.501	0.480
风速范围(m/s)		[8.0, 9.0)	[9.0, 10.0)	[10.0, 11.0)	[11.0, 12.0)	[15.0, 16.0)	≥1.5	≥8
I_v/I_u	区间	0.499~1.212	0.531~1.676	1.164*	0.782*	1.397*	0.188~4.782	0.499~1.676
	平均	0.752	0.768	—	—	—	0.916	0.776
I_w/I_u	区间	0.309~0.714	0.357~0.596	0.395*	0.469*	0.398*	0~2.100	0.309~0.714
	平均	0.451	0.439	—	—	—	0.511	0.446

注:* 表示该风速范围只有一个数据。

从表 2.4 中还可以看到,从总体上讲,I_v/I_u 和 I_w/I_u 在各风速区间的平均值波动不大,波动范围分别为 0.75～0.97 和 0.43～0.54。对于 I_v/I_u 在各风速区间的平均值,在风速达到 6m/s 左右前,随着风速的增加其值呈略有下降的趋势;当风速达到 6m/s 左右后,其值有些起伏波动。而 I_w/I_u 在各风速区间的平均值随风速增加而变化的情况有些不同,在风速达到 5m/s 左右前,随着风速的增加其值呈略有上升的趋势;当风速达到 5m/s 左右后,随着风速的继续增加其值呈略有下降的趋势。在考虑平均风速大于 1.5m/s 的全部实测数据的情况下,I_v/I_u 和 I_w/I_u 的平均值分别为 0.92 和 0.51,与《公路桥梁抗风指南》中给出的统计值 0.88 和 0.50 接近。而当只考虑平均风速大于 8m/s 的实测数据时,I_v/I_u 和 I_w/I_u 的平均值分别为 0.78和 0.45,比《公路桥梁抗风指南》中的统计值低了 10%左右。

图 2.29、图 2.30 则是不同风速范围情况下,紊流度比值 I_v/I_u 和 I_w/I_u 分布的概率密度。由此可见,当平均风速超过 4m/s 时,I_v/I_u 和 I_w/I_u 分别超过 1.2 和 0.8 的概率都很小。对于 I_v/I_u,当平均风速分别大于 1.5m/s、4m/s 和 6m/s 时,发生概率最大的值均为 0.75 左右;当平均风速大于 8m/s 时,发生概率最大的值在 0.6～0.8 左右;对于 I_w/I_u,当平均风速分别大于 1.5m/s、4m/s 和 6m/s 时,发生概率最大的值均为 0.45 左右;当平均风速大于 8m/s 时,发生概率最大的值在 0.4 左右。

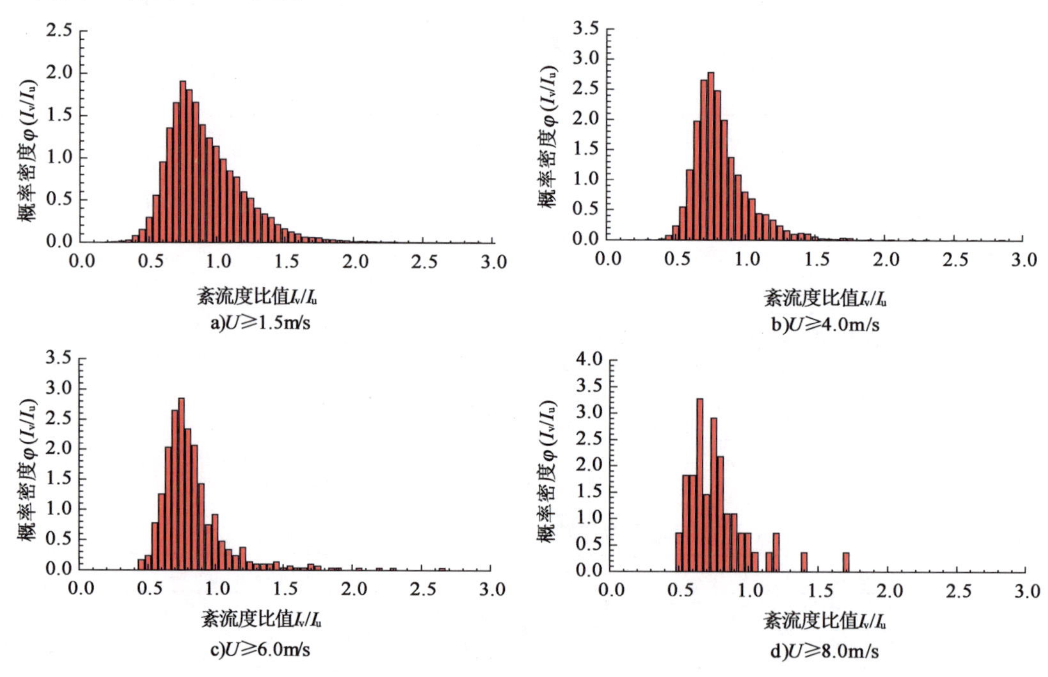

图 2.29　紊流度比值 I_v/I_u 分布的概率密度

③紊流积分尺度。

通过空间某一点气流的速度脉动可以看作由平均风所输送的一些不同尺度的漩涡的叠加,每个漩涡在该点上引起周期性风速脉动。紊流积分尺度就是度量气流中各种漩涡沿某一指定方向平均尺寸的一个指标。由于漩涡的三维特性,对应的三个脉动风速和空间的三个方向,共有 9 个紊流积分尺度:L_u^x、L_u^y、L_u^z、L_v^x、L_v^y、L_v^z、L_w^x、L_w^y、L_w^z,紊流积分尺度的数学定义如下:

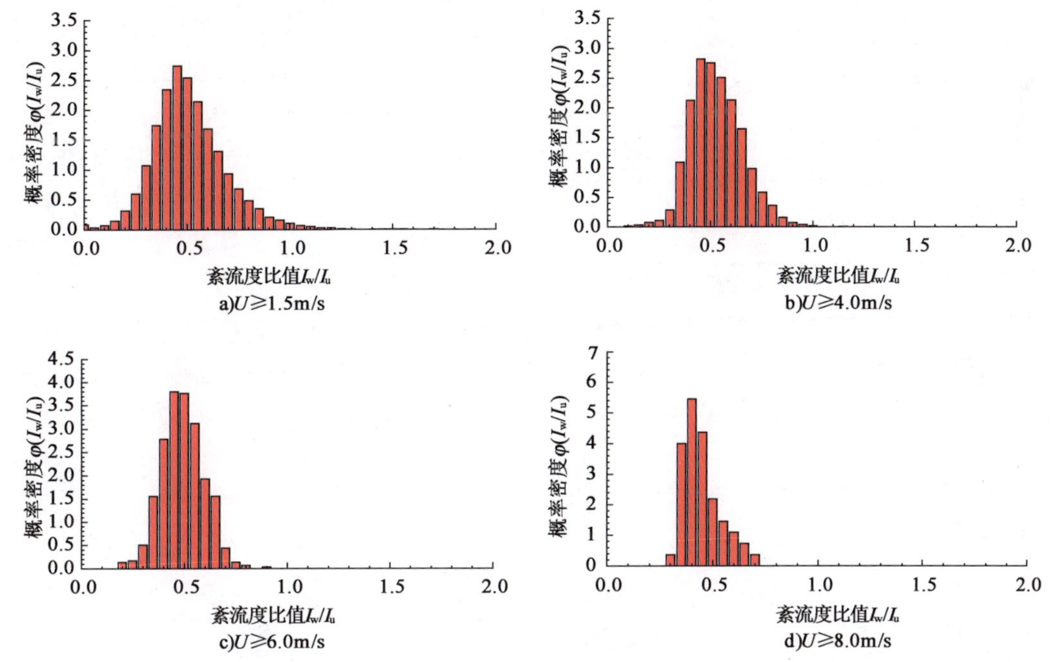

图 2.30 紊流度比值 I_w/I_u 分布的概率密度

$$L_{\alpha}^{r}=\frac{\int_{0}^{\infty}C_{\alpha_1\alpha_2}(r)\mathrm{d}r}{\sigma_{\alpha}^{2}} \tag{2.6}$$

式中：α——脉动风速 u、v 或 w；

r——坐标轴 x、y 或 z；

L_{α}^{r}——α 沿 r 方向的紊流积分尺度；

$C_{\alpha_1\alpha_2}(r)$——相距 r 的两点上的脉动风速 α_1 和 α_2 之间的交叉协方差函数；

σ_{α}^{2}——脉动风速分量 α 的方差。

根据式(2.6)，计算紊流积分尺度必须在足够大的空间内的足够多的点上同步测量脉动风速，这在实际上是不可能实现的。在实际应用中，一般要引入 Taylor 的“涡流冻结传输”假说，即假设紊流中的漩涡是不衰减地以平均风速向下游传输。根据 Taylor 假定，沿顺风向 x 轴的紊流积分尺度的公式可以转化为时间尺度的积分，如下

$$L_{\alpha}^{x}=UT_{\alpha}^{x} \tag{2.7}$$

$$T_{\alpha}^{x}=\int_{0}^{\infty}\frac{C_{\alpha}(\tau)\mathrm{d}\tau}{\sigma_{\alpha}^{2}}=\int_{0}^{\infty}c_{\alpha}(\tau)\mathrm{d}\tau \tag{2.8}$$

式中：U——来流方向平均风速；

τ——时间延迟；

$C_{\alpha}(\tau)$——脉动风速 α 的自协方差函数，为时间延迟 τ 的偶函数，且 $C_{\alpha}(0)=\sigma_{\alpha}^{2}$；

$c_{\alpha}(\tau)$——规一化自协方差函数，且 $c_{\alpha}(0)=1$；

T_{α}^{x}——紊流的时间尺度。

自协方差函数 $C_\alpha(\tau)$ 或归一化的自协方差函数 $c_\alpha(\tau)$ 在以 τ 为横坐标的坐标系中，由于来流脉动风速信号中含有周期信号，第一个零点以后的数据随时延 τ 的增加呈正负振荡变化（如图 2.31所示），其与 τ 轴之间的面积接近于零。这种现象的原因是脉动风速信号中含有周期信号。周期信号含量越少，振荡的幅度也就越小。这样，式(2.8)中的积分就近似等于 $c_\alpha(\tau)$ 在第一个零点之前部分曲线与 τ 轴之间的面积。这是由实测 $c_\alpha(\tau)$ 计算紊流积分尺度的一种近似方法。此外，$c_\alpha(\tau)$ 也可以用指数曲线来拟合，即

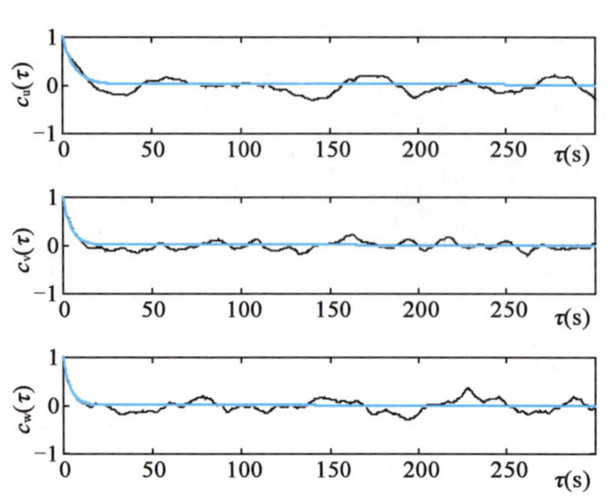

图 2.31 脉动风速规一化自协方差函数实例

$$c_\alpha(\tau) = e^{-\lambda\tau} \tag{2.9}$$

式中：λ——拟合参数。

虽然，在第一零点以后，拟合曲线基本为零，与实际曲线之间的绝对偏差可能较大，但它们与 τ 轴之间的面积均等于或接近零。因此，可用由式(2.9)表示的拟合曲线来计算紊流风场中脉动风速 α 沿顺风向 x 轴的紊流积分尺度，即

$$T_\alpha^x = \frac{1}{\lambda};L_\alpha^x = \frac{U}{\lambda} \tag{2.10}$$

由于时间旋涡在随平均风运动过程中是有一定衰减的，因此，上述基于 Taylor 的“涡流冻结传输”假说的紊流积分尺度的计算方法是近似的，而且显然只能用来计算顺风向的紊流积分尺度，而无法用来计算沿水平横风向 y 轴和竖向 z 轴的紊流积分尺度。

大气边界层的紊流积分尺度通常会在较大范围内发生波动。本节中取 10min 为基本时距，采用自相关函数积分法计算了桥址区长期的紊流积分尺度，得到坝陵河桥址区基于长期观测数据的顺风向脉动风速 u、水平横风向脉动风速 v 和竖向脉动风速 w 沿顺风向 x 轴的积分尺度的概率分布。计算结果如图 2.32～图 2.34 所示，其中横坐标表示紊流积分尺

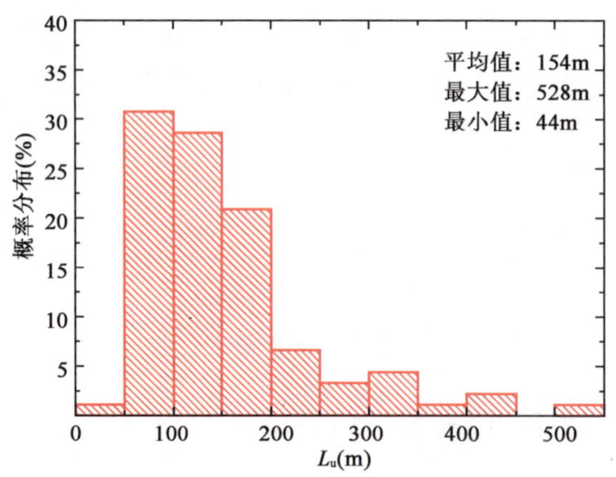

图 2.32 积分尺度 L_u^x 关于不同取值区间的概率分布

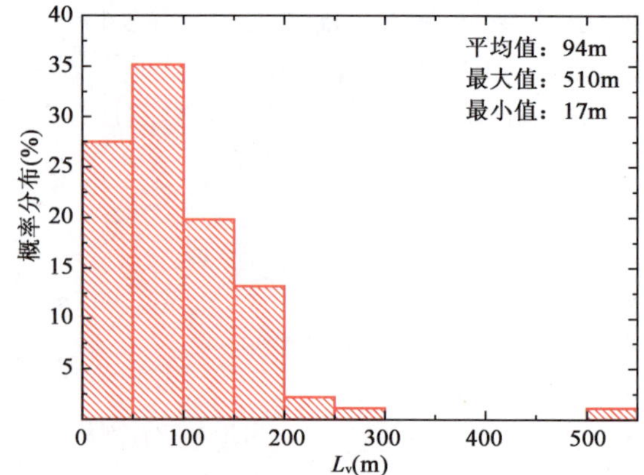

图 2.33 关于不同取值区间的概率分布

度的取值，L_u^x 和 L_v^x 以 50m 为一个统计区间，L_w^x 以 20m 为一个统计区间，纵坐标表示对应的概率分布。

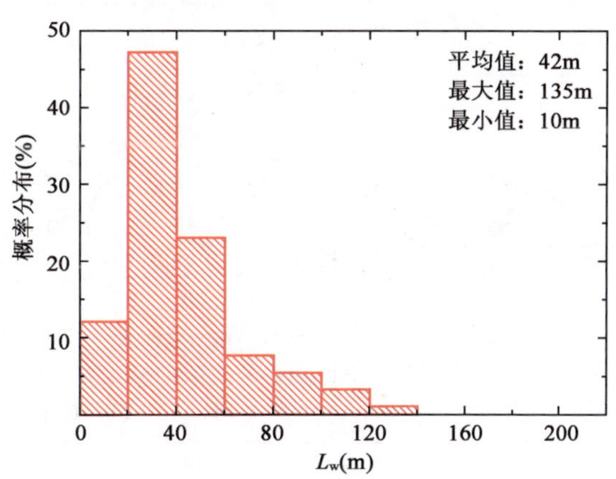

图 2.34　积分尺度 L_w^x 关于不同取值区间的概率分布

由计算结果可知，L_u^x 的值介于 44～528m 之间，出现在 50～200m 范围内的概率最高，占了约 80%，平均值为 158m；L_v^x 的值介于 17～510m 之间，出现在 17～150m 范围内的概率最高，占了约 82%，平均值为 94m；L_w^x 的值介于 10～135m 之间，出现在 20～60m 范围内的概率最高，占了约 70%，平均值为 42m。L_v^x/L_u^x 约为 0.61，L_w^x/L_u^x 约为 0.55。

④紊流的谱特性。

山区峡谷地形主要改变了大气紊流的低频脉动成分，在高频段（惯性区）仍然符合"−5/3 律"。为探查紊流的谱特性，首先从超声风速仪记录的数据中选取平均风速大于 8m/s 的脉动风样本，然后采用 FFT 方法计算了这些样本的顺风向、水平横风向和竖向脉动风速的功率谱，谱曲线拟合的方法如下所示

$$\frac{nS_\alpha(n,z)}{\sigma_\alpha^2}=\frac{af_z}{(1+bf_z^{\frac{1}{m}})^{cm}} \tag{2.11}$$

$$f_z=\frac{nz}{U(z)} \tag{2.12}$$

式中：下标 α=u，v，w——脉动风速的三个分量；c=5/3；

z——高度；

n——紊流脉动频率（Hz）；

a、b、m——待拟合的参数，$0<m<1.0$，并需要满足如下约束条件

$$a=\frac{b^m}{m\boldsymbol{B}[(c-1)m,m]}=\frac{b^m\boldsymbol{\Gamma}(cm)}{m\boldsymbol{\Gamma}[(c-1)m]\boldsymbol{\Gamma}(m)} \tag{2.13}$$

拟合方法可分为两类：

a. 统一拟合法，把样本中所有约化谱 $nS_\alpha(n,z)/\sigma_\alpha^2$ 和约化频率 f_z 数据对放在一起，进行一次性整体有约束非线性最小二乘拟合，得到一组参数。

b. 独立拟合平均法，对样本逐个独立地进行有约束非线性最小二乘拟合，得到相应不同的参数，取其平均值。

两种方法相比，统一拟合法效率更高，为便于读者对比两种方法的差异性，本节同时采取两种方法进行拟合。

图 2.35～图 2.37 显示了所选 26 个样本的脉动风谱实测结果（图中空心小方块）、用统一拟合法（图中实线）和用独立拟合平均法（图中均匀虚线）得到的拟合曲线，相应的脉动风速谱拟合公式如下

纵向脉动风速谱

$$\frac{nS_u(n)}{\sigma_u^2}=\frac{13.42f_z}{(1+20.13f_z)^{\frac{5}{3}}} \tag{2.14}$$

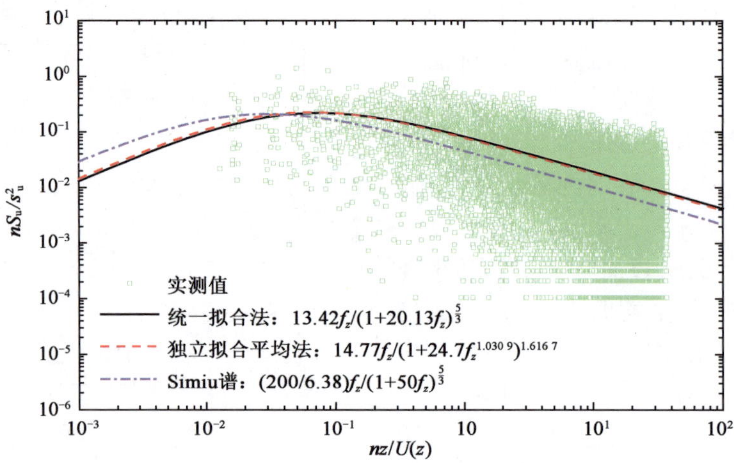

图 2.35 平均风速大于 8m/s 的 26 个样本顺风向脉动风速谱

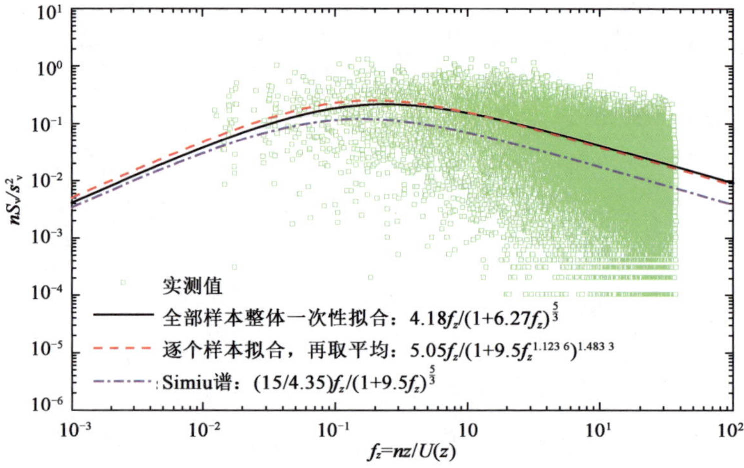

图 2.36 平均风速大于 8m/s 的 26 个样本水平横风向脉动风速谱

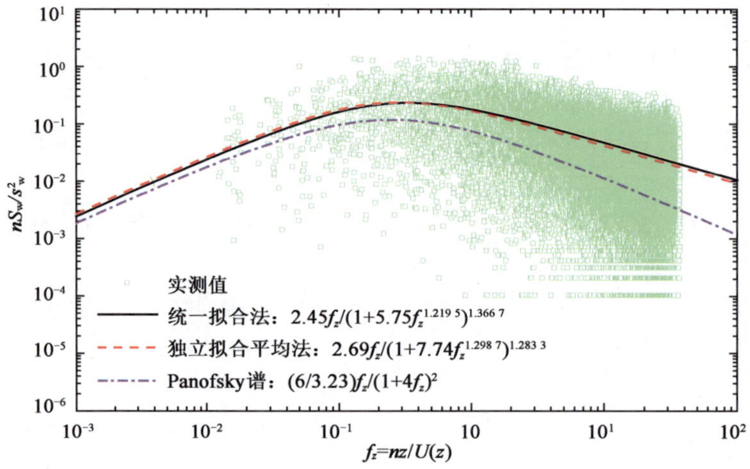

图 2.37 平均风速大于 8m/s 的 26 个样本竖向脉动风速谱

横向脉动风速谱

$$\frac{nS_{\mathrm{v}}(n)}{\sigma_{\mathrm{v}}^{2}}=\frac{4.18f_{z}}{(1+6.27f_{z})^{\frac{5}{3}}} \tag{2.15}$$

竖直方向脉动风速谱

$$\frac{nS_{\mathrm{w}}(n,z)}{\sigma_{\mathrm{w}}^{2}}=\frac{2.45f_{z}}{(1+5.75f_{z}^{1/0.82})^{\frac{4.1}{3}}} \tag{2.16}$$

由表2.5和图2.35～图2.37可见，采用两种方法得到的脉动风速谱参数在数值上虽有一定的差别，但相应的脉动风速谱曲线偏差不明显。此外在图2.35～图2.37中，还用蓝色点划线把在《公路桥梁抗风设计规范》(JTG/T D60-01—2004)中建议的如式(2.17)所示的顺风向脉动风谱(Simiu谱)和如式(2.18)所示竖向脉动风速谱(Panofsky谱)绘于图2.35和图2.37中。该规范中没有对水平向脉动风速谱做出建议，这里同样用点划线把相应的如式(2.19)所示Simiu谱绘于图2.36中。

平均风速大于8m/s的样本的脉动风速功率谱参数的拟合结果 表2.5

拟合方法	样本号	顺风向脉动风速				水平横风向脉动风速				竖向脉动风速			
		a	b	m	β_{u}^{2}	a	b	m	β_{v}^{2}	a	b	m	β_{w}^{2}
独立拟合平均法	1	9.86	14.78	1.00	3.80	1.36	7.28	0.52	2.49	2.97	5.01	0.95	2.06
	2	7.68	11.73	0.99	4.36	1.21	2.80	0.75	2.16	1.37	15.64	0.4	3.43
	3	10.66	15.99	1.00	4.64	1.31	2.36	0.88	2.03	1.25	7.93	0.47	3.41
	4	12.85	19.28	1.00	5.64	4.20	6.30	1.00	3.21	4.56	6.84	1.00	4.52
	5	17.16	25.74	1.00	2.77	4.95	24.85	0.69	2.30	1.31	10.83	0.44	1.42
	6	11.56	17.34	1.00	4.19	5.60	8.39	1.00	4.19	3.76	5.64	1.00	2.62
	7	10.97	16.45	1.00	9.61	1.18	3.99	0.61	3.80	0.96	2.96	0.59	4.31
	8	19.00	28.50	1.00	6.44	1.22	3.64	0.66	1.99	2.85	4.27	1.00	3.13
	9	12.62	18.93	1.00	5.35	3.37	6.65	0.90	4.00	3.04	4.56	1.00	2.95
	10	5.40	8.11	1.00	9.00	3.74	5.61	1.00	9.92	2.44	3.66	1.00	6.00
	11	8.05	19.54	0.87	11.48	3.53	5.37	1.00	8.56	1.97	2.95	1.00	5.01
	12	12.92	19.38	1.00	4.11	9.84	19.72	0.92	4.86	2.61	10.62	0.68	2.38
	13	16.10	24.15	1.00	5.14	5.72	8.58	1.00	3.48	1.10	11.91	0.37	1.93
	14	32.90	49.35	1.00	11.32	3.67	5.50	1.00	5.44	1.08	5.04	0.5	3.27
	15	19.33	28.99	1.00	7.11	5.50	8.26	1.00	5.52	3.58	5.37	1.00	3.16
	16	21.58	32.37	1.00	5.35	2.04	12.51	0.56	3.12	3.15	4.72	1.00	1.88
	17	11.96	18.75	0.99	7.46	8.04	12.07	1.00	6.43	1.48	8.9	0.52	3.71
	18	10.97	29.99	0.86	14.58	5.45	8.18	1.00	13.00	1.30	10.41	0.44	6.17
	19	8.80	13.19	1.00	4.43	10.84	16.26	1.00	2.93	4.36	6.53	1.00	1.95
	20	8.14	25.50	0.81	3.88	5.98	8.98	1.00	2.98	2.45	7.11	0.75	2.30
	21	18.48	27.72	1.00	9.66	2.13	4.69	0.83	3.79	2.39	3.58	1.00	2.37
	22	7.65	23.47	0.82	3.90	14.06	21.10	1.00	4.76	2.77	9.23	0.73	3.17
	23	22.97	53.32	0.91	4.07	7.74	11.62	1.00	2.20	5.02	13.62	0.82	1.93
	24	31.12	46.68	1.00	4.39	11.28	16.93	1.00	2.72	6.33	9.50	1.00	2.75
	25	24.38	36.56	1.00	4.68	3.53	9.65	0.80	2.03	3.63	10.81	0.78	1.94
	26	10.91	16.36	1.00	8.41	3.86	5.80	1.00	5.14	2.29	13.65	0.58	6.33
	平均	14.77	24.70	0.97	6.38	5.05	9.50	0.89	4.35	2.69	7.74	0.77	3.23
统一拟合法		13.42	20.13	1	—	4.18	6.27	1	—	2.45	5.75	0.82	—

顺风向脉动风 Simiu 谱

$$\frac{nS_{u}(n,z)}{u_{*}^{2}}=\frac{200f_{z}}{(1+50f_{z})^{\frac{5}{3}}} \tag{2.17}$$

竖向脉动风速 Panofsky 谱

$$\frac{nS_{u}(n,z)}{u_{*}^{2}}=\frac{6f_{z}}{(1+4f_{z})^{2}} \tag{2.18}$$

水平横风向脉动风速 Simiu 谱

$$\frac{nS_{u}(n,z)}{u_{*}^{2}}=\frac{15f_{z}}{(1+9.5f_{z})^{\frac{5}{3}}} \tag{2.19}$$

式中：u_{*}——摩擦风速，可根据实测的脉动风速按下式估算

$$u_{*}=\sqrt{\frac{\tau_{H}}{\rho}};\tau_{H}=\rho\sqrt{(\overline{uw})^{2}+(\overline{vw})^{2}} \tag{2.20}$$

式中：τ_{H}——水平紊流剪应力；

ρ——空气密度，($\overline{\ }$)代表平均值。

表中的 β_{α}^{2} 为 u_{*} 与脉动风速 a(=u，v，w)的根方差 σ_{α} 之间的比值的平方，即

$$\beta_{\alpha}=\frac{\sigma_{\alpha}}{u_{*}} \tag{2.21}$$

从图 2.36 可见，对应顺风向脉动风速谱，《公路桥梁抗风设计规范》(JTG/T D60-01—2004)中采用的 Simiu 经验公式在低频区高于根据实测数据拟合的结果，而在高频区则要明显小于拟合结果。对于水平横风向脉动风速谱，图 2.36 显示 Simiu 建议的经验公式在整体上要小于基于实测数据的拟合结果。对于竖向脉动风速谱，图 2.37 显示规范中采用的 Panofsky 经验公式在整体上要显著小于基于实测数据的拟合结果。上述分析结果显示，坝陵河峡谷中的紊流脉动风速谱要比平原地貌的脉动风速谱要大，规范中建议的经验公式不适用于山区地貌，并且偏于不安全。

⑤小结。

通过对坝陵河大桥桥位处峡谷地貌的自然风紊流特性的实测与分析研究，可以得到如下结论：

a. 与平原地貌相比，峡谷中自然紊流风的风速脉动强度要高一些，造成其阵风因子、紊流强度和脉动风速谱都要高于平原地貌的值。

b. 平均风速大于 8m/s 时，阵风因子在 1.1～2.1 之间变化，发生概率最大的值在 1.2～1.6之间，平均值为 1.45。

c. 当平均风速大于 8m/s 时，发生概率最大的 I_{u}、I_{v} 和 I_{w} 值分别大约为 20%～24%、8%～20%和 6%～12%。I_{u}、I_{v} 和 I_{w} 的平均值分别为 20.8%、15.5%和 8.8%。

d. 从总体上讲，$I_{\mathrm{v}}/I_{\mathrm{u}}$ 和 $I_{\mathrm{w}}/I_{\mathrm{u}}$ 在各风速区间的平均值波动不大，波动范围分别为 0.75～0.97 和 0.43～0.54。当平均风速大于 8m/s 时，发生概率最大的 $I_{\mathrm{v}}/I_{\mathrm{u}}$ 值在 0.6～0.8 左右，$I_{\mathrm{w}}/I_{\mathrm{u}}$ 值在 0.4 左右，平均值分别为 0.78 和 0.45。

e. 紊流积分尺度 L_{u}^{x}、L_{v}^{x} 和 L_{w}^{x} 出现概率最高的数值范围分别是 50～200m、17～150m 和10～135m，平均值分别为 158m、94m 和 42m。$L_{\mathrm{v}}^{x}/L_{\mathrm{u}}^{x}$ 和 $L_{\mathrm{w}}^{x}/L_{\mathrm{u}}^{x}$ 的平均值分别约为 0.61 和 0.55。

f. 通过对实测的脉动风速谱进行拟合，获得了坝陵河大桥桥面高度附近顺风向、水平横风向和竖向脉动风速谱的经验公式，并发现实测的功率谱明显大于规范建议的经验公式。

(2)平均风速、风向和攻角的实测结果

从风速观测站建站开始,要求每半月采集、整理、传输一次数据,按要求整理为文本形式的报表。本节基于 2006 年 7 月至 2008 年 11 月 29 个月内观测数据的 10min 平均风速进行分析。在超声风速仪使用正常时,采用由其采集的平均风向和平均风攻角(来风方向与水平面的夹角)的记录数据进行分析。当超声风速仪出故障或记录数据不佳时,则以机械风速仪的记录数据代替。

由于天气、雷暴、鼠害等恶劣的野外自然条件所引起的太阳能电池的供电不足、仪器故障等因素造成了某些时段的数据中断,在两年半里的观测时间里,具有有效记录数据的天数为 627d。

①平均风速、风向。

根据采集到的数据,可以得出如下统计结果:

a. 10min 平均风速、平均风水平风向和竖向攻角(向上为正)随时间的变化曲线;

b. 各月的 10min 平均风速日最大值及其对应的风向和日主导风向的统计结果;

c. 各月的 10min 平均风速月最大值和月主导风向的统计结果;

d. 10min 平均风速的月最大值和日最大值的有关统计数据;

e. 实测周期内 1～12 月份各级风速累计出现频次和概率统计数据。

由于数据量过于庞大,所耗篇幅繁多,故上述结果的具体观测数据不再一一列出。

图 2.38 为日最大风速分布概率图,图 2.39～图 2.41 分别是不同月份日最大风速超过 8m/s、7m/s 和 6m/s 的概率。

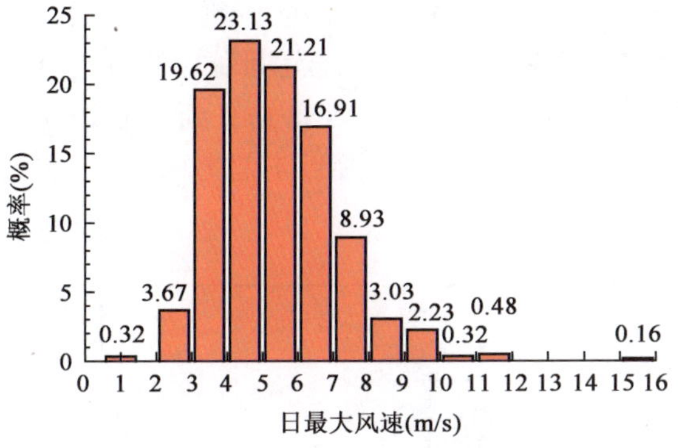

图 2.38 日最大风速分布概率

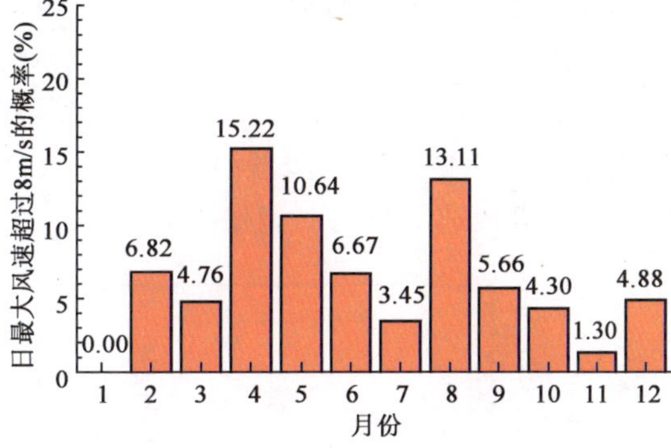

图 2.39 不同月份日最大风速超过 8m/s 的概率

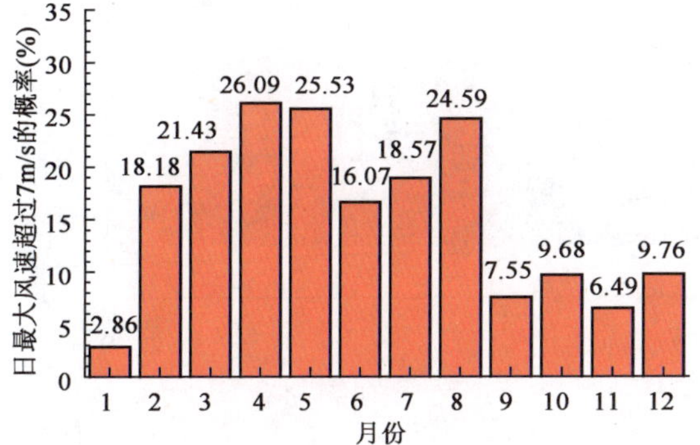

图 2.40 不同月份日最大风速超过 7m/s 的概率

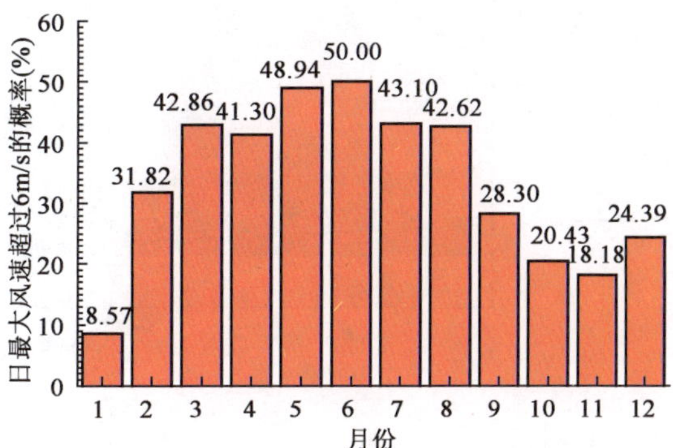

图 2.41 不同月份日最大风速超过 6m/s 的概率

由统计结果可得出如下结论:桥位所在地区较大的风以北风为主,南风次之。10min 平均风速日最大值和月最大值均低于 15.1m/s,最大值为 15.08m/s,发生在 2008 年 4 月 21 日 18:00左右,风向东南偏南。除此之外,日最大风速均不超过 12.0m/s;介于 11.0m/s 和 12m/s 之间的有 3 次,约占 0.48%,其中 2006 年 10 月、2007 年 2 月和 2008 年 6 月各 1 次,分别为 11.12m/s、11.84m/s 和 11.09m/s;介于 10.0m/s 和 11.0m/s 之间共有 2 次,约占 0.32%;介于 9m/s 和 10.0m/s 之间的共 14 次,约占 2.23%;介于 8m/s 和 9m/s 之间的共 19 次,约占 3.03%。这样,日最大风速超过 8.0m/s 的共有 39 次,约占 6.20%;日最大风速介于 3～7m/s 的最多,占了约 80%。

从概率角度看,10min 平均风速大于 8m/s 的天气主要出现在 4、5、8 这三个月中,分别有 15%、11%和 13%的天数出现了大于 8m/s 的风速。风速大于 7m/s 的天气主要出现在 2～8 这七个月中,其中在 3、4、5 和 8 四个月中出现风速大于 7m/s 的天数超过了 20%。1 月份的风速最小,没有出现风速大于 8m/s 的天气,出现风速大于 7m/s 的天数只占 3%,出现风速大于 6m/s 的天数也只占不到 9%。9～12 月份的风速总体上也不大,出现大于风速 7m/s 的天数占 6%～10%。但是,在观测周期内的 3 个 10 月份中出现了 1 次风速为 11.12m/s"强风"和 1 次风速为 9.47m/s 的"清风",在观测周期内的 3 个 9 月份中出现了 1 次 9.56m/s 和 1 次 9.13m/s的"清风",在观测周期内的 3 个 11 月份中出现了 1 次 9.13 的"清风"。

此外,从上述统计数据亦可得出结论,日主导风向和最大风速风向基本上都分布在南北向附近,即基本上是顺着坝陵河峡谷方向。为了考虑更加广泛的情况,图 2.42 给出了 1.5m/s 以上的 10min 平均风速在不同方向上的分布图,而图 2.43 则是不同风速范围对应的风向概率分布玫瑰图。从这些图中可以清楚地看到,在坝陵河峡谷中主风向为西北偏北到东北偏北方向,其次是西南偏南到东南偏南方向,6m/s 以上的风速也主要出现在接近正北方向,但三次大于 10m/s 的风速则来自西南偏南方向。

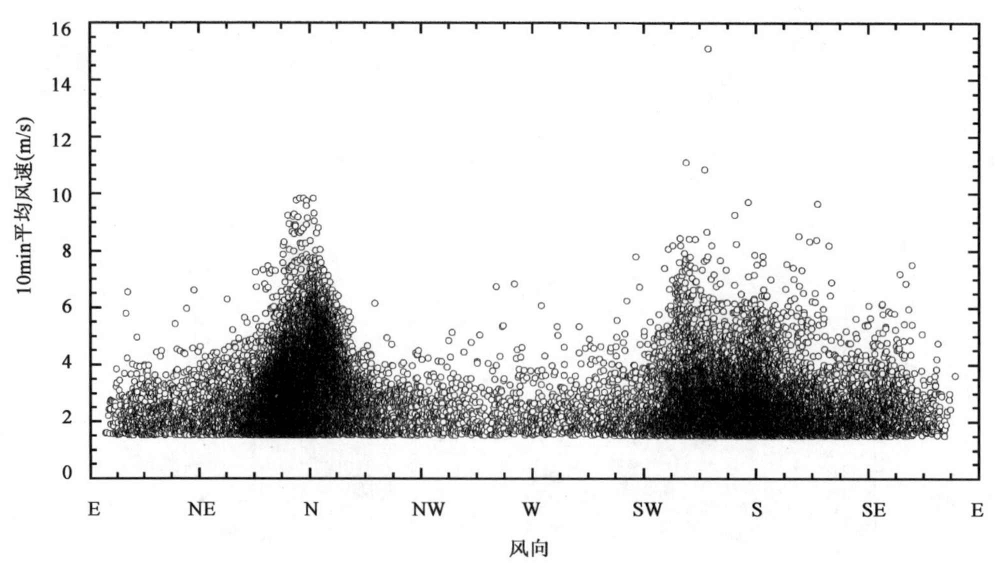

图 2.42　1.5m/s 以上的 10min 平均风速在不同方向上的分布

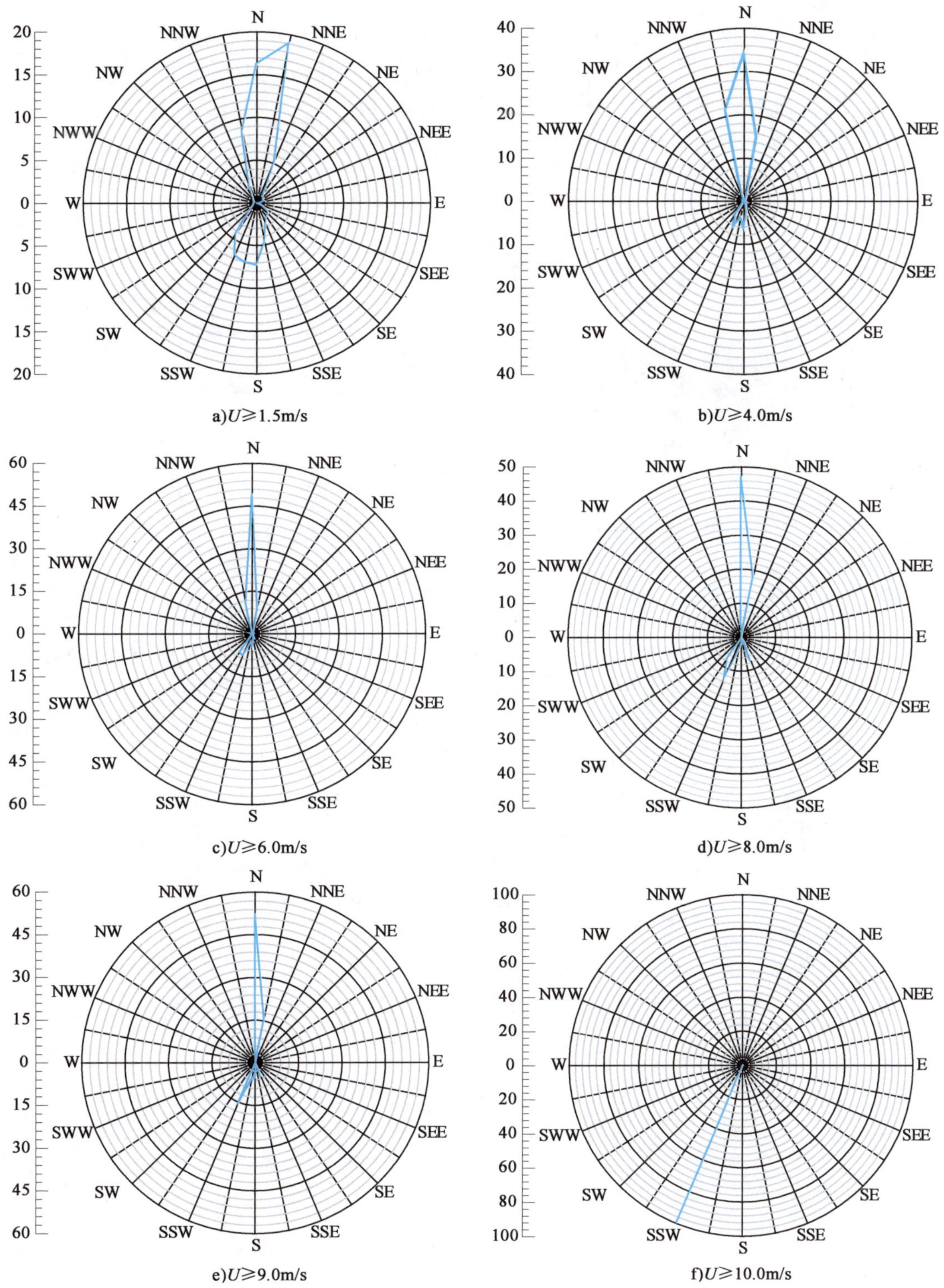

图 2.43　不同风速范围对应的风速风向玫瑰图

②平均风的攻角。

定义风攻角为平均风与水平面的夹角，当风速的垂直分量竖直向上时，风攻角为正，反之为负。图 2.44 为实测的 10min 平均风攻角随平均风速的变化图，其中只考虑了平均风速不低于 1.5m/s 的数据。从图中可以看到，虽然风攻角的数值较为离散，但是，随着风速增加，风攻角的散布范围和风攻角的绝对值大小均有减小的趋势，而且这种衰减的速率也是随着风速的增加而快速下降。大的攻角主要在低风速时出现，当平均风速小于 2.0m/s 时，风攻角可以超过＋30°和－20°。大风（风向基本是顺峡谷方向）对应的平均风攻角相对较小。

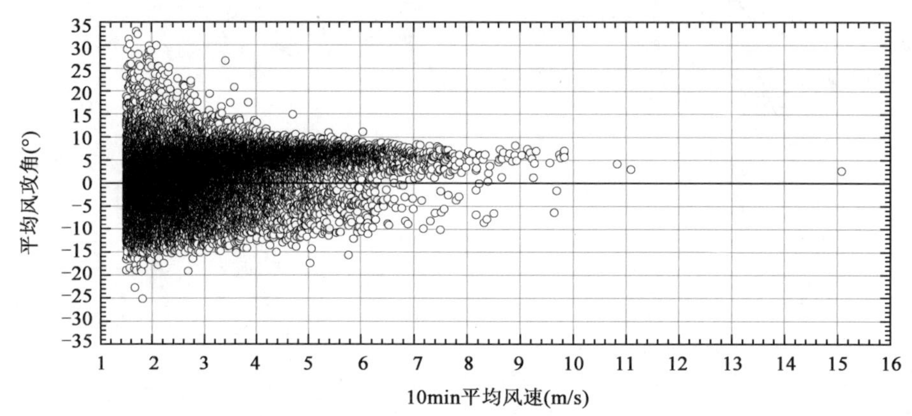

图 2.44　平均风攻角随平均风速变化图

不同风速范围风攻角的散布区间和平均值如表 2.6 所示，由此可见，虽然风攻角的数据较为离散，尤其是在风速较低时的情况下，但风攻角的平均值随风速而变化的幅度不是太大，正攻角的平均值介于 3.7°～5.9°之间，负攻角平均值介于－4.0°～－5.6°。在考虑平均风速大于 1.5m/s 的全部实测数据的情况下，正负风攻角的平均值分别为 4.3°和－4.6°。而只考虑平均风速大于 8m/s 的实测数据时，风攻角介于±9°之间，正负风攻角的平均值分别为 5.2°和－4.9°。当风速介于 10～11m/s 时，风攻角约为 4.2°。当风速介于 11～12m/s 时，风攻角约为 3.0°。当风速大于 15m/s 时，风攻角小于 3°。

不同风速范围风攻角的散布区间和平均值　　表 2.6

风速范围(m/s)		[1.5, 2.0)	[2.0, 3.0)	[3.0, 4.0)	[4.0, 5.0)	[5.0, 6.0)	[6.0, 7.0)	[7.0, 8.0)
风攻角 α(°)	区间	－25.17～32.96	－19.2～29.94	－15.17～26.67	－15.01～14.89	－17.45～10.93	－11.06～11.12	－10.13～8.41
	正攻角平均	3.77	3.74	4.55	5.35	5.82	5.55	4.86
	负攻角平均	－4.59	－4.57	－4.62	－4.65	－4.77	－4.80	－5.58
风速范围(m/s)		[8.0, 9.0)	[9.0, 10.0)	[10.0, 11.0)	[11.0, 12.0)	[15.0, 16.0)	≥1.5	≥8
风攻角 α(°)	区间	－8.58～8.13	－6.38～7.40	4.19*	2.99*	2.62*	－25.17～32.96	－8.58～8.13
	正攻角平均	5.16	5.63	—	—	—	4.28	5.18
	负攻角平均	－5.23	－4.00	—	—	—	－4.59	－4.92

注：* 表示该风速范围只有一个数据，不统计平均值。

图 2.45 给出了不同风速范围情况下，风攻角分布的概率密度。从图中可以清晰地看到，在坝陵河峡谷风攻角的分布从总体上看偏向正的方向，尤其是在风速大于 4m/s 的情况下更明显。当风速大于 8m/s 时，出现＋5°左右风攻角的概率最高。当风速大于 10m/s 时，风攻角在＋3°～＋4°左右。从上述实测数据可以看到，山区峡谷中的平均风攻角要比平原地区大一些，在桥梁抗风设计中应予以重视，特别是由于大桥的涡激共振一般常在 10m/s 左右的低风速范围发生，因此至少需要考虑±5°范围的风攻角情况，必要时，可以考虑±10°风攻角的情况。

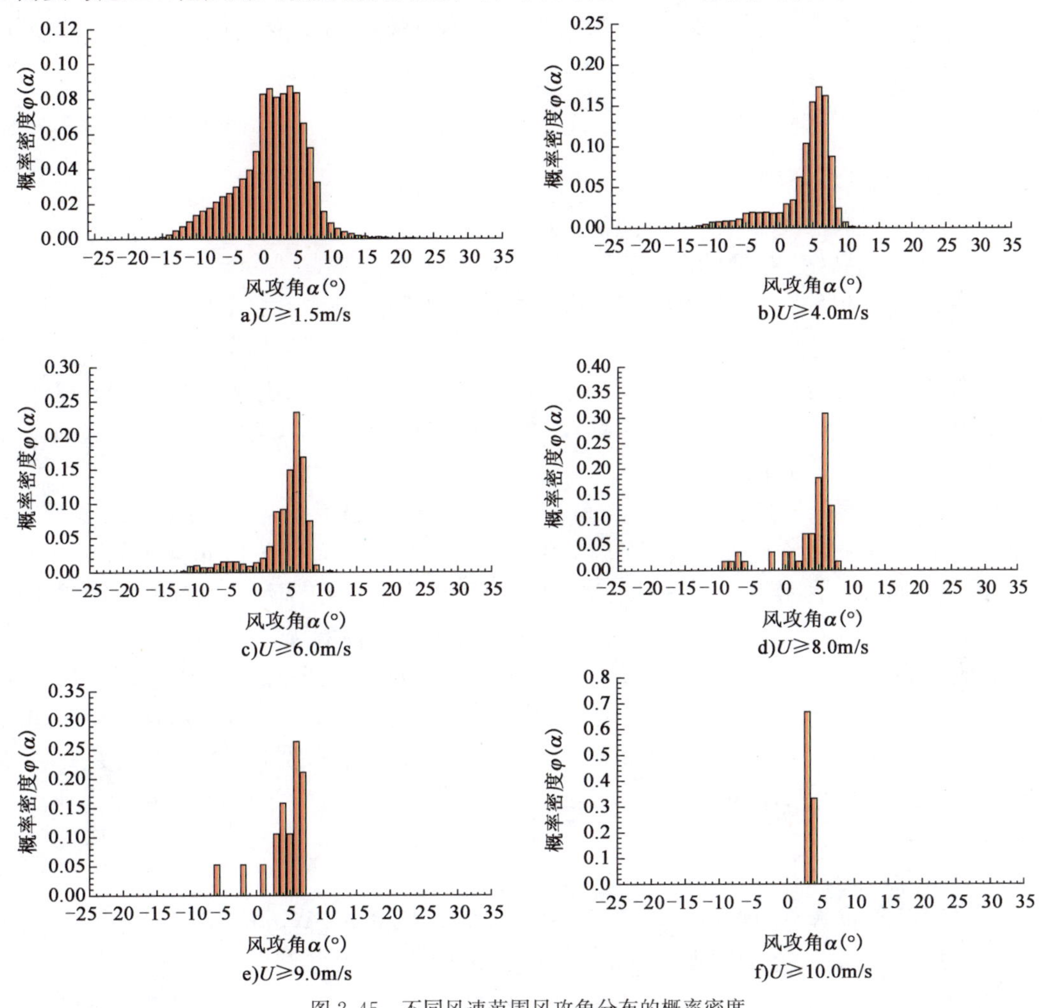

图 2.45 不同风速范围风攻角分布的概率密度

③小结。

通过对坝陵河大桥桥位处峡谷地貌的自然风平均风特性的实测与分析研究，可以得到以下结论：

a. 在桥位所在坝陵河峡谷中，主风向（包括大风的主风向）为西北偏北到东北偏北方向，其次是西南偏南到东南偏南方向以北风为主，基本都是顺着峡谷的方向。

b. 在有效记录数据的 627d 内，近桥面高度 10min 平均风速大于 10m/s 的情况只出现过 6 次，其中最大值为 15.08m/s，发生在 2008 年 4 月 21 日 18:00 左右，风向东南偏南。大于 9m/s、8m/s 的风速出现概率较低，分别只有约 3%和 6%。

c. 从统计角度讲，一年中 4 月、5 月和 8 月风速较大，这三个月中出现 8m/s 以上风速的概率分别约为 15%、11%和 13%。

d. 山区峡谷中的平均风攻角要比平原地区大一些。当平均风速大于 8m/s 时，风攻角介于±9°之间，正负风攻角的平均值分别为 5.2°和−4.9°，出现+5°左右风攻角的概率最高。当风速大于 10m/s 时，风攻角在+3°～+4°左右。

(3)平均风剖面特性实测结果

与大多数国家和地区一样，对于平均风剖面-平均风速沿高度变化规律，我国规范采用幂函数公式来描述，即

$$U(z)=U_{\mathrm{r}}\left(\frac{z}{z_{\mathrm{r}}}\right)^{\alpha}=U_{\mathrm{G}}\left(\frac{z}{H_{\mathrm{G}}}\right)^{\alpha} \tag{2.22}$$

式中：z_{r}——参考高度，一般取 10m；

U_{r}——在参考高度 z_{r}处的风速，即参考风速；

U_{G}——梯度风高度 H_{G}处的风速，即梯度风速；

α——粗糙度指数，并且假设在整个边界层高度范围内保持不变。

由于山区峡谷气流复杂，实际平均风剖面的形式与峡谷的具体地形、风的方向和风速大小甚至气温都有关系，对于深切峡谷，剖面函数的起始高度都很难确定，因此传统的只适用于均匀平坦地貌的幂函数率不适用山区峡谷地貌，山区峡谷地貌的平均风剖面需要通过现场实测并结合地形模型风洞试验来确定。

然而，在山区进行平均风剖面的实测是一项艰巨又艰苦的工作，常常会受到山区恶劣自然环境和工作生活条件的严重制约，这种恶劣的条件也迫使我们必须采用非常规的测试手段开展工作，以节约成本。坝陵河大桥采用专用的声雷达风廓线仪用于坝陵河桥桥位处深切峡谷中平均风剖面的实测工作，从而避免建造费用巨大的超高观察塔架。

风廓线观测系统于 2006 年 12 月 1 日完成了现场试测工作。由于在观测期间里，桥位处的风速一直较低，连续自动记录的风速仪测到的桥面高度处于 8m/s 以上风速的情况非常少见，间断性工作的声雷达(现场和经费条件不允许持续工作)实际遇到的大风天气更少，在整个峡谷高度范围内基本上未测到 10m/s 以上的平均风速。经过初步分析，有效记录数据天数共 29d，有效记录共计 1 342 个。

①坐标系统定义。

用于平均风剖面测量的相控阵声雷达(SODAR)风廓线仪(Wind profiler)系统的数据采集坐标定义见图 2.46 和表 2.7，数据分析时所采用的坐标系统与此一致。

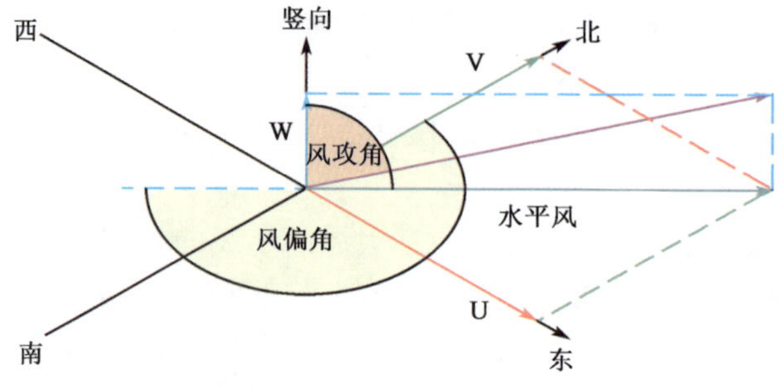

图 2.46 声雷达测量坐标系统

风偏角与风向对应关系表　　表 2.7

风偏角	风向	风偏角	风向
0°	北风	180°	南风
90°	东风	270°	西风

②不同高度风向特性。

图 2.47～图 2.49 分别给出了根据有效记录数据统计分析后得到的海拔 858m、1 058m(近桥面)和 1 158m(近塔顶)(即离声雷达 100m、300m 和 400m 高度)三个特征高度处的风向玫瑰图。由此可见，风向受地形影响很大，在这些相对较大的风速样本中，绝大多数风向为东北偏北或西南偏南方向，即都与峡谷的走向相同，其中又以东北偏北居多。声雷达的方向测量结果与观测塔上的风向测量结果是一致的。此外，实测结果还显示，对于大多数观测样本，在低高度处，随着高度的增加，风向角变化较大。但在高空，随着高度的增加风向角变化较小，甚至基本不变。

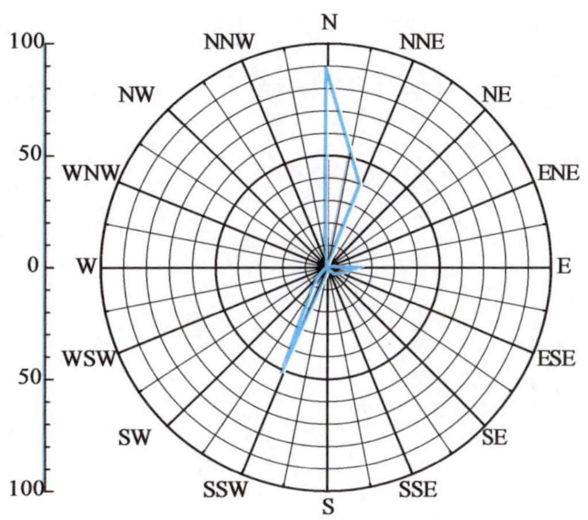

图 2.47　海拔 858m 处风向玫瑰图

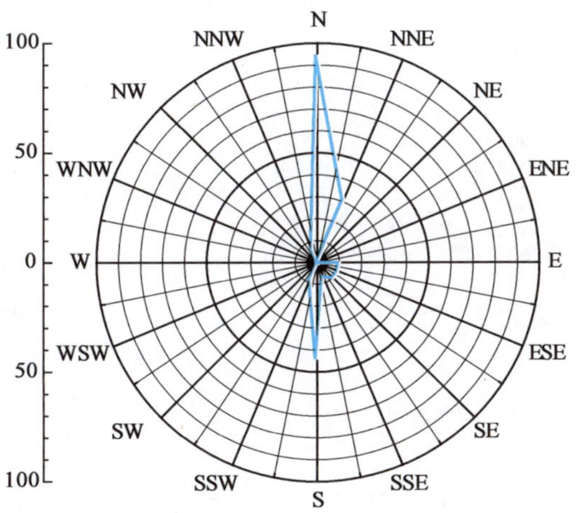

图 2.48　海拔 1 058m 处风向玫瑰图

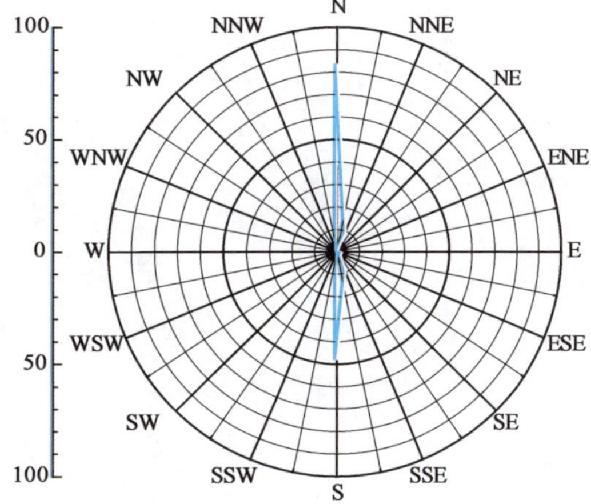

图 2.49　海拔 1 158m 处风向玫瑰图

③平均风剖面特性。

高度以声雷达所处海拔高度(约为 758m)为原点，所有风向与峡谷走向基本一致、200m 高度处平均风速大于 4m/s 或接近 4m/s，但高空风速较大的平均风剖面观测样本共计有 192 个，对应的平均风剖面图在此不详细列出。在这种风速条件下，声雷达的有效观测高度在坝陵河大桥主梁施工前基本上都超过了400m，最大超过了800m，只有少数情况低于400m。但是在2009年12月2日～12月10日期间进行最后一次测量时，主梁已经合龙，由于主梁对声雷达信号有干扰，使得测量高度均低于300m。

根据这192个样本的实测数据，在地形复杂的山区深切峡谷中，平均风廓线的形态较为复杂，并且具有多样性。有时风速沿高度呈“锯齿形”变化（图2.50）；有时在200～400m高等范围内会出现显著的风速正切变（图2.51）或逆切变（图2.52）现象。此外，对于风速较大的情况，有时也观测到了一些比较规则的平均风廓线（图2.53），但这些较规则的平均风廓线仍与规范中幂函数或对数函数所描述的常规平均风廓线有显著区别。

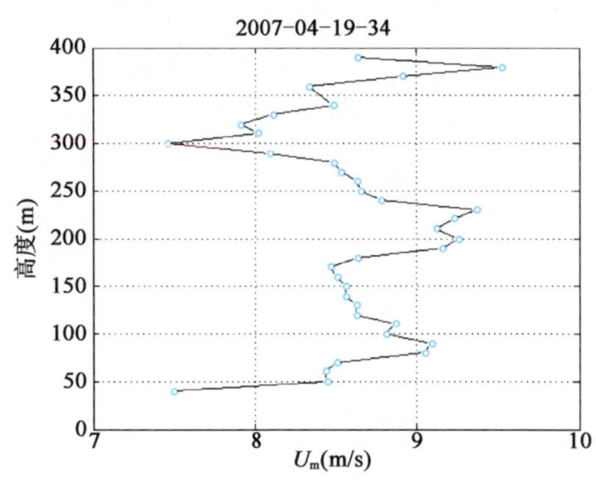

图2.50　风速沿高度呈“锯齿形”变化

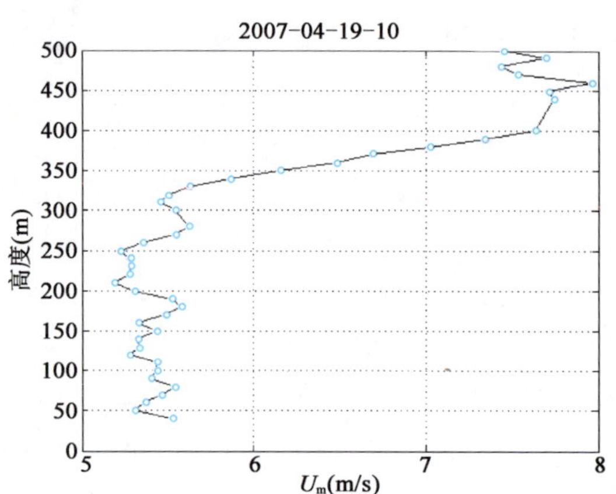

图2.51　200～400m风速正切变

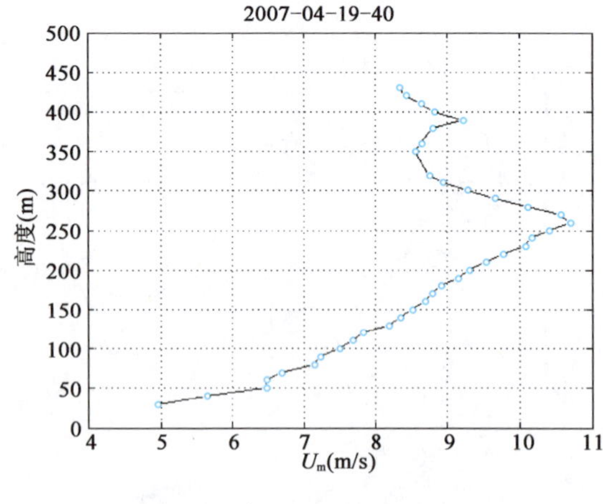

图2.52　200～400m风速逆切变

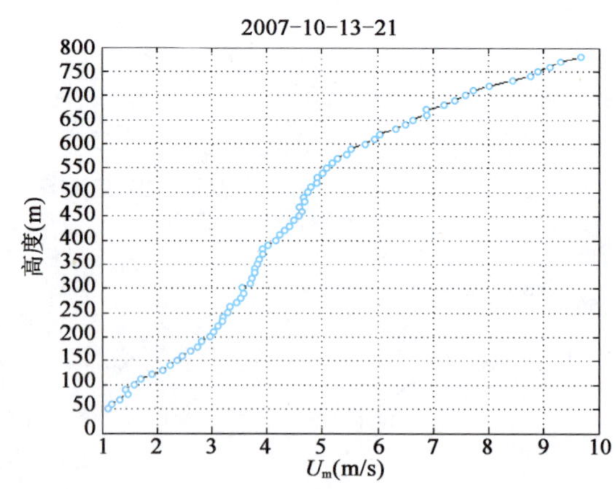

图2.53　比较规则的平均风廓线

根据《公路桥梁抗风设计规范》(JTG/T D60-01—2004)中的风剖面幂函数公式，随着高度的增加，平均风速的增长率逐渐降低，并且在超过梯度风高度后，平均风速不再增加。但在坝陵河峡谷里所观测到的这些较规则的风剖面中，随着高度的增加，平均风速增加的速率不断增加，特别是在超过谷顶高度(海拔110～1 200m)后，速度增长率非常大。这种现象与深切峡谷的特征是吻合的，即：随着高度的增加，峡谷的宽度越来越大，山坡在水平方向对风的阻滞作用越来越弱，使得风速的增长率随之越来越大。显然规范中的平均风剖面的幂函数公式已不能用来描述深切峡谷中的平均风剖面。

④平均风剖面拟合。

由于整个峡谷高度范围内基本上没有测到 10m/s 以上的平均风速，并且，通过前述这些有效样本的分析可知，在离测点 200m(离谷底 278m，海拔高度 958m)范围内，实测风速数据显得非常凌乱，没有规律可循。因此在平均风剖面研究中，按下述原则选取了 118 个样本的实测平均风速数据进行了分析和曲线拟合。

a. 离山坡上观测点 300m 高度(接近主梁高度，海拔约 1 058m)处平均风速大于 4m/s。

b. 离观测点 200m 高度以上的平均风速沿高度没有出现切变或“锯齿形”变化等不良形态。

c. 只选用各样本中海拔超过 958m 的数据进行拟合。

在实测中，声雷达实际最大的有效探空高度为 827m，这样实测有效数据对应的海拔高度介于 958～1 585m 之间，基本上包含了从坝陵河大桥桥塔承台顶面至塔顶的海拔高度范围(956～1 161m)。在对实测风剖面样本的初步分析后，选择了下面的指数函数来描述坝陵河深切峡谷约 280m 以上风剖面

$$U(Z)=U_{1\,058}\exp\left(\frac{Z-1\,058}{p}\right)=U_{\mathrm{r}}\exp\left(\frac{Z-Z_{\mathrm{r}}}{p}\right) \tag{2.23}$$

$$\frac{U(Z)}{U_{\mathrm{r}}}=\exp\left(\frac{Z-Z_{\mathrm{r}}}{p}\right) \tag{2.24}$$

式中：Z——海拔高度(m)(≥958m)；

Z_{r}——参考高度(m)；

U_{r}——参考风速(m/s)；

$U_{1\,058}$——海拔 1 058m(接近桥面高度)处风速(m/s)；

p——待拟合参数。

拟合针对所选的风速较大($U_{1\,058}$≥4m/s)且风向与峡谷走向(南北走向)相同的 118 个样本，采用公式(2.24)最小二乘进行，其中参考海拔高度 Z_{r}=1 058m。与功率谱拟合一样，这里分别采用统一拟合法和独立拟合平均法两种方法对样本进行拟合。

采用统一拟合法，首先将 118 个有效样本的所有无量纲风速-海拔高度(U/U_{r}-Z)数据对应的实测结果放在一起构成一个实测数据对的整体集合(图 2.54 中的离散的方块)；然后以公式(2.23)为目标函数进行整体一次性统一拟合，得到参数 p 的统一拟合值。图 2.54 中实线即为统一拟合法得到的平均风剖面曲线，其中 p=573.05。

采用独立拟合平均法，即以公式(2.24)为目标函数，对所选 118 个样本逐个进行独立的最小二乘拟合，分别得到每个样本对应的参数 p_i，然后对所有拟合得到 p_i 求平均值得到最终的参数 p。基于不同样本的拟合结果离散度较大，最终拟合出的平均值 p=558.97，与统一拟合法得到的结果接近。单个样本的拟合曲线实例如图 2.55 所示，详细数据不再列出。根据平均

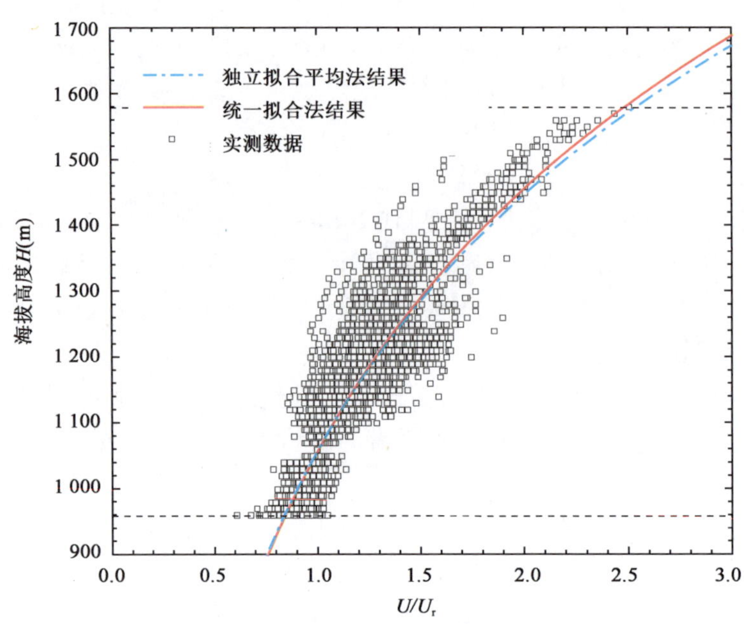

图 2.54　平均风剖面拟合结果

值得到的风剖面曲线用虚线绘在图 2.54 中，由此可发现，两种方法得到的平均风剖面非常接近。最后，以统一拟合结果为准，推荐坝陵河大桥的桥址处的平均风剖面公式如下

$$U(Z)=U_{1\,058}\exp\left(\frac{Z-1\,058}{573.052\,7}\right),958\text{m}\leqslant Z\leqslant 1\,585\text{m} \tag{2.25}$$

⑤小结。

通过采用声雷达风廓线仪对坝陵河大桥桥位处峡谷中平均风剖面的实测研究，可得出以下结论：

a. 深切峡谷地形中的平均风剖面与《公路桥梁抗风设计规范》(JTG/T D60-01—2004)中幂函数所描述的常规平坦地貌平均风剖面之间存在显著区别。在地形复杂的山区深切峡谷中，平均风沿高度变化的形态是非常复杂的，并且具有多样性。

b. 当风速较小时，平均风沿高度的变化通常是毫无规律，有时风速沿高度呈“锯齿形”变化，有时会出现显著的风速正切变或逆切变现象。

c. 在离谷底 278m(海拔高度 958m)范围内，即使对于相对较大的风速，平均风剖面形状也没有规律可循。

d. 当风速较大时，随着高度的增加，平均风速增加的速率不断增加，特别是高度在超过谷顶高度(海拔 1 100～1 200m)后，速度增长率非常大。

e. 受坝陵河山区深切峡谷地形的影响，较大风速的风向与峡谷走向基本一致，尤以北风为主。

f. 坝陵大桥桥位处于峡谷中，在海拔 958～1 585m 范围内，较大风的平均风剖面可近似用下式来表示

$$U(Z)=U_{1\,058}\exp\left(\frac{Z-1\,058}{573.052\,7}\right),958\text{m}\leqslant Z\leqslant 1\,585\text{m} \tag{2.26}$$

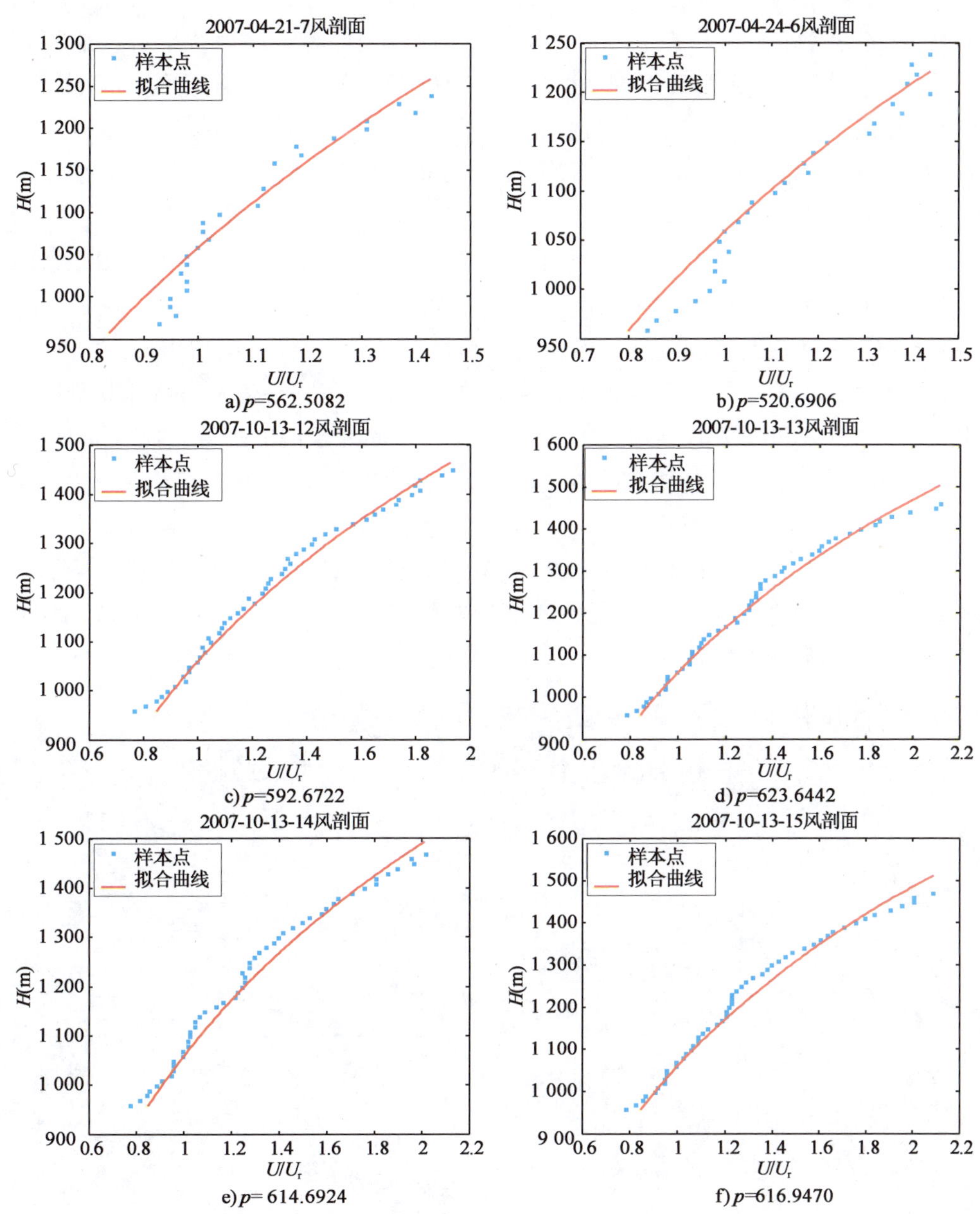

图 2.55　独立拟合法单个样本拟合结果实例

2.1.3　坝陵河大桥设计风速的确定

山区桥梁多位于地形复杂的偏远地区，桥位处的局部风环境对桥梁的影响十分重要，主要表现在桥位处局部地形对风速和风向的影响。但在大多数情况下桥位处没有或者缺乏气象实测资料，无法直接推算桥梁的设计风速值，需要通过间接的风速资料确定桥梁的设计风速，其中最容易获得的是桥梁所在地区气象台站的风速资料。在缺乏桥位长期气象观测资料的情况下，如何确定桥梁设计风速是很有实际意义的一个问题。

我国《公路桥梁抗风设计规范》(JTG/T D60-01—2004)规定："当桥梁所在地区的气象台站具有足够的连续风速观测数据时，可采用当地气象台站年最大风速的概率分布类型，由10min平均年最大风速推算100年重现期的数学期望值作为基本风速。""基本风速的测定应是在平坦空旷地区，标准高度为10m，平均时距10min，年最大重现期100年，概率分布型为极值Ⅰ型。"

坝陵河大桥桥位处没有长期气象观测站，因此，只能利用附近的关岭县和镇宁县两个气象站的长期风速观测资料来推算大桥的设计风速。为此，需在桥位附近建造临时风速观测塔以开展桥位处短期风速观测。坝陵河大桥桥位及其临时风速观测塔与附近的关岭县城和镇宁县城的相对位置关系如图2.56所示，其中关岭县城和镇宁县城与桥位临时风速观测塔的距离分别约3km和17km。虽然关岭县城离桥位不远，但位于南北走向的坝陵河峡谷的西侧高山上，海拔在1 000m左右，并且在县城和峡谷之间隔着一列顺着峡谷分布的海拔为1 100～1 200m的山峰，而桥位处为深度超过500m的深切峡谷地貌，因此，桥位处和关岭县城的自然风环境之间必然存在较大差别，不宜直接采用关岭气象站的基本风速作为桥址处的基本风速，需要通过实测研究建立两者之间的关系。为此，在开展桥位风速观测的同时，在关岭镇宁两个气象站也同时安装了相同型号的风速仪在三地进行同步风速观测。

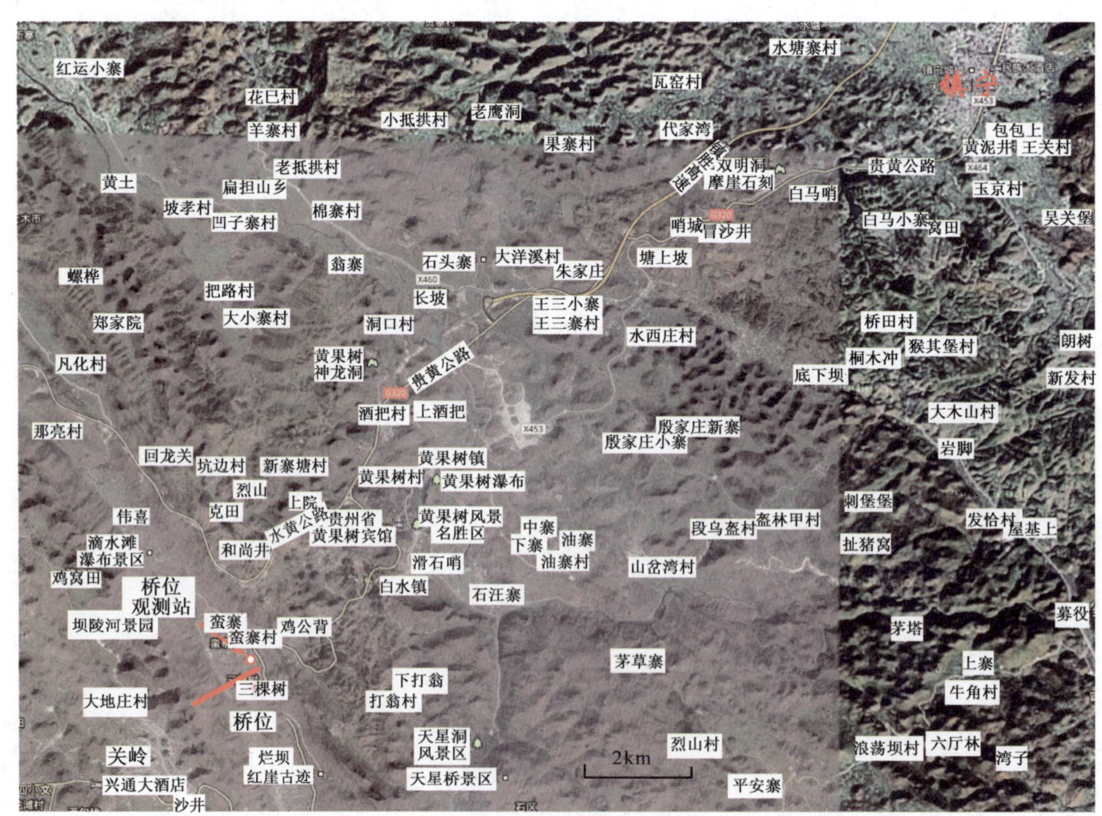

图2.56 桥位临时风速观测站与关岭和镇宁县城之间的相对位置

为了节约开支，三地同步平均风速的观测采用了如2.1.2节介绍的小型自动气象站中杯式风速仪。两个气象站的风速仪离地高度为10.0m，在桥位处，小型气象站安装在观测塔上，离塔基座顶面约54.0m，海拔高度约1 019m。

确定坝陵河大桥的设计风速步骤如下：首先基于极值Ⅰ型分布，利用关岭和镇宁两个气象站自1964年至2003年40年间年最大10min平均风速的长期观测资料，统计关岭和镇宁气象站的40年、50年和100年重现期对应的基本风速；然后，采用线性回归法、比值法和差值法三种不同方法对关岭气象站、镇宁气象站和桥位处的短期同步实测风速数据进行统计分析，分别建立桥位观测点和关岭气象站、桥位观测点和镇宁气象站之间的10min平均风速换算关系；最后，根据这两个气象站50年和100年重现期基本风速、桥位观测点和气象站风速关系以及桥位处平均风剖面实测结果，确定坝陵河大桥不同高度的设计基准风速。

1)基于极值Ⅰ型概型的基本风速统计方法

由于年最大平均风速 X 是一个随机变量，因此为了确定设计基本风速 U，必须首先确定年最大平均风速概率分布型式，简称概型，由概率密度函数 $p(x)$ 或概率累计分布函数 $P(x)$ 来表示，其中 x 代表随机变量 X 的取值，$p(x)=\mathrm{d}P(x)/\mathrm{d}x$。设计基本风速 U、概型 $p(x)$ 或 $P(x)$ 以及重现期 T_0 或保证率 P_0 之间的关系如图2.57所示。通过对实际风速观测资料的分析，我国相关规范和其他许多国家的规范一样采用了如下式所示的极值Ⅰ型概率分布函数来描述年最大平均风速。

$$P(x)=\mathrm{e}^{-\mathrm{e}^{-(x-\mu)/\alpha}} \tag{2.27}$$

式中，参数 μ 和 α 分别称为位置参数和尺度参数，需要根据实际观测到数据通过下述概率计算方法来估计。

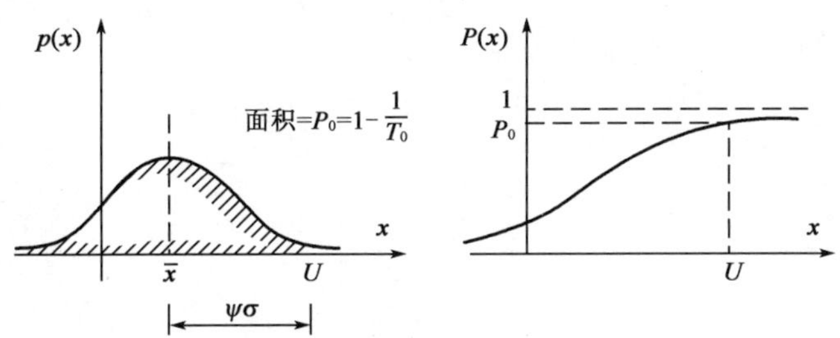

图2.57 设计风速、概型以及重现期或保证率之间的关系示意

根据概率论随机变量 X 的期望值 $E(X)$ 和均方差 $SD(X)$ 可表示为

$$\begin{aligned}E(X)&=\int_{-\infty}^{\infty}xp(x)\mathrm{d}x=\int_{-\infty}^{\infty}x\mathrm{d}P(x)=\int_{-\infty}^{\infty}x\mathrm{d}\mathrm{e}^{-\mathrm{e}^{-(x-\mu)/\alpha}}=\int_{-\infty}^{\infty}(\alpha\tau+\mu)\mathrm{d}\mathrm{e}^{-\mathrm{e}^{-\tau}}\\&=\alpha\int_{-\infty}^{\infty}\tau\mathrm{d}\mathrm{e}^{-\mathrm{e}^{-\tau}}+\mu\int_{-\infty}^{\infty}\mathrm{d}\mathrm{e}^{-\mathrm{e}^{-\tau}}=\alpha\gamma+\mu\end{aligned} \tag{2.28}$$

$$\begin{aligned}SD(X)&=\sqrt{\int_{-\infty}^{\infty}[x-E(X)]^2p(x)\mathrm{d}x}=\sqrt{\int_{-\infty}^{\infty}[x-E(X)]^2\mathrm{d}P(x)}\\&=\sqrt{\int_{-\infty}^{\infty}[x-E(X)]^2\mathrm{d}\mathrm{e}^{-\mathrm{e}^{-(x-\mu)/\alpha}}}=\int_{-\infty}^{\infty}(x-\alpha\gamma-\mu)^2\mathrm{d}\mathrm{e}^{-\mathrm{e}^{-\alpha(x-\mu)}}\\&=\sqrt{\int_{-\infty}^{\infty}\alpha^2(\tau-\gamma)^2\mathrm{d}\mathrm{e}^{-\mathrm{e}^{-\tau}}}=(\pi/\sqrt{6})\alpha\end{aligned} \tag{2.29}$$

式中：γ——欧拉(Euler)常数，等于0.577 22。

根据一个有限长度的年最大平均风速的观测样本来估计上述极值Ⅰ型分布的位置参数和尺度参数，矩量法是解决这个问题的经典方法。它假设一个随机变量期望值和均方差可以用一个样本的平均值和和均方差来代替。假设$\{x_i\}$为由年最大平均风速 N 年实际观测数据组成的一个样本，则其平均值$\bar{x}$和均方差σ可通过对样本统计分析获得，即

$$\bar{x} = \frac{1}{N}\sum_{i=1}^{N} x_i \tag{2.30}$$

$$\sigma = \sqrt{\frac{1}{N-1}\sum_{i=1}^{N}(x_i - \bar{x})^2} \tag{2.31}$$

这样，利用式(2.28)和式(2.29)，极值Ⅰ型分布的位置参数的估计值$\hat{\mu}$和尺度参数的估计值$\hat{\alpha}$可按下面两式确定

$$\hat{\mu} = \bar{x} - \left(\frac{\gamma\sqrt{6}}{\pi}\right)\sigma \tag{2.32}$$

$$\hat{\alpha} = \left(\frac{\sqrt{6}}{\pi}\right)\sigma \tag{2.33}$$

进一步，基于年最大平均风速 N 年观测数据的、T_0年重现期(即保证率 $P_0 = 1 - 1/T_0$)对应的基本风速估计值$\hat{U}$可按下面方法计算

$$P(\hat{U}) = P_0 = \left(1 - \frac{1}{T_0}\right) = \mathrm{e}^{-\mathrm{e}^{-(\hat{U}-\hat{\mu})/\hat{\alpha}}} \tag{2.34}$$

即

$$\hat{U} = \hat{\mu} - \hat{\alpha}\ln\left[-\ln\left(1 - \frac{1}{T_0}\right)\right] = \bar{x} + \psi\sigma \tag{2.35}$$

式中：ψ——T_0年重现期对应的保证系数。

$$\psi = \left(\frac{\sqrt{6}}{\pi}\right)(y - \gamma) \tag{2.36}$$

$$y = -\ln\left[-\ln\left(1 - \frac{1}{T_0}\right)\right] \tag{2.37}$$

当 T_0足够大时

$$y \approx \ln T_0 \tag{2.38}$$

显然，对于不同的年最大平均风速样本$\{x_i\}$，按上述方法得到的设计风速估计值也有所不同。实际上，上述$\bar{x}$和σ以及$\hat{U}$都是随机变量，与统计时所选的样本有关，所以实际应用时，还应该提供具有不同保证率的基本风速估计值的置信区间。保证率是指所提供的置信区间包含“真实的但未知的”基本风速的概率，例如：假设基本风速的估计值服从正态分布，那么 1 倍均方差、2 倍均方差和 3 倍均方差置信区间对应的保证率分别为 68%、95%和 99%。为了确定不同保证率的置信区间，首先就应该确定基本风速估计值的均方差。

根据确定基本风速估计值的方法不同(如：矩量法，顺序统计法和最大似然法等)，其均方差的计算方法也不同。矩量法是最常用的方法之一。如果假设$\bar{x}$和σ渐近地正态分布，那么，根据矩量法，基本风速估计值$\hat{U}$的标准差可近似按下式计算

$$\sigma_{\hat{U}} \approx \sqrt{\frac{\pi^2}{6} + 1.136\,9(y-\gamma)\frac{\pi}{\sqrt{6}} + 1.1(y-\gamma)^2}\,\frac{\sqrt{6}}{\pi}\,\frac{\sigma}{\sqrt{N}} \tag{2.39}$$

此外，根据概率统计理论可以证明，对于服从某一概型分布的一个参数，其任何一种估计值的均方差都将大于或等于理论规定的均方差，这一下界均方差被称为克莱姆-劳(Cramer-Rao)下界。对于服从极值Ⅰ型分布的年最大平均风速，克莱姆-劳下界为

$$\sigma_{\hat{U}} \approx \sqrt{0.607\,93y^2 + 0.514\,04 + 1.108\,66}\frac{\sqrt{6}}{\pi}\frac{\sigma}{\sqrt{N}} \tag{2.40}$$

这样，若近似按正态分布考虑，68%、95%和 99%概率对应的设计基本风速的置信区间分别为

保证率 68%置信区间

$$U \in [U_{-\sigma}, U_{+\sigma}] = [\hat{U} - \sigma_{\hat{U}}, \hat{U} + \sigma_{\hat{U}}] \tag{2.41}$$

保证率 95%置信区间

$$U \in [U_{-2\sigma}, U_{+2\sigma}] = [\hat{U} - 2\sigma_{\hat{U}}, \hat{U} + 2\sigma_{\hat{U}}] \tag{2.42}$$

保证率 99%置信区间

$$U \in [U_{-3\sigma}, U_{+\sigma}] = [\hat{U} - 3\sigma_{\hat{U}}, \hat{U} + 3\sigma_{\hat{U}}] \tag{2.43}$$

其中，基本风速估计值均方差 $\sigma_{\hat{U}}$ 可以按式(2.39)或式(2.40)计算，但基本风速统计分析的大量实践经验表明，不同方法估计量的置信区间差别不是很大。

2)镇宁和关岭气象站基本风速

表 2.8 为由贵州省气象局提供的坝陵河桥位周边关岭县和镇宁县两个气象站自 1964～2003 年的 40 年间记录的离地 10m 高度处的年最大 10min 平均风速资料。根据上述极值Ⅰ型统计方法，可得这两个气象站相应的极值Ⅰ型概型参数，如表 2.9 所示。进一步可以得到两个气象站的 2.5 年、40 年、50 年和 100 年重现期基本风速的估计值，关岭站分别为 9.0m/s、13.0m/s、13.3m/s 和 14.3m/s，镇宁站分别为 10.4m/s、15.5m/s、15.9m/s 和 17.1m/s。

桥位附近气象台站风速资料——年极值风速(m/s)　　表 2.8

年份	关岭站	镇宁站	年份	关岭站	镇宁站	年份	关岭站	镇宁站
1964	9	12	1978	8	10	1991	7	14
1965	8	10	1979	9	9	1992	12	15
1966	8	12	1980	7	9	1993	10	13
1967	10	10	1981	10	9	1994	10	13
1968	8	14	1982	9	10	1995	13	12
1969	8	10	1983	8	9	1996	11	12
1970	9	14	1984	10	8	1997	8	10
1971	14	13	1985	9	10	1998	7	9
1972	8	11	1986	10	10	1999	5	8
1973	10	10	1987	10	10	2000	7	7
1974	8	8	1988	10	9	2001	8	7
1975	8	12	1989	8	9	2002	8	7
1976	9	7	1990	9	12	2003	6	8
1977	8	9						

关岭和镇宁气象站 100 年重现期基本风速统计结果　　表 2.9

气象台站名称		关岭测站	镇宁测站
参数	风速资料样本容量(年)	40	40
	样本均值 $\bar{x}$(m/s)	8.85	10.28
	样本标准差 σ(m/s)	1.73	2.16
	极值Ⅰ型尺度参数 α	1.35	1.68
	极值Ⅰ型位置参数 μ	8.07	9.30
2.5 年重现期基本风速的估计值(m/s)		9.0	10.4
40 年重现期基本风速的估计值(m/s)		13.0	15.5
50 年重现期基本风速的估计值(m/s)		13.3	15.9
100 年重现期基本风速的估计值(m/s)		14.3	17.1

基于式(2.39)和式(2.40)基本风速估计值均方差公式计算得到的保证率 68%、95%和 99%对应的关岭和镇宁气象站基本风速置信区间及其上限列于表 2.10 中。经比较可知，两种方法得到的结果相差很小，对于三种重现期基本风速的三种置信区间上限值偏差，关岭不超过 3.6%，镇宁站不超过 4.0%。在后续的分析中，偏保守地采用矩量法的结果。

关岭和镇宁气象站 100 年重现期基本风速的置信区间(矩量法)　　表 2.10

重现期		2.5 年			40 年			50 年			100 年		
置信水平		68%	95%	99%	68%	95%	99%	68%	95%	99%	68%	95%	99%
关岭气象站	置信区间(m/s)	9.0±0.29	9.0±0.57	9.0±0.86	13.0±0.87	13.0±1.75	13.0±2.62	13.3±0.92	13.3±1.85	13.3±2.77	14.3±1.08	14.3±2.15	14.3±3.23
	上限(m/s)	9.3	9.6	9.9	13.9	14.8	15.6	14.2	15.2	16.1	15.4	16.5	17.5
镇宁气象站	置信区间(m/s)	10.4±0.36	10.4±0.71	10.4±1.07	15.5±1.09	15.5±2.18	15.5±3.27	15.9±1.15	15.9±2.30	15.9±3.45	17.1±1.34	17.1±2.68	17.1±4.02
	上限(m/s)	10.8	11.1	12.5	16.6	17.7	18.8	17.1	18.2	19.4	18.4	19.8	21.1

对于关岭气象站，在统计所用的年最大 10min 平均风速的 40 年数据中，最大值是 14m/s，发生在 1971 年。而统计得到的 40 年重现期基本风速的 1 倍、2 倍和 3 倍均方差置信区间上限值分别为 13.9m/s、14.8m/s 和 15.2m/s。显然 1 倍均方差的置信区间保证率不够，其上限值低于实际样本中出现的最大风速；而 2 倍均方差的置信区间的上限值也只大于实际样本最大值的 5.7%，富余度不够。因此，建议关岭气象站的基本风速采用保值率约为 99%的 3 倍均方差置信区间的上限值，对于 40 年重现期，这个值是 15.6m/s，比实际样本中出现的最大值高了 11.4%。这样，关岭气象站 50 年和 100 年重现期的基本风速统计值分别为 16.1m/s 和 17.5m/s。

对于镇宁气象站，在统计所用的年最大 10min 平均风速的 40 年数据中，最大值是 15m/s，发生在 1992 年。而统计得到的 40 年重现期基本风速的 1 倍、2 倍和 3 倍均方差置信区间上限值分别为 16.6m/s、17.7m/s 和 18.8m/s。虽然，1～3 倍均方差置信区间的上限值都超过了实际样本最大值的 10.7%～25.3%，但为了统一起见，仍建议采用 3 倍均方差置信区间。

这样，镇宁气象站 50 年和 100 年重现期的基本风速统计值分别为 19.4m/s 和 21.1m/s。

3)气象站与桥址区的风速关联分析

(1)不同地点风速关联方法

同一地区两个相距不太远地点的风(尤其风速较大的风)之间存在一定的关系，这是因为各地较大的风往往主要是受到空间尺度超过 400km 的大尺度天气系统和空间尺度介于 4～400km 的中尺度天气系统的控制，如寒潮等季风、温带气旋、热带气旋等。在这些中到大尺度的天气系统的影响范围内，不同地点的风速变化是具有较好的相关性的，当然，不同地点的各自特殊的局部地貌会在同一天气系统内产生不同的局部扰动，从而降低两地风速的相关性。此外，有些地方的大风有时也受到其局部中小尺度天气系统(如雷暴)的严重影响，从而造成距离较远的两地之间的风速相关性变得较差。总的说来，风速越高，两地风速的相关性也会越好。因此，可以通过适当的统计方法来建立不同地点的风速之间的关联公式。线性回归法、比值法、差值法是用来建立不同地点风速之间关联关系的三种常用方法，它们的基本原理如下。

①线性回归法。

设 x 代表气象站的某种风速(如瞬时风速、10min 平均风速、小时最大 10min 平均风速、日最大 10min 平均风速或月最大 10min 平均风速等)，y 代表桥位处的相应风速，如果两者之间存在近似的线性关系，则可用下式表示

$$y = ax + b \tag{2.44}$$

式中，系数 a 和 b 是需要通过实际观测和分析确定的待定系数。

设 $\{x_i \mid i=1,\cdots,n\}$ 为气象站实测的风速序列(或称风速样本)，$\{y_i \mid i=1,\cdots,n\}$ 为在桥位处观测点上实测的相应风速序列(或称风速样本)，代入式(2.44)，可得

$$y_i = ax_i + b + e_i, i = 1,\cdots,n \tag{2.45}$$

这里，由于两地实测数据之间并不严格满足线性关系，因此，在上式中需要引入用来表示桥位处观测点上实测风速值与线性回归值之间的偏差 e_i。进一步把整个样本偏差的均方根(即实测与回归值之间的均方偏差)定义为总体误差

$$S_y = \sqrt{\frac{1}{n-1}\sum_{i=1}^{n} e_i^2} \tag{2.46}$$

这样，根据最小二乘原理，能使总体误差 E 最小的系数 a 和 b 即为最优解，因此系数 a 和 b 必须满足

$$\frac{\partial S_y}{\partial a} = 0 \text{ 且} \frac{\partial S_y}{\partial b} = 0 \tag{2.47}$$

$$\begin{bmatrix} \sum_{i=1}^{n} x_i^2 & \sum_{i=1}^{n} x_i \\ \sum_{i=1}^{n} x_i & n \end{bmatrix} \begin{Bmatrix} a \\ b \end{Bmatrix} = \begin{Bmatrix} \sum_{i=1}^{n} x_i y_i \\ \sum_{i=1}^{n} y_i \end{Bmatrix} \tag{2.48}$$

由方程(2.48)可以求得 a 和 b 的最优解

$$a = \frac{\sum_{i=1}^{n} x_i y_i - n\overline{x}\overline{y}}{\sum_{i=1}^{n} x_i^2 - n\overline{x}^2} = \frac{\sum_{i=1}^{n}(x_i - \overline{x})(y_i - \overline{y})}{\sum_{i=1}^{n}(x_i - \overline{x})^2} = \frac{r_{xy}\sigma_x\sigma_y}{\sigma_x^2} = r_{xy}\frac{\sigma_y}{\sigma_x} \tag{2.49}$$

$$b = \bar{y} - a\bar{x} \tag{2.50}$$

这里，$\bar{x}$ 和 $\bar{y}$ 分别表示风速样本$\{x_i \mid i=1,\cdots,n\}$和风速样本$\{y_i \mid i=1,\cdots,n\}$的平均值，即

$$\bar{x} = \frac{1}{n}\sum_{i=1}^{n} x_i \tag{2.51}$$

$$\bar{y} = \frac{1}{n}\sum_{i=1}^{n} y_i \tag{2.52}$$

σ_x、σ_y 和 σ_{xy} 分别为风速样本$\{x_i \mid i=1,\cdots,n\}$和风速样本$\{y_i \mid i=1,\cdots,n\}$的均方差和两者之间的相干系数，即

$$\sigma_x = \sqrt{\frac{1}{n-1}\sum_{i=1}^{n}(x_i - \bar{x})^2} \tag{2.53}$$

$$\sigma_y = \sqrt{\frac{1}{n-1}\sum_{i=1}^{n}(y_i - \bar{y})^2} \tag{2.54}$$

$$r_{xy} = \frac{\sum_{i=1}^{n}(x_i - \bar{x})(y_i - \bar{y})}{\sqrt{\sum_{i=1}^{n}(x_i - \bar{x})^2 \sum_{i=1}^{n}(y_i - \bar{y})^2}} \tag{2.55}$$

把式(2.49)～式(2.55)代入(2.46)可得总体误差(即实测值与回归值之间的均方偏差)的最小值

$$S_y = \sigma_y \sqrt{1 - r_{xy}^2} \tag{2.56}$$

在气象上，一般认为相干系数 $r_{xy} \geqslant 0.85$ 时，两地风速之间的相关性较好。当两地风速 x 和 y 服从联合正态分布时，线性回归法的适当性检验标准为

$$r^2 > \frac{1}{n-2} \tag{2.57}$$

②比值法。

如前所述，在同一大尺度或中尺度天气系统控制下，临近两地的风速相关性往往较好，它们一些统计量的比值比较稳定，有时几乎等于一个常数。在这种情况下，可利用比值稳定特性来获取两地风速的关联公式，这就是比值法，即

$$y = k_n x \tag{2.58}$$

式中，k_n 为两地风速的比值系数，一般取为两个风速样本的平均值来计算

$$k_n = \frac{\bar{y}}{\bar{x}} \tag{2.59}$$

然而，两地风速参数的比值稳定性往往不能严格满足，因此，在实际应用中需要对比值法的适当性进行检验。比值法适当性检验标准为

$$r_{xy} > \frac{1}{2} k_n \frac{\sigma_x}{\sigma_y} \tag{2.60}$$

③差值法。

有时候，两地风速本身各自的变化很大，但它们之间差值的变化却很小，可以近似认为是一个常数，此时，可以根据差值法来建立两者之间的关联公式

$$y = x + d_n \tag{2.61}$$

式中，d_n 为两地风速的差值，一般取两个风速样本平均值之间的差值，即

$$d_n = \overline{y} - \overline{x} \tag{2.62}$$

同样，实际应用中也需要对插值法的适当性进行检验，检验标准为

$$r_{xy} > \frac{1}{2}\frac{\sigma_x}{\sigma_y} \tag{2.63}$$

④显著性（或密切性）检验。

判断两地测站的风速样本相关的显著性水平，需要进行相关系数的统计推断，常用的检验方法包括 t 分布检验法和误差范围法。前者用于样本较短（即 n 较小）时的情况，后者用于样本较长的情况。

对于 t 分布检验法，当满足下式时，则认为两个样本相关显著。否则，相关不显著。

$$t = \sqrt{\frac{(n-2)r_{xy}^2}{(1-r_{xy}^2)}} > t_{0.05}(n-2)\ (\text{双侧}) \tag{2.64}$$

对于误差范围法，相关系数 r_{xy} 的随机误差为

$$E_r = \frac{\pm 0.675\,4(1-r_{xy}^2)}{\sqrt{n}} \tag{2.65}$$

一般认为，当满足下式时，两个样本是相关显著的，或是密切的。

$$|\,r_{xy}\,| > 4\,|\,E_r\,| = \frac{2.701\,6(1-r_{xy}^2)}{\sqrt{n}} \tag{2.66}$$

（2）实测风速对比

根据我国相关规范的规定，设计基本风速采用的是以 10min 为时距的平均风速，因此，在关联公式研究中应采用 10min 平均风速。其次，在实际的工程应用中，之所以提出进行桥位和周边气象站风速之间关联分析要求，往往是因为周边气象站与桥位之间距离较远，或者因为中间相隔一些高山等阻挡物而无法直接利用周边气象站的风速数据。而在这种情况下，一个天气系统造成的风对气象站和桥位处的影响是有一定延时的，因此，两地同步测得的实时平均风速之间的相关性一般不好，直接使用它们来研究两地风速之间的关联公式是不适宜的。考虑上述因素，在计算中应采用“月最大 10min 平均风速”、“日最大 10min 平均风速”和“小时最大 10min 平均风速”三种平均风速来研究关岭气象站和桥位处以及镇宁气象站和桥位处的风速关联公式。

在桥位现场风速观测塔上安装了三套风速仪，安装在观测塔上 62.6m 高度（海拔 1 027.6m）处的一台三维超声风速仪和一套三维螺旋桨式机械风速仪，均由美国 RM Young 公司生产，并于安装前在风洞中经过测量精度验证。第三套是小型自动气象站设备中的杯式风速仪，安装高度离地 54m（海拔 1 019m）。在关岭气象站和镇宁气象站也安装了另外两套相同型号小型自动气象站，与桥位处一起进行三地的同步风速观测。

实测周期内，桥位处、镇宁站和关岭站的月最大 10min 平均风速如表 2.11 所示，三地月最大 10min 平均风速随时间的变化形态比较情况如图 2.58 和图 2.59 所示。三地的日最大 10min 平均风速随时间的变化情况如图 2.60～图 2.63 所示。其中，图 2.58 中桥位处的风速是采用 Young 氏风速仪记录结果，而图 2.59 中的桥位处的风速是采用小型自动气象站风杯式风速仪记录结果。不同月份三地时最大 10min 平均风速随时间变化的情况因篇幅所限，不再细述。

桥位处、镇宁站和关岭站月最大 10min 平均风速　　表 2.11

时间（年-月）	桥址处（Young 氏）月最大风速(m/s)	风向	桥址处（小型气象站）月最大风速（m/s）	风向	关岭气象站月最大风速（m/s）	风向	镇宁气象站月最大风速（m/s）	风向
2006-6	—	—	20.6	NW	14.8	NNE	16.1	W
2006-7	10.2	NNW	17.9	NW	11.2	E	13.0	S
2006-8	10.0	NW	17.9	NNW	5	WNW	15.6	N
2006-9	9.0	NNW	13	NNE	9.8	E	12.5	N
2006-10	11.1	ENE	25.5	NNW	8.5	NE	15.6	SW
2006-11	9.1	NNE	11.2	NNE	10.7	SE	12.1	S
2006-12	7.7	SSE	10.7	SSE	8.5	SSE	12.5	S
2007-1	5.8	NE	8.9	NNW	6.7	ESE	11.2	WNW
2007-2	11.8	SSE	20.6	S	14.8	WSW	15.2	SSW
2007-3	8.6	NNE	16.5	SSE	13.0	WSW	16.1	N
2007-4	9.9	NNW	16.1	N	13.9	NNW	16.1	NE
2007-5	9.9	NNE	23.2	NNW	14.8	NNE	19.2	NE
2007-6	7.6	N	18.3	NNW	13.4	NNE	15.2	NE
2007-7	7.4	NNW	13.4	N	11.2	E	13.0	SW
2007-8	10.2	N	15.2	NNE	9.8	E	15.2	SW
2007-9	9.6	S	15.2	SSE	6	E	12.1	SW
2007-10	7.4	NNE	12.1	ESE	6	E	9.4	SW
2007-11	7.2	S	11.2	S	—	—	7.2	SW
2007-12	8.6	N	12.1	N	7.2	NE	8.5	SW
2008-1	7.8	N	11.2	NNE	8.9	NNE	7.2	SW
2008-2	8.8	S	12.5	S	9.8	SE	6.7	E
2008-3	7.5	S	14.3	S	12.5	E	—	—
2008-4	15.1	NNW	25.9	NNW	14.3	SW	17.4	N
2008-5	9.7	N	15.6	NNE	14.8	ENE	15.2	SE
2008-6	11.1	NNW	11.2	NNE	8.9	E	12.1	NNW

从表 2.11 和图 2.58～图 2.61 可知，小型气象站杯式风速仪在实测桥位处测得的风速要明显大于美国 RM Young 公司的超声风速仪和螺旋桨式风速仪测得的桥位处风速，但风速随时间的变化形态比较相似。相似地，用该型小型气象站杯式风速仪测得的关岭和镇宁两个气象站的 2006～2008 年期间的 10min 平均风速也要明显大 1998～2003 年期间这两个气象站的年最大 10min 平均风速。这可能是由于仪器性能或者设置的不同所造成。考虑到在镇宁和

关岭气象站进行同步测量的也是同一型号的小型气象站，因此，本节的三地风速相关分析最终统一采用了由小型气象站记录的风速数据，以避免由于不同型号风速仪的性能或设置等差异带来较大的系统误差。此外，桥位处、两个气象站三个地方风速随时间变化的总体形态相似(图 2.62、图 2.63)，说明三地的月最大 10min 平均风速具有较好的相关性。

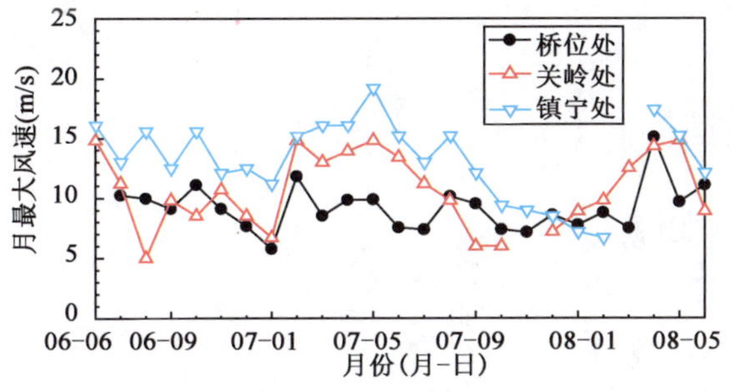

图 2.58　三地月最大风速比较(桥位处 Young 氏风速仪)

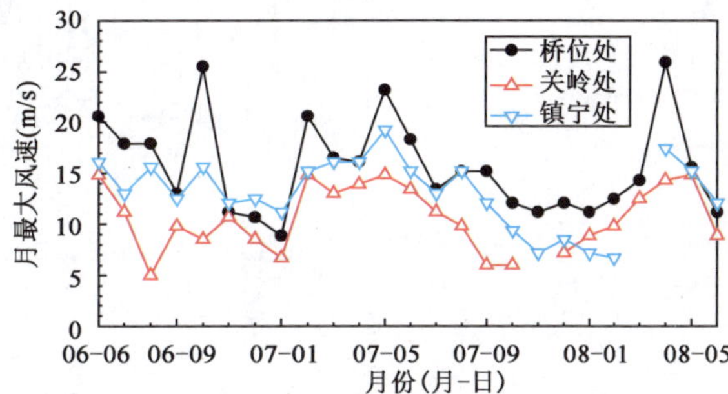

图 2.59　三地月最大风速比较(桥位处小型自动气象站)

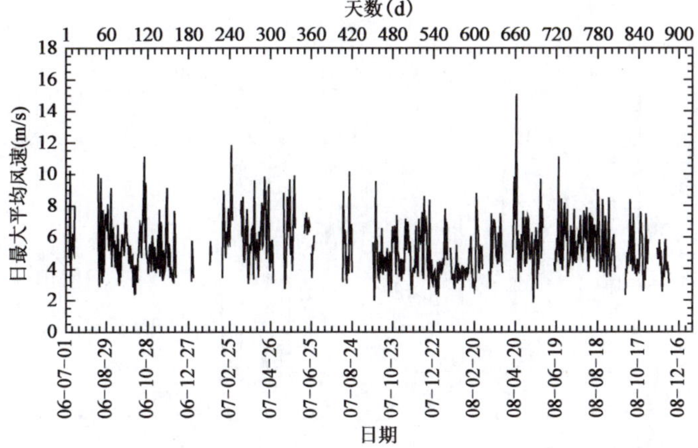

图 2.60　桥位处日最大风速随时间变化形态(Young 氏风速仪)

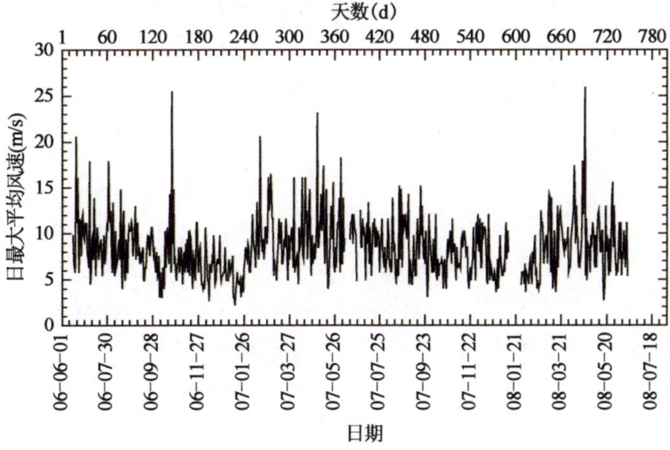

图 2.61　桥位处日最大风速随时间变化形态(小型自动气象站)

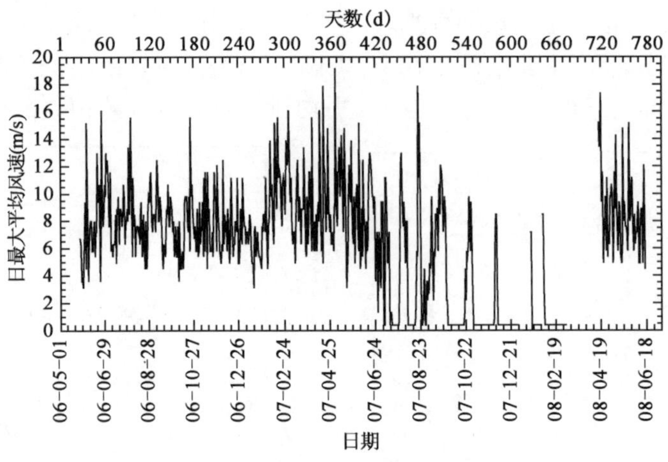

图 2.62 关岭站日最大风速随时间变化关系图

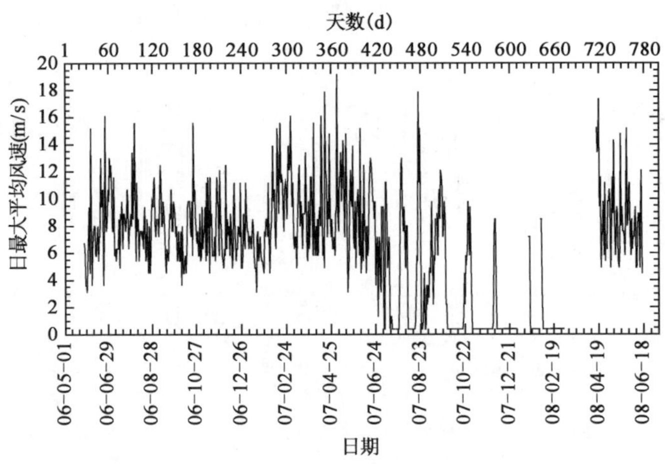

图 2.63 镇宁站日最大风速随时间变化关系图

(3)桥位和气象站风速关系。

考虑到风速太小时相关性较差,因此,在建立桥位处和两个气象站之间的风速关系时,风速小于 4m/s 的记录资料一律不予考虑。对于大于风速 4m/s 的数据,又分大于 4m/s、6m/s、8m/s 三种情况分析。

①基于月最大 10min 平均风速的风速关系。

首先考察桥位和气象站月最大平均风速之间的相关显著水平。月最大平均风速样本的长度并不大(n=19～25),所以,原则上宜采用 t 分布检验法来检验桥位处与关岭和镇宁两个气象站之间的月最大风速的相关显著性。t 分布的检验结果列于表 2.12 中。结果显示桥位处与两个气象站之间的月最大 10min 平均风速在大于 4m/s、6m/s 和 8m/s 三种情况下的相关性均较强。在表 2.12中还给出了采用误差范围法对三地风速相关显著的性检验结果,结果也表明桥位处与两个气象站之间的月最大 10min 平均风速在上述三种风速级别情况下的相关性均较强。

桥位和气象站月最大10min平均风速的相关性检验结果　　表2.12

参数		桥位处与关岭站			桥位处与镇宁站		
		$U \geqslant 4$m/s	$U \geqslant 6$m/s	$U \geqslant 8$m/s	$U \geqslant 4$m/s	$U \geqslant 6$m/s	$U \geqslant 8$m/s
样本数 n		24	23	19	24	24	21
相关系数 r_{xy}		0.508	0.590	0.532	0.759	0.759	0.783
气象站样本均方差 σ_x		3.163	2.995	2.400	3.398	3.398	2.629
桥位处样本均方差 σ_y		4.684	4.767	4.809	4.769	4.769	4.828
t分布检验误差范围检验	$t=\sqrt{(n-2)r_{xy}^2/(1-r_{xy}^2)}$	2.766	3.349	2.591	5.468	5.468	5.487
	$t_{0.05}(n-2)$(双侧)	2.064	2.069	2.093	2.064	2.064	2.080
	是否满足 $t>t_{0.05}(n-2)$	是	是	是	是	是	是
	相关显著性检验结果	显著相关	相关显著	相关显著	显著相关	相关显著	相关显著
	$4\lvert E_r\rvert=2.7016(1-r_{xy}^2)/\sqrt{n}$	0.409	0.367	0.444	0.259	0.259	0.221
	是否满足 $\lvert r_{xy}\rvert>4\lvert E_r\rvert$	是	是	是	是	是	是
	相关显著性检验结果	显著	显著	显著	显著	显著	显著

表2.13给出了三种下限风速情况下基于月最大平均风速同步实测数据的桥位与关岭和镇宁气象站之间的三种风速关联方法拟合直线的相关参数结果，同时还给出了各拟合直线的适当性检验结果。由此可见，各种情况下的风速关系拟合直线的适当性均符合要求。

基于月最大10min平均风速的桥位和气象站风速关联分析结果　　表2.13

参数		桥位处与关岭站			桥位处与镇宁站		
		$U \geqslant 4$m/s	$U \geqslant 6$m/s	$U \geqslant 8$m/s	$U \geqslant 4$m/s	$U \geqslant 6$m/s	$U \geqslant 8$m/s
样本数 n		24	23	19	24	24	21
气象站样本平均值 $\overline{x}$		10.604	10.848	11.768	13.100	13.100	13.967
桥位样本平均值 $\overline{y}$		15.796	15.704	16.468	15.667	15.667	16.243
相关系数 r_{xy}		0.508	0.590	0.532	0.759	0.759	0.783
气象站样本均方差 σ_x		3.163	2.995	2.400	3.398	3.398	2.629
桥位处样本均方差 σ_y		4.684	4.767	4.809	4.769	4.769	4.828
斜率 $a=r_{xy}\sigma_y/\sigma_x$		0.752	0.939	1.067	1.065	1.065	1.432
线性回归法	截距 $b=\overline{y}-a\overline{x}$	7.823	5.517	3.911	1.714	1.714	−3.759
	r_{xy}^2	0.258	0.348	0.283	0.576	0.576	0.613
	$1/(n-2)$	0.0455	0.0476	0.0588	0.0455	0.0455	0.0526
	是否满足 $r_{xy}^2>1/(n-2)$	是	是	是	是	是	是
	适当性检验结果	适当	适当	适当	适当	适当	适当

续上表

参数		桥位处与关岭站			桥位处与镇宁站		
		$U \geqslant 4$m/s	$U \geqslant 6$m/s	$U \geqslant 8$m/s	$U \geqslant 4$m/s	$U \geqslant 6$m/s	$U \geqslant 8$m/s
比值法	比值系数 $k_n = \overline{y}/\overline{x}$	1.490	1.448	1.399	1.196	1.196	1.163
	$k_n\sigma_x/2\sigma_y$	0.503	0.455	0.349	0.426	0.426	0.317
	是否满足 $r_{xy} > k_n\sigma_x/2\sigma_y$	是	是	是	是	是	是
	适当性检验结果	适当	适当	适当	适当	适当	适当
差值法	差值 $d_n = \overline{y} - \overline{x}$	5.192	4.856	4.700	2.567	2.567	2.276
	$\sigma_x/(2\sigma_y)$	0.338	0.314	0.250	0.356	0.356	0.272
	是否满足 $r_{xy} > \sigma_x/(2\sigma_y)$	是	是	是	是	是	是
	适当性检验结果	适当	适当	适当	适当	适当	适当

图 2.64～图 2.66 为上述三种下限风速情况下桥位和关岭气象站之间月最大平均风速的关系图。图 2.67 和图 2.68 为上述三种下限风速情况下桥位和镇宁气象站之间月最大平均风速的关系图，其中风速大于 4m/s 和 6m/s 的样本数据是一致的。从图中可见，对于桥位和镇宁之间的月最大平均风速关系，考虑 8m/s 以下记录数据时三种不同分析方法所得结果之间的差异要小于只考虑 8m/s 及以上风速数据时的情况，而对于桥位和关岭气象站之间月最大平均风速关系，情况则刚好相反。

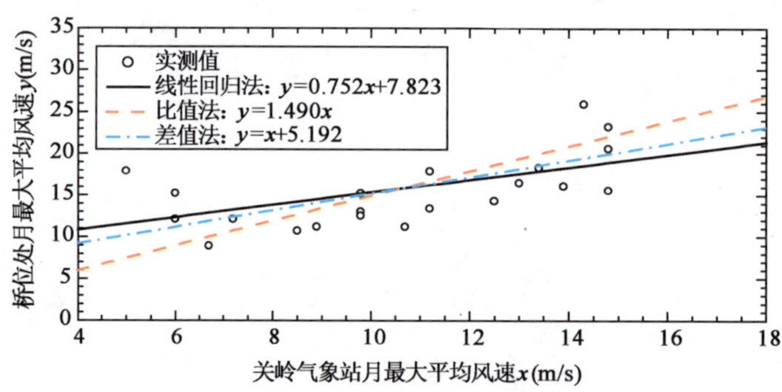

图 2.64　桥位处和关岭气象站月最大平均风速关系（$U \geqslant 4$m/s）

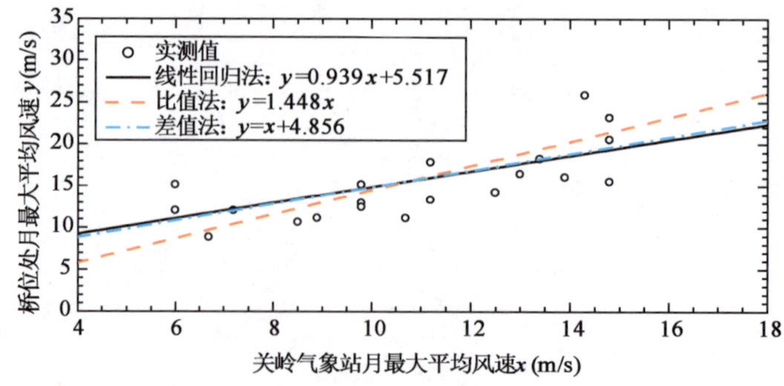

图 2.65　桥位处和关岭气象站月最大平均风速关系（$U \geqslant 6$m/s）

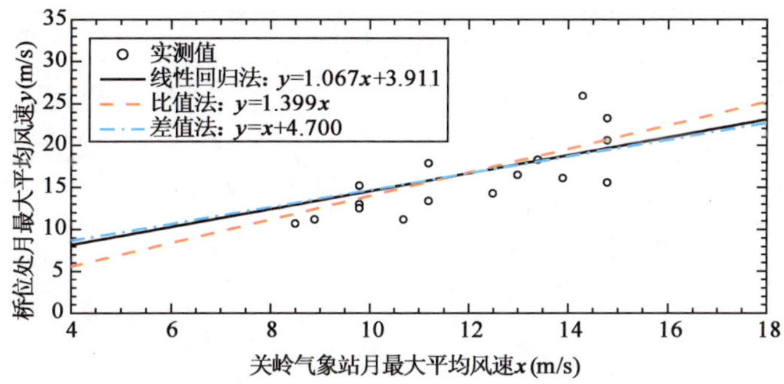

图 2.66 桥位处和关岭气象站月最大平均风速关系($U \geqslant 8$m/s)

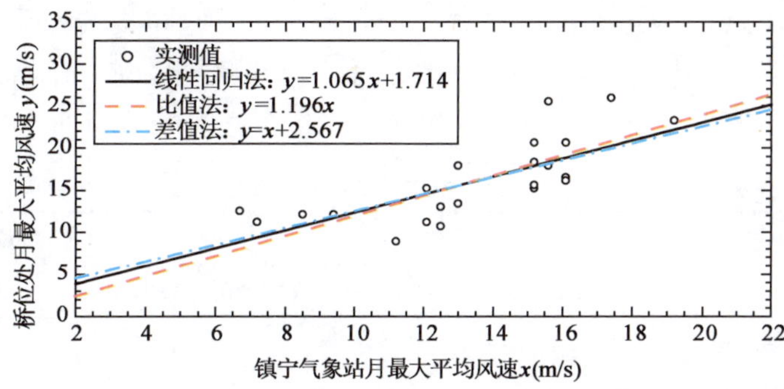

图 2.67 桥位处和镇宁气象站月最大平均风速关系($U \geqslant 4$m/s/$U \geqslant 6$m/s)

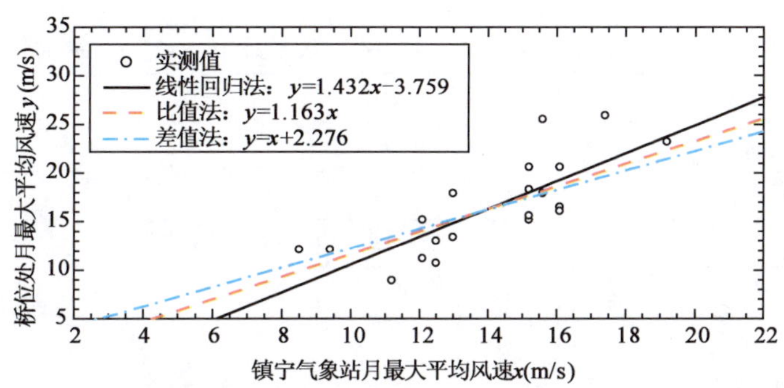

图 2.68 桥位处和镇宁气象站月最大平均风速关系($U \geqslant 8$m/s)

②基于日最大 10min 平均风速的风速关系。

在本小节中，将利用桥位和气象站日最大平均风速的同步记录数据来建立它们之间的风关系。同样，首先来考察桥位和气象站日最大平均风速之间的相关显著水平。如表 2.14 所示，同步记录的日最大平均风速有效数据样本的长度 n 介于 132～476 之间，因此，原则上宜采用误差范围法来检验桥位处与关岭和镇宁两个气象站之间的日最大风速的相关显著性，检验结果列于表 2.14 中。由此可见，桥位处与两个气象站之间的日最大 10min 平均风速在大于 4m/s、6m/s 和 8m/s 三种情况下的相关性均为显著。

桥位和气象站日最大 10min 平均风速的相关性检验结果 表 2.14

参数		桥位处与关岭站			桥位处与镇宁站		
		$U \geqslant 4$m/s	$U \geqslant 6$m/s	$U \geqslant 8$m/s	$U \geqslant 4$m/s	$U \geqslant 6$m/s	$U \geqslant 8$m/s
样本数 n		473	246	132	478	341	222
相关系数 r_{xy}		0.730	0.687	0.625	0.692	0.629	0.554
气象站样本均方差 σ_x		2.313	2.018	1.870	2.687	2.392	2.244
桥位处样本均方差 σ_y		3.190	2.993	3.131	3.200	2.993	2.913
误差范围检验	$4\|E_r\|=2.7016(1-r_{xy}^2)/\sqrt{n}$	0.0580	0.0909	0.1434	0.0645	0.0884	0.1257
	是否满足 $\|r_{xy}\|>4\|E_r\|$	是	是	是	是	是	是
	相关显著性检验结果	显著	显著	显著	显著	显著	显著

表 2.15 给出了三种下限风速情况下基于日最大平均风速同步实测数据的桥位与关岭和镇宁气象站之间的三种风速关联方法拟合直线的相关参数结果，同时还给出了各拟合直线的适当性检验结果。由此可见，各种情况下的风速关系拟合直线的适当性均符合要求。

基于日最大 10min 平均风速的桥位和气象站风速关联分析结果 表 2.15

参数		桥位处与关岭站			桥位处与镇宁站		
		$U \geqslant 4$m/s	$U \geqslant 6$m/s	$U \geqslant 8$m/s	$U \geqslant 4$m/s	$U \geqslant 6$m/s	$U \geqslant 8$m/s
样本数 n		473	246	132	478	341	222
气象站样本平均值 $\bar{x}$		6.759	8.427	9.763	8.590	9.638	10.693
桥位样本平均值 $\bar{y}$		8.876	10.620	11.939	8.816	9.920	11.078
相关系数 r_{xy}		0.730	0.687	0.625	0.692	0.629	0.554
气象站样本均方差 σ_x		2.313	2.018	1.870	2.687	2.392	2.244
桥位处样本均方差 σ_y		3.190	2.993	3.131	3.200	2.993	2.913
斜率 $a=r_{xy}\sigma_y/\sigma_x$		1.007	1.019	1.046	0.824	0.787	0.719
线性回归法	截距 $b=\bar{y}-a\bar{x}$	2.067	2.031	1.729	1.739	2.336	3.388
	r_{xy}^2	0.533	0.472	0.390	0.478	0.396	0.307
	$1/(n-2)$	0.0021	0.0041	0.0077	0.0021	0.0029	0.0045
	是否满足 $r_{xy}^2>1/(n-2)$	是	是	是	是	是	是
	适当性检验结果	适当	适当	适当	适当	适当	适当
比值法	比值系数 $k_n=\bar{y}/\bar{x}$	1.313	1.260	1.223	1.026	1.029	1.036
	$k_n\sigma_x/2\sigma_y$	0.476	0.425	0.365	0.431	0.411	0.399
	是否满足 $r_{xy}>k_n\sigma_x/2\sigma_y$	是	是	是	是	是	是
	适当性检验结果	适当	适当	适当	适当	适当	适当
差值法	差值 $d_n=\bar{y}-\bar{x}$	2.116	2.193	2.176	0.226	0.282	0.385
	$\sigma_x/(2\sigma_y)$	0.362	0.337	0.299	0.420	0.400	0.385
	是否满足 $r_{xy}>\sigma_x/(2\sigma_y)$	是	是	是	是	是	是
	适当性检验结果	适当	适当	适当	适当	适当	适当

图 2.69～图 2.71 为上述三种下限风速情况下桥位和关岭气象站之间日最大平均风速的关系图。图 2.72～图 2.74 为上述三种下限风速情况下桥位和镇宁气象站之间日最大平均风速的关系图。从图中可见，对于桥位处和关岭气象站之间日最大平均风速关系，线性回归方法和差值法对应的两条拟合直线几乎重合，而比值法对应的拟合直线的斜率要大一些，而且随着下限风速的提高，比值法拟合直线的斜率有进一步下降趋势，使其逐渐接近其他两种方法对应的拟合直线。对于桥位处和镇宁气象站之间的日最大平均风速关系，比值法和差值法对应的两条拟合直线几乎重合，而线性回归方法对应的拟合直线的斜率要小一些，而且随着下限风速的提高，线性回归方法拟合直线的斜率有进一步下降的趋势，使其与其他两种方法对应的拟合直线的偏差也随之增加。总体上看，下限风速的增加，对各种方法拟合直线的影响不是很大。此外，随着下限风速的变化，基于日最大风速样本的桥位和气象站之间的风速关联结果的稳定性要好于基于月最大风速样本的关联结果的稳定性。

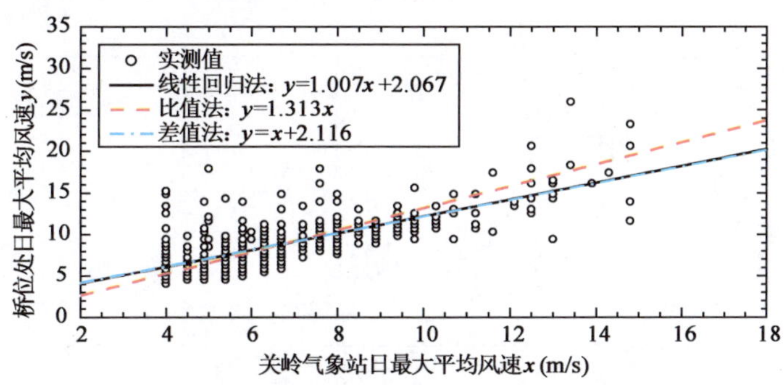

图 2.69　桥位处和关岭气象站日最大平均风速关系（$U \geqslant 4$m/s）

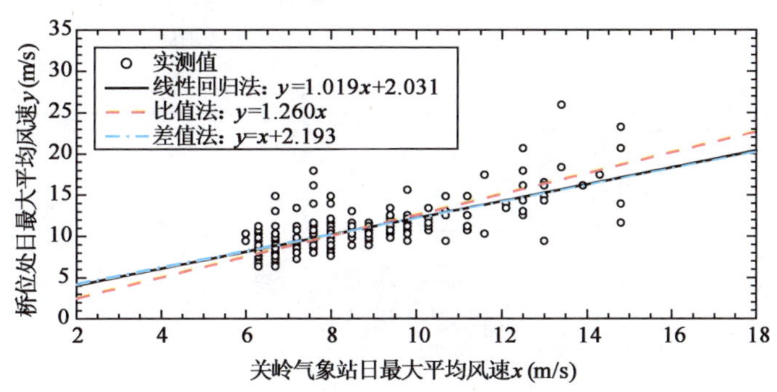

图 2.70　桥位处和关岭气象站日最大平均风速关系（$U \geqslant 6$m/s）

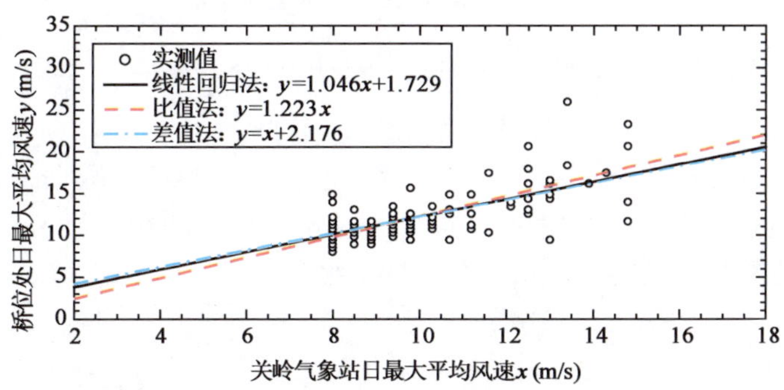

图 2.71　桥位处和关岭气象站日最大平均风速关系（$U \geqslant 8$m/s）

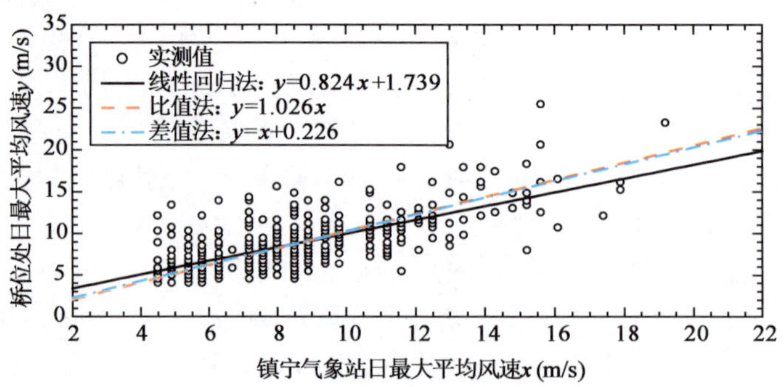

图 2.72　桥位处和镇宁气象站日最大平均风速关系($U \geqslant 4$m/s)

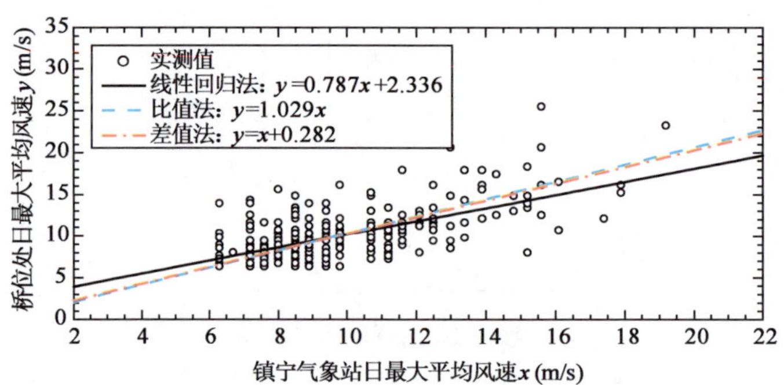

图 2.73　桥位处和镇宁气象站日最大平均风速关系($U \geqslant 6$m/s)

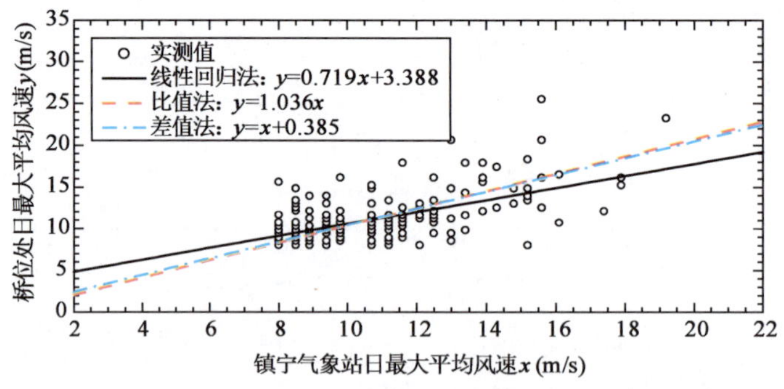

图 2.74　桥位处和镇宁气象站日最大平均风速关系($U \geqslant 8$m/s)

③基于小时最大 10min 平均的风速关系。

在本小节中，将利用桥位和气象站时最大平均风速的同步记录数据来建立它们之间的风关系。同样，首先来考察桥位和气象站时最大平均风速之间的相关显著水平。如表 2.16 所示，同步记录的时最大平均风速有效数据样本的长度 n 介于 5 088～28 080 之间，因此，原则上宜采用误差范围法来检验桥位处与关岭和镇宁两个气象站之间的时最大风速的相关显著性，检验结果列于表 2.16 中。由此可见，桥位处与两个气象站之间的时最大 10min 平均风速在大于 4m/s、6m/s 和 8m/s 三种情况下的相关性均为显著。

桥位和气象站时最大 10min 平均风速的相关性检验结果 表 2.16

参数		桥位处与关岭站			桥位处与镇宁站		
		$U\geqslant 4$m/s	$U\geqslant 6$m/s	$U\geqslant 8$m/s	$U\geqslant 4$m/s	$U\geqslant 6$m/s	$U\geqslant 8$m/s
样本数 n		3 980	1 337	457	5 039	2 063	868
相关系数 r_{xy}		0.721	0.641	0.602	0.563	0.522	0.575
气象站样本均方差 σ_x		1.695	1.470	1.421	2.082	1.803	1.765
桥位处样本均方差 σ_y		2.301	2.226	2.446	2.191	2.000	1.936
误差范围检验	$4\|E_r\|=2.701\ 6(1-r_{xy}^2)/\sqrt{n}$	0.020 6	0.043 5	0.080 6	0.026 0	0.043 3	0.061 4
	是否满足 $\|r_{xy}\|>4\|E_r\|$	是	是	是	是	是	是
	相关显著性检验结果	显著	显著	显著	显著	显著	显著

表 2.17 给出了三种下限风速情况下基于时最大平均风速同步实测数据的桥位与关岭和镇宁气象站之间的三种风速关联方法拟合直线的相关参数结果，适当性检验结果显示各种情况下的风速关系拟合直线的适当性均符合要求。

基于时最大 10min 平均风速的桥位和气象站风速关联分析结果 表 2.17

参数		桥位处与关岭站			桥位处与镇宁站		
		$U\geqslant 4$m/s	$U\geqslant 6$m/s	$U\geqslant 8$m/s	$U\geqslant 4$m/s	$U\geqslant 6$m/s	$U\geqslant 8$m/s
样本数 n		3 980	1 337	457	5 039	2 063	868
气象站样本平均值 $\overline{x}$		5.913	7.775	9.310	7.141	8.705	9.904
桥位样本平均值 $\overline{y}$		7.050	9.157	10.852	6.573	8.352	9.777
相关系数 r_{xy}		0.721	0.641	0.602	0.563	0.522	0.575
气象站样本均方差 σ_x		1.695	1.470	1.421	2.082	1.803	1.765
桥位处样本均方差 σ_y		2.301	2.226	2.446	2.191	2.000	1.936
斜率 $a=r_{xy}\sigma_y/\sigma_x$		0.979	0.971	1.036	0.592	0.579	0.630
线性回归法	截距 $b=\overline{y}-a\overline{x}$	1.263	1.606	1.207	2.345	3.311	3.533
	r_{xy}^2	0.520	0.411	0.362	0.317	0.272	0.331
	$1/(n-2)$	0.000 3	0.000 7	0.002 2	0.000 2	0.000 5	0.001 2
	是否满足 $r_{xy}^2>1/(n-2)$	是	是	是	是	是	是
	适当性检验结果	适当	适当	适当	适当	适当	适当
比值法	比值系数 $k_n=\overline{y}/\overline{x}$	1.192	1.178	1.166	0.921	0.959	0.987
	$k_n\sigma_x/2\sigma_y$	0.439	0.389	0.339	0.437	0.432	0.450
	是否满足 $r_{xy}>k_n\sigma_x/2\sigma_y$	是	是	是	是	是	是
	适当性检验结果	适当	适当	适当	适当	适当	适当
差值法	差值 $d_n=\overline{y}-\overline{x}$	1.137	1.382	1.541	−0.567	−0.353	−0.128
	$\sigma_x/(2\sigma_y)$	0.368	0.330	0.291	0.475	0.451	0.456
	是否满足 $r_{xy}>\sigma_x/(2\sigma_y)$	是	是	是	是	是	是
	适当性检验结果	适当	适当	适当	适当	适当	适当

图 2.75～图 2.77 为上述三种下限风速情况下桥位和关岭气象站之间时最大平均风速的关系图。图 2.78～图 2.80 为上述三种下限风速情况下桥位和镇宁气象站之间时最大平均风

速的关系图。从图中可见，对于桥位处和关岭气象站之间时最大平均风速关系，线性回归方法和差值法对应的两条拟合直线几乎重合，而比值法对应的拟合直线的斜率要略大一些，而且随着下限风速的提高，比值法拟合直线的斜率有进一步下降趋势，使其逐渐接近其他两种方法对应的拟合直线。对于桥位处和镇宁气象站之间的时最大平均风速关系，比值法和差值法对应的两条拟合直线几乎重合，而线性回归方法对应的拟合直线的斜率要小一些，而且随着下限风速的提高，线性回归方法拟合直线的斜率先降后增，与其他两种方法对应的拟合直线的偏差变化不明显。总体上看，下限风速的增加对线性回归法和比值法拟合直线的影响不是很大，对差值法差值的影响略大一些。此外，随着下限风速的变化，基于时最大风速样本的桥位和气象站之间的风速关联结果的稳定性与基于日最大风速样本的关联结果的稳定性相当，好于基于月最大风速样本的关联结果的稳定性。

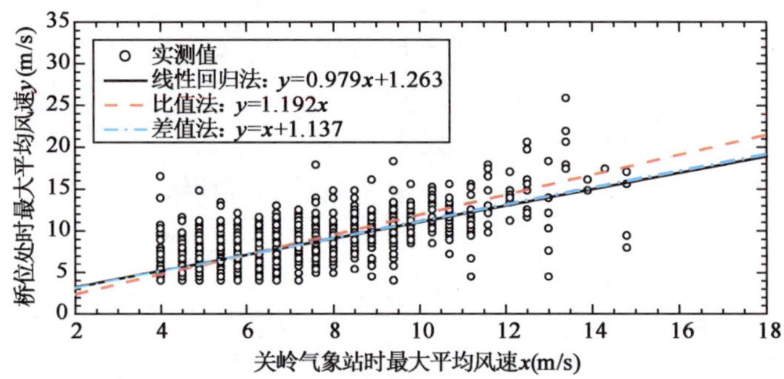

图 2.75　桥位处和关岭气象站时最大平均风速关系($U \geqslant 4$m/s)

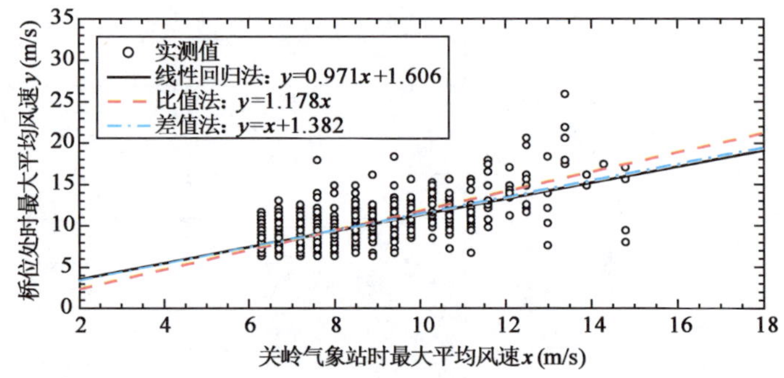

图 2.76　桥位处和关岭气象站时最大平均风速关系($U \geqslant 6$m/s)

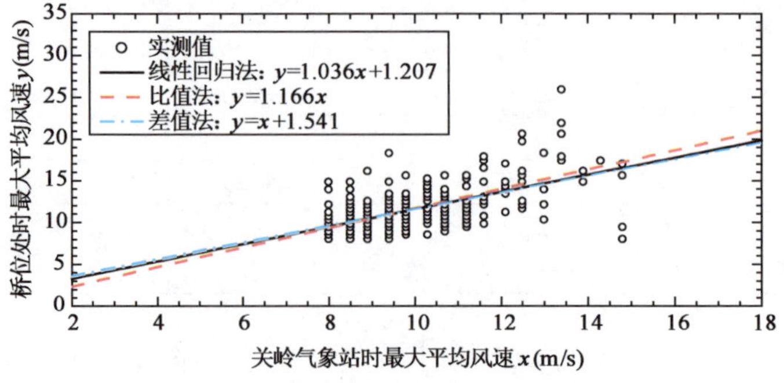

图 2.77　桥位处和关岭气象站时最大平均风速关系($U \geqslant 8$m/s)

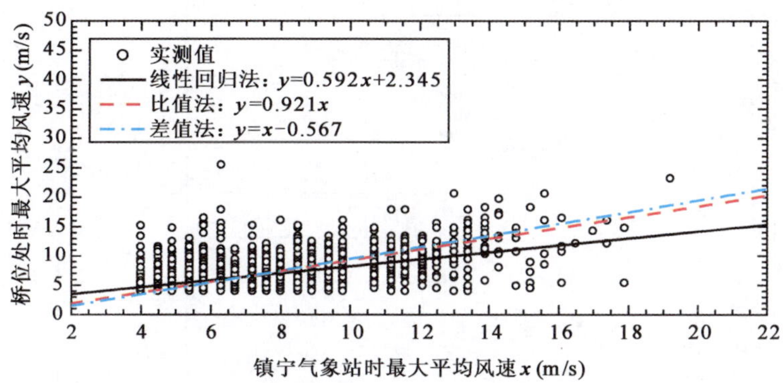

图2.78　桥位处和镇宁气象站时最大平均风速关系($U \geq 4$m/s)

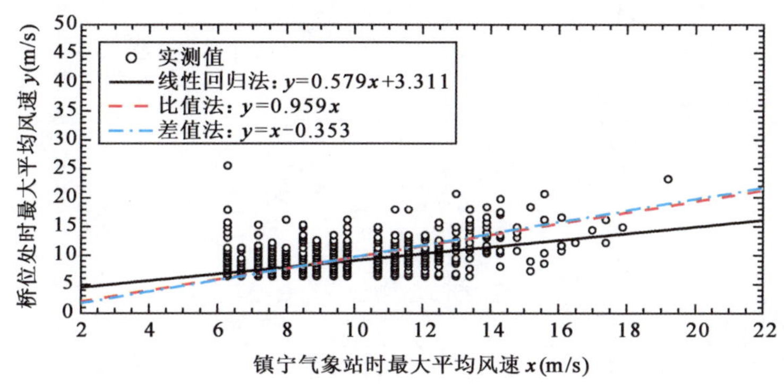

图2.79　桥位处和镇宁气象站时最大平均风速关系($U \geq 6$m/s)

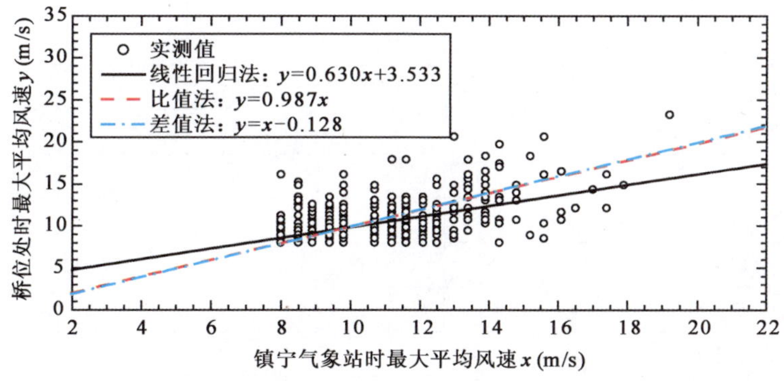

图2.80　桥位处和镇宁气象站时最大平均风速关系($U \geq 8$m/s)

(4)桥位处设计基准风速

①桥位处海拔1 019m处的设计基准风速。

根据在2.1.3节中确定的关岭和镇宁两个气象站的50年和100年重现期对应的基本风速以及在上小节中建立的桥位处平均风速与关岭和镇宁两个气象站平均风速之间的关系，可以得到桥位处海拔1 019m处的设计基准风速结果(表2.18)。其中，气象站的基本风速采用具有99%保值率的置信区间上限值。

桥位处海拔 1 019m 处的设计基准风速(m/s)　　表 2.18

参考气象站				关岭			镇宁		
风速样本的下限风速				4m/s	6m/s	8m/s	4m/s	6m/s	8m/s
桥位处设计基准风速	2.5年重现期	线性回归法	基于月最大风速	15.3	14.8	14.5	15.0	15.0	14.1
			基于日最大风速	12.0	12.1	12.1	12.0	12.2	12.4
			基于时最大风速	11.0	11.2	11.5	9.7	10.5	11.4
		比值法	基于月最大风速	14.8	14.3	13.9	15.0	15.0	14.5
			基于日最大风速	13.0	12.5	12.1	12.8	12.9	13.0
			基于时最大风速	11.8	11.7	11.5	11.5	12.0	12.3
		差值法	基于月最大风速	15.1	14.8	14.6	15.1	15.1	14.8
			基于日最大风速	12.0	12.1	12.1	12.7	12.8	12.9
			基于时最大风速	11.0	11.3	11.4	11.9	12.1	12.4
	50年重现期	线性回归法	基于月最大风速	19.9	20.6	21.1	22.4	22.4	24.0
			基于日最大风速	18.3	18.4	18.6	17.7	17.6	17.3
			基于时最大风速	17.0	17.2	17.9	13.8	14.5	15.8
		比值法	基于月最大风速	24.0	23.3	22.5	23.2	23.2	22.6
			基于日最大风速	21.1	20.3	19.7	19.9	20.0	20.1
			基于时最大风速	19.2	19.0	18.8	17.9	18.6	19.1
		差值法	基于月最大风速	21.3	21.0	20.8	22.0	22.0	21.7
			基于日最大风速	18.2	18.3	18.3	19.6	19.7	19.8
			基于时最大风速	17.2	17.5	17.6	18.8	19.0	19.3
	100年重现期	线性回归法	基于月最大风速	21.0	21.9	22.5	24.2	24.2	26.5
			基于日最大风速	19.7	19.9	20.5	19.1	18.9	18.6
			基于时最大风速	18.9	18.6	19.3	14.8	15.5	16.8
		比值法	基于月最大风速	26.1	25.3	24.5	25.2	25.2	24.5
			基于日最大风速	22.8	22.1	21.4	21.6	21.7	21.9
			基于时最大风速	20.9	20.6	20.4	19.4	20.2	20.8
		差值法	基于月最大风速	22.6	22.4	22.2	23.7	23.7	23.4
			基于日最大风速	19.6	19.7	19.7	21.3	21.4	21.5
			基于时最大风速	18.6	19.0	19.0	20.5	20.7	21.0

从表中可以看到：

a. 对于桥位处海拔 1 019m 处的设计基准风速，基于月最大风速样本推得的结果最大，基于时最大风速样本推得的结果最小，而基于日最大风速样本推得的结果居中。这主要是因为随着样本长度的增加，样本数据序列的方差(离散程度)变小，从而使推得的设计基准风速也随之变小。

b. 对于 4m/s、6m/s 和 8m/s 三种不同样本下限风速情况，所推得的桥位处设计基准风速结果相差不太。

c. 在大多数情况下，采用比值法得到的桥位处基本风速最高，而采用线性回归法和差值法得到的桥位处基本风速相对较为接近。但是，也有例外的情况，比如基于镇宁气象站时最大风速样本、采用线性回归法推得的桥位处基本风速明显偏低，50 年重现期对应的基本风速只有 12～15m/s，明显低于插值法和比值法的结果，而后两者却较为接近。

d. 在 2006 年 7 月～2008 年 11 月约 2.5 年的观测周期内出现过一次 15.08m/s 的风速，而 11～12m/s 的风速则是每年出现一次，由此可以直观地得出如下结论，桥位处高度 1 019m 上 11～12m/s 风速的重现期约为 1 年，而 2.5 年重现期该高度的设计基准风速应该略大于 15m/s。比较表 2.18 中重现期 2.5 年对应的数据可知，两个气象站、三种下限风速和三种分析方法不同组合对应的基于时最大风速和日最大风速样本的桥位处该高度上的设计基准风速均不超过 13m/s，而相应的基于月最大风速样本得到的桥位处设计基准风速大都在 15.0m/s 左右，最低的也有 13.9m/s。因此，坝陵河大桥桥位处的设计基准风速宜通过基于月最大风速同步观测样本建立的桥位处与关岭和镇宁气象站之间的风速关系来推算。

e. 进一步，由表 2.18 可知，对于 2.5 年重现期，三种分析方法和三种下限风速以及两个气象站不同组合对应的基于月最大风速样本得到的桥位处设计基准风速不低于 15.08m/s 只有 4 种，即基于关岭气象站下限风速为 4m/s 对应样本的线性回归法统计分析结果（15.3m/s）和差值法统计分析结果（15.1m/s），以及基于镇宁气象站下限风速为 4m/s 和 6m/s 对应样本（月最大风速均大于 6m/s，两个样本一致）的差值法统计分析结果（15.1m/s）。按这 4 种方法得到的桥位处海拔 1 019m 高度上 50 年和 100 年重现期对应的设计基准风速偏差较小，分别介于 19.9～22.0m/s 和 21.0～23.7m/s 之间。所以，建议偏安全地采用其中的最大值作为最终设计基准风速，分别为 22.0m/s 和 23.7m/s，即采用基于镇宁气象站下限风速为 4m/s（或 6m/s）对应样本的差值法分析结果，对应的桥位处海拔 1 019m 高度上的风速和镇宁气象站风速的关联公式为

$$U_{桥位}(1\ 019\text{m}) = U_{镇宁}(10\text{m}) + 2.567 \tag{2.67}$$

②桥面高度和桥塔顶处的设计基准风速。

如前节所述，坝陵河大桥的桥址处的平均风剖面参考海拔高度为 1 058m。由于在本节中通过气象站风速资料推算的桥位处设计基准风速的高度为海拔 1 019m，所以把平均风剖面公式改写如下

$$U(Z) = U_{1\ 019}\exp\left(\frac{Z-1\ 019}{573.052\ 7}\right) = \begin{cases} 22.0\times\exp\left(\dfrac{Z-1\ 019}{573.052\ 7}\right), & 50\text{ 年重现期} \\ 23.7\times\exp\left(\dfrac{Z-1\ 019}{573.052\ 7}\right), & 100\text{ 年重现期} \end{cases} \tag{2.68}$$

上式的适用海拔高度为：958m$\leqslant Z \leqslant$1 585m。

坝陵河大桥不同高程的设计基准风速可按式（2.68）确定。主跨跨中桥面海拔高度为 1 048.341m，其设计基准风速为

$$U_{跨中桥面} = U_{1\ 048.341} = \begin{cases} 22.0\times\exp\left(\dfrac{1\ 048.341-1\ 019}{573.052\ 7}\right) = 23.2\text{m/s}, & 50\text{ 年重现期} \\ 23.7\times\exp\left(\dfrac{1\ 048.341-1\ 019}{573.052\ 7}\right) = 24.9\text{m/s}, & 100\text{ 年重现期} \end{cases} \tag{2.69}$$

镇宁桥塔塔顶海拔高度为 1 153.988m，其设计基准风速为

$$U_{\text{镇宁塔顶}} = U_{1\,153.988} = \begin{cases} 22.0 \times \exp\left(\dfrac{1\,153.988 - 1\,019}{573.052\,7}\right) = 27.8\text{m/s}, 50 \text{ 年重现期} \\ 23.7 \times \exp\left(\dfrac{1\,153.988 - 1\,019}{573.052\,7}\right) = 30.0\text{m/s}, 100 \text{ 年重现期} \end{cases} \tag{2.70}$$

关岭桥塔塔顶海拔高度为 1 160.516m，其设计基准风速为

$$U_{\text{关岭塔顶}} = U_{1\,160.516} = \begin{cases} 22.0 \times \exp\left(\dfrac{1\,160.516 - 1\,019}{573.052\,7}\right) = 28.2\text{m/s}, 50 \text{ 年重现期} \\ 23.7 \times \exp\left(\dfrac{1\,160.516 - 1\,019}{573.052\,7}\right) = 30.3\text{m/s}, 100 \text{ 年重现期} \end{cases} \tag{2.71}$$

③小结。

本节首先对关岭和镇宁气象站的历年年最大 10min 平均风速资料进行了统计分析，确定了两个气象站不同重现期的基本风速和不同保证率下的基本风速置信区间。然后，对桥位处与关岭和镇宁两个气象站的风速同步测量资料进行了分析，建立了桥位处海拔 1 019m 高度上的平均风速和两个气象站平均风速之间的换算关系，确定了位处海拔 1 019m 高度上 50 年和 100 年重现期对应的设计基准风速，分别为 22.0m/s 和 23.7m/s。进一步，根据基于声雷达平均风剖面观测得到的桥位处平均风竖向剖面拟合公式，确定了坝陵河大桥主跨跨中桥面高度处以及镇宁和关岭桥塔塔顶 50 年和 100 年重现期对应的设计基准风速，分别为 23.2m/s 和 24.9m/s、27.8m/s 和 30.0m/s、28.2m/s 和 30.3m/s。

2.2 山区峡谷风场的数值和风洞试验模拟

最早建造风洞的是法国的桥梁技术人员古斯塔夫·埃菲尔(Gustav Eiffel)。埃菲尔是作为纽约的自由女神像及巴黎的埃菲尔塔的建设者而闻名于世的。实际上埃菲尔的风力研究所是 1909 年才建立起来的，它的主要服务(研究)对象是高耸结构而不是桥梁。

首次以风洞试验作为科学手段处理桥梁抗风问题的应该是华盛顿大学的法奎哈森(Farquharson)教授。他在塔科马桥的事故发生之后，为了找出桥遭风毁原因的科学依据，在华盛顿大学内新建了 1.2m×30.5m 的直流大型风洞，以 1/50 的全桥模型来观测塔科马老桥的风振情况。在找到桥毁的原因之后，接着又对塔科马新桥的抗风问题用风洞试验进行研究验证。最早进行的试验是将老桥的板梁式加劲梁作一些简单的变更，如在梁的两侧安装半圆形的导风盖以及将桥面开孔做成明桥面等，但因这些方法都不见效而告终。后来，新的钢桁架式的加劲梁截面经反复试验后，通过在桁架式桥面上开孔消除了破坏性振动。

进入 20 世纪 50 年代后，美国借助风洞试验，克服了风灾挫折，又重整旗鼓再度修建大跨度悬索桥，其中包括 1957 年建成的主跨为 1 158m 的麦金纳克(Mackinac)桥，1964 年建成的主跨为 1 298m(超过金门大桥 18m)的维拉扎诺(Verrazano)桥，创造了美国悬索桥建设事业的第二次高潮。

在此同时,美国在吸取塔科马桥事故的经验教训之后,用风洞试验重新检查了在20世纪40年代以前修建的一些悬索桥的抗风能力。为了提高安全度,最后决定对高跨比为1/68和宽跨比为1/47的金门大桥加劲桁梁的横向联结系作适当加固,从原有的开口形(π形)改为封闭形(增设下平联),用以提高加劲梁的抗扭刚度。另外,还将布郎克斯—怀特斯通桥的高跨比从1/209的钢板梁改造成1/92的钢桁梁。在北美,悬索桥几乎全由联邦公路局的风洞进行节段模型试验来验证其抗风性能,而斜拉桥则委托加拿大的NRC(National Research Council)等单位来进行。后来,美国国内的一些顾问公司自己拥有风洞后,斜拉桥在美国国内试验的情况逐渐增多。加拿大则除了上述NRC等单位之外,西安大略(Western Ontario)大学的风洞曾由国际上颇有声望的Davenport教授所领导,可以进行包括桥址处风特性在内的全桥模型试验,是世界上较早用于结构抗风研究的边界层风洞。

英国在20世纪60年代修建了主跨为1 006m的福斯公路桥和988m的塞文桥。这两座悬索桥的加劲梁截面都由英国国家物理研究所的风洞进行了模型试验。对福斯桥甚至还利用飞机库作临时风洞进行了全桥模型试验。塞文桥的流线型桥梁断面就是来自风洞试验。在欧洲大陆,当时的西德是斜拉桥的先行者,虽然德国在开始时对斜拉桥的抗风设计并不十分注意,常仅采用Klöppel的有关颤振临界风速的经验公式来验算,并不都进行风洞试验,但上述经验公式也是在节段模型风洞试验资料的基础上提出的。后来法国的圣·纳泽尔桥(主跨为404m的钢斜拉桥)以及丹麦的法罗桥(主跨为287m的钢斜拉桥)相继出现风振问题后,斜拉桥的风洞试验也已被认为是必要的手段。至于大跨径悬索桥,20世纪70年代修建的土耳其博斯普鲁斯二桥与90年代修建的丹麦大贝尔特桥,更离不开风洞试验。

日本在20世纪60年代初(1962)修建第一座主跨仅为367m的悬索桥(若户桥)时就已进行了风洞试验。该桥由东京大学的平井教授用节段模型来做风洞试验。继若户桥之后,日本于1973年修建了关门桥(主跨为712m),1977年修建了平户桥(主跨为465),接着80年代在本四联络桥(线)中修建了许多大跨径悬索桥,分别为770m的因岛桥、876m的大鸣门桥、940m的下津井桥,990m的北备赞桥和1 100m的南备赞桥以及目前世界第一跨径(1 991m)的明石海峡大桥。以上这些桥梁如果不是把风洞试验作为抗风设计手段,至少也是取得定性参考资料的途径。

风荷载作为桥梁的设计荷载之一,其计算方法一直受到工程师们的关注。桥梁风荷载的计算涉及风的自然特性和桥梁结构自身的特性,以及二者之间的相互作用。确定桥梁设计基准风速是其需要解决的首要问题,而风的垂直变化在理论和实际观测方面,都是十分复杂的。目前,大部分国家的规范均倾向采用指数律来描述风速度剖面。当桥梁跨越峡谷等不易确定地表类别的特殊地形时,其风况有可能与附近地表处的风况有较大的不同,地表的粗糙度类别也不能简单地归类。

(1)山间盆地、谷地等封闭地形受周围山岭的屏障作用,经实际对比观测证实,一般比平坦地区风速小10%～25%,相应风压减小20%～40%。

(2)由于两岸山高气流受阻,在峡谷、山口处形成风速区,通常风速增大10%～20%,相应的风压增大20%～45%。这里的峡谷和山口是指两岸山高大于1.5倍谷宽的情况,最大风速的方向与山谷所成的夹角不超过 22.5°，且沿峡谷、山谷的上风向，距桥址 10 倍山高范围内没有屏障。

(3)对特殊的风口地区，按实际调查或观测资料做深入研究。

坝陵河大桥地处黔西地区的高原重丘区，在关岭县东北跨越坝陵河峡谷，峡谷两岸地势陡峭，地形变化急剧，起伏很大，河谷深达 400～600m。桥位所处的山地气象条件与河流、平原地区存在明显差异。特别是坝陵河大桥位于两峰之间，长度近 2 000m，主跨为 1 088m，是我国首座单跨超过千米的特大型钢桁梁悬索桥。该桥桥下为峡谷地带，地形极为复杂，不仅桥梁中部风场与两侧坡面处的风场存在差异，而且桥位处风场也与大桥周边风场存在明显差异。

坝陵河大桥跨度大、结构自振频率低，对风的作用特别敏感，由于场地环境复杂，使得该桥的抗风稳定性成为该桥设计的关键问题。可以说，坝陵河大桥是在我国西部山区风场环境下建立的一座典型的特大桥梁，该桥所面临的抗风问题也是我国西部山区复杂风环境下桥梁抗风稳定性的典型问题。

然而，迄今为止，国内外关于桥梁抗风设计的研究，基本上都是围绕平原地区、沿海地区的大跨径钢箱梁进行，很少涉及山区峡谷地带的大跨径钢桁梁悬索桥，特别是我国，还没有在峡谷中建立超大跨径悬索桥的前例。与沿海地区相比，山区峡谷阵风强烈、频繁、湍流强度大、非平稳性突出，风场空间分布复杂且表现为显著的三维特征，山区桥梁的风致振动响应预测与抗风措施的研究明显区别于其他地区的其他类型桥梁。

本书中的坝陵河大桥位于地形特殊的山区，桥址风环境非常复杂，是我国西部山区桥址的典型代表。本节以坝陵河大桥的建设为契机，探索我国西部山区大跨桥梁在抗风设计中亟待解决的关键问题，特别是山区大跨径钢桁梁悬索桥的空气动力稳定性问题。希望借此能推动我国西部建设跨越峡谷的超大跨径钢桁梁桥梁的设计水平和建设水平，缩短我国与世界先进桥梁设计和建设技术之间的差距。

本小节的内容包括：

(1)通过坝陵河大桥的桥位地形模型风洞试验，测量桥位处的风场特性，为我国西部山区大跨径桥梁的抗风设计提供试验依据；

(2)通过均匀流场和紊流场工况下的加劲梁节段模型风洞试验，研究钢桁梁悬索桥加劲梁的气动参数；

(3)通过不同流场工况下的全桥气动弹性模型风洞试验，研究钢桁梁悬索桥在成桥和各个施工阶段的抗风稳定性，为我国山区大跨径悬索桥的抗风设计提供试验依据；

(4)修正以往我国大跨径桥梁抗风设计中的缺陷，研究适合我国西部山区风场特性及超大跨径钢桁梁悬索桥的风致振动计算方法，为我国今后类似桥梁的建设提供快速、准确的风致响应评估方法。

2.2.1 数值风洞

与传统的风洞试验相比，数值风洞具有模拟真实风环境的能力，可以构造与建筑尺寸相当的计算模型，还可以按照实际风环境进行仿真和模拟，避免了风洞试验中模拟列车行驶速度的困难和只能进行缩尺试验的不足，目前在土木工程领域已经得到了广泛的应用。

(1)计算原理和方法

实际工程中所遇到的钝体绕流问题往往是无限区域的，用有数值方对无限域的求解还存在着一定的困难，好在一般情况下，重要的是局部区域和周围介质对局部的影响。较远处流体对局部的影响则可以用类似于风洞试验的方法，对计算边界做一些简化处理，用计算机来模拟风洞试验，这种方法称之为数值风洞。

数值风洞的核心内容是计算流体力学，因为在大气边界层中流动的都是湍流，因此近年来发展了一些湍流计算模型，比较常用的是标准 k-ε 模型，在理论研究和实际应用方面都已经走向了成熟。其基本方程为

连续方程

$$\frac{\partial \rho}{\partial t}+\mathrm{div}\rho\vec{\boldsymbol{V}}=0 \tag{2.72}$$

动量守恒方程

$$\begin{aligned}
\frac{\partial \rho u}{\partial t}+\mathrm{div}(\rho\vec{\boldsymbol{V}}u-\mu\,\mathrm{grad}u)&=-\frac{\partial P}{\partial x}+\mathrm{div}\mu\frac{\partial \vec{\boldsymbol{V}}}{\partial x}\\
\frac{\partial \rho v}{\partial t}+\mathrm{div}(\rho\vec{\boldsymbol{V}}v-\mu\,\mathrm{grad}u)&=-\frac{\partial P}{\partial y}+\mathrm{div}\mu\frac{\partial \vec{\boldsymbol{V}}}{\partial y}\\
\frac{\partial \rho w}{\partial t}+\mathrm{div}(\rho\vec{\boldsymbol{V}}u-\mu\,\mathrm{grad}u)&=-\frac{\partial P}{\partial z}+\mathrm{div}\mu\frac{\partial \vec{\boldsymbol{V}}}{\partial z}
\end{aligned} \tag{2.73}$$

湍流动能方程

$$\frac{\partial \rho k}{\partial t}+\mathrm{div}(\rho\vec{\boldsymbol{V}}k-\frac{\mu}{\sigma_k}\mathrm{grad}k)=G-\rho\varepsilon \tag{2.74}$$

湍流动能耗散方程

$$\frac{\partial \rho k}{\partial t}+\mathrm{div}(\rho\vec{\boldsymbol{V}}k-\frac{\mu}{\sigma_k}\mathrm{grad}\varepsilon)=\frac{\varepsilon}{k}(C_1G-C_2\rho\varepsilon) \tag{2.75}$$

式中：ρ——空气密度；

$\vec{\boldsymbol{V}}$——速度向量

P——压力；

u,v,w——x,y,z 上的速度分量；

k——湍流动能；

ε——湍流动能耗散率；

G——湍流动能生成项；

μ——空气的黏性系数；

其他为常数。

(2)数值风洞计算模型

坝陵河大桥桥址风场特性的数值风洞计算采用基于有限体积法的 FLUENT6.0 软件。该软件主要由前处理器 Gambit 和求解器 Fluent 及其他辅助模块组成。前处理器的功能主要是建立几何模型和划分网格，并指定边界条件，其中网格的划分密细程度将直接影响计算结果。求解器的功能主要是对 Gambit 生成的模型进行数值计算，将计算出的数据和图形输出。

其主要计算流程如图 2.81 所示。计算区域为南北向边长 9 000m，东西向边长 11 000m，高度从黄海高程 0～9 000m 的长方体(减去山体、河流所占空间)，桥位约处于该区域的中心。计算区域的下边界根据 1∶10 000 的地形等高线图生成。计算采用的 25m 等高线平面图如图 2.82所示，地表三维视图如图 2.83 所示，桥位局部地表三维视图如图 2.84 所示，其中图形中心部位的直线为桥梁轴线。计算区域划分为 1 866 652 个单元，其中四面体非结构单元 856 751个，五面体非结构单元 10 001 个，六面体结构单元 999 900 个，在主桥轴线 1 500m 长度上取 31 个计算点。桥位局部地表网格划分如图 2.85 所示。

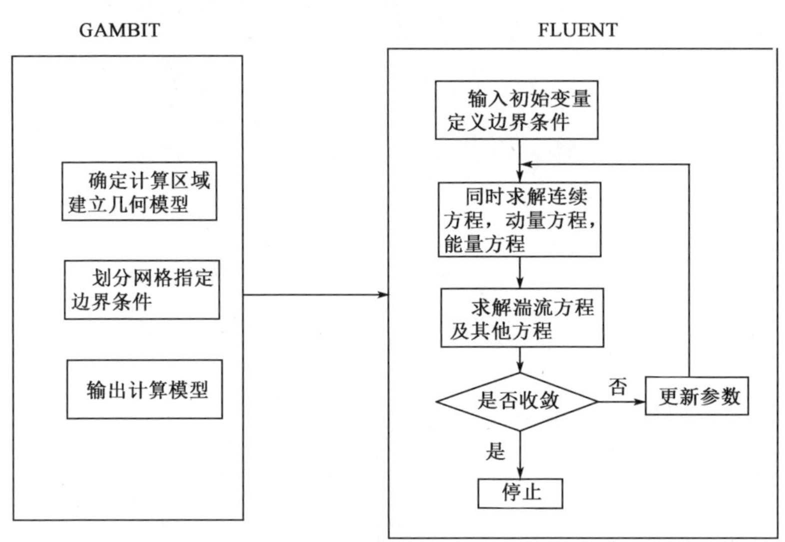

图 2.81　计算流程图

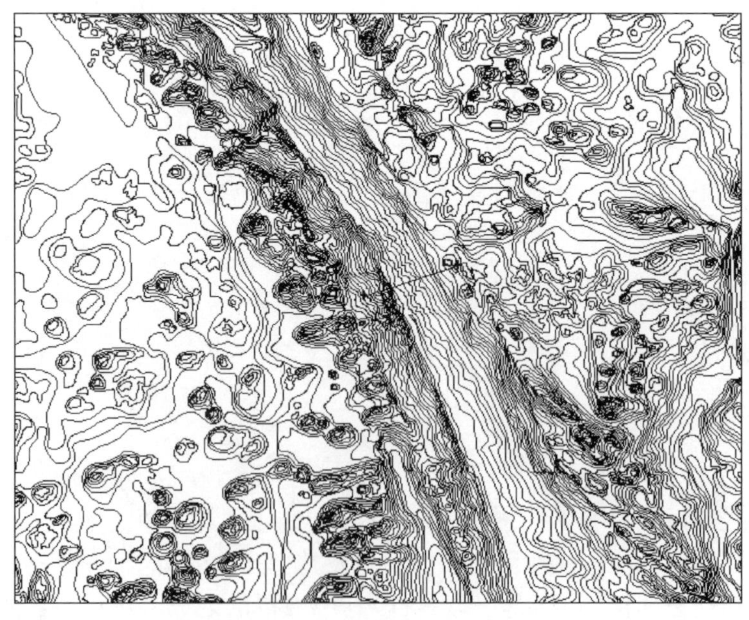

图 2.82　计算区域 25m 等高线平面图

图 2.83　计算区域地形三维视图

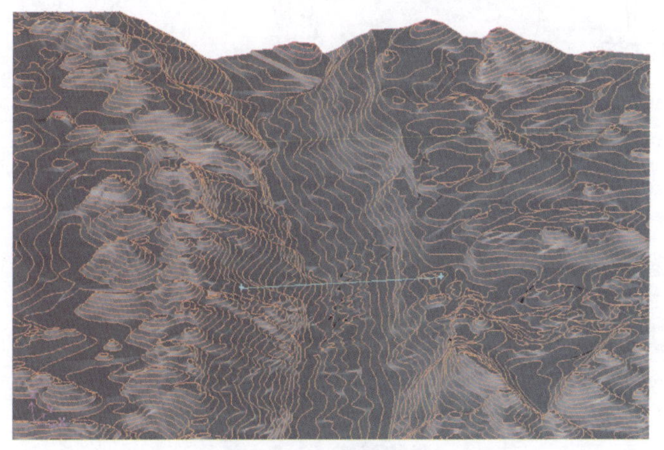

图 2.84　桥位局部区域地形三维视图

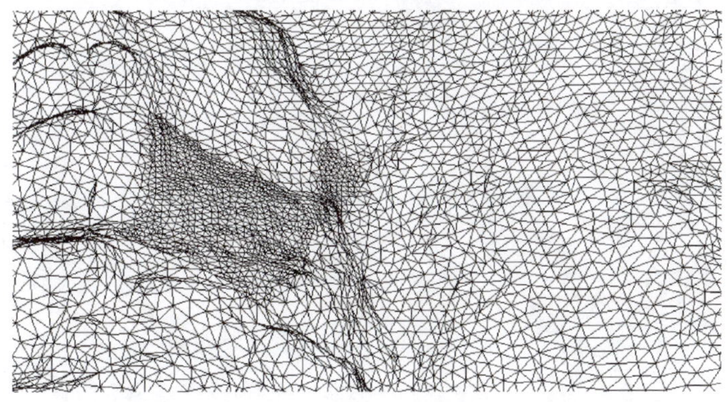

图 2.85　桥位计算区域局部地表网格划分图

为了反映桥位处风速的变化规律，沿桥轴线位置重点考察了 31 个点，间距为 50m，高程均为 1 038.8m，如图 2.86 所示。计算共设置 16 个工况，分别对应不同方向风速，对每个计算点均给出风速系数 Cu、Cv、Cw 与风向角 α、β、γ 值，具体计算结果不再详述。风速系数 Cu、Cv、Cw 表示该点风速分量 u、v、w 与入口风速的比值，该值反映了因地形影响导致各计算点处风速的放大或衰减。风向角 α、β、γ 按图 2.87 和图 2.88 所示坐标系定义，其中：

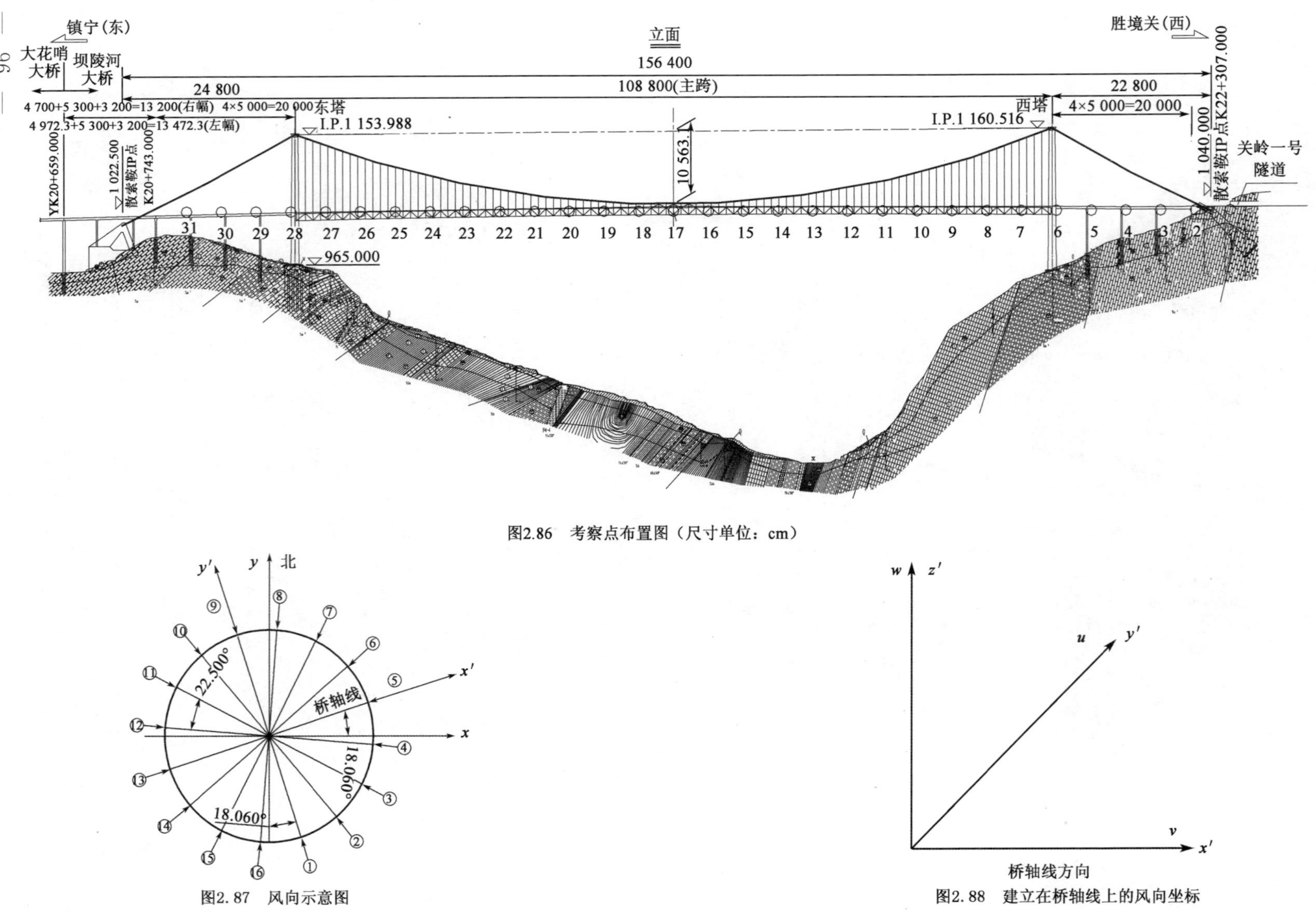

图2.86 考察点布置图（尺寸单位：cm）

图2.87 风向示意图

图2.88 建立在桥轴线上的风向坐标

$$\alpha = \tan^{-1}\frac{w}{|u|} \quad \beta = \tan^{-1}\frac{v}{|u|} \quad \gamma = \tan^{-1}\frac{w}{|u|} \tag{2.76}$$

式中：u——与桥跨向正交的风速分量；

α——攻角，对主梁抗风性能有重要影响，正攻角代表上升气流，负攻角代表下降气流。

(3)计算结果分析

各计算点处攻角 α 值和正交风速分量 u 的量值是桥位风场的重要特征，评价各方向来流对桥梁抗风性能的影响，应综合考虑正交风分量 u 及其风速系数 Cu 和攻角 α 的数值，图 2.89 和图 2.90 给出了这两个重要参数沿桥轴线的变化特征。

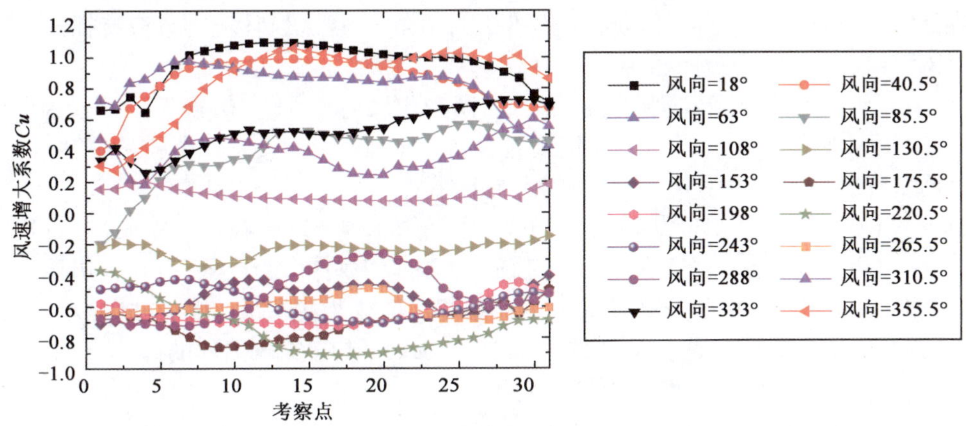

图 2.89　不同方向风速情况下纵向风速放大系数 Cu 沿桥轴线的变化曲线

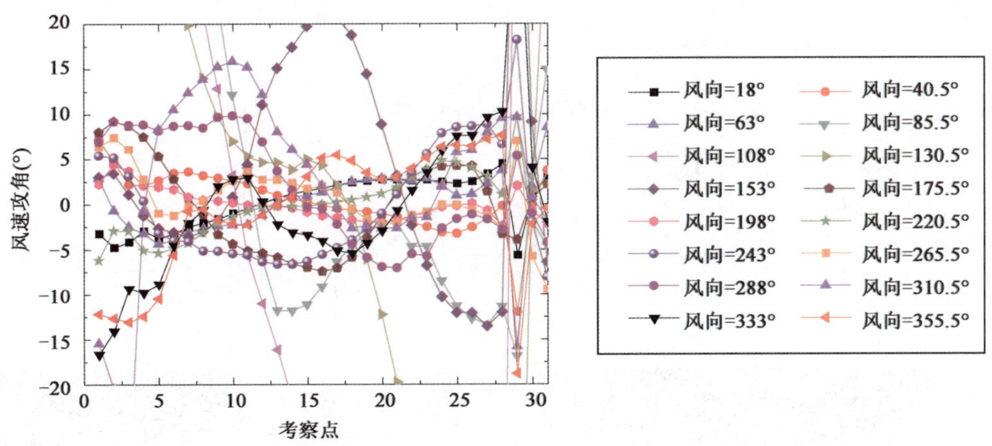

图 2.90　不同方向风速情况下攻角 α 沿桥轴线的变化曲线

风向分别为 18°、63°、108°和 355.5°时计算得到的桥位处正交风速分量风速系数 Cu 较大，其最大值分别为 1.096、0.990、0.978、1.058，其余工况计算得到的 Cu 均较小，可见桥位处最不利风向为 18°。

另一方面，上述工况下桥轴处攻角 α 基本在 $-1°\sim+5°$ 范围内（尽管靠近近岸处或边跨处计算点的攻角较大，但所处位置对主桥抗风性能影响甚小）。其他方向来流情况下，因风速分量 u 衰减较多，难以对桥梁构成危害。根据上述分析，坝陵河大桥抗风设计可在风攻角 $-1°\sim+5°$ 范围内进行。在确定设计风速时，应考虑风速放大效应。

2.2.2 地形模型风洞试验

目前人们对近地风特性的认识还远远不够，特别是山区峡谷地形的风环境。尽管山区峡谷地形中平均风速特性，数值风洞的结果已经达到足够的精度，能够达到工程实际的要求。但是，对于脉动风速，比如紊流度，紊流积分尺度以及空间相关特性，数值风洞已经无能为力了。现场实测是最为精确的方法，由于风场紊流特性现场实测的费用大、周期长、难度大，以及过去风速监测仪器的发展水平所限，很难得到系统的实测结果。而风洞试验可以根据试验目的进行多次重复试验，有利于展开深入细致的研究山区峡谷区地形的紊流风环境。本小节以坝陵河大桥桥址处的地形为研究背景，研究大比例尺下山区峡谷区风环境的紊流特征。

(1)风洞试验模型

模型用高质量泡沫，按照地形等高线做成，模型比尺为 1∶1 000，模拟了直径为 9km 的地形空间。模型置于直径 9m 的转盘上，模型包含桥位周围半径 4 500m 范围。模型基材为泡沫塑料，根据桥址区植被状况对模型表面做粗糙处理。

试验在中国空气动研究与发展中心低速所的 FL-11 风洞中第一试验段进行(图 2.91)。为了模拟真实的大气来流，来流设置为紊流场。本试验采用被动方法模拟大气边界层，模拟装置由尖塔和粗糙元构成，并根据模拟指标确定粗糙元排数及其间距。图 2.92 显示了大气边界层模拟装置的布置。紊流风速测量仪器采用丹麦 DANTEC 公司生产的 Stream Line 四通道热线风速仪。图 2.93 为试验过程中的模型照片。

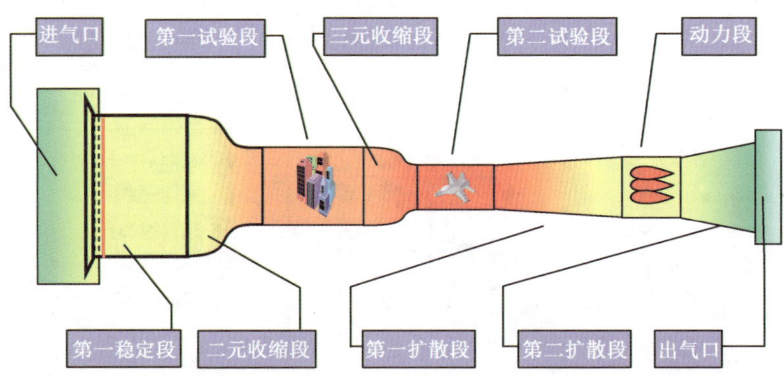

图 2.91 试验用的风洞示意图

图 2.92 边界层模拟装置和安装在风洞中的地形模型

图 2.93 试验过程中的地形模型

风向坐标的规定如图 2.94 所示。为了考察不同来流风向对桥位风场的影响，试验中来流取 10 个可能对桥梁危害较大的方向。沿桥轴线的测点布置及风速观测点位置如图 2.95 所示。桥轴向及十个来流方向如图 2.96 所示。

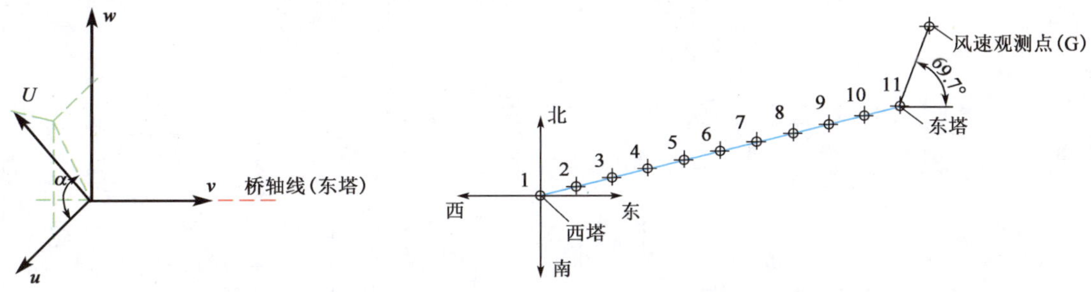

图 2.94　建立在桥轴线上的风向坐标

图 2.95　沿桥轴线测点布置及风速测点位置

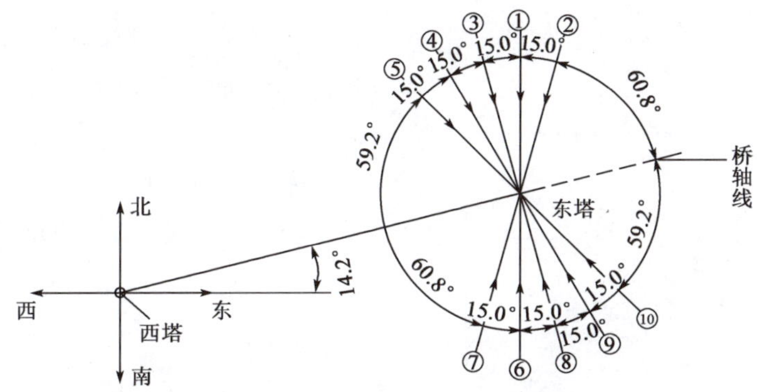

图 2.96　桥轴向及所取用的十个来流风向

(2)风洞试验结果分析

图 2.97 给出了沿桥轴线方向各个测点的纵向风速分布特征。结果显示,在顺着山谷的情况下,风速沿桥轴线的分布是不均匀的。山谷中央的风速最大,往两岸逐渐变小,作用在桥梁主梁上的风荷载是不均匀的,即跨中最大,两边较小。

图 2.98～图 2.100 给出了不同风向下,主梁各点三个风速分量的紊流度沿桥轴线的变化曲线。从图中可以看出,紊流度的变化曲线和平均风速的变化曲线正好相反,是跨中偏低,两边偏高,这反映了周围地形对紊流度的影响非常显著。

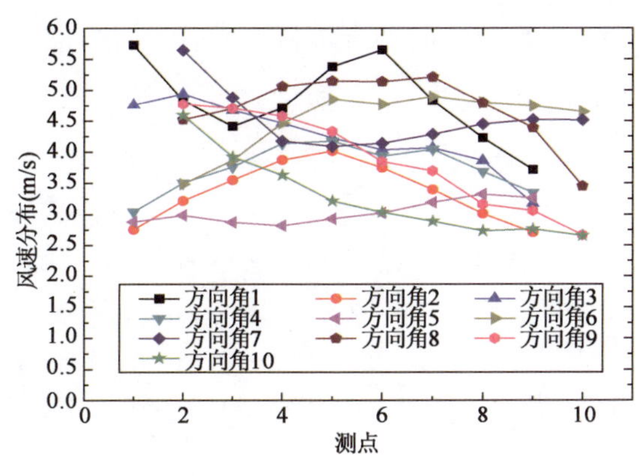

图 2.97　风速沿测点的分布曲线

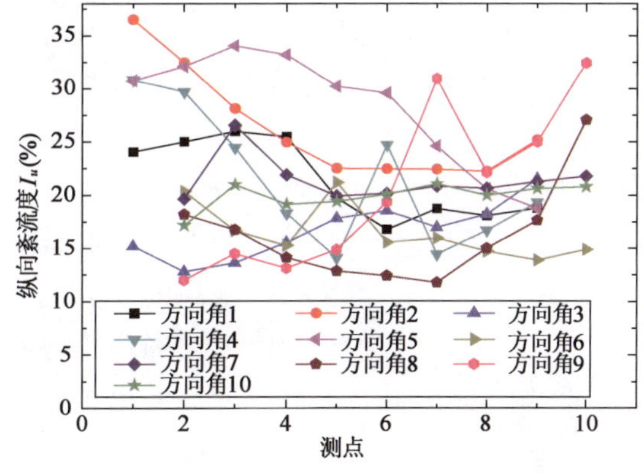

图 2.98　纵向紊流度随测点的变化曲线

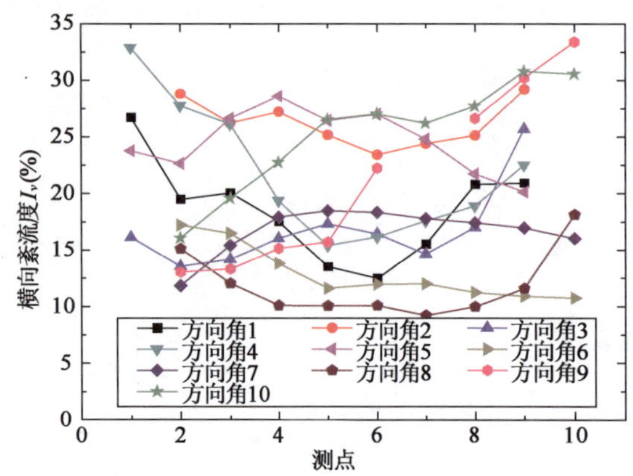

图 2.99 横向紊流度随测点的变化曲线

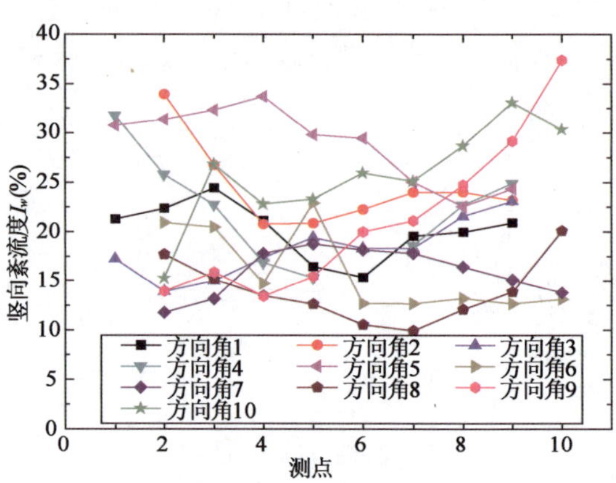

图 2.100 竖向紊流度随测点的变化曲线

图 2.101～图 2.103 给出了正交方向③来流的情况下，桥梁跨中测得的三个风速分量紊流风谱与《公路桥梁抗风设计规范》(JTG/T D60-01—2004)所建议普通桥梁的风速谱关的对比曲线

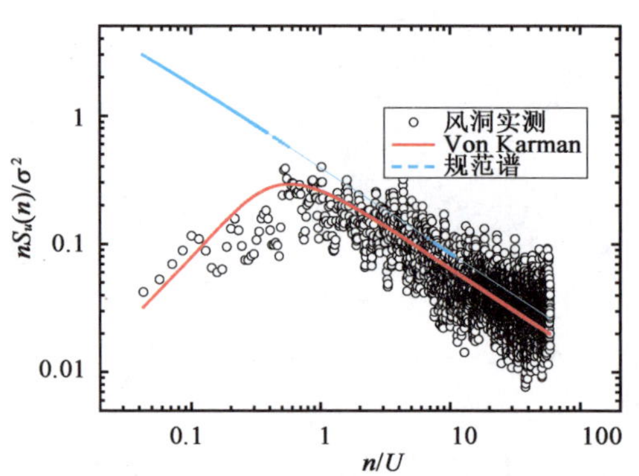

图 2.101 方向③来流桥梁跨中桥面高度处 u 向风速功率谱密度曲线

$$\text{纵向：}\frac{nS_{\mathrm{u}}(f)}{u_*^2}=\frac{200f}{(1+50f)^{\frac{5}{3}}}$$

$$\text{竖向：}\frac{nS_{\mathrm{w}}(f)}{u_*^2}=\frac{6f}{(1+4f)^2}\qquad(2.77)$$

$$\text{横向：}\frac{nS_{\mathrm{v}}(f)}{u_*^2}=\frac{15f}{(1+9.5f)^{\frac{5}{3}}}$$

$$f=\frac{nZ}{V(Z)},u_*=\frac{KV(Z)}{\ln\dfrac{Z-z_d}{z_0}},z_d=\overline{H}-\frac{z_0}{K}$$

式中：$S_{\mathrm{u}}(n)$、$S_{\mathrm{w}}(n)$、$S_{\mathrm{v}}(n)$——分别为脉动风的水平、竖直及侧向功率谱密度函数；

n——风的脉动频率(Hz)；

u_*——气流摩阻速度；

K——冯·卡门常数，$K\approx0.4$；

Z——地面或水面以上的高度(m)；

$V(Z)$——高度 Z 处的平均风速(m/s)；

$\overline{H}$——周围建筑物平均高度(m)；

z_0——地面粗糙高度(m)，参见《公路桥梁抗风设计规范》(JTG/T D60-01—2004)。

试验结果表明，桥位处的紊流谱与规范建议的谱在低频范围内相差太大，而在高频范围较为吻合。相比较而言,桥位处的风速谱与 Von Karman 谱更为接近。

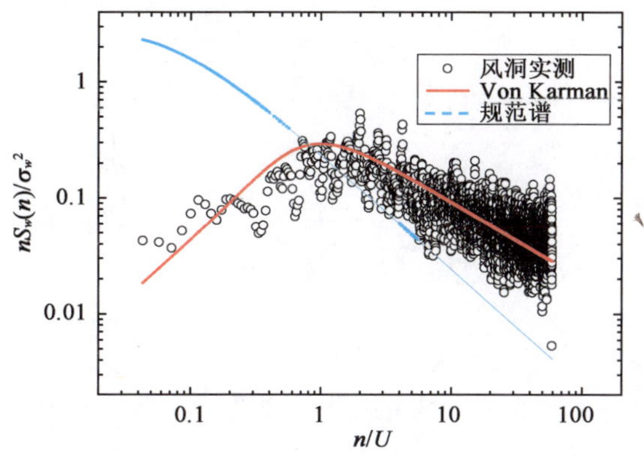

图 2.102　方向③来流桥梁跨中桥面高度处 w 向风速功率谱密度曲线

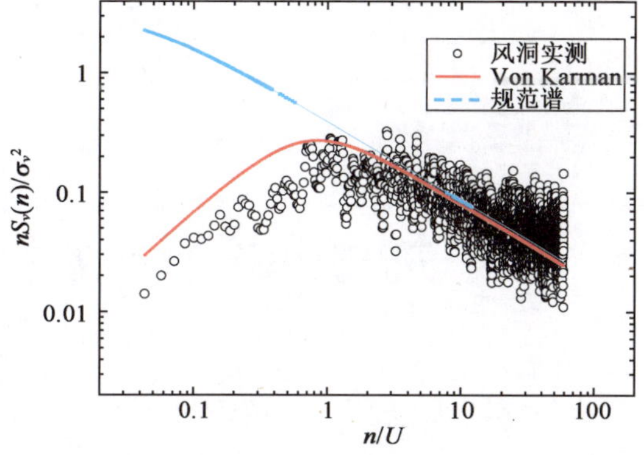

图 2.103　方向③来流桥梁跨中桥面高度处 v 向风速功率谱密度曲线

第3章
加劲梁气动优化及抗风技术措施

1940 年秋，美国华盛顿州的 Tocoma 大桥在不到 20m/s 的大风作用下发生了强烈的风致振动而遭破坏，这起严重风毁事故震惊了桥梁界。以此为起点，经过了半个世纪，土木结构风工程的研究工作取得了有效的进展。随着现代材料和施工技术的发展，出现了新一代的结构，它们往往是非常柔性的，阻尼比较小而且质量轻。这种结构对风的作用就更加敏感，因此，桥梁结构抗风研究已经成为大跨径桥梁建造中的一个重要环节。然而，许多不定时或者不确定因素往往会对桥梁结构造成意想不到的破坏。风对桥梁的作用是一个十分复杂的现象，该现象受风的自然特性，桥梁的动力性能以及风与桥梁结构的相互作用 3 个方面的制约，主要可分为静力作用和动力作用。静力作用描述稳定风对结构的作用，主要考虑静风下桥梁的稳定性问题和风对结构变形及应力的影响。风对结构的动力作用分为颤振、涡激共振、驰振和抖振等，其中颤振是对桥梁结构危害最大的振动形式。

迄今，国内关于桥梁抗风设计研究大多围绕平原、沿海地区的大跨径桥梁进行，很少涉及山区峡谷的大跨径钢桁梁悬索桥。在我国的内陆山区，受地形条件、大桥建设条件的限制，大跨径悬索桥的主梁采用桁架梁往往是最佳的选择。桁架梁虽然用钢量略高于钢箱梁，但其主要杆件、节点在工厂加工完成并进行试拼装后，可拆分运到施工现场，现有的运输条件能够满足要求。同时，场地及设备要求均能实现。与沿海和平原地区风速相比，山区峡谷阵风强烈、频繁，湍流强度大，风速场空间分布复杂且表现为显著的三维特征，山区桥梁风致振动响应预测及抗风措施研究将明显区别于其他地区的桥梁。

坝陵河大桥为国内首座单跨超过千米的桁架加劲梁悬索桥。大桥跨越坝陵河峡谷，桥位处的山地气象条件与河流、平原地区存在明显差异。而且结构跨度大、结构自振频率低，对风的作用非常敏感，运营和施工中的抗风安全是坝陵河大桥设计的一项控制因素。为推动我国西部建设跨越峡谷的大跨径桁架加劲梁悬索桥的设计和建设水平，本章以坝陵河大桥工程为依托，进行大跨径桁架加劲梁悬索桥结构抗风措施研究，这对西部建设类似工程具有重要的意义和巨大的价值。

坝陵河大桥加劲梁形式为钢桁加劲梁，包括钢桁架和正交异性钢桥面板两部分，如图 3.1 所示。钢桁架由主桁架、主横桁架和上、下平联组成，主桁架采用整体节点板连接。主桁架为带竖腹杆的华伦式结构，由上弦杆、下弦杆、竖腹杆和斜腹杆组成。主桁架的桁高为 10m，标准节间长为 10.8m，两片主桁架左右弦杆中心间距与主缆间距相同，为 28m。上弦杆、下弦杆及斜腹杆均选用闭口箱形断面;竖腹杆在主桁架端部及中央扣处采用闭口箱形断面,其余均采用H形断面。主横桁架采用单层桁架结构,由上横梁、下横梁、外侧斜腹杆、竖腹杆和内侧斜腹杆组成,外侧斜腹杆选用H形断面,其余均选用闭口箱形断面。上、下平联采用K形结构,并选用闭口箱形断面。正交异性钢桥面板由桥面板、U形加劲肋、纵向板肋、横隔梁和倒T形纵梁组成,倒T形纵梁与主横桁架上横梁的上翼缘板之间设置拉压式盆式橡胶支座。正交异性钢桥面板在横桥向分为左右两幅,两幅桥面板之间水平净距为600mm。每幅桥面板在端部10个节段作为一联,中部每20个节段作为一联,全桥共设置6联,每两联之间设有伸缩缝。

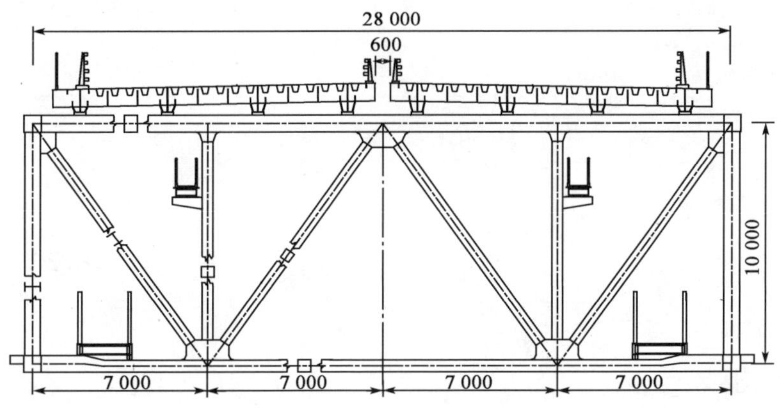

图3.1 坝陵河大桥横断面图(尺寸单位:mm)

根据坝陵河大桥桥位处的风环境情况及设计要求,该桥的颤振检验风速为$U_{cr}=48\text{m/s}$。为了保证坝陵河大桥的抗风安全,在项目前期对该桥的抗风性能进行了风洞试验研究。在加劲梁节段模型风洞试验中发现,不加抗风控制措施的钢桁梁在大部分攻角下其颤振临界风速不能满足设计要求。因此,在节段模型试验中采用了气动控制措施,如图3.2所示,主要考虑了以下情况:

①桥面外侧安装裙板;

②钢桁梁上弦杆外侧安装风嘴;

③桥面外侧加风嘴;

④中央护栏处开槽;

⑤桥面外侧检修道上方安装气动翼板;

⑥检修道上方安装气动翼板。

通过节段模型试验表明:安装风嘴和裙板对提高桥梁颤振稳定性有一定效果,但是在一些风攻角下仍然不能满足设计要求,并且这两种措施的可调节性很小。在桥面中央护栏处开槽和气动翼板对提高桥梁颤振稳定性效果明显,但是在部分风攻角下,提高的颤振临界风速仍然有限。

根据以上风洞试验结果,为了确保坝陵河大桥的抗风安全,有必要对以上效果较好且可调节性较大的中央开槽和气动翼板措施以及其他颤振控制措施进一步深化研究,同时考虑其他干扰因素,提出坝陵河大桥控制颤振的可靠的解决方案。

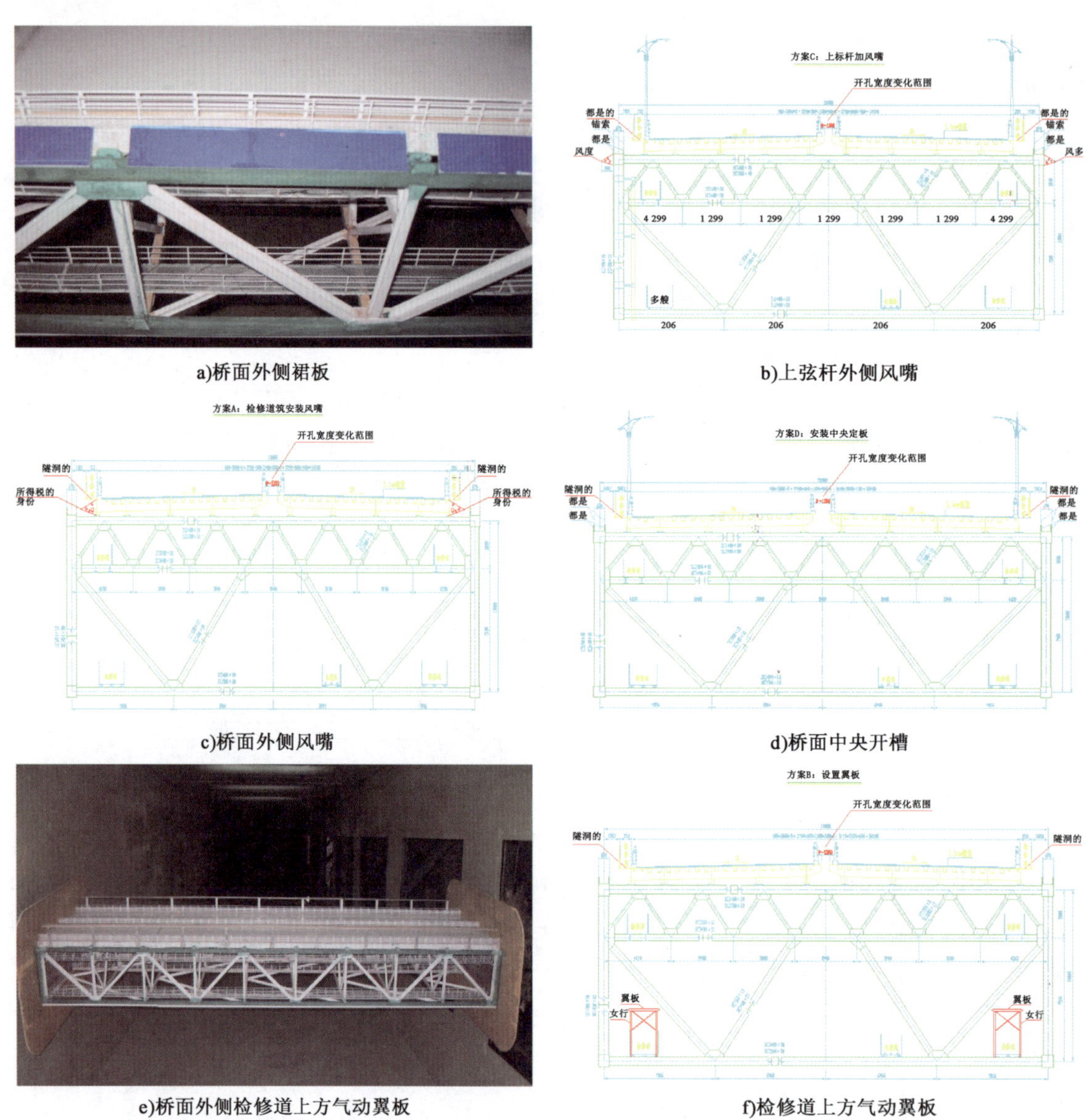

a)桥面外侧裙板

b)上弦杆外侧风嘴

c)桥面外侧风嘴

d)桥面中央开槽

e)桥面外侧检修道上方气动翼板

f)检修道上方气动翼板

图 3.2 颤振气动控制措施

3.1 加劲梁气动优化方案

3.1.1 桥梁颤振

当桥梁结构同产生自激气动力的绕流气流所形成的振动系统的阻尼在不断的相互反馈作用中由正值趋向负值时，振动系统所吸收的能量超越了自身的耗能能力而造成系统运动发散，这种空气动力失稳现象就是桥梁颤振。作为一种发散振幅的自激振动，它与整个结构的安全问题直接相关。通常我们所说的颤振主要是指弯扭耦合颤振和扭转形态的颤振。

桥梁颤振是一种由弹性力、惯性力、阻尼力和空气自激力共同作用引起的气动弹性不稳定现象。影响颤振发生的两个重要因素:一是气动因素,主要指结构断面的气动外形;二是结构因素,主要指结构的刚度、阻尼、质量等。颤振的发生是两者综合作用的结果。

目前桥梁颤振研究主要有 3 个方面:一是以计算流体力学(CFD)为基础,对桥梁颤振的风场特性进行研究;二是以二维颤振分析方法为手段,重点研究桥梁颤振的驱动机理、颤振形态以及自由度参与程度和各种断面的气动性能;三是以三维颤振分析方法为手段,重点研究桥梁颤振发生的模态参与作用以及气动耦合等因素的影响。

一般来说,颤振特性随着结构断面的几何形状和动力特性而改变,因此桥梁的颤振按其振动形态主要可以分为经典平板耦合颤振和分离流颤振(包括单自由度扭转颤振和多自由度耦合颤振)。对于现代大跨径桥梁,由于主梁断面一般都具有非平板的钝体外形,所以分离流颤振是桥梁颤振的主要形式。对于流线性较好的箱形断面桥梁,分离流颤振主要表现为多自由度耦合颤振。而对流线性较差的开口断面,颤振往往表现为单自由度扭转颤振。颤振现象一旦发生,将导致结构整体的彻底破坏。Tocoma 桥的风毁就是主梁发生单自由度扭转颤振引起的。因此,不论是在航空还是在土木工程领域,颤振都是必须杜绝的振动形式。

目前桥梁颤振研究中主要有 3 种方法用来确定颤振临界风速:经典理论方法、直接试验方法和试验加理论方法。经典理论方法以 Theodorson 的薄翼或理想薄平板弯扭耦合颤振理论为基础,而后 Bleich 将其用于大跨径桥梁的颤振分析中,之后 Klöppel 和 Thiele、Selberg 等人又给出了各自的悬索桥颤振临界风速近似公式。经典理论方法仅适用于理想薄板或理想薄平板,而桥梁结构通常为钝体断面,因此该方法只能用于粗略估算颤振临界风速;处于大气边界层中的钝体桥梁断面,由于钝体主梁断面附近的绕流流态的复杂性,无法得到自激力的解析表达式,所以利用模型风洞试验得到颤振临界风速的直接试验法是目前桥梁颤振稳定性研究最有效的方法。根据试验模型的不同,该方法可以分为节段模型试验、拉条模型试验和全桥气动弹性模型试验 3 种形式;试验加理论方法是利用试验识别出的气动导数来表示作用在结构上的自激力,将自激力作用于结构计算模型上求解颤振特征值,并最终得到颤振临界风速的方法。该方法是目前应用最为广泛的桥梁颤振分析方法。

为避免颤振的发生,必须保证桥梁的颤振临界风速足够高。由于颤振是在结构惯性力、阻尼力、弹性力和自激气动力共同作用下所发生的一种空气动力失稳现象,结构惯性力、阻尼力和弹性力取决于结构本身的动力特性,而自激气动力主要与结构断面的气动外形有关。因此,改善桥梁颤振性能主要可以从两个方面入手,即改善结构动力性能和改善断面气动性能。

3.1.2 改善结构动力性能

1)提高系统刚度

要提高中小跨径悬索桥的整体刚度,增加加劲梁的刚度是十分必要的。然而仅靠提高加劲梁的刚度已远远不能适应大跨径桥梁的需要。因此对于大跨径和超大跨径的悬索桥来说,提高整体刚度的着眼点应放在主缆的设计上。特别是 2 000m 以上跨径的超大跨径悬索桥,有必要采用一些新型的缆索系统。目前,国内外学者提出了多种形式的新型缆索体系来提高悬索桥的刚度,但由于需要复杂的施工过程,并有可能需要发展以前从未采用过的施工技术,这些新型的缆索系统目前在实际桥梁中还很难付诸实践。

在迎风侧配置偏心质量用于提高结构颤振临界风速的措施在航空领域早有应用。研究表明，在主梁迎风侧配置偏心质量时也能够提高悬索桥的颤振稳定性。用偏心质量改善桥梁颤振稳定性的物理机理在于减小自激气动力臂，从而减小俯仰力矩。这一方法适于主梁架设阶段，并曾在英国 Humber 桥施工过程中采用。

对于大跨径悬索桥而言，其大部分或绝大部分刚度是由主缆提供的，因此，还可以考虑通过合理地改变主缆体系、设置辅助拉索等可以增大结构刚度的结构措施，以增大弯扭模态频率间的分离和模态形状间的差异，从而改善大跨径悬索桥的颤振稳定性。

此外，对于颤振形态为反对称模态控制的悬索桥，可以通过在跨中设置中央扣(中央夹具)来提高颤振临界风速。

2)干扰振动形态

从多振型耦合颤振的机理中可以发现另一些提高临界风速的途径。例如，可以用辅助斜缆形成斜拉桥和悬索桥的组合体系，来改变弯扭振型的耦合条件，促使高阶振型的参与来提高颤振临界风速。也有学者提出可以通过一种磁体装置将系统的内部能量从低阶的振动模态转化到高阶的振动模态，通过高阶振动模态正阻尼的耗能作用控制颤振。但由于使用这类设备会大大增加桥梁的造价，目前也没有工程应用的实例。

颤振的振型控制是改善气动稳定性的可行方法。它作为对大跨径桥梁颤振稳定性的一种附加改进措施是很有效的。加劲梁产生反对称的弯曲和扭转振动时，中跨的主缆和加劲梁之间将产生桥轴方向的相对错动，因此在中跨中央直接将主缆和加劲梁连接或是用拉索构成桁架形式将主缆和加劲梁连接，均可提高抗风能力。但应注意，长大吊桥，一般在支点上并不约束加劲梁沿桥轴方向的移动，则中央扣索仅对反对称振型有效，对对称振型是无效的。

3)增加结构阻尼

通过附加质量或增加结构刚度和阻尼等抑制桥梁风致振动的方式从控制形式上可分为被动控制、主动控制、半主动控制和混合控制等。其中不需要提供外部能源的被动控制措施因其构造简单、造价低廉和容易实现等优点在目前土木工程中的应用最为广泛。有研究表明，调质阻尼器(TMD)和调液阻尼器(TLD)可用于提高桥梁的颤振临界风速。但是，由于桥梁颤振属于气动力稳定问题，其关键在于结构的初始状态，而 TMD、TLD 等机械阻尼装置只有在结构振动起来以后才会吸振耗能，从而达到减振的目的，从这一角度来讲，这些措施似乎更适合于抑制桥梁的抖振、涡激振动、地震和车辆振动等动力响应方面的应用。

3.1.3 改善断面气动性能

气动措施的原理是通过改变主梁横截面的几何形状或在主梁上安装小的附属构件来改变主梁的绕流形态，从而有效地改变作用在主梁上的气动力。尽管在选择主梁截面形状时，首先是由结构和功能来决定的，但是经验表明，气动稳定性较好的截面往往是较为经济和美观的设计。常用的气动措施有设置风嘴、加导流板或抑流板、绕流板、布置稳定板和断面设置开槽等。由于桥梁主梁断面并非完全的流线型，会有一定的突起，例如栏杆、检修轨道等附属结构。因此，除专门设置气动措施之外，对这些附属结构设计恰当，也能起到改善断面的气动性能的作用。已有的风洞试验表明，检修轨道的形状和位置、栏杆的透风率等对颤振临界风速都会产生一定的影响。当然颤振控制措施并不一定单独使用。在实际工程中，出于经济性和合理性的考虑，往往将两种或多种措施组合起来使用。如设有风嘴的桥梁常常还会采用其他的气动措施，而中央开槽的桥梁还可以设置中央稳定板以进一步提高颤振临界风速。

1)被动气动控制措施

目前，桁架加劲梁与扁平箱梁是现代大跨径悬索桥通常选用的两种主梁截面形式。桁架加劲梁具有较大的刚度和较好的透风率，若在桥面上再设置格栅和安装稳定装置，则桥梁的颤振稳定性容易得到保证。日本的 Akashi 悬索桥(明石海峡大桥)，是一个综合应用各种措施提高颤振临界风速的典型例子，如图 3.3 所示。该桥综合利用了桁架梁抗扭刚度大、透风性好的优点，同时又发挥了断面开槽和中央稳定板的颤振控制作用，具有较好的气动稳定性能。该桥在中央隔离带和两边侧都设立透风格栅，在中央隔离带正下方设立了宽 30cm、高 2.15m 的中央稳定板，而且使中央隔离带上的汽车遮护钢板形成全封闭形式，这些垂直的遮护钢板对气流起控制作用，从而提高结构的抗风稳定性。明石海峡大桥附设三角形风嘴和附设中央稳流板的两种加劲梁方案所做的深入的风洞试验研究结果表明，附设风嘴的方案尽管也可以满足颤振稳定性的要求，但扭转涡激振动振幅过大，而附设中央稳流板的方案可将颤振临界风速提高到 85m/s 以上，且其涡激振动也得到有效的抑制，从而使该方案完全满足了抗风设计的要求。

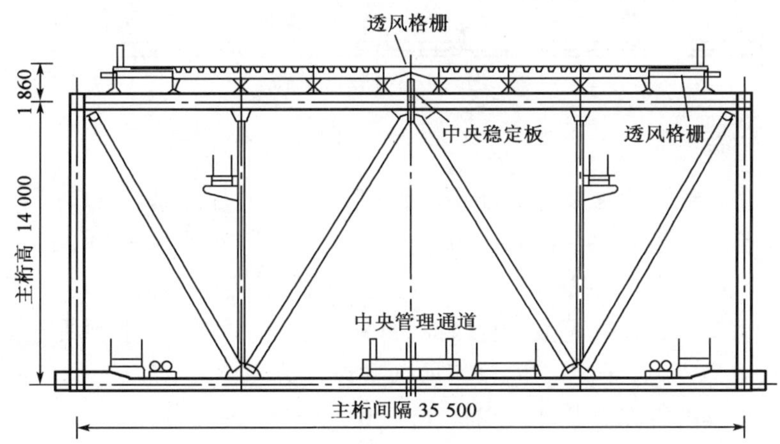

图 3.3　Akashi 悬索桥主梁横断面(尺寸单位：mm)

在原地重建的新塔科马桥于 1950 年通车。新塔科马桥桥宽由 11.9m 增至 18.3m，约为旧桥的 1.5 倍，加劲梁改用抗扭刚度和空气动力学性能较好的桁梁，梁高 10m，增大了 4 倍，如图 3.4 所示。并且还在桥面开槽和安装各种阻尼装置。

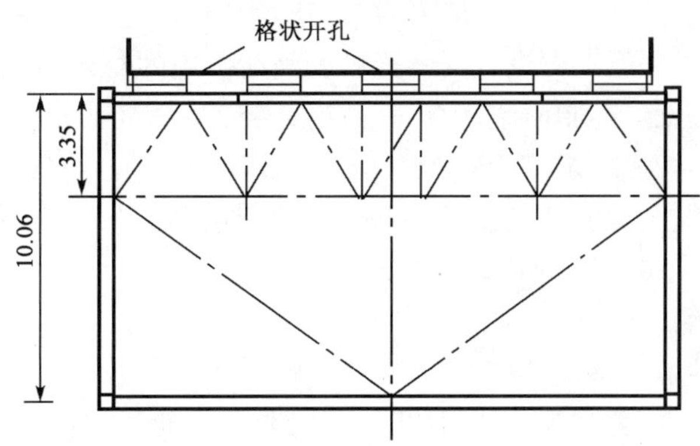

图 3.4　新塔科马桥桁架梁横断面(尺寸单位：m)

桥面采用透风格栅改善桁架梁悬索桥气动性能的方法有很多应用。例如，主跨 1 158m 的美国 Mackinac 海峡公路悬索桥，主跨 1 006m 的英国苏格兰福斯湾公路悬索桥和主跨 1 013m的葡萄牙里斯本桥，主梁都是钢桁加劲梁，桥面都采用了透风格栅。

北盘江大桥主桥设计方案为单跨简支桁架加劲梁悬索桥方案，如图 3.5 所示。该桥主跨为 636m，桁架加劲梁宽 28m，高 5m。受山区交通条件的限制，采用工厂制造杆件、现场拼装成段、逐节吊装成梁的施工方案。桥塔采用门式混凝土塔，两塔柱高度不等，最高约 159m。根据各种气动措施的风洞试验结果比选，北盘江大桥主桥抗风稳定性气动措施采用了全桥通长增设顶部与横梁上弦杆上缘平齐的中央稳定板的方案，稳定板高度为 1m。该方案可使原桁架梁断面最不利攻角下的颤振临界风速提高 28.5%。

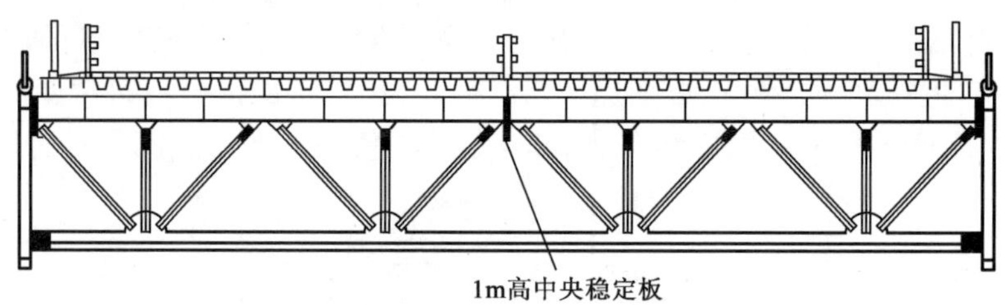

图 3.5　北盘江大桥桁架加劲梁断面

闭口钢箱梁得益于其近流线形的外形，气动性能良好。加之其质量轻，同等承载能力下施工和维护造价显著低于桁架梁，目前在大跨桥中应用很广，例如丹麦的 Great Belt East 悬索桥、英国的 Humber 悬索桥、我国的江阴长江公路大桥、润扬长江公路大桥、苏通长江公路大桥和杭州湾跨海大桥等。随着超大跨径跨海大桥进入人们的构想，由中央开槽思想发展而来的分离式闭口双箱梁成为目前引人注目的加劲梁设计方案之一，而 Messina 桥的设计方案中还提出了分离三箱梁的方案。此外，也有学者建议采用闭口椭圆形加劲梁、菱形加劲梁和倒三角形加劲梁等方案。理论计算表明：这些断面的颤振性能甚至优于理想的平板断面。在润扬长江公路大桥南汉悬索桥的节段模型风洞试验中，研究了稳定板高度对动力抗风稳定性的影响：恰当地设置中央稳定板，不仅能够提高桥梁的颤振临界风速，还能够降低结构的抖振响应，而结构的静风失稳风速在正攻角下有所降低。

对于扁平箱梁，气动措施包括优化风嘴，在风嘴上安装分流板、导流板，或安装风翅等。另外，通过在桥面开槽或在主梁上方设置气动翼板等气动措施的有效性也已在风洞试验中得到证实。作为一种有效的颤振控制措施，中央开槽箱梁断面在大跨径桥梁建设中受到关注，但对于这类特殊断面形式的颤振稳定性能研究还处于探索阶段。杨泳昕等以钢箱梁悬索桥——西堠门大桥为背景，通过风洞试验、数值模拟和理论计算等手段对中央开槽箱梁断面的颤振稳定性能进行了研究，并初步总结得到了一些有规律的结论。

2）主动气动控制措施

随着悬索桥跨度的增大，采用以上被动气动措施有时仍然不能满足抗风设计要求，或者为了满足上述要求而受经济、美观等条件制约时，可以考虑主动气动控制措施。目前，研究最多的主动气动控制措施为主动控制翼板，其基本思想是通过传感器感受加劲梁的振动，然后把振动信号按所选的控制律进行放大和相位补偿，再通过伺服动作机构来控制翼板，使之按照与加劲梁相同的频率做异相位谐振，这样就会产生非常大的气动阻尼，从而使得桥梁的颤振临界风速得到显著提高。

改善气动性能的形式是多样的，故对各种气动措施方案的选择，应综合考虑制振的有效性、施工及维护的费用及对结构美观的影响等多种因素，并需深入研究所选气动措施对于结构涡激振动和抖振的影响。

3.2 山区峡谷地形条件下的加劲梁抗风新措施

3.2.1 钢桁梁气动优化及气动参数识别

坝陵河大桥位于峡谷，桥位地形复杂，为了大桥的钢桁梁气动优化及其气动参数的识别，需要进行一系列风洞试验，本节对此进行简要介绍。

坝陵河大桥设计基准风速考虑地形的影响，按 25m/s 取值，其成桥阶段和施工阶段的设计风速及颤振检验风速分别为

成桥状态设计风速

$$U_{\mathrm{d}} = 25.9(\mathrm{m/s}) \tag{3.1}$$

施工状态设计风速

$$U_{\mathrm{dsg}} = 21.76(\mathrm{m/s}) \tag{3.2}$$

成桥状态颤振检验风速

$$U_{\mathrm{cr}} = 1.2 \times 1.33 \times 25.9 = 41.3(\mathrm{m/s}) \tag{3.3}$$

施工状态颤振检验风速

$$U_{\mathrm{crsg}} = 1.2 \times 1.33 \times 21.76 = 34.7(\mathrm{m/s}) \tag{3.4}$$

1)钢桁梁主梁断面气动优化

桥梁颤振是一种带有自激性质的发散振动，一旦发生，便会带来灾难性的后果，塔科马大桥正是因此而倒塌。增加主梁的扭转刚度，可以提高整个桥梁的扭转频率，从而提高颤振临界风速。但是现代大跨径桥梁由于跨径大，而扭转频率的提高是有限的。目前，在大跨径桥梁的初步设计阶段，通过气动选型以及一些气动措施，可以有效地提高桥梁的颤振临界风速。

坝陵河大桥跨径大、阻尼小、扭转频率低，容易发生颤振，而该桥又地处山区峡谷，风场复杂，根据地形风洞和地形数值风洞的结果，有必要将颤振检验风速的考察范围扩大到来流攻角为±6°范围内。为了避免该桥发生类似塔科马桥的悲剧，为今后我国大跨径钢桁梁悬索桥的设计提供参考，西南交通大学风工程试验研究中心以该桥为工程背景，进行了一系列的风洞试验，优化该桥的气动外形，从而提高该桥的颤振临界风速。图 3.6 为该桥方案设计时的断面形式。通过风洞试验，优化成图 3.7 的形式。优化方案为根据图 3.6 的断面形式，考察桥面板是否开口，是否增加导流板以及检修道的安装位置对颤振临界风速的影响。

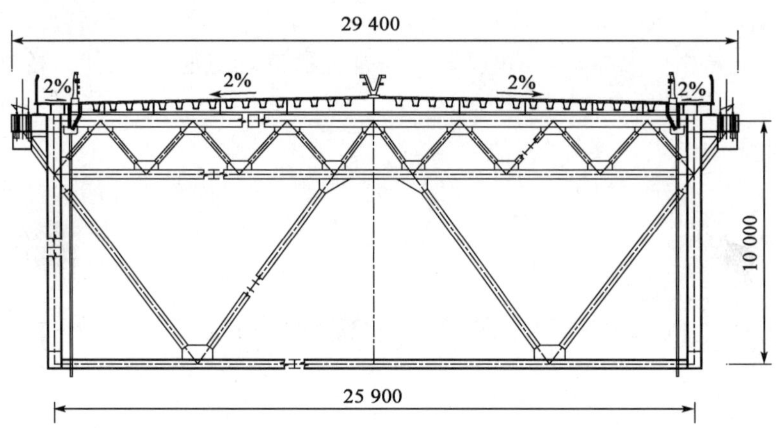

图 3.6　坝陵河桥原始断面形状(尺寸单位:mm)

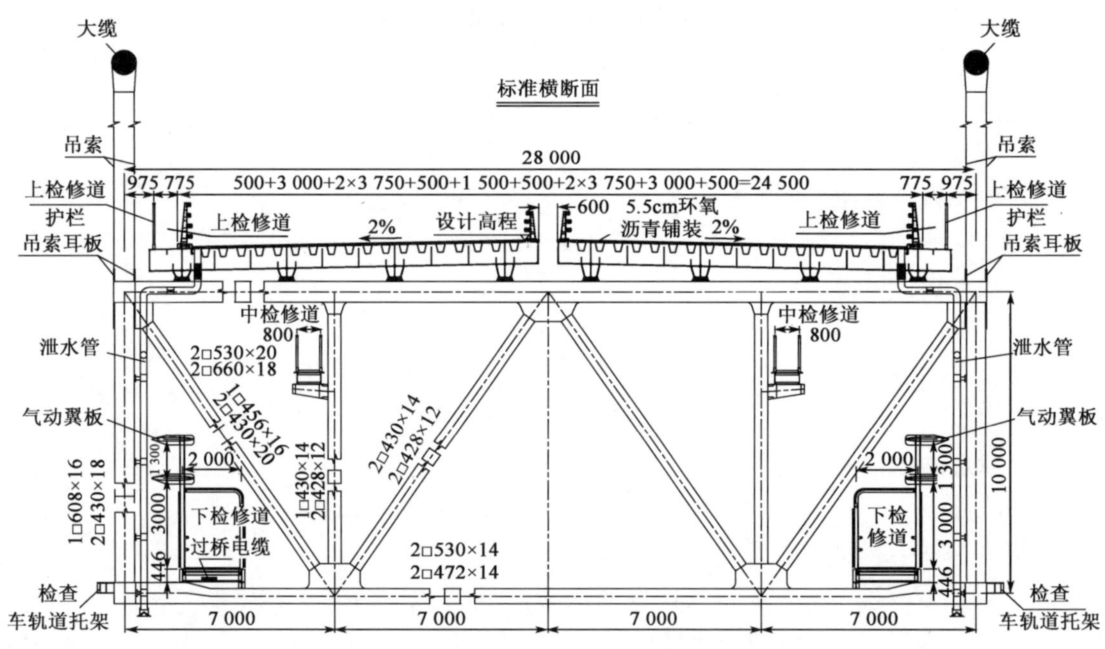

图 3.7　最终优化断面(尺寸单位:mm)

(1)气动优化试验研究

节段模型采用 1∶47.5 的几何缩尺比,模型长 L=2.1m,宽 B=0.753 4m,高 H=0.316 4m,长宽比 L/B=2.38。模型用红松木和层板制作,加工中的模型如图 3.8、图 3.9 所示。人行道栏杆按实桥结构进行模拟,为避免微小杆件引起的气动黏性效应,对栏杆中较细的竖向管按透风率等效的原则进行合并。成桥状态动力节段模型如图 3.10、图 3.11 所示。

试验结果表明,原始的断面形式在添加了细部构件[导轨、吊环、电缆线检修道(无电缆线)]以后,颤振临界风速在+3°不能够到达设计要求,在 0°也是刚刚达到要求,富余量不大。为此,经过了一系列的优化试验,试验结果汇总在表 3.1 和图 3.12 中。可以看出,方案 7,即桥面板表面开孔,再加上导流翼板的形式是最优方案,这为以后类似桥梁的建设提供了试验依据。

图 3.8 加工中的节段模型(桁架)

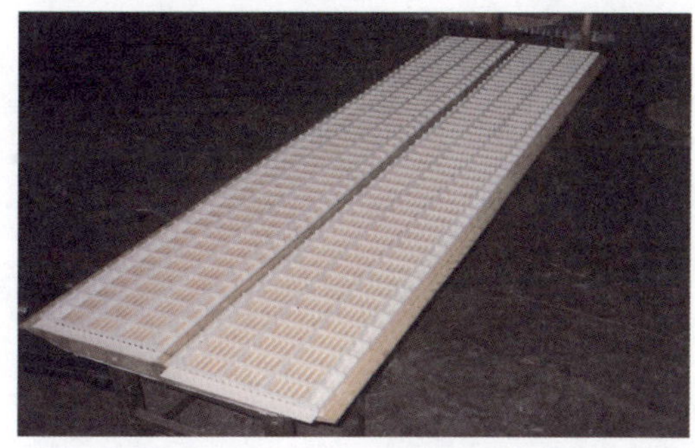

图 3.9 加工中的节段模型(桥面)

图 3.10 安装于风洞中的成桥状态的模型(俯视)

图 3.11 安装在风洞中的成桥状态动力节段模型

钢桁梁主梁面颤振临界风速气动选型试验结果 表 3.1

试验序号	优化内容	风洞试验结果			
		角度(°)	试验风速(m/s)	风速比	实桥风速(m/s)
1	①系统添加细部构件[导轨,吊环,电缆线检修道(无电缆线)]; ②桥面板中间开孔	−6	9.5	5.4	51.3
		−3	7.2	5.4	38.8
		0	8.1	5.4	43.7
		+3	13.2	5.4	71.2
		+6	9.0	5.4	48.6
2	①系统添加细部构件[导轨,吊环,电缆线检修道(无电缆线)]; ②桥面板中间不开孔	−6	8.9	5.4	48
		−3	9.5	5.4	51.3
		0	8.0	5.4	43.2
		+3	9.4	5.4	50.7
		+6	6.0	5.4	32.4
3	①系统添加细部构件[导轨,吊环,电缆线检修道(有电缆线)]; ②桥面板中间不开孔; ③检修道网加密	−6	9.1	5.4	49.3
		−3	7.6	5.4	41.0
		0	8.1	5.4	43.8
		+3	12.5	5.4	67.7
		+6	9.2	5.4	49.8

续上表

试验序号	优化内容	风洞试验结果			
		角度(°)	试验风速(m/s)	风速比	实桥风速(m/s)
4	①系统添加细部构件[导轨,吊环,电缆线检修道(有电缆线)]; ②桥面板中间开孔; ③检修道网加密; ④加裙板	−6	8.5	5.3	45
		−3	7	5.3	37
		0	9.7	5.3	51.4
		+3	12.2	5.3	64.7
		+6	>15	5.3	>79.5
5	①系统添加细部构件[导轨,吊环,电缆线检修道(有电缆线)]; ②桥面板中间不开孔; ③检修道网加密; ④加裙板	−6	8.8	5.3	46.7
		−3	9.5	5.3	50.4
		0	9.9	5.3	52.5
		+3	8.6	5.3	45.6
		+6	8.8	5.3	46.7
6	①系统添加细部构件[导轨,吊环,电缆线检修道(有电缆线)]; ②桥面板中间不开孔; ③检修道网加密; ④加翼板(宽 40cm)	−6			
		−3			
		0			
		+3	9.5	5.34	50.8
		+6	7.8	5.34	41.7
7	①系统添加细部构件[导轨,吊环,电缆线检修道(有电缆线)]; ②桥面中间开孔; ③检修道网加密; ④加翼板(宽 40cm)	−6	12	5.35	64
		−3	12	5.35	64
		0	10.2	5.35	54.5
		+3	12.7	5.35	68
		+6	>16	5.35	85.6

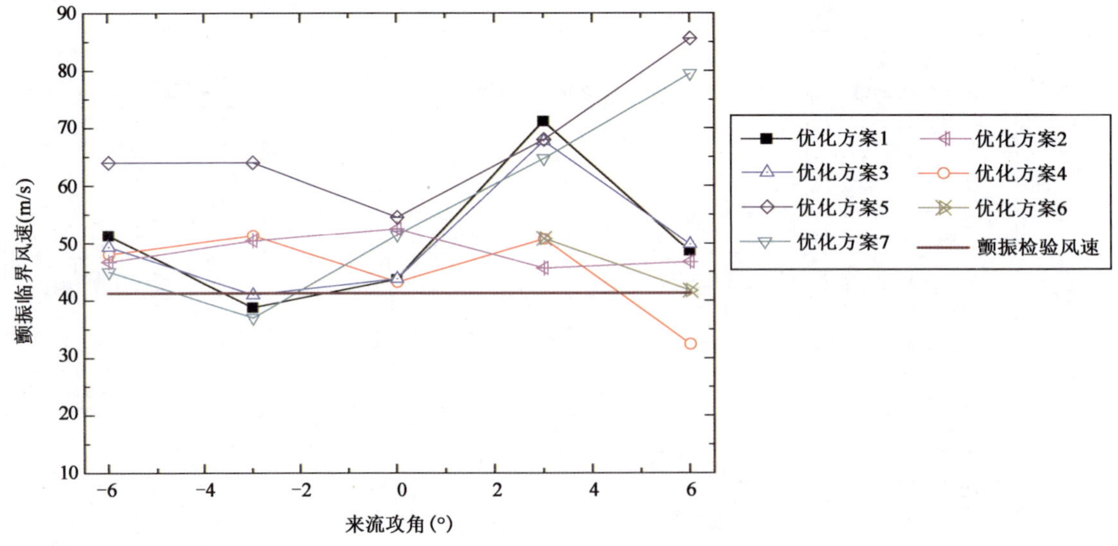

图 3.12　各优化方案颤振临界风速随攻角的变化

(2)坝陵河大桥最终颤振检验风速

将各项试验参数根据相似比,严格按照坝陵河大桥的要求(表 3.2、表 3.3),按照最优方案的断面形式,对该桥的颤振临界风速仔细试验,得到的结果如表 3.4 所示。

成桥状态颤振及驰振试验模型设计参数(风速比:4.99) 表 3.2

参数名称	符号	单位	缩尺比	实桥值	模型要求值	模型实现值
主梁高	H	m	1/47.5	10.0	0.211	0.211
主梁宽	B	m	1/47.5	28.0	0.589	0.588
单位长度质量	m	kg/m	$1/47.5^2$	30 209	13.389	13.410
单位长度质量惯性矩	I_m	kg·m²/m	$1/47.5^4$	4 166 786	0.819	0.815
回转半径	r	m	1/45.7	11.744	0.247	0.247
竖弯频率	f_h	Hz	9.5	0.157 3	1.494	1.459
竖弯阻尼比	ζ_h	%	1	0.50	0.50	0.52
扭转频率	f_α	Hz	9.5	0.272 6	2.590	2.595
扭转阻尼比	ζ_α	%	1	0.50	0.50	0.45
扭弯频率比	ε	—	1	1.73	1.73	1.78

100%施工状态颤振及驰振试验模型设计参数(风速比:4.36) 表 3.3

参数名称	符号	单位	缩尺比	实桥值	模型要求值	模型实现值
主梁高	H	m	1/47.5	10.0	0.211	0.211
主梁宽	B	m	1/47.5	28.0	0.589	0.588
单位长度质量	m	kg/m	$1/47.5^2$	25 121	11.134	11.208
单位长度质量惯性矩	I_m	kg·m²/m	$1/47.5^4$	3 721 877	0.731	0.721
回转半径	r	m	1/45.7	12.172	0.256	0.254
竖弯频率	f_h	Hz	11	0.164 3	1.807	1.792
竖弯阻尼比	ζ_h	%	1	0.50	0.50	0.53
扭转频率	f_α	Hz	11	0.297 5	3.273	3.212
扭转阻尼比	ζ_α	%	1	0.50	0.50	0.47
扭弯频率比	ε	—	1	1.81	1.81	1.79

坝陵河大桥颤振临界风速节段模型风洞试验结果 表 3.4

状态	攻角(°)	风洞试验		
		试验 U_{cr}(m/s)	风速比	实桥 U_{cr}(m/s)
成桥状态	−6	>16.0	4.99	>79.8
	−3	>16.0	4.99	>79.8
	0	>16.0	4.99	>79.8
	+3	10.0	4.99	49.9
	+6	8.5	4.99	42.4
施工状态	−6	>18.0	4.36	>78.4
	−3	>18.0	4.36	>78.4
	0	18.5	4.36	80.6
	+3	12.0	4.36	52.3
	+6	10.2	4.36	44.4

2)钢桁梁主梁断面静力三分力系数试验

静力三分力系数是表征各类结构断面在平均风作用下受力大小的无量纲系数,它反映了风对桥梁的定常气动作用。通过风洞试验,可以测试钢桁梁主梁在不同攻角下的三分力系数,为静风响应计算、抖振响应计算、静风稳定性计算及施工监控分析等提供计算参数,并为类似桥梁的设计提供试验依据。本节对钢桁梁主梁断面静力三分力系数试验进行简要介绍。

(1)试验设备

静力三分力试验在西南交通大学单回流串联双试验段工业风洞(XNJD-1)第二试验段中进行,该试验段断面为 2.4m(宽)×2.0m(高)的矩形,最大来流风速为 45m/s,最小来流风速为 0.5m/s。试验段中设有专为桥梁节段模型静力三分力试验用的侧壁支撑及测力天平系统,由计算机控制的模型姿态角 α(来流相对于模型的攻角)调整机构角度变化的范围为 20°,变化间隔最小为 0.1°,并与数据采集系统相连。用于测量静力三分力的三分量应变式天平,其设计荷载为:阻力 $F_D=50$kgf[1],升力 $F_L=120$kgf,俯仰力矩 $M_Z=12$kgf·m。试验风速 U 为:10m/s 和 15m/s。试验攻角为:$\alpha=-12°\sim+12°$,$\Delta\alpha=1°$。

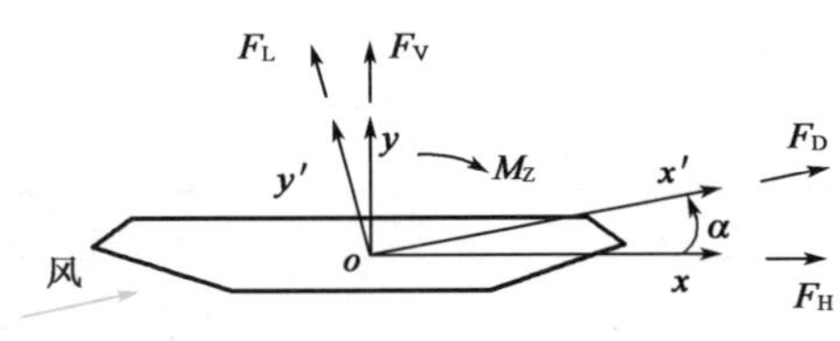

图 3.13　体轴坐标系和风

(2)试验结果及分析

作用于主梁断面上的静力三分力按所取坐标系不同,有两种表示方法,即按体轴坐标系(坐标系沿截面形心主轴建立)表示和按风轴坐标系(坐标系沿风向建立)表示(图 3.13)。为了方便使用,本节同时按两种表示方法给出静力三分力系数曲线。

风轴坐标系下的静力三分力系数按下式定义

阻力系数

$$C_D(\alpha)=\frac{F_D(\alpha)}{\frac{1}{2}\rho U^2HL} \tag{3.5}$$

升力系数

$$C_L(\alpha)=\frac{F_L(\alpha)}{\frac{1}{2}\rho U^2BL} \tag{3.6}$$

力矩系数

$$C_M(\alpha)=\frac{M_Z(\alpha)}{\frac{1}{2}\rho U^2B^2L} \tag{3.7}$$

式中: α——来流攻角;

$\frac{1}{2}\rho U^2$——气流动压;

H、B、L——分别为节段模型的高度、宽度和长度;

$F_D(\alpha)$、$F_L(\alpha)$、$M_Z(\alpha)$——分别为攻角 α 情况下采用风轴坐标系时的阻力、升力和俯仰力矩。

---

[1] 1kgf=9.8N。

将式(3.5)、式(3.6)中 $F_D(\alpha)$和 $F_L(\alpha)$分别换成 $F_H(\alpha)$和 $F_V(\alpha)$，可得体轴坐标系的阻力系数和升力系数的计算式。两种坐标系下 $M_Z(\alpha)$及 $C_M(\alpha)$完全相同。

在 U 为 10m/s 和 15m/s 两种风速水平下，三分力系数在各攻角状态下的值比较接近，取 15m/s 风速下三分力系数作为最终取值。图 3.14～图 3.17 给出了成桥状态和施工状态的体轴系及风轴系的静力三分力系数随攻角的变化关系曲线。

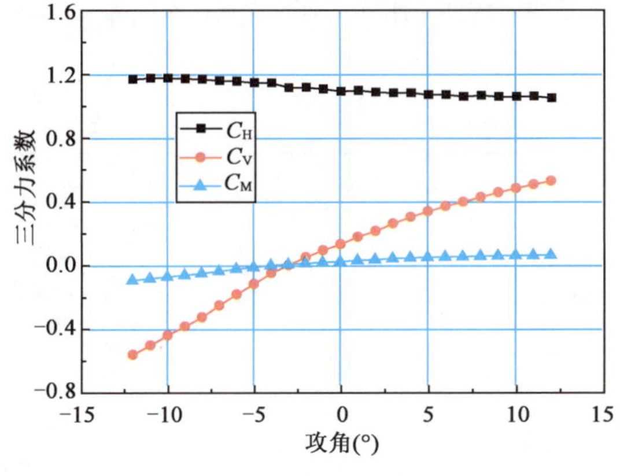

图 3.14　成桥状态主梁断面三分力系数曲线(体轴系)

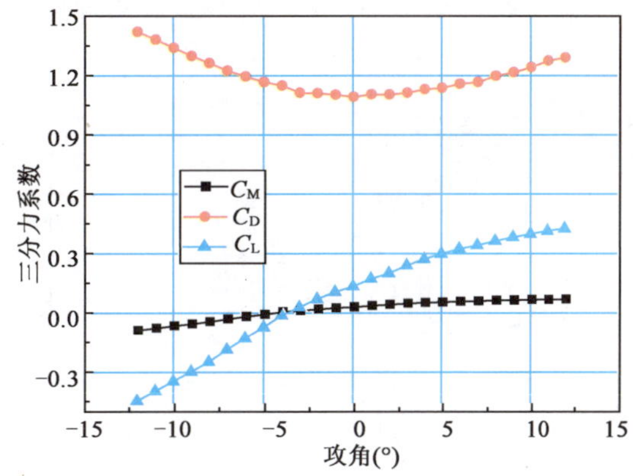

图 3.15　成桥状态主梁断面三分力系数曲线(风轴系)

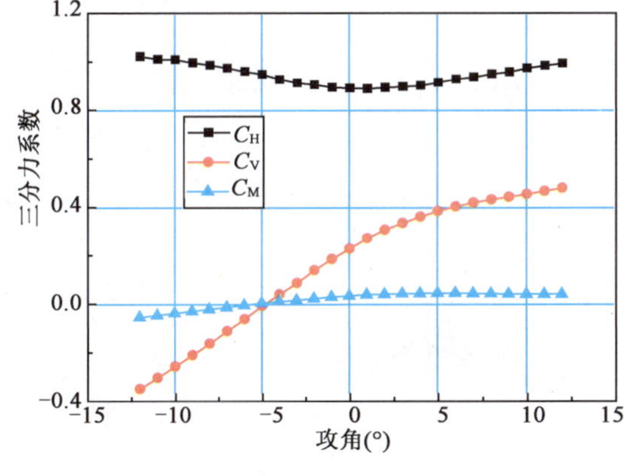

图 3.16　施工状态主梁断面三分力系数曲线(体轴系)

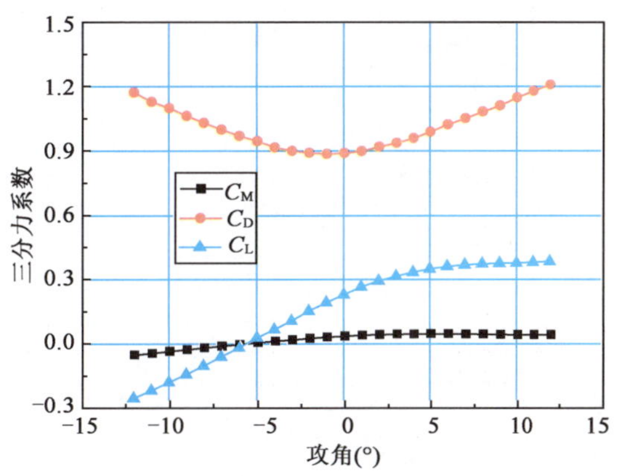

图 3.17　施工状态主梁断面三分力系数曲线(风轴系)

从图 3.14～图 3.17 中可以看出，升力系数曲线和力矩系数曲线的斜率在较大的攻角范围内均为正，这说明这该断面在较大的攻角范围内具备气动力稳定的必要条件。

3)钢桁梁主梁断面颤振导数试验

颤振导数是桥梁结构颤振及抖振分析所需的基本参数，精确有效地识别颤振导数是桥梁结构抗风分析的前提条件。桥梁断面的颤振导数可通过节段模型风洞试验、节段模型水洞试验、气弹模型试验和 CFD(Computational Fluid Dynamics)计算等多种途径来获取。基于节段模型风洞试验的识别方法根据模型振动情况不同又可分为自由振动法和强迫振动法。强迫振动法模型振动信号一致性好，且折算风速范围较宽，但模型激振装置较复杂，目前应用尚不多。基于节段模型风洞试验的自由振动识别方法是目前获取桥梁断面颤振导数的主要途径。坝陵河大桥项目采用加权整体最小二乘法进行颤振导数识别。识别流程如图 3.18 所示。

采用和气动优化相同的模型，在模型两端设置端板，以保证主梁断面气动绕流的二维特性。节段模型由 8 根拉伸弹簧悬挂，形成可竖向运动和绕模型轴线转动的二自由度振动系统。试验支架置于洞壁外，以免干扰流场。试验在西南交通大学单回流串联双试验段工业风洞（XNJD-1）第二试验段中进行，该试验段设有专门进行桥梁节段模型动力试验的装置。试验分别在 α 为 $-6°$，$-3°$，$0°$，$+3°$，$+6°$ 五种攻角进行。主梁五种攻角下颤振导数随折算风速的变化情况如图 3.19～图 3.26 所示。

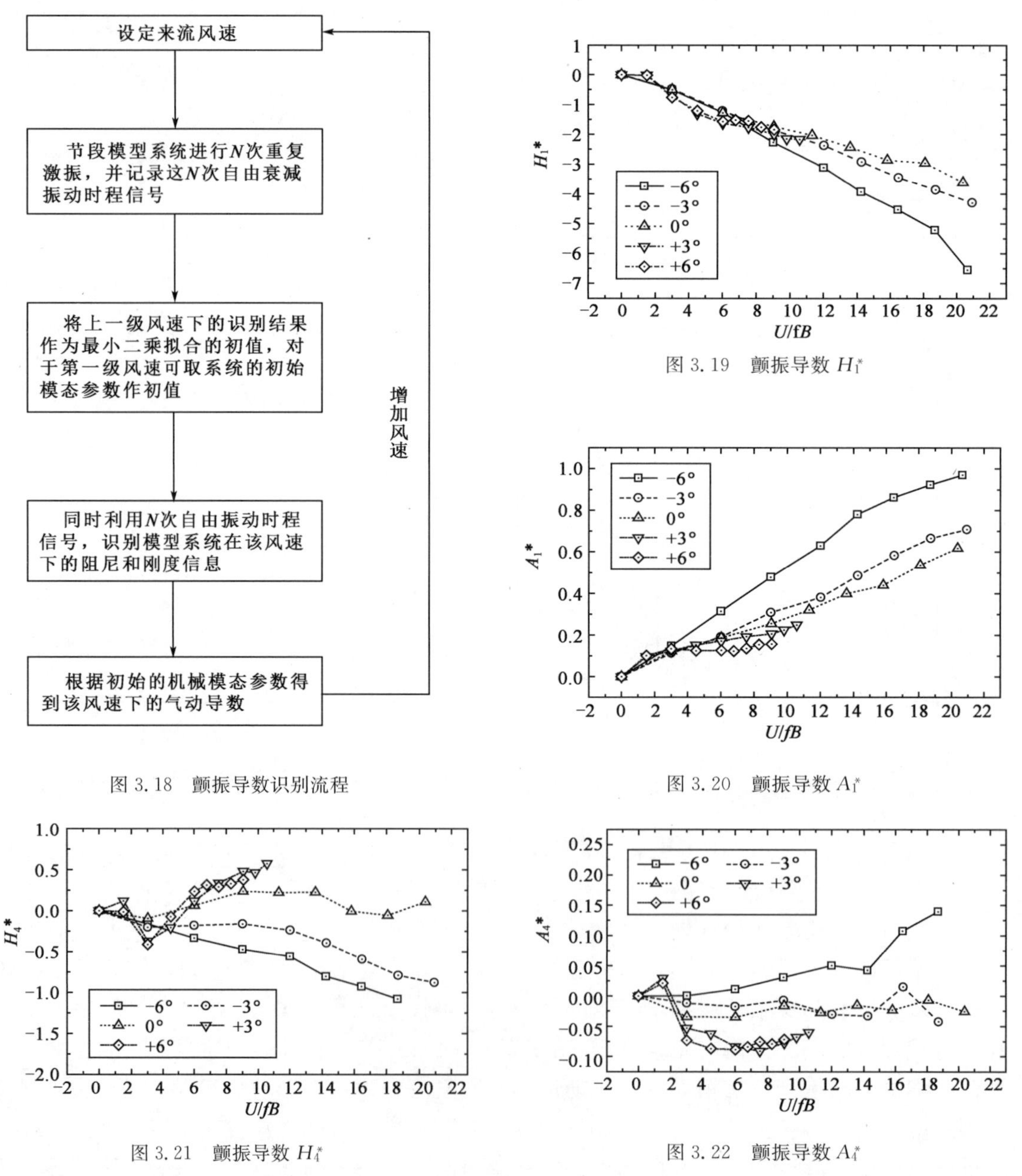

图 3.18 颤振导数识别流程

图 3.19 颤振导数 H_1^*

图 3.20 颤振导数 A_1^*

图 3.21 颤振导数 H_4^*

图 3.22 颤振导数 A_4^*

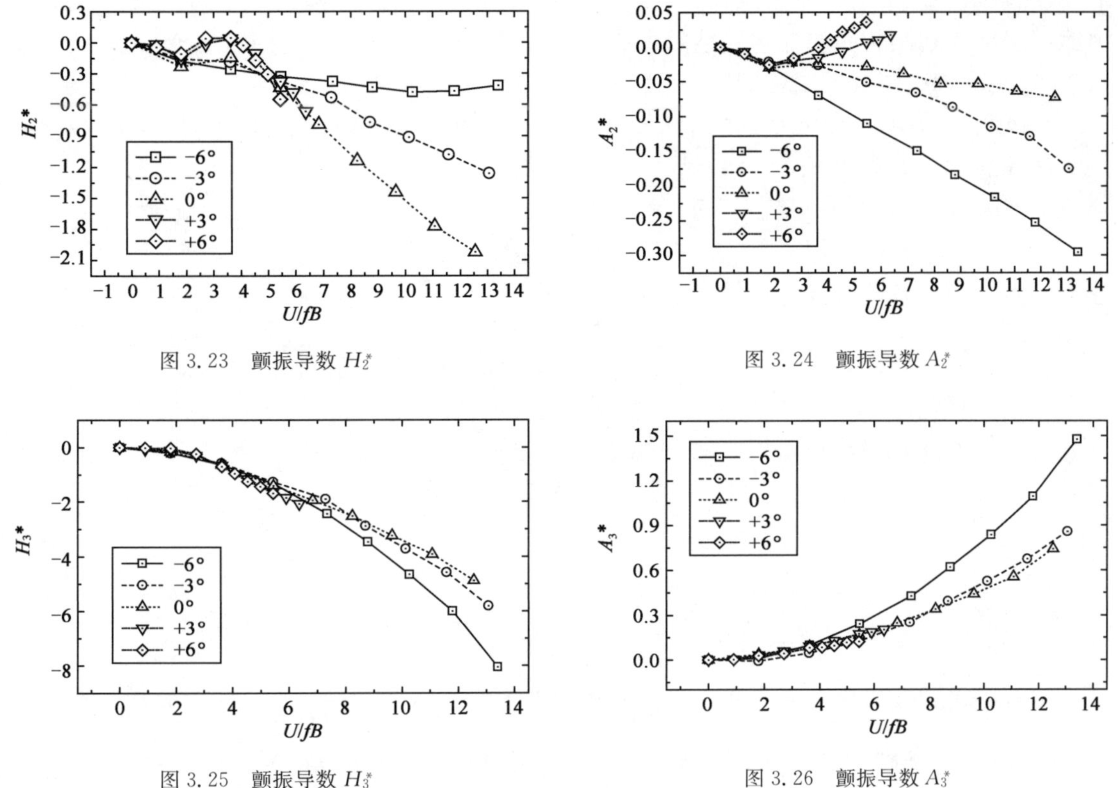

图 3.23　颤振导数 H_2^*

图 3.24　颤振导数 A_2^*

图 3.25　颤振导数 H_3^*

图 3.26　颤振导数 A_3^*

4)基于高频天平的钢桁梁主梁断面气动导纳函数试验研究

随着桥梁跨度越来越大,桥梁抖振的精细化分析越来越重要。但是,迄今人们所用的抖振分析理论是由 Davenport 所奠定的。对于工程结构物这类“钝体”,现有理论由于在气动力描述方面存在缺陷,导致计算结果往往与实际情况严重偏离。该问题的症结在于,Davenport 理论中基于“片条假定”的气动导纳难以合理反映空间紊流对实际桥面所施加的抖振荷载。现有气动导纳的研究和识别方法还不成熟,气动导纳的研究现状已经成为风振分析精细化研究方向上的一个瓶颈,急需突破。究其原因,可归结为缺乏合理的描述非定常气动力的力学模型以及试验技术上的困难制约了对紊流场中气固耦合作用机理和规律的深入认识。

无论是时间域还是频率域内的抖振计算分析,在分析手段和计算方法上都得到了很大的提高,但也都无一例外地面临抖振荷载如何恰当和准确地确定的问题。目前计算中对于气动导纳函数的取值一般为如下两种情况:

①取值为 1,即不考虑对非定常气动力的修正。

②取 Sears 函数,即将桥梁断面按照机翼断面的气动导纳进行修正。

这两种做法都是和实际情况不相符的,直接影响着抖振荷载模型的准确度,因此有必要重新考虑抖振力的描述方法和对适用于桥梁断面的气动导纳函数进行研究。

无论是测压法还是测力法,以往研究所针对的对象要么为矩形片条,要么为箱形截面,对于目前大跨径桥梁中经常采用的桁架形式的结构断面的讨论甚为少见。而由于测压技术的局限，对测量桁架模型的抖振荷载存在较大的困难，因此基于上述问题，本节对坝陵河大桥项目中适用于桁架结构断面的气动导纳的理论研究和试验识别的工作进行简要介绍。

(1)气动导纳函数的试验识别

在风洞试验中，可以采集到的信号通常为风速时程 $u(t)$ 及力（或者压力）信号 $P(t)$。定义风速过程的统计参数如下

均值$\overline{u(t)}$

$$\overline{u(t)} = \lim_{T\to\infty}\frac{1}{T}\int_{-\frac{T}{2}}^{\frac{T}{2}} u(t)\mathrm{d}t \tag{3.8}$$

均方值$\overline{u^2(t)}$

$$\overline{u^2(t)} = \lim_{T\to\infty}\frac{1}{T}\int_{-\frac{T}{2}}^{\frac{T}{2}} u^2(t)\mathrm{d}t \tag{3.9}$$

自相关函数 $R_{\mathrm{uu}}(\tau)$ 和互相关函数 $R_{\mathrm{uw}}(\tau)$

$$R_{\mathrm{uu}}(\tau) = \overline{u(t)u(t+\tau)} = \overline{u(t-\tau)u(t)} \tag{3.10}$$

$$R_{\mathrm{uw}}(\tau) = \overline{u(t)w(t+\tau)} = \overline{u(t-\tau)w(t)} \tag{3.11}$$

定义功率谱为相关函数的 Fourier 变换，即

$$S_{\mathrm{uu}}(\tau) = \frac{1}{2\pi}\int_{-\infty}^{\infty} \mathrm{e}^{-i\omega\tau}R_{\mathrm{uu}}(\tau)\mathrm{d}\tau \tag{3.12}$$

则可以得到顺风向及竖向脉动风速时程与非定常抖振荷载的互相关函数有如下形式

$$\begin{aligned} R_{\mathrm{uL}}(\tau) &= \rho Ub\int_{-\infty}^{\infty}[\chi_1(\tau)\overline{u(t)u(t-\tau)} + \chi_2(\tau)\overline{u(t)w(t-\tau)}]\mathrm{d}\tau = \\ &\rho Ub\int_{-\infty}^{\infty}[\chi_1(\tau)R_{\mathrm{uu}}(\tau) + \chi_2(\tau)R_{\mathrm{uw}}(\tau)]\mathrm{d}\tau \end{aligned} \tag{3.13}$$

同理可得

$$R_{\mathrm{wL}}(\tau) = \rho Ub\int_{-\infty}^{\infty}[\chi_1(\tau)R_{\mathrm{wu}}(\tau) + \chi_2(\tau)R_{\mathrm{ww}}(\tau)]\mathrm{d}\tau \tag{3.14}$$

对式(3.13)和式(3.14)进行 Fourier 变换，可得

$$S_{\mathrm{uL}}(\omega) = \rho Ub[\chi_1(\omega)S_{\mathrm{uu}}(\omega) + \chi_2(\omega)S_{\mathrm{uw}}(\omega)] \tag{3.15}$$

$$S_{\mathrm{wL}}(\omega) = \rho Ub[\chi_1(\omega)S_{\mathrm{wu}}(\omega) + \chi_2(\omega)S_{\mathrm{ww}}(\omega)] \tag{3.16}$$

求解方程组式(3.15)和式(3.16)，可得和升力有关的气动导纳函数为

$$\chi_1(\omega) = \frac{S_{\mathrm{ww}}(\omega)S_{\mathrm{uL}}(\omega) - S_{\mathrm{wu}}(\omega)S_{\mathrm{wL}}(\omega)}{\rho Ub[S_{\mathrm{uu}}(\omega)S_{\mathrm{ww}}(\omega) - S_{\mathrm{wu}}(\omega)S_{\mathrm{uw}}(\omega)]} \tag{3.17}$$

$$\chi_2(\omega) = \frac{S_{\mathrm{uu}}(\omega)S_{\mathrm{wL}}(\omega) - S_{\mathrm{uw}}(\omega)S_{\mathrm{uL}}(\omega)}{\rho Ub[S_{\mathrm{uu}}(\omega)S_{\mathrm{ww}}(\omega) - S_{\mathrm{uw}}(\omega)S_{\mathrm{wu}}(\omega)]} \tag{3.18}$$

同理，可得与阻力和力矩有关的气动导纳函数为

$$\chi_3(\omega) = \frac{S_{\mathrm{ww}}(\omega)S_{\mathrm{uD}}(\omega) - S_{\mathrm{wu}}(\omega)S_{\mathrm{wD}}(\omega)}{\rho Ub[S_{\mathrm{uu}}(\omega)S_{\mathrm{ww}}(\omega) - S_{\mathrm{wu}}(\omega)S_{\mathrm{uw}}(\omega)]} \tag{3.19}$$

$$\chi_4(\omega) = \frac{S_{\mathrm{uu}}(\omega)S_{\mathrm{wD}}(\omega) - S_{\mathrm{uw}}(\omega)S_{\mathrm{uD}}(\omega)}{\rho Ub[S_{\mathrm{uu}}(\omega)S_{\mathrm{ww}}(\omega) - S_{\mathrm{uw}}(\omega)S_{\mathrm{wu}}(\omega)]} \tag{3.20}$$

$$\chi_5(\omega) = \frac{S_{\mathrm{ww}}(\omega)S_{\mathrm{uM}}(\omega) - S_{\mathrm{wu}}(\omega)S_{\mathrm{wM}}(\omega)}{\rho Ub[S_{\mathrm{uu}}(\omega)S_{\mathrm{ww}}(\omega) - S_{\mathrm{wu}}(\omega)S_{\mathrm{uw}}(\omega)]} \tag{3.21}$$

$$\chi_6(\omega)=\frac{S_{uu}(\omega)S_{wM}(\omega)-S_{uw}(\omega)S_{uM}(\omega)}{\rho Ub[S_{uu}(\omega)S_{ww}(\omega)-S_{uw}(\omega)S_{wu}(\omega)]} \tag{3.22}$$

特别地，对于各向同性紊流场，可忽略水平和竖向脉动风速风流的互功率谱，认为 $S_{uw}(\omega)=S_{wu}(\omega)=0$，则式(3.17)～式(3.22)可简化为

$$\chi_1(\omega)=\frac{S_{uL}(\omega)}{\rho UbS_{uu}(\omega)} \tag{3.23}$$

$$\chi_2(\omega)=\frac{S_{wL}(\omega)}{\rho UbS_{ww}(\omega)} \tag{3.24}$$

$$\chi_3(\omega)=\frac{S_{uD}(\omega)}{\rho UbS_{uu}(\omega)} \tag{3.25}$$

$$\chi_4(\omega)=\frac{S_{wD}(\omega)}{\rho UbS_{ww}(\omega)} \tag{3.26}$$

$$\chi_5(\omega)=\frac{S_{uM}(\omega)}{\rho Ub^2S_{uu}(\omega)} \tag{3.27}$$

$$\chi_6(\omega)=\frac{S_{wM}(\omega)}{\rho Ub^2S_{ww}(\omega)} \tag{3.28}$$

式(3.23)～式(3.28)既考虑了抖振力的非定常性，又能单独计算分离的气动导纳函数，可分别考虑不同的脉动分量对不同的气动力的影响。

(2)高频动态天平技术及工作原理

高频底座天平最初是用于测量作用在高耸结构物模型上的动态风荷载。与一般的应变天平测量不同，高频底座天平测量的是广义力谱，再通过机械导纳求得高耸结构物的动态响应谱。另外，通过数据处理还可获取静态风荷载。为了获得作用在模型上的广义力谱，天平—模型系统的基阶固有频率要远离模型结构响应的频率范围，因此高频底座天平要有高的刚度，一般要求天平的固有频率在200Hz以上。另外，为了保证各分量的准确测量，特别是动态荷载的准确测量，天平要有较好的力与力矩的分解能力，各分量间干扰要小，灵敏度要高。

试验所用五分量高频底座天平如图3.27所示。天平采用底部盘式十字梁元件加剪力杆元件的结构形式。剪力杆元件与模型相连接，测量轴向力与横向力；底部十字梁元件测量3个力矩。天平底座与风洞转盘相连，可以改变模型姿态角。

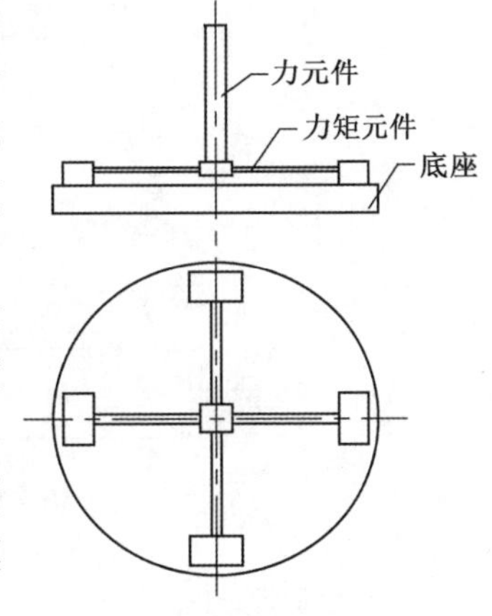

图3.27 五分量高频底座天平

当随机紊流流经结构断面时，在结构表面产生随机变化的压力，使结构产生振动。考虑如图3.28所示的单自由度系统，受紊流随机气动荷载 $F(t)$ 激励，设结构质量、刚度和阻尼分别为 m、K 和 C，系统的运动方程可写为

$$m\ddot{x}(t)+C\dot{x}(t)+Kx(t)=F(t) \tag{3.29}$$

则系统的传递函数为

$$H(\omega)=\frac{1}{-m\omega^{2}+iC\omega+K} \tag{3.30}$$

动态响应 $x(t)$ 的功率谱与随机激励之间的关系为

$$S_{x}(\omega)=\frac{1}{K^{2}}\mid \widetilde{H}(\omega)\mid^{2}S_{\mathrm{F}}(\omega) \tag{3.31}$$

式中：$|\widetilde{H}(\omega)|^{2}$——无量纲的机械导纳函数。

$|\widetilde{H}(\omega)|^{2}$ 的表达式为

$$\mid \widetilde{H}(\omega)\mid^{2}=\frac{1}{\left[1-\left(\frac{\omega}{\omega_{0}}\right)^{2}\right]^{2}+\left(\frac{2\xi\omega}{\omega_{0}}\right)^{2}} \tag{3.32}$$

式中：ω_0、ξ——分别为系统的固有频率和阻尼比。

由式(3.32)可知，$|\widetilde{H}(\omega)|^{2}$ 有如下性质：当 $\omega=0$ 时，$|\widetilde{H}(\omega)|^{2}=1$；当 $\omega\rightarrow\infty$ 时，$|\widetilde{H}(\omega)|^{2}\rightarrow 0$；当 $\omega=\omega_1=\sqrt{1-2\xi}\cdot\omega_0$ 时，$|\widetilde{H}(\omega)|^{2}$ 达到其最大值。若 ω_0 非常大，可以认为在一个很大的频率范围内 $|\widetilde{H}(\omega)|^{2}=1$，则有

$$K^{2}S_{\mathrm{x}}(\omega)=S_{\mathrm{F}}(\omega) \tag{3.33}$$

即将 $K^{2}S_{\mathrm{x}}(\omega)$ 看作紊流产生的气动力荷载谱 $S_{\mathrm{F}}(\omega)$。对连续的弹性系统，同样可以建立广义坐标下的运动方程，按上述步骤得到与式(3.33)类似的表达式。这样，由测得的动响应便可直接得到气动力谱。

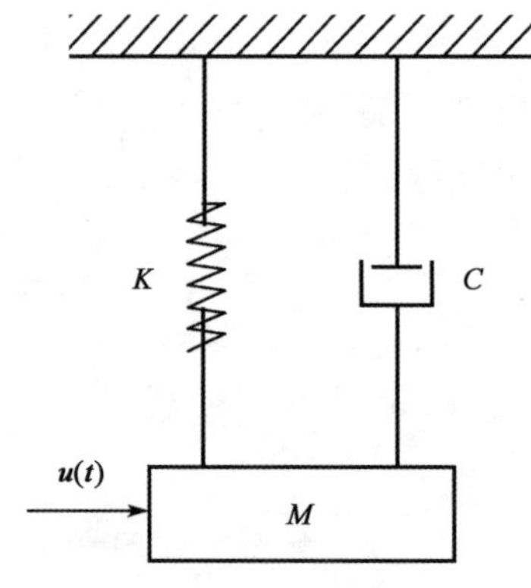

图 3.28 单自由度振动系统

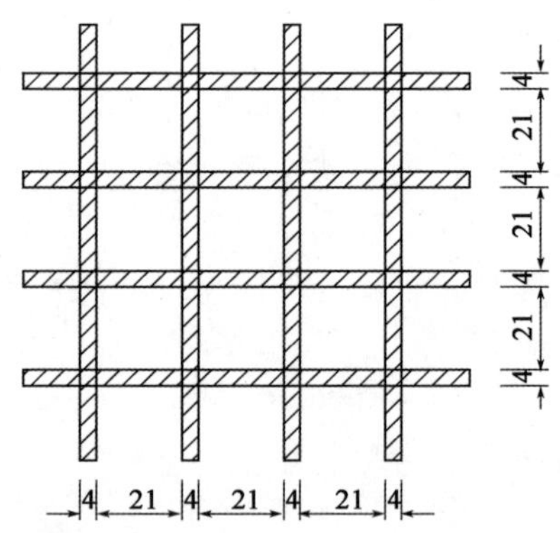

图 3.29 格栅平面布置图(局部)(尺寸单位：cm)

(3)测试方法

气动导纳函数试验在西南交通大学风工程试验中心工业风洞 XNJD-2 中进行，风洞试验段断面尺寸为 1.3m×1.5m，脉动风速的采集由热线风速仪完成(Streamline，Dantec Co. Ltd)。风洞中产生紊流风场一般有主动紊流法和被动紊流法。主动紊流法造价较高，被动紊流法方法多采用尖塔、隔栅、粗糙块等障碍物以干扰来流的方式产生紊流，较为简单和经济，具有可有效模拟紊流的紊流度、积分尺度等特征。试验紊流阵风通过安装在试验入口处的格栅产生，组成格栅的格条宽 4.0cm、厚度为 1.0cm，格栅条中心间距 25cm，格栅平面尺寸(局部)如图 3.29 所

示。均匀风通过格栅后将在距其较远的区域形成品质较好的紊流场。模型距格栅的距离为3.5m，通常情况下格栅产生的紊流尺度与格栅孔的尺寸具有相同的量级。

抖振力的测量由一台五分量高频动态天平完成，天平置于风洞下，上表面与风洞底面相平。模型安装在天平上，当模型受力时，由动态天平测出作用于模型上的气动力。

风洞试验拟考查采用高频动态天平技术获得的桁架断面的气动导纳函数的特性，及其受脉动风速、攻角、结构断面的影响规律。试验设计在3种试验风速下进行，每个试验风速下分别改变3种攻角。首先利用平板模型验证方法的正确性，然后对桁架结构节段模型的气动导纳进行测量和计算，研究其函数的特点、变化特征及其在不同攻角、不同风速条件下的变化规律，最后对扁平箱梁节段模型的气动导纳函数进行参数研究，考查采用提出的研究方案对不同形式的断面(桁架及箱形断面)气动导纳函数的适用性。利用热线风速仪获得模型试验的风信号，用动态天平获得作用于模型上的抖振荷载信号，就可以得到水平、竖向脉动风速分别与模型3个气动力相关的6个气动导纳函数。

采用热线风速仪测量模型位置处紊流风场的两个脉动风速分量，得出脉动风速水平和竖向两个分量的功率谱密度曲线，如图3.30、图3.31所示。两图中一并示出VonKarman谱和Dryden风谱曲线。表3.5给出了测点位置紊流场主要紊流特性。

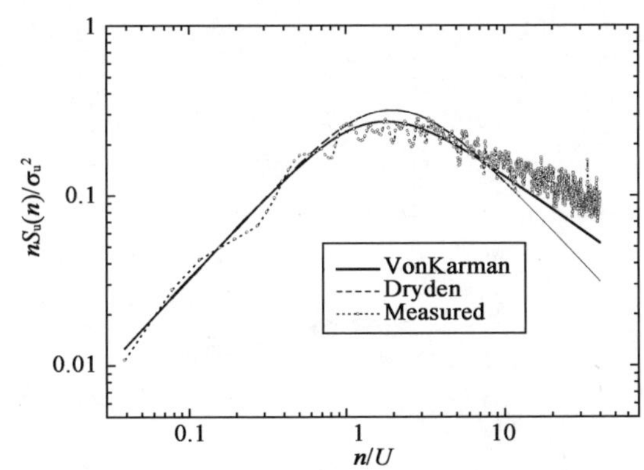

图3.30　水平脉动风速功率谱

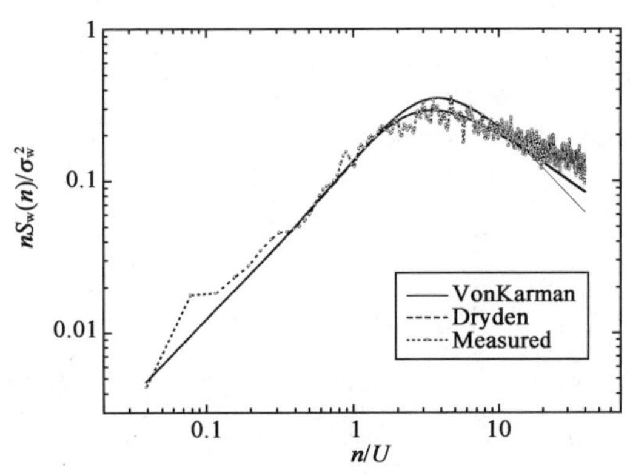

图3.31　横向(相对于桥面是竖向)脉动风速功率谱

测点位置紊流场主要紊流特性　　表3.5

模拟类型	U(m/s)	I_u(%)	I_w(%)	L_u^x(m)	L_w^x(m)
格栅流场	6.40	7.50	6.80	0.072	0.053
	7.90	7.71	7.59	0.091	0.040
	9.40	7.06	6.96	0.079	0.039
	11.90	7.53	7.08	0.095	0.042

以坝陵河悬索桥实际结构断面为参照，设计模型如图3.32所示。模型长L=810mm，宽B=350mm，高H=125mm，长宽比L/B=2.31。模型制作材料采用硬木和层板，其中矩形断

图 3.32 桁架模型在风洞中的布置

面杆件用硬木加工，工字形杆件用薄塑片黏结，以确保模型在刚度尽可能大的情况下有最轻的质量。端部设连接件与高频动态天平相连。人行道栏杆按实际桥梁结构进行模拟。为避免微小杆件引起的气动黏性效应，对栏杆中较细的竖向管按透风率等效的原则进行合并。

试验模型分别在风速 6m/s、8m/s、10m/s 下对 0°、3°及－3°攻角时的各气动导纳函数进行测量，试验结果如图 3.33～图 3.35 所示，图 3.33～图 3.35 中给出了桁架结构断面气动导纳函数随折减频率的变化情况以及攻角对其的影响。

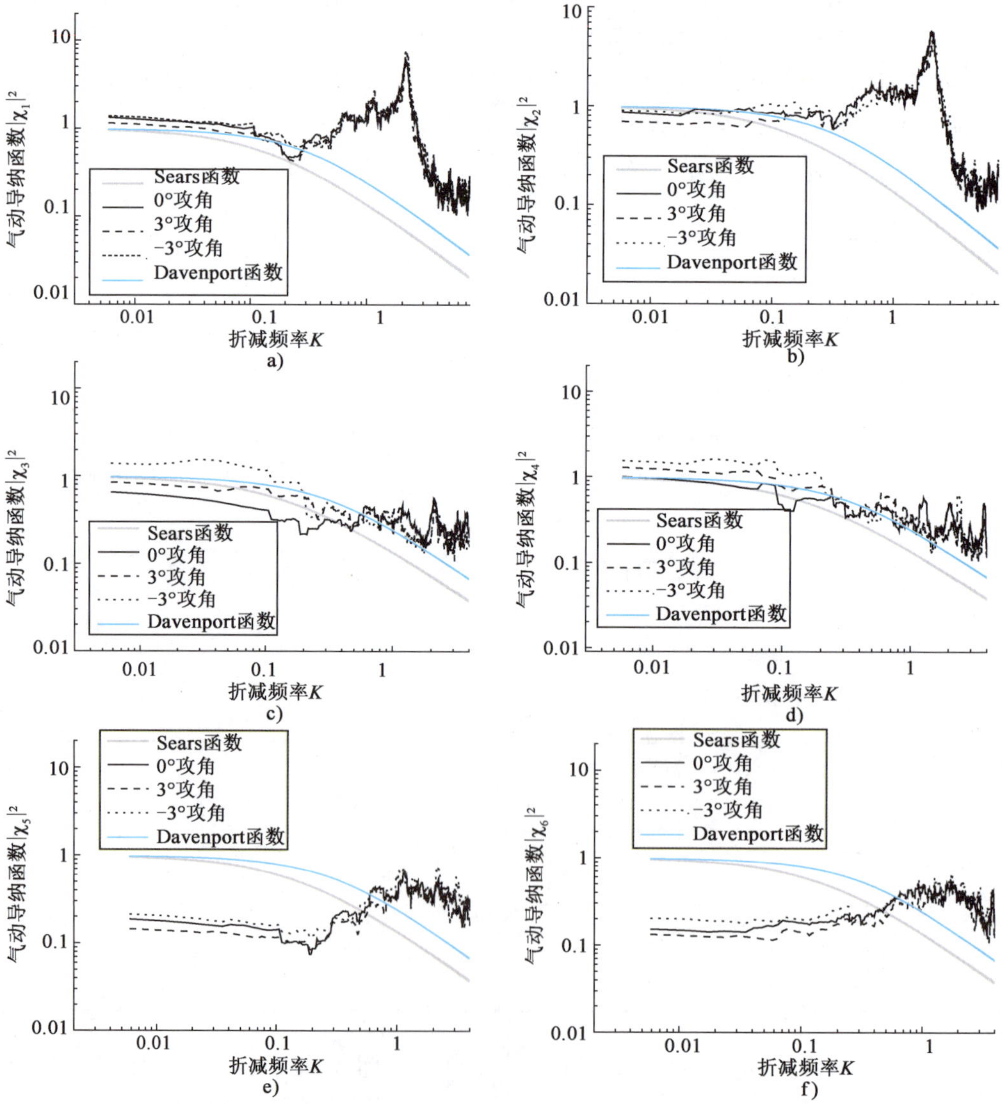

a) b) c) d) e) f)

图 3.33 桁架模型气动导纳函数及攻角的影响(风速 6m/s)

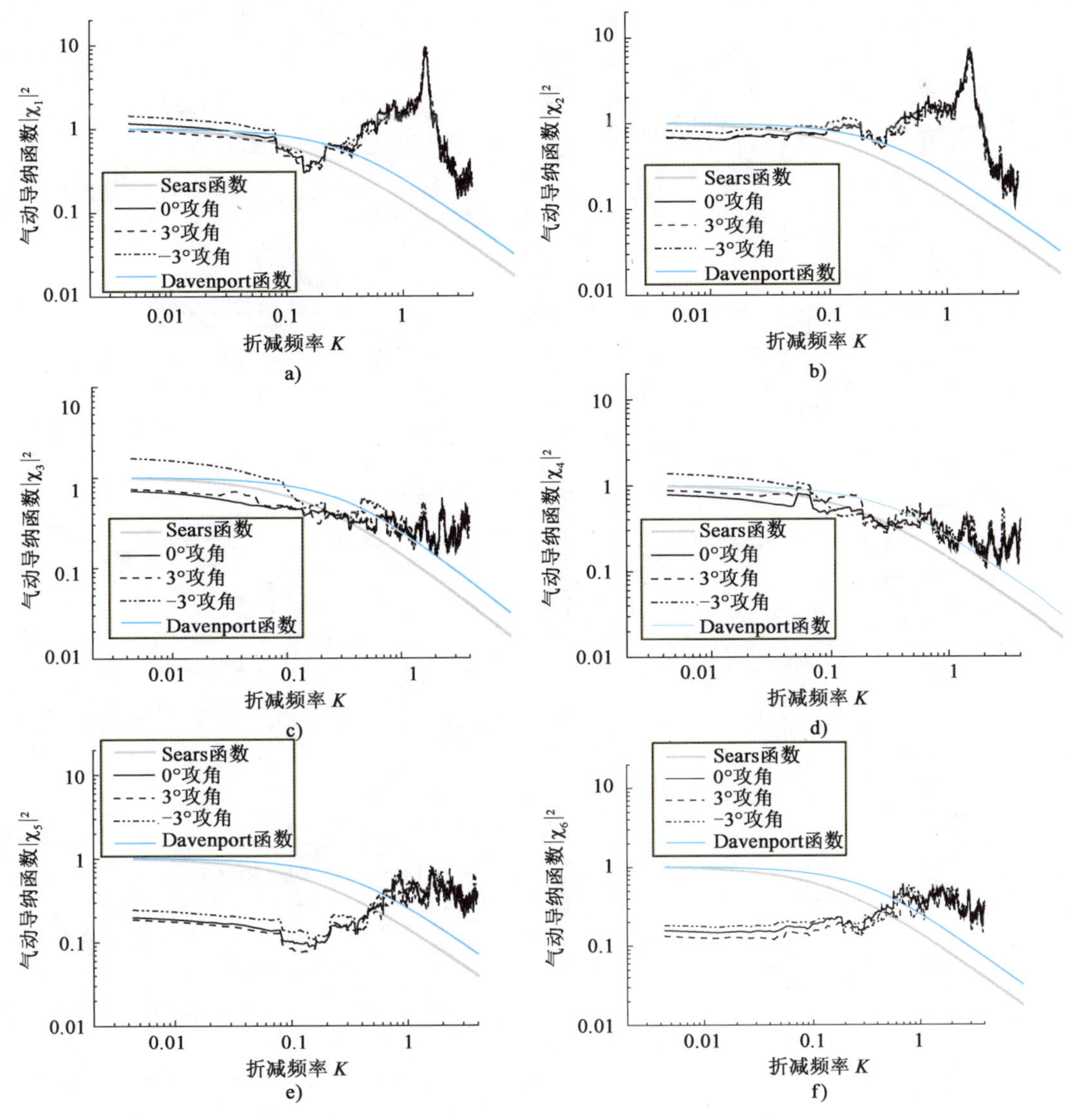

图 3.34 桁架模型气动导纳函数及攻角的影响(风速 8m/s)

在缺乏试验确定的导纳函数的情况下,Sears 函数常常被建议并经常被使用在抖振力的计算中,同时,对于桁架结构形式的桥梁断面,也较多地采用了 Davenport 导纳函数。因此,在图 3.33~图 3.35 中 Sears 函数和 Davenport 导纳函数亦被给出以和试验确定的导纳函数进行比较。

(4)试验结果及讨论

由图 3.33~图 3.35 的比较结果可以看出,对于桁架形式的结构断面,气动导纳函数随折减频率的减小呈递减趋势,但衰减的速度明显小于 Sears 函数,也小于 Davenport 气动导纳函数。升力和阻力导纳有着与 Davenport 气动导纳类似的变化规律,相对于 Sears 函数而言,试验结果与 Davenport 气动导纳有着更好的一致性。特别是对阻力导纳而言,吻合度较高,从而可以认为 Davenport 气动导纳能更好地反映桁架断面的抖振阻力特性。

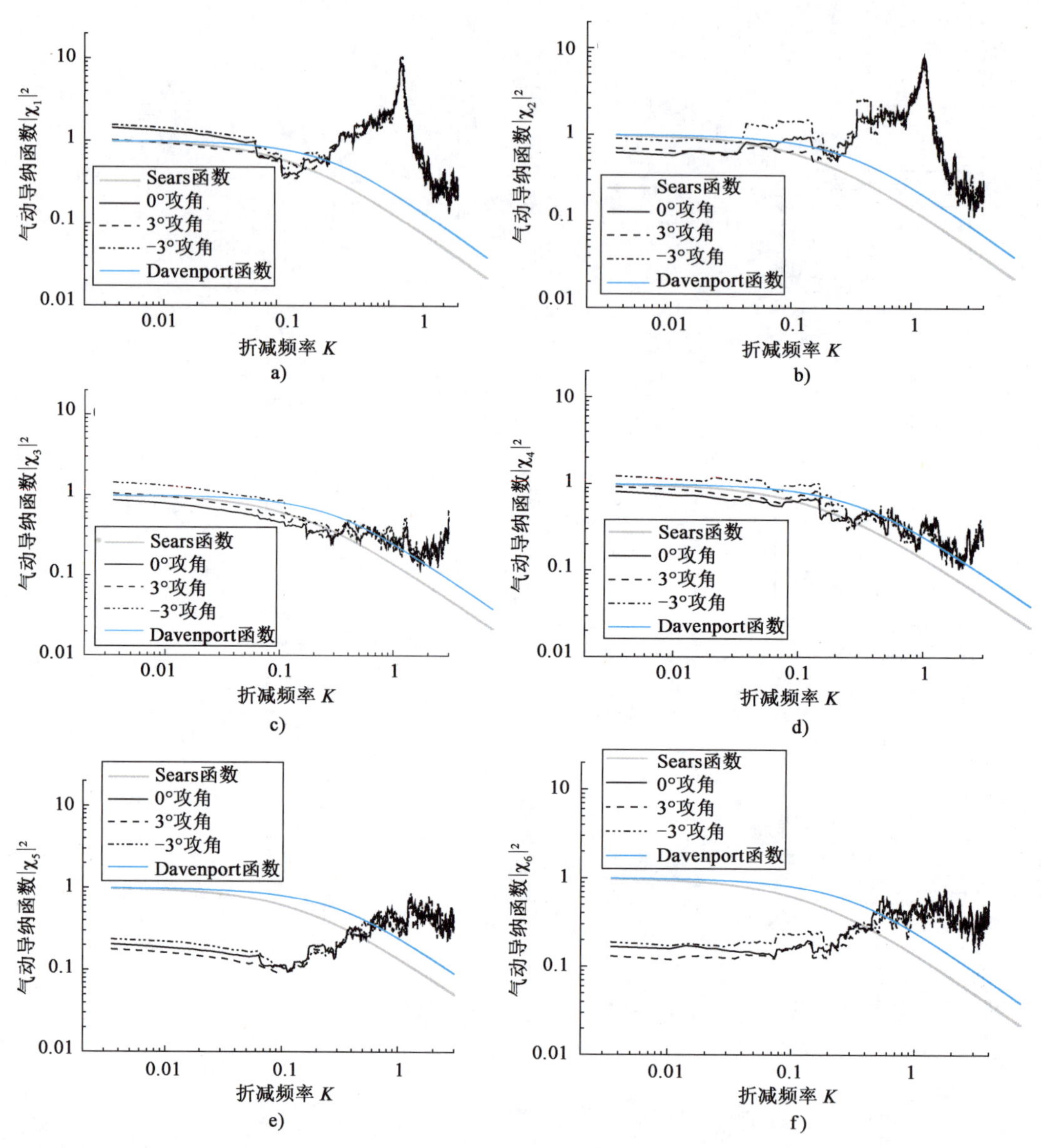

图 3.35　桁架模型气动导纳函数及攻角的影响(风速 10m/s)

桁架气动导纳值对来流风攻角的变化是敏感的,但阻力导纳有着与升力和力矩不同的变化特征。0°攻角时,阻力导纳值最小,+3°攻角时居中,−3°攻角时导纳值最大;而对于升力和力矩,+3°攻角时导纳值最小,0°攻角时居中,−3°攻角时导纳值最大。

升力导纳和阻力导纳的大小有着同样的量级,力矩导纳在三者中的数值最小。另外,非定常气动力与紊流各脉动分量存在着不同的气动导纳,但顺风向紊流分量对非定常气动力的贡献与竖向分量有相同量级。可以认为每个抖振气动力分量中的两个气动导纳函数表达了水平和竖向脉动风速对气动力的影响,其对气动力的贡献程度数量级近似,但并非完全相同。

(5)钢桁梁断面气动导纳函数曲线拟合

观察气动导纳函数试验曲线图,发现其有着和 Sears 函数 Liepmann 表达式类似的形状。为便于工程应用,类似于 Larose 方法,分别对升力、阻力和力矩的导纳函数进行数值拟合,基于气动导纳函数的曲线形状,可采用如下表达形式

$$|\chi(k)|^2=\frac{\gamma}{1+\beta k^{\alpha}},k=\frac{\omega B}{U} \tag{3.34}$$

式中:α、β、γ——分别为待定系数,对升力、阻力和力矩导纳,α、β 和 γ 有不同的表达式;

k——折减频率。

由试验结果可知,相对不同气动力分量,对于同一非定常气动力分量,紊流的顺风向和竖向分量对力的贡献量级基本相同,因此可以认为不同紊流分量对同一非定常气动力的气动导纳函数可采用同一公式表达。

对桁架结构气动导纳试验曲线进行数值拟合,拟合的升力、阻力和力矩气动导纳分别如图 3.36～图 3.38 所示。

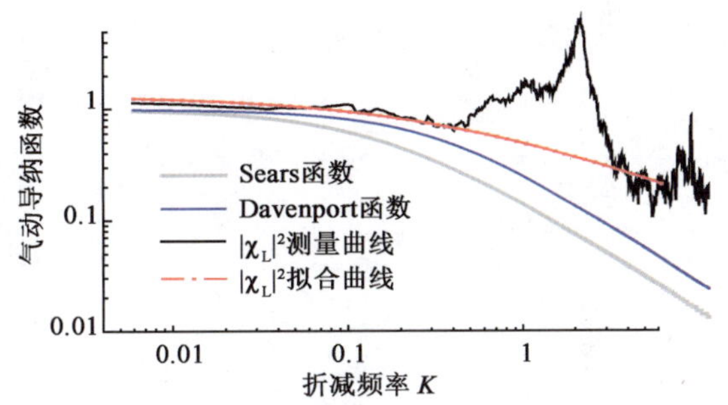

图 3.36　桁架断面升力气动导纳拟合

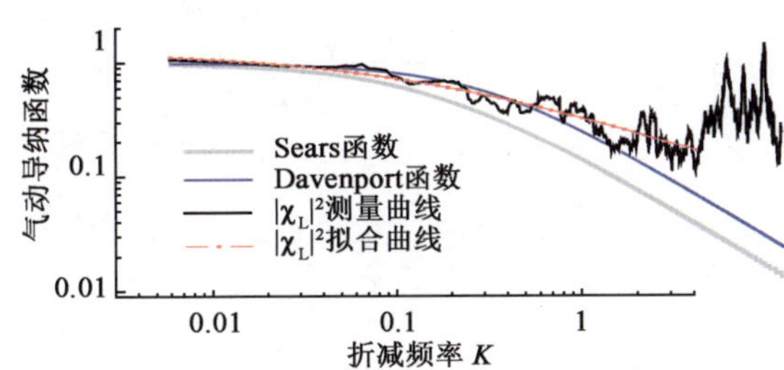

图 3.37　桁架断面阻力气动导纳拟合

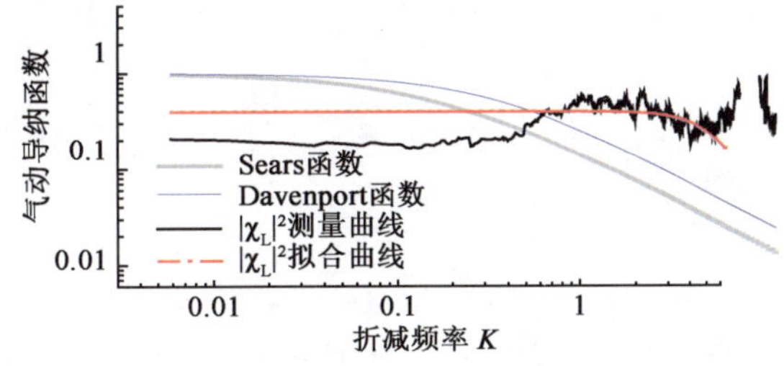

图 3.38　桁架断面力矩气动导纳拟合

与非定常升力相关的气动导纳函数为

$$|\chi_{\mathrm{L}}(k)|^2=\frac{1.331}{1+1.737k^{0.616}} \tag{3.35}$$

拟合均方差为 0.002 55。

与非定常阻力相关的气动导纳函数为

$$|\chi_{\mathrm{D}}(k)|^2=\frac{1.286}{1+2.99k^{0.574}} \tag{3.36}$$

拟合均方差为 0.003 8。

与非定常升力矩相关的气动导纳函数为

$$|\chi_{\mathrm{M}}(k)|^2=\frac{0.394}{1+0.003k^{3.413}} \tag{3.37}$$

拟合均方差为 0.008 6。

3.2.2　全桥气动弹性模型风洞试验

节段模型风洞试验由于不能够全面考虑桥梁的实际情况,因此,对于大跨悬索桥,还非常

有必要利用全桥气动弹性模型风洞试验，来进一步考查其成桥和施工阶段的抗风稳定性。本小节利用新的风洞模拟技术，对坝陵河桥的钢桁梁主梁进行模拟，并对成桥和7个施工状态的抗风稳定性进行了研究。这种模拟技术可以为其他类似的钢桁架桥梁提供参考。

1)钢桁梁模模型设计与制作

根据空气动力学相似理论，气动弹性模型试验除要求模型与原型气动外形相似及大气流场相似外，还要求其与原型动力特性相似。对于悬索桥这样的杆系结构，气弹模型应满足相似准则的无量纲参数为

重力参数

$$\frac{gB}{U^2} \tag{3.38}$$

弹性参数

$$\frac{\mathrm{EA}}{\rho U^2 B^2} \quad \frac{\mathrm{EI}}{\rho U^2 B^4} \quad \frac{\mathrm{GK}}{\rho U^2 B^4} \tag{3.39}$$

惯性参数

$$\frac{m}{\rho B^2} \quad \frac{I_{\mathrm{m}}}{\rho B^4} \tag{3.40}$$

阻尼参数(结构阻尼比)

$$\zeta$$

黏性参数

$$\frac{\rho BU}{\mu} \tag{3.41}$$

式中：　U——风速；

B——结构特征尺度；

g——重力加速度；

m——单位长度质量；

I_{m}——单位长度质量惯矩；

ρ——空气密度；

μ——空气动黏性系数；

EA、EI、GK——分别为拉压刚度、弯曲刚度和自由扭转刚度。

在悬索桥气动弹性模型设计中，弹性参数(Cauchy Number)、重力参数(Froude Number)、惯性参数(密度比)的一致性条件均需要严格满足，才能保证模型的结构动力特性与原型相似，以及模型的位移、内力等力学参量与原型相似。考虑到该桥总长为(248+1 088+228)m和中国空气动力研究与发展中心低速空气动力研究所FL-13大型低速风洞尺寸，将模型的几何缩尺比和风速比定为$C_{\mathrm{L}}=1/80$和$C_{\mathrm{U}}=1/8.94$，由相似条件可得频率比为$C_{\mathrm{f}}=8.94/1$。

悬索桥的气动弹性模型主要由主梁、桥塔、主缆及吊杆4个部分构成。模型的各部分模拟方法如下。

(1)主梁。该桥的加劲梁是钢桁架。为了更好地模拟主梁气动外形，气弹模型的主梁刚度没有采用通常的芯梁形式来提供，而是采用了在各桁梁梁段的相邻弦杆增加“U”形弹性连接

元件(图 3.39、图 3.40),将各梁段视作刚体,依靠这些弹性元件来提供主梁的竖向弯曲、横向弯曲及扭转刚度。因结构主要振动模态不依赖于主梁拉伸刚度,故模型设计时对此未加模拟。主梁气动外形则由精加工的铝材和塑料黏结而成的工字梁组成的梁段提供,成桥状态主梁全长范围内共分 34 段(32 个标准断和 2 个非标段)。每标准梁段长358.0mm,各段之间留有 2mm 的细缝,以消除梁段对模型刚度的影响。主梁的质量及质量惯矩由铅配重进行调节,以满足相似关系的要求,成桥状态或施工状态的质量及质量惯矩配重与实桥相应状态相似。

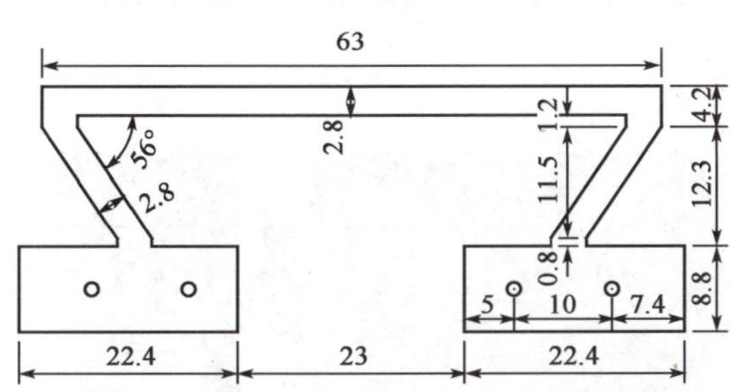

图 3.39 弹性连接元件(尺寸单位:mm)

图 3.40 气弹模型梁段之间的弹性连接元件

(2)桥塔。桥塔的弯曲刚度由 Q235 钢制成的芯梁提供,芯梁截面为矩形,使塔柱,上、下横梁在面内外的弯曲刚度满足相似关系。桥塔的气动外形由优质木材制作,其构造原则与主梁相同。采用铅配重调整各段的质量,使之满足相似要求。

(3)主缆。模型的主缆采用 98 根 ϕ0.1mm 的钢丝形成。其重力刚度和拉伸刚度均与实桥之间满足相似关系。由于钢丝的自重小于按相似关系所要求的主缆质量,因而在钢丝外套 ϕ9.0mm 每段长 25mm 的铜棒,使之满足质量相似要求。

(4)吊杆。模型的吊杆采用 ϕ1mm 铜芯绝缘电线。由于电线的自重已接近于相似关系所要求的吊杆质量,且吊杆质量对整个结构的动力特性影响甚微,故未予额外的配重。

图 3.41、图 3.42 为安装在风洞内的成桥状态气动弹性模型,图 3.43～图 3.46 为安装在风洞内的施工状态气弹模型。

图 3.41 安装在风洞中的坝陵河大桥成桥状态气弹模型

3.42 安装在风洞中的坝陵河大桥成桥状态气弹模型

图 3.43 98%施工状态气弹模型

图 3.44 58%施工状态气弹模型

图 3.45 46%施工状态气弹模型

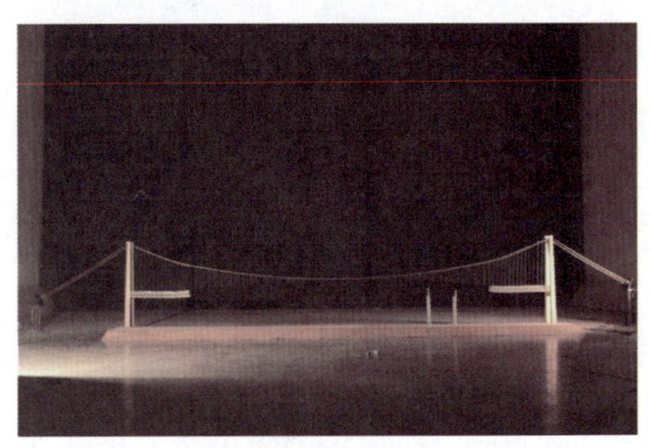

图 3.46 28%施工状态气弹模型

2)模态试验

模态试验的目的是检验模型的结构动力特性是否与原型计算值之间满足相似关系。模态测试采用的激振系统由信号发生器、功率放大器和激振器组成,测量系统由加速度传感器及随机信号及振动分析系统 CRAS 组成,采用步进正弦扫频方法测量模型的主要模态频率,同时采用自由振动法测量各主要模态的阻尼比。

坝陵河大桥项目针对成桥状态、各典型施工状态的气弹模型进行了模态试验,表 3.6~表 3.13列出了各状态的模态试验的主要结果。

成桥状态气弹模型模态测试结果　　表 3.6

振型特点	原型频率(Hz)	要求频率(Hz)	实测频率(Hz)	频率误差(%)	阻尼(%)
L-S-1	0.057 2	0.511 9	0.534 8	4.30	1.462
V-A-1	0.111 6	0.998 2	1.062 8	6.08	1.399
L-A-1	0.142 9	1.278 1	1.361 7	6.54	
V-S-1	0.157 3	1.406 9	1.522 8	8.24	1.462
T-S-1	0.272 6	2.438 2	2.530 0	3.63	1.232
T-A-1	0.329 1	2.943 6	2.930 0	−0.46	1.125

100%施工状态气弹模型模态测试结果　　表3.7

振型特点	原型频率(Hz)	要求频率(Hz)	实测频率(Hz)	频率误差(%)	阻尼(%)
L-S-1	0.058 9	0.526 8	0.538 4	2.25	1.429
V-A-1	0.112 9	1.009 8	1.045 2	3.50	1.470
L-A-1	0.157 1	1.405 1	1.427 5	1.59	1.806
V-S-1	0.164 3	1.469 5	1.516 8	3.10	1.280
T-S-1	0.297 5	2.660 9	2.876 0	8.08	1.175
T-A-1	0.358 0	3.202 0	2.988 5	−6.67	1.341

98%施工状态气弹模型模态测试结果　　表3.8

振型特点	原型频率(Hz)	要求频率(Hz)	实测频率(Hz)	频率误差(%)	阻尼(%)
L-S-1	0.065 5	0.585 8	0.540 7	−7.71	1.647
V-A-1	0.118 2	1.057 2	1.100 5	4.10	1.288
L-A-1	0.131 4	1.175 3	1.189 6	1.22	1.988
V-S-1	0.152 6	1.364 9	1.425 6	4.45	1.153
T-A-1	0.238 3	2.131 4	2.255 3	5.81	1.009
T-S-1	0.285 0	2.549 1	2.723 1	6.83	1.177

82%施工状态气弹模型模态测试结果　　表3.9

振型特点	原型频率(Hz)	要求频率(Hz)	实测频率(Hz)	频率误差(%)	阻尼(%)
L-S-1	0.071 5	0.639 5	0.613 5	−4.07	1.492
V-A-1	0.107 3	0.959 7	1.073 1	11.81	1.845
L-A-1	0.107 7	0.963 3	1.007 9	4.63	1.613
V-S-1	0.158 6	1.418 6	1.504 0	6.02	1.692
T-A-1	0.191 1	1.709 3	1.863 1	8.99	1.681
T-S-1	0.303 7	2.716 4	2.912 5	7.22	1.325

70%施工状态气弹模型模态测试结果　　表3.10

振型特点	原型频率(Hz)	要求频率(Hz)	实测频率(Hz)	频率误差(%)	阻尼(%)
L-S-1	0.079 1	0.707 5	0.702 4	−0.72	0.782
V-A-1	0.101 1	0.904 3	0.998 0	10.37	1.967
L-A-1	0.105 0	0.939 1	0.960 0	2.22	1.690
V-S-1	0.161 1	1.440 9	1.560 3	8.29	0.783
T-A-1	0.191 1	1.709 3	1.904 4	11.41	1.349
T-S-1	0.351 9	3.147 5	3.353 2	6.54	1.767

58%施工状态气弹模型模态测试结果 表 3.11

振型特点	原型频率(Hz)	要求频率(Hz)	实测频率(Hz)	频率误差(%)	阻尼(%)
L-S-1	0.087 2	0.779 9	0.478 1	−38.70	0.656
V-A-1	0.096 5	0.863 1	0.880 0	1.96	0.741
L-A-1	0.116 5	1.042 0	1.13	8.44	1.928
V-S-1	0.155 8	1.393 5	1.514 8	8.70	0.300
T-A-1	0.204 9	1.832 7	1.880 0	2.58	2.152

46%施工状态气弹模型模态测试结果 表 3.12

振型特点	原型频率(Hz)	要求频率(Hz)	实测频率(Hz)	频率误差(%)	阻尼(%)
L-S-1	0.081 4	0.728 1	0.771 7	5.99	1.192
V-A-1	0.096 1	0.859 5	0.922 2	7.29	0.637
L-A-1	0.143 5	1.283 5	1.378 5	7.40	1.525
V-S-1	0.142 9	1.278 1	1.383	8.20	1.005
T-A-1	0.212 2	1.898 0	1.880 0	−0.95	1.750

28%施工状态气弹模型模态测试结果 表 3.13

振型特点	原型频率(Hz)	要求频率(Hz)	实测频率(Hz)	频率误差(%)	阻尼(%)
L-S-1	0.064 7	0.578 7	0.549 7	−5.01	2.475
V-A-1	0.100 9	0.902 5	0.968 2	7.28	0.505
L-A-1	0.127 9	1.144 0	1.224 7	7.05	2.272
V-S-1	0.129 0	1.153 8	1.230 8	6.67	0.250
T-A-1	0.158 3	1.415 9	1.563 2	10.40	2.441

从表 3.6～表 3.13 可以看出：模型重要模态的频率测试值与要求值吻合良好，模型的阻尼则比实桥目标值大，但仍在合理范围内，成桥状态及各施工状态的气动弹性模型的设计与制作可满足试验要求。考虑到模态参数的误差，在对风洞试验结果进行处理时，需进行适当修正，以获得更接近实际的实桥响应。

3)大气边界层流场模拟与测量

除气弹模型满足相似关系之外，在风洞内模拟实际大气边界层流场是保证试验结果正确的另一重要方面。流场模拟通常考虑的相似性指标为：平均风速剖面、紊流强度剖面和紊流风谱等。由于坝陵河大桥桥位地形十分复杂，《公路桥梁抗风设计规范》(JTG/T D60-01—2004)给出的平均风速剖面及紊流强度剖面已不宜作为目标值。在试验中，应重点保证桥面高度的平均风速及紊流强度。试验采用被动方法模拟大气边界层，模拟装置由尖塔和粗糙元构成，并根据模拟指标确定粗糙元排数及其间距。图 3.47显示了大气边界层模拟装置的布置。

流场测量仪器采用丹麦 DANTEC 公司生产的 Stream Line 四通道热线风速仪，如图 3.48 所示。

图 3.47　大气边界层模拟装置——尖塔和粗糙元

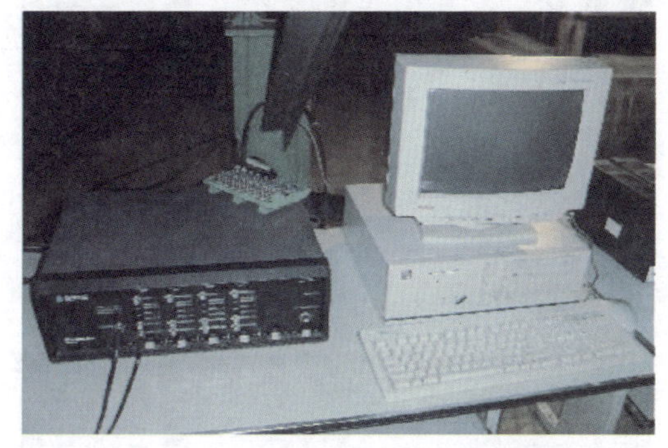
图 3.48　DANTEC Stream Line 热线风速仪

流场测量表明，主梁高度处紊流强度 $I_u=25\%$，达到了风环境试验测量得到的紊流强度。图 3.49、图 3.50 分别给出测得的风速时程曲线和风速谱。

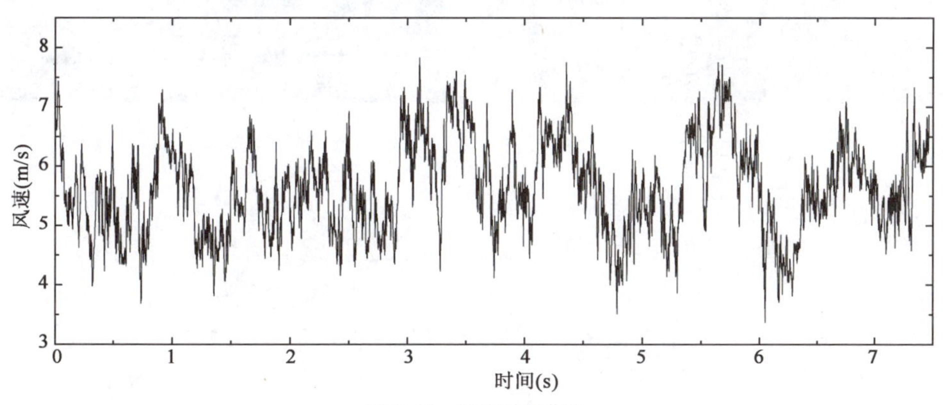

图 3.49　风速时程曲线

4)测点布置及动态测试系统

考虑到悬索桥成桥或施工状态的主梁振动特点，其最大响应可能位于中跨跨中截面和1/4跨度处，因而试验采用 6 个激光位移计和 5 个加速度传感器分别布置在中跨跨中截面(3 个激光位移计和 3 个加速度传感器)和 1/4 跨度处(3 个激光位移计和 2 个加速度传感器)。风速仪分别置于桥面高度处主梁跨中和 1/4 跨前方 1.0m 处，以测量模型桥面高度处的风速。加速度信号采集装置及激光位移信号采集装置分别如图 3.51～图 3.54 所示。

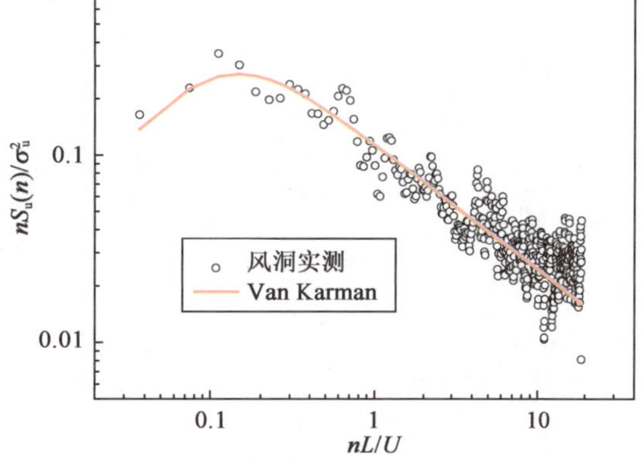

图 3.50　模拟风谱(顺风向)与目标风谱的比较

图 3.51　安装在模型桥面上的加速度传感器

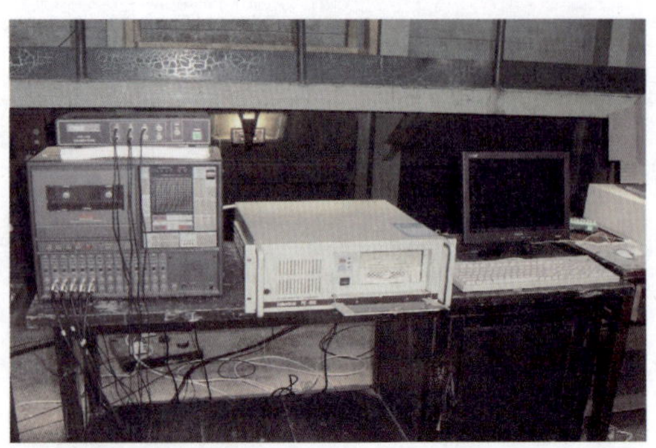

图 3.52　加速度信号采集装置

图 3.53　激光位移传感器

图 3.54　激光位移信号采集装置

5)紊流场中气动弹性模型试验结果

气动弹性模型风洞试验的目的是通过测量成桥状态及施工状态气弹模型的抖振位移和静位移，按相似关系推算实桥的抖振位移和静位移。试验的风攻角为 0°，+3°；来流偏角 $\beta=0°$（即横桥向风）。$\alpha=+3°$的气流由设置在模型下方的坡板形成。模型桥面高度风速换算成实桥风速，超过设计风速（成桥阶段 $U_d=25.9$m/s，施工阶段 $U_{dsg}=21.8$m/s）。图 3.55～图 3.63显示了各测点处抖振位移根方差值与桥面风速之间的关系（均已换算为实桥值）。

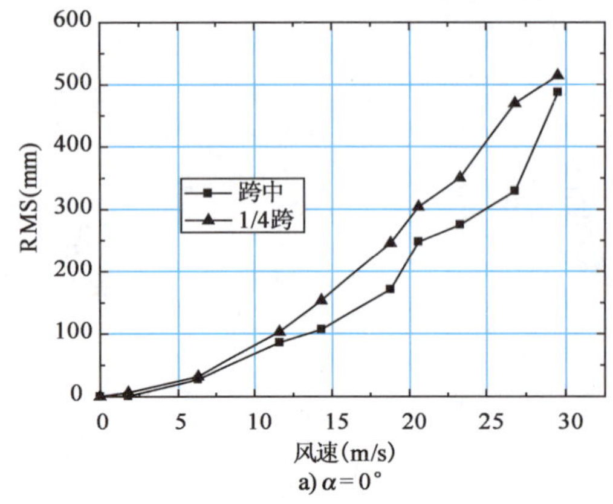

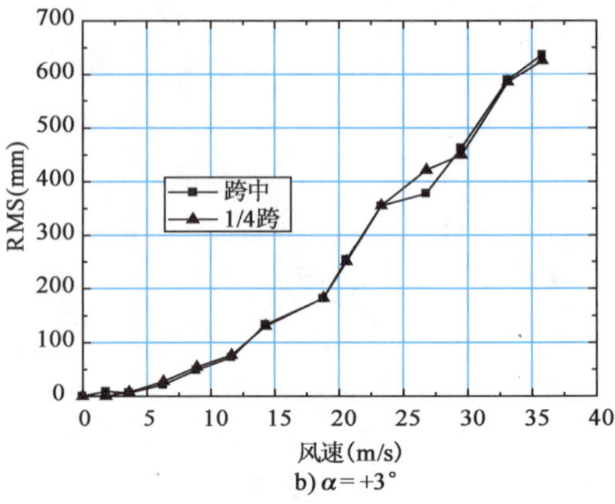

图 3.55　成桥状态下加劲梁竖向位移响应（根方差值，紊流）

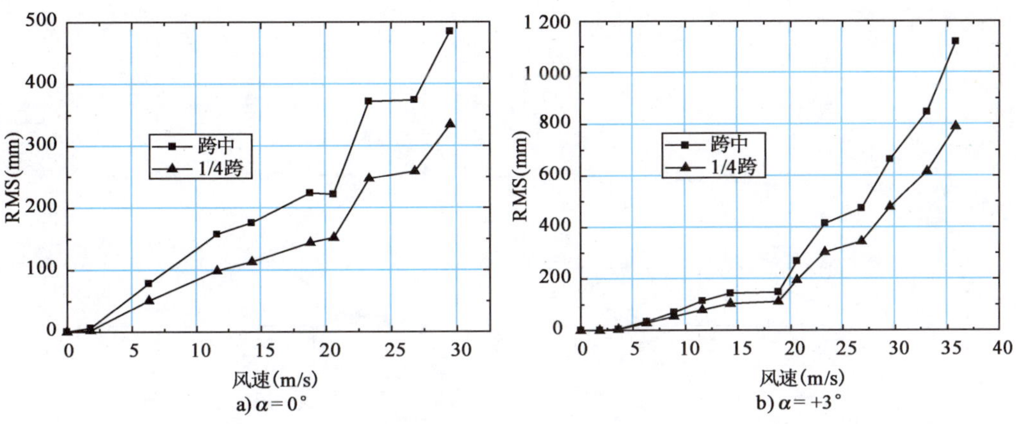

图 3.56 成桥状态下加劲梁横向位移响应(根方差值,紊流)

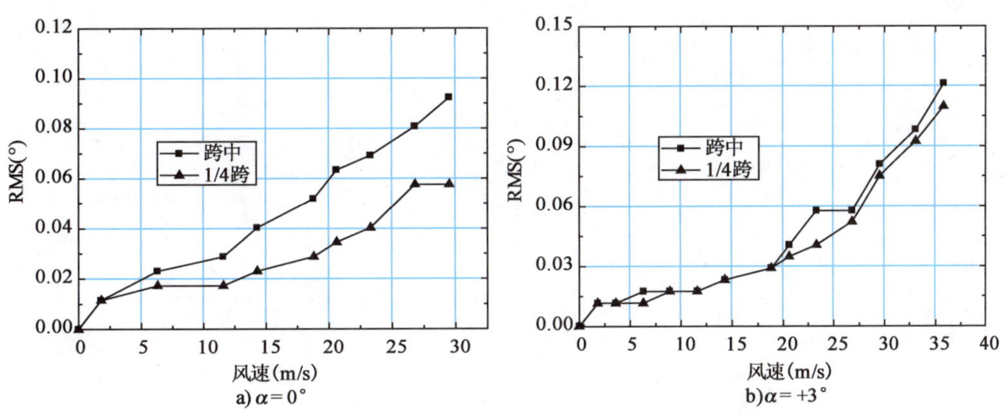

图 3.57 成桥状态下加劲梁扭转角位移响应(根方差值,紊流)

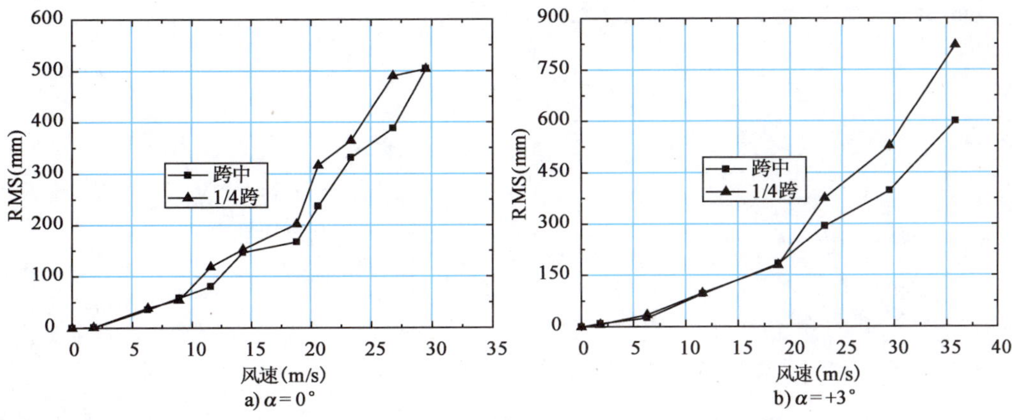

图 3.58 98%施工状态下加劲梁竖向位移响应(根方差值,紊流)

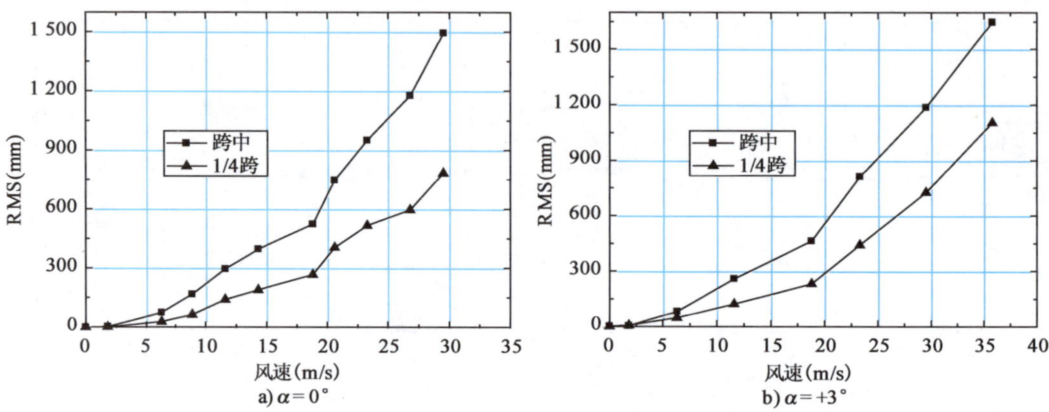

a) $\alpha=0°$　　b) $\alpha=+3°$

图 3.59　98%施工状态下加劲梁横向位移响应(根方差值,紊流)

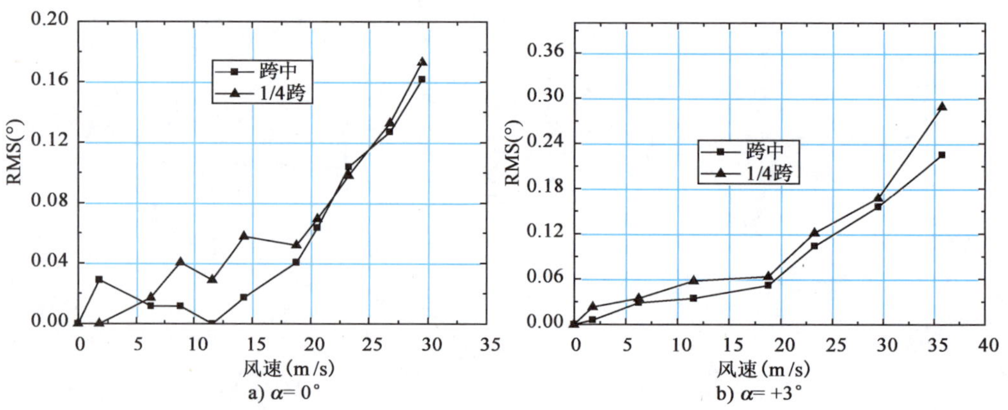

a) $\alpha=0°$　　b) $\alpha=+3°$

图 3.60　98%施工状态下加劲梁扭转角位移响应(根方差值,紊流)

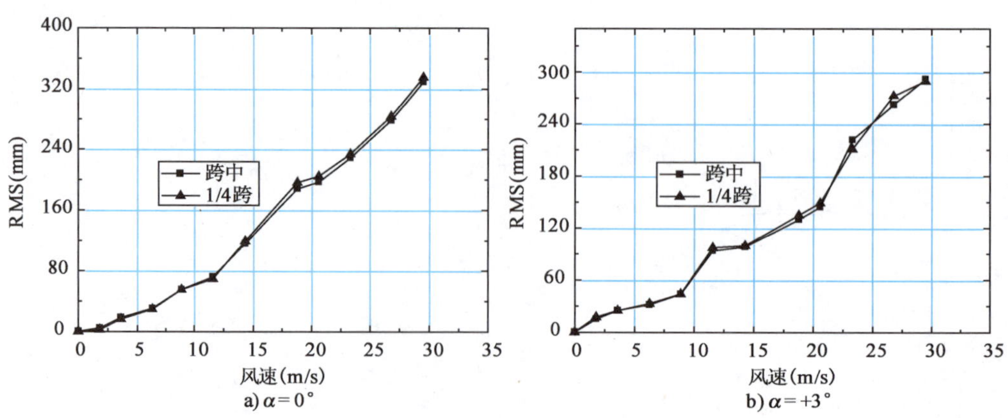

a) $\alpha=0°$　　b) $\alpha=+3°$

图 3.61　58%施工状态下加劲梁竖向位移响应(根方差值,紊流)

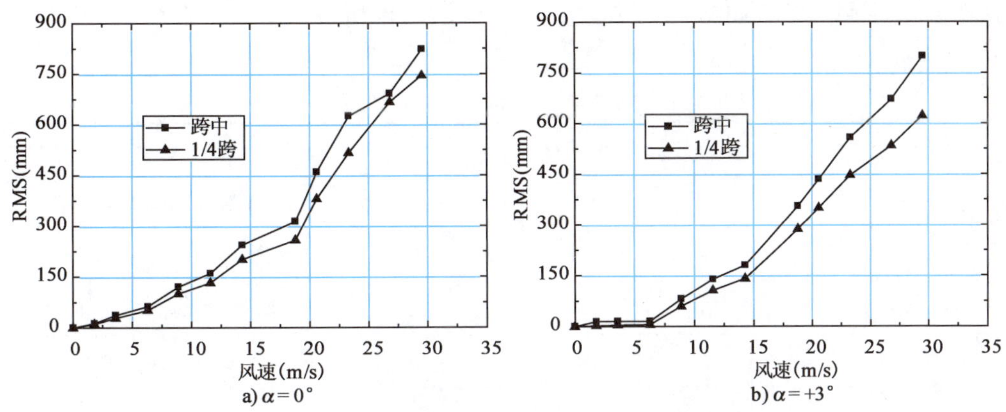

图 3.62　58%施工状态下加劲梁横向位移响应(根方差值,紊流)

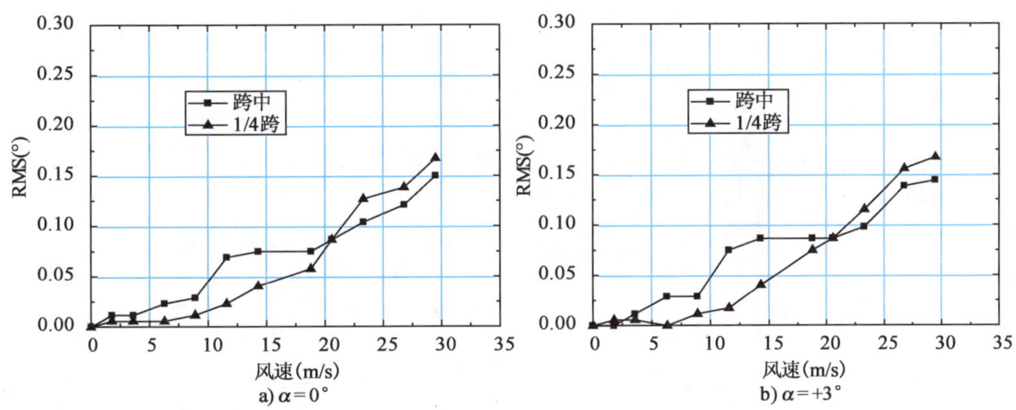

图 3.63　58%施工状态下加劲梁扭转角位移响应(根方差值,紊流)

6)均匀流场中气动弹性模型试验

均匀流场中的气弹模型试验主要是为了考查主梁的颤振性能。针对成桥状态、100%施工状态、98%施工状态、82%施工状态、70%施工状态、58%施工状态、46%施工状态、28%施工状态的气动弹性模型分别进行试验。试验结果表明:坝陵河大桥气弹模型在试验风速下未发生颤振等空气动力失稳,该风速已远大于该桥的颤振检验风速(成桥$[U_{cr}]=41.3$m/s,施工$[U_{crsg}]=34.7$m/s)。受篇幅限制,成桥状态及各施工状态下桥面风速与测点位移的关系曲线不再详细给出。

3.2.3　风洞试验与模型设计

虽然计算流体动力学已经取得了很大的发展,并且计算方法还在不断改进。但是,对应桥梁这种复杂的结构形式,其绕流通常表现为高雷诺数的三维湍流状态,并且计算时需要解决流固耦合这样的难题。因此,计算结果的准确性和稳定性还有待于进一步提高和深入的验证。鉴于钝体绕流的复杂性,目前,风洞试验仍是进行抗风设计与研究的主要手段。

1)动力特性分析

坝陵河大桥主桥成桥状态前 20 阶振型和频率如表 3.14 所示。成桥状态一阶对称竖弯振型频率为 0.154 5Hz，振型如图 3.64 所示。主梁一阶对称扭转振型频率为 0.278 0Hz，振型如图 3.65 所示。

成桥状态自振频率和振型 表 3.14

阶　数	频率（Hz）	振型特点
1	0.057 8	加劲梁一阶正对称侧弯
2	0.099 0	纵飘＋主梁一阶反对称竖弯
3	0.133 9	纵飘＋主梁二阶反对称竖弯
4	0.136 6	加劲梁一阶反对称侧弯
5	0.154 5	加劲梁一阶正对称竖弯
6	0.211 3	加劲梁二阶正对称竖弯
7	0.252 9	加劲梁二阶正对称侧弯
8	0.262 6	加劲梁二阶反对称竖弯
9	0.266 9	主缆横摆
10	0.278 0	加劲梁一阶正对称扭转
11	0.286 9	主缆横摆
12	0.287 7	主缆横摆
13	0.288 5	主缆横摆
14	0.326 0	加劲梁一阶反对称扭转
15	0.355 8	加劲梁三阶正对称竖弯
16	0.361 0	主缆横摆
17	0.371 2	主缆横摆＋桥塔横弯
18	0.424 1	加劲梁二阶反对称侧弯
19	0.424 9	主缆横摆
20	0.447 1	主缆横摆

根据有关文献资料，在进行节段模型质量系统模拟时应使用考虑了全桥振动效应的等效质量和等效质量惯矩。由于在计算时振型值已按质量及质量惯矩进行了归一化处理，所以等效质量和等效质量惯矩可按下式计算

$$m_{\mathrm{eq}}=\frac{1}{\int_L \varphi_i^2(x)\mathrm{d}x} \tag{3.42}$$

式中：$\varphi_i(x)$——加劲梁 x 处对应第 i 阶固有模态的振型值；

L——大桥主梁全长。

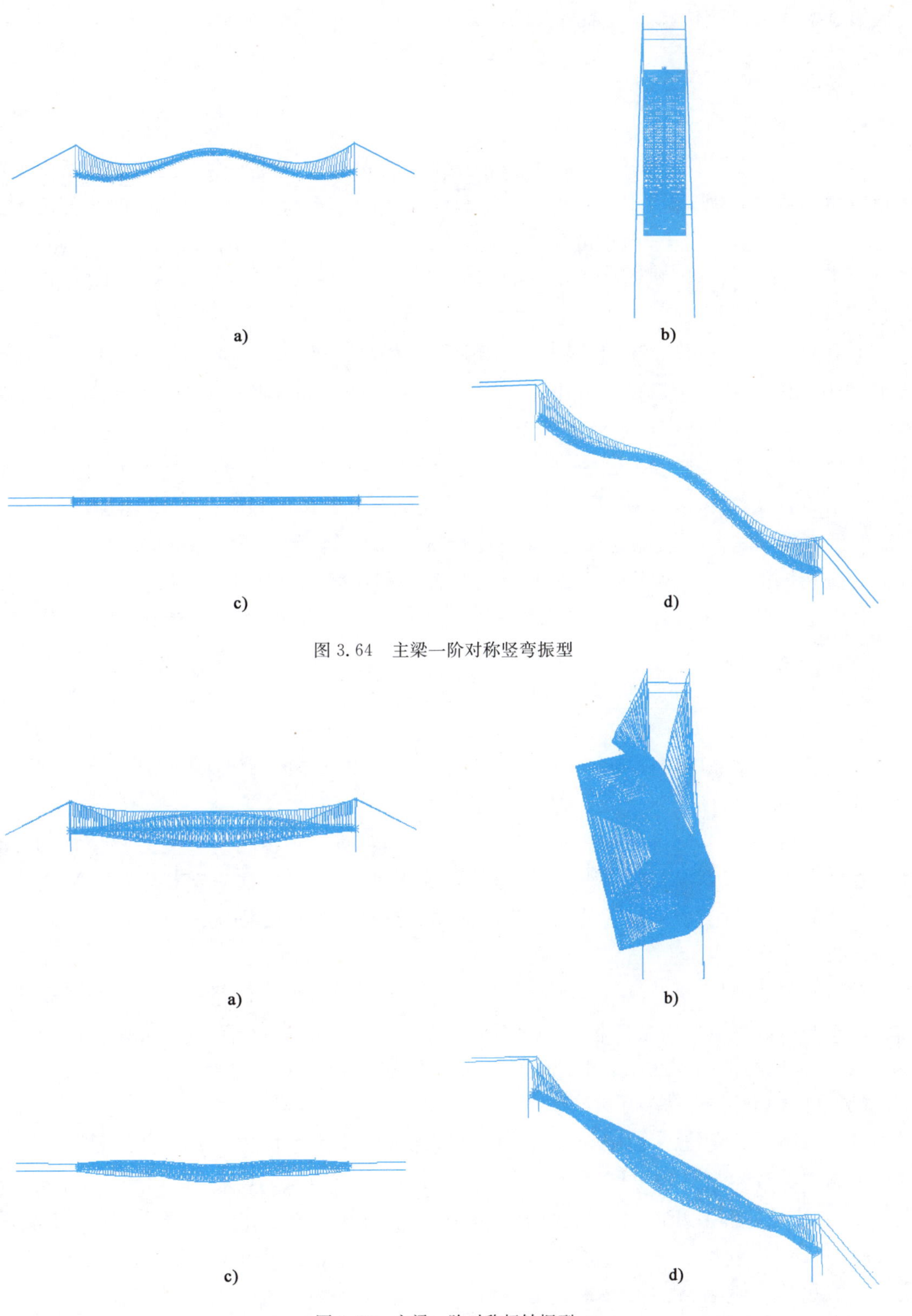

a)　b)　c)　d)

图 3.64　主梁一阶对称竖弯振型

a)　b)　c)　d)

图 3.65　主梁一阶对称扭转振型

通过计算可得成桥状态主梁对应的等效质量为 29.623t/m，等效质量惯矩为 4 704.477t·m^2/m。

2）节段模型风洞试验概况

（1）相似准则

当采用几何缩尺模型模拟实桥的振动响应时，首先要考虑的是由于几何缩尺所引出的物理相似的一系列问题，即寻求以一组无量纲数为代表的整个振动模型都满足的相似准则。事实上在常规的风洞试验中，由于试验条件的限制，所有的相似准则同时满足是无法做到的，只能根据研究对象的特性，忽略较为次要的因素，做出一定的取舍。均匀流场中的相似参数主要有 5 个。

①惯性参数 ρ/ρ_s，反映了对模型与实物间的结构物惯性力与流体惯性力之比的一致性要求，在结构物气动弹性模型的设计中，通常可以对模型材料的选择和模型质量的布置来满足结构物质量及质量分布的一致性要求。

②弹性参数（Cauchy Number）$E/\rho U^2$，反映了对模型与实物间的结构物弹性力与流体惯性力之比的一致性要求。对于常规的大气边界层风洞等低速风洞而言，如忽略地理纬度、海拔高度及温度的影响，风洞中的空气介质密度与实际结构物所处自然界中的空气介质密度几乎是完全相同的。这就意味着模型材料的弹性模量与实际结构的弹性模量之比应等于风洞风速与结构物实际作用风速之比的平方，这往往给模型材料的选择提出了十分苛刻的要求。

③重力参数（Froude Number）gD/U^2，反映了对模型与实物间的结构重力与流体惯性力之比的一致性要求。对于常规的大气边界层风洞等低速风洞，模型与实物所处重力场是相同的，即 g 相同，这就意味着模型与实物间的几何缩尺比应等于风洞风速与结构物实际作用风速之比的平方。

④黏性系数（Reynolds Number）$\rho DU/\mu$，反映了模型与实物间的黏性力（即摩擦力）与流体惯性力之比的一致性要求。实际上在结构物模型风洞试验中，这一要求均被放宽，对于大多数具有棱角边缘的结构物，由于绕结构物的流动分离点基本上是固定的，放宽 Re 数一致性条件对试验的影响较小。

⑤阻尼参数（对数衰减率）δ_s，反映了模型与实物间结构振动能量耗散的一致性要求。实际结构物的对数衰减率由结构材料、结构形式、结构尺寸等决定，在结构建成前是未知的，模型模拟时，常根据类似结构物已有的测试统计值或规范规定的数值近似模拟。

（2）节段模型设计

试验采用弹簧悬挂二元刚体节段模型，在同济大学土木工程防灾国家重点实验室 TJ-2 边界层风洞中进行。TJ-2 边界层风洞为闭口回流式矩形断面风洞，由一台功率为 530kW 直流电机驱动，风速的调节和控制采用计算机终端集中控制的可控硅直流调速系统。该风洞的试验段断面尺寸为 3m（宽）×2.5m（高）×15m（长），最大风速达 65m/s（空风洞），流场不均匀性指标 $\delta_U/U \leqslant 1.0\%$，湍流度 $I_u \leqslant 0.5\%$，气流竖向和水平偏角均小于 0.5°。

试验模型和设备安装如图 3.66～图 3.68 所示。节段模型通过 8 根弹簧悬挂在支架上。

根据实桥主梁断面尺寸和风洞试验段尺寸以及直接试验法的要求，选取节段模型的几何缩尺比为1/60。为了减少节段模型端部三维流动的影响，模型的总长度取为2.744m，节段模型两端与风洞竖壁的间隙有12.8cm。刚体节段模型的主桁架由铁皮焊成的弦杆构成，主桁架中间标准节段2.172m，两端各有一段长为28.6cm端块。桥面板、检修道和栏杆用ABS塑料板由电脑雕刻制成。桥面板中央开槽宽度10mm（相当于实桥的60cm），开槽宽度与桥面板宽度的比值为0.023 3。模型的主要试验参数如表3.15所示。

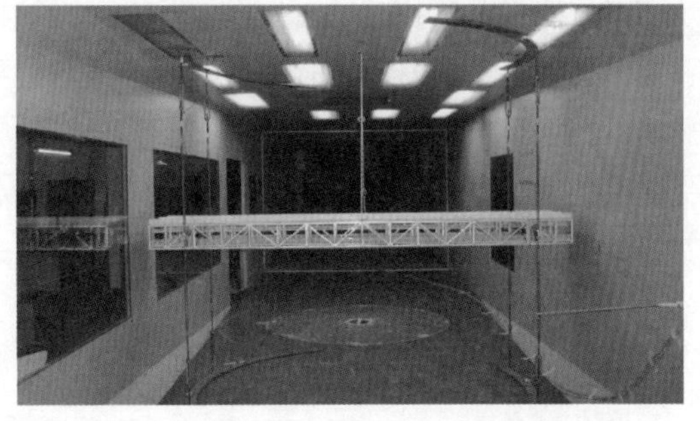

图3.66 悬挂于TJ-2风洞内的节段模型

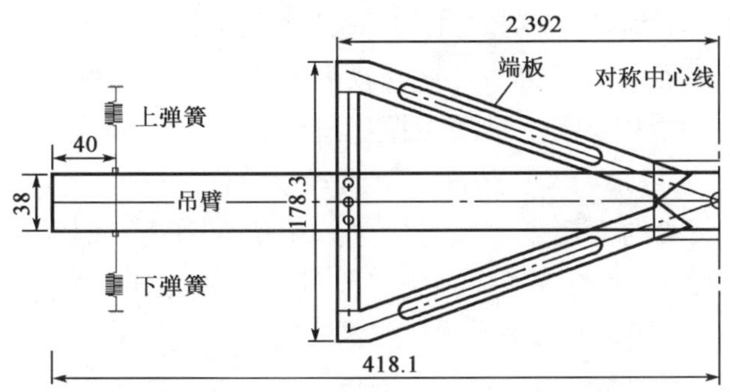

图3.67 吊臂及端横梁位置示意图（尺寸单位：mm）

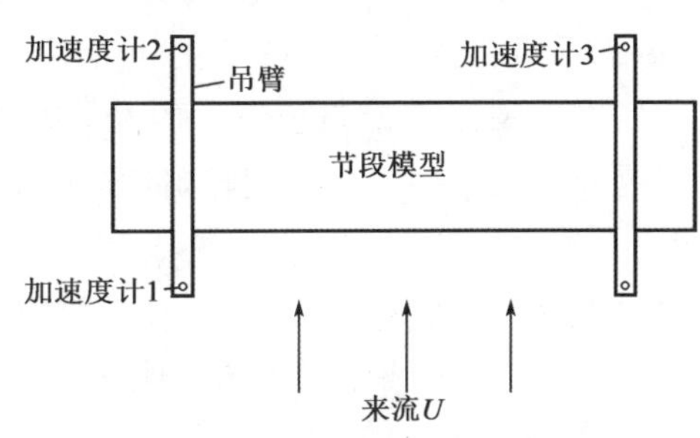

图3.68 加速度计布置图（俯视）

成桥状态节段模型设计参数 表3.15

参数名称	符 号	单 位	实桥值	缩 尺	模型值
主桁架长度	L	m	165.412 7	1/60	2.744 1
主桁架宽度	B	m	28.7	1/60	0.478 0
主桁架高度	H	m	10.7	1/60	0.178 0
桥面板高度	T	m	1.38	1/60	0.022 9
等效质量	m_{eq}	kg/m	2.96×10^4	$1/60^2$	8.229
等效质量惯矩	$J_{m,eq}$	$kg\cdot m^2/m$	4.70×10^6	$1/60^4$	0.363
等效惯性半径	r	m	12.607	1/60	0.210 0
竖弯基频	f_h	Hz	0.154 5	12	1.854
扭转基频	f_t	Hz	0.278	12	3.336
扭弯频率比	ε	—	1.799	1	1.799
扭转振动阻尼比	ξ_t	—	0.005	1	0.005
竖弯振动阻尼比	ξ_v	—	0.005	1	0.005

试验是在均匀流场中进行的。试验时，在各级风速下（包括零风速）对模型施加一个外部激励，使模型作弯扭自由耦合振动，通过安装在吊臂上的3个加速度传感器和相应的采样设备记录节段模型的加速度信号。当风速达到颤振临界速时，风荷载作用下模型即可发生发散性振动，此时不用外加激励即可采集数据。然后用根据气动导数识别修正最小二乘法编制的识别程序对采集到的数据进行处理，即可得到模型系统的竖向振动为主模态和扭转振动为主模态的频率和阻尼比以及相应的气动导数。

3.2.4 中央稳定板颤振控制

在大跨径桥梁的设计中，必须确保其颤振临界风速高于该桥的颤振检验风速，以避免灾难性的颤振失稳现象发生。但是在某些情况下，由于其他条件的限制难以对桥梁的基本断面形式进行较大的调整，如果此时其颤振稳定性达不到设计要求，则采用适当的气动措施来提高其颤振临界风速就成为一种有效的、最为经济方案。桁架加劲梁具有较大的刚度和较高的透风率，若在主梁断面上再设置中央稳定板等气动措施，则桥梁的颤振稳定性容易得到保证。例如，为了解决颤振稳定性问题，日本明石海峡大桥采用了在桥面下侧设置中央稳定板的桁架加劲梁。而在坝陵河大桥的最终设计方案中，桥梁的颤振稳定性是通过采用桥面中央开槽和在桁梁内安装气动翼板的组合气动控制措施得以改善的。中央稳定板与气动翼板相比，安装位置和形式都不同，是提高桥梁颤振稳定性的另一种有效措施。因此，本节通过节段模型风洞试验方法对中央稳定板提高具有中央开槽和不开槽桥面的桁架加劲梁悬索桥颤振稳定性方面进行简介，并确定优化的中央稳定板高度和安装方案。

1）节段模型试验概况

（1）节段模型设计

试验模型的横断面如图3.69所示。在图3.69中同时画出了上下两种稳定板，主桁架横梁上弦杆上表面以上部分为上稳定板，高度用h表示，其高出桥面部分的高度用h_1表示。横梁上弦杆上表面以下部分为下稳定板，高度用h_2表示。模型的主要试验参数如表3.16所示。

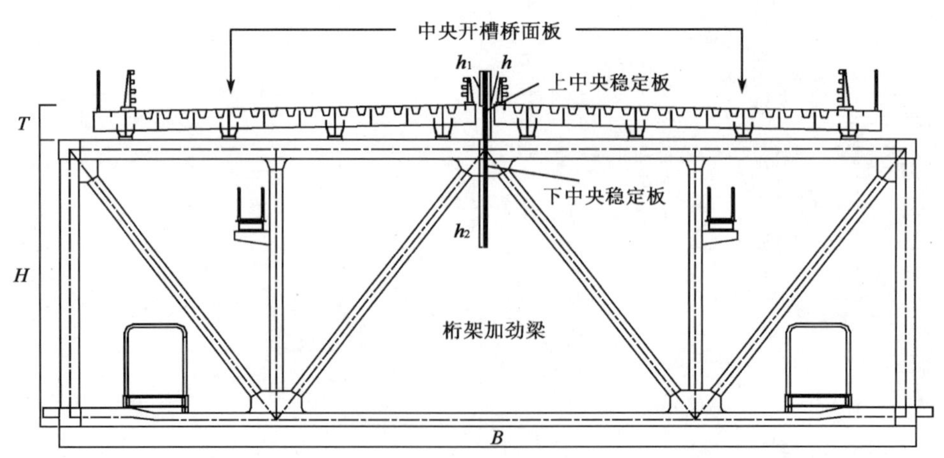

图3.69　节段模型断面

成桥状态节段模型设计参数 表 3.16

参数名称	符号	单位	实桥值	缩尺	模型值
主桁架长度	L	m	165.412 7	1/60	2.744 1
主桁架宽度	B	m	28.7	1/60	0.478 0
主桁架高度	H	m	10.7	1/60	0.178 0
桥面板高度	T	m	1.38	1/60	0.022 9
等效质量	m_{eq}	kg/m	2.96×10^4	$1/60^2$	8.229
等效质量惯矩	$J_{m,eq}$	kg·m²/m	4.70×10^6	$1/60^4$	0.363
等效惯性半径	r	m	12.607	1/60	0.210 0
竖弯基频	f_h	Hz	0.154 5	12	1.854
扭转基频	f_t	Hz	0.278	12	3.336
扭弯频率比	ε	—	1.799	1	1.799

(2)试验工况

为了研究稳定板高度对桁加梁颤振稳定性能的影响，对 5 种高度的上稳定板和 5 种高度的下稳定板进行节段模型试验。稳定板高度与桥面板高度 T 及主桁架高度 H 的比值列于表 3.17中。

稳定板高度取值 表 3.17

类型	高度				
h(m)	30.4	34.5	38.5	46.2	46.6
实桥 h(m)	1 824	2 070	2 310	2 556	2 796
h_1(m)	7.50	11.60	15.60	19.70	23.70
h_1/T	0.33	0.51	0.68	0.86	1.03
h_2(m)	17.8	26.7	35.6	44.5	53.4
实桥 h_2(m)	1 068	1 602	2 136	2 670	3 204
h_2/H	0.1	0.15	0.2	0.25	0.3

高度最小的上稳定板上缘到达内侧防撞栏杆一半高度处，高度最大的上稳定板上缘超出内侧防撞栏杆 0.5 倍栏杆高度。高度最大的下稳定板已相当于实桥的 3.2m。另外，还把模型原内侧防撞栏杆的透风处封住，以试验不透风栏杆有没有和中央稳定板同样的效果，共试验了两种工况：半透风栏杆(即内侧防撞栏杆一半高度以下封住)和不透风栏杆。我国《公路桥梁抗风设计规范》(JTG/T D60-01—2004)中规定，风洞试验宜考查风攻角在±3°范围内的颤振稳定性，因此，对于某一高度的稳定板，分别针对+3°、0°和−3°三种来流攻角进行试验。

2)主要试验结果

(1)系统扭转阻尼变化规律

对于断面较钝的桁架梁，颤振形态一般以扭转为主，竖弯参与程度比较小，所以可以通过考查节段模型系统的扭转振动总阻尼比随风速的变化情况来研究其颤振稳定性。图 3.70～图 3.72 为试验中用初激励自由衰减振动法测得的设置不同高度上、下中央稳定板和封闭内侧防撞栏杆对应的节段模型系统扭转总阻尼比随风速变化曲线。

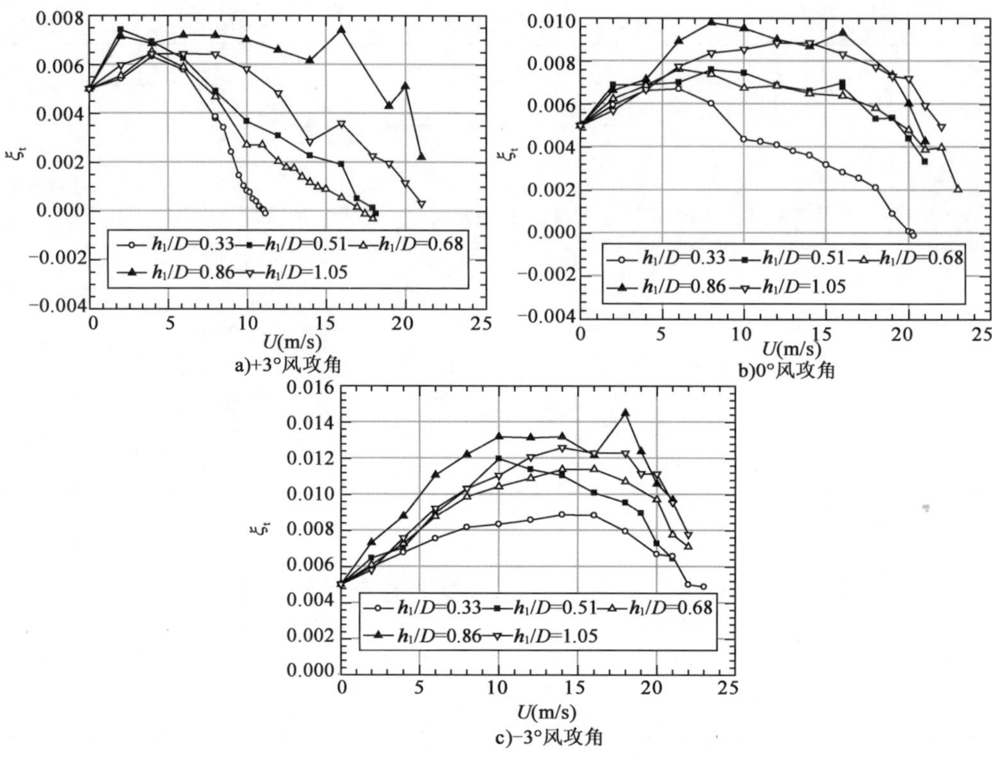

图 3.70 上稳定板开槽断面的扭转总阻尼比曲线

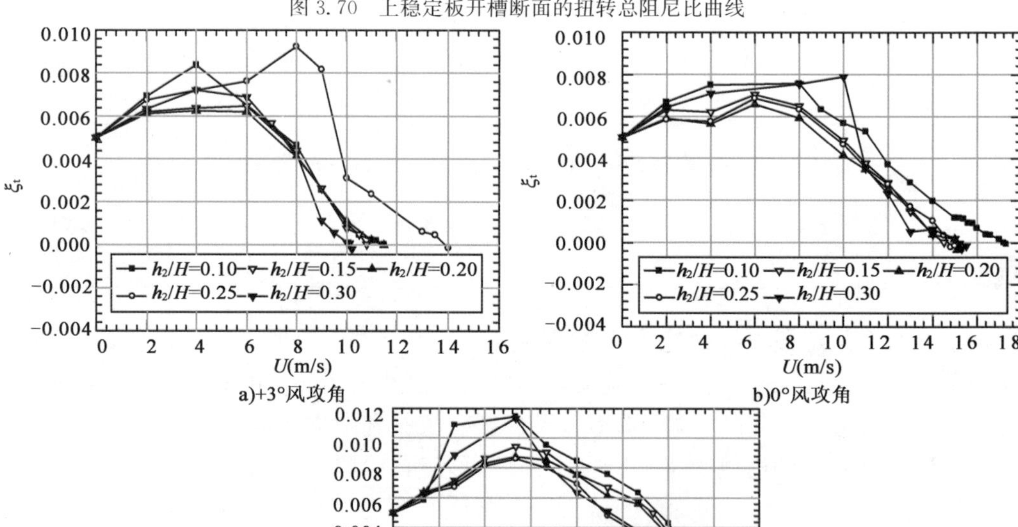

图 3.71 下稳定板开槽断面的扭转总阻尼比曲线

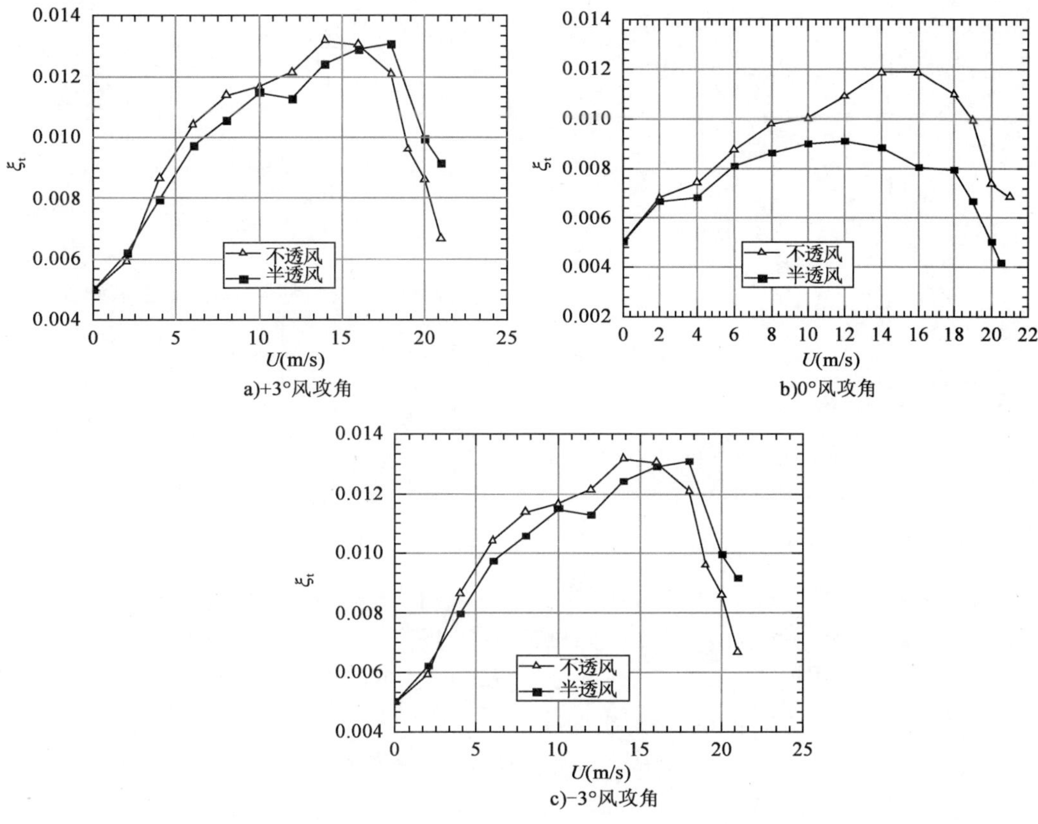

a)+3°风攻角

b)0°风攻角

c)−3°风攻角

图 3.72 不透风栏杆断面扭转总阻尼比曲线

通过试验结果分析可见：

①设置上稳定板的断面在＋3°风攻角扭转阻尼比在 6m/s 左右风速前阻尼比都已达到最大，随后进入下降区段，直至由正转负，导致颤振发散。而在－3°风攻角下，扭转阻尼比随风速增加而上升的区间比较大，在 12m/s 左右才进入下降区段，所以相对＋3°风攻角，其颤振界风速要高很多。0°风攻角的情况处于两者之间。上稳定板高度对阻尼比曲线的形状影响较大，在 3 个攻角下稳定板高度越高，相应断面的扭转阻比曲线越向上移，即在同一风速下，阻尼比更大，系统更稳定。

②设置下稳定板的断面在到达颤振临界风速前，扭转阻尼比随风速增加而上升的区间都比下降的区间小，而且在下降区间，正风攻角下的扭转阻尼比随风速的下降速度要比负风攻角的快，因此，＋3°风攻角下的颤振临界风速比 0°风攻角和－3°风攻角的都要低。下稳定高度对扭转阻尼比曲线形状的影响比上稳定板要小。

(2)颤振临界风速

节段模型系统总扭转阻尼比等于 0 时对应的风速即为颤振临界风速，由此可以确定上下中央稳定板取不同高度时的模型颤振临界风速。为了更直观地描述中央稳定板的作用，图 3.73、图 3.74 给出了颤振临界风速增长率与稳定板高度关系的三次样条曲线。其中，颤振临界风速增长率如下式定义

$$\eta = \frac{U_{cr} - U_{cr0}}{U_{cr0}} \tag{3.43}$$

式中：U_{cr}——设置中央稳定板的桁架梁在不同风攻角情况下的颤振临界风速；

U_{cr0}——不设中央稳定板的原桁架梁在对应风攻角下的颤振临界风速。

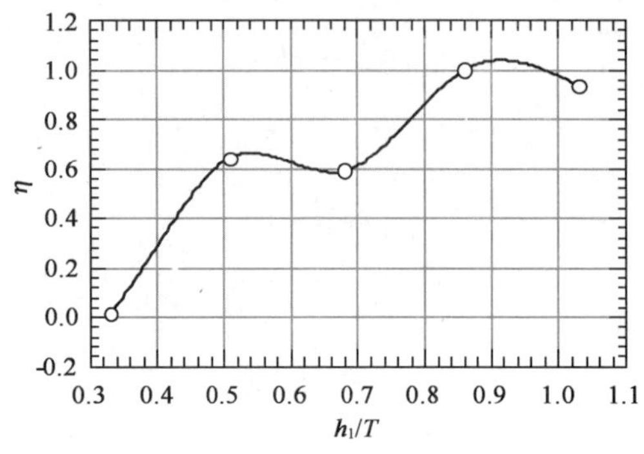

图 3.73 上稳定板断面的临界风速增长率($\alpha=+3°$)

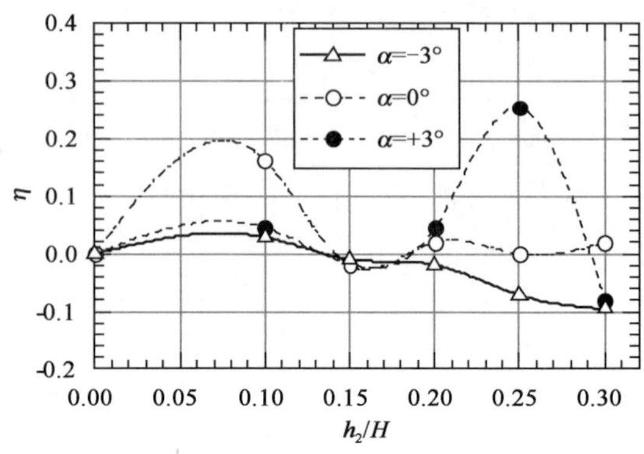

图 3.74 下稳定板断面的临界风速增长率

3)中央稳定板颤振控制效果评价

试验结果表明：设置上稳定板的断面在+3°风攻角下的临界风速增长率最低，而在0°和－3°风攻角下，试验所用的最低稳定板已使临界风速提高很多，超出了试验风速范围，从而未能识别出临界风速。所以图3.73中只画出了+3°风攻角下的临界风速增长率。当$h_1/T<0.3$时，对颤振临界风速影响很小，未画出曲线。

设置下稳定板的断面在+3°风攻角的临界风速增长率有个最高值，但随稳定板高度增加增长率有正有负。颤振临界风速在稳定板高度较高的$h_2/H \approx 0.25$情况下达到最大值。在0°风攻角下，当$h_2/H \approx 0.1$时，颤振临界风速达到最大值，而且增幅较大；然后随着稳定板高度增加到$h_2/H \approx 0.15$，颤振临界风速又很快下降到相当于无稳定板时的水平；随着稳定板高度的继续增加，颤振临界风速呈小幅度波动趋势。在－3°风攻角下，原断面的颤振临界风速已经很高，当$h_2/H \approx 0.1$时，颤振临界风速达到最大，但增幅不大；以后随着稳定板高度的增加，颤振临界风速呈缓慢下降趋势。

综合图3.73和图3.74可以看出，在0°、－3°和+3°三种情况下，+3°攻角始终是最不利攻角。对于最不利+3°攻角，适当高度的上稳定板能够使临界风速提高60%以上。选取适当高度的下稳定板也能使颤振临界风速提高25%，效果不如上稳定板。另外，内侧防撞栏杆的透风处试验结果还表明，使内侧防撞栏杆不透风也是一种有效的气动控制措施，相当于在内侧防撞栏杆处设置两道中央稳定板。当使整个栏杆都封闭不透风时，3个攻角下试验风速都超过了21m/s，而在栏杆半透风时，在+3°风攻角有一个最不利临界风速值，相对原开槽断面提高了47%。

从节段模型试验结果出发，可以将中央稳定板对颤振性能的改善效果归纳为以下几点。

(1)对于上稳定板断面，在不同风攻角下设置适当高度的上稳定板能提高模型的颤振临界风速；但在不同风攻角下，中央稳定板对颤振临界风速提高的程度不同。

(2)对于下稳定板，在不同风攻角下，模型的颤振临界风速随稳定板高度增加有很大变化，在某些高度下甚至会降低模型的颤振临界风速。

(3)对于原断面和设置了上、下两种稳定板的断面形式，+3°风攻角始终为最不利攻角。在试验所涉及的范围内，与下稳板相比，上稳定板能更好地改善桁架梁的颤振稳定性。

4)颤振临界风速中央稳定板速修正系数

(1)函数拟合

节段模型试验结果表明:在桁架梁断面上设置适当的上中央稳定板或者下中央稳定板都能够较大幅度提高颤振临界风速,且中央稳定板的颤振控制效果主要与稳定板高度有关。因此,如果能利用试验所得到的各断面颤振临界风速与稳定板高度的关系,根据《公路桥梁抗风设计规范》(JTG/T D60-01—2004)中的颤振临界风速简化公式的形式,就可以建立带中央稳定板的桁架梁断面颤振临界风速简化计算公式,为此如下式定义的引入中央开槽桁架梁颤振临界风速"中央稳定板修正系数"η_{CB}

$$\eta_{CB}=1+\eta \tag{3.44}$$

式中:η——颤振临界风速增长率,选择最不利攻角的相应数据。

利用最小二乘原理,分别以上稳定板高度与桥面板高度之比 h_1/T 和下稳定板高度与主桁架高度之比 h_2/H 为自变量,采用适当的函数形式分别拟合 η_{CB}^S-h_1/T 和 η_{CB}^X-h_2/H 关系,结果如图 3.75、图 3.76 所示。η_{CB}^S表示上稳定板开横断面的中央稳定板修正系数,η_{CB}^X表示下稳定板开槽断面的修正系数。

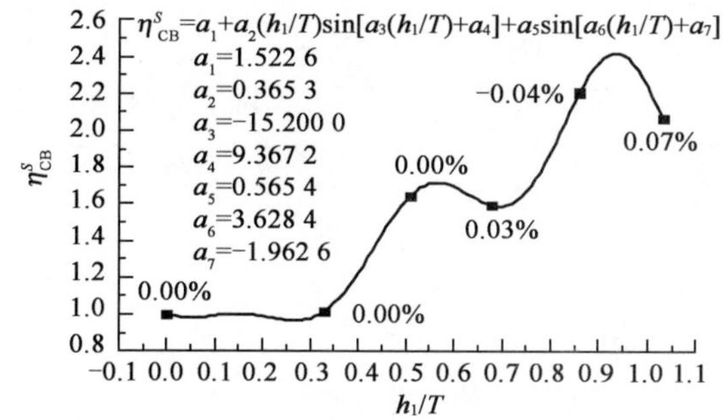

图 3.75　η_{CB}^S-h_1/T 拟合曲线

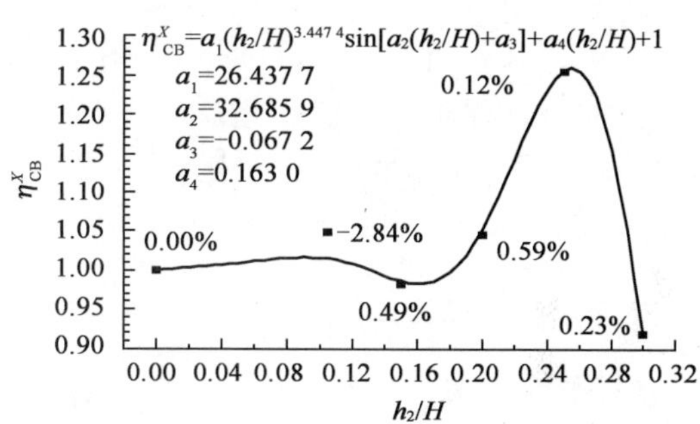

图 3.76　η_{CB}^X-h_2/H 拟合曲线

(2)拟合误差分析

分别计算两条拟合曲线在样本点的 η_{CB}计算值、试验值及其误差,可以看出函数计算值与试验值的最大误差为 2.84%(不超过 5%),满足工程所需的精度要求。

于是,带中央稳定板的开槽桁架梁断面颤振临界风速可近似用下式估计

$$U_{cr}=\eta_{CB}\eta_s\eta_a\left[1+(\varepsilon-0.5)\sqrt{\frac{r}{b}0.72u}\right]\omega_h\cdot b \tag{3.45}$$

或

$$U_{cr}=\eta_{CB}K\eta_a B\omega_t\left\{\frac{mr}{\rho B^3}\cdot\left[1-\left(\frac{\omega_h}{\omega_a}\right)^2\right]\right\}^{\frac{1}{2}} \tag{3.46}$$

式中:η_{CB}——中央稳定板修正系数。

η_{CB}是 h_1/T 或 h_2/H 的函数,可按图 3.75 或图 3.76 中的公式计算。本节所取的开槽断面为桥面中央开槽 10mm 的桁架梁断面。由于拟合的数据点比较少,所以只有当 h_1/T 和 h_2/H在试验所涉及的范围内,拟合函数才有足够精度。

5)小结

本节介绍了通过节段模型风洞试验研究在桥面开槽的桁架梁断面设置中央稳定板对颤振稳定性的改善效果,利用试验所得到的各断面颤振临界风速与稳定板高度的关系,建立带中央稳定板的桁架梁断面颤振临界风速简化计算公式。主要得到以下结论。

(1)设置不同形式的稳定板时,系统扭转振动的总阻尼比随风速变化的规律有所不同。对于上稳定板,扭转阻尼比在不同风攻角下上升到顶点的风速相差较大。对于下稳定板,在不同风攻角下扭转阻尼比变化形状基本相同,只是在下降区间的下降速度不同而使临界风速不同。

(2)中央稳定板的颤振控制效果比较明显。选取适当高度的稳定板可较大幅度的提高颤振临界风速。试验中还发现,不同风攻角下,中央稳定板对改善桁架梁的颤振稳定性的效果也不同。

(3)中央稳定板的颤振控制效果与稳定板的高度有很大关系,并且存在一个最优高度。不同风攻角下,在常规的稳定板高度范围内,模型颤振临界风速基本上随上稳定板高度的增加而提高,而随下稳定板的高度增加而呈波动状变化。

(4)对于原断面和设置了上、下两种稳定板的断面形式,+3°风攻角始终为最不利攻角。在试验所涉及的范围内,与下稳板相比,上稳定板能更好地改善桁架梁的颤振稳定性。

3.2.5 桥面中央开槽颤振控制

在钢箱梁断面中央开槽,即分离成双箱梁是近年来大跨径和超大跨径桥梁气动设计中比较流行的颤振控制措施,我国的西堠门悬索桥即采用了这种断面形式。Gibraltar 海峡大桥的可行性研究中,理论分析和风洞试验也表明,采用分离双箱断面可得到令人满意的抗风性能。对于桁架梁悬索桥,桁架梁上的桥面板开槽也是一种可行的气动控制措施,本节将介绍在坝陵河桥主梁断面基本形式的基础上,不同桥面开槽宽度对桁架梁悬索桥颤振稳定性的影响。

1)节段模型风洞试验概况

(1)节段模型设计

由于中央开槽断面的颤振稳定性与开槽宽度有一定的关系,为了研究槽宽变化对颤振临界风速的影响,分别对多个不同宽度开槽断面进行了试验。在模型制作时使两块桥面板在桁架上相对移动位置,从面改变桥面板之间的距离,也就是开槽的宽度。开槽最大宽度保证桥面板外侧不外伸出桁架梁,最小宽度使两幅桥面板完全合并,中间不留开槽。节段模型断面如图 3.77 所示。

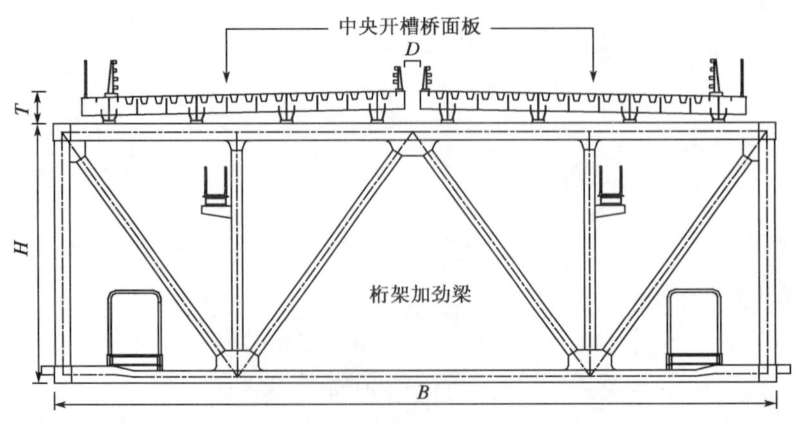

图 3.77 节段模型断面图

由于本节的重点在于桥面中央开槽对气动外形的影响以及相应的颤振稳定性能的变化，因此固定其他参数排除气动外形之外因素的干扰。除调整开槽宽度之外，模型的其他主要参数在整个试验过程中均保持恒定。模型的主要试验参数如表 3.18 所示。

成桥状态节段模型设计参数　　表 3.18

参数名称	符号	单位	实桥值	缩尺	模型值
主桁架长度	L	m	165.412 7	1/60	2.744 1
主桁架宽度	B	m	28.7	1/60	0.478 0
主桁架高度	H	m	10.7	1/60	0.178 0
桥面板高度	T	m	1.38	1/60	0.022 9
等效质量	m_{eq}	kg/m	2.96×10^4	$1/60^2$	8.229
等效质量惯矩	$J_{m,eq}$	$kg\cdot m^2/m$	4.70×10^6	$1/60^4$	0.363
等效惯性半径	r	m	12.607	1/60	0.210 0
竖弯基频	f_h	Hz	0.154 5	12	1.854
扭转基频	f_t	Hz	0.278	12	3.336
扭弯频率比	ε	—	1.799	1	1.799

(2)试验工况

为了准确把握桥面开槽宽度对颤振稳定性能的影响，共进行了 5 种桥面槽宽的节段模型试验：开槽宽度 D 分别为 0mm、5mm、10mm、15mm 和 20mm，相应的 D 与模型宽度 B 的比值分别为 0、0.01、0.021、0.031 和 0.042。需要说明的是，开槽宽度为 0mm 是指把两幅桥面板完全合并起来，与 3.2.1 节中封槽工况不同，桥面板的宽度是不变的，只是改变两块桥面板之间的距离。我国《公路桥梁抗风设计规范》(JTG/T D60-01—2004)中规定，风洞试验宜考查风攻角在±3°范围内的颤振稳定性，因此，对于某一宽度的桥面开槽断面，分别针对+3°、0°和−3°来流攻角进行试验。开槽宽度为 10mm 的断面在第 3.2.2 节中已有相关的试验数据。

2)主要试验结果

(1)系统扭转阻尼变化规律

图 3.78 为试验中用初激励自由衰减振动法测得的不同桥面开槽宽度断面系统扭转总阻尼比随风速变化曲线，由此可见：

①在+3°风攻角下，各种开槽宽度的断面扭转阻尼比的变化形状基本相同。扭转阻尼比在 2m/s 左右风速时都已达到最大，随后进入下降区段，直至由正转负，导致颤振发散。而在−3°风攻角下，扭转阻尼比随风速增加而上升的区间比较大，在 10m/s 左右才进入下降区段，所以相对+3°风攻角，其颤振界风速要高很多。0°风攻角的情况处于两者之间。

②在 0°和−3°风攻角下，不同的开槽宽度使扭转阻尼比在下降区间的下降速度变化较大。开槽宽度越大，阻尼比下降的速度越慢，从而使临界风速相应提高；而+3°风攻角下，开槽宽度的变化对扭转阻尼比随风速的下降速度影响要小很多。

(2)颤振临界风速

节段模型系统总扭转阻尼比等于 0 时对应的风速即为颤振临界风速。为了更直观地描述中央开槽的作用，图 3.79 给出了颤振临界风速增长率与桥面开槽宽度关系的 3 次样条曲线。

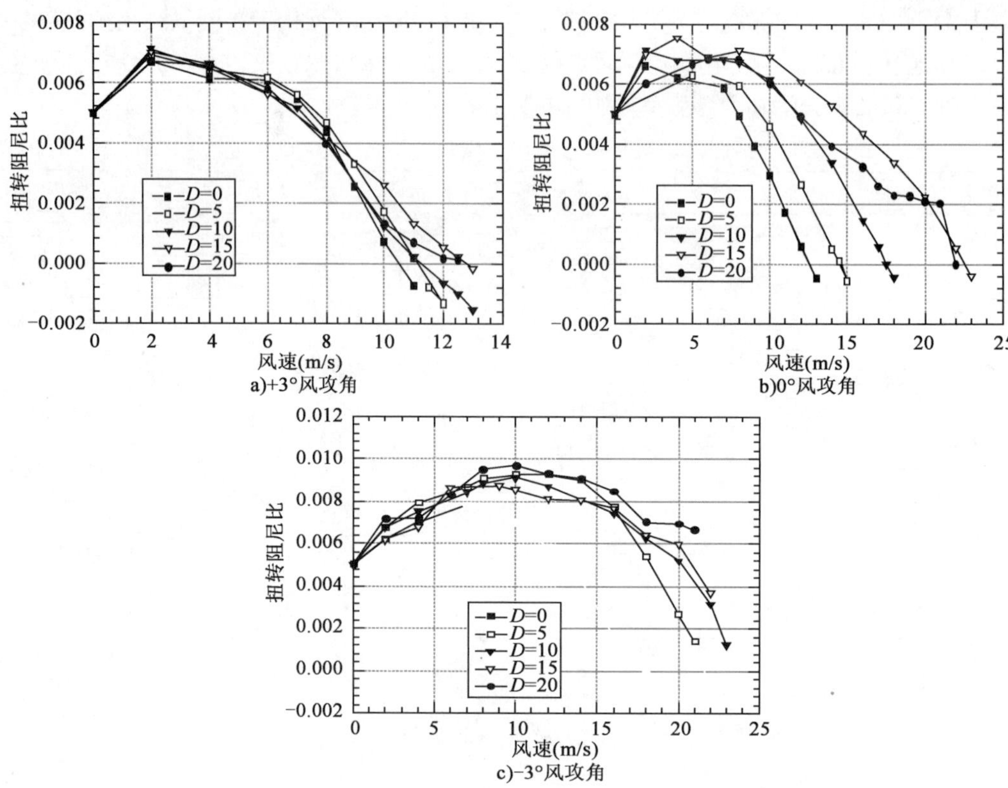

图 3.78　不同桥面开槽宽度断面的扭转总阻尼比随风速变化曲线

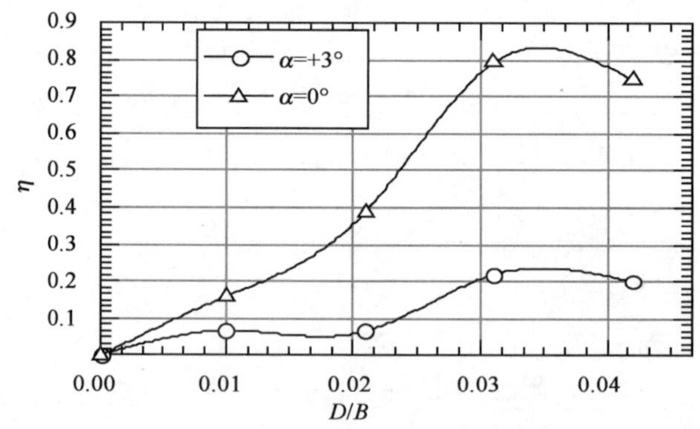

图 3.79　不同桥面开槽宽度断面临界风速增长率

其中,颤振临界风速增长率如下式定义

$$\eta = \frac{U_{cr} - U_{cr0}}{U_{cr0}} \tag{3.47}$$

式中:U_{cr}——桥面开槽宽不为 0 的断面在不同风攻角下的颤振临界风速;

U_{cr0}——桥面开槽宽度为 0 的断面在对应风攻角下的颤振临界风速。

图 3.79 中 D/B 为桥面开槽宽度与模型宽度的比值。由于$-3°$风攻角下获得颤振临界风速的工况太少,所以图 3.79 中只画出了$+3°$和 $0°$风攻角临界风速增长率与桥面开槽宽度的关系。

由于模型位置不同，各风攻角对应的节段模型系统在零风速时的阻尼和频率也略有不同，表 3.19 中列出了各试验工况模型系统的实测零风速时扭转模态频率相应的风速比 λ_v 和换算出的实桥风速。

不同桥面开槽断面实桥颤振临界风速(单位：m/s) 表 3.19

措施	α(°)	0mm		5mm		10mm		15mm		20mm	
		λ_v	U_{cr}	λ_v	U_{cr}	λ_v	U_{cr}	λ_v	U_{cr}	λ_v	U_{cr}
桥面开槽	−3	4.966 4	89.4	4.971 2	107.9	5.004 1	>102.8	4.965 5	>109.2	4.984 3	>104.7
	0	4.964 6	62.6	4.958 1	72.4	4.998 8	72.5	4.970 6	112.3	4.981 2	109.6
	3	4.964 6	52.1	4.974 9	55.7	5.000 1	56.0	4.972 7	63.7	4.986 5	62.8

3)桥面中央开槽颤振控制效果评价

从图 3.79 中可以看到，各种桥面开槽宽度的断面+3°风攻角都是最不利攻角。在−3°风攻角，只有开槽宽度为 0 和 5mm 的断面有颤振临界风速值，其他断面都超出了试验风速范围，从而未能识别出临界风速。在+3°风攻角下，模型的临界风速增长率随开槽宽度增加提高的幅度比较大，最高提高约 20%；在 0°风攻角下，临界风速增长率随开槽宽度增加提高幅度也比较大，当 $D/B=0.031$(即开槽宽度 $D=15$mm)时，临界风速增长率可达 80%。

从节段模型试验结果出发，可以将桥面中央开槽对颤振性能的改善效果归纳为以下两点。

(1)桥面开槽断面的颤振临界风速与桥面开槽宽度有一定关系。在不同风攻角下，适当宽度的桥面开槽都能使颤振临界风速相对桥面不开槽时有所提高。

(2)在不同风攻角下，桥面开槽宽度对颤振临界风速的影响程度不同。在 0°攻角下要比+3°攻角下影响大。

4)颤振临界风速桥面中央开槽修正系数

(1)函数拟合

节段模型试验结果表明：在桁架梁断面的桥面板中央设置适当宽度的开槽能够较大幅度提高颤振临界风速，且桥面开槽对桁架梁颤振临界风速的提高效果主要与开槽宽度有关。因此，如果能利用试验所得到的各断面颤振临界风速与桥面开槽宽度的关系，根据《公路桥梁抗风设计规范》(JTG/T D60-01—2004)中的颤振临界风速简化公式的形式，就可以建立桥面中央开槽的桁架梁断面颤振临界风速简化计算公式，为此引入“中央开槽修正系数”η_{SB}。

$$\eta_{SB}=1+\eta \tag{3.48}$$

式中：η——颤振临界风速增长率，选择最不利攻角的相应数据。

利用最小二乘原理，以桥面开槽宽度与模型宽度之比 D/B 为自变量，采用适当的函数形式拟合 η_{SB}-D/B 关系，结果如图 3.80 所示。

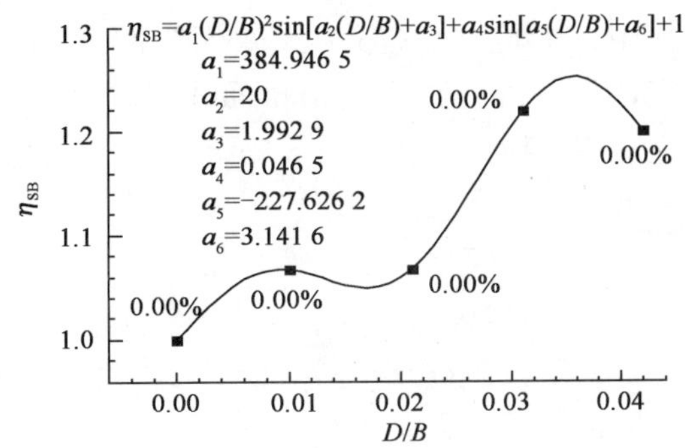

图 3.80 η_{SB}-D/B 拟合曲线

(2)拟合误差分析

分别计算拟合曲线在样本点的 η_{SB} 计算值、试验值及其误差，可以看出函数计算值与试验值的最大误差不超过 5%，满足工程所需的精度要求。

于是，中央开槽的桁架梁断面颤振临界风速可以表述为

$$U_{cr}=\eta_{SB}\eta_{s}\eta_{a}\left[1+(\varepsilon-0.5)\sqrt{\frac{r}{b}0.72u}\right]\omega_{h}\cdot b \tag{3.49}$$

或

$$U_{cr}=\eta_{SB}K\eta_{a}B\omega_{t}\left\{\frac{mr}{\rho B^{3}}\cdot\left[1-\left(\frac{\omega_{h}}{\omega_{a}}\right)^{2}\right]\right\}^{\frac{1}{2}} \tag{3.50}$$

式中：η_{SB}——中央稳定板修正系数。

η_{SB} 是 D/B 的函数，可按图 3.80 中的公式计算。本节取坝陵河大桥的桁架梁断面为基本断面形式。由于拟合的数据点比较少，所以只有当 D/B 在试验所涉及的范围内，拟合函数才有足够精度。

5)小结

本节通过节段模型风洞试验研究了不同桥面开槽宽度对桁架梁断面颤振稳定性的影响，并利用试验所得到的颤振临界风速与开槽宽度的关系建立了中央开槽的桁架梁颤振临界风速简化计算公式。本节的主要结论如下。

(1)不同开槽宽度的断面系统扭转振动的总阻尼比随风速变化的规律在不同风攻角下有所不同。在＋3°风攻角下，开槽宽度对扭转阻尼比的变化趋势影响不大；而在 0°和－3°风攻角下，不同桥面开槽宽度对扭转阻尼比在下降区间的下降速度影响较大而使临界风速差别较大。

(2)桥面中央开槽的颤振控制效果比较明显。选取适当宽度的桥面开槽可较大幅度地提高颤振临界风速。试验中发现，在最不利风攻角下，桥面中央设置适当宽度的开槽可使临界风速相对没有开槽时提高 20%。

(3)＋3°风攻角始终为最不利攻角。在不同风攻角下，桥面开槽宽度对颤振临界风速的影响程度不同。0°风攻角要比＋3°风攻角影响大。

3.2.6 中央稳定板与桥面中央开槽组合颤振控制

无论是中央稳定板还是桥面开槽对桁架梁颤振临界风速的影响都是有一定限度的，仅设置一种措施有时可能达不到颤振稳定性能的要求。一个可能的解决办法就是将两种措施组合使用。在第 3.2.2 节中已对设置上下两种中央稳定板后桁架梁的颤振稳定性进行了试验研究，第 3.2.3 节专门针对桥面开槽这种气动措施进行了试验研究。本节在前两节的基础上，着重对中央稳定板和桥面开槽组合的颤振控制效果进行更细致的试验研究，以确定两种气动措施的最优组合。

1)节段模型风洞试验概况

(1)节段模型设计

稳定板与桥面开槽组合节段模型风洞试验所采用的断面基本形式与前两节相同，都是以坝陵河大桥主梁为基本断面形式。在模型设计制作时除改变两块桥面桥之间的距离和稳定板高度外，模型的其他主要参数在整个试验过程中均保持不变。节段模型如图 3.81 所示，模型的主要试验参数如表 3.20 所示。

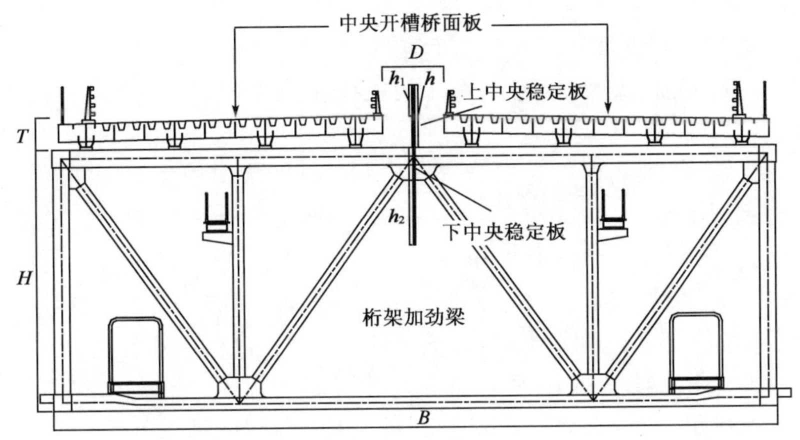

图 3.81 节段模型断面图

成桥状态节段模型设计参数 表 3.20

参数名称	符号	单位	实桥值	缩尺	模型值
主桁架长度	L	m	165.412 7	1/60	2.744 1
主桁架宽度	B	m	28.7	1/60	0.478 0
主桁架高度	H	m	10.7	1/60	0.178 0
桥面板高度	T	m	1.38	1/60	0.022 9
等效质量	m_{eq}	kg/m	2.96×10^4	$1/60^2$	8.229
等效质量惯矩	$J_{m,eq}$	kg·m²/m	4.70×10^6	$1/60^4$	0.363
等效惯性半径	r	m	12.607	1/60	0.210 0
竖弯基频	f_h	Hz	0.154 5	12	1.854
扭转基频	f_t	Hz	0.278	12	3.336
扭弯频率比	ε	—	1.799	1	1.799

(2)试验工况

稳定板与开槽组合节段模型试验在同济大学土木工程防灾国家重点实验室 TJ－2 边界层风洞中进行，主要试验装置和试验仪器与前两节相同。

本章主要试验上下两种稳定板布置方式，安装位置与 3.2.2 节中的相同，如图 3.81 所示。桥面开槽宽度主要为 5mm、15mm、20mm 三种，10mm 桥面开槽宽度与稳定板的组合已在第 3.2.2 节中进行了详细试验研究。这三种开槽宽度都与上下两种稳定板形式进行了组合，每种中央稳定板又各测试了三种高度，以体现桥面开槽宽度、稳定板形式和高度的综合影响。我国《公路桥梁抗风设计规范》(JTG/T D60-01—2004)中规定，风洞试验宜考查风攻角在±3°范围内的颤振稳定性，因此，对于某一组合措施，分别针对＋3°、0°和－3°三种来流攻角进行试验。

2)主要试验结果

(1)系统扭转阻尼比变化规律

对于这种断面较钝的桁架梁,颤振形态一般以扭转为主,竖弯参与程度比较小,所以可以通过考查节段模型系统的扭转振动总阻尼比随风速的变化情况来研究其颤振稳定性。根据用初激励自由衰减振动法测到的设置各组合气动控制措施的节段模型系统扭转总阻尼比随风速变化的曲线,可得到以下结论。

①上稳定板与桥面开槽组合的断面扭转阻尼比在不同风攻角下呈现相同的变化规律。在+3°风攻角下,一定高度的上稳定板与不同宽度的桥面开槽宽度组合时,其扭转阻尼比在3m/s左右风速时阻尼比都已达到最大,随后进入下降区段,直至由正转负,导致颤振发散。而在−3°风攻角下,扭转阻尼比随风速增加而上升的区间比较大,在12m/s左右才进入下降区段,所以相对+3°风攻角,其颤振界风速要高很多。0°风攻角的情况处于两者之间。上稳定板高度越高,其与桥面开槽组合时对阻尼比曲线的形状影响越大。在一定上稳定板高度下,不同的桥面开槽宽度对扭转阻尼比在下降区间的下降速度影响比较大,尤其在0°和−3°风攻角。

②下稳定板与桥面开槽组合的断面在到达颤振临界风速前,扭转阻尼比随风速增加而上升的区间都比下降的区间小,而且在下降区间,正风攻角下的扭转阻尼比随风速增加的下降速度要比负风攻角的快,这是不同高度上稳定板与不同宽度桥面开槽组合时呈现的共同特点。在一定下稳定板高度下,不同的桥面开槽宽度对扭转阻尼比在下降区间的下降速度影响也较大,在0°和−3°风攻角的影响更加明显。

(2)颤振临界风速

节段模型系统扭转总阻尼比等于0时对应的风速即为颤振临界风速,由此可以确定上下中央稳定板与桥面开槽组合时的模型颤振临界风速,为了更直观地描述中央稳定板的作用,图3.82、图3.83分别给出了在不同桥面开槽宽度下颤振临界风速增长率与稳定板高度关系的3次样条曲线图。其中,颤振临界风速增长率如下式定义

$$\eta = \frac{U_{cr} - U_{cr0}}{U_{cr0}} \tag{3.51}$$

式中:U_{cr}——设置中央稳定板与桥面开槽的桁架梁在不同风攻角下的颤振临界风速;

U_{cr0}——不设中央稳定板的开槽桁架梁在对应风攻角下的颤振临界风速。

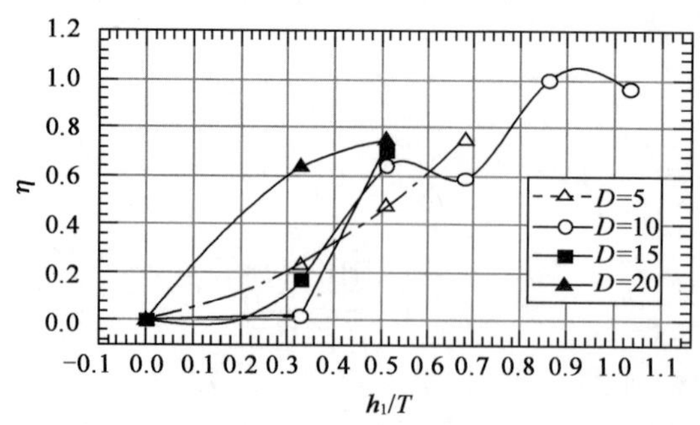

图3.82 上稳定板开槽断面的临界风速增长率(α=+3°)

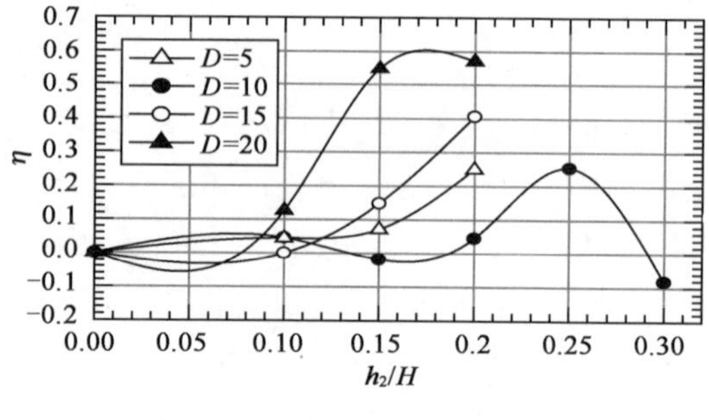

图3.83 下稳定板开槽断面的临界风速增长率(α=+3°)

图3.82、图3.83中h_1/T为上中央稳定板高出桥面的高度与桥面板高度的比值,h_2/H为下稳定板高度与主桁架高度的比值,D表示桥面开槽宽度。

图 3.82、图 3.83 画出了不同桥面开槽断面设置稳定板后颤振临界风速增长率随稳定板高度变化的 3 次样条曲线。由于各试验断面的最不利风攻角都在+3°，而且在 0°和−3°风攻角，大部分设置上稳定板的断面和某些设置下稳定板的断面因临界风速很高未能识别出，所以图 3.82、图 3.83 中只画出了+3°风攻角下的临界风速增长率与稳定板高度的关系曲线。

3)中央稳定板与桥面中央开槽组合颤振控制效果评价

(1)改变槽宽的影响

在最不利的+3°风攻角，颤振临界风速在某一上稳定板高度下，当桥面开槽宽度较小时，有小幅增加或降低；当开槽宽度较大时，临界速都有大幅提高。从图 3.82 中可以看出，在+3°风攻角下，临界风速增长率增长的快慢与开槽宽度有很大关系；在 $h_1/T<0.7$ 的范围内，颤振临界风速增长率基本都随上稳定板高度增加而增加，在 $D=20$mm 时，临界风速增长率增长得最快。

在+3°风攻角下，设置下稳定板断面的颤振临界风速随开槽宽度增加都是先小幅下降然后有较大幅度的增长。在 0°和−3°风攻角下，也基本上呈现出这个规律。

开槽宽度对设置上下两种稳定板断面的临界风速增长率都有较大影响。在适当的组合下，都能使桁架梁的颤振稳定性得到改善。

(2)改变板高的影响

对于确定槽宽的开槽桁架梁断面，中央稳定板并非越高越好，而是存在一个最优高度值。

从图 3.82 看出，当 $h_1/T<0.7$ 时，设置上稳定板断面的颤振临界风速基本上都随着稳定板高度的增加而不断增大，只是槽宽 $D=10$ 的断面增长率随稳定板高度增加增长的缓慢一些。其他 3 个槽宽的断面颤振临界风速随稳定板高度增长都有很大幅度的提高。

从图 3.83 看出，$h_2/H<0.25$ 时，设置下稳定板断面的颤振临界风速随着稳定板高度的增加都有所提高。在下稳定板高度比较低时，对临界风速的提高幅度较小，某些情况下甚至会降低临界风速。当 $h_2/H<0.25$ 时，槽宽 $D=10$mm 的断面临界风速增长率的变化幅度最小，当开槽宽度 $D=20$mm 时，临界风速随稳定板高度增加提高幅度最大。当稳定板高度较低时，对临界风速影响都比较小；当稳定板高度较高时，对临界风速才有明显的提高效果。

(3)改变来流攻角的影响

中央稳定板的颤振控制效果在不同风攻角下区别很大，衡量中央稳定板的颤振控制效果必须综合考虑 3 种风攻角。由于有部分工况未得到颤振临界风速值，不能比较全部 3 个风攻角下的颤振临界风速增长率，本节只以图 3.84～图 3.87 所示的 4 种断面为例具体说明。

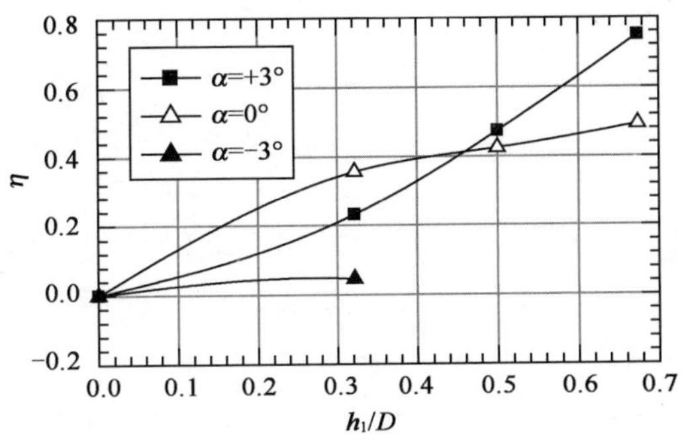

图 3.84 开槽 5mm 上稳定板断面颤振临界风速增长率

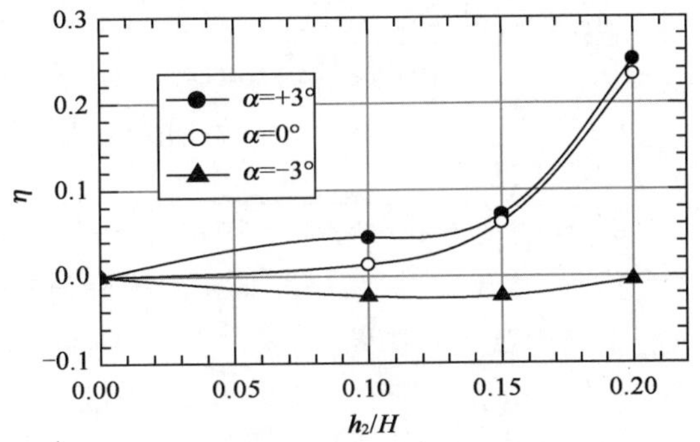

图 3.85 开槽 5mm 下稳定板断面颤振临界风速增长率

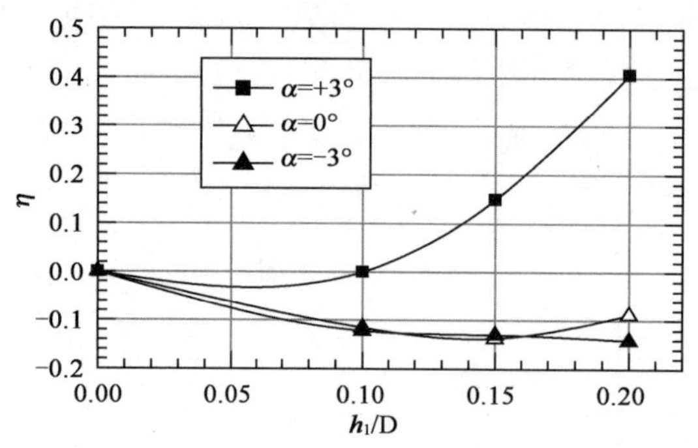

图 3.86　开槽 15mm 下稳定板断面颤振临界风速增长率

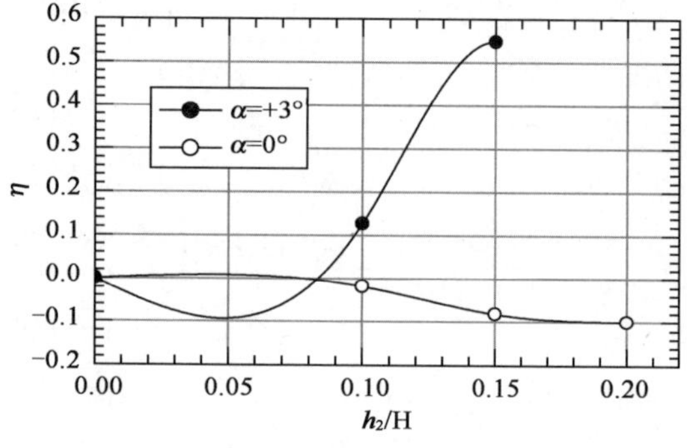

图 3.87　开槽 20mm 下稳定板断面颤振临界风速增长率

设置上稳定板槽宽为 5mm 的断面在 0°和＋3°风攻角下，颤振临界风速增长率均随着稳定板高度的增加而增大，且在这两个攻角下增长率 β 基本相当。在－3°风攻角下数据点比较少，不过从现有的数据看出，这个攻角下临界风速增长率比其他两个攻角要小。

设置下稳定板的断面，在图示的 3 个槽宽下，颤振临界风速均在＋3°风攻角随着稳定板高度的增加而增大；而在 0°风攻角，当槽宽比较小时，颤振临界风速也是随着稳定板高度的增加而增大。当槽宽比较大，在 D＝15mm 和 20mm 时，颤振临界风速随着稳定板高度的增加而减小；在－3°风攻角下，颤振临界风速一般都随着稳定板高度的增加而减小。

可见在不同风攻角下，中央稳定板的颤振控制效果相差是比较大的。

4）颤振临界风速中央稳定板速修正系数

（1）函数拟合

节段模型试验结果表明：在桁架梁断面上设置适当高度的上中央稳定板或者下中央稳定板都能够较大幅度提高颤振临界风速，如果再与适当宽度的开槽组合，能更进一步提高颤振临界风速。因此，如果能利用试验所得到的各断面颤振临界风速与稳定板高度、开槽宽度的关系，根据《公路桥梁抗风设计规范》（JTG/T D60-01—2004）中的颤振临界风速简化公式的形式，就可以建立带中央稳定板的开槽桁架梁断面颤振临界风速简化计算公式，为此如下式定义的引入“稳定板开槽组合修正系数”η_{zh}，定义如下

$$\eta_{zh}=\eta_{SB}\eta_{CB}=\eta_{SB}(1+\eta) \tag{3.52}$$

式中：η_{SB}——中央开槽修正系数；

η_{CB}——开槽断面中央稳定板修正系数；

η——颤振临界风速增长率。

η_{SB}反映不带中央稳定板的开槽断面随着开槽宽度增加颤振稳定性能的变化，按第 3.2.3 节相应公式计算。

η_{CB}反映带不同高度中央稳定板的开槽断面相对原开槽断面颤振稳定性能的变化。由于稳定板对开槽断面的颤振控制作用不仅与自身高度有关，还与开槽断面的开槽宽度有关，因此对应不同槽宽的开槽断面，η_{CB}与 h_1/T 或 h_2/H 的关系是不同的。

η 在这里表示带稳定板的开槽断面相对原开槽断面颤振临界风速的提高比率，选用最不利攻角的相应数据。

利用最小二乘原理，分别以上稳定板高度与桥面板高度之比 h_1/T 和下稳定板高度与主

桁架高度之比 h_2/H 为自变量，采用适当的函数形式分别拟合带稳定板的开槽断面在不同槽宽下 η_{CB}^{S}-h_1/T 和 η_{CB}^{X}-h_2/H 函数关系，结果如图 3.88～图 3.91 所示。由于带上稳定板的开槽断面在槽宽比较大时，能获得颤振临界风速的工况比较少，所以这里仅对槽宽为 5mm 的开槽断面进行拟合。带稳定板的槽宽为 10mm 的开槽断面拟合曲线见 3.2.3 节中相应公式。

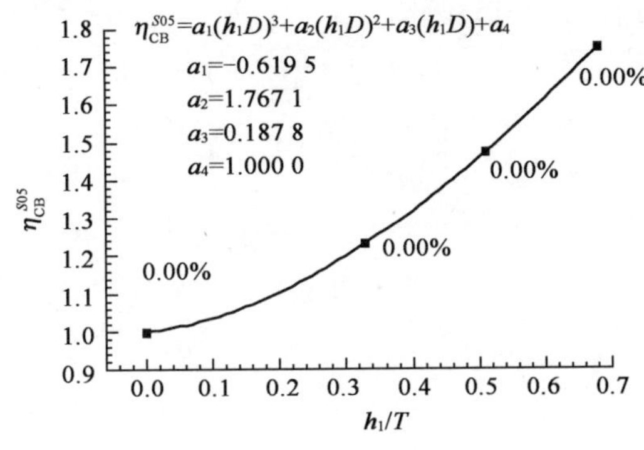

图 3.88 η_{CB}^{S05}-h_1/T 拟合曲线

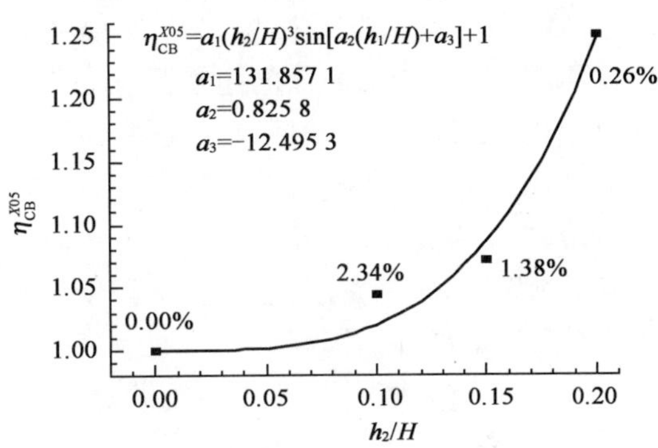

图 3.89 η_{CB}^{X05}-h_2/H 拟合曲线

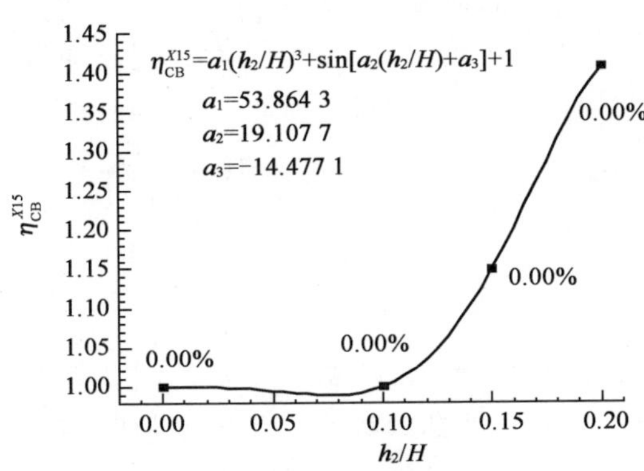

图 3.90 η_{CB}^{S15}-h_2/H 拟合曲线

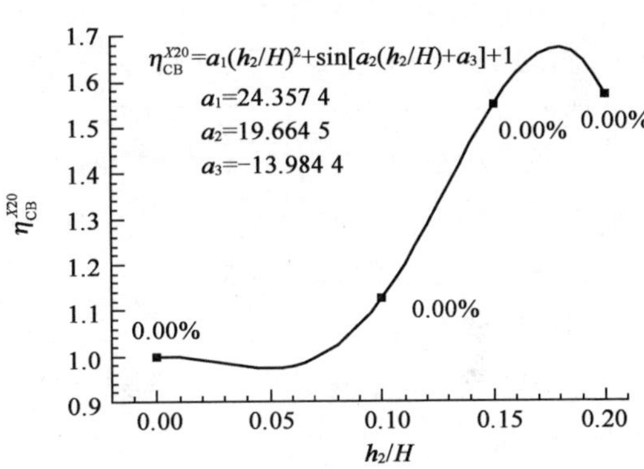

图 3.91 η_{CB}^{X20}-h_2/H 拟合曲线

(2)拟合误差分析

分别计算几条拟合曲线在样本点的计算值、试验值及其误差，可以看出函数计算值与试验值的最大误差为 2.34%(不超过 5%)，满足工程所需的精度要求。

于是，带中央稳定板的开槽桁架梁断面颤振临界风速可近似用下式估计。

$$U_{cr}=\eta_{SB}\eta_{CB}\eta_{s}\eta_{a}\left[1+(\varepsilon-0.5)\sqrt{\frac{r}{b}0.72u}\right]\omega_{h}\cdot b \tag{3.53}$$

或
$$U_{cr}=\eta_{SB}\eta_{CB}K\eta_{a}B\omega_{t}\left\{\frac{mr}{\rho B^3}\cdot\left[1-\left(\frac{\omega_h}{\omega_a}\right)^2\right]\right\}^{\frac{1}{2}} \tag{3.54}$$

式中：η_{CB}——中央稳定板修正系数。

η_{CB}是 h_1/T 或 h_2/H 的函数，可按图 3.88～图 3.91 中的公式计算。修正系数中的上标表示稳定板类型和桥面开槽宽度。例如：η_{CB}^{S05} 表示带上稳定板的槽宽为 5mm 断面的中央稳定板修正系数。由于拟合的数据点比较少，所以只有当 h_1/T 和 h_2/H 在试验所涉及的范围内，拟合函数才有足够精度。

5)小结

本节介绍了通过节段模型风洞试验在不同桥面槽宽的桁架梁断面设置中央稳定板对桁架梁颤振稳定性的改善效果,主要有以下结论。

(1)对于一定稳定板高度的断面,槽宽对系统扭转总阻尼比随风速变化趋势影响较大。槽宽对设置上稳定板的断面的扭转阻尼比影响更大些,而且在不同风攻角下影响大小也不一样。

(2)中央稳定板的颤振控制效果与槽宽有较大关系。随开槽宽度增加,稳定板的作用效果会更明显。

(3)对于确定槽宽的断面,上稳定板越高,颤振临界风速越高;设置下稳定板的断面受开槽宽度影响较大,开槽宽度较小时,下稳定板的作用也较小。当开槽宽度较大时,临界风速随下稳定板高度的增加而提高。

(4)中央稳定板的颤振控制效果受风攻角影响比较大。

3.2.7 气动翼板颤振控制

主梁上安装气动翼板是另外一种颤振控制措施。翼板的宽度、厚度与主梁相比要小得多,在工程应用时翼板可以在工场预制。安装翼板从造价上讲应该是比较经济,实施起来比较简单方便的。因此,这种颤振控制措施对于大跨或超大跨悬索桥有较为广阔的应用前景。本节主要介绍在桁架梁上安装气动翼板的颤振控制效果,并基于准定常气动力理论和悬索桥弯扭二模态耦合颤振的基本原理从理论上加以分析。

1)节段模型风洞试验概况

(1)节段模型设计

本节以坝陵河大桥为背景,对单层翼板和双层翼板加劲梁节段模型方案进行对比。试验中还把桥面开槽封住的断面进行了颤振试验,和桥面开槽与气动翼板组合的气动控制措施进行对比。双层翼板通过下检修道上的立柱支承,由 ABS 板打磨而成,截面为长轴 23.3mm,短轴 2.5mm 的椭圆形,如图 3.92 所示。单层翼板节段模型如图 3.93 所示。单层翼板有椭圆形截面和机翼形截面两种截面形式。椭圆形截面与双层翼板的相同。机翼形截面如图 3.94 所示,长 23.3mm,厚 3mm,采用这种截面形式的翼板是因为在后面的计算分析中要用到机翼或

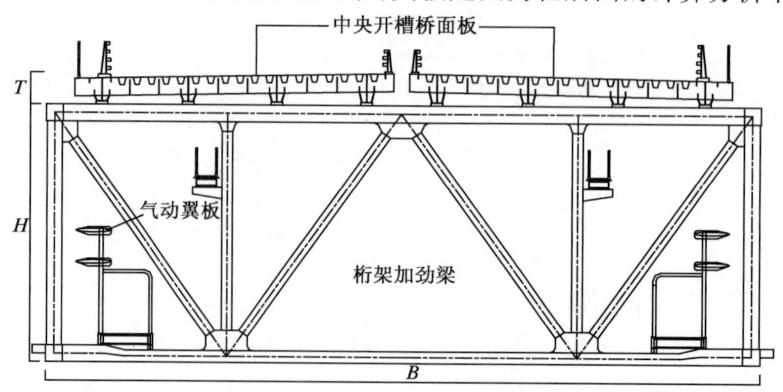

图 3.92 带双层翼板的桁架梁断面

二维理想平板假定计算颤振导数。单层翼板都是用有机玻璃经三维雕刻而成，保证了截面的曲线线形。试验中改变单层翼板与桥面板之间的距离，来研究这种位置变化对颤振临界风速的影响。翼板都是安装在坝陵河桥主梁节段模型上，所以模型的主要参数与稳定板试验和桥面开槽试验中的相同，在整个试验过程中均保持恒定。模型的主要试验参数如表 3.21 所示。

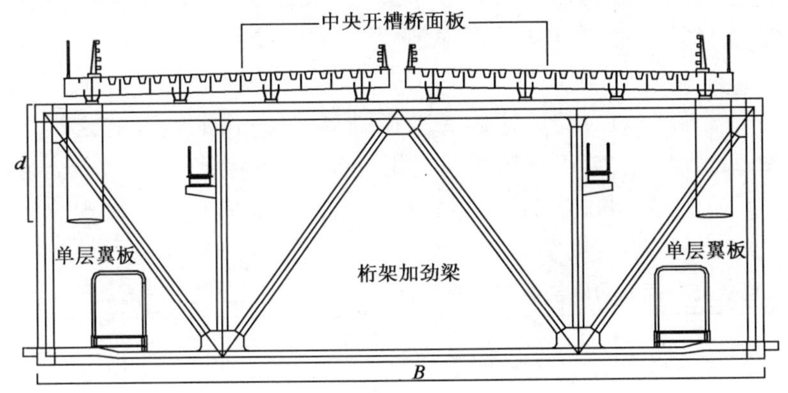

图 3.93　带单层翼板的桁架梁断面

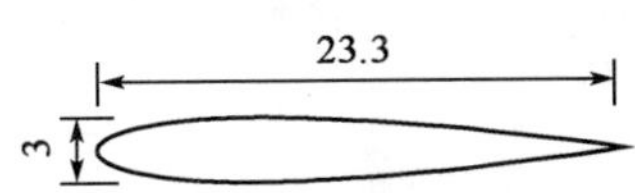

图 3.94　机翼形截面(尺寸单位：mm)

成桥状态节段模型设计参数　　表 3.21

参数名称	符　号	单　位	实桥值	缩　尺	模型值
主桁架长度	L	m	165.412 7	1/60	2.744 1
主桁架宽度	B	m	28.7	1/60	0.478 0
主桁架高度	H	m	10.7	1/60	0.178 0
桥面板高度	D	m	1.38	1/60	0.022 9
等效质量	m_{eq}	kg/m	2.96×10^4	$1/60^2$	8.229
等效质量惯矩	$J_{m,eq}$	kg·m²/m	4.70×10^6	$1/60^4$	0.363
等效惯性半径	r	m	12.607	1/60	0.210 0
竖弯基频	f_h	Hz	0.154 5	12	1.854
扭转基频	f_t	Hz	0.278	12	3.336
扭弯频率比	ε	—	1.799	1	1.799

(2)试验工况

为了研究翼板位置对桁架梁颤振稳定性的影响，单层翼板共变换了 4 个位置，翼板中心与桁架梁横桁架上表面的距离 d 分别为 20mm、40mm、60mm 和 80mm。水平位置与双层翼板相同，对各个断面分别针对+3°、0°和−3°三种来流攻角进行试验。

2)主要试验结果

(1)系统扭转阻尼变化规律

试验中用初激励自由衰减振动法测得的设置各种气动翼板的节段模型系统扭转总阻尼比随风速变化曲线由于篇幅有限，不详细列出。根据试验结果，可得出以下结论。

①在各风攻角下，扭转阻尼比随风速变化曲线的形状受翼板位置的影响比较小。扭转阻尼比都经历了一个随风速增加先上升后下降的过程。

②双层翼板对系统扭转阻尼比的影响更大一些。在 3 个攻角下，有双层翼板的断面扭转阻尼比都大于没有翼板断面的断面扭转阻尼比，相应的颤振临界风速也有所提高。

(2)颤振临界风速

节段模型系统总扭转阻尼比等于 0 时对应的风速即为颤振临界风速，由此可以确定带翼板的断面颤振临界风速，表 3.22 列出了双层翼板与桥面开槽组合断面的颤振临界风速。为了更直观地描述气动翼板的作用，图 3.95、图 3.96 给出了颤振临界风速增长率与单层翼板位置关系的 3 次样条曲线。其中，颤振临界风速增长率如下式定义。

双层翼板与桥面开槽组合断面颤振临界风速 表 3.22

控制措施	α(°)	试验 U_{cr}(m/s)	实桥 U_{CR}(m/s)
双层翼板+$D10$	−3	>22	>107.7
双层翼板+$D10$	0	>22	>107.7
双层翼板+$D10$	+3	11.5	56.3
$D10$	−3	21	>102.8
$D10$	0	14.8	72.5
$D10$	+3	11	53.9
双层翼板+封槽	−3	16.6	81.3
双层翼板+封槽	0	13.8	67.6
双层翼板+封槽	+3	10.2	49.9
封槽	−3	15.5	75.9
封槽	0	10.5	51.4
封槽	+3	9.3	45.5

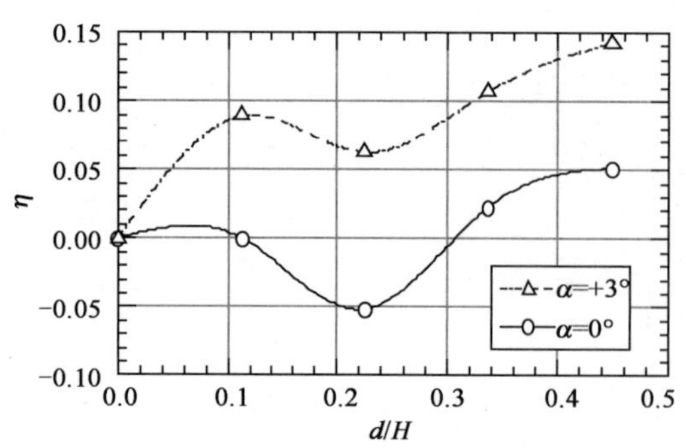

图 3.95 椭圆形翼板断面的临界风速增长率

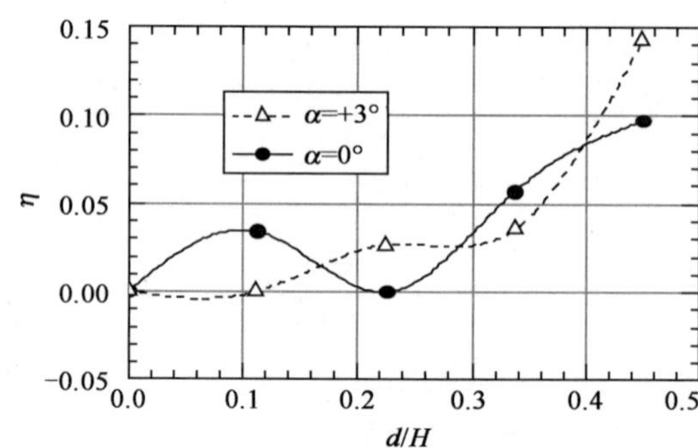

图 3.96 机翼形翼板断面的临界风速增长率

$$\eta = \frac{U_{cr} - U_{cr0}}{U_{cr0}} \tag{3.55}$$

式中：U_{cr}——不设翼板的原桁架梁在不同风攻角下的颤振临界风速；

U_{cr0}——设置单层翼板的桁架梁断面在对应风攻角下的颤振临界风速。

图 3.95、图 3.96 中以单层翼板距离桁架上表面的距离与桁架高度的比值 d/H 作为参考高度。

3)气动翼板颤振控制效果评价

图 3.95、图 3.96 中画出了单层翼板断面颤振临界风速增长率随翼板与桁架上表面距离增加的关系。由于在$-3°$风攻角得到的数据点比较少，所以只画出了 0°和$+3°$风攻角下的关系曲线。

从图 3.95、图 3.96 中可以看出，设置了椭圆形翼板断面的颤振临界风速增长率变化趋势受风攻角影响比较大。在 0°风攻角下，临界风速随翼板位置变化基本没有较大改变，变化幅度都在 5%以内；在$+3°$风攻角下，设置单层翼板后临界风速有所增加，临长率都在 5%以上，而且在翼板离桁架梁上表面最远时，效果最好，临界风速增长率将近 15%。

设置了机翼形翼板断面的颤振临界风速增长率在两个风攻角下的变化趋势基本相同。在 $d/H<0.4$ 时，临界风速增长率的变化幅度基本在 5%以内。当单层翼板处于桁架梁中间附近位置(即 $d/H=0.449$)时，临界风速增长率在 0°风攻角下将近 10%，在$+3°$风攻角下将近 15%。

由表 3.22 可见，设置双层翼板的断面临界风速增长率受攻角影响比较大。双层翼板与桥面开槽组合的断面在 0°风攻角下，临界风速增长了 48.6%，在$+3°$风攻角下增长了 4.5%，在$-3°$风攻角下增长了 4.8%。双层翼板与桥面封槽组合的断面在 0°风攻角下增长了 31.4%，在$+3°$风攻角下临界风速增长了 9%，在$-3°$风攻角下增长了 7.1%。可见双层翼板在 0°风攻角下提高颤振临界风速的效果比较明显。以上所说的增长率都是相对没有翼板断面的临界风速增长率。

4)安装气动翼板后钢桁梁悬索桥的颤振分析理论

(1)二维颤振分析

在不考虑抖振力的均匀流情况下，具有竖向和扭转两个自由度的模型的运动方程为

$$\begin{aligned} m(\ddot{h}+2\xi_h\omega_h\dot{h}+\omega_h^2h)&=L_{se} \\ I(\ddot{\alpha}+2\xi_\alpha\omega_\alpha\dot{\alpha}+\omega_\alpha^2\alpha)&=M_{se} \end{aligned} \tag{3.56}$$

式中：m、I——分别为模型单位长度的质量和惯性矩；

h、α——分别为模型的竖向位移和扭转角；

L_{se}、M_{se}——分别为物体运动与气流相互作用产生的升力和力矩。

根据 Scanlan 的颤振分析理论，升力和力矩可写为如下形式

$$\begin{cases} L_{se}=\rho U^2B\left(KH_1^*\dfrac{\dot{h}}{U}+KH_2^*\dfrac{B\dot{\alpha}}{U}+K^2H_3^*\alpha+K^2H_4^*\dfrac{h}{B}\right) \\ M_{se}=\rho U^2B^2\left(KA_1^*\dfrac{\dot{h}}{U}+KA_2^*\dfrac{B\dot{\alpha}}{U}+K^2A_3^*\alpha+K^2A_4^*\dfrac{h}{B}\right) \end{cases} \tag{3.57}$$

式中：ρ——空气密度；

U——风速；

B——模型的宽度；

K——折算频率，$K=\omega b/U$；

H_i^*、A_i^*——K 的量纲为 1 的系数，$i=1,2,3,4$。H_i^*、A_i^* 称为气动导数，与桥梁断面的具体形状有关，通过风洞试验获得。

将式(3.57)代入式(3.56)，移项并令

$$H_1=\frac{\rho B^2\omega}{m}H_1^*, H_2=\frac{\rho B^2\omega}{m}H_2^*, H_3=\frac{\rho B^3\omega^2}{m}H_3^*, H_4=\frac{\rho B^2\omega^2}{m}H_4^*$$

$$A_1=\frac{\rho B^3\omega}{I}A_1^*, A_2=\frac{\rho B^4\omega}{I}A_2^*, A_3=\frac{\rho B^4\omega^2}{I}A_3^*, A_4=\frac{\rho B^3\omega^2}{I}A_4^* \tag{3.58}$$

则方程(3.56)变为

$$\begin{aligned}\ddot{h}+2\xi_{\mathrm{h}}\omega_{\mathrm{h}}h+\omega_{\mathrm{h}}^2h&=H_1\dot{h}+H_2\dot{\alpha}+H_3\alpha+H_4h\\ \ddot{\alpha}+2\xi_\alpha\omega_\alpha\alpha+\omega_\alpha^2\alpha&=A_1\dot{h}+A_2\dot{\alpha}+A_3\alpha+A_4h\end{aligned} \tag{3.59}$$

取 $\{x\}^T=\{h\quad a\}^T$，则方程(3.59)可写为

$$\{\ddot{x}\}+C^e\{\dot{x}\}+K^e\{x\}=\{0\} \tag{3.60}$$

式中：$C^e=\begin{bmatrix}2\xi_{\mathrm{h}}\omega_{\mathrm{h}}-H_1 & -H_2\\ -A_1 & 2\xi_\alpha\omega_\alpha-A_2\end{bmatrix}$，$K^e=\begin{bmatrix}\omega_{\mathrm{h}}^2-H_4 & -H_3\\ -A_4 & \omega_\alpha^2-A_3\end{bmatrix}$

再引入一个状态变量 $Y=[x,\dot{x}]^T$，刚系数的状态方程为

$$\dot{Y}=\boldsymbol{A}Y \tag{3.61}$$

式中，$\boldsymbol{A}=\begin{bmatrix}0 & E\\ -K^e & -C^e\end{bmatrix}$，$\boldsymbol{E}$ 为单位阵。

求解特征矩阵 $\mathbf{A}$ 的特征值和特征向量，对于欠阻尼系统，特征值呈共轭出现，记为 $\lambda_1,\lambda_2,\cdots,\lambda_n,\lambda_1^*,\lambda_2^*,\cdots,\lambda_n^*$，对应的复共轭特征向量 $\psi_1,\psi_2,\cdots,\psi_n,\psi_1^*,\psi_2^*,\cdots,\psi_n^*$，并且有 $\{\psi'_i\}=\begin{Bmatrix}\psi_i\\ \psi_i\lambda_i\end{Bmatrix}$，其中，$\lambda_i$ 和 $\{\psi_i\}$ 分别为系统复频率和复振型。

对应于物理坐标系，体系的自由振动响应可表示为

$$x(t)=\sum_{i=1}^{2}(\{\psi_i\}e^{\lambda_i t}+\{\psi_i^*\}e^{\lambda_i^* t}) \tag{3.62}$$

将其特征值写成如下形式

$$\begin{aligned}\lambda_i&=-\zeta_i\omega_i+j\sqrt{1+\zeta_i^2}\,\omega_i=-\alpha_i+j\beta_i\\ \lambda_i^*&=-\zeta_i\omega_i-j\sqrt{1-\zeta_i^2}\,\omega_i=-\alpha_i-j\beta_i\end{aligned} \tag{3.63}$$

式中：$j=\sqrt{-1}$；

ζ_i——第 i 阶复模态阻尼比；

$\sqrt{1-\zeta_i^2}\,\omega_i$——第 i 阶复模态固有圆频率。

从式(3.63)可以看出，如果每一阶模态阻尼 $\zeta_i\omega_i>0$，即系统所有特征值实部小于零，则振动逐渐衰减；如果出现某一个 $\zeta_i\omega_i<0$，振动发散；$\zeta_i\omega_i=0$ 即为临界状态，对应于颤振体系，该点即为颤振发生的临界点。由于特征矩阵 $\mathbf{A}$ 是取决于频率的，因此在迭代计算过程中必须找到每阶风速的特征值。迭代过程从零风速开始，选择一个合适的迭代步长进行计算，然后前一个迭代过程所得的特征值作为下一个迭代过程的初始值。一般认为，对于大多数桥梁来说，扭转基频高于竖弯基频，而颤振形式主要取决于扭转模态，因此必须通过迭代找到二维体系的第

二阶模态和用以确定折减频率和气动导数的第二阶频率。

(2)安装气动翼板后断面非定常自激力模型

在主梁上方对称安装固定翼板时，作用在整个桥梁气动断面上的自激力如图 3.97 所示。在推演主梁上方安装翼板后整个气动截面的自激气动力模型时，作如下假定：①两块翼板对称地安装在主梁截面的上方，其沿桥轴线水平设置；②翼板为宽度、厚度和质量均很小的刚性板，因此忽略其与主梁之间的惯性耦合；③翼板与主梁之间保持足够的距离，从而保证主梁与翼板的流场互不干扰；④对于小幅振动，作用在翼板上与主梁上的自激力可以叠加，均作用到主梁质心上；⑤翼板由流线型托架支撑，忽略作用在托架上的自激力；⑥本节的试验范围是风攻角为零和风攻角很小的情况，此时作用在翼板上的气动力可以用平板理论加以描述。

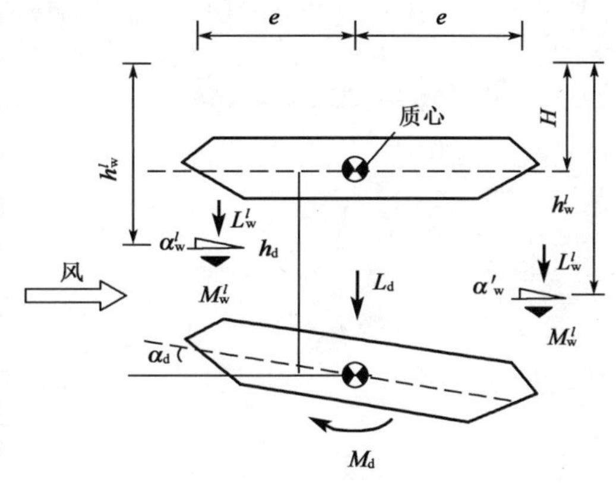

图 3.97 上方对称安装翼板的主梁横断面

由于翼板宽度很小，通常取主梁宽度的 1/10，因此翼板的折算频率($K_w=B_w\omega/U$)很小，所以可以合理地假定作用在翼板上的气流为准定常，且自激气动升力 $L_w(t)$作用在翼板截面的中心(实际上作用在翼板迎风侧 1/4 弦点处)。

在平滑流中，作用在整个桥梁气动横截面上的自激力如图 3.97 所示。对于小幅振动，作用在主梁单位展长上的自激气动升力 L_d和升力矩 M_d分别表达为

$$L_d=\rho U^2B_d\left(K_dH_{d1}^*\frac{\dot{h}_d}{U}+K_dH_{d2}^*\frac{B_d\dot{\alpha}_d}{U}+K_d^2H_{d3}^*\alpha_d+K_d^2H_{d4}^*\frac{h_d}{B_d}\right) \tag{3.64}$$

$$M_d=\rho U^2B_d^2\left(K_dA_{d1}^*\frac{\dot{h}_d}{U}+K_dA_{d2}^*\frac{B_d\dot{\alpha}_d}{U}+K_d^2A_{d3}^*\alpha_d+K_d^2A_{d4}^*\frac{h_d}{B_d}\right) \tag{3.65}$$

基于 Theodorsen 理论平板气动导数，作用在迎风侧及背风侧翼板单位展长上的自激气动力和升力矩可分别表达为

$$L_w^l=\rho U^2B_w\left(K_w^lH_{w1}^*\frac{h_w^l}{U}+K_w^lH_{w2}^*\frac{B_w\alpha_w^l}{U}+K_w^{l2}H_{w3}^*\alpha_w^l+K_w^2H_{w4}^*\frac{h_w}{B_w}\right) \tag{3.66}$$

$$M_w^l=\rho U^2B_w^2\left(K_w^lA_{w1}^*\frac{h_w^l}{U}+K_w^lA_{w2}^*\frac{B_w\alpha_w^l}{U}+K_w^{l2}A_{w3}^*\alpha_w^l+K_w^2A_{w4}^*\frac{h_w}{B_w}\right) \tag{3.67}$$

$$L_w^t=\rho U^2B_w\left(K_w^tH_{w1}^*\frac{h_w^t}{U}+K_w^tH_{w2}^*\frac{B_w\alpha_w^t}{U}+K_w^{t2}H_{w3}^*\alpha_w^t+K_w^2H_{w4}^*\frac{h_w^t}{B_w}\right) \tag{3.68}$$

$$M_w^t=\rho U^2B_w^2\left(K_w^tA_{w1}^*\frac{h_w^t}{U}+K_w^tA_{w2}^*\frac{B_w\alpha_w^t}{U}+K_w^{t2}A_{w3}^*\alpha_w^t+K_w^2A_{w4}^*\frac{h_w^t}{B_w}\right) \tag{3.69}$$

式中： 下标“w”——对应于翼板的参数；

上标“l”——对应于迎风侧翼板的参数；

上标“t”——对应于下风侧翼板的参数；

B_w——翼板的弦宽；

$H_{wi}^*,A_{wi}^*(i=1\sim4)$——翼板的气动导数，已由 Theodorsen 根据势流理论导出。

在小幅振动条件下，$\alpha_d \ll 1.0$，可得

$$h_w^l = h_d - e\alpha_d, \alpha_w^l = \alpha_d \tag{3.70}$$

$$h_w^t = h_d - e\alpha_d, \alpha_w^t = \alpha_d \tag{3.71}$$

式中：e——翼板质心与主梁质心之间的距离。

由式(3.66)～式(3.71)经代入整理可将 L_w^l、M_w^l 以及 L_w^t、L_w^t 分别表达为关于主梁广义位移 h_d、α_d 及其关于时间一阶导数的函数。然后根据上述假定，将作用在主梁与翼板上的自激力叠加，则得作用在主梁质心上的总自激气动升力 L^{ae} 和总升力矩 M^{ae}，其表达式分别为

$$L^{ae} = L_d^{ae} + L_w^{ae,l} + L_w^{ae,t} = \rho U^2 B_d \left(KH_1^* \frac{\dot{h}_d}{U} + KH_2^* \frac{B_d \dot{\alpha}}{U} + K^2 H_3^* \alpha_d + K^2 H_4^* \frac{h_d}{B_d} \right) \tag{3.72}$$

$$\begin{aligned} M^{ae} &= M_d^{ae} + M_w^{ae,l} + M_w^{ae,t} + (L_w^{ae,l} - L_w^{ae,t})e \\ &= \rho U^2 B_d \left(KA_1^* \frac{\dot{h}_d}{U} + KA_2^* \frac{B_d \dot{\alpha}}{U} + K^2 A_3^* \alpha_d + K^2 A_4^* \frac{h_d}{B_d} \right) \end{aligned} \tag{3.73}$$

$$\begin{cases} H_1^* = H_{d1}^* + 2C_1^2 H_{w1}^*; H_2^* = H_{d2}^* + 2C_1^3 H_{w2}^* \\ H_3^* = H_{d3}^* + 2C_1^3 H_{w3}^*; H_4^* = H_{d4}^* + 2C_1^2 H_{w4}^* \end{cases} \tag{3.74}$$

$$\begin{cases} A_1^* = A_{d1}^* + 2C_1^3 A_{w1}^*; A_2^* = A_{d2}^* + 2C_1^4 A_{w2}^* + 2C_1^2 C_2^2 H_{w1}^* \\ A_3^* = A_{d3}^* + 2C_1^4 A_{w3}^* + 2C_1^2 C_2^2 H_{w4}^*; A_4^* = A_{d4}^* + 2C_1^3 A_{w4}^* \end{cases} \tag{3.75}$$

$$C_1 = \frac{B_w}{B_d}$$

$$C_2 = \frac{e}{B}$$

$$K = \frac{B_d \omega}{U}$$

式中：H_i^*、A_i^*——分别为安装气动翼板后整个结构系统的颤振导数。

5)小结

本节通过节段模型风洞试验介绍了气动翼板对桁架梁断面颤振稳定性的影响，主要有以下结论。

(1)在各风攻角下，系统扭转阻尼比随风速增加的变化趋势受翼板位置的影响比较小。扭转阻尼比都经历了一个随风速增加先上升后下降的过程。双层翼板对系统扭转阻尼比的影响要比单层翼板大一些。

(2)翼板位置对桁架梁的颤振临界风速影响比较大。当单层翼板设置在桁架梁合适的位置时可使模型的最低颤振临界风速提高15%。

(3)翼板对桁架梁颤振临界风速的影响在不同风攻角下差别比较大。设置椭圆形翼板的断面在+3°风攻角下，可使临界风速提高15%。设置机翼形翼板的断面在0°风攻角可使临界风速提高10%，在+3°风攻角提高15%。双层翼板在不同风攻角对模型颤振临界风速的影响差别更大。

(4)利用本节的自激力叠加法可以近似估算带翼板的桁架梁断面最低颤振临界风速。

3.2.8 斜风作用下桁架梁颤振稳定性

一般认为，当平均风的方向与桥跨方向垂直时，即桥梁在法向风作用下颤振临界风速最低，故迄今为止，对于大跨径桥梁的颤振性能研究主要集中在来流方向与桥跨方向垂直这一特

殊情况。然而，一些风洞试验的结果显示桥梁的最低颤振临界风速并不一定发生在法向风的情况下，而是有可能发生在平均风与桥跨成某一偏角的斜风的情况下。而对于自然界中的风，其方向与桥跨的夹角则不一定会垂直，故按照传统的颤振分析方法，在实用时没有考虑到这一情况，这就会导致设计偏角不安全，降低了桥梁的抗风要求。

有研究发现，不同风偏角下桥梁结构的颤振性能与结构断面的钝体程度有较大关系，钝体性质明显，则风偏角影响就大。对于肋板等开口主梁断面，与法向风相比，在一定风偏角斜风下的颤振临界风速可下降5%～15%。对于桁架梁断面，在斜风作用下其颤振临界风速也有可能降低，而且在山区峡谷中，风速场空间风分布复杂，其来流方向与主桥纵轴线之间极有可能存在一定偏角。本节以地处山区峡谷地区的坝陵河桥为工程背景，介绍风偏角变化对桁架梁悬索桥颤振稳定性以及对几种主要气动控制措施颤振控制效果的影响。

1）节段模型风洞试验概况

（1）节段模型设计

本节试验的主要目的是考查不同风偏角下桁架梁断面的颤振性能，只以成桥状态主梁断面为研究对象。主梁基本断面形式与前几节相同。为方便对比，节段模型主要设计参数也与前几节相同，如表3.23所示。对于不同风偏角β，模型总长2.744m保持不变，长宽比约为5.74∶1。在不同风偏角，安装不同的异形端块，使整个斜节段模型的两端始终与来流方向平行。试验中，斜断面节段模型通过模型上的2根吊臂和8根弹簧悬挂在固定于风洞顶板和底板上的近圆弧形“轨道”。风偏角定义为节段模型中心轴的法向与来风方向所成的夹角。试验中所需的风偏角是通过将8根弹簧两两成对地固定在上下4根“轨道”上的相应预设孔中的方法来实现。试验前，根据需要试验的偏角工况及“轨道”在风洞中的相对位置，在“轨道”上设置相应的孔位；试验时只需将悬挂于吊臂上的弹簧通过连杆固定于“轨道”上的相应孔位处即可。悬挂于TJ-2风洞中的节段模型如图3.98所示。

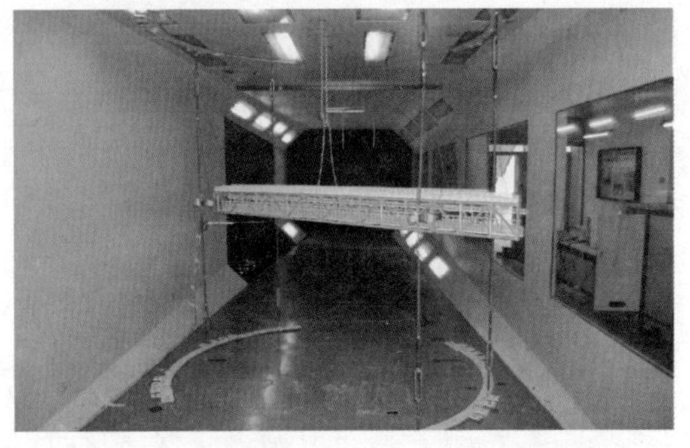

图3.98　悬挂于TJ-2风洞中的节段模型

成桥状态节段模型设计参数　　表3.23

参数名称	符号	单位	实桥值	缩尺	模型值
主桁架长度	L	m	165.412 7	1/60	2.744 1
主桁架宽度	B	m	28.7	1/60	0.478 0
主桁架高度	H	m	10.7	1/60	0.178 0
桥面板高度	D	m	1.38	1/60	0.022 9
等效质量	m_{eq}	kg/m	2.96×10^4	$1/60^2$	8.229
等效质量惯矩	$J_{m,eq}$	kg·m²/m	4.70×10^6	$1/60^4$	0.363
等效惯性半径	r	m	12.607	1/60	0.210 0
竖弯基频	f_h	Hz	0.154 5	12	1.854
扭转基频	f_t	Hz	0.278	12	3.336
扭弯频率比	ε	—	1.799	1	1.799

对于不同的风攻角，两根吊臂始终保持水平，绕断面形心旋转中间段和端块，使中间端横梁、端块、吊臂上的相应风攻角定位孔位对准并固定，即可获得所需风攻角。用这种方式获得的是模型绕其纵轴的旋转角度 θ_m，而实际的风攻角 θ 定义为平均风与主梁中平面的夹角，平均风竖向分量向上时风攻角 θ 为正，θ 与 θ_m 之间的关系可表示为

$$\theta = \theta_m \cos\beta \tag{3.76}$$

(2)试验工况

试验中考虑了 0°、5°、10°、15°和 45°共 5 个风偏角，其中对双层翼板断面进行这 5 个偏角下的颤振试验，其他气动措施只进行了前 4 个偏角下的颤振试验。对于每个风偏角，又考虑了 3 个风攻角，即 $\theta_m = -3°$、0°和 3°。试验时，对模型施加一个外部激励使模型振动，通过安装在吊臂上的 3 个传感器采集有关数据。当风速达到颤振临界风速时，风荷载作用下模型即可发生发散性振动，此时不用外加激励即可采集数据。

本节主要研究 3 种气动措施在斜风作用下的颤振控制效果。

①桥面开槽和封槽断面在斜风作用下的颤振性能。开槽宽度只选取 10mm 一种，相当于实桥的 60cm。封槽是把模型桥面板中间的开槽用胶带纸封住，使其不透风。

②上下稳定板与桥面开槽组合断面和上稳定板与桥面封槽组合断面在斜风作用下的颤振性能。桥面开槽时的宽度都为 10mm，封槽工况即把桥面中间的开槽封住，使其不透风。上稳定板选取了 3 种高度，分别为 30.4mm、34.5mm、38.5mm，安装方式与 3.2.1 节相同。下稳定板选取了 4 种高度，分别为 17.8mm、26.7mm、35.6mm 和 44.5mm。

③双层翼板与桥面开槽组合断面在斜风下的颤振性能，最大进行了 45°风偏角下的颤振试验。

2)主要试验结果

(1)系统扭转阻尼变化规律

桁架梁这种外形较钝的断面，颤振形态一般以扭转为主，竖弯参与程度很小，所以可以通过考查节段模型系统的扭转振动总阻尼比随风速的变化情况来研究其颤振稳定性。试验中用初激励自由衰减振动法测得的各工况对应的节段模型系统扭转总阻尼比随风速上升都经历了一个先增大后减小的过程。当阻尼比减为 0 时所对应的风速就是颤振发散风速。下面简要分析设置各种气动措施后的断面在不同风攻角和风偏扭转总阻尼比的改变及对颤振稳定性的影响。

①桥面开槽的断面在+3°风攻角下扭转阻尼比在 5m/s 左右风速时就已达到最大，随后进入下降区段，直至由正转负，导致颤振发散。只是在风偏角较大时，扭转阻比随风速增加下降速度变慢，推迟了颤振的发生。0°风攻角与+3°风攻角情况基本相同。而在−3°风攻角下，扭转阻尼比随风速增加而上升的区间比较大，在 10m/s 左右达到最大，所以相对+3°风攻角，在相同偏角下其颤振界风速要高很多。桥面封槽、中间不透风的断面在各风偏角下，扭转阻尼比之间的差别要比开槽断面小。

②设置上稳定板的断面在+3°风攻角模型到达颤振临界风速前，扭转阻尼比随风速增加而上升的区间都比下降的区间小，只是在不同风偏角阻尼下降速度有所不同。在−3°风攻角

下，阻尼比开始都随风速增加上升得很快，在风速超过 20m/s 时还没下降到 0，而使大多数工况不能获得颤振临界风速。上稳定板与桥面开槽或封槽组合在不同风偏角下的扭转阻尼变化规律差别不大。

③设置下稳定板的断面，在各风攻角下，模型到达颤振临界风速前，扭转阻尼比随风速增加而上升的区间都比下降的区间小，只是在不同风偏角下阻尼下降速度有所不同。风偏角对这种断面的阻尼比变化趋势的影响程度与稳定板高度有关，稳定板越高使不同风偏角下的扭转阻尼曲线差别越大。

④设置双层翼板的断面扭转阻尼比在＋3°风攻角下的不同风偏角时都在风速为 5m/s 左右时达到最大，在－3°风攻角下，阻尼比在风速为 10m/才达到最大。3 种攻角下的相同特点是：在 15°和 45°风偏角下，扭转阻尼比在下降区间的下降速度明显比其他 3 个偏角下要平缓，使颤振临界风速提高很多，或者超出试验风速范围。

（2）颤振临界风速

节段模型系统总扭转阻尼比等于 0 时对应的风速即为颤振临界风速，由此确定的各工况下的颤振临界风速结果汇总于表 3.24～表 3.28。因为设置不同气动措施的节段模型基本设计参数都与前面研究相同，试验结果对实桥颤振临界风速也有参考价值，所以把各试验工况下的风速比和对应实桥风速也列于表中。表 3.24～表 3.28 中的标识代号意义与前几章相同。

斜风下桥面开、封槽断面颤振临界风速(单位：m/s)　　表 3.24

控制措施	α(°) \ β(°)	0	5	10	15
$D10$	−3	>23	>21	>21	20.8
	0	17.5	17.8	20.1	20.6
	3	11.2	10.1	12.1	14.5
桥面封槽	−3	15.5	15.2	15.3	14.8
	0	10.5	10.8	11.9	12
	3	9.3	8.6	9.4	10.2

斜风下桥面开、封槽断面实桥颤振临界风速(单位：m/s)　　表 3.25

控制措施	β(°)	0		5		10		15	
	α(°)	λ_V	U_{cr}	λ_V	U_{cr}	λ_V	U_{cr}	λ_V	U_{cr}
D10	−3	5.003 9	>115.1	5.025 5	>105.5	4.969 9	>104.4	4.982 4	103.6
	0	4.998 8	87.5	4.942 5	88.0	4.974 9	100.0	4.995 1	102.9
	3	5.000 1	56.0	5.012 9	50.6	4.978 7	60.2	5.001 5	72.5
桥面封槽	−3	4.882 2	75.7	4.984 2	75.8	4.951 3	75.8	4.988 0	73.8
	0	4.892 4	51.4	4.981 5	53.8	4.957 8	59.0	4.999 1	60.0
	3	4.868 7	45.3	4.976 4	42.8	4.959 3	46.6	5.002 8	51.0

斜风下带双层翼板断面颤振临界风速(单位:m/s) 表 3.26

控制措施	β(°) / α(°)	0	5	10	15	45
双层翼板+$D$10	−3	>22	>21	>22	>21	>21
	0	>22	18.1	20.6	>21	>21
	3	11.5	12.2	13.5	>21	>21

斜风下带双层翼板断面实桥颤振临界风速(单位:m/s) 表 3.27

β(°)	0		5		10		15		45	
α(°)	λ_V	U_{cr}	λ_V	U_{cr}	λ_V	U_{cr}	λ_V	U_{cr}	λ_V	U_{cr}
−3	4.886	>107.5	5.001	>105.0	5.005	>110.1	4.976	>104.5	5.011	>105.2
0	4.853 6	>106.8	4.994	90.4	5.006	103.1	4.979	>104.6	5.011	>105.2
3	4.869	56.0	5.003	61.0	5.009	67.6	4.966	>104.3	5.005	>105.1

斜风下带稳定板断面颤振临界风速(单位:m/s) 表 3.28

控制措施	β(°) / α(°)	0	5	10	15
S30.4+$D$10	−3	>23	>21	>21	>21
	0	20.3	>21	>21	>22
	3	11.2	12.6	17.4	15.6
S34.5+$D$10	−3	>21	>21	>21	>21
	0	>21	>21	>21	21.5
	3	18.1	16.2	16.9	18.4
S38.5+$D$10	−3	>22	>21	>21	>21
	0	>23	>21	>21	>21
	3	17.5	14.4	19.5	19.4
S30.4+封槽	−3	19.5	19.3	19	19.2
	0	13.3	13.4	14.5	15.2
	3	9.3	8.9	9.7	10.3
S34.5+封槽	−3	>21	20.7	20.5	20.5
	0	18.6	18.1	18.3	18.3
	3	10.6	9.5	10.2	10.2
S38.5+封槽	−3	>22	>21	>21	20.7
	0	21.2	20.5	20.9	18
	3	10.6	10.2	11.5	10.2
X17.8+$D$10	−3	>21	20.2	21.7	21
	0	17.2	15.5	17.8	19.3
	3	11.5	10.1	13	16

续上表

控制措施	β(°) α(°)	0	5	10	15
X26.7+*D*10	−3	20.8	20.2	21.4	21.8
	0	14.5	14.3	17	19.2
	3	10.8	10.1	11.4	16.2
X35.6+*D*10	−3	20.6	21.4	>22	>22
	0	15.1	15.5	21.6	19.5
	3	11.5	10.5	12.5	20.5
X44.5+*D*10	−3	19.5	21.5	>21	>21
	0	14.8	16	>21	>22
	3	13.8	11.2	12.5	>21

3)斜风下气动措施的颤振控制效果

(1)桥面开、封槽断面斜风作用下的颤振性能

由表3.24可以看出，桥面开槽和封槽断面的最低颤振临界风速都发生在+3°风攻角5°风偏角。从表3.29中可见，因斜风效应使模型颤振临界风速下降的最大幅度也出现在+3°风攻角5°风偏角，桥面开槽断面下降9.8%，桥面封槽断面下降7.5%；在0°攻角下这两种断面的最低颤振临界风速都发生在法向风作用下，而且随着风偏角增大，临界风速也在提高。而在−3°攻角下，桥面封槽断面的最低颤振临界风速发生在15°风偏角，开槽断面也在15°风偏角有一个最低临界风速值。可见这两种断面的颤振临界风速随风偏角变化规律受风攻角影响比较大。

各风偏角下桥面开、封槽断面临界风速相对法向时的百分比增量(单位：%)　　表3.29

控制措施	β(°) α(°)	5	10	15
*D*10	0	1.7	14.9	17.7
	3	−9.8	8.0	29.5
桥面封槽	−3	−1.9	−1.3	−4.5
	0	2.9	13.3	14.3
	3	−7.5	1.1	9.7

(2)中央稳定板断面斜风作用下的颤振性能

由于某些工况下颤振临界风速很高，超出了试验所允许的范围，所以只把数据充分的一些工况列出来对比。上稳定板与桥面开槽组合的临界风速值在3个高度下都只在+3°风攻角有完整的数据进行比较；上稳定板与桥面封槽组合断面和带下稳定板的断面在0°和−3°攻角下有一些工况没有临界风速值。在本文的试验中，同一断面的最低颤振临界风速值绝大多数都发生在+3°风攻角，所以一般情况下都可以考查最不利风攻角下的颤振临界风速。

①上稳定板与桥面开槽组合断面在+3°风攻角下的颤振临界风速随风偏角变化规律与稳定

板高度有关。当上稳定板取最低高度时，颤振临界风速随风偏角增加而增加。在+3°风攻角，10°风偏角的颤振临界风速相对0°风偏角可提高55.4 %；当稳定板较高时，最低颤振临界风速都发生在5°风偏角，稳定板越高降低的幅度越大，最大相对0°风偏角下降17.7%（表3.30）。

斜风下带稳定板断面颤振临界风速相对法向时的百分比增量（单位：%）　　表3.30

控制措施	β(°) / α(°)	5	10	15
S30.4+$D$10	3	12.5	55.4	39.3
S34.5+$D$10	3	−10.5	−6.6	1.7
S38.5+$D$10	3	−17.7	11.4	10.9
S30.4 +封槽	−3	−1.0	−2.6	−1.5
	0	0.8	9.0	14.3
	3	−4.3	4.3	10.8
S34.5+封槽	−3	−5.5	−6.4	−6.4
	0	−2.7	−1.6	−1.6
	3	−10.4	−3.8	−3.8
S38.5+封槽	0	−3.3	−1.4	−15.1
	3	−3.8	8.5	−3.8
X17.8+$D$10	−3	−5.2	1.9	−1.4
	0	−9.9	3.5	12.2
	3	−12.2	13.0	39.1
X26.7+$D$10	−3	−2.9	2.9	4.8
	0	−1.4	17.2	32.4
	3	−6.5	5.6	50
X35.6+$D$10	0	2.6	43.0	29.1
	3	−8.7	8.7	78.3
X44.5+$D$10	3	−18.8	−9.4	61.6

②上稳定板与桥面封槽组合断面颤振临界风速的变化规律受稳定板高度影响比较大。各个断面的最低颤振临风速基本都发生在+3°风攻角，5°风偏角；在−3°风攻角下，非零风偏角临界风速相对于0°风偏角基本都有所降低，设置前两种高度稳定板的断面临界风速都有小幅降低，设有最高稳定板的断面在风偏角较小时，由于风速过高没有得出颤振临界点，只在15°风偏角有试验风速值，可见在较大的风偏角下临界风速也会降低。在0°攻角下，设置高度比较低的稳定板断面临界风速随风偏角增加提高幅度越大，而后两种高度稳定板断面在这个风攻角下临界风速在非零风偏角下都有降低，下降的最大幅度出现在15°风偏角，下降幅度为15.1%；在+3°风攻角，临界风速随风偏角增加都有一个先降低后增加的过程，如图3.99、图3.100所示。

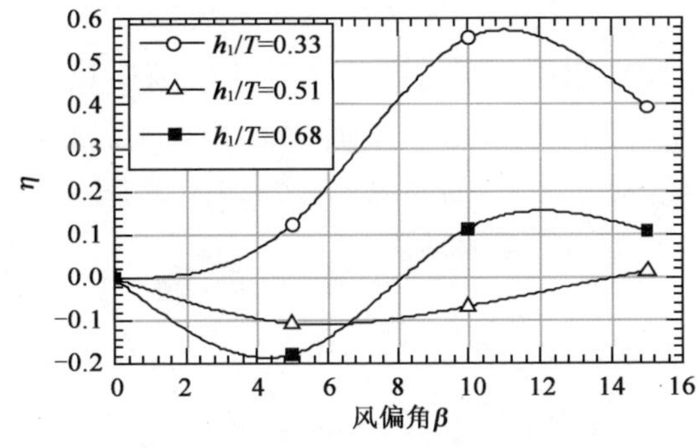

图 3.99　上稳定板开槽断面的临界风速增长率($\alpha=+3°$)

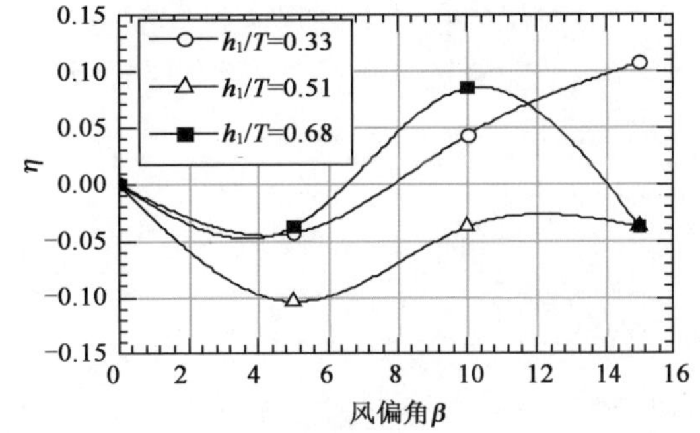

图 3.100　上稳定板封槽断面的临界风速增长率($\alpha=+3°$)

③设置下稳定板的开槽断面最低颤振临界风速都出现在＋3°风攻角 5°风偏角；由图 3.101可见，设置下稳定板的断面在＋3°风攻角下临界风速随风偏角增加都是先降低后增加。

④图 3.102～图 3.104 显示了最不利风攻角下设置稳定板的气动控制措施在不同风偏角下控制效果的变化情况。由图 3.102 可以看出，上稳定板对开槽断面在非零风偏角下的颤振控制效果要比零风偏角下好一些。但不是偏角越大，控制效果越好，在 5°和 10°风偏角下的颤振控制效果最好；由图 3.103 可见，上稳定板对封槽断面的颤振控制效果受风偏角的影响比较小。只在 15°风偏角下临界风速增长率的变化幅度稍大一些；由图 3.104 可以看出，下稳定板对开槽断面的颤振控制效果受风偏角的影响比较大。0°、10°和 15°风偏角下，颤振临界风速增长率随下稳定板高度增加变化幅度较大，而在 5°风偏角，临界风速增长率随稳定板高度增加变化幅度较小。

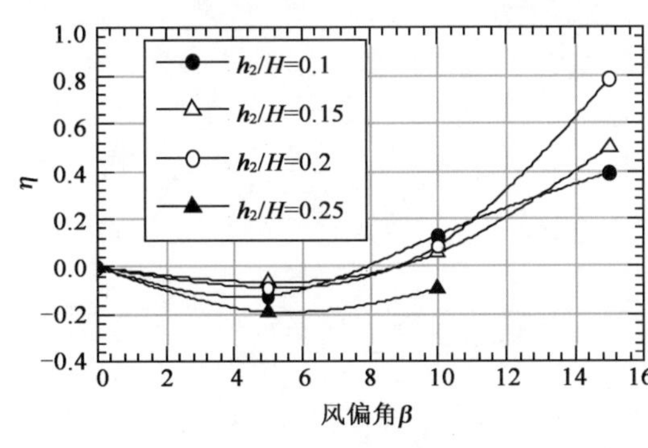

图 3.101　下稳定板开槽断面的临界风速增长率($\alpha=+3°$)

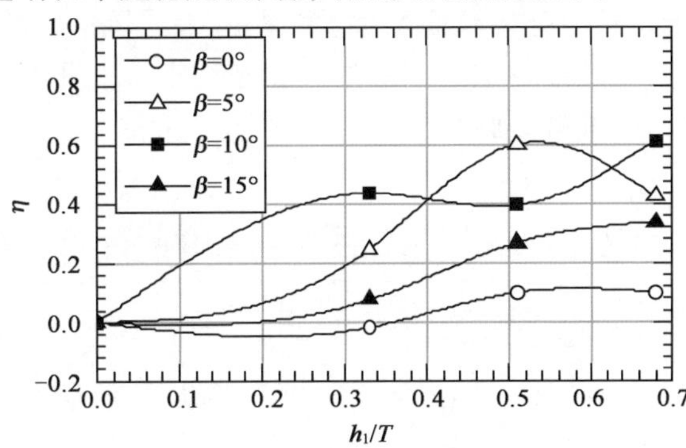

图 3.102　上稳定板开槽断面的临界风速增长率($\alpha=+3°$)

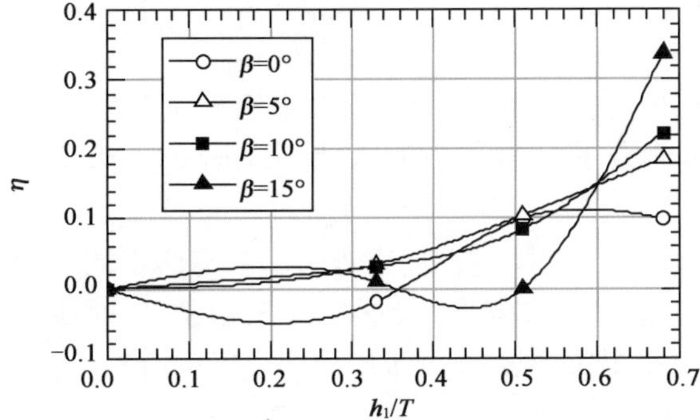

图 3.103　上稳定板封槽断面的临界风速增长率($\alpha=+3°$)

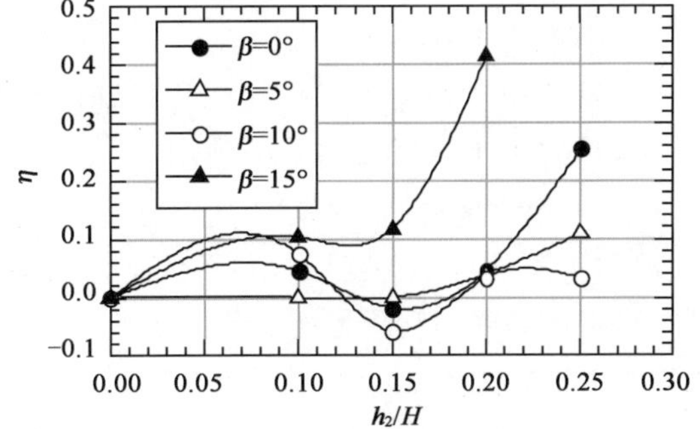

图 3.104　下稳定板开槽断面的临界风速增长率($\alpha=+3°$)

(3)双层翼板断面斜风颤振性能

由表 3.26 数据可见,设置双层翼板的开槽断面没有像上述断面那样在+3°攻角 5°风偏角下出现最低颤振临界风;在+3°风攻角下,颤振临界风速随风偏角增加而提高,5°和 10°风偏角的试验值都比分解法得到的数值要高。在 15°和 45°风偏角下,临界风速已经超出试验风速范围;在 0°风攻角下,5°和 10°风偏角下的临界风速相对 0°风偏角有所降低。

4)小结

本节通过节段模型风洞试验研究了设置不同气动措施的桁架梁断面的颤振性能随风偏角和风攻角的变化规律,主要得到以下结论。

(1)桥面中央开槽与不开槽断面都会在+3°风攻角 5°风偏角出现最低颤振临界风速值,相对 0°风偏角时可降低将近 10%。

(2)设置上稳定板的开槽断面的最低颤振临界风速一般都出现在+3°攻角 5°风偏角,而且稳定板高度越高,相对 0°风偏角时下降幅度越大;设置上稳定板封槽断面的最低颤振临界风速一般也出现在+3°风攻角 5°风偏角。在这个风攻角下临界风速相对 0°风偏角的降幅受稳定板高度影响比较大。

(3)设置下稳定板的开槽断面的最低颤振临界风速一般出现在+3°风攻角 5°风偏角。在+3°风攻角下,斜风效应使颤振临界风速下降的幅度受下稳定板高度影响比较大。

(4)上稳定板对开槽断面的颤振控制效果受风偏角影响比较大,非零风偏角下的颤振控制效果要比零风偏角下好一些;上稳定板对封槽断面的颤振控制效果受风偏角的影响比较小;下稳定板对开槽断面的颤振控制效果受风偏角的影响比较大。

(5)设置双层翼板的开槽断面在+3°风攻角下颤振临界风速随偏角增加而增加,在 0°攻角时,最低颤振临界风速会出现在 5°风偏角。

3.3 改进后主梁断面效果

3.3.1 加劲梁气动优化新措施总结

本章以通过节段模型风洞试验介绍了几种常用的气动控制措施对大跨径桁架梁悬索桥颤振稳定性的影响。以下对本章介绍的主要内容和结论进行总结。

1)中央稳定板颤振控制

从系统扭转阻尼比和颤振临界风速的变化规律入手,研究了上下两种中央稳定板的高度变化对具有中央开、封槽桥面的桁架加劲梁悬索桥颤振稳定性的影响,以确定优化的中央稳定板高度和安装方案。得到以下一些主要结论。

(1)上下两种中央稳定板对系统扭转振动的总阻尼比随风速变化趋势的影响有所不同。设置上稳定板断面扭转阻尼比在不同风攻角上升到顶点的风速相差较大。对于下稳定板,在不同风攻角下扭转阻尼比变化形状基本相同,只是在下降区间的下降速度不同而使临界风速不同。

(2)中央稳定板的颤振控制效果比较明显。选取适当高度的稳定板可较大幅度的提高颤振临界风速。试验中还发现,不同风攻角下,中央稳定板改善桁架梁颤振稳定性的效果有所不同。

(3)中央稳定板的颤振控制效果与稳定板的高度有很大关系，并且存在一个最优高度。不同风攻角下，对于常规的稳定板高度范围，颤振临界风速基本上随上稳定板高度的增加而提高，而随下稳定板高度增加而呈波动状变化。

(4)对于原断面和设置了上、下两种稳定板的断面形式，+3°风攻角始终为最不利攻角。在试验所涉及的范围内，与下稳板相比，上稳定板能更好地改善桁架梁的颤振稳定性。

2)桥面中央开槽颤振控制

从系统扭转阻尼比和颤振临界风速的变化规律入手，通过节段模型风洞试验研究了不同桥面开槽宽度对桁架梁断面颤振稳定性的影响。得到以下主要结论。

(1)不同桥面开槽宽度的断面，系统扭转振动的总阻尼比随风速变化的规律在不同风攻角下有所不同。在+3°风攻角下，开槽宽度对扭转阻尼比的变化趋势影响不大；而在0°和−3°风攻角下，不同桥面开槽宽度对扭转阻尼比在下降区间的下降速度影响较大而使临界风速差别较大。

(2)桥面中央开槽的颤振控制效果比较明显。选取适当宽度的桥面开槽可较大幅度提高颤振临界风速。试验中发现，在最不利风攻角下，桥面中央设计适当宽度的开槽可使颤振临界风速相对没有开槽时提高20%。

(3)+3°风攻角始终为最不利风攻角。在不同风攻角下，桥面开槽宽度对颤振临界风速增长率的影响程度不同。在0°风攻角要比+3°风攻角影响大。

3)中央稳定板与桥面中央开槽组合颤振控制

从系统扭转阻尼比和颤振临界风速的变化规律入手，着重对中央稳定板和桥面开槽组合的颤振控制效果进行更细致的试验研究，以确定两种气动措施的最优组合。得到以下主要结论。

(1)对于确定稳定板高度的断面，槽宽对系统扭转总阻尼比随风速变化趋势影响较大。对设置上稳定板的断面要比设置下稳定板的断面影响大，而且与风攻角有关。

(2)中央稳定板的颤振控制效果与槽宽有较大关系。随开槽宽度增加，稳定板的作用效果先降低后增加。

(3)对于确定槽宽的断面，上稳定板越高，提高颤振临界风速效果越明显；设置下稳定板的断面受开槽宽度影响较大，开槽宽度较小时，下稳定板的作用也较小。当开槽宽度较大时，临界风速随下稳定板高度的增加而增加。

(4)中央稳定板的颤振控制效果在受风攻角影响比较大。

4)气动翼板颤振控制

通过节段模型风洞试验研究了在桥面开槽的桁架梁断面设置不同形式的气动翼板对颤振稳定性的影响。利用复模态迭代法和3.2.4节中借鉴的自激力叠加法计算各工况下的颤振临界风速，并与试验结果对比。得到以下主要结论。

(1)气动翼板板的颤振控制效果比较明显，受风攻角和翼板层数影响比较大。单层翼板在合适的位置可使最低颤振临界风速提高15%。双层翼板在0°风攻效果比较好，最高可使原开槽断面临界风速提高48%。

(2)翼板的安装位置对气动翼板的颤振控制效果有影响。

(3)利用自激力叠加法计算的颤振临界风速大部分情况下与试验结果相差不大,可用于估算设置翼板的桁架断面颤振临界风速。

5)斜风作用下桁架梁颤振稳定性

通过研究风偏角变化对大跨径桁架梁悬索桥颤振稳定性的影响,以及不同风偏角下桥面开、封槽,上下两种中央稳定板,气动翼板等几种主要气动控制措施的颤振控制效果,得到以下主要结论。

(1)桥面中央开槽与封槽断面都会在+3°攻角5°风偏角出现最低颤振临界风速值,相对0°风偏角可降低将近10%。

(2)设置上稳定板的开槽断面最低颤振临界风速一般都出现在+3°攻角5°风偏角,而且稳定板高度越高,相对0°风偏角时下降幅度越大;设置上稳定板封槽断面的最低颤振临界风速一般也出现在+3°风攻角5°风偏角。但在这个风攻角临界风速相对0°风偏角下降幅度受稳定板高度影响比较大。

(3)设置下稳定板的开槽断面最低颤振临界风速一般出现在+3°风攻角5°风偏角。在+3°风攻角下,斜风效应使颤振临界风速下降的幅度与下稳定板高度有很大关系。

(4)上稳定板对开槽断面的颤振控制效果受风偏角影响比较大。非零风偏角下的颤振控制效果要比零风偏角下好一些;上稳定板对封槽断面的颤振控制效果受风偏角的影响比较小;下稳定板对开槽断面的颤振控制效果受风偏角的影响比较大。

(5)设置双层翼板的开槽断面在+3°风攻角下颤振临界风速随偏角增加而增加,在0°攻角最低颤振临界风速会出现在5°风偏角。

3.3.2 钢桁梁悬索桥结构颤振控制措施比较及设计优化

综合前面的大量研究结果可以发现,上稳定板只要有足够的高度就能使原断面的最低颤振临界风速有很大幅度的提高。但上稳定板高度太高可能不会满足其他设计要求,如增大静风阻力、阻挡行车视线、影响景观等。下稳定板对提高桁架梁颤振临界风速也有一定效果,但效果不如上稳定板明显,而且并不是下稳定板越高越好,某些高度下甚至会降低原断面的颤振临界风速,需要认真比选。

桥面中央开槽提高桁架梁断面最低颤振临界风速的效果有限,在试验所涉及的范围内,选取适当的开槽宽度比没有开槽时,最低颤振临界风速最多提高20%。效果不如上下两种稳定板。与其他气动措施组合使用效果会比较好。

气动翼板对提高桁架梁颤振临界风速有一定效果,但在最不利风攻角的效果不如中央稳定板和中央开槽明显。

综合考虑坝陵河大桥建设的其他因素,推荐坝陵河大桥采用桥面中央开槽加双层气动翼板组合方案作为该桥的颤振稳定控制措施,如图3.105所示。

桁架梁断面的主桁架透风率比较高,当翼板设置在桁架梁内合适的位置时与桁架的流场干扰可能比较小,符合3.2.5节中的假定条件。利用3.2.5节中方法对坝陵河大桥的带翼板断面节段模型系统进行颤振分析,计算结果和试验结果列于表3.31、表3.32中。其中,U_{ct}表示试验风速,U_{cs}表示利用上节中的自激力叠加法计算得到的在桁架梁内设置翼板后的颤振临界风速。

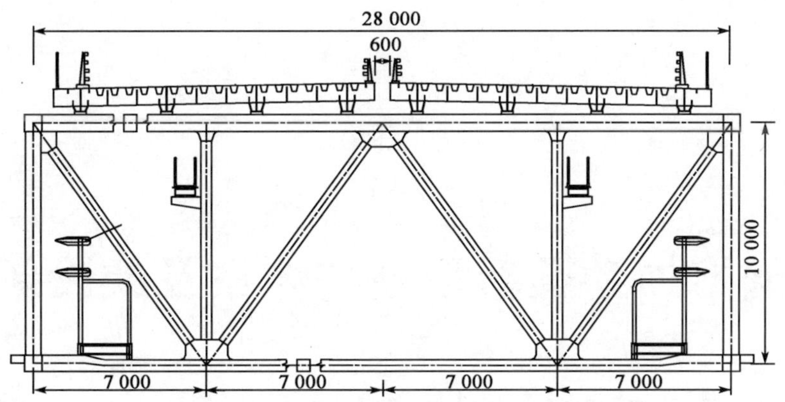

图 3.105 坝陵河大桥横断面气动外形优化(尺寸单位:mm)

不同单层翼板位置模型颤振临界风速(单位:m/s) 表 3.31

控制措施	d/H	d/H=0.112		d/H=0.225		d/H=0.337		d/H=0.449	
	α(°)	U_{ct}	U_{cs}	U_{ct}	U_{cs}	U_{ct}	U_{cs}	U_{ct}	U_{cs}
椭圆形翼板	−3	>23	22.1	22.2	21.7	>23	22.5	>23	22.6
	0	17.5	18.0	16.6	17.6	17.9	18.6	18.4	19.1
	+3	12.2	11.7	11.9	11.1	12.4	11.9	12.8	12.2
机翼形翼板	−3	>23	22.1	22.8	22.0	23.0	22.4	>23	22.6
	0	18.1	18.0	17.5	18.0	18.5	18.2	19.2	18.5
	+3	11.2	11.7	11.5	10.8	11.6	11.7	12.8	12.4

双层翼板的模型颤振临界风速(单位:m/s) 表 3.32

措 施	双层翼板+$D$10		双层翼板+封槽	
α(°)	U_{ct}	U_{cs}	U_{ct}	U_{cs}
−3	>22	21.0	16.6	15.7
0	>22	16.6	13.8	10.5
+3	11.5	11.8	10.2	9.2

从表 3.31 中可见,利用自激力叠加法计算出的临界风速与试验结果之间符合得较好,计算值与试验值的偏差与单层翼板位置和风攻角有关。在−3°风攻角下临界风速的计算值一般都比试验值低。从表 3.32 中可见,对于设置双层翼板的开槽断面,由自激力叠加法计算出的临界风速在 0°和−3°风攻角下是偏低偏安全的,在+3°风攻角下与试验结果相差不大。计算值与试验值产生误差的主要原因是计算理论所做的各种假定与试验中的实际情况有一定差距。例如,翼板周围的流场不可避免地要受到桁架梁的影响,迎风侧翼板和背风侧翼板之间还有中检修道相隔。翼板的位置对计算值与试验值之间相对偏差的影响比较大。

第4章

钢桁加劲梁新型结构体系及架设新技术

4.1 钢桁梁现有吊装技术分析

近十年来，我国大跨径悬索桥工程建设发展有了大幅度的提高，建设了多座富有特色的大跨径悬索桥。目前这些大跨径悬索桥的加劲梁大多采用扁平钢箱梁，如广东虎门大桥、江阴长江大桥、润扬长江大桥等，这些桥梁大多处于我国中部、东部和东南部，跨越长江或海湾，地形平坦开阔，水陆交通条件便利。因此，目前有关类似大跨径钢箱梁悬索桥的设计和施工已积累了丰富的经验。

随着国家西部大开发的战略实施，西部交通建设全面展开。受地形条件的限制，修建的跨越峡谷的大跨径悬索桥得到发展。但山区地方受运输条件、桥位场地的制约，上部结构主梁采用钢箱加劲梁就存在着很多困难，采用桁架加劲梁悬索桥方案具有一定优势，如沪蓉国道主干线上的四渡河大桥，沪瑞国道主干线上的坝陵河大桥、北盘江大桥等。这些工程的普遍特点是地势陡峭，地表地质复杂多变，气象特征复杂，施工场地狭窄，施工起重和吊装能力受限，交通条件差等。

根据现有记载，我国已建的千米以上的大跨径悬索桥中尚无桁架加劲梁悬索桥，在西部山区交通建设中又由于条件限制必须采用大跨径悬索桥时，桁架加劲梁悬索桥是较好的选择方案，这就为我国西部高速公路建设提出了一系列新的桥梁设计和施工技术问题：设计要采用新的结构形式，施工建造要采用新的方法，新结构的设计、施工、架设及监控等计算也需要新的方法。

坝陵河大桥位于镇宁至胜境关高速公路路段内，距离起点约 21km 的关岭县境内跨越坝陵河峡谷。大桥为 1 088m 单跨吊钢桁梁悬索桥，两岸引桥为跨径约 50m 等截面连续刚构。桥址两岸地势陡峭，起伏变化急剧。峡谷宽约 2 000m，深切达 600m，桥面距谷底约 370m，谷底坝陵河水面很窄，有 10 多米宽，平时流量很小，汛期流量也不大。桥址区位于我国西南地区康滇地带的东部边缘，桥址区灾害性气候主要为雷暴、雷雨、强风、大雾。两岸地质破碎，岩石节理发育，溶洞较多，是典型的喀斯特地貌形态。在这种地形、地质条件下，坝陵河大桥作为国内首座单跨超过千米的钢桁加劲梁悬索桥，工程规模较大、建设条件复杂、技术难度大，其架设方案和施工控制技术的研究是大桥建设的关键技术之一。因此有必要在继承和发展国内外钢桁加劲梁悬索桥设计及研究的基础上，以坝陵河大桥为工程依托，深入研究适合我国西部山区大跨径钢桁架加劲梁悬索桥的架设方案和施工控制技术，为坝陵河大桥的修建、为西部地区类似工程的建设做好前期的技术储备。同时因其处于西部高山峡谷之间，它的钢桁梁架设技术可推动我国西部建设跨越峡谷的大跨径钢桁架加劲梁悬索桥的施工技术水平的提高，将缩短中国和世界先进桥梁技术之间的差距，使桥梁建设水平具有跨越式的发展。

4.1.1　不同施工方案的工程实例

(1)桥面吊机方案

国内采用桥面吊机方案施工架设钢桁架梁桥，在铁路桥梁上经常使用。对于跨度较大的铁路桥，因桁梁较高，节段自重大，常采用杆件拼接的方法，即一个节段的杆件拼接好后，吊机前移，拼接下一个节段的桁梁。图4.1为公铁两用低塔斜拉桥芜湖大桥的钢桁梁施工照片。

公路上采用桥面吊机施工钢桁梁桥的仅限于跨径较小的梁式桥或公铁两用桥，如南京长江大桥、芜湖长江大桥。对于跨度较大的叠合梁斜拉桥，一般也采用桥面吊机施工上部结构，如上海杨浦大桥、南浦大桥、福建青州闽江桥。图4.2为闽江桥的上部结构施工情况。

图4.1　芜湖大桥钢桁梁施工

图4.2　青州闽江桥主桥叠合梁吊装

对于大跨径钢桁架悬索桥，国内还未有采用桥面吊机方案施工的先例。而在国外特别是在日本，大跨径钢桁梁悬索桥一般都采用桥面吊机施工钢桁梁和桥面系。如日北备赞濑户大桥(图4.3、图4.4)和明石海湾大桥的施工就是典型的例子。

图4.3　日本备赞濑户大桥主跨钢桁梁施工

图4.4　日本备赞濑户大桥桥面系施工

采用桥面吊机施工钢桁架悬索桥的最大特点是施工设备简单，机械化程度高，可根据吊机起吊能力采用组件吊装或整体吊装。通过桥面轨道运输系统，桁梁和桥面系均可采用同一台吊机流水作业施工，施工场地紧凑，工作效率较高。

(2)缆索吊机方案

缆索吊装施工是桥梁、水利工程常用的施工方法之一，它的最大特点是适应性较强，不受运输条件限制。国内外公路桥梁建设采用缆索吊装施工的已建工程中，最大跨径的是上海卢浦大桥，该桥钢拱架施工采用缆索吊装施工，缆索吊跨径为 1 067m，最大吊重为 78t。美国西弗吉尼亚的新河桥也是一座钢拱桥，缆索吊装的跨度和吊重与卢浦桥相仿。图 4.5 为采用缆索吊施工的钱江四桥施工场景图片，该缆索吊装的最大吊重 90t，其缆索吊的跨径为 700m+600m。

目前公路缆索吊装最大吊重可达到 120t，但跨距仅 576m，图 4.6 为 2003 年建成的四川巫山长江大桥。

图 4.5　用缆索吊施工钢拱肋

图 4.6　四川巫山长江大桥

2004 年建成通车的重庆市万州长江二桥也采用了缆索吊装施工，该桥为钢桁架悬索桥，跨径 580m，桁高 4.5m。它跨越长江，施工条件较好。该桥利用索塔上横梁作为缆索吊的支点，吊重 80t，如图 4.7 所示。

图 4.7　重庆市万州长江二桥

国内正在建设的湖北沪蓉西高速公路上的四渡河大桥，为主跨 900m 的钢桁梁悬索桥，桁高 6.5m，设计推荐采用缆索吊装施工，目前该桥正在采用此施工架设方案进行上部结构安装施工。

从这些资料看，如果坝陵河大桥上部结构钢桁梁的施工安装方案采用缆索吊装施工，将会创造缆索吊装施工跨度和吊装质量两个方面的世界第一。

(3)跨缆吊机方案

国内外大跨径钢箱梁悬索桥的钢箱梁施工架设安装很多采用跨缆吊机进行吊装。跨缆吊机有卷扬机式和液压式两种。卷扬机式吊机是通过卷扬机来提升或平移梁段，如虎门大桥、厦门海沧大桥等。液压式吊机是通过液压千斤顶来提升梁段的跨缆吊机。如丹麦的大带桥，我国的香港青马大桥、江阴长江大桥等。卷扬机式吊机的特点是：卷扬机通常布置在桥塔附近的地面上，吊装是通过塔顶和卷扬机上的转向装置对梁段进行起吊。其优点在于：吊机自重较轻，装卸比较方便。缺点是:必须在塔顶附近进行装卸。吊装时由于钢丝绳较长,弹性变形大,有可能钢主梁间断上升,对钢丝绳产生巨大冲击。液压式吊机的特点是:液压系统通常布置在跨缆吊机横梁内,吊装时钢绞线收在横梁上的收盘器内。其优点是:跨缆吊机在塔顶和跨中均可装卸,吊装时较为平稳。缺点是:自重比较重,装卸时需要安装桁架。图 4.8 为江阴长江大桥吊装主桥钢箱梁所用的卷扬式跨缆吊机。图 4.9 为润扬长江大桥吊装主桥钢箱梁所用的液压式跨缆吊机。

图 4.8 用跨缆吊机吊装江阴长江大桥钢箱梁

图 4.9 润扬长江大桥钢箱梁吊装

4.1.2 钢桁梁不同施工方案的比较

在调研国内外已建工程资料的基础上,结合坝陵河大桥实际情况,本节对大跨径悬索桥的钢桁梁施工架设提出的 3 种方案(即桥面吊机方案、缆索吊机方案和跨缆吊机方案)进行分析比较,以确定适应坝陵河大桥特点、结构安全和经济合理的上部结构施工方案。

坝陵河大桥主梁为钢桁加劲梁,桁宽 28m,桁高 10m。标准节段长 10.8m(全桥共 98 个标准节间和两个端部节间),节段重约 110t(含平联)。

在研究坝陵河大桥主跨 1 088m 钢桁梁悬索桥的钢桁梁安装方案时,需要主要考虑以下几个因素。

(1)大跨径悬索桥设计基本思想是成桥状态下全部恒载由主缆承担。一般施工架设通常是按几个片单元或架设节段吊运、安装定位,不断重复这一过程直至施工完成。在施工过程中,各梁段是在承受部分自重的状态下被安装到吊索上,大缆随着架设过程的进行产生大位移,在杆件中产生应力。不同的施工方法所产生的应力有较大差别。所以,分析比较钢桁梁悬索桥的钢桁梁安装方案时,要充分考虑悬索桥结构架设期间和成桥阶段的受力特点、成桥后的应力状态、成桥线形要求和施工工艺安全可靠,以保证施工期间的结构安全。

(2)坝陵河大桥是镇胜公路的控制性工程,其施工工期是必须考虑的重要因素,施工架设方案必须满足工期要求。

(3)在确保工程质量和安全的前提下,根据桥位处地形和地质条件,通过技术经济比较,确定合理的施工架设方案,节省投资,是确定施工方案的重要依据。

(4)充分考虑环境保护:坝陵河大桥位于黄果树瀑布国家级风景管理区内,其周边的滴水滩瀑布风景区和坝陵河访古区也已经被列为国家级风景区,环境和景观要求非常高,施工方案必须尽可能避免大填大挖,保护生态环境。

1)桥面吊机方案

(1)构件堆放场地

本方案安装速度相对于制造而言,要快得多,初步测算安装工期8个月,制造工期(包括材料采购和运输)约为12个月,现场拼装时必须有足够的杆件储备。构件在拼装场地拼装成桁架片单元后吊装。且坝陵河大桥钢桁梁杆件由工厂加工好后由铁路运至安顺货运站,再由公路转运至桥位,运输条件和其他不测因素容易影响安装进度。

基于这两点原因,大桥两岸各需设一个材料堆放场。根据安装工期和制造工期的关系和吊装经验,两岸各需要设置一个桁架杆件堆放场,以堆放3 000t左右的钢构件,面积约3 000m^2,本方案的材料堆放场地可以安排在引桥上或引桥旁。

(2)拼装场地布置

两岸的拼装场地布置在东、西两岸引桥上。拼装场地分为构件临时存放区、横桁架片单元拼装区、主桁架片单元拼装区、单元临时存放区、装车区。每个单元拼装区设置相应的拼装胎架,构件和拼装好的单元在拼装场地的移动可采用一台固定的全回转吊机或一台60t的门式起重机。图4.10为拼装场地布置示意图。

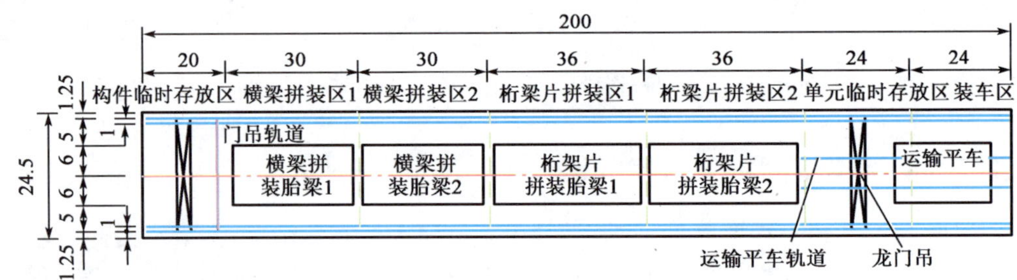

图4.10 拼装场地布置示意图(尺寸单位:m)

镇宁岸杆件临时堆放场地可布置在东引桥的两侧或引桥上,由引桥桥面吊机将需要拼装的杆件吊至桥面临时存放区,再用此吊机或门式吊机将杆件吊至拼装胎架进行桁片拼装。拼装好的桁片通过轨道运梁平车运至主桥桥面全回转吊机后方。胜境关岸的杆件堆放场地可布置在桥台附近地势相对平坦的地方或关岭一号隧道内进行临时堆放,用汽车将杆件运至桥台旁,由桥面吊机吊至临时存放区。桁片的拼装在西引桥上进行。

(3)安装单元划分

桁架梁按架设单元分类,可分为单根杆件、桁架片(平面桁架)、节段(空间桁架)3种架设方法。

单根杆件架设方法将杆件作为架设单元,因质量轻,搬运方便,可以采用小型机械。但杆件多,费工费时,架设精度也难以得到保障。坝陵河大桥工期较紧,采用单根杆件架设不能满足工期要求。

采用节段架设方法,质量方面都可得到保证。但针对坝陵河大桥的具体条件,若是工厂组装,运输困难大。若是现场组装,要开辟较大的拼装场地,运到起吊位置的难度也很大,且行走过程中安全很难得到保障。另外,在坝陵河大桥西岸由于受地形条件的限制,如采用开山挖土的方法开辟大型拼装场地,对环境破坏较大,且不可恢复,运输也不方便,且这种方法也未必省工期。

桁片架设方法,质量不大,架设比较灵活,适合本桥钢桁架的架设。为了保证主桁安装单元的吊装稳定性和提高安装进度,将两个标准节间的纵向桁片作为一个安装单元,桁架片单元的吊装长度为21.6m，每个标准安装节段可以分成4个桁架片安装单元，即纵向桁架片安装单元2片，横桁架片安装单元2片，还有上平联杆件2根和下平联杆件2根。每个吊装单元的质量不大于60t(标准桁架片重约50t，考虑10t临时构造措施)。

(4)桁架拼装及吊装

①桁架片单元的拼装。

桁架片单元的拼装在拼装场地按每3个标准节间一次拼装作业进行拼装，拼装胎架按3个节间设置，当所有的接口安装完成后，检测几何精度，符合要求后，施拧自跨端开始两个节点之间的高强螺栓，使两个节间形成一个吊装节间，第三个节点的接口作为下一个吊装单元的安装接口。对安装接口的自由端进行加固，然后解体，吊走已连接的两个吊装单元，第三个节间作为下面两个节间的拼装接口胎架，平移后参与下一个吊装节间的拼装，与上一拼装作业一样，进行第三、四、五节间的拼装，第五节间同样作为下一个吊装节间的接口胎架。依次循环进行拼装和安装作业。

②横梁片单元的拼装。

横梁片单元在其拼装胎架上安装其所有构件，检测合格后，施拧所有内部接口的高强螺栓，然后对安装接口的自由端进行临时加固，即可进行安装作业。

桁架片单元拼装工艺流程见图4.11。

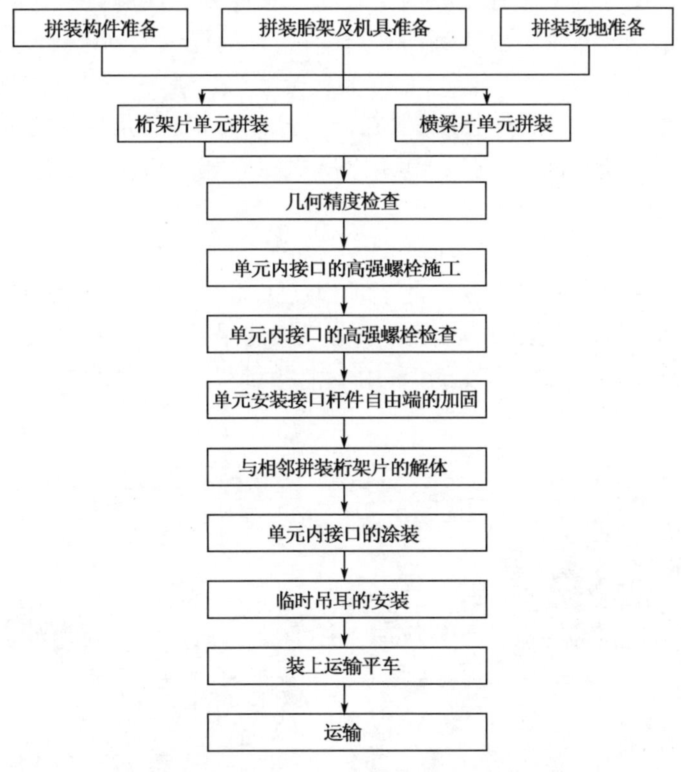

图4.11　桁架片单元拼装工艺流程

③注意事项。

a.制造商根据安装顺序安排工厂的制造计划，并按照供货要求发运到业主提供的构件存储场地。

b. 安装单位与制造单位在存储场地进行构件的交接验收。

c. 安装单位按照施工组织设计的要求进行拼装场地和安装机具设备及风、水、电、气的准备，满足单元拼装和桥上安装的需要。

d. 构件存放场地需要进行整平和硬化处理，并且制作构件放置的支撑墩，支撑墩顶面的平面高差不大于 3mm，以确保构件放置平稳，并不产生变形。构件宜采用单层堆放形式，避免重叠堆放产生变形或对构件表面产生损伤。为了便于装车和卸车，提高装卸效率，构件存储场设置一台 15t 的起重机。

e. 两端引桥的拼装场地空间相对较小，要合理使用有限的资源，确保安装周期的顺利实现。拼装场地的构件临时存储区仅限于正在拼装的和将要拼装的构件存放，其他非相邻节间构件不得先堆入存放区。另外，桥面上的构件堆放必须是单层的，同时还要考虑大型构件的放置位置，以确保引桥的结构安全。

f. 拼装场地宜设置一台门式起重机和一台固定式的全回转吊机。门式起重机其吊重应不小于 60t，吊装主桁架片单元，同时设一副钩 15t，以便提高构件吊运效率。

g. 为了便于桥位安装和保证安装精度，减小误差传递，主桁片单元必须按每 3 个节间为一个拼装单元，拼装后不但要检测矢高、节间等尺寸，同时要检测上下弦长，以进一步复核和修正。

h. 在拼装场地拼接好的桁架片单元内接口高强螺栓要一次施拧到位，并且在检查合格后方可与相邻桁片解体。这样做可以达到两个目的：一是确保单元的连接刚度；二是可以减少桥上的高空作业工作量。

i. 由于安装工期较紧，单元内接口高强螺栓施拧完后，没有充足的时间对其进行涂装，可根据具体情况涂 1～2 道底漆和中间漆，其余涂层将在安装后再统一涂装，以减少桥上接口的处理和涂装工作量，加快施工工期。

④吊点的设计。

吊点设计在每个片单元两段上弦杆的上顶板连接孔上，共设 4 个吊耳，吊耳与弦杆通过高强螺栓连接，对于缆索高度大于吊机高度的钢桁架梁的吊装，吊耳直接安装在上弦杆上即可。对于主跨跨中缆索高度小于吊机高度的，采用一个“]”形吊具跨越大缆，以避免损伤大缆。以上两种方式见图 4.12、图 4.13。

图 4.12　悬索高度大于吊机高度的吊装方式

图 4.13　悬索高度小于吊机高度的吊装方式

⑤钢桁梁的吊装。

靠近塔端的第一桁架片单元及横梁桁片需采用塔顶吊机进行吊装、拼接(下设塔旁支架)，挂上吊索，安装平联，形成整体梁段后与塔临时固定，用塔顶吊机吊装第一梁段中间部分的两块正交异性钢桥面板(正交异性钢桥面板在横桥向划分为 4 块)，在主横桁架上安装全回转桥面吊机，吊装下一单元的桁架片。

相邻单元的桁架片安装、连接好后，用桥面吊机吊装其中间部分的桥面板，其余两块桥面板用等效荷载代替。全回转吊机前移，准备吊装第三单元的桁架片，后面一个梁段中间桥面板上铺设运梁小车轨道。依此循环，直至跨中。

根据结构计算分析，为了确保钢桁梁的施工安装应力满足相关规范要求，在钢桁梁施工安装到第 12 个节间时，梁段之间的连接必须设置临时耳板进行铰接，待全部钢桁架合龙后再进行刚接。

钢桁梁在跨中合龙后，桥面吊机自跨中向两侧索塔后退，同时利用桥面吊机架设两侧的正交异性钢桥面板：即先撤走一个梁段的等效荷载，吊机后退，吊装两侧的正交异性钢桥面板，依次循环。钢桁架端部的两块桥面板，可在拆除吊机后用塔顶吊机进行吊装，也可将吊机后退至引桥上进行吊装。全桥安装总工艺流程见图 4.14，节段安装工艺流程见图 4.15。

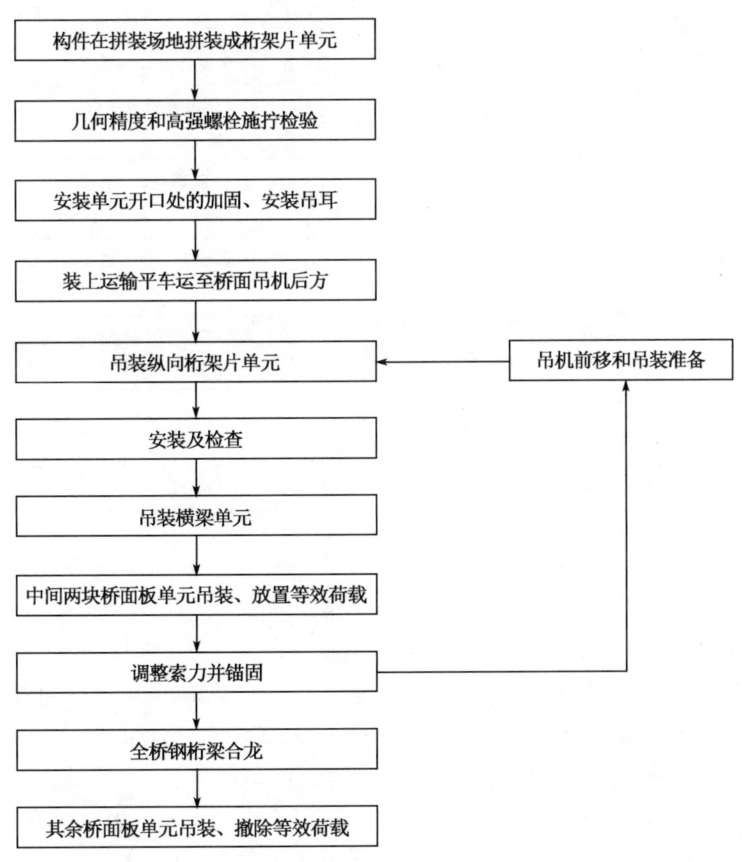

图 4.14　全桥安装工艺流程

图 4.15　节段安装工艺流程

⑥吊索张拉装置。

为了满足施工过程中钢桁梁结构受力的需要，在施工安装时最前端的 3 个吊点处要设置临时吊索张拉装置，其目的是在吊装架设过程中，由于结构大变形的影响，两个主桁桁片吊装后，其桁架锚固点与吊索锚头之间还存在比较大的距离，如图 4.16 所示。需要用吊索临时张拉装置将上弦杆拉起进行吊索锚固。并且通过施工过程计算分析，用吊索张拉装置将吊索直接锚固后，最前面一根吊索的内力很大，超过了吊索的允许应力。因此在施工架设时前 3 根吊索都需使用吊索张拉装置，并通过调整临时吊索长度均匀分配前 3 根吊索的内力，在下一个梁段吊装后，再锚固前面已经吊装梁段的吊索。通过这种工艺，能很好地调整吊索的施工内力，同时也能降低纵向桁片斜腹杆的施工内力，保证施工中结构的安全。

图 4.16　吊索安装示意图

吊索张拉装置可以分为两种：直接张拉法装置和间接张拉法装置(图 4.17)。若缓冲器是在张拉结束后安装，则可以对吊索进行直接张拉，通过控制张拉力来进行索力调整[图 4.17a)]。若缓冲器在张拉前已经安装，由于张拉过程中产生的反力无法得到消除，因此不能进行直接张拉，必须采用间接张拉装置。此时，张拉锚固点处的弦杆须采用补强措施。本桥吊索为钢丝绳吊索，缓冲器在工厂制造时就已安装成型，故吊索张拉考虑采用间接张拉法[图 4.17b)]。

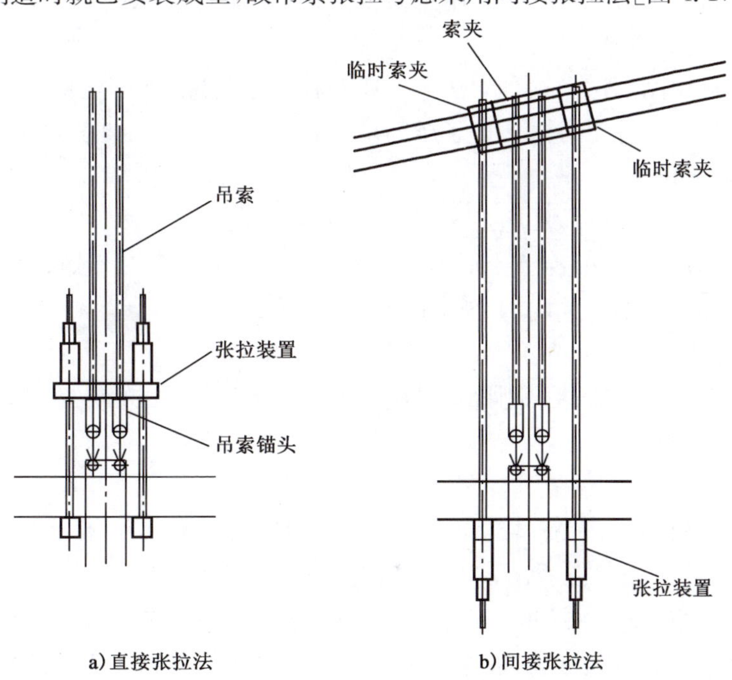

图 4.17　吊索张拉装置概念

(5)梁段间的连接

钢桁梁杆件的受力与它在施工安装过程中的连接方式有很大关系,一般的连接方法可以分为以下三种(图 4.18)。

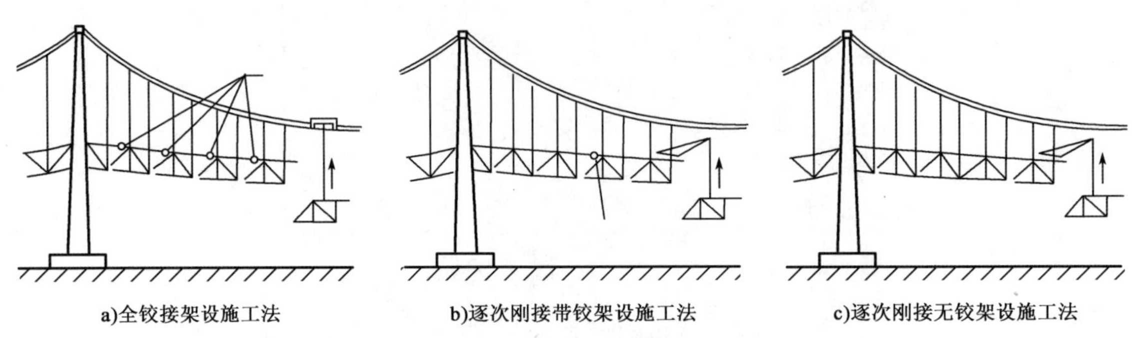

图 4.18　三种架设方法梁段间的连接方式施工示意图

①全铰法。即加劲桁架各拼装节段用铰连接,用这种方法施工过程的主梁应力较小,不需对构件进行特别的补强。但施工架设过程中钢桁梁的刚度差,结构抗风性能较低。此施工方法适用于缆索吊机施工架设方案。如我国的万州长江二桥、日本的若户大桥。

②逐次刚接法。即是将架设节段与安装好的钢桁梁刚接,同时安装吊索将其锚固。这种方法,施工架设中结构刚性较大,抗风稳定性好。但架设过程中钢桁梁内会产生由自重引起的局部变形和施工应力,当此值超过设计容许值时,需采用必要的施工辅助措施或将杆件加强。此施工方法适用于桥面吊机和跨缆吊机施工架设方案。如日本的大鸣门桥、濑户大桥、彩虹大桥和明石海峡大桥。

③有架设铰的逐次刚接法。这种方法是上述两种方法的综合,即在应力过大区段设置减少施工应力的架设铰。此施工方法适用于桥面吊机和跨缆吊机施工架设方案。如日本的关门桥、平户大桥和因岛大桥。

根据坝陵河大桥的施工环境和施工过程中结构的受力需求,通过计算分析比较,坝陵河大桥采用带架设铰的逐次刚接法,在施工应力过大的区段设临时铰释放弯矩,以保证施工架设期间桁架结构的受力需要和施工期间的结构安全。

(6)受力计算

本节的受力计算主要针对逐次刚接架设施工方法的无铰、单铰和双铰(指半跨内铰接点的个数)方案进行比较分析。

①结构应力包络图。

上弦杆、下弦杆、斜杆、吊索的名义应力包络图分别见图 4.19～图 4.22。

从图 4.19～图 4.22 中可以看出,上弦杆最大压应力单铰方案比无铰方案小一半,双铰方案又比单铰方案小一半,设置的临时架设铰越多,主梁刚度越小,杆件约束内力越小,全铰方案就基本上为无应力状态。下弦杆、斜杆应力也有同样的趋势。吊索应力与主梁刚度有一定关系,但没有主梁那样明显。

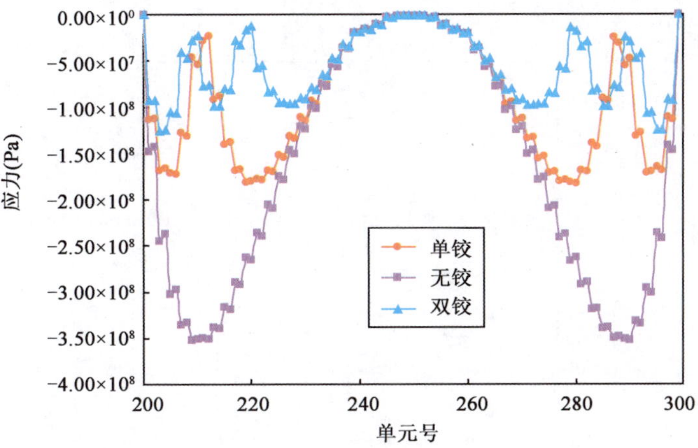

图 4.19 上弦杆名义应力包络图

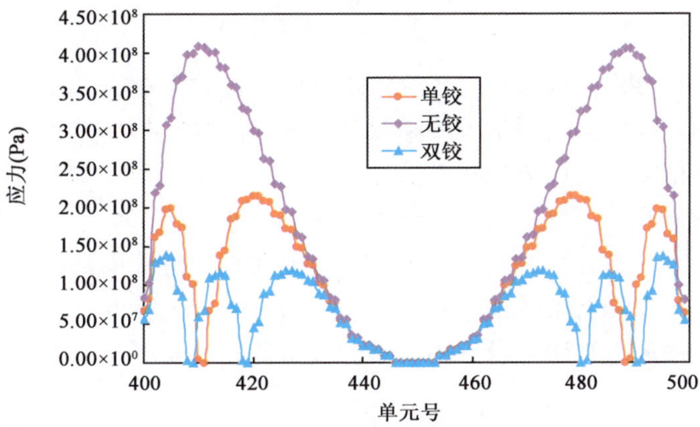

图 4.20 下弦杆名义应力包络图

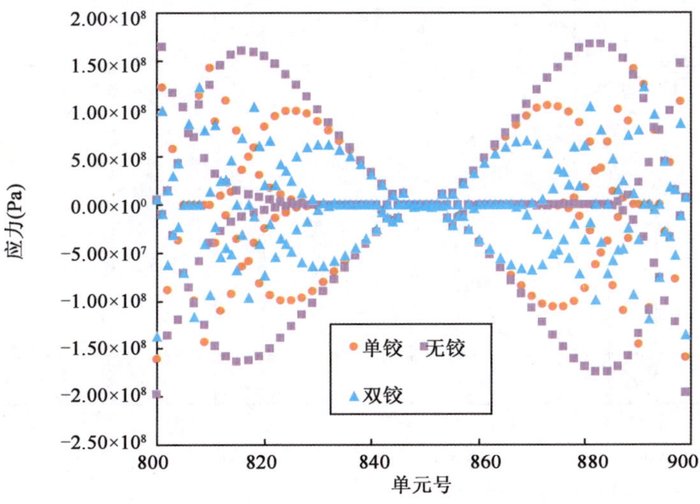

图 4.21 斜杆名义应力包络图

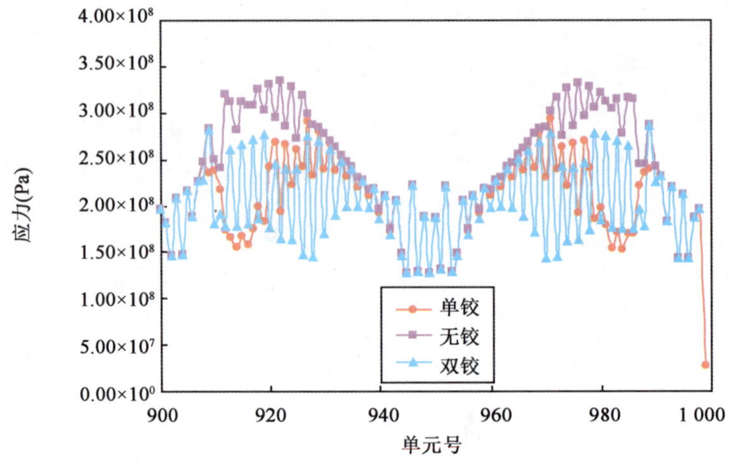

图 4.22 吊索名义应力包络图

从上述计算分析结果可以看出,对于逐次刚接的无铰方案在施工过程中,上下弦杆的应力过大,超过了材料的允许应力。对于单铰和双铰方案,杆件的应力均能够满足材料允许应力的要求,因此可以看出桁梁的架设应选择设铰的刚-铰混合连接方案。

②吊索索力调整。

为了减小施工架设期间吊索和斜杆的受力,根据计算分析结果,实际施工过程中需对前 3 根吊索进行索力调整,以降低第一根吊索和第一根斜杆的施工应力,使前面几根吊索的内力较为均匀。图 4.23 为逐次刚结法架设钢桁梁时的吊索调整示意图。图 4.24 为临时吊索张拉的施工流程。

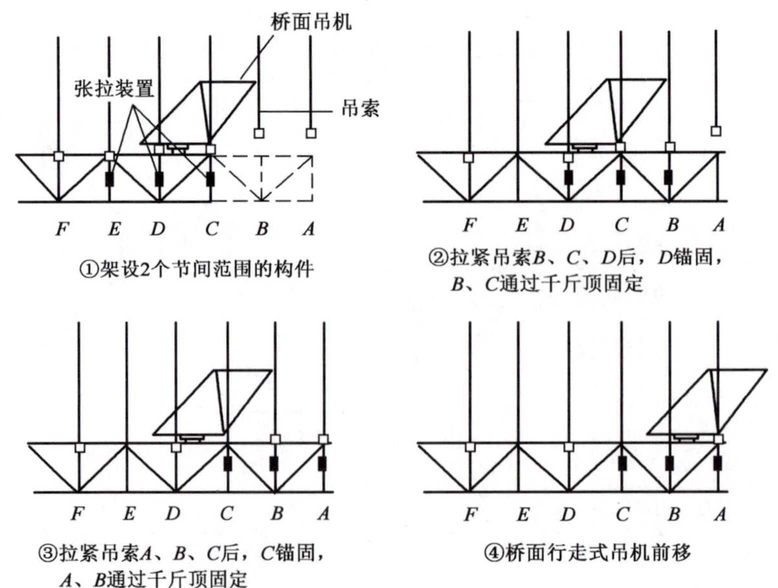

图 4.23 逐次刚结架设钢桁梁的吊索调整示意图

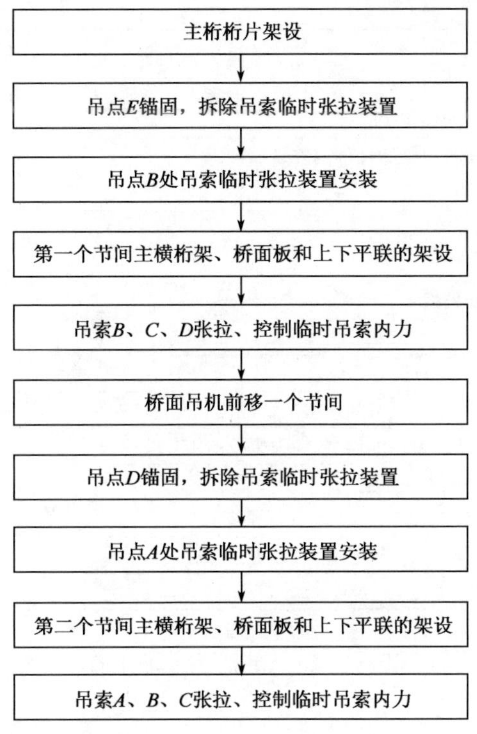

图 4.24　吊索张拉的施工流程

(7)总体计划及工期安排

①安装周期及工期计划。

一个节段的安装周期见表 4.1。根据表 4.1 所示，采用桥面吊机的拼装方案，拼装周期和安装周期均为 7d 之内，即在安装过程中，其拼装和安装生产节拍基本一致，可以形成连续均匀的流水作业。

一个安装节段的拼装和安装周期　　表 4.1

<table>
<tr><th colspan="3">一个节段的拼装周期</th></tr>
<tr><th>序号</th><th>工序</th><th>持续时间(d)</th></tr>
<tr><td>1</td><td>检测、调整胎架</td><td>0.5</td></tr>
<tr><td>2</td><td>拼装</td><td>2</td></tr>
<tr><td>3</td><td>检查</td><td>0.5</td></tr>
<tr><td>4</td><td>高强螺栓施拧</td><td>1</td></tr>
<tr><td>5</td><td>高强螺栓检查</td><td>0.5</td></tr>
<tr><td>6</td><td>加固、装吊耳</td><td>0.5</td></tr>
<tr><td>7</td><td>解体</td><td rowspan="2">0.5</td></tr>
<tr><td>8</td><td>起吊、装车</td></tr>
<tr><td>9</td><td>拼装正交异性钢桥面板单元</td><td>1</td></tr>
<tr><td colspan="2">合计</td><td>6.5</td></tr>
</table>

续上表

一个节段的安装周期		
1	两片桁架吊装粗定位连接及挂索	0.5
2	第一片横梁的粗定位连接	1
3	第一个节间 4 根平联杆件的安装	
4	接口调整	0.5
5	几何精度的检查	
6	接口高强螺栓的施拧	1
7	接口高强螺栓的检查	
8	第一次调整索力并锚固	0.5
9	吊机前移一个节间	1
10	第二片横梁、第二个节间 4 根平联杆件的安装	
11	接口调整、几何精度的检查、高强螺栓的施拧及检查	1
12	第二次调整索力并锚固	0.5
13	吊机再前移一个节间	
14	吊装中间两块正交异性钢桥面板单元并焊接	1
合计		7

加劲梁安装的一个工作面可以分为 3 个部分:准备工作、吊装单元拼装和单元吊装,具体的工期安排如表 4.2 所示。

桥面吊机方案工期安排 表 4.2

工作内容	具体工序	工期									
		30d	1月	2月	3月	4月	5月	6月	7月	8月	9月
准备工作	平整场地、胎架调整、机具安装等										
桁片拼装	拼装第1个节间桁片单元										
	拼装第1个标准梁段的桁片单元										
	拼装第2个标准梁段的桁片单元										
	…										
	…										
	拼装第23个标准梁段的桁片单元										
	拼装第24个标准梁段的桁片单元										
	拼装合拢段的桁片单元										
桥面板组拼	桥面板组拼										
吊装	吊装第1个节间(杆件拼装)										
	安装桥面吊机										
	拼装第1个标准梁段(桁片吊装)										
	拼装第2个标准梁段(桁片吊装)										
	…										
	…										
	拼装第23个标准梁段(桁片吊装)										
	拼装第24个标准梁段(桁片吊装)										
	跨中合拢										
	剩余桥面板吊装、焊接										
	机动时间										

从表4.2可以看出，完成加劲梁吊装约需204d，完成剩余桥面板的吊装和焊接共30d。考虑到施工安装过程中可能会受到天气等不可预见因素的影响，在工期中考虑20d机动时间，作为工期调整。即本方案的施工安装总工期约为254d，即8～9个月。

②桥面吊机方案安装要求。

a. 承包人应根据施工总体计划和安装顺序编制详细的构件运输、单元拼装、装车、吊装、安装、吊索调整锚固和吊机前移的详细工作计划，确保安装工期的顺利实现。

b. 承包人要编制科学合理的安装工艺方案和切实可行的施工组织措施，确保安装质量的稳定提高。

c. 桥面吊机要选用全回转吊机，起吊质量不小于60t，旋转半径不小于25m。

a)安装单位严格按照设计和监控要求进行桁架单元吊装和安装工作，并且做好报验和配合监控工作。

b)制造商负责单元拼装和吊机安装的技术服务工作，协助解决安装过程中的技术问题和处理有关质量问题。

c)桥面板的定位和测量由安装单位负责实施，由制造商负责工地连接和桥面板的焊接。

d. 现场上部结构钢桁梁和桥面板的补充涂装作业由制造单位在安装结束后实施，其采用的油漆应与工厂相同的涂装体系，并且选择同一生产厂家。

e. 制订周密的施工计划，各个工序之间衔接要紧密，安装顺序不能出现差错。

f. 承包人应设计移动式工作平台和安全网，确保安全作业。

(8)桥面吊机主要设备及机具

桥面吊机施工方案的主要设备及机具见表4.3。

主要设备及机具一览 表4.3

序号	名称	要求规格	数量	用途
1	桥面全回转吊机	吊距：25m 起质量：60t /15t	2	桁片吊装
2	运输平车	60t	2	单元运输
3	门式起重机	60t/15t，22m	4	单元拼装及装车
4	桥面吊机	15t	2	起吊钢构件
5	拼装胎架	桁架胎架 横梁胎架 桥面板胎架	4 4 2	单元拼装
6	移动式防护设施	28m×32.4m	2	梁段安装
7	移动式安全脚手架	—	2	梁段安装
8	电动扭矩扳手	1300N·m	10	高强螺栓施拧
9	指针扳手	1500N·m	10	高强螺栓检查
10	CO_2焊机	—	2	桥面板对接
11	自动焊机	—	2	桥面板对接
12	手弧焊机	—	6	桥面板对接
13	吊索张拉装置	—	12	调整索力

(9)造价估算

根据初步估算,桥面吊机方案共需费用为2 020万元,其中桥面吊机采购约700万元,运输平车及轨道系统、门式起重机、小吊机、拼装胎架和移动安全防护设施等费用约1 070万元,堆放场地平整费用约50万元,其他施工小机具费用约200万元。如果考虑摊销,其在坝陵河大桥的使用费用约为974万元。

2)缆索吊机方案

(1)梁段拼装场地

在缆索吊机的施工安装方案中,桥位施工现场需要有比较大的梁段拼装场地和构件堆放场地,因为缆索吊装方案采用节段整体吊装,需要有较大的拼装场地进行现场节段的整体拼装,同时节段质量和结构尺寸较大,考虑到引桥横断面尺寸的限制,拼装场地不能安排在引桥上,必须另辟拼装场地。同时,桁梁杆件需要在拼装场地拼装成相应的吊装节段后,才能运至吊装平台吊装。根据以往类似桥梁的安装经验,拼装场地的大小至少要满足3个梁段的预拼装需要。另外,本方案的安装周期比拼装周期要快得多,施工安装周期受工地现场桁梁组拼工期制约,组拼梁段在现场存放达到一定数量后才可以进行安装作业。为此,两岸要有桁梁杆件堆放场地及梁段存储场地,以存储约6 000t的钢构件及拼装梁段,面积约6 000m^2,加上小杆件拼装与堆放场地,面积共计8 000m^2。

(2)安装单元划分

在缆索吊装施工方案中,考虑到吊机的施工吊装能力,将一个梁段作为吊装单元,一个标准吊装单元包括2片纵向单节间的桁架片、1片横桁架单元和上下4根平联杆件组成的吊装整体,同时为了结构的稳定,需要增加部分临时固定杆件,其总的吊装质量约110t。考虑吊具、跑车、跑车架及起重绳等的质量,承重索承载能力按194t设计。为保证吊装时结构的整体稳定性,避免产生吊装期间的残余变形,保证梁段安装精度,在桁片的自由端需用临时连接杆件进行临时连接固定。

(3)缆索吊机主要施工设备

①主索(承重索)。

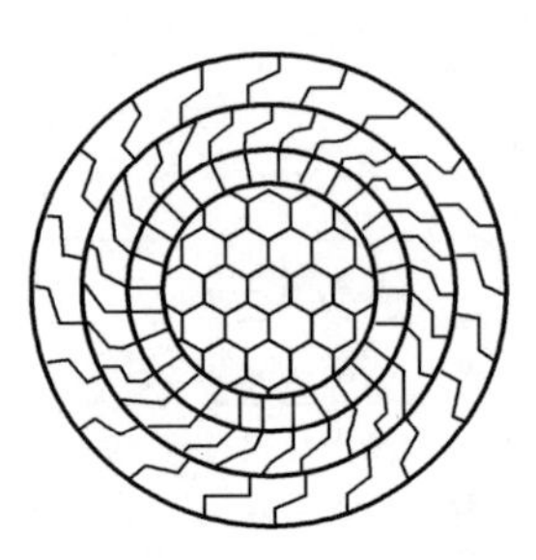

图4.25 密封钢丝绳断面

主索选用2×10×ϕ53[(1+6+12+18)ϕ3.9+28Z4.2+35Z4.2+45Z4.2]密封钢丝绳,单根钢丝绳每延米质重q_1=16.08kg/m,强度等级[σ]=1 770MPa,破断力$F_破$=3 172kN。主索采用两组、每组10根ϕ53mm的密封钢丝绳,上、下游各设置一组,与桥轴线平行,对称布置,两组主索中心距18m,架设在索塔横梁顶面用型钢组拼的支架上(图4.25)。

主索的承载力随其垂度的大小而定,垂度越小,承载能力就越低,跑车牵引力越小;反之,垂度越大,承载能力就能提高,跑车牵引力就加大。本方案的支承设置在索塔顶部,主索垂度主要根据工作空间(主索的临空高度)的需要及跑车的牵引力确定。综合考虑其他因素,选定主索工作垂度为f=72.5m[L/15]。

②起重索。

采用 $4\times1\times\phi22(6\times19+1FC)$ 合成纤维芯钢丝绳。单根钢丝绳每延米质量 $q_2=1.63$kg/m,强度等级$[\sigma]=1\ 670$MPa,破断力 $F_{破}=248$kN,弹性模量 $E_n=80\times10^3$MPa。一组起重索长 210m,每组索走 10 线,4 个导向轮,共 4 组起重索,两岸各 2 台 8t 起重卷扬机,卷扬机容绳量约 3 500m。

③牵引索。

牵引索是牵引天线滑车(跑车)沿主索前后移动的无极式拉绳,仅受拉力。选用柔性好的 $\phi28(6\times19+1FC)$ 合成纤维芯钢丝绳。单根钢丝绳每延米质量 $q_2=2.71$kg/m,强度等级$[\sigma]=1\ 670$MPa,弹性模量 $E_n=80\times10^3$MPa。牵引索由 16t 卷扬机牵引,卷扬机每岸设 4 台,每台卷扬机的牵引索均走 2 线,由 20t 单门滑轮与大跑车相连。为避免起重时牵引索在跨中下挠,在中跨主索上每隔 100m 设置一道主动式承重器,防止其下挠影响吊装施工。

④主动式承索器。

主动式承重器由承索器、连接钢丝绳、牵引钢丝绳及卷扬机等部分组成。本桥由于跨径大,为了减少吊点配重和后牵引张力,两岸设置独立牵引的主动式承索器。承索器在工作跨度内每 100m 设置一道,每组主索设 10 个,每个重 800kg,全桥共 20 个。牵引索采用 $2\times2\times\phi24(6\times19+1FC)$ 合成纤维芯钢丝绳,其性能指标与起重索一致。两岸各采用 1 台 5t 卷扬机进行牵引,全桥共用 4 台。

⑤跑车。

跑车是在主索上运行和起吊重物的装置,它由跑车轮、起重滑轮组和牵引系统 3 部分组成,如图 4.26 所示。

本方案根据桁梁吊重,采用 4 排 10 轮跑车,跑车用钢铸件制作,轮直径 500mm。每组主索上设置两个跑车,前后布置,中心间距 10.8m,跑车之间用 $4\phi32.5$mm 短钢丝绳相连,上、下游各两根对称设置。每台跑车允许吊重 60t,每个跑车设置一组起重索,每组由 $\phi26(6\times19+1FC)$ 合成纤维芯钢丝绳按大穿花形式走 10 线,下连一吊重 70t 的动滑轮。全桥共用 4 台。每台跑车设两组牵引索,每组由 $\phi28(6\times19+1FC)$ 合成纤维芯钢丝绳经过 20t 单门滑轮走 2 线,两岸一松一紧,来回对牵。

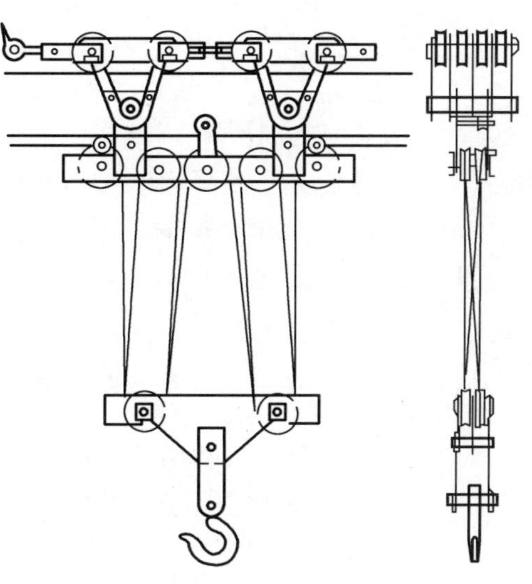

图 4.26　跑车结构示意图

⑥索鞍。

在索塔上横梁上,紧靠主索鞍左、右各设 15m 高的型钢塔架,顶部设一台 10 线索鞍。两索鞍的中心间距 18m。索鞍采用青铜衬套滚动索鞍,具有摩阻力小、便于维护等优点。考虑到本桥吊重大,主索通过索鞍时的索鞍半径要求大于 480 倍主索钢丝直径。

缆索吊机主要设备及机具见表 4.4。

缆索吊机主要设备及机具　　表 4.4

序号	名　称	要求规格	数量	用　途
1	缆索吊装系统	起重量:120t	1	梁段吊装
2	门式起重机	120t,22m	2	梁段拼装及装车
3	门式起重机	60t,22m	2	桁架片拼装及移动
4	吊机	20t,15m	4	钢构件及桥面板吊装
5	汽车吊	15t	2	吊装桥面板用
6	拼装胎架	桁架胎架 横梁胎架 梁段拼装胎架 桥面板拼装胎架	4 4 2 2	吊装单元拼装
7	移动式防护设施	28m×32.4m	2	梁段安装
8	移动式安全脚手架		2	梁段安装
9	电动扭矩扳手	1 300N·m	10	高强螺栓施拧
10	指针扳手	1 500N·m	10	高强螺栓检查
11	CO_2焊机	—	2	桥面板对接
12	自动焊机	—	2	桥面板对接
13	手弧焊机	—	6	桥面板对接

注:缆索吊装系统主要由主索、起重索、牵引索、主动式承重器、跑车、索鞍等部分组成。

(4)钢桁架的吊装施工

缆索吊装系统利用索塔上横梁、东锚碇、西桥台进行必要的加强后布置缆索吊装系统。其布跨为:223m(东岸)+1 088m+200m(西岸)三跨缆索结构。承重能力按194t设计计算(标准节段重110t,临时加固件约10t,跑车、跑车架、吊钩及配重等构件4×15t,起重绳索约14t),采用四点起吊,吊点横向水平距离18m,纵向水平距离10.8m。

①钢桁梁拼装场地及运输。

如前所述,东、西塔附近需各布置一个构件拼装场,用来进行钢桁梁的组拼,要求钢桁梁杆件按照吊装顺序运抵现场,经检验合格后,在拼装场内采用履带式吊机结合龙门吊机进行拼装。

东岸的梁段拼装场地安排在320国道附近的东塔右侧、地形较为平坦的地方。西岸因地形陡峻,桥塔附近没有可利用的平地作为拼装场地,如拼装场地过远,梁段的运输就有困难。因此考虑在桥塔附近用型钢支架搭设较大面积的拼装场地,约8 000m^2(包括预拼装后梁段的堆放),杆件的堆放场地需要另外考虑。

②钢桁梁的定位。

钢桁梁在吊装前,应仔细检查连接部位高强螺栓力矩是否达到要求,定位钢桁梁轴线与桥轴线重合，桥轴方向通过移动缆索吊吊具，使起吊点与钢桁梁纵向中心重合，横向定位误差不超过 50cm，避免钢桁梁提升时横向摆动太大，影响安全。

③钢桁梁吊装。

在两主塔承台旁(中跨侧)各设一个起吊平台。节段钢桁梁拼装好后由场地的龙门吊吊至运梁平车，再运至塔旁，用缆索吊起吊。对于跨中梁段和端部梁段，为非标准梁段，吊重较大，采用桁架片吊装。吊装顺序如下：首先将跨中 E50 和 E50′梁段的左、右桁片在拼装场进行临时连接，用运梁平车运至吊装平台，然后用缆索吊机将梁段垂直提升一定高度，水平牵引至该梁段跨中吊索位置，提升到安装高度，安装吊索，放松起重索，使梁重转换至吊索上。吊机回来吊运横梁桁片，在跨中拼装好后，再吊运、安装平联，拆除临时连接，完成跨中梁段的拼装。用同样方法将已拼装好的 E49 梁段用缆索吊机整体垂直提升和水平牵引至该梁段吊索位置，提升并安装吊索。安装完毕，将吊具牵引至胜境关岸，运输 E49′梁段就位，方法同 E49 梁段。此时大缆受力，线形发生变化，梁段自然向跨中移动，因此在跨中部位设置了架设铰，释放跨中过大的弯矩。接着依次进行 E48、E48′梁段和相应的上下平联的拼装，直至完成 E2、E2′各梁段之间的接头初拧连接(上述的梁段编号是按照节间从两岸的梁端至跨中分别依次编号 E1～E50、E1′～E50′)。利用缆索吊和塔顶设置的吊机，分别进行 E1、E1′梁段的桁片拼装，先吊纵梁，后吊横梁，再吊平联。

全桥钢桁梁合龙后，调整梁段高程，用高强螺栓拧紧梁段之间的连接。然后从两塔开始向跨中逐段安装正交异性钢桥面板(利用汽车吊将钢桥面板吊至桥面，再通过运梁平车纵向前移)，并进行桥面板的焊接。

(5)钢桁梁吊装注意事项

①钢桁梁吊装前，应检查其几何尺寸是否满足设计要求。

②安装前，必须用仪器校核支承结构的高程及平面上的位置。校核时，在支承结构上划出安装轴线与端线，以便梁段准确就位。

③检查吊装设备材料机具，保证吊装施工安全。

④成立吊装现场指挥中心，统一信号，统一行动。上下工序连接紧密，服从指挥和调度。

⑤梁段在安装就位固定前，应进行测量校正，达到要求后才可进行连接。必要时在连接完毕后再进行一次复查，如需进行微调可利用缆索吊机进行操作。

⑥钢桁梁在吊装过程中，应不断进行全桥测量，注意观察索塔、大缆变形，如变形超过允许值，应立即采取措施加以纠正，才能继续吊装其他吊装节段。其安装过程必须有监控人员进行过程实时监控。

⑦为保证安全，梁段吊装时必须有高空作业安全网、安全绳、安全帽。吊装人员必须取得合格作业证后方能上岗。

⑧禁止在 6 级以上(含 6 级)大风或大雾的天气情况下进行吊装作业。

(6)受力计算

缆索吊施工期间的杆件受力按节段整体吊装、节段间刚接进行计算。由于架设是从跨中开始，在架设过程中，大缆的线形不断变化，在跨中部位产生比较大的架设内力。因此，必须在跨中部位设置架设铰，释放这部分弯矩，保证结构安全。其余部位均为刚接(由于架设开始阶段，跨中部分的内力值不是很大，所以架设铰可以在主梁施工至一定程度，跨中内力比较大时设置)。

吊装施工期间主要构件名义应力包络图计算结果如图 4.27～图 4.30 所示。

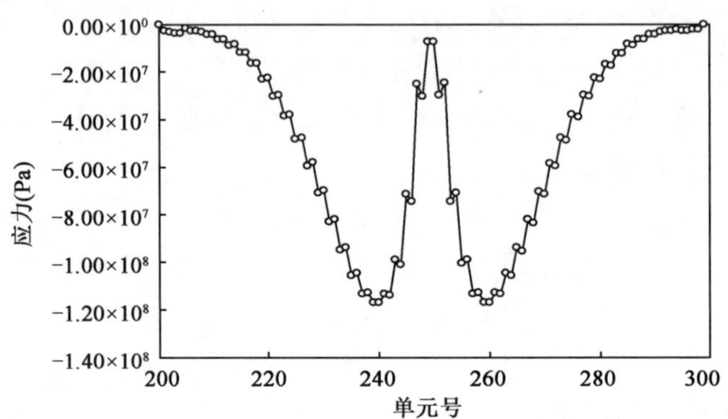

图 4.27　上弦杆名义应力包络图

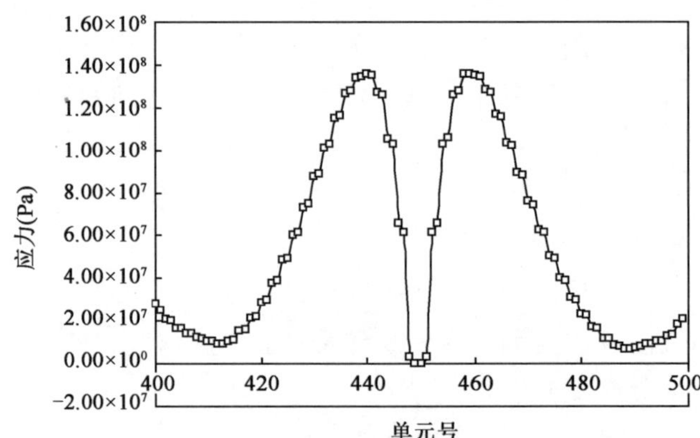

图 4.28　下弦杆名义应力包络图

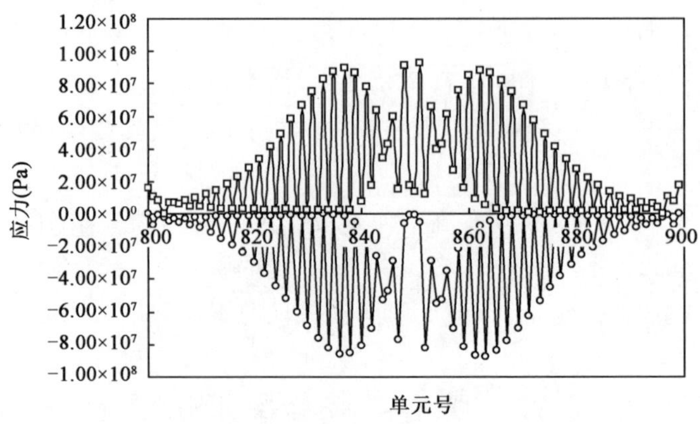

图 4.29　斜杆名义应力包络图

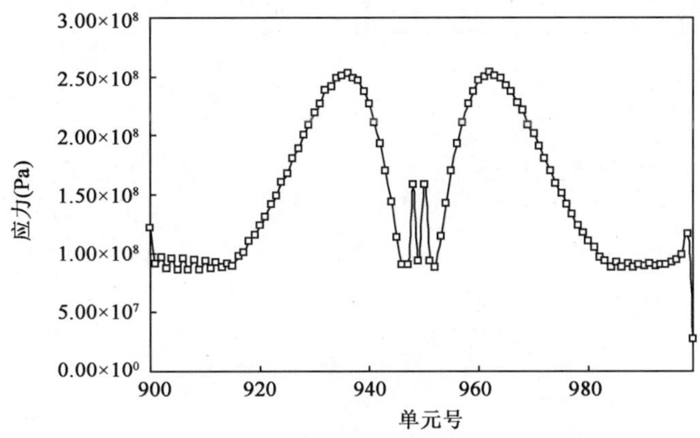

图 4.30　吊索名义应力包络图

注：一个吊索的力由 4 根钢丝绳承担。

根据上述计算结果可知，由于在跨中部位设置了一个架设铰，施工期间的跨中弯矩得到了释放，结构在施工阶段应力满足材料允许应力的要求。

承重索采用 2×10×ϕ53[(1+6+12+18)ϕ3.9+28Z4.2+35Z4.2+45Z4.2]密封钢丝绳，单根钢丝绳每延米质量 q_1=16.08kg/m，强度等级[σ]=1 770MPa，破断力 $F_{破}$=3 172kN。承重索的矢度为 72.5m(矢跨比为 $L/15$)，对吊装过程中梁段起吊后移动至跨中处的最不利工况进行计算，东西塔水平力 6 906.4kN，吊点下沉 12.316m，承重索最大轴力为 7 090.8kN。由此可以得出承重索破断力的安全系数为 3.72。

通过对缆索吊机施工架设方案的计算分析，结论如下。

①缆索吊装系统的跨度、工作垂度布置能够满足桥梁施工需要。

②承重索的破断力、与跑车接触应力安全系数大于 3，吊装过程中承重索的弯曲应力安全系数大于 5，接触应力安全系数满足要求。

③牵引索破断力安全系数 3.10，接触应力安全系数 2.31。

④起重索破断力安全系数 4.12，接触应力安全系数 2.12。

⑤缆索吊装系统必须利用主塔上横梁作为承重索塔架，经过初步计算，东、西塔的塔身在整个施工过程中能够满足受力要求，但索塔上横梁结构必须进行结构加强处理，并进行专门设计。

(7)工期安排

缆索吊机方案工期安排见表 4.5，吊装一个标准梁段仅需求 2.5d，但一个梁段的拼装周期为 6d，因此，必须提前开始梁段组拼。并要有足够大的拼装场地用来储存已拼装好的梁段，而本桥的地形条件要开辟大型的拼装场地有一定困难，这也是本方案不足之处。

加劲梁安装的一个工作面可以分为 3 个部分：准备工作、吊装单元拼装和单元吊装，具体的工期安排如表 4.6 所示。缆索系统安装需要 3 个月，完成加劲梁吊装约需 152d，完成桥面板的吊装和焊接共 80d，考虑到施工安装过程中可能会受到天气等不可预见因素的影响，在工期中考虑 30d 机动时间，作为工期调整。即本方案的施工安装总工期约为 262d，即 8～9 个月。由于地形条件的限制，无法提供足够的梁段拼装堆放场地，所以梁段开始拼装的时间还需提前 88d 左右。

缆索吊机方案工期安排　　表 4.5

序号	工作内容	具 体 工 序	持续时间(d)	备　注
1	拼装一个节段周期	检测、调整胎架	0.5	—
2		桁架杆件拼装	1.0	—
3		两片桁架吊装粗定位连接	0.5	—
4		第一片横梁的粗定位连接	1.0	—
5		第一个节间 4 根平联杆件的安装		—
6		检查,调整	1.0	—
7		高强螺栓施拧	0.5	—
8		高强螺栓检查	0.5	—
9		加固、装吊耳	0.5	—
10		解体	0.5	—
11		起吊、装车		—
12	合计		6.0	—
13	安装一个节段周期	一个桁架吊装粗定位连接及挂索	1.0	—
14		接口调整	1.0	—
15		几何精度的检查		—
16		接口高强螺栓的初拧	0.5	—
17		接口高强螺栓的检查		—
18	合计		2.5	—
19	调整高程,全桥高强螺栓施拧		20	—
20	全桥吊装正交异性钢桥面板单元并焊接		80	桁梁合龙后进行

缆索吊机方案工期安排　　表 4.6

工作内容	具 体 工 序	工 期												
		60d	1月	2月	3月	4月	5月	6月	7月	8月	9月	10月	11月	12月
准备工作	平整场地、胎架调整、机具安装等													
梁段拼装	提前88d进行梁段拼装													
	梁段拼装													
桥面板组拼	桥面板组拼													
吊装	缆索系统安装													
	跨中梁段吊装													
	标准梁段吊装													
	1号梁段吊装													
	调整高程，全桥高强螺栓施拧													
	全桥吊装正交异性钢桥面板单元并焊接													
	机动时间													

(8)造价估算

根据初步估算,缆索吊机方案共需费用为 4 848 万元,其中缆索吊装系统设备采购费用约 2 120 万元,门式起重机、小吊机、汽车吊、拼装胎架和移动安全防护设施等费用约 1 228 万元,堆放场地平整费用约 1 200 万元,施工环保费用约 100 万元,其他施工小机具费用约 200 万元。如果考虑摊销,其在本桥的使用费用约为 2 963 万元。

3)跨缆吊机方案

跨缆吊机虽然具有占用设备少、起吊能力大、中央控制系统智能化程度高(液压式)等优点，但跨缆吊机用在本桥上仍有一些问题。跨缆吊机一般用于水上运输比较便利的跨江、跨海大桥的上部施工，本桥地处深山峡谷，无水上运输条件。且跨缆吊机起吊能力大，适用于梁段整体吊装，从跨中开始向两塔方向拼装。而本桥的拼装梁段必须从桥塔处开始起吊，再运到跨中安装。众所周知，跨缆吊机的行走速度是比较慢的，来回跑一次要花较长时间，使用效率较低，影响全桥施工工期。如改变梁段安装顺序，从两塔开始向跨中推进，梁段必须在引桥桥面上拼装、吊运。本桥桁架宽 28m，而引桥宽 24.5m，故拼装时只能将桁架宽度方向顺桥轴线方向进行，起吊时再转 90°，在桥上难以实现。若采用落地龙门吊，则因东岸引桥较高(35m 左右)，龙门吊的高度要在 50m 以上，难度很大，材料用量较多。同时也解决不了桁架的转向问题。由此可见，跨缆吊机如在本桥使用，只能像桥面吊机一样进行桁架片吊装，不能充分发挥跨缆吊机吊装能力大的优势，且要将跨缆吊机做较大改造(解决起重绳横向移动至大缆之下的问题)。

(1)跨缆吊机的拼装场地

跨缆吊机采用桁架片吊装方法，拼装场地安排与桥面吊机方案相同，此处不再赘述。

(2)梁段的吊装

梁段的吊装工序基本与桥面吊机相同。跨缆吊机吊起桁片后在大缆上前移一个梁段，然后将桁片慢慢放拼接位置，与已拼装好的桁架对接。由于跨缆吊机走行和放绳速度缓慢，其吊装速度比缆索吊和桥面吊机要慢。另外，横梁的吊装也要靠跨缆吊机来回移动来实现，吊装时间较长。唯桥面板可用跨缆吊机进行全断面吊装，这是它的优点。

随着桁架吊装往跨中行进，当桁架片竖直运输高度超出主缆高程时，桁架片无法进行立式吊装。此时必须改造运输平车，将桁架片平卧在运输平车上，起吊后在空中立面翻转，增加吊装难度，对施工安全不利，同时延长了施工工期。

(3)梁段安装周期

一个节段的安装周期见表 4.7。

吊装一个梁段周期　　　　表 4.7

序号	工　　序	持续时间(d)	备　　注
1	一两片桁架吊装、行走、粗定位连接及挂索	1	—
2	第一片横梁的粗定位连接	1	—
3	第一个节间 4 根平联杆件的安装	1	—
4	接口调整	0.5	—
5	几何精度的检查		—
6	接口高强螺栓的施拧	0.5	—
7	接口高强螺栓的检查		—
8	第一次调整索力并锚固	0.5	—
9	吊机后退一个节间，吊装前一节间正交异性钢桥面板单元并焊接	1	—
10	第二片横梁、第二个节间 4 根平联杆件的安装	2	—
11	接口调整、几何精度的检查、高强螺栓的施拧及检查	1	—
12	第二次调整索力并锚固	0.5	—
13	吊机后退一个节间，吊装后一节间正交异性钢桥面板单元并焊接	1	—
合计		10	一个节段安装周期

加劲梁安装的一个工作面可以分为3个部分：准备工作、吊装单元拼装和单元吊装，具体的工期安排如表4.8所示。从表4.8可以看出，跨缆吊机系统安装需要1个月；完成加劲梁吊装约需280d；考虑到施工安装过程中可能会受到天气等不可预见因素的影响，在工期中考虑20d机动时间，作为工期调整。即本方案的施工安装总工期约为330d，即11个月。

跨缆吊机方案工期安排一览　　表4.8

工作内容	具体工序	工期												
		40d	1月	2月	3月	4月	5月	6月	7月	8月	9月	10月	11月	12月
准备工作	平整场地、胎架调整、机具安装等													
桁片拼装	拼装第1个标准梁段的桁片单元													
	拼装第2个标准梁段的桁片单元													
	…													
	…													
	拼装第23个标准梁段的桁片单元													
	拼装第24个标准梁段的桁片单元													
	拼装合拢段的桁片单元													
桥面板组拼	桥面板组拼													
吊装	跨缆吊机系统的安装													
	吊机第1个节间(杆件拼装)													
	吊装第1个标准梁段(桁片吊装)													
	吊装第2个标准梁段(桁片吊装)													
	…													
	…													
	吊装第23个标准梁段(桁片吊装)													
	吊装第24个标准梁段(桁片吊装)													
	跨中合拢													
	剩余桥面板吊装、焊接													
	机动时间													

(4)跨缆吊机主要设备及机具

跨缆吊机主要设备及机具见表4.9。

跨缆吊机主要设备及机具一览　　表4.9

序号	名　称	要求规格	数量	用　途
1	跨缆吊机	起重量：80t	2	桁片吊装
2	运输平车	60t	2	单元运输
3	门式起重机	60t/15t，22m	4	单元拼装及装车
4	桥面吊机	15t	2	起吊钢构件
5	拼装胎架	桁架胎架 横梁胎架 桥面板胎架	4 4 2	单元拼装

续上表

序号	名　　称	要求规格	数量	用　　途
6	移动式防护设施	28m×32.4m	2	梁段安装
7	移动式安全脚手架	—	2	梁段安装
8	电动扭矩扳手	1 300N·m	10	高强螺栓施拧
9	指针扳手	1 500N·m	10	高强螺栓检查
10	CO_2焊机	—	2	桥面板对接
11	自动焊机	—	2	桥面板对接
12	手弧焊机	—	6	桥面板对接
13	吊索张拉装置	—	12	调整索力

(5)造价估算

根据初步估算，跨缆吊机方案共需费用为 3 620 万元，其中跨缆吊机采购费用约 2 300 万元，运输平车及轨道系统、门式起重机、小吊机、拼装胎架和移动安全防护设施等费用约 1 070 万元，堆放场地平整费用约 50 万元，其他施工小机具费用约 200 万元。如果考虑摊销，其在本桥的使用费用约为 1 670 万元。

4)3 种施工方案的综合比较

根据以上 3 种施工方案的分析，对 3 种方案的优缺点进行综合比较。

桥面吊机方案的优点是：所用施工场地小，适宜在地形困难、施工场地狭小的山区使用。且施工方案先进，设备简单，占用人力少，桥面板与钢桁梁可以同时安装，效率高。该方案受气候影响小，成本低，经济性好。桥面吊机方案的缺点是：国内无应用于悬索桥施工的先例，缺乏成熟的施工经验。

缆索吊机方案的优点是：缆索吊装是国内大跨径拱桥、钢箱梁悬索桥常用的施工方法，有比较成熟的施工经验。在有足够的梁段拼装、储存场地的情况下，安装速度较快。其缺点是：缆索吊机本身的施工工序多，要安装牵引索、承重索(多根)、索鞍、起重索、跑车、主动式承索器、猫道改装等，安装吊装系统需要花费很长时间(约 3 个月)。施工时可能与大缆架设有干扰。同时由于采用节段整体吊装，质量大(每个节段重约 120t)，所需承重索根数多，相应索鞍、跑车、主动式承索器规模大，结构复杂，经济性与桥面吊机方案相比要差得多。缆索吊由于从跨中向两塔方向拼装，因此必须待钢桁梁拼好后才能进行桥面系的吊装和拼接。虽然钢桁梁的拼装时间较短，但桥面系的安装又延长了作业时间。并且此方案需要较大的拼装场地及龙门吊机来拼装和吊运。另外，两岸地形陡峻，特别是西岸要开辟较大的拼装场地有一定困难，对环境破坏影响大。采用型钢支架搭设平台，材料用量较多。从环保角度出发，本方案的实施必须事先征得环保部门的特别批准。并且，该方案受气候因素影响较大，缆索吊由跨中向两索塔进行吊装，梁段间使用临时连接，实际施工过程受气候因素制约比较大，在大于或等于六级风或者大雾等恶劣天气状况下无法进行施工，在一定程度上会延长工期。

跨缆吊机方案的优点是：设备单一，除跨缆吊机外不需要其他附属设备；且设备简单、先进，起吊能力大，中央控制系统智能化程度高；所用施工场地小，能在地形困难的山区使用。同时，桥面板可以随着桁架吊装的进行一次形成，不要像桥面吊机方案一样分两次形成，也不用像缆索吊机那样要在桁架架设完成后再进行吊装。其缺点为：跨缆吊机用在本桥的施工架设时，由于地形条件的限制，不能充分发挥跨缆吊机吊装能力大的优势。跨缆吊机的自重大，行走速度慢，影响安装工期。气候因素影响介于前两种方案之间。并且，跨缆吊机在安装接近跨中梁段时，当桁架片竖直运输高度超出主缆标高，桁架片无法进行立式吊装。所以此时必须改造运输平车，将桁架片平卧在运输平车上，吊装后在空中立面旋转，增加吊装难度，对施工安全不利，同时延长了施工工期。

通过对上述 3 种施工方案的研究及优、缺点分析，现将 3 种方案的主要技术经济比较列于表 4.10。

施工方案主要技术经济比较 表 4.10

项目 \ 方案	桥面吊机方案	缆索吊机方案	跨缆吊机方案
安装跨径（m）	1 088	1 088	1 088
拼装场地	使用引桥作桁片拼装场地，不需另辟拼装场地	利用引桥桥面作为钢桥面板的拼装场地，仍需另外开辟拼装场地（6 000m²）	使用引桥作桁片拼装场地，不需另辟拼装场地
杆件堆放场地（m²）	3 000	2 000	3 000
两侧场地面积（m²）	6 000	16 000	6 000
吊装设备	只需桥面吊机，设备简单，机械化程度高	设备多而复杂	需改造常规跨缆吊机，在本桥上不能充分利用起吊能力
吊装质量（t）	60	120（不包括起重绳、跑车、跑车架、吊钩、配重等）	60
设备安装难易程度	简单、速度快	工序多、复杂费时	工序多、费时
架设速度	桁片吊装速度相对较慢，中间部分桥面板可流水作业	节段整体吊装速度快，但桥面板需桁梁架合拢后安装	跨缆吊机移动慢，接近跨中部分梁段吊装难度大
气候影响	小	大	较大
全桥架设时间（d）	254	262	330
提前拼装时间（d）	20	88	20
估算费用（万元）	2 020	4 848	3 620
对环境的破坏程度	拼装场地和储存场地较小，对环境的破坏小	需较大拼装场地和储存场地，对环境的破坏大	拼装场地和储存场地较小，对环境的破坏小
推荐情况	推荐	不推荐	不推荐

从表 4.10 综合分析比较可以看出，3 种方案的吊装速度均能满足工期要求，缆索吊机方案要占用较大的拼装场地，本桥由于地形条件限制，特别是西岸，开辟场地和运输条件均有较大困难，对环境破坏较大。从设备的投入方面看，桥面吊机是最经济的，施工也比较安全。综合上述分析研究结果，本桥上部结构钢桁梁施工架设方案推荐采用桥面吊机方案。

4.2　钢桁加劲梁新型结构体系

4.2.1　桥面吊机架设过程中的连接方案

由上一节的分析可以看出，对于坝陵河大桥钢桁梁及桥面板架设采用缆索吊机方案和跨缆吊机方案是不合适的，而采用桥面吊机方案最经济的，施工也比较安全。采用桥面吊机进行施工时对于钢桁梁段间的连接通常有以下几种形式。

刚接法：在梁段起吊后便在梁段间进行刚性连接，同时安装好吊索。其特征是加劲梁抗弯、抗扭刚度大，稳定性好，且由于梁段间的拼接是在每一节段吊装完后立刻进行的，连接方式灵活，不易产生误差。但由于架设过程中结构的变形较大，梁段中某些部位的应力较大甚至超过允许值，且已架设梁段先头的吊索内力变化较大。

铰接法：这是一种将各梁段起吊后通过吊索直接悬挂于主缆上，各梁段之间或完全处于自由，或通过无刚度的临时连接结合在一起，等所有梁段吊装完毕后统一进行固接的方法。这种方法由于缆索变形很大，架设过程中，各相邻梁段间加劲梁将产生凹凸，因此，至多只能在上弦或上翼缘进行临时连接。此时由于加劲梁没有形成足够的刚度，稳定性较差。另外现场很难再现制造时的拼接状态，后期合龙难度较大。

刚-铰混合法：它将加劲梁分成若干个包含几段梁段的较长的整体进行架设，其中各整体间采用铰连接而每个整体中各梁段间均为刚性连接。这种方法结合了刚接法和铰接法的特点，国内外采用较多。

半铰法：这种方法是将梁段起吊并安装吊索后，各梁段间采用一种临时连接的方式进行结合，临时连接具有竖向弯曲刚度小而扭转刚度大的特点。弯曲刚度小克服了梁的过应力问题，扭转刚度大使稳定性提高。

加劲梁的实际施工应根据架设单元大小、运输能力、起吊能力、场地条件、构造特性及施工方便、安全、经济等各方面条件进行统筹确定。

从 4.1.2 节的分析可以看出，对于坝陵河大桥加劲桁梁采用桥面吊机架设时节段间采用全刚接的连接方案结构施工内力较大，超出了杆件的设计容许内力。因此钢桁梁架设时采用设铰的连接方案是施工架设的必然选择。对于采用设铰的连接方案，铰数量和设铰位置是关注的重点。以下将从几个方面着重介绍坝陵河大桥钢桁梁采用桥面吊机悬臂架设时梁段间不同的连接方案结构内力情况。

表 4.11 为进行梁段间不同的连接方案计算分析时所取的几种架设方案。

加劲梁架设方案一览　　表 4.11

方案编号	架设方案	设铰个数	设铰位置(节间)
FA1	逐段刚接	—	—
FA2	逐段铰接	—	—
FA3	刚铰混合	1	10
FA4	刚铰混合	1	12
FA5	刚铰混合	1	14
FA6	刚铰混合	2	10、26
FA7	刚铰混合	2	10、22
FA8	刚铰混合	2	10、20

设铰位置和个数指的是半跨内的位置和个数，另外半跨为对称关系，即全桥设铰数量为表内数量的 2 倍，位置为对称位置。

(1)逐次刚接、逐次铰接、刚铰混合连接的方案分析

本节主要是对逐次刚接、逐次铰接和刚铰混合连接架设方案结构受力进行简要介绍。3 种不同连接方案的上弦杆、下弦杆的名义应力包络图分别见图 4.31、图 4.32。

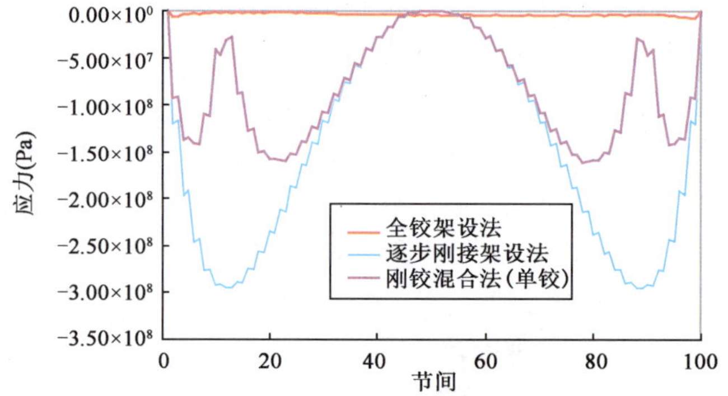

图 4.31　3 种连接方案的上弦杆名义应力包络图

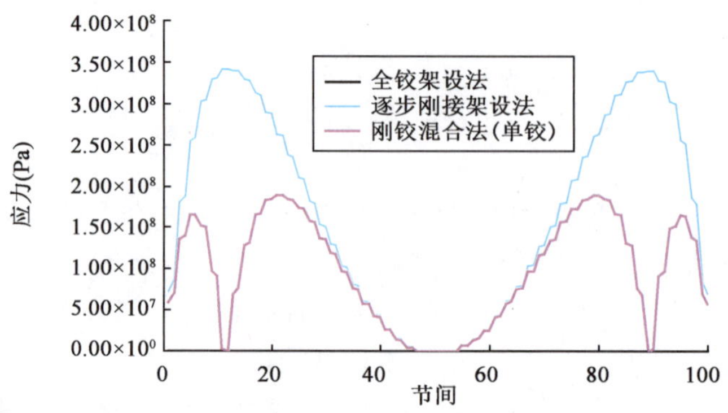

图 4.32　3 种连接方案的下弦杆名义应力包络图

从上述计算结果可以看出，对于逐次刚接的无铰方案，吊装前几个梁段时，加劲梁主桁各类杆件及吊索的应力逐渐增大，当吊装完成全桥梁段数量的 1/4 左右后达到施工过程中的最

值，为施工控制应力，且控制应力过大，超过了材料的允许应力。由此可以看出，不设铰的逐次刚接连接方案施工过程结构应力过大，因此在坝陵河特大桥结构施工中，不设铰的逐次刚接连接方案是不能实现的。

对于全铰的逐次铰接连接方案，从图 4.31、图 4.32 中可以看出，在施工过程中结构的施工应力很小，几乎为无应力状态，这对于结构受力是非常合理的，是施工的理想状态，施工过程中无须担心结构杆件的强度存在问题。但采用全铰的逐次铰接连接方案时，结构将在每个节段间设置临时铰，而设置较多的临时铰，一方面会降低结构的整体性，使结构施工过程中的稳定性存在问题；另一方面，由于临时铰及带铰部位的施工较复杂，施工难度也较大，这无疑会大大增加施工的风险。

而对于刚铰混合连接方案（单铰，FA4），从计算结果可以看出，施工过程中，在吊装前几个梁段时，加劲梁主桁各类杆件及吊索的应力逐渐增大，由于临时铰的设置，使本来在吊装完成全桥梁段数量的 1/4 左右出现的施工控制应力迅速减小至零，结构的最大施工应力随之降低，最大施工应力是小于材料的容许应力的，因此刚铰混合连接方案是能满足施工过程中对结构应力的要求的，且由于设铰的数量相对较少使施工的难度和复杂性也相对较小，施工风险随之降低，推荐采用刚铰混合的连接方案。

（2）刚铰混合连接方案中设铰个数的分析

由以上的分析可以看出，对于主桁梁节段间进行逐次刚接的无铰连接方案，施工过程中结构的一期恒载应力较大，特别是上、下弦杆的应力明显过大。而对于刚铰混合连接方案的施工应力可以满足施工的要求，因此为减小施工过程中的结构应力，保证结构的安全，可以在结构应力较大处（即 1/4 跨度附近）设置临时铰，亦即采取刚铰混合连接的悬臂架设过程，释放部分主桁梁节段间转动自由度（即释放恒载弯矩），同时让下弦及平联杆自由。本节主要是通过采用桥面吊机悬臂架设过程中对不同设铰数量的试算，来确定结构的最佳设铰数量。计算时对设铰数量的控制原则是：在满足施工过程中对结构应力要求的情况下，尽可能地少设铰，即寻找设铰数量和施工应力之间的最佳平衡。而对于临时铰设置方式主要为梁段上弦杆和斜腹杆仅放松竖向转角约束，下弦杆件自由，左右半跨各设相同数量，全桥对称设置临时铰。

图 4.33、图 4.34 分别为设置单铰（FA4）和设置双铰（FA8）的两种连接方案上弦杆、下弦杆的名义应力包络图。由于设置单铰和设置双铰均可以满足施工应力的要求，且设置双铰时结构的施工应力已较合理了，因此本节对设铰数量的主要分析集中在单铰和双铰的方案。

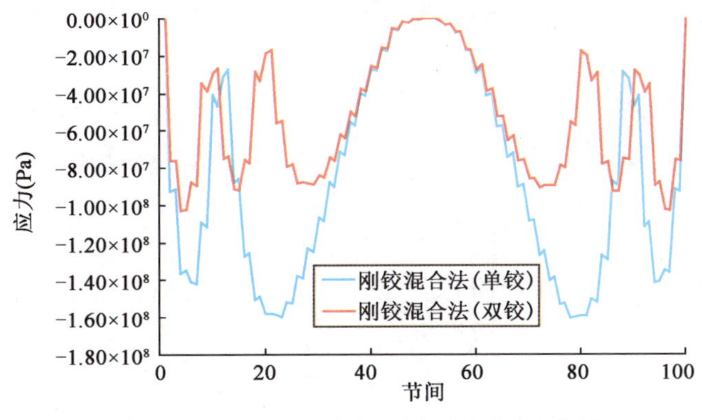

图 4.33　不同设铰数量时上弦杆名义应力包络图

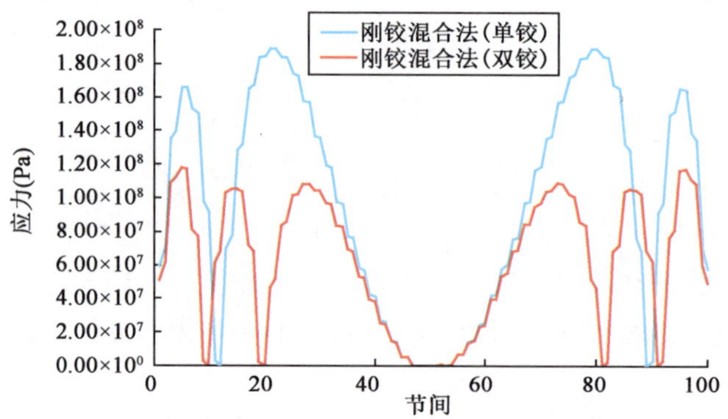

图 4.34 不同设铰数量时下弦杆名义应力包络图

从上述计算分析结果可以看出,对于设铰的连接方案,无论设单铰还是设双铰,施工过程中,在吊装前几个梁段时,加劲梁主桁各类杆件及吊索的应力都是逐渐增大,都由于临时铰的设置,使本来在吊装完成全桥梁段数量的 1/4 左右出现的施工控制应力迅速减小至零,结构的最大施工应力随之降低,最大施工应力均小于材料的容许应力。不同的是对于设置单铰的连接方案,只有一个应力零点。而对于设双铰的连接方案则有两个应力零点,且设双铰方案的最大施工应力相对设单铰的方案大幅度减小。

鉴于以上的分析,可以看出坝陵河大桥钢桁梁采用桥面吊机悬臂架设时桁梁节段间设置双铰的连接方案是比较合理的。设双铰一方面解决了施工过程中结构应力过大的问题,另一方面由于临时铰的设置数量相对较少,使结构的施工难度和复杂性也控制在一个相对比较合理的位置,施工风险也相对较小。而对于临时铰的设置方式则前已述及,即主要为梁段上弦杆和斜腹杆仅放松竖向转角约束,下弦杆件自由。临时铰可以左右半跨各设相同两个,全桥共对称设置 4 个临时铰。

(3)刚铰混合连接方案中设铰位置的分析

由以上的分析可以看出,钢桁梁采用桥面吊机悬臂架设时,对于主桁梁节段间设置双铰的连接方案,既能满足施工应力的要求,也使整个钢桁梁的施工难度和风险降到一个相对较合理的程度。临时铰设置成梁段上弦杆和斜腹杆仅放松竖向转角约束,下弦杆件自由。以上的分析结论主要是在结构应力较大处(即 1/4 跨度附近)设置临时铰得出的,在得出设置双铰的连接方案下施工较合理的情况下,还应该对双铰的具体位置进行比较分析,从而得出临时铰的最佳设置位置。

由于设置单铰和设置双铰均可以满足施工应力的要求,且设置双铰时结构的施工应力已较合理了,因此本节对设铰数量的分析主要分析集中在单铰和双铰的方案。对于所取的设铰位置方案(FAx)参见表 4.11。

图 4.35、图 4.36 分别为设置单铰的连接方案上弦杆、下弦杆的名义应力包络图。

图 4.37、图 4.38 分别为设置双铰的连接方案上弦杆、下弦杆的名义应力包络图。

从图 4.35、图 4.36 的计算分析结果可以看出,对于设单铰的连接方案,无论是上弦杆还是下弦杆,施工过程中,方案 FA3 和方案 FA5 的结构最大施工应力基本相同,都大于方案 FA4 的结果。三者的区别是:方案 FA5 的最大施工应力值出现在铰前,而方案 FA3 和 FA4

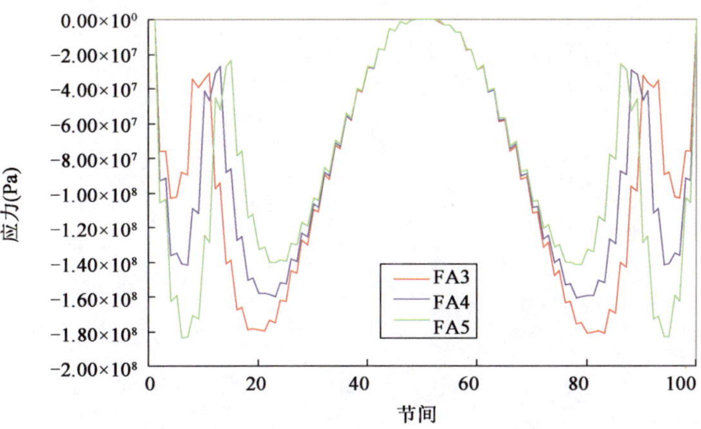

图 4.35 单铰方案不同设铰位置时上弦杆名义应力包络图

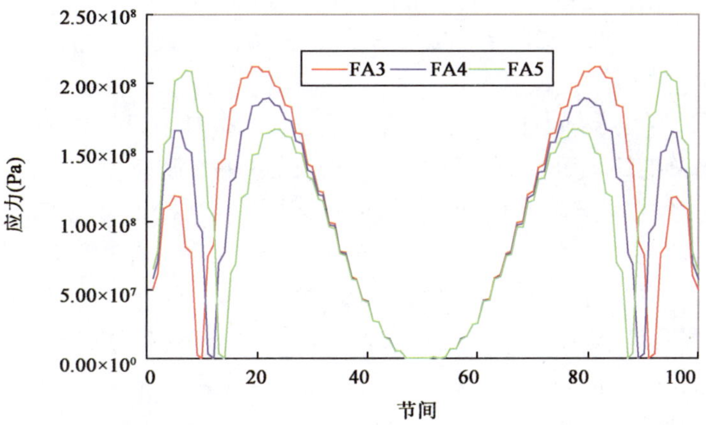

图 4.36 单铰方案不同设铰位置时下弦杆名义应力包络图

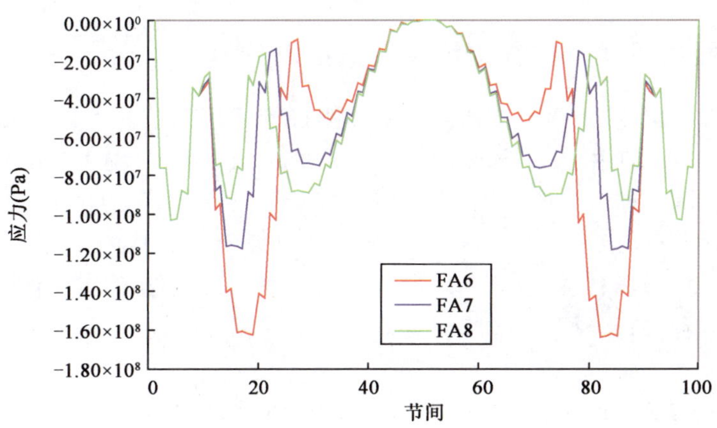

图 4.37 双铰方案不同设铰位置时上弦杆名义应力包络图

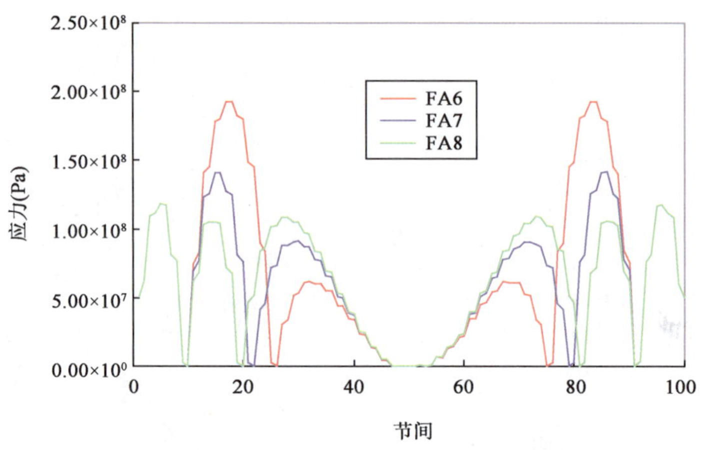

图 4.38 双铰方案不同设铰位置时下弦杆名义应力包络图

的结构最大施工应力出现在铰后。因此对于单铰方案来说，临时铰的设置位置取 FA4 相对方案 FA3 和方案 FA5 要合理，施工时可以选择设置位置方案 FA4，即在第 12 节间和第 12′节间对称设置两个临时铰。

同时从图 4.37、图 4.38 的计算分析结果也可以看出，对于设双铰的连接方案，在桥面吊机悬臂架设加劲桁梁的施工过程中，设铰位置方案 FA6 的上弦杆和下弦杆的最大施工应力最大，方案 FA7 的次之，方案 FA8 的最小。另外，3 个方案的结构最大施工应力出现位置有所不同，方案 FA6 和 FA7 的结构最大施工应力出现在两个铰之间，方案 FA8 的最大施工应力出现在第二个临时铰后。由此可以看出，对于双铰方案来说，临时铰的设置位置取 FA8 相对方案 FA6 和方案 FA7 要合理，施工时可以选择设置位置方案 FA8，即在第 10、第 20 节间和第 10′、第 20′节间对称设置 4 个临时铰。

对比图 4.35 和图 4.37，同时对比图 4.36 和图 4.38，也可以看出另外一个情况，即设置双铰的方案(FA8)相对设置单铰(FA4)的方案结构的最大施工应力大幅度减小。这说明设置双铰的方案(FA8)相对设置单铰(FA4)的方案要合理，结构的安全储备也更高、更合理。

4.2.2 桥面吊机架设过程中设单铰方案的分析

通过分析可以看出：施工过程中梁段间采用刚接的连接方案是不能满足施工应力的要求的。对于逐次铰接方案，则由于大量临时铰的设置使结构不稳定，施工难度和风险大幅增加而使此方案不合理。因此通过分析可以看出，对于桥面吊机悬臂架设加劲桁梁的施工过程中，梁段间只有采用设置单铰或双铰的连接方案比较合理。以上已经从施工最大受力的角度(即施工包络图的角度)得出设双铰的方案相对设单铰的方案合理的结论。本节将对设单铰方案施工过程中的相关问题进行分析，下节将对设双铰方案的相关问题进行分析，从而进一步对这两种方案进行比较。

图 4.39 为方案 FA4(即在第 12 号节间设置单铰的连接方案)在施工过程中加劲梁和主缆的线形变化，图 4.40 为方案 FA4 加劲梁铰处张口合龙前细部，图 4.41 为方案 FA4 各施工阶段加劲梁位移。

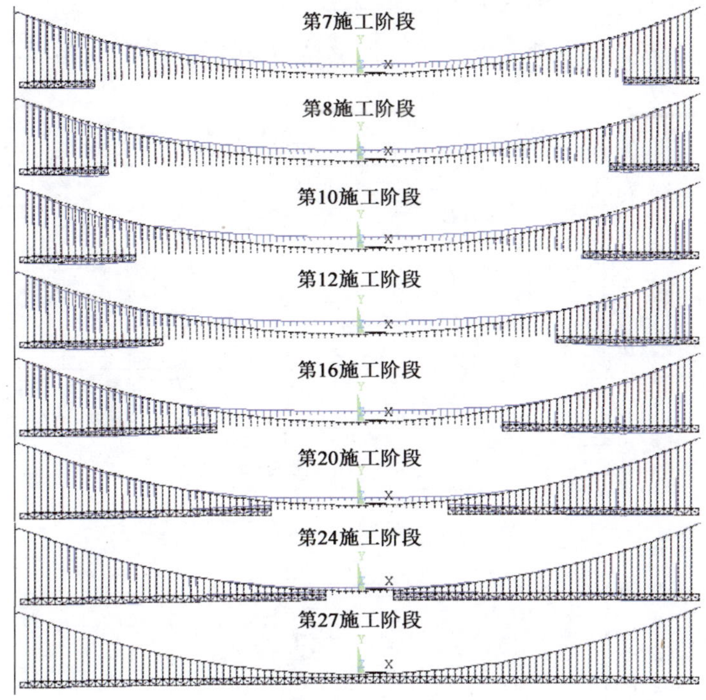

图4.39　单铰方案(FA4)各施工阶段加劲梁及主缆的线形变化

图4.40　单铰方案(FA4)加劲梁铰处张口合龙前细部

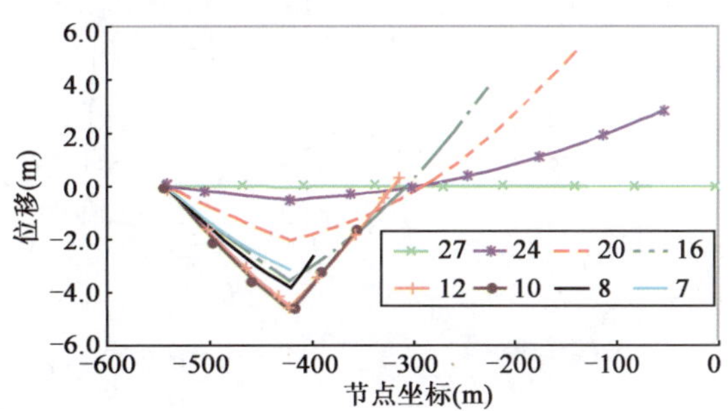

图4.41　单铰方案(FA4)各施工阶段加劲梁位移

从图4.39～图4.41中可以看出，主缆的线形在加劲梁吊装的初始时期变化较剧烈，对于大跨径悬索桥来说，结构的刚度主要是主缆提供的，加劲梁的刚度所占比例较小，因此基本可以忽略，为此加劲梁的初始线形同样随着主缆线形的剧烈变化而变化较大，由于变形和内力的息息相关性，促使结构的内力也随着剧烈变化。当施工到1/4跨度附近时，结构线形变化达到最大情况，结构的施工内力也随之达到了施工控制内力状态。而后期随着吊装梁段的增加，结构线形变化逐渐趋于平缓，促使结构施工内力变化同样趋于平缓。施工结束后，临时铰处会自动闭合，回到成桥线形，加劲桁梁的施工应力基本释放，永存的施工应力很小，基本能达到设计的无应力理想状态。鉴于此，在确定了具体施工方案后，还应该对施工方案进行更详细的施工仿真模拟分析，全面而准确地分析整个结构及施工过程的受力特性，研究影响结构施工内力的主要因素，提出合理的施工方案。同时可以看出，对于单铰方案(FA4)，施工控制的难点在于施工初期，即临时铰架设前的阶段及临时铰的架设阶段。

图 4.42、图 4.43 分别为方案 FA4(即在第 12 号节间设置单铰的连接方案)上弦杆、下弦杆的施工阶段应力。

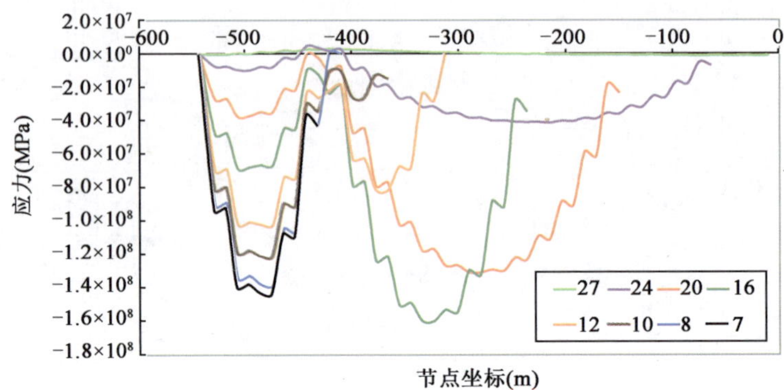

图 4.42 单铰方案(FA4)加劲梁上弦杆施工阶段应力

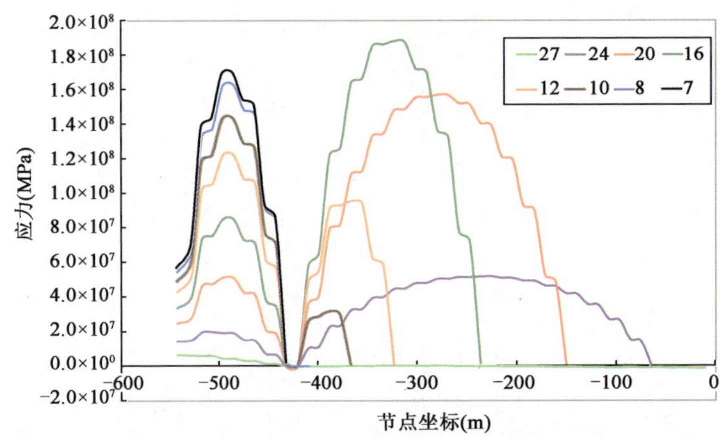

图 4.43 单铰方案(FA4)加劲梁下弦杆施工阶段应力

从图 4.42、图 4.43 中可以看出：单铰方案(FA4)情况下，加劲桁梁的施工应力随着施工阶段的增加，临时铰前面的梁段杆件应力逐渐减小，当施工到临时铰后的梁段后，随着施工阶段的增加，整个梁段(无论临时铰前的梁段还是临时铰后的梁段)的杆件应力都逐渐减小。由此同样可以看出，对于单铰方案(FA4)，施工控制的难点在于施工初期，即临时铰架设前的阶段及临时铰的架设阶段。

4.2.3 桥面吊机架设过程中设双铰方案的分析

上节对桥面吊机悬臂架设加劲桁梁的施工过程中梁段间采用单铰 FA4 连接方案情况下的相关问题进行了计算分析，本节将对设双铰方案 FA8[即在第 10、20 号节间(另一侧对应第 10′、20′号节间)设置双铰]施工过程中的相关问题进行分析，从而进一步对这两种方案进行比较。

图 4.44 为方案 FA8[即在第 10、20 号节间(另一侧对应第 10′、20′号节间)设置双铰]的连

接方案在施工过程中加劲梁和主缆的线形变化，图 4.45 为方案 FA8 加劲梁铰处张口合龙前细部，图 4.46 为方案 FA8 各施工阶段加劲梁位移。

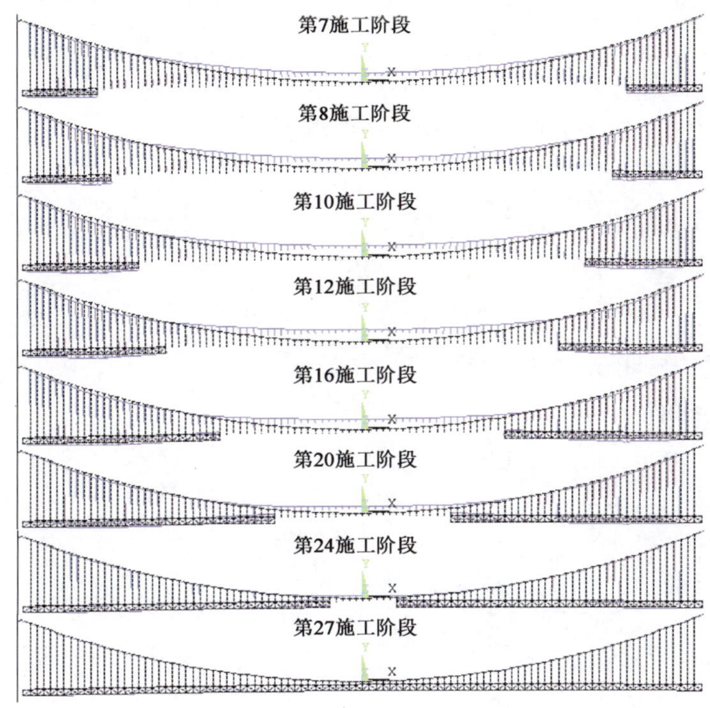

图 4.44　双铰方案(FA8)各施工阶段加劲梁及主缆的线形变化

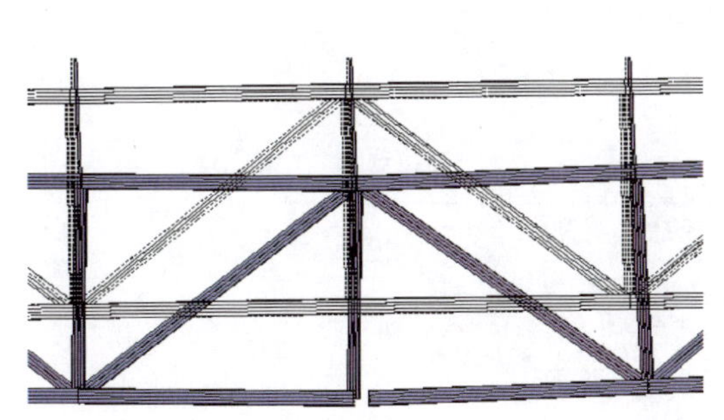

图 4.45　双铰方案(FA8)加劲梁铰处张口合龙前细部

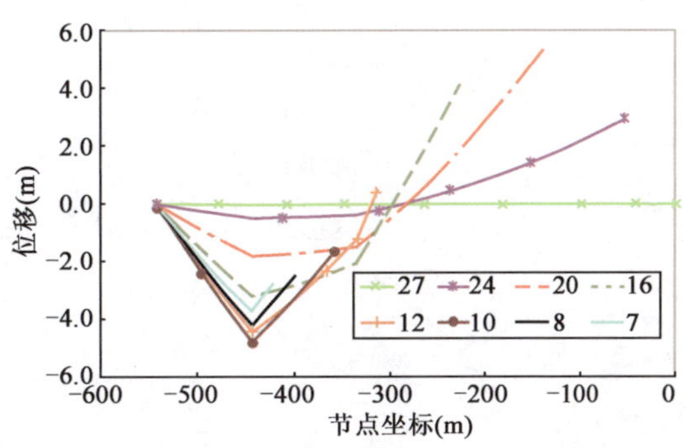

图 4.46　双铰方案(FA8)各施工阶段加劲梁位移

从图 4.44～图 4.46 中同样可以看出：主缆的线形在加劲梁吊装的初始时期变化较剧烈，鉴于结构刚度主要是主缆提供的，加劲梁的初始线形同样随着主缆线型的剧烈变化而变化较大，加劲梁的内力也随着剧烈变化。同样，当施工到 1/4 跨度附近时，此方案大概在第一个临时铰附近结构线形变化达到最大情况，结构的施工内力也随之达到施工控制内力状态。当吊装第一个临时铰和第二个临时铰之间的梁段时，结构的线形变化逐渐趋于平缓，后期吊装第二个临时铰后面的梁段，结构线形变化相对更加平缓。施工结束后，临时铰处同样会自动闭合，回到成桥线形，加劲桁梁的施工应力基本释放，永存的施工应力很小，基本能达到设计的无应力理想状态。采用此方案时同样要对施工方案进行更详细的施工仿真模拟分析，全面而准确地分析整个结构及施工过程的受力特性，研究影响结构施工内力的主要因素，提出合理的施工细节。对于双铰方案(FA8)，施工控制的难点仍在于施工初期阶段以及两个临时铰之间梁段的架设阶段。

图 4.47、图 4.48 分别为方案 FA8[即在第 10、20 号节间(另一侧对应第 10′、20′号节间)设置双铰]的连接方案上弦杆、下弦杆的施工阶段应力。

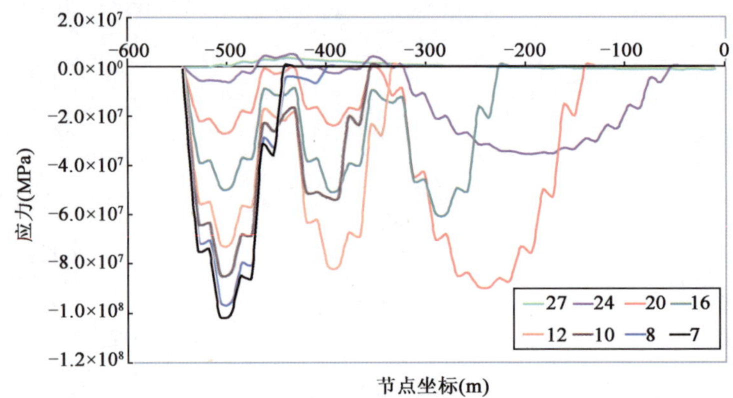

图 4.47　双铰方案(FA8)加劲梁上弦杆施工阶段应力

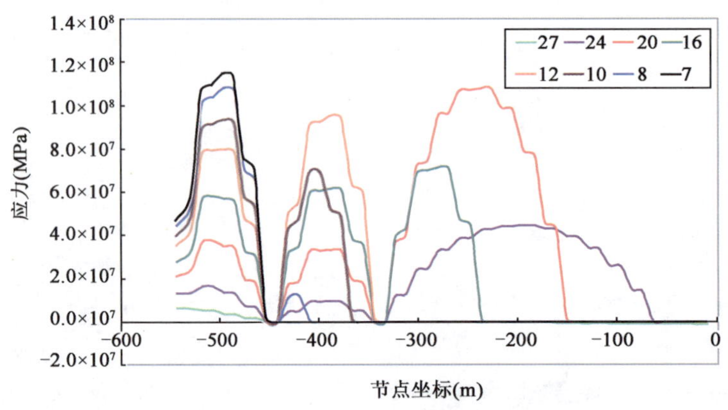

图 4.48　双铰方案(FA8)加劲梁下弦杆施工阶段应力

从图 4.47、图 4.48 中可以看出：双铰方案(FA8)情况下，加劲桁梁的施工应力变化规律和单铰方案(FA4)基本相同，同样是随着施工阶段的增加，临时铰前面的梁段杆件应力逐渐减小，当施工到临时铰后的梁段后，随着施工阶段的增加，整个梁段(无论临时铰前的梁段还是临时铰后的梁段)的杆件应力都逐渐减小。

4.2.4　实际施工架设的推荐方案

通过以上各小节对桥面吊机悬臂架设加劲桁梁过程中梁段间的连接方式研究可以发现，采用逐次刚接的架设方案结构施工应力是不能满足设计要求的。对于全铰的逐次铰接连接方案，虽然施工过程中结构的施工应力很小，基本能达到理想的无应力状态施工，但由于设置较多的临时铰,一方面会降低结构的整体性,使结构施工过程中的稳定性存在问题,另一方面由于临时铰及带铰部位的施工较复杂,施工难度也较大,这无疑会大大增加施工的风险。而采用刚铰混合连接方案,结构的施工应力能够大幅降低,且由于设铰的数量相对较少,使施工的难度和复杂性也相对较小,施工风险随之降低,推荐采用刚铰混合的连接方案。

在得出采用刚铰混合的连接方案较合理后,通过对临时铰的最佳设置个数及临时铰的最佳设置位置的分析研究,可以发现采用双铰方案 FA8(即在第 10、第 20 节间和第 10′、第 20′节间对称设置 4 个临时铰)不仅可以大幅降低结构的施工应力,同时施工难度、复杂性和施工风险也达到了一个比较合理的程度。

最后,通过对单铰方案 FA4 和双铰方案 FA8 施工过程中的结构线形及结构施工阶段的应力等相关问题的分析,得出双铰方案 FA8 是最合理的一种悬臂架设方案。鉴于此,实际架设施工时,推荐采用双铰方案 FA8,即在第 10、第 20 节间和第 10′、第 20′节间对称设置 4 个临时铰进行施工。

4.3 钢桁加劲梁架设新技术

4.3.1 桥面吊机不同架设方案分析

通过第 4.2 节的结论,对于坝陵河大桥,其加劲桁梁的架设采用桥面吊机设双铰的架设方案最合理,临时铰设置位置为在第 10、第 20 节间和第 10′、第 20′节间对称设置 4 个临时铰进行施工,临时铰设置方式主要为梁段上弦杆和斜腹杆仅放松竖向转角约束,下弦杆件自由。对于采用以上推荐的方案进行加劲桁梁悬臂架设时同样存在不同的架设方法,主要是一期安装荷载的大小、加劲梁梁端约束方式等问题,本节将针对以上问题对采用双铰的不同架设方案进行研究。

1)概述

(1)模拟施工过程的计算荷载

计算程序采用 BNLAS 桥梁结构非线性计算软件,对坝陵河特大桥建立三维有限元模型,根据实际施工情况,采用倒拆的计算方法模拟加劲梁从两桥塔向跨中对称逐段吊装的施工过程。具体计算中,钢桁架加劲梁的主桁架杆件全部采用梁单元模拟,塔结构也用梁单元模拟,主缆和吊索离散为有初内力的缆索单元。结构的边界约束条件取为主缆锚固点和塔底固结约束,散索鞍处采用倾斜刚臂支撑放松纵向,加劲梁端部成桥时仅放松纵向。

计算采用荷载如下:加劲梁集度为 237.2kN/m(包括全部一、二期恒载);其中桥面铺装集度为 30.0kN/m;缆索系统集度中跨为 32.24kN/m,边跨为 33.47kN/m。

对于施工荷载,主要考虑了桥面吊机荷载和主缆施工猫道荷载,同时将桥面吊机荷载简化为吊点集中荷载来处理,具体如下。

桥面吊机前支点为 V_a=496.5kN(单个吊点),后支点为 V_b=191kN(单个吊点)。

最不利状态时,吊装主桁架:V_a=1 583kN, V_b=750kN,V_c=−544kN,V_d=290kN。

吊装主横桁架:V_a=1 093kN,V_b=243kN,V_c=−235kN,V_d=614kN。

猫道荷载按 2.065 9kN/m 计，将其按均匀分布在主缆上。

计算时考虑了剩余桥面系荷载的吊装过程，但剩余桥面系荷载的吊装过程中不考虑吊机等偏载的影响。

(2)模拟计算方案

计算时考虑了桥面吊机架设的 3 种大施工方案，3 种大施工方案的区别主要是：一期吊装主桁时桥面板吊装数量的不同，即一期吊装中间两块桥面板(一期吊装荷载按 151.061kN/m 考虑)、一期吊装中间一块桥面板(一期吊装荷载按 134.185kN/m 考虑)和一期不吊装桥面板(一期吊装荷载按 117.309kN/m 考虑)。针对以上 3 种大施工方案的每种方案计算模拟时，根据加劲梁端部纵向位移的约束条件又细分为两种方案，即加劲梁合龙前约束下端点纵向位移和加劲梁合龙前限位 1.6m。计算模拟共 6 种架设方案，具体架设研究方案见表 4.12。

桥面吊机不同架设方案一览 表 4.12

架设方案	一期桥面板安装	合龙前梁端纵向约束	吊索安装	备注
方案一	安装中间两块	约束纵向位移	两对吊索同时张拉	推荐
方案二	安装中间两块	纵向限位 1.6m	两对吊索同时张拉	—
方案三	安装中间一块	约束纵向位移	两对吊索同时张拉	—
方案四	安装中间一块	纵向限位 1.6m	两对吊索同时张拉	—
方案五	不安装桥面板	约束纵向位移	两对吊索同时张拉	—
方案六	不安装桥面板	纵向限位 1.6m	两对吊索同时张拉	—

(3)梁段吊装过程模拟工况的选取

加劲梁及桥面系均从两桥塔向跨中对称逐段吊装的施工过程。计算时对于每个梁段的吊装过程细分为 7 个阶段，安装完成前一梁段后，开始按以下 7 个分工况完成下一梁段的吊装，以下 7 个分工况为一个梁段施工计算体系，具体如下。

①准备安装第一片主桁架平面结构，此时吊机按吊装第一片主桁架最不利情况布置为：V_a=1 583kN，V_b=750kN，V_c=−544kN，V_d=290kN。吊机位置在已安装好吊索的梁段的最前端。

②吊装完毕第一片主桁架平面结构后，准备安装第二片主桁架平面结构，此时吊机按吊装第二片主桁架最不利情况布置为：V_a=1 583kN，V_b=750kN，V_c=−544kN，V_d=290kN。吊机位置在已安装好吊索的梁段的最前端。第一片已安装好。

③准备安装 i 节间主横桁架平面结构，此时吊机按吊装 i 节间主横桁架最不利情况布置为：V_a=1 093kN，V_b=243kN，V_c=−235kN，V_d=614kN。吊机位置和分工况①相同，仍在已安装好吊索的梁段的最前端。已安装好的主桁架平面结构未安装吊索。

④i 节间主横桁架平面结构安装完毕后，吊机位置不动，此时吊机按不工作状态布置为：前支点为 V_a=496.5kN(单个支点)，后支点为 V_b=191kN(单个支点)。

⑤准备安装 $i+1$ 节间主横桁架平面结构，吊机位置不动，此时吊机按吊装 $i+1$ 节间主横桁架最不利情况布置为：V_a=1 093kN，V_b=243kN，V_c=−235kN，V_d=614kN。

⑥$i+1$ 节间主横桁架平面结构安装完毕后，吊机位置不动，此时准备安装两对吊索，吊机按不工作状态布置为：前支点为 V_a=496.5kN(单个支点)，后支点为 V_b=191kN(单个支点)。

⑦经过前 6 个分工况后，此时已安装完成本梁段和吊索，同时将吊机位置移至已安装完成

的本梁段的最前端，吊机按不工作状态布置为：前支点为 V_a=496.5kN(单个支点)，后支点为 V_b=191kN(单个支点)。吊机位置在已安装好本梁段的最前端。

以上7个分工况为一个施工体系，通过7个分工况完成安装一个梁段。对于设铰的梁段，则将拆除吊索和主桁平面结构合成一个步骤来执行即可。

2)桥面吊机不同架设方案的比较

表4.13为桥面吊机不同架设方案施工过程中各主要构件轴力包络值比较。

桥面吊机不同架设方案施工过程中各主要构件轴力包络值(单位:kN)　　表4.13

架设方案	项　目	上弦杆	下弦杆	斜腹杆	竖腹杆	吊　索
方案一	Max	9 078	9 204	3 412	1 235	3 975.7
	Min	−9 029	−9 146	−3 575	−686.5	—
方案二	Max	9 078	9 204	3 411	1 235	3 990.1
	Min	−9 029	−9 146	−3 585	−684.3	—
方案三	Max	11 220	11 160	3 219	1 253	3 627.4
	Min	−10 960	−11 320	−3 172	−684.8	—
方案四	Max	11 220	11 160	3 219	1 253	3 641.3
	Min	−10 960	−11 320	−3 183	−683.6	—
方案五	Max	13 540	13 190	3 847	1 272	3 275.7
	Min	−12 970	−13 670	−3 286	−684.4	—
方案六	Max	13 540	13 190	3 847	1 272	3 286.9
	Min	−12 970	−13 670	−3 286	−683.7	—

从表4.13中可以看出：对于桥面吊机架设方案三至方案六，加劲梁上、下弦杆的轴力都较大，相对设计值来说，预留安全储备较小，施工风险增加。而对于架设方案一和方案二来说，虽然加劲梁上、下弦杆的最大轴力相同，但架设方案一是约束加劲梁纵向位移的，这有利于加劲梁架设过程中运梁小车的运行和安全，因此综合比较，推荐采用桥面吊机架设方案一，即架设期间设双铰，一期安装中间两块桥面板，加劲梁合龙前约束纵向位移且两对吊索同时张拉。

4.3.2 桥面吊机不同架设推荐方案的计算分析

1)施工过程模拟计算概述

通过以上几节的计算分析，得出了坝陵河大桥主梁施工推荐方案，即采用桥面吊机架设，架设期间设双铰，一期安装中间两块桥面板，加劲梁合龙前约束纵向位移且两对吊索同时张拉，桥面吊机架设施工时，从桥梁两端向中跨以两个节间为单位进行平面构件悬臂吊装的施工工法。本节将对拟采用的推荐方案进行详细的施工过程模拟计算，以指导施工方案的进一步细化和施工临时设备设计。

2)施工模拟计算模式

计算采用有限元分析软件ANSYS，建立平面模型(图4.49)，计算参照施工图设计文件及相关施工图设计变更文件、施工单位提供的钢桁梁吊装施工方案，即上几节分析的推荐方案和施工单位与相关制造单位提供的各工况施工临时荷载。施工过程模拟采用倒拆法，逐步拆除梁段，同时撤去相应的施工荷载，实现施工过程模拟的逆过程分析。

图 4.49　有限元模型

由于桥面吊机悬臂架设时一期荷载架设难度和风险较大，结构受力也较复杂，当一期荷载安装完毕后结构已形成整体，结构受力状态大大改善，因此计算时仅计算一期安装荷载的架设过程，未考虑剩余桥面板荷载的架设过程。

为了减小主梁架设期间产生的架设内力，主梁在主跨范围对称设置了 4 对架设铰（即双铰）方案，计算中采取上弦耦合平动自由度放松转动自由度、下弦断开的方式模拟施工过程梁段间在铰接点处的转动。

塔顶与索鞍间纵向放松以模拟鞍座顶推过程；主梁与主塔间在下横梁处设置竖向、纵向耦合，其余约束与总体计算一致。

3)模拟计算施工工况划分

根据施工单位提出的钢桁梁施工吊装方案，每个梁段的施工安装按如下步骤进行：①吊装第一片主桁架，吊机偏载；②吊装第二片主桁架，吊机偏载；③吊装第一片主横桁架、平联及附属设施，吊机偏载；④吊装第二片主横桁架、平联及附属设施，吊机偏载；⑤临时吊索张拉，安装永久吊索到位，吊机空载；⑥安装桥面板；⑦进入下一个阶段钢桁梁的吊装循环。

按照以上的梁段施工吊装工况，将全桥施工过程分为如表 4.14 所示的施工过程以分析荷载步。

施工过程分析荷载工况（倒拆法）　　表 4.14

荷载步	荷载工况内容	备注
1	成桥状态	—
2	施加猫道荷载	—
3	拆除二期恒载部分附属荷载	—
4	拆除合龙时未架设的桥面板荷载，施加桥面吊机荷载	合龙状态
5	激活架设铰	形成架设铰
6	拆除合龙段，模拟合龙段吊装工况	—
7	模拟 25 号梁段桥面板吊装工况	桥面板吊装
8	模拟 25 号梁段临时吊索预张力	吊索安装
9	模拟 25 号梁段第二片主横桁架吊装工况	—
10	模拟 25 号梁段第一片主横桁架吊装工况	—
11	模拟 25 号梁段第二片主桁架吊装工况	—
5+i*6+1	模拟(26-i)号梁段第一片主桁架吊装工况	(i:从 1～22)
5+i*6+2	模拟(25-i)号梁段桥面板吊装工况	(25-i)号梁段
5+i*6+3	模拟(25-i)号梁段临时吊索预张力，吊索安装	(25-i)号梁段
5+i*6+4	模拟(25-i)号梁段第二片主横桁架吊装工况	(25-i)号梁段
5+i*6+5	模拟(25-i)号梁段第一片主横桁架吊装工况	(25-i)号梁段
5+i*6+6	模拟(25-i)号梁段第二片主桁架吊装工况	(25-i)号梁段

4)施工模拟计算主要荷载

(1)成桥阶段一、二期恒载

坝陵河大桥成桥阶段一、二期恒载如表4.15所示。

成桥阶段主桥一、二期恒载(单位:t)　　表4.15

成桥计算		
次序	项目	质量
1	钢桁架	9 795.528
2	正交异性钢桥面板	8 126.613
3	检修道＋气动翼板等	2 456.349
4	防撞护栏	1 094.900
5	检查车	164.300
6	桥面板支座	79.100
7	电缆线	184.090
8	桥面铺装	3 317.600
9	涂装	268.300
10	照明设施	40.000
11	检修道塑胶	110.300
12	桥面伸缩缝	104.000
全桥总质量(t)		25 741.079

(2)施工架设期间主梁恒载

坝陵河大桥施工架设期间主梁恒载如表4.16所示。

施工架设期间主梁恒载(单位:t)　　表4.16

架设阶段		
次序	项目	质量
1	钢桁架	9 795.528
2	正交异性钢桥面板	3 658.789
3	检修道＋气动翼板等	2 456.349
4	防撞护栏	0.000
5	检查车	117.000
6	桥面板支座	79.100
7	电缆线	0.000
8	桥面铺装	0.000
9	涂装	268.300
10	照明设施	0.000
11	检修道塑胶	0.000
12	桥面伸缩缝	0.000
全桥总质量(t)		16 375.066

(3)施工架设附属荷载

猫道均布荷载统计:206.59kg/m;桥面吊机荷载、运梁小车及轨道质量、移动防护平台质量等不再进行详细说明。

5)施工过程模拟计算分析结果

(1)施工过程中主要构件内力包络图

实际架设方案施工过程中主桁架上、下弦杆轴力包络图如图 4.50 所示;图 4.51～图 4.53 分别为斜腹杆、吊索和竖腹杆施工期间轴力包络图(注:图 4.50～图 4.53 绘出的是单侧主缆对应的构件包络值)。

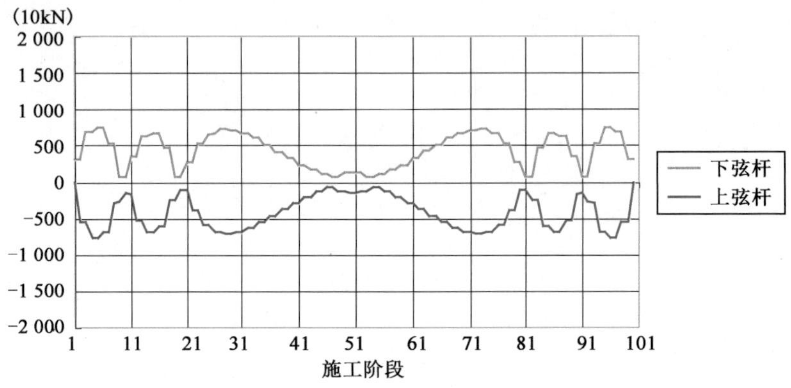

图 4.50　上、下弦杆施工期间轴力包络图

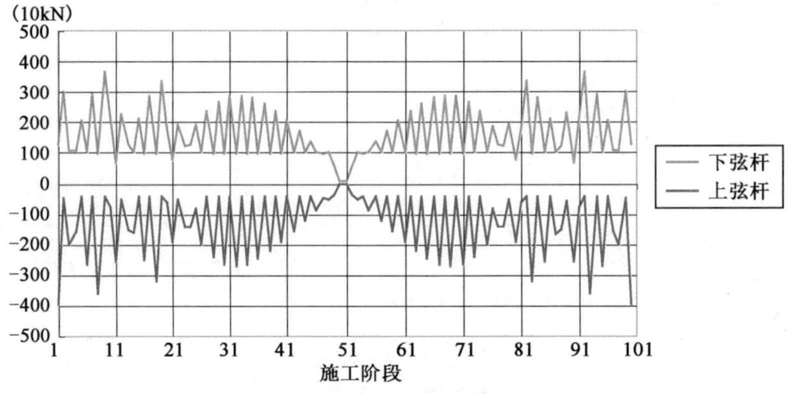

图 4.51　斜腹杆施工期间轴力包络图

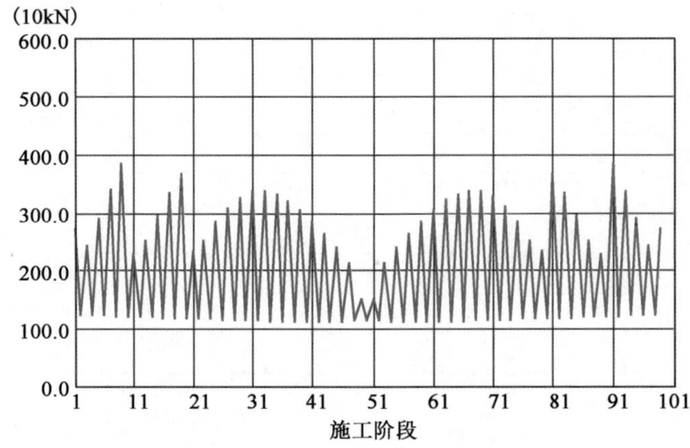

图 4.52　吊索施工期间轴力包络图

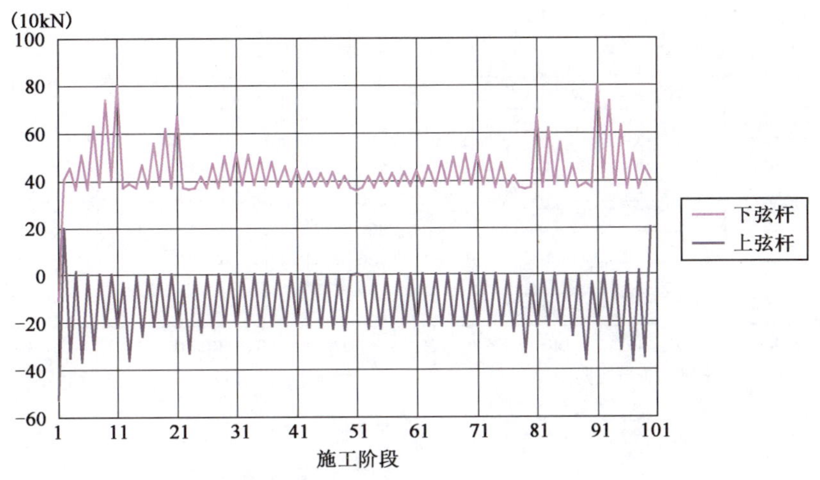

图 4.53 竖腹杆施工期间轴力包络图

施工过程主要构件内力包络值的最值如表 4.17 所示。

各主要杆件施工期间轴力包络值(单位:10kN) 表 4.17

项 目	Max	Min	项 目	Max	Min
上弦杆	—	−770	竖腹杆	80	−52.5
下弦杆	756	—	吊索	383	—
斜腹杆	368	−397			

(2)施工架设期间主梁端部相关参数

采用推荐方案进行加劲桁梁的悬臂架设过程中,计算模拟时假设加劲梁下端部在吊装一期荷载时是约束纵向位移的,一期安装荷载架设完毕后,为了减小纵向约束的困难,同时也为了减小加劲桁梁杆件的内力,这里采取安装二期荷载时放松纵向位移的方式,允许其纵向自由变形。采用推荐方案进行加劲桁梁的悬臂架设过程中加劲梁下端部纵向水平反力变化如图 4.54所示;竖向反力变化如图 4.55 所示;加劲梁端部转角变化如图 4.56 所示。

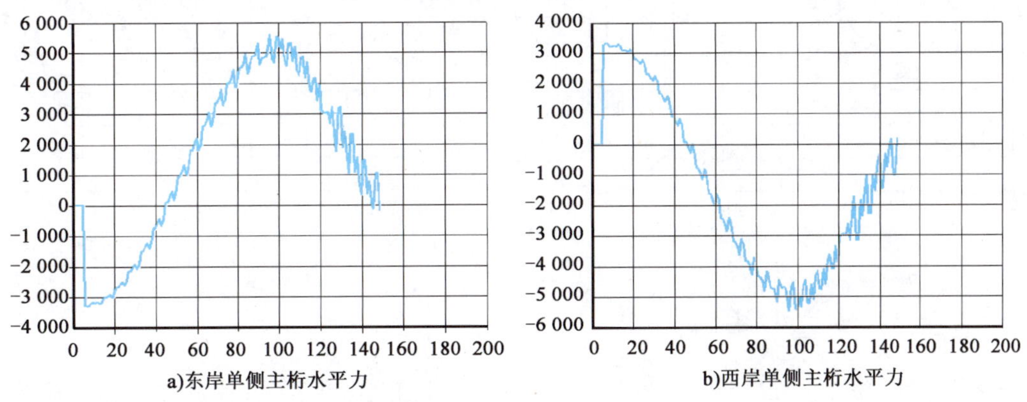

图 4.54 施工过程中单侧主桁水平力变化(单位:10^{-1}kN)

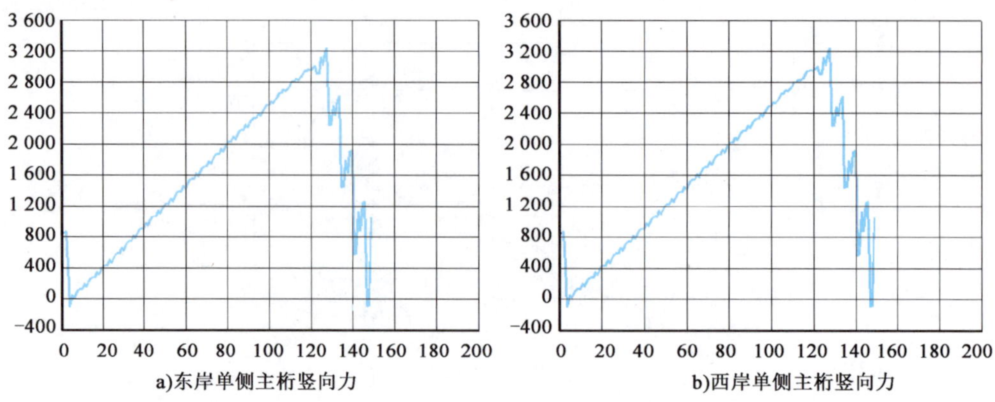

图 4.55 施工过程中单侧主桁竖向力变化(单位:kN)

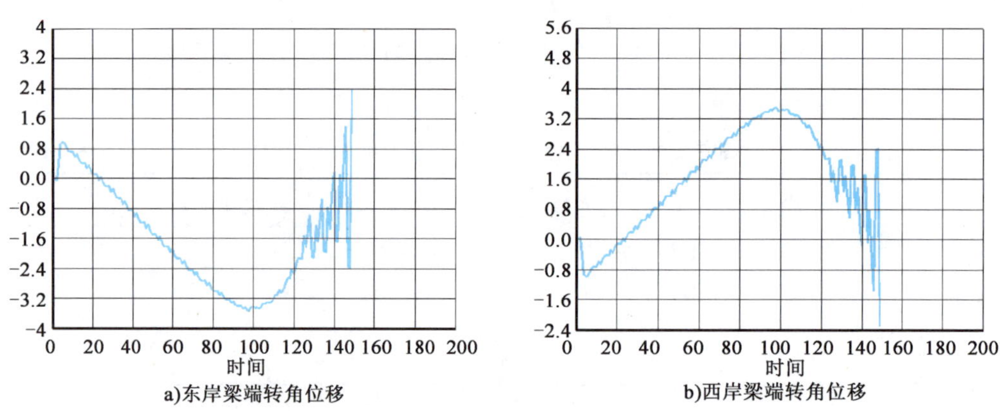

图 4.56 施工过程中主梁梁端转角位移变化(单位:10^{-2}弧度)

在施工过程中,加劲梁梁端的坡度变化不仅影响架设过程中运梁平车的安全运行,同时也是对临时支座设计的重要依据,计算时应给予相应的关注。采用推荐方案进行加劲桁梁的悬臂架设过程中,加劲梁梁端坡度变化如图 4.57、图 4.58 所示。

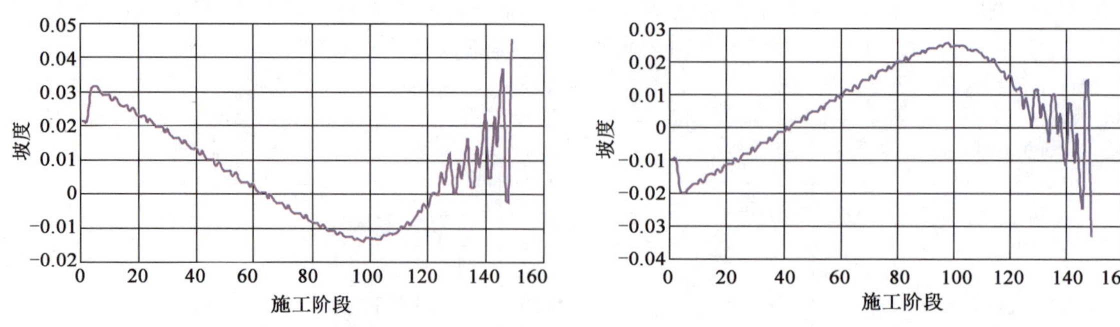

图 4.57 东塔侧主梁梁端坡度变化

图 4.58 西塔侧主梁梁端坡度变化

(3)临时索牵引量及牵引力

采用推荐方案进行加劲桁梁的悬臂架设过程中,由于主桁梁在恒载及施工临时荷载的作用下将产生下挠,因此在永久吊索安装前主缆到主梁吊点间的距离与永久吊索长度存在一定的差值，即要安装永久吊索，必须张拉临时索，调节临时索长度，使永久索就位。为了更好地指导实际施工，需将临时吊索长度调节量模拟计算出来。采用推荐方案进行加劲桁梁的悬臂架设过程中牵引工况下各吊索牵引量如图 4.59 所示。

①各吊索牵引量＝牵引工况下吊索两端锚固点间距离－吊索的理论无应力长度。

②设铰处梁段由于牵引力比较小，可采用桥面吊机进行牵引作业，此处未列出。

由以上分析可知，在牵引工况下由于临时索需张拉调节其长度，这就需要通过临时索的张拉力来调节，为了施工安全及方便，需给出临时索的张拉力，即牵引工况下钢桁梁各吊点牵引力。采用推荐方案进行加劲桁梁的悬臂架设过程中牵引工况下各吊索牵引量如图 4.60 所示。

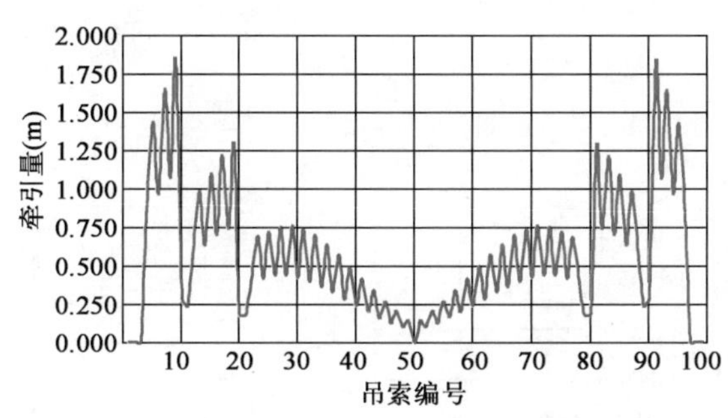

图 4.59　牵引工况下各吊索牵引量

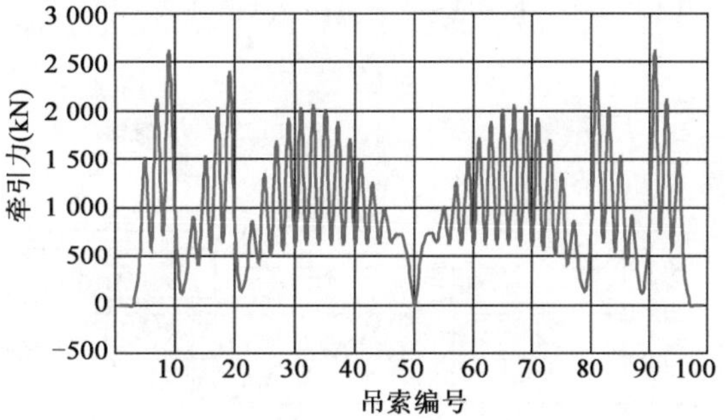

图 4.60　牵引工况下各吊索牵引力

(4)施工过程中钢桁梁各单元坡度变化包络图

采用推荐方案进行加劲桁梁的悬臂架设过程中钢桁梁各单元坡度变化包络图如图 4.61 所示。

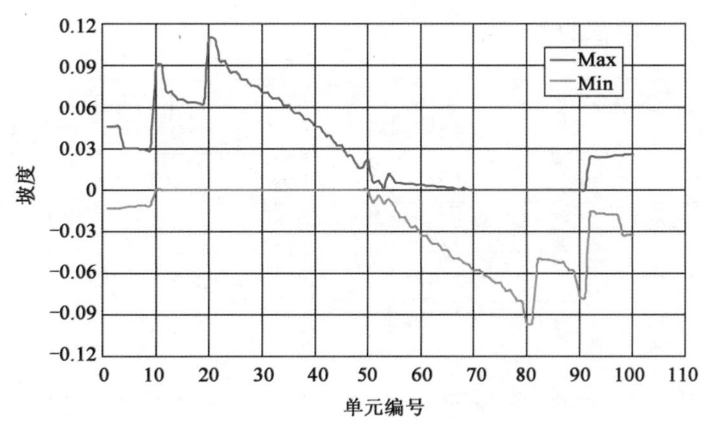

图 4.61　施工过程中钢桁梁各单元坡度变化包络图

(5)施工过程中临时铰的相关参数

①临时铰前后梁段坡度变化图。采用推荐方案进行加劲桁梁的悬臂架设过程中，主缆的变形会带动悬吊着的梁段产生变形。梁段间设置的铰会随着梁段的架设，在下弦产生纵向开口，上弦则发生转动，使主桁在铰处产生较大的坡度突变。由于后架设的主桁杆件需要在已架

设好的主梁上运输,为了保证后续运梁的安全,需将铰处的坡度变化控制在一定的范围内。每个铰处有前后两个坡度值,全桥共 4 个临时铰,从东岸至西岸分别编号第一个临时铰、第二个临时铰、第三个临时铰和第四个临时铰。采用推荐方案进行加劲桁梁的悬臂架设过程中临时铰前后梁段坡度变化如图 4.62～图 4.65 所示。

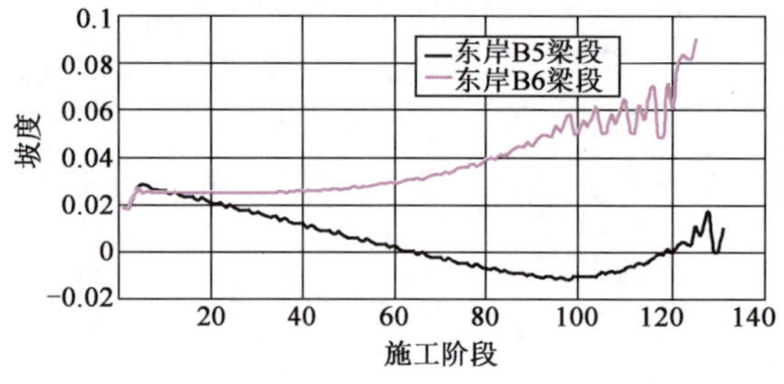

图 4.62 东岸第一个临时铰前后梁段坡度变化

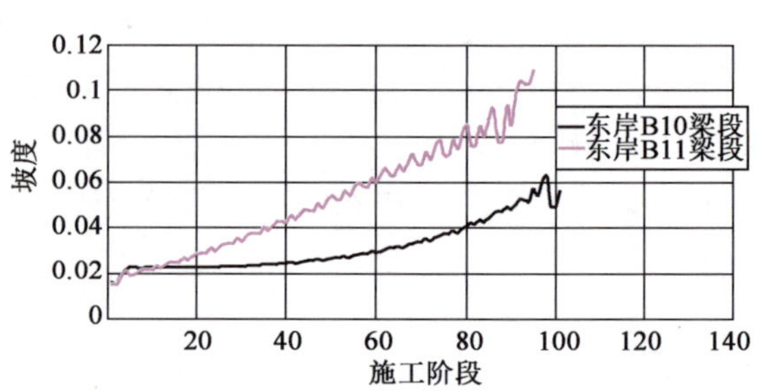

图 4.63 东岸第二个临时铰前后梁段坡度变化

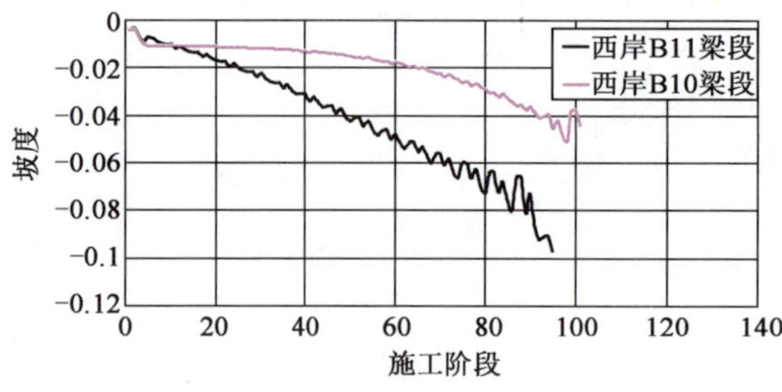

图 4.64 西岸第三个临时铰前后梁段坡度变化

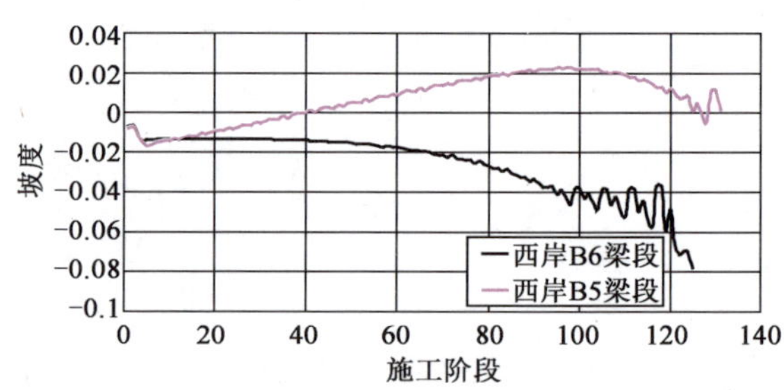

图 4.65 西岸第四个临时铰前后梁段坡度变化

②临时铰前后梁段相对坡度变化图。采用推荐方案进行加劲桁梁的悬臂架设过程中临时铰前后梁段坡度变化如图 4.66、图 4.67 所示。

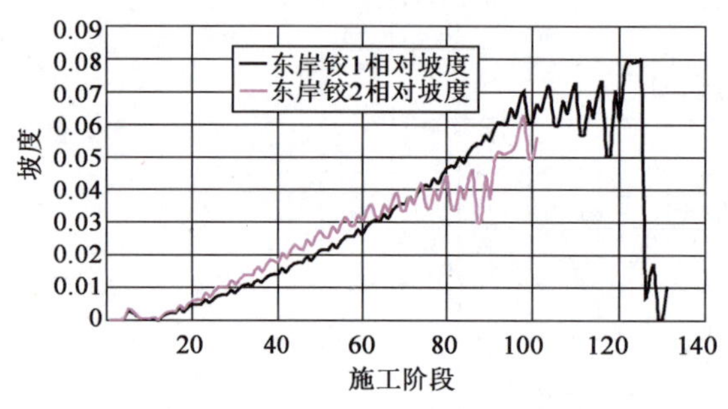

图 4.66 东岸临时铰前后梁段相对坡度变化

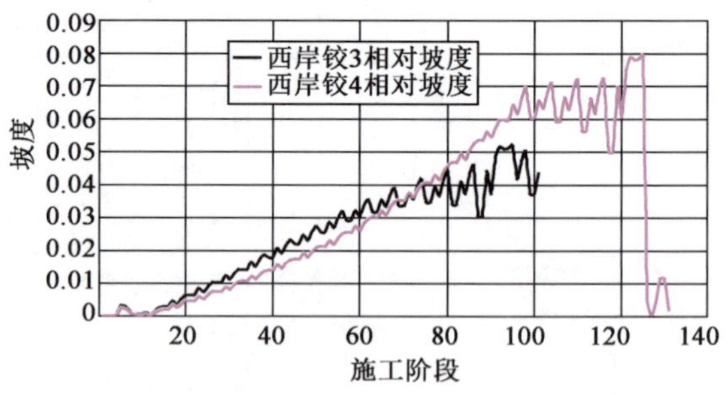

图 4.67 西岸临时铰前后梁段相对坡度变化

③临时铰下弦张开量变化图。采用推荐方案进行加劲桁梁的悬臂架设过程中,主缆产生较大的变形,梁段也随着变形。若在梁段间设置铰,则随着梁段的架设,在下弦铰处产生纵向开口,而上弦则发生转动,使主桁在铰处产生较大的"V"字坡。由于后架设的主桁杆件需要在已架设好的主梁上运输,为了保证运输安全,需控制下弦的纵向开口。另外,在后期将主梁由铰接转化为刚接时,若下弦竖向高差较大,则会使对接合龙困难,因此同样需要控制下弦铰处

竖向高差。采用推荐方案进行加劲桁梁的悬臂架设过程中，临时铰下弦张开量(单位:m)变化如图 4.68、图 4.69 所示。

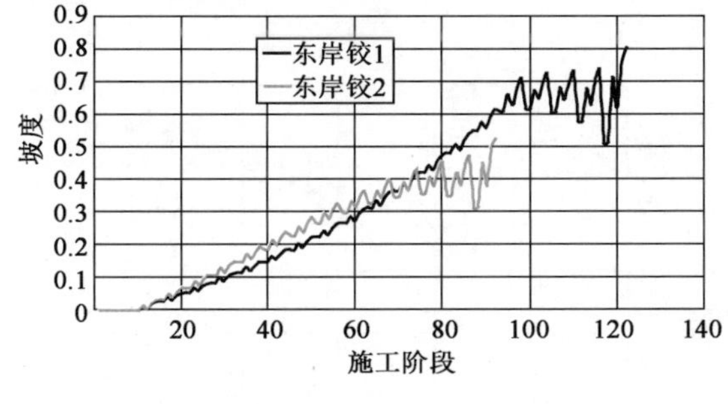

图 4.68　东岸临时铰下弦张开量变化

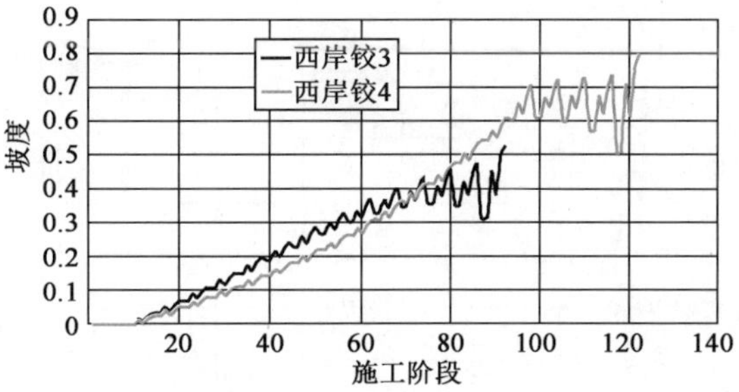

图 4.69　西岸临时铰下弦张开量变化

从图 4.68、图 4.69 可以看出:在悬臂架设的后期未达到合龙时，临时铰接口处的相对纵向位移已为零，即下弦已闭口，在这种情况下，为保证结构施工安全，同时方便铰处杆件的连接，可考虑提前将铰接转化为刚接，即在合龙前将全桥的 4 个临时铰转化为刚接，同时下弦由自由转化为刚接。

下弦竖向高差变化(单位:m)如图 4.70 所示(由于是对称结构且竖向位移差值较小，这里仅列出东岸的竖向高差变化图)。

④铰处的轴力和剪力变化图。采用推荐方案进行加劲桁梁的悬臂架设过程中，保证在梁段间设置的铰能够顺利起到释放转角的作用是加劲梁悬臂架设的关键，由于在加劲梁悬臂架设的过程中铰处有可能会出现较大的轴力和剪力，过大的轴力和剪力不仅影响铰的作用的发挥，同时也关系到整个施工安全。因此施工时对于铰处的轴力和剪力应给予足够的重视。这里列出施工过程中铰处的轴力和剪力值，以便采取相应的安全措施。采用推荐方案进行加劲桁梁的悬臂架设过程中铰处的轴力和剪力值变化如图 4.71、图 4.72 所示。

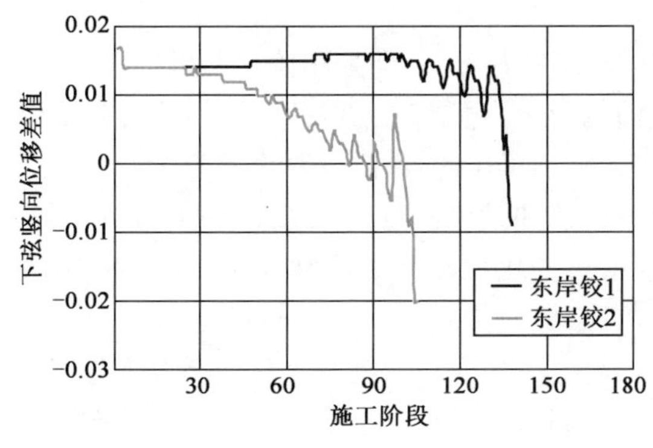

图 4.70　东岸临时铰下弦处竖向高差变化

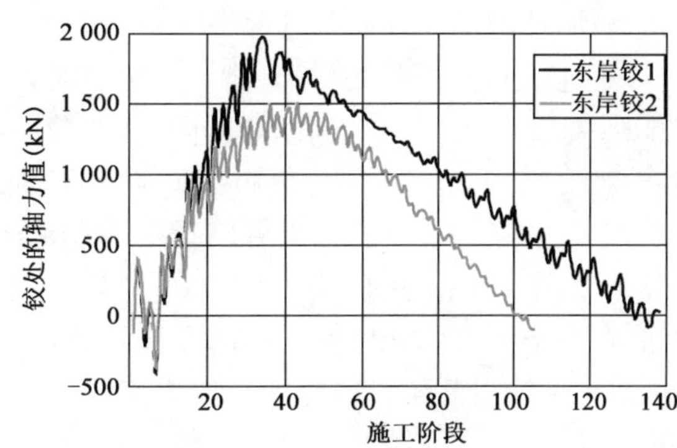

图 4.71　东岸临时铰轴力变化

(6)加劲梁梁端上端点纵向位移变化图

采用推荐方案进行加劲桁梁的悬臂架设过程中，计算模拟时对加劲梁的上端假设是自由变形的，考虑到桁梁杆件采用铺设轨道的运梁平车进行运输，上端的纵向位移对运梁轨道产生较大的影响，同时为保证运梁过程中的安全，因此同样需要控制加劲梁上端的纵向位移。采用推荐方案进行加劲桁梁的悬臂架设过程中加劲梁上端点纵向位移变化如图 4.73 所示。

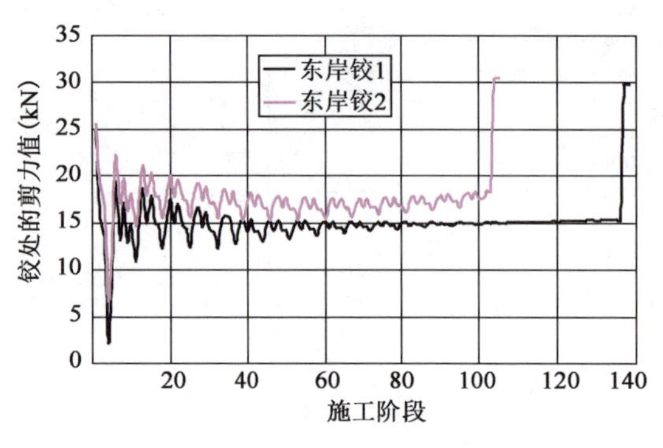

图 4.72 西岸临时铰剪力变化

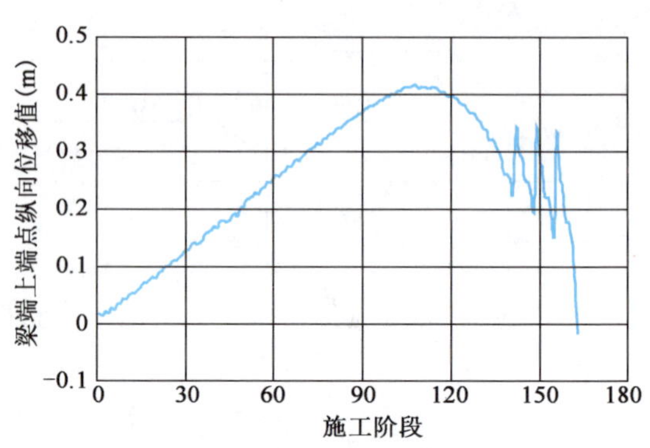

图 4.73 加劲梁梁端上端点纵向位移变化

(7)需要说明的问题

本计算是在标准温度下的计算结果，实际施工过程的温度与标准温度有一定的差距，本计算与实际值会因为温度的不同存在差距。计算结果为理论计算结果，施工单位必须依据相关规范、实际施工要求等并结合施工单位自身情况考虑足够的安全系数，保证施工安全。

合龙段的开口量与实际施工的荷载布置、配重大小与位置、杆件拼装顺序、合龙温度等关系密切，从现有计算看，实际合龙段施工可采用配重、千斤顶牵拉作业、匹配件、选择合适合龙温度等方式与以上方式的组合的施工方案。

从以上计算结果可以看出，推荐的总体施工方案从理论上可行，在此基础上需进行施工方案的细化、施工设备的设计、充分考虑施工每个过程的施工细节，确保施工安全。

4.3.3 推荐施工方案加劲桁梁悬臂架设过程中结构稳定分析

1)加劲桁梁悬臂架设过程中的弹性稳定分析

通过以上几节的计算分析得出了坝陵河大桥主梁施工推荐方案，即采用桥面吊机架设，架设期间设双铰，一期安装中间两块桥面板，加劲梁合龙前约束纵向位移且两对吊索同时张拉，桥面吊机架设施工时从桥梁两端向中跨以两个节间为单位进行平面构件悬臂吊装的施工工法。

通过第 4.3.2 节的分析可以看出：采用桥面吊机进行加劲梁的悬臂架设时，由于随着加劲梁桁片的吊装，主缆的变形比较大和复杂，加劲梁的内力变化也相当大，因此施工过程中，桁梁可能存在整体失稳和杆件的局部失稳问题，鉴于此，有必要对加劲梁的安装过程进行稳定性分析，研究影响悬臂架设过程中结构失稳的主要因素，提出必要的施工措施来保证施工的安全。实际的结构稳定问题都属于第二类，即极值点失稳。只有理想结构才会产生分支点失稳，但由于其力学情况比较单纯清楚，且在数学上可作为求特征值问题也比较容易求解，而它的临界荷载又近似地代表相应的极值点失稳的上限，所以在理论分析中也有重要的地位。本节对推荐架设方案的弹性稳定进行计算比较，并根据比较结果从其中选取几组最不利工况进行考虑几何和材料双重非线性的第二类稳定研究，从而得出桁架加劲梁悬索桥悬臂架设过程中的稳定规律，并根据得出的规律来指导施工方案的进一步细化和施工临时设备的设计。

(1)弹性稳定分析原则及分析模型

在结构稳定性分析中,对于第一类稳定问题(即弹性稳定问题)的分析一般采用弹性有限单元法,通过特征值求解得出一阶特征值作为稳定安全系数,其计算原则为:

假设失稳前结构处于小变形状态,不考虑结构的各种非线性特征;

计入施工过程中位移和内力的叠加效应。

加劲桁梁悬臂架设过程中的弹性稳定问题的计算即是通过特征值求解得出一阶特征值作为稳定安全系数。在有限元方法中,弹性稳定问题一般可以用能量法进行解释。在弹性体中,区域内连续可导的并在边界上满足给定位移条件的可能位移中,真实位移使系统的总位能Ⅱ(弹性变形位能和外力位能之和)取驻值,即总位能Ⅱ的一阶变分为

$$\delta\Pi = 0 \tag{4.1}$$

总位能Ⅱ的二阶变分为

$$\delta^2\Pi = \delta(\delta\Pi) = \delta\mu^{\sim T} K_T \delta\mu^{\sim} \tag{4.2}$$

式中:K_T——切线刚度矩阵。

当 $\delta^2\Pi > 0$ 时,结构稳定;当 $\delta^2\Pi < 0$ 时,结构不稳定,表明结构包含了多余的能量。结构失稳临界状态,即

$$|K_T| = 0 \tag{4.3}$$

由能量准则,可推导出弹性结构失稳临界状态,即式(4.3)。

虽然工程结构的失稳大多数属于第二类稳定问题,但作为第二类稳定问题的上限,第一类稳定问题的特征值求解还是具有一定的应用价值,在一个粗略的范围内它能够评价结构的稳定性。本章即是计算悬索桥加劲梁悬臂架设过程中的第一类稳定,并通过结果比较从其中选取几组最不利工况进行考虑几何和材料双重非线性的第二类稳定研究,从而得出桁架加劲梁悬索桥悬臂架设过程中的结构稳定性规律。

根据稳定计算的情形不同,结构稳定性分析的模型可分为弹性模型、几何非线性模型、双重非线性(考虑几何和材料双重非线性)模型。针对不同的稳定问题,一般应建立不同的模型,从而有利于充分利用各种模型的特点,提高计算分析的效率。本次计算主要是通过对弹性稳定模型的计算分析来提取最不利工况,进而计算结构的第二类稳定,即极限承载力。

采用有限元程序 ANSYS 建立加劲桁梁悬臂架设过程中的空间弹性稳定分析全桥模型,分析模型中对于各主要结构构件的模拟采取以下形式。

对于主缆和吊索,由于其弯曲刚度较小,且受压性能较差,因此通常将它们离散为具有初张力的空间只拉单元,这种单元只在单元受拉时起作用,当单元受压时自动退出工作。计算采用只能受拉或只能受压的杆单元 Link10 单元模拟,每根吊索一个单元。Link10 单元可以用初始应变来模拟主缆、吊索中的初始拉力。该单元能够考虑应力刚化效果,适用于大位移的非线性分析。

对于桥塔和桁架加劲梁杆件,则均采用空间梁单元进行模拟。为了更好地计算桁架加劲梁杆件的受力情况,这里将桁架加劲梁杆件也离散为空间梁单元,以反应桁架杆件在施工外荷载作用下受弯的性能。梁单元采用三维线性有限应变梁单元 Beam188 单元。该单元基于 Timoshenko 梁结构理论,考虑了剪切变形的影响,支持通过材料输入的初始应力。该单元适

用于弹塑性、大位移、大应变的非线性分析和线性分析。Beam188单元通过横截面来支持材料的非线性，其横截面允许使用多种材料，另外，单元定义的屈服准则同样是通过横截面点来计算，单元屈服应力和横截面应力SXX对应。

对于主索鞍和散索鞍，则采用刚臂梁单元来模拟。刚臂梁单元是在梁单元的基础上将单元刚度赋大值来实现的。在这里，对于散索鞍，采用倾斜刚臂梁单元来模拟考虑主缆沿散索鞍的纵向滑动。

坝陵河大桥的正交异性桥面板是通过盆式橡胶支座支承在横梁上，桥面板不参与整体结构的受力，由于横梁直接和吊索相连，因此假定正交异性板荷载为吊点集中荷载。

对于主索鞍和主塔之间的关系。一般来讲，在施工过程中为了避免在塔顶产生较大的不平衡水平力，主索鞍和主塔是可以纵向滑动的，以免桥塔受力过大。在成桥时为了保证能共同受力，主索鞍和主塔是固接的，因此在模拟时应分开考虑。这里采用释放纵向约束的主从关系实现。

对于散索鞍处，主缆是可以沿散索鞍的纵向滑动的，在这里，对于散索鞍，采用了倾斜刚臂单元放松节点局部坐标系中的纵向线位移来模拟。

为了保证施工后的主缆线形与成桥线形一致，对于塔的弹性压缩应考虑消除，这里对塔采取升温预高的方式来消除塔柱的弹性压缩对主缆线形的影响。

坝陵河大桥弹性稳定分析全桥空间模型如图4.74、图4.75所示。

悬索桥在恒载状态下，其结构承受的荷载有：结构自重、主缆及吊索的初始拉应力、桥塔的初始压应力。因此，为保证计算模型在成桥时结构的受力和线形与设计一致，除要给主缆、吊索和桥塔施加初应力以外，还必须充分考虑结构各部分的自重，将没有模拟到的构件自重等效成外载荷施加在结构上，与结构本身所含初始内力相互平衡，从而使结构在成桥状态下的线形与建模输入的线形(即设计成桥线形)基本保持一致。坝陵河大桥用大型通用软件ANSYS完成建模后在恒载状态下与输入成桥线形相比，基本变化不大，见图4.76。

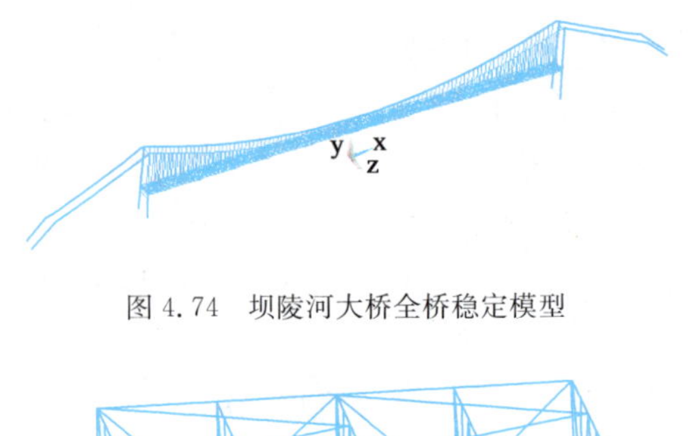

图4.74　坝陵河大桥全桥稳定模型

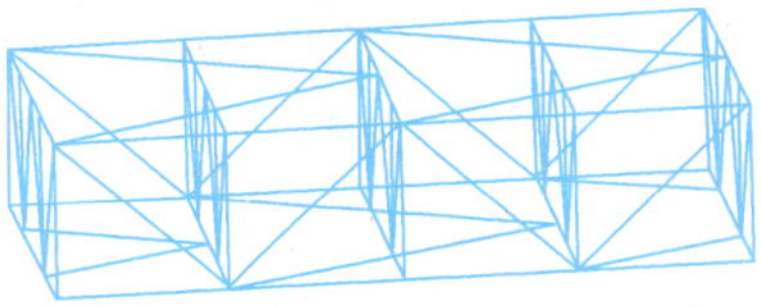

图4.75　坝陵河大桥稳定分析钢桁梁

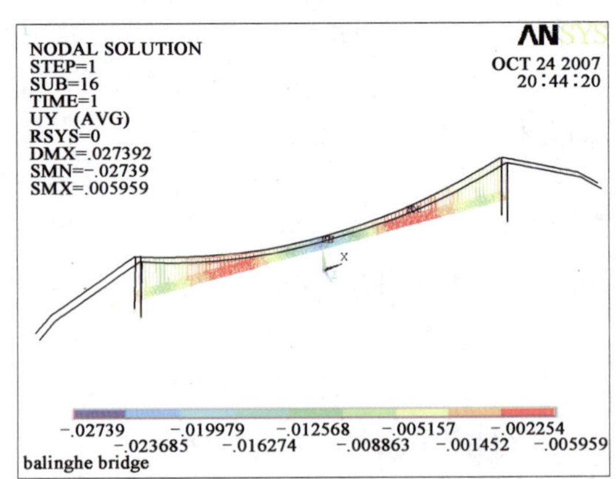

图4.76　有限元模型成桥线性相对输入线性变化

(2)弹性稳定分析结果

表4.18列出了钢桁梁悬臂架设过程中，加劲梁弹性稳定安全系数及对应屈曲模态。图4.77所示为加劲梁四种典型的弹性稳定屈曲模态。

加劲桁梁悬臂架设过程中的弹性稳定系数及失稳模态　　表 4.18

施工阶段	加劲梁弹性稳定安全系数	加劲梁失稳模态	施工阶段	加劲梁弹性稳定安全系数	加劲梁失稳模态
1	8.839	杆件失稳	38	5.842	杆件失稳
2	35.090	整体横桥向弯曲失稳	39	5.770	杆件失稳
3	27.199	整体横桥向弯曲失稳	40	5.840	杆件失稳
4	23.516	整体横桥向弯曲失稳	41	5.921	杆件失稳
5	5.782	杆件失稳	42	6.209	杆件失稳
6	5.465	杆件失稳	43	6.225	杆件失稳
7	8.252	杆件失稳	44	6.142	杆件失稳
8	5.625	杆件失稳	45	6.296	杆件失稳
9	4.939	杆件失稳	46	6.215	杆件失稳
10	5.396	杆件失稳	47	5.885	杆件失稳
11	5.011	杆件失稳	48	6.405	杆件失稳
12	5.816	杆件失稳	49	6.736	杆件失稳
13	5.028	杆件失稳	50	6.528	杆件失稳
14	5.386	杆件失稳	51	6.277	杆件失稳
15	5.246	杆件失稳	52	6.482	杆件失稳
16	5.173	杆件失稳	53	6.430	杆件失稳
17	5.210	杆件失稳	54	5.920	杆件失稳
18	5.173	杆件失稳	55	6.670	杆件失稳
19	5.385	杆件失稳	56	6.902	杆件失稳
20	5.048	杆件失稳	57	7.089	杆件失稳
21	5.181	杆件失稳	58	7.096	杆件失稳
22	5.162	杆件失稳	59	7.288	杆件失稳
23	5.076	杆件失稳	60	7.282	杆件失稳
24	5.188	杆件失稳	61	—	—
25	5.140	杆件失稳	62	7.608	杆件失稳
26	—	—	63	—	—
27	5.209	杆件失稳	64	7.865	杆件失稳
28	—	—	65	7.970	杆件失稳
29	5.444	杆件失稳	66	8.153	杆件失稳
30	5.365	杆件失稳	67	8.092	杆件失稳
31	5.463	杆件失稳	68	5.785	杆件失稳
32	5.411	杆件失稳	69	8.500	杆件失稳
33	5.642	杆件失稳	70	8.849	杆件失稳
34	5.533	杆件失稳	71	8.859	杆件失稳
35	5.780	杆件失稳	72	9.074	杆件失稳
36	5.795	杆件失稳	73	9.258	杆件失稳
37	5.711	杆件失稳	74	9.252	杆件失稳

续上表

施工阶段	加劲梁弹性稳定安全系数	加劲梁失稳模态	施工阶段	加劲梁弹性稳定安全系数	加劲梁失稳模态
75	5.844	杆件失稳	115	26.938	整体横桥向弯曲失稳
76	9.402	杆件失稳	116	26.923	整体横桥向弯曲失稳
77	10.148	杆件失稳	117	5.916	杆件失稳
78	9.670	杆件失稳	118	26.740	整体横桥向弯曲失稳
79	9.754	杆件失稳	119	26.607	整体横桥向弯曲失稳
80	9.802	杆件失稳	120	26.611	整体横桥向弯曲失稳
81	10.136	杆件失稳	121	26.503	整体横桥向弯曲失稳
82	5.875	杆件失稳	122	26.431	整体横桥向弯曲失稳
83	9.953	杆件失稳	123	26.416	整体横桥向弯曲失稳
84	11.092	杆件失稳	124	5.902	杆件失稳
85	10.853	杆件失稳	125	26.237	整体横桥向弯曲失稳
86	10.152	杆件失稳	126	26.108	整体横桥向弯曲失稳
87	10.597	杆件失稳	127	26.111	整体横桥向弯曲失稳
88	10.535	杆件失稳	128	26.005	整体横桥向弯曲失稳
89	5.898	杆件失稳	129	25.935	整体横桥向弯曲失稳
90	11.983	杆件失稳	130	25.921	整体横桥向弯曲失稳
91	12.824	杆件失稳	131	5.732	杆件失稳
92	13.757	杆件失稳	132	25.741	整体横桥向弯曲失稳
93	12.715	杆件失稳	133	25.615	整体横桥向弯曲失稳
94	13.294	杆件失稳	134	25.616	整体横桥向弯曲失稳
95	13.277	杆件失稳	135	25.514	整体横桥向弯曲失稳
96	5.912	杆件失稳	136	25.447	整体横桥向弯曲失稳
97	15.432	杆件失稳	137	25.433	整体横桥向弯曲失稳
98	17.450	杆件失稳	138	5.864	杆件失稳
99	18.181	杆件失稳	139	25.264	整体横桥向弯曲失稳
100	16.633	杆件失稳	140	25.142	整体横桥向弯曲失稳
101	17.416	杆件失稳	141	25.149	整体横桥向弯曲失稳
102	17.536	杆件失稳	142	25.044	整体横桥向弯曲失稳
103	5.920	杆件失稳	143	24.978	整体横桥向弯曲失稳
104	20.210	整体横桥向弯曲失稳	144	24.964	整体横桥向弯曲失稳
105	24.574	整体横桥向弯曲失稳	145	5.840	杆件失稳
106	24.542	整体横桥向弯曲失稳	146	24.800	整体横桥向弯曲失稳
107	23.754	整体横桥向弯曲失稳	147	24.688	整体横桥向弯曲失稳
108	25.098	整体横桥向弯曲失稳	148	24.682	整体横桥向弯曲失稳
109	25.493	整体横桥向弯曲失稳	149	24.587	整体横桥向弯曲失稳
110	5.922	杆件失稳	150	24.523	整体横桥向弯曲失稳
111	27.235	整体横桥向弯曲失稳	151	24.510	整体横桥向弯曲失稳
112	27.119	整体横桥向弯曲失稳	152	5.813	杆件失稳
113	27.124	整体横桥向弯曲失稳	153	24.350	整体横桥向弯曲失稳
114	27.016	整体横桥向弯曲失稳	154	24.240	整体横桥向弯曲失稳

续上表

施工阶段	加劲梁弹性稳定安全系数	加劲梁失稳模态	施工阶段	加劲梁弹性稳定安全系数	加劲梁失稳模态
155	24.242	整体横桥向弯曲失稳	162	23.808	整体横桥向弯曲失稳
156	24.141	整体横桥向弯曲失稳	163	23.671	整体横桥向弯曲失稳
157	24.080	整体横桥向弯曲失稳	164	23.715	整体横桥向弯曲失稳
158	24.069	整体横桥向弯曲失稳	165	3.750	杆件失稳
159	5.789	杆件失稳	166	23.957	整体横桥向弯曲失稳
160	23.915	整体横桥向弯曲失稳	167	24.143	整体横桥向弯曲失稳
161	23.808	整体横桥向弯曲失稳	168	25.896	整体横桥向弯曲失稳

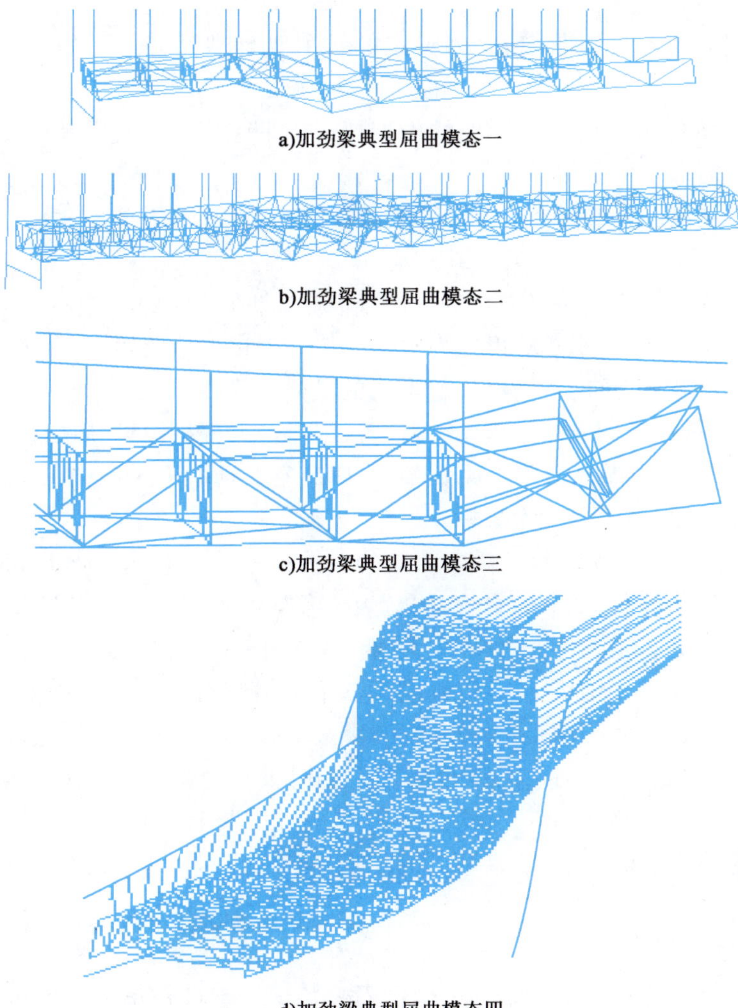

a)加劲梁典型屈曲模态一

b)加劲梁典型屈曲模态二

c)加劲梁典型屈曲模态三

d)加劲梁典型屈曲模态四

图 4.77　施工过程中加劲梁四种典型的弹性稳定屈曲模态

从图 4.77 及表 4.18 计算结果比较可以看出，施工过程中加劲桁梁的弹性稳定安全系数随吊装梁段的增多而增大；在吊装前几个梁段过程中，加劲梁端部杆件受边界约束条件的影响，主要发生了桥塔约束附近端部杆件的局部失稳(即屈曲模态一)；在吊装每个标准梁段过程中的最大悬臂状态(即第一对吊索安装前)，结构的屈曲大部分为屈曲模态三——架设前端梁段局部杆件的失稳；当吊装梁段较多时，基本上发生屈曲的形式为整体横桥向弯曲失稳(即屈曲模态四)；而在悬臂架设加劲桁梁的过程中，大部分情况发生的失稳形式均为屈曲模态二(即在 1/4 跨度左右处的几个梁段的屈曲)，这主要是受悬臂架设过程中在 1/4 跨度左右处梁段的内力过大所致，这个情况和施工过程内力分析结果相符，因此屈曲模态二是加劲桁梁发生失稳的典型形式。

(3)极限承载力分析工况的选取

通过对刚-铰混合连接的悬臂架设方案施工阶段中弹性稳定系数及 4 种典型失稳模态的对比研究，得出以下几点结论。

对于施工前期加劲桁梁屈曲模态(即模态一)，主要是端部杆件受边界条件的约束影响所致。

对于施工中加劲桁梁前端局部杆件的失稳(即屈曲模态三)，主要是前端局部杆件强度所致。

施工后期由于梁段已安装较多，结构整体稳定的系数较高，因此发生整体失稳的可能性较小。

施工过程中大部分桁梁的失稳表现为屈曲模态二，即在 1/4 跨度左右处的几个梁段的失稳，这主要是整个施工过程中 1/4 跨度左右处的结构内力过大造成的，这和施工过程内力计算结果一致，因此屈曲模态二是加劲桁梁失稳形式的最典型代表。

通过以上的分析，这里选取屈曲模态二进行极限承载力分析，对比屈曲模态二的弹性稳定分析结果可以得出第 51 施工阶段安全系数最小，因此本次选取第 51 施工阶段(即安装 B10 梁段第一片平面主桁)进行极限承载力分析。

除此之外，为了全面考察加劲梁桥面荷载的增加或吊装荷载增加(即同时吊装的梁段增加)时其对结构的极限承载力带来的影响，同时为了考察设置临时铰及其数量的影响，需考察不同设铰数量情况下安装完成每个梁段时(此时吊机处于不工作状态)结构的极限承载情况，对比未设临时铰前、设第一个临时铰后以及设第二个临时铰后安装完成每个梁段时的各工况弹性稳定安全系数可以发现：未设临时铰前安装完成 B5 梁段的稳定性最差，设第一个临时铰后为安装完成 B6 梁段的稳定性最差，而设第二个临时铰后为安装完成 B11 梁段的稳定性最差，因此本次还将选取安装完成 B5、完成安装 B6 及完成安装 B11 梁段 3 个施工阶段进行考虑几何和材料双重非线性的极限承载力(第二类稳定)研究分析，以综合考察结构的极限承载力规律。

2)加劲桁梁悬臂架设过程中的极限承载力分析

通过以上对加劲桁梁悬臂架设过程中结构内力及结构弹性稳定的分析可以看出：在施工过程中，结构的一期施工内力较大，且在施工过程中加劲梁内力较大的阶段其结构的稳定性亦相对较低。对于实际的结构，为了更好地了解结构在施工过程中的安全度，不仅要得出其弹性稳定的情况，更应该通过考虑结构的几何以及材料的非线性因素来进行极限承载力的全过程分析,从而得出结构的极限安全储备,为实际施工提供指导。弹性稳定是将结构荷载一次完全加载到结构上所得出的,其分析过程和结构的加载历史及加载过程无关,它得出的是结构的理想失稳情况,实际结构出现这种理想失稳的情况较少。而极限承载力的全过程分析则是和结构的实际加载历史及加载过程密切相关的结构静力分析,由于是逐步加载,因此可以看出实际结构在加载过程中的结构响应,其分析结果可以作为实际结构的参考。本章即是在上一章由弹性稳定分析结果得出的几组不利情况的基础上所做的极限承载力全过程分析,分析中考虑了结构的几何和材料双重非线性因素。

(1)极限承载力分析方法

对实际结构进行极限承载力的全过程分析,其实质即是在考虑结构几何和材料双重非线性所做的结构静力分析,因此其分析方法和分析手段都和结构静力分析一致,只是在分析的过程中要综合考虑结构本身及结构的加载历史和加载过程,合适地选取要考虑的结构几何非线性因素以及合适的计算几何非线性的手段,同时亦应选取合理的材料屈服准则、强化准则以及合理的材料本构关系,以下将对极限承载力全过程分析时所考虑的以上一些因素进行简要的说明。

①加劲桁梁悬臂架设过程中几何非线性的考虑。

前已述及,悬索桥在荷载作用下结构将产生大位移,这是作为柔性结构的最主要的非线性因素。悬索桥在受外荷载作用时,不仅缆索及加劲梁发生下挠,而且吊索也将伸长、倾斜,桥塔会压缩,节点还有水平位移,这些因素都对悬索桥内力产生影响。因此在进行结构分析时,力的平衡方程应依据变形后结构的几何位置来建立,力与变形的关系是非线性的。在 ANSYS 中打开大变形开关来考虑大应变效应,进行几何非线性分析。

②加劲桁梁悬臂架设过程中材料非线性的处理。

一般的工程材料在线弹性范围内工作,材料的应力-应变呈线弹性的本构关系。但在进行结构的极限承载力分析时,一直要进行到结构破坏为止,因此材料不可避免要屈服,进入塑性阶段,此时材料的本构关系不再是线性的了,这就是材料的非线性问题。材料非线性主要有非线性弹性、塑性、金属蠕变和混凝土徐变、黏弹性、黏塑性等。大跨悬索桥的材料主要是钢材,因此其材料非线性主要是金属的非线性的弹塑性问题,本次计算就是仅考虑了加劲梁材料的非线性弹塑性问题。以下对相关问题的考虑作个简单介绍。

a. 屈服准则。

单向受力时,以理想弹塑性模型为例,当应力小于屈服极限 σ_s 时,材料处于弹性状态。当应力达到 σ_s 时,材料即进入塑性状态。因此 $\sigma=\sigma_s$ 就是单向受力时的屈服条件。

在复杂应力状态下,物体内某一点开始产生塑性变形时,应力也必须满足一定的条件,它就是复杂应力状态下的屈服条件。一般来说,它是 6 个应力分量的函数,可表示为

$$F(\sigma_x,\sigma_y,\sigma_z,\tau_{xy},\tau_{yz},\tau_{zx})=C \tag{4.4}$$

式中:C——与材料有关的常数;

F——屈服函数。

把某点的 6 个应力分量代入式(4.4),如果 $F<C$,表明该点处于弹性状态,如果 $F=C$,表明该点处于塑性状态。

屈服条件常称为屈服准则。常用的屈服准则有 Tresac 屈服准则、VonMises 屈服准则、Mohr-Coulomb 屈服准则、Drucker-Prager 屈服准则等,本文采用 VonMises 屈服准则。

VonMises 屈服准则表示在偏量平面 π 上的屈服线是 Tresca 六边形的外接圆,如图 4.78 所示。在应力空间中的屈服面是一个垂直于偏量平面的圆柱面,它与坐标轴平面的截线是一个椭圆,屈服面方程为

$$(\sigma_x-\sigma_y)^2+(\sigma_y-\sigma_z)^2+(\sigma_z-\sigma_x)^2+6(\tau_{xy}^2+\tau_{yz}^2+\tau_{zx}^2)=\sigma_s \tag{4.5}$$

式中:σ_s——材料的屈服点强度。

对于理想弹塑性材料,σ_s 为常数;对于强化材料,σ_s 随塑性应变 ε_p 的增加而增加。

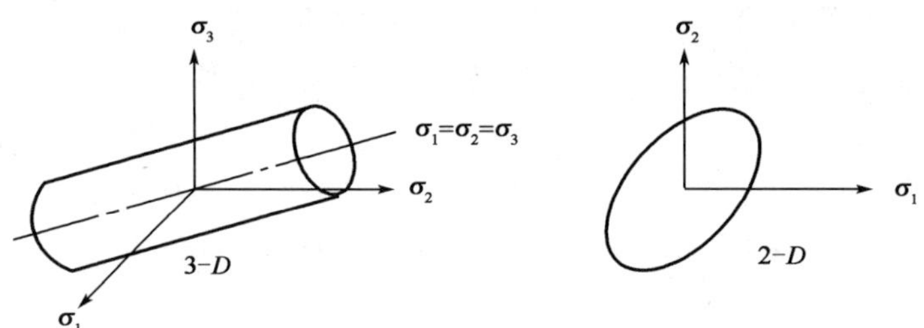

图 4.78 主应力空间中的 Mises 屈服准则

该屈服条件假定应力张量的第二个不变量达到某一极限时,材料开始屈服,相当于材料力学中的第四强度理论。

b. 强化准则。

当材料进入塑性后卸载,然后再加载,屈服函数也会随着以前发生过的塑性变形的历史而有所改变。当应力分量满足某一关系时,材料将重新进入塑性状态而产生新的塑性变形,这种现象叫作强化。材料在初始屈服后再进入塑性状态时,应力分量间所必须满足的函数关系,称为强化条件或加载条件,有时也称为后继屈服条件。

强化模型主要有各向同性强化模型、随动强化模型、混合强化模型。其中各向同性强化是假定加载面在应力空间中的形状和中心位置保持不变,随着强化程度的增加,由初始屈服面在形状上作相似的扩大。随动强化模型是假定在塑性变形过程中,屈服面的形状和大小都不改变,只是在应力空间中作刚体平移,即随动强化假定屈服面的大小保持不变而仅在屈服的方向上移动,当某个方向的屈服应力升高时,其相反方向的屈服应力应该降低。随动强化模型考虑了鲍辛格效应。而混合强化模型则是将上述两种加以组合,本节采用随动强化模型。

c. 本构关系的选择。

钢板作为一种金属材料,与混凝土相比其力学模型相对来说比较简单。以往试验资料显示,钢材在单调加载情况下可以视作弹性材料,但是,在需要考虑卸载、重复加载和反复加载时,应将钢材视作弹塑性材料,其卸载曲线平行于应力应变曲线的初始直线段。由于钢材在结构中主要处于单向受力状态,所以通过对钢材在单向受力状态下的应力应变曲线简化,就能得到钢材在有限元计算中常用的 4 种简化本构曲线。

第一种是理想弹塑性模型,如图 4.79 所示。这种模型假定钢材达到屈服强度后发生塑性

流动，直至破坏。由于这个模型比较符合实际情况，因此被广泛使用。

第二种是双折线模型，如图 4.80 所示。该模型认为钢材屈服后仍具有很小的弹性模量，可以用来考虑钢材的应变硬化性能。对于屈服后的弹性模量，Y. Higashibata 建议取 1%的钢材屈服前的弹性模量。

第三种为三折线模型，如图 4.81 所示。该模型认为钢材发生塑性流动后还应有弹塑性强化阶段，而不是一直发生塑性流动直至破坏。

第四种是把应变硬化段用曲线来模拟，如图 4.82 所示。这种模型与钢材单向受力状态下的应力应变曲线更加接近，能较好地反映钢材应力应变全过程的特性。

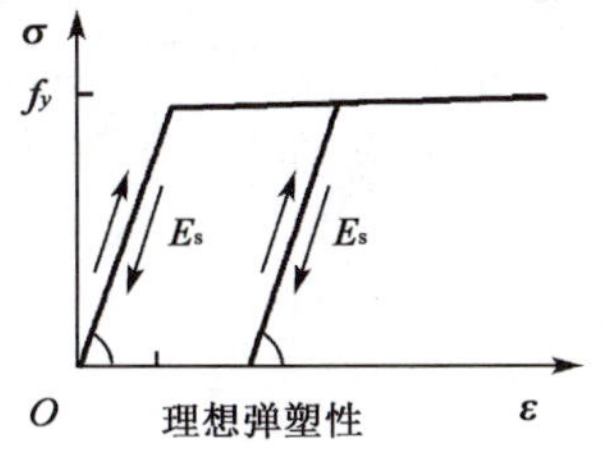

图 4.79　理想弹塑性模型

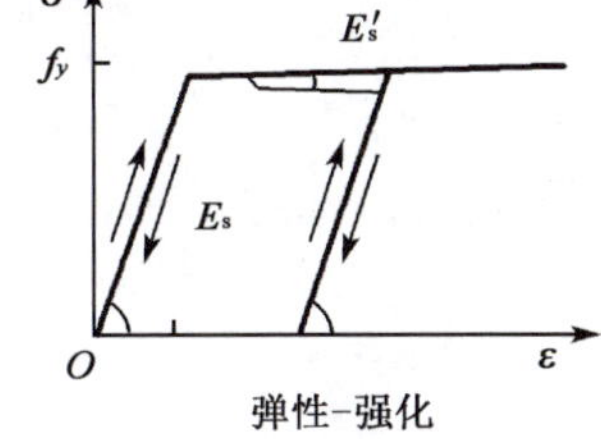

图 4.80　双折线模型

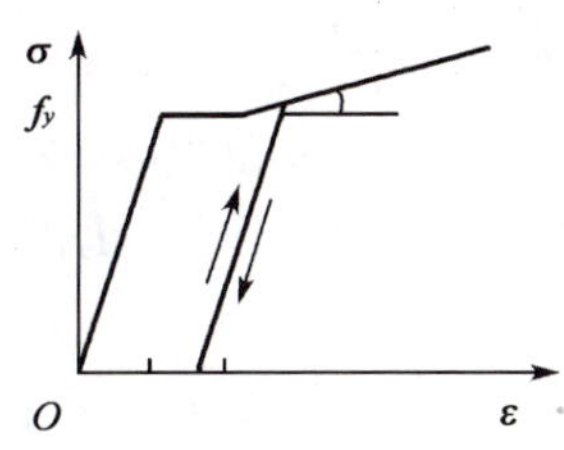

图 4.81　三折线模型

由于第三种模型和第四种模型都能模拟钢材应变的强化阶段，所以在结构的抗震分析中常用这两种模型。一般的结构计算中取第一和第二种模型比较符合实际情况。本文选取第一种理想弹塑性模型来模拟钢材的材料特性。

在 ANSYS 计算的实际应用中，对于钢桁梁所用材料 Q345 钢材，其弹性模量 $E=2.06\times10^5$ MPa，泊松比 $\mu=0.3$，屈服应力 $\sigma_y=345$MPa。其材料非线性的具体处理是采用应用非常广泛的 Huber-Von Mises 强度理论，等效单轴应力-应变关系采用经典的双线性随动强化模型(BKIN)。应力-应变关系如图 4.83 所示。

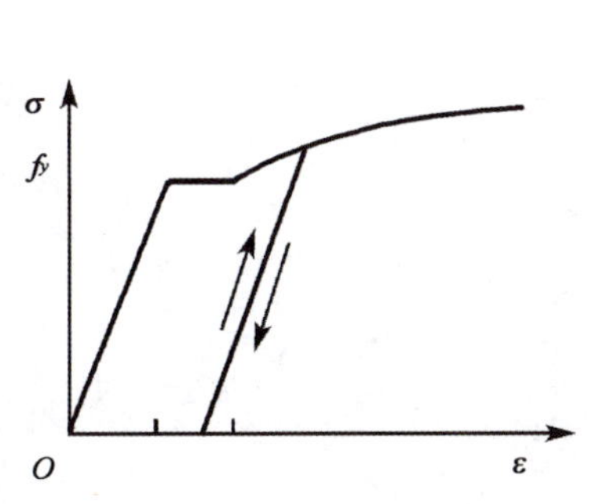

图 4.82　应变硬化段用曲线来模拟

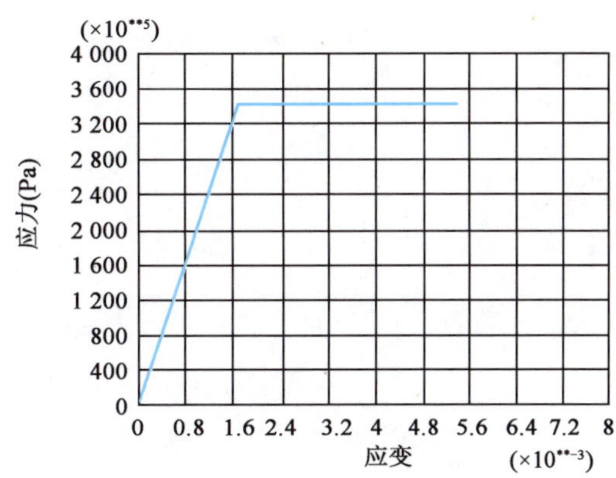

图 4.83　钢桁梁材料应力-应变关系

(2)极限承载力分析结果

根据以上所述的分析方法，以贵州坝陵河大桥为例进行了悬索桥加劲桁梁悬臂架设过程中的结构极限承载力全过程分析。由于实际施工中结构荷载的加载方式及加载大小可能存在多种情况，因此分析中也根据桥面吊机的架设位置以及不同结构荷载的变化进行了多种情况的分析。极限承载力的具体分析过程为：首先进行考虑双重非线性的施工过程的仿真分析直到选择的分析阶段，然后下一阶段转而进行极限承载力的全过程分析。这样的分析过程能够保证加载过程的连续性。

计算过程中对于钢桁梁的材料采用经典的双线性随动强化材料，屈服强度为 345MPa；缆索钢在破坏时其延伸率比软钢小得多，没有明显的塑性平台，可以认为吊索的破坏为脆性破坏，因此吊索不考虑其材料非线性因素，其按理想弹性材料分析。吊索采用的是由破断力控制的钢丝绳，吊索一旦达到其极限承载能力，则视为拉断，将从结构中拆除，不再作为受力构件。但在 ANSYS 计算中，不能简单地把吊索视为纯粹的材料非线性问题，而仅仅通过定义材料非线性曲线来考虑吊索的拉断过程，应该把它视为边界非线性问题，采用在非线性增量求解过程中控制吊索单元的生死来实现，即在极限承载力计算时将根据吊索的设计破断力进行控制：当吊索力达到设计破断力时，即认为吊索已破断退出工作。

①考虑施工中桥面吊机荷载的变化时极限承载力分析结果。

前已述及，悬索桥在荷载作用下结构将产生大位移，这是作为柔性结构的最主要的非线性因素。悬索桥在受外荷载作用时，不仅缆索及加劲梁发生下挠，而且吊索也将伸长、倾斜，桥塔会压缩，节点还有水平位移，这些因素都对悬索桥内力产生影响。因此在进行结构分析时，力的平衡方程应依据变形后结构的几何位置来建立，力与变形的关系是非线性的。在 ANSYS 中打开大变形开关来考虑大应变效应，进行几何非线性分析。

桥面吊机荷载的变化即是指施工过程中吊机位置处可变荷载的增加对结构极限承载力的影响，即是在施工过程中，当达到所选择的施工阶段时，逐渐放大吊机支脚处的支反力。此时吊机的支脚布置在加劲梁横梁的竖杆顶部，加劲桁梁的竖杆将直接承担吊机支反力，实桥设计时选择的是此种布置方式。

极限承载力的全过程分析如下：首先进行悬臂架设的施工过程仿真分析，当达到要进行极限承载力的分析阶段时开始逐渐放大竖杆处吊机的支反力。在进行极限承载力分析前吊索最大内力为 3 030kN(图 4.84)，加劲桁梁杆件最大截面应力为 88.80MPa，位置在 B3 梁段附近(图 4.85)。

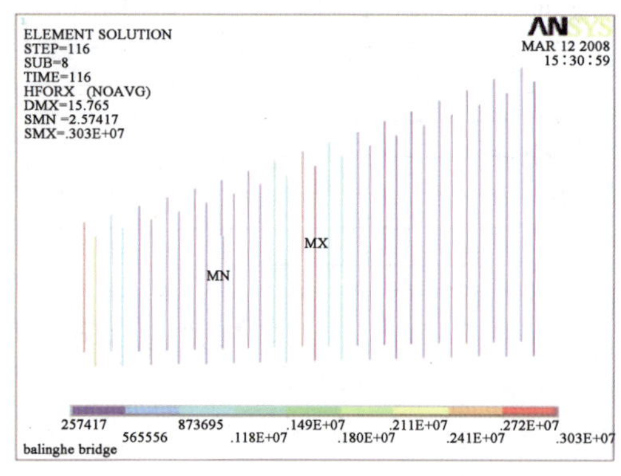

图 4.84 极限承载力分析前吊索索力

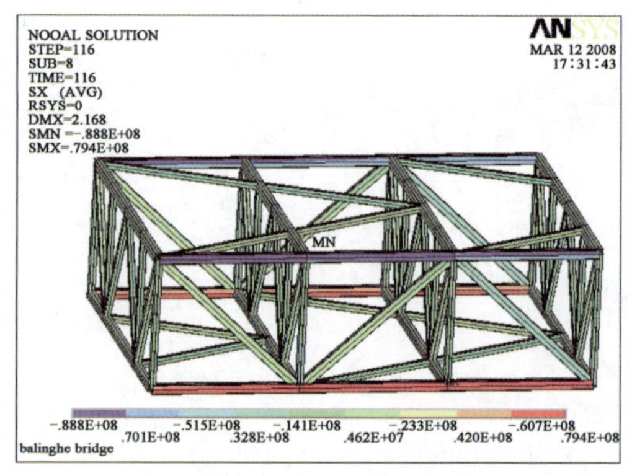

图 4.85 极限承载力分析前桁梁截面应力

随着吊机荷载的增加，吊索索力和加劲桁梁杆件截面内力逐渐增加，当荷载放大到5.68倍[即 $N=0.76N_u$（N_u 为极限荷载）]时，吊索最大内力为7 320kN（图4.86），加劲桁梁最前端B10梁段的横梁杆件截面最大应力达到了屈服应力345MPa（图4.87、图4.88为对应的等效塑性应变分布图）。由图4.88可以看出，塑性区域出现在加劲桁梁最前端B10梁段施加吊机荷载的横梁位置附近。

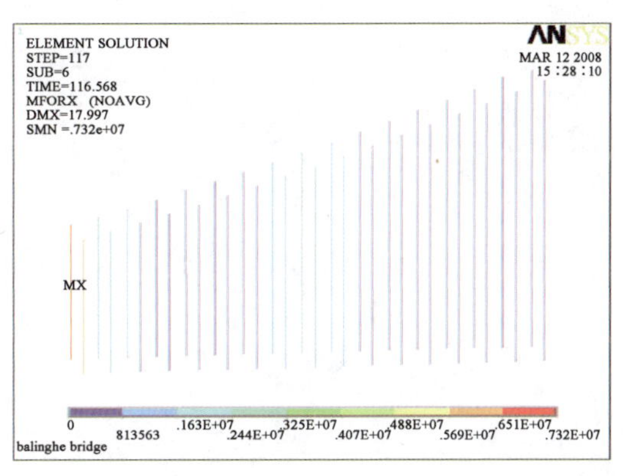

图4.86 $N=0.76N_u$ 时吊索索力

继续放大吊机荷载，则吊索索力和加劲桁梁杆件截面内力继续加大，加劲桁梁最前端B10梁段的横梁竖杆的塑性区逐渐扩大，塑性应变逐渐增大（图4.89），当荷载放大到7.49倍[即 $N=N_u$（N_u 为极限荷载）]时，吊索最大内力为8 710kN（图4.90），加劲桁梁最前端B10梁段的横梁竖杆达到了最大承载能力，即结构达到了最大承载能力，结构的破坏为加劲桁梁最前端B10梁段的横梁竖杆的压溃破坏，破坏形式为在局部的杆件处形成塑性铰所致，破坏形式如图4.91所示。

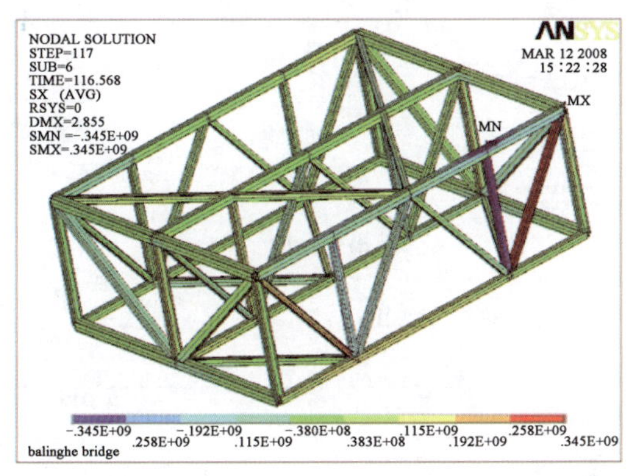

图4.87 $N=0.76N_u$ 时桁梁截面应力

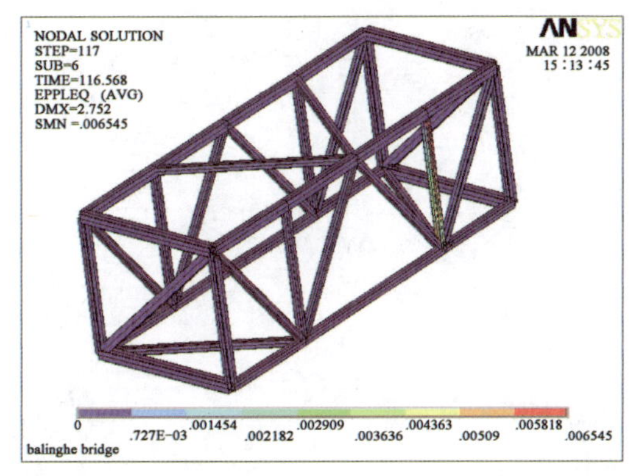

图4.88 $N=0.76N_u$ 时桁梁塑性区分布

由于结构主要是受竖向荷载的作用，且结构是对称结构，因此本次是选取竖向位移来反应荷载-位移曲线。根据以上极限承载力分析的全过程，选取加劲梁前端横梁破坏点、加劲梁1/8跨（即铰处）及其对应的主缆节点绘制的荷载-竖向位移曲线如图4.92、图4.93所示[荷载系数$=N/N_u$（N_u 为极限荷载）]，位移取重力方向为正。

由图4.92、图4.93可知：加劲梁的位移随着荷载的加大逐渐增加，从荷载位移曲线图可以看出，从加载初期直到结构发生破坏，两者存在一定的非线性关系，但非线性并不强烈；主缆的荷载-位移曲线规律和加劲梁的相似，两者只是数值存在一定的差别。由此可以看出：大跨悬索桥作为一个柔性结构，其抵抗外荷载主要是主缆的变形来实现的，加劲梁则主要作为传力构件。

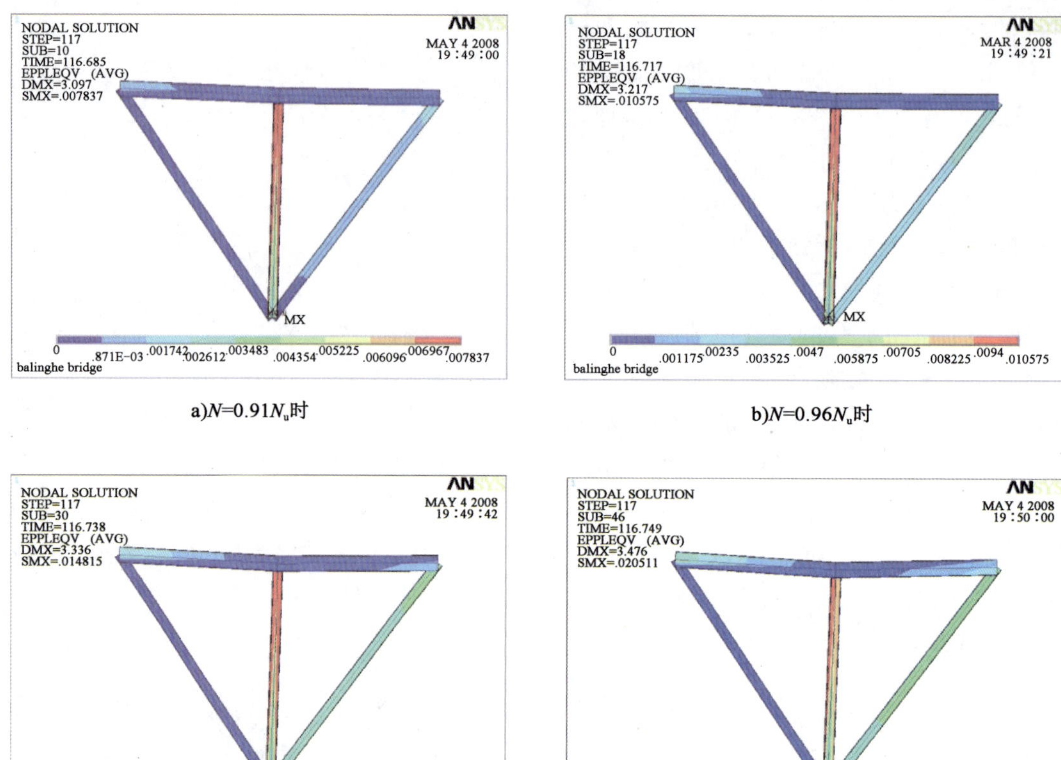

a)$N=0.91N_u$时

b)$N=0.96N_u$时

c)$N=0.98N_u$时

d)$N=N_u$时

图 4.89 极限承载力分析过程中桁梁塑性区分布变化

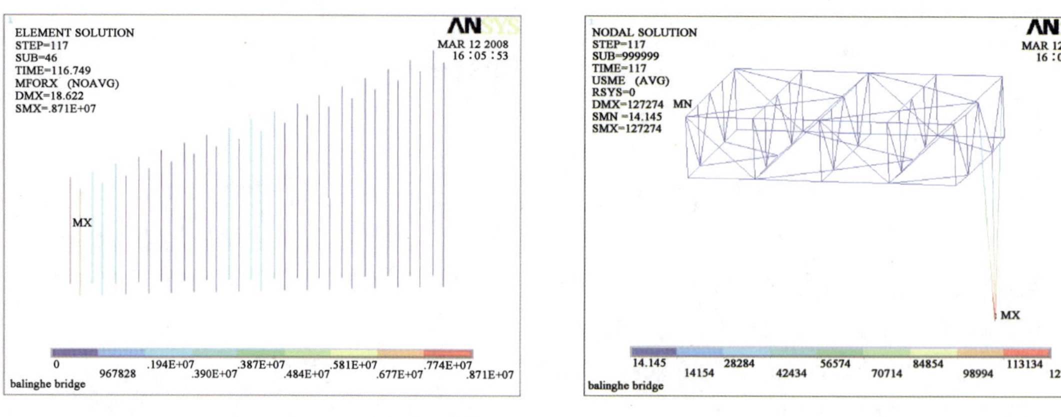

图 4.90 $N=N_u$ 时吊索索力

图 4.91 加劲桁梁最后的破坏形式

由以上的分析可以看出：对于悬索桥悬臂架设加劲桁梁的施工过程，若考虑施工时桥面吊机荷载的变化，且吊机荷载布置在加劲梁横梁竖杆上端，则结构最后的破坏形式为加劲桁梁局部杆

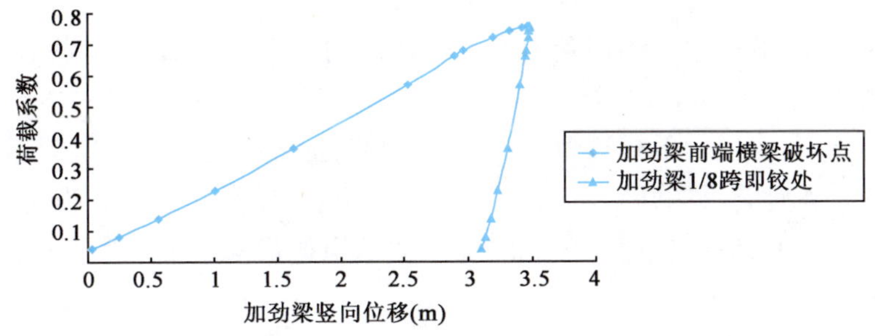

图 4.92 加劲梁典型节点荷载-位移曲线

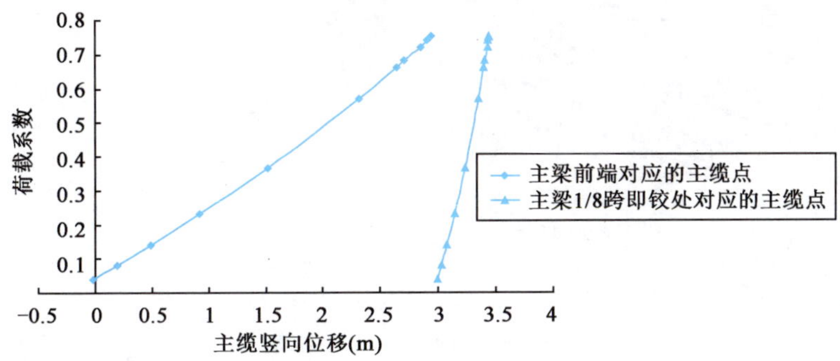

图 4.93 主缆典型节点荷载-位移曲线

件的破坏，这种破坏形式是由于结构荷载作用在桁梁局部杆件较大导致局部杆件被压溃所致的，这种破坏发生时会在局部杆件处形成塑性铰，进而使局部产生破坏机构，最终导致结构局部破坏。

②考虑施工中加劲梁荷载的变化时极限承载力分析结果。

以上讨论了吊机荷载的变化对结构极限承载力的影响，以下将对施工时加劲梁的荷载变化（即由于同时吊装梁段的增加或桥面荷载的增加等导致的加劲梁荷载的变化）对结构极限承载力的影响进行分析。在讨论加劲梁荷载的变化对结构极限承载力的影响时，为了能够考察设铰的影响，本次讨论时分别按梁段间未设置临时铰，梁段间设置第一个临时铰后以及梁段间设置第二个临时铰后 3 种情况进行计算分析。对于加劲桁梁荷载的变化，这里具体操作过程中采用放大均布作用在加劲梁横梁上的桥面荷载来实现。吊机荷载根据实际设计的荷载大小和设置位置（吊机 4 个支脚布置在横梁竖杆处）按不工作状态布置。

a. 梁段未设置临时铰的情况。

极限承载力的全过程分析如下：同样首先进行悬臂架设的施工过程仿真分析，当达到要进行极限承载力的分析阶段时开始逐渐放大均布作用在加劲梁横梁上的桥面荷载。在进行极限承载力分析前吊索最大内力为 3 070kN（图 4.94），加

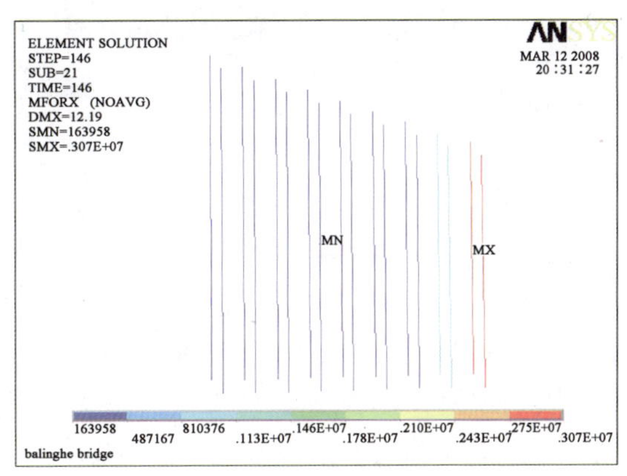

图 4.94 极限承载力分析前吊索索力

劲桁梁杆件最大截面应力为 105.0MPa(图 4.95)。

随着荷载的增加,吊索索力和加劲桁梁杆件截面内力逐渐增加,当荷载放大到 6.64 倍[即达到 $N=N_u$(N_u 为极限荷载)]时,最前端的一对吊索 277 号、278 号(另一端对应的为 441 号和 442 号)索力达到了其最大承载能力(图 4.96),此时加劲桁梁靠近支座的 B3 梁段的主桁弦杆有一小部分最大截面应力达到了屈服应力 345MPa(图 4.97、图 4.98 为对应的等效塑性应变分布)。由图 4.98 可以看出:塑性区域出现在加劲桁梁最前端 B3 梁段主桁弦杆位置附近,且塑性区的分布很小。

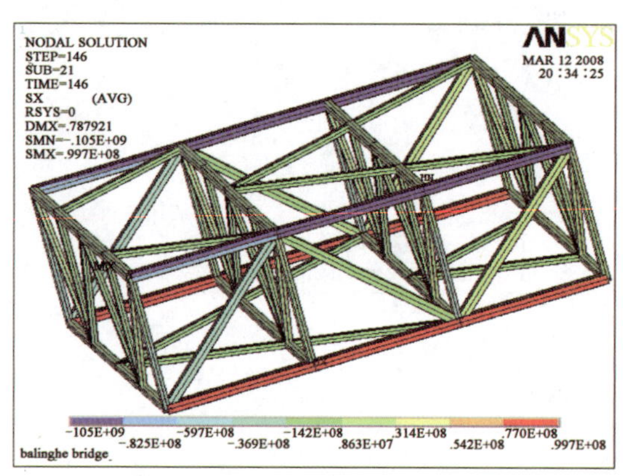

图 4.95 极限承载力分析前桁梁截面应力

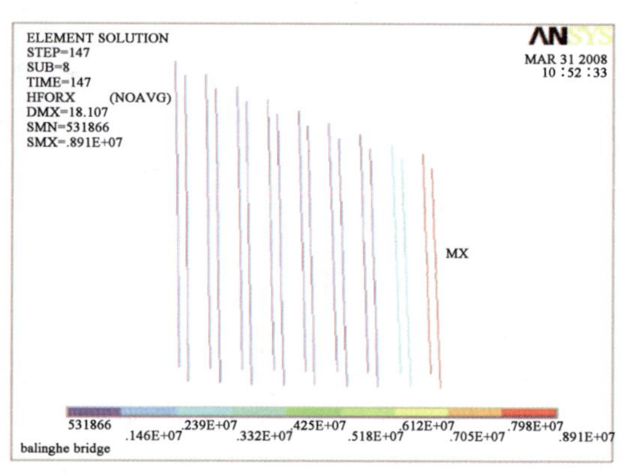

图 4.96 $N=N_u$ 时吊索索力

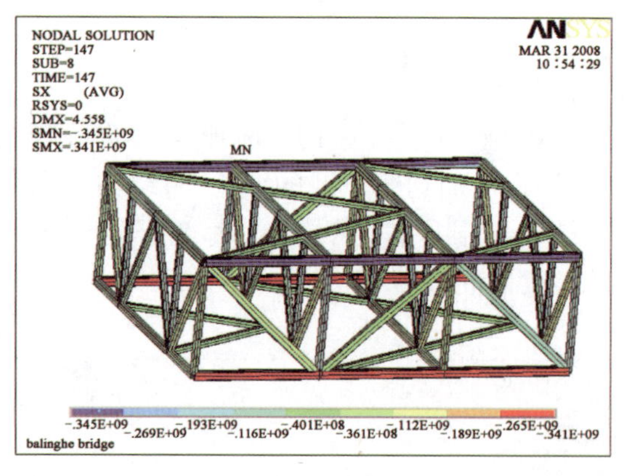

图 4.97 $N=N_u$ 时桁梁截面应力

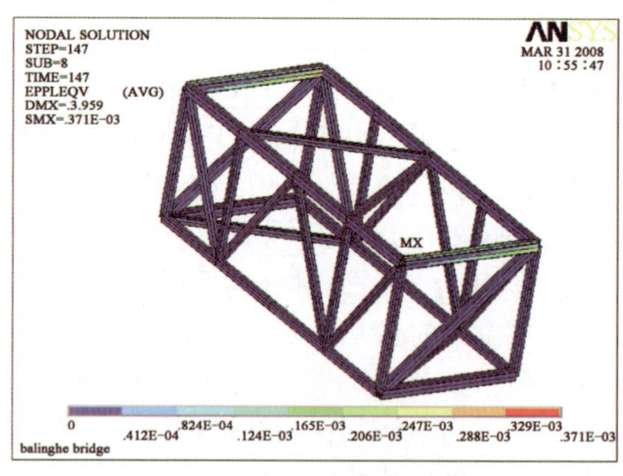

图 4.98 $N=N_u$ 时桁梁塑性区分布

随着达到最大承载力的 277 号、278 号(另一端对应的为 441 号和 442 号)吊索退出工作,在不增加荷载的情况下,靠近前端的 275 号、276 号吊索(另一端对应的为 443 号和 444 号)的内力随即达到了其最大承载能力(图 4.99),此时加劲桁梁靠近支座的 B3 梁段的受压杆件截面应力反而减小了,加劲梁杆件截面最大应力为最前端 B5 梁段有吊索处的主桁竖杆的拉应力为 322MPa(图 4.100),这主要是吊索直接拉主桁竖杆且此时竖杆并无主桁斜杆的帮助所致。加劲梁杆件受压截面应力的减小主要是由于前端吊索的退出工作使加劲梁在前端梁段自重作用下梁段下挠，释放了靠近支座附近的 B3 梁段受压杆件的结构内力所致。

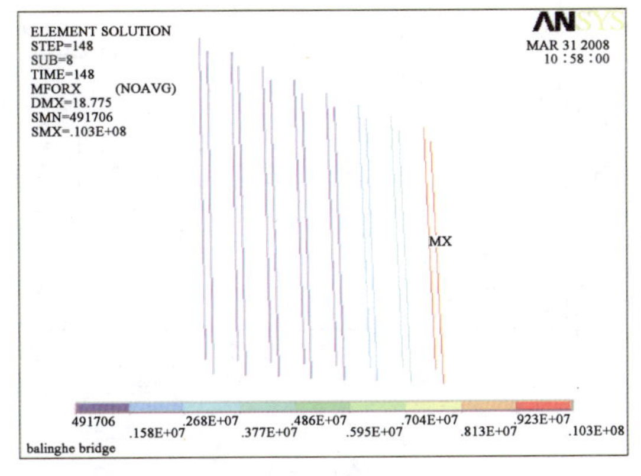

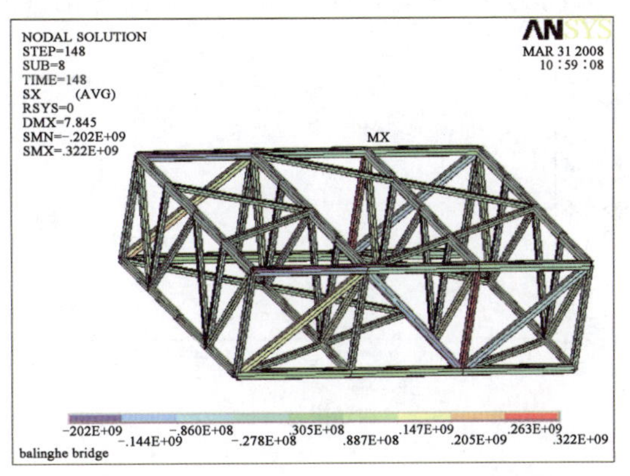

图 4.99　277 号和 278 号索退出时索力

图 4.100　277 号和 278 号索退出时桁梁应力

吊索退出工作的过程同样是一个连锁反应，当达到最大承载力的 275 号、276 号吊索（另一端对应的为 443 号和 444 号）退出工作，同样在不增加荷载的情况下，靠近前端的 273 号、274 号吊索（另一端对应的为 445 号和 446 号）的内力随即达到了其最大承载能力（图 4.101），此时加劲桁梁杆件的截面最大应力进一步减小，最大截面应力仅为 206MPa 的压应力（图 4.102），这主要是由于前端吊索的退出工作使前端受吊索直接拉力作用的主桁竖杆释放内力所致，而此时最前端的主桁竖杆由于有主桁斜杆的帮助使其内力处于相对较小的水平。加劲梁杆件受压截面应力的减小主要是由于前端吊索的退出工作使加劲梁在前端梁段自重作用下梁段下挠，释放了靠近支座附近的梁段受压杆件的结构内力所致。

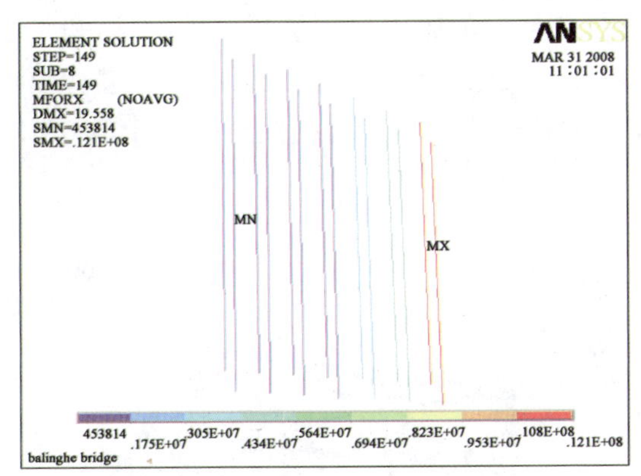

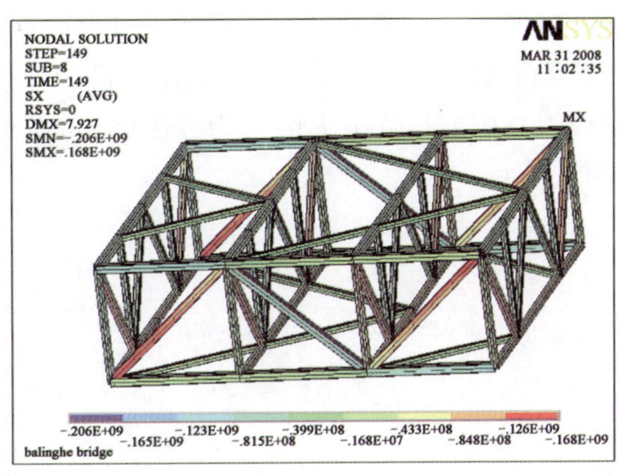

图 4.101　275 号和 276 号索退出时索力

图 4.102　275 号和 276 号索退出时桁梁应力

同样随着 273 号、274 号吊索（另一端对应的为 445 号和 446 号）达到其最大承载能力而退出工作，紧邻的吊索接着会继续退出工作，这样结构就会发生吊索连续破断退出工作的连锁破坏过程。

由以上极限承载力分析全过程，选取加劲梁前端主桁节点及主缆跨中节点绘制的荷载-竖向位移曲线如图 4.103、图 4.104 所示[荷载系数 $=N/N_u$（N_u 为极限荷载）]，加劲梁位移取重力方向为正，主缆位移取重力反方向为正。

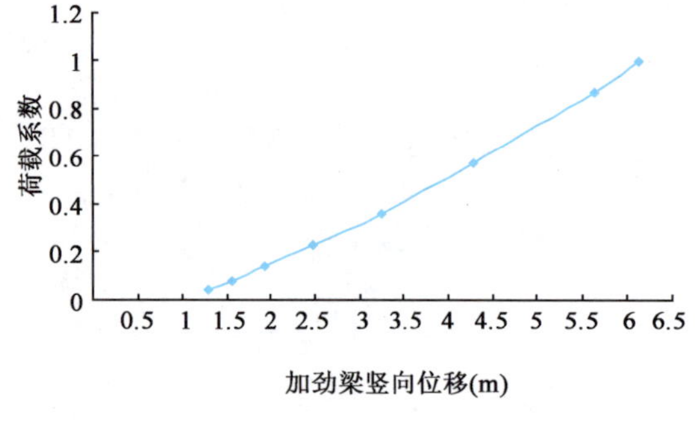

图 4.103 加劲梁典型节点荷载-位移曲线

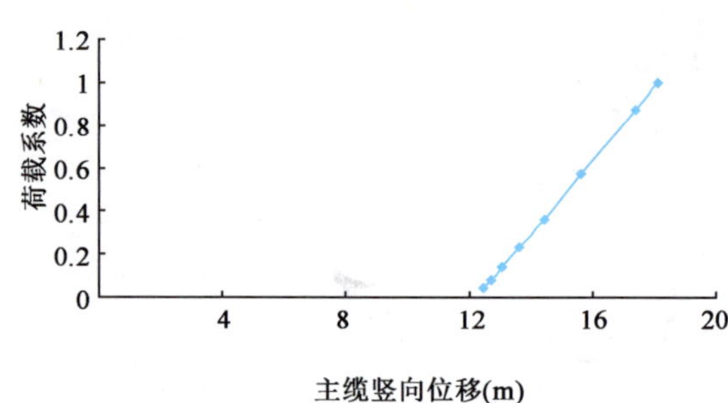

图 4.104 主缆典型节点荷载-位移曲线

由图 4.103、图 4.104 可知：加劲梁和主缆的位移随着荷载的加大逐渐增加，两者有一定的非线性关系。

由以上的分析可以看出：对于悬索桥悬臂架设加劲桁梁的施工过程，若考虑施工时加劲梁荷载的变化，若吊机荷载布置在横梁竖杆处，施工过程中未设置临时铰前结构最后的破坏形式和考虑吊机荷载的变化且吊机布置在吊点处时的情形相同，即破坏形式为吊索的连续破断，并且吊索的破断是一个连锁反应，即破坏是由于吊索的内力达到了其极限材料强度从而使吊索连续退出工作所致。这种情况同样可以通过增加吊索的强度来提高结构的极限承载力。

b. 梁段设置第一个临时铰后的情况。

极限承载力的全过程分析如下：同样首先进行悬臂架设的施工过程仿真分析，当达到要进行极限承载力的分析阶段时开始逐渐放大均布作用在加劲梁横梁上的桥面荷载。在进行极限承载力分析前吊索最大内力为 3 070kN（图 4.105），加劲桁梁杆件最大截面应力为 105.0MPa（图 4.106）。

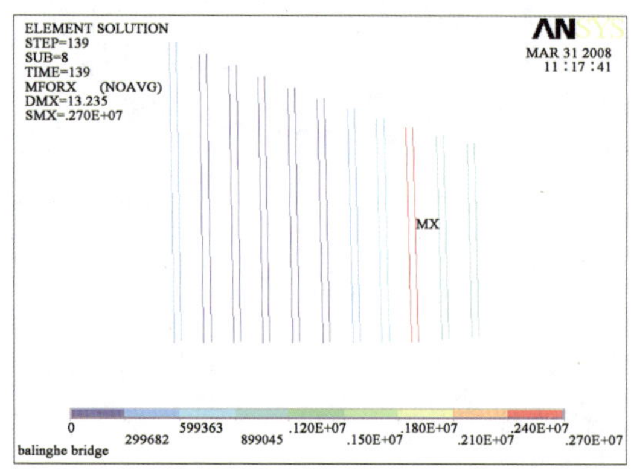

图 4.105 极限承载力分析前吊索索力

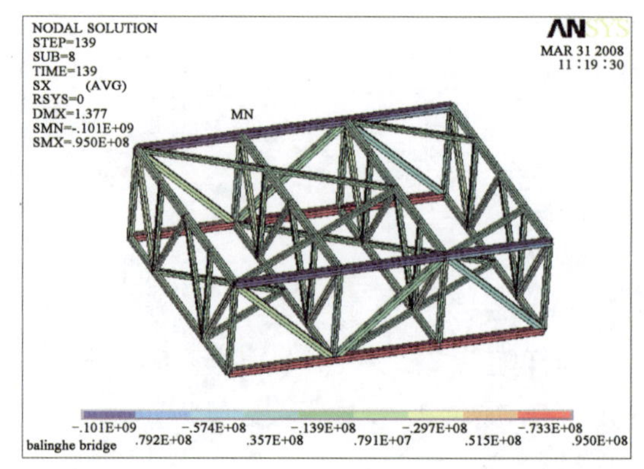

图 4.106 极限承载力分析前桁梁截面应力

随着荷载的增加吊索索力和加劲桁梁杆件截面内力逐渐增加，当荷载放大到 7.41 倍，即达到 $N=N_u$（N_u 为极限荷载）时，第一临时铰处的一对吊索 277 号、278 号（另一端对应的为 441 号和 442 号）索力达到了其最大承载能力（图 4.107），此时加劲桁梁靠近支座的 B3 梁段的主桁弦杆有一小部分最大截面应力达到了屈服应力 345MPa（图 4.108、图 4.109 为对应的等效塑性应变分布）。由图 4.109 可以看出，塑性区域出现在加劲桁梁最前端 B3 梁段主桁弦杆位置附近，且塑性区的分布很小。

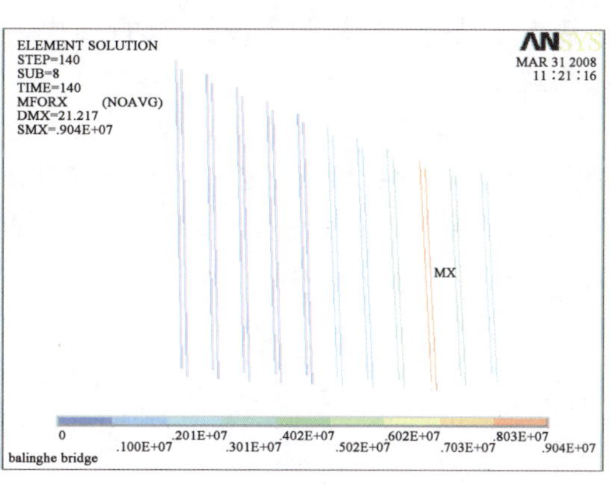

图 4.107　$N=N_u$ 时吊索索力

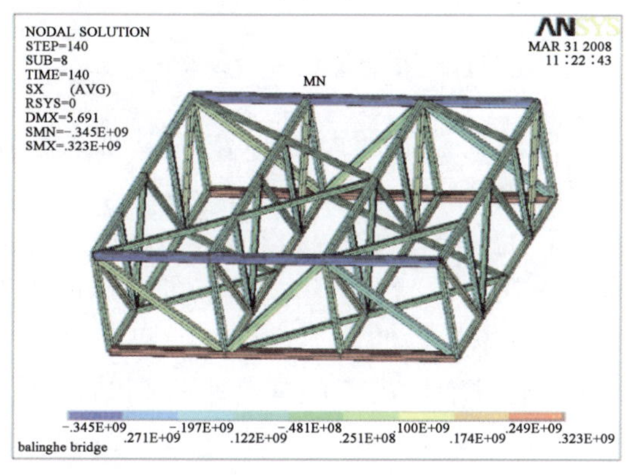

图 4.108　$N=N_u$ 时桁梁截面应力

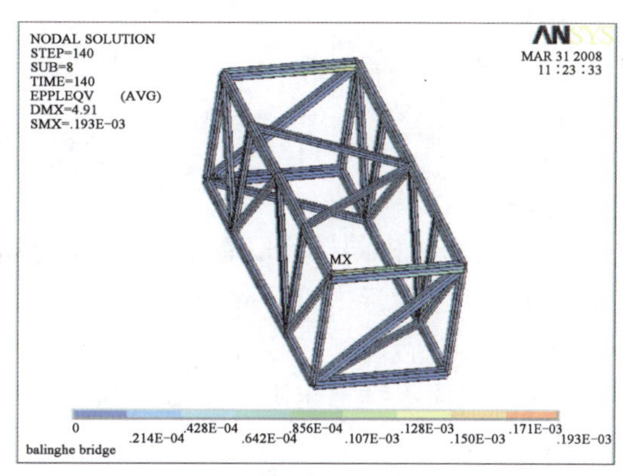

图 4.109　$N=N_u$ 时桁梁塑性区分布

随着达到最大承载力的 277 号、278 号（另一端对应的为 441 号和 442 号）吊索退出工作，在不增加荷载的情况下，紧邻第一个临时铰靠近支座的 275 号、276 号吊索（另一端对应的为 443 号、444 号）的内力随即达到了其最大承载能力 8 800kN（图 4.110），此时加劲桁梁主桁弦杆最大截面应力为 301MPa（图 4.111）。

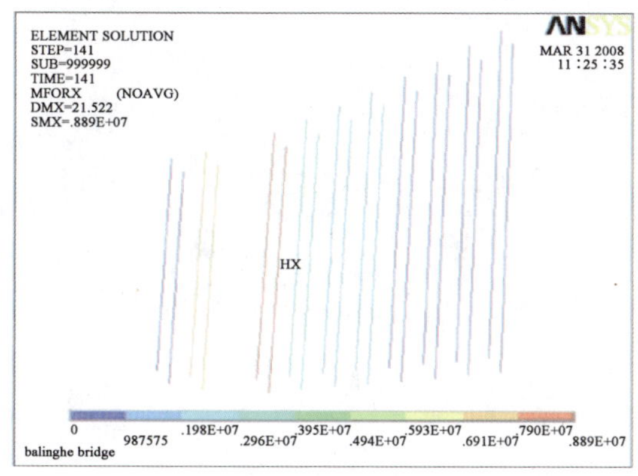

图 4.110　277 号和 278 号索退出时索力

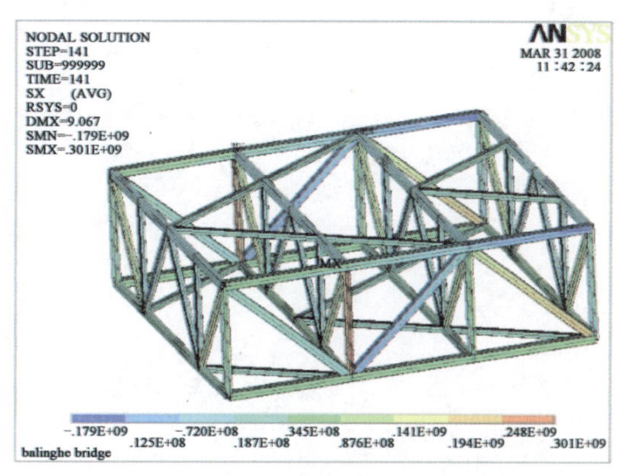

图 4.111　277 号和 278 号索退出时桁梁应力

接下来结构的破坏和未设置临时铰时结构的破坏形式相近，仍是吊索的连续破断，最终导致结构破坏。

由以上极限承载力分析全过程，选取首先退出工作的吊索所在的加劲梁主桁节点(即铰处的节点)，同时选取以上选定的主梁节点对应的主缆节点绘制的荷载—竖向位移曲线，如图 4.112、图 4.113 所示[荷载系数$=N/N_u$(N_u为极限荷载)]，位移取重力方向为正。

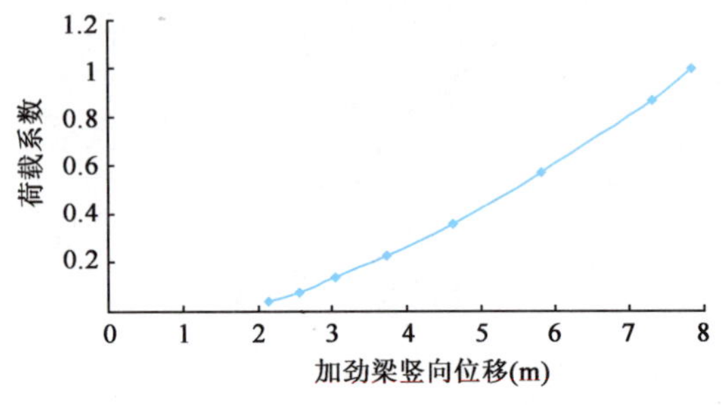

图 4.112　加劲梁典型节点荷载-位移曲线

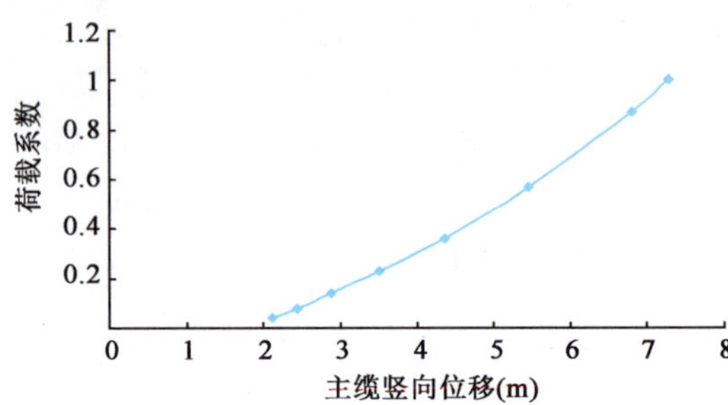

图 4.113　主缆典型节点荷载-位移曲线

由图 4.112、图 4.113 可知：加劲梁和主缆的位移随着荷载的加大逐渐增加，从加载初期直到结构发生破坏，荷载-位移为非线性关系，相对前几种情况，本次非线性相对强烈一些。

由以上的分析同样可以看出：对于悬索桥悬臂架设加劲桁梁的施工过程，若考虑施工时加劲梁荷载的变化，若吊机荷载布置在横梁竖杆处，在设置第一临时铰后结构最后的破坏形式为吊索的连续破断，最终导致加劲桁梁产生破坏。破坏是由于吊索的内力达到了其极限材料强度，从而使吊索连续退出工作所致。这种情况同样可以通过增加吊索的强度来提高结构的极限承载力。

c. 梁段设置第二个临时铰后的情况。

极限承载力的全过程分析如下：同样首先进行悬臂架设的施工过程仿真分析，当达到要进行极限承载力的分析阶段时开始逐渐放大均布作用在加劲梁横梁上的桥面荷载。在进行极限承载力分析前吊索最大内力为 2 970kN(图 4.114)，加劲桁梁杆件最大截面应力为 83.90MPa(图 4.115)。

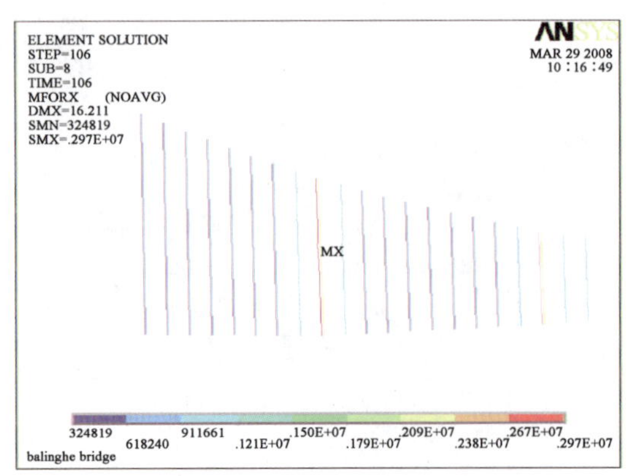

图 4.114　极限承载力分析前吊索索力

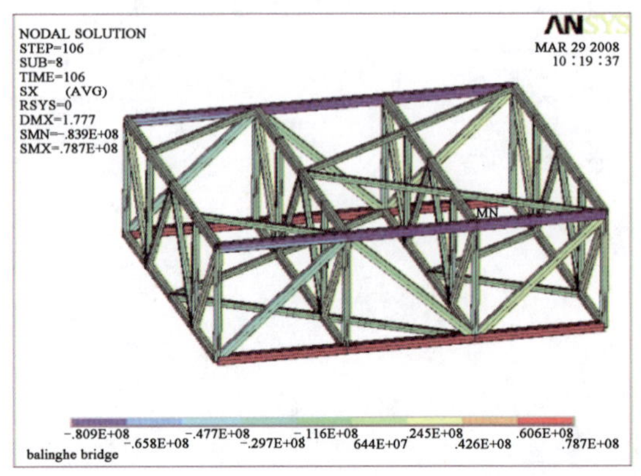

图 4.115　极限承载力分析前桁梁截面应力

随着加劲梁荷载的增加，吊索索力和加劲桁梁杆件截面内力逐渐增加，当荷载放大到7.58倍，即达到 $N=0.83N_u$（N_u 为极限荷载）时，第一个铰处的一对吊索 277 号、278 号（另一端对应的为 441 号和 442 号）吊索索力超过了其最大承载能力（图 4.116），此时加劲桁梁在两个临时铰中间处的 B8 梁段的主桁弦杆截面应力最大，达到了 261MPa（图 4.117）。

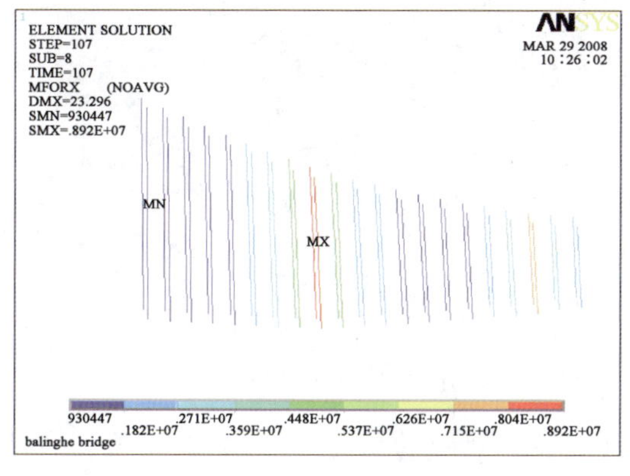

图 4.116 $N=N_u$ 时吊索索力

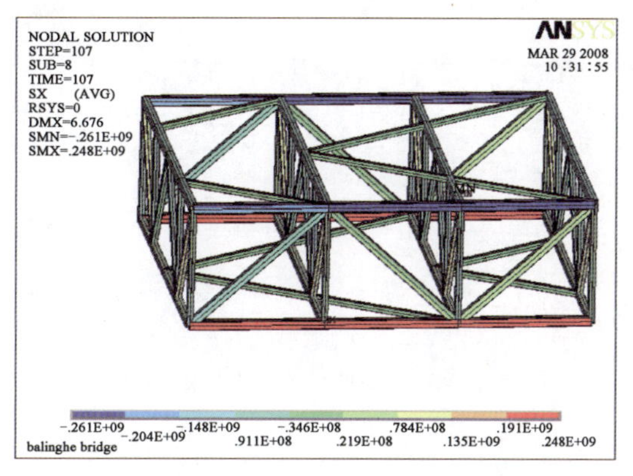

图 4.117 $N=N_u$ 时桁梁截面应力

随着达到最大承载力的 277 号、278 号（另一端对应的为 441 号和 442 号）吊索退出工作，继续稍微增加加劲梁荷载，当荷载放大到 9.10 倍，即达到 $N=N_u$ 时，277 号、278 号吊索（另一端对应的为 441 号和 442 号）左右两对索，即 275 号、276 号和 279 号、280 号吊索（另一端对应的为 443 号、444 号和 439 号、440 号）的索力超过了其最大承载能力（图 4.118），此时加劲桁梁在靠近第一个临时铰的吊点处的主桁竖杆截面应力最大为 266MPa（图 4.119），这主要是吊索直接拉主桁竖杆所致。

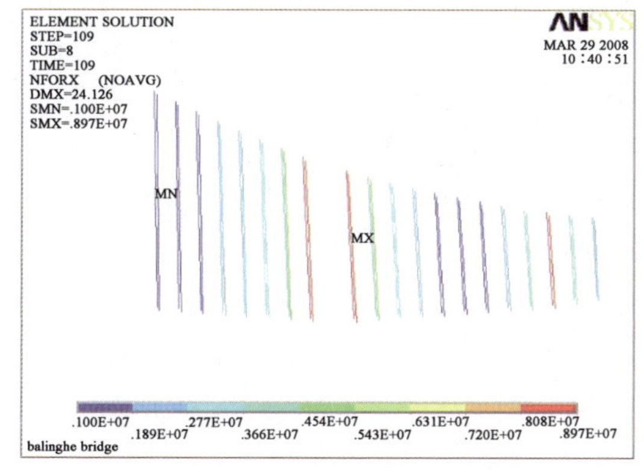

图 4.118 275 号和 276 号索退出时索力

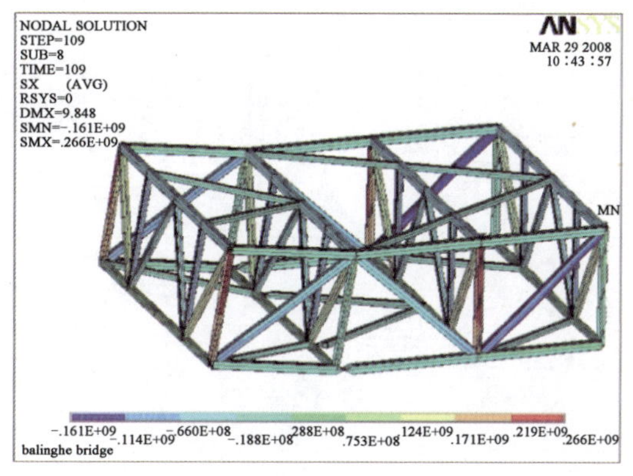

图 4.119 275 号和 276 号索退出时桁梁应力

接下来，吊索退出工作的过程则是一个连锁反应，当达到最大承载力的 275 号、276 号和 279 号、280 号吊索（另一端对应的为 443 号、444 号和 439 号、440 号）吊索退出工作，在不增加荷载的情况下，紧邻的 273 号、274 号和 281 号、282 号吊索（另一端对应的为 445 号、446 号和 437 号、438 号）的内力随即超过了其最大承载能力（图 4.120），在靠近第一个临时铰的吊点处的主桁斜杆截面应力最大为 217MPa(图 4.121)，这仍然是由于吊索拉主桁斜杆所致。

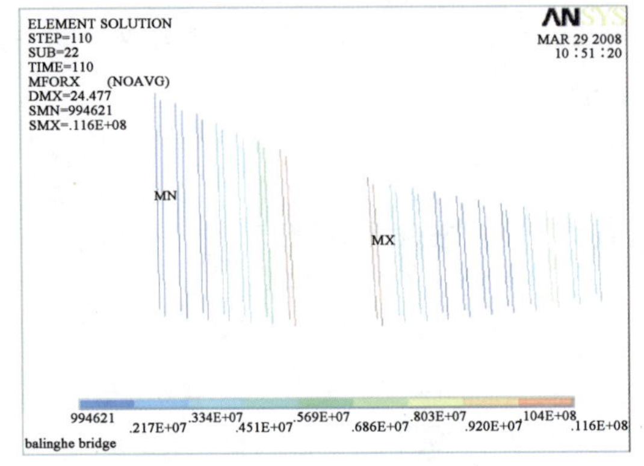

图 4.120 275 号和 276 号索退出时索力

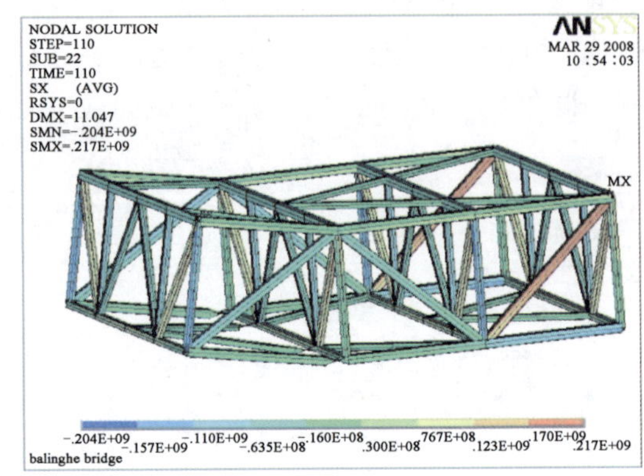

图 4.121 275 号和 276 号索退出时桁梁应力

同样随着 273 号、274 号和 281 号、282 号吊索(另一端对应的为 445 号、446 号和 437 号、438 号)达到其最大承载能力而退出工作，紧邻的吊索接着会继续退出工作，这样结构就会发生吊索连续破断退出工作的连锁破坏过程。限于篇幅，这里没有一一列举吊索退出工作的情况，仅列出了前几对吊索的破坏过程。

由以上极限承载力分析全过程，选取首先退出工作的吊索所在的加劲梁主桁节点(即铰处的节点和加劲梁前端节点)，同时选取以上选定的主梁节点对应的主缆节点绘制的荷载—竖向位移曲线，如图 4.122、图 4.123 所示[荷载系数$=N/N_u$(N_u 为极限荷载)]，位移取重力方向为正。

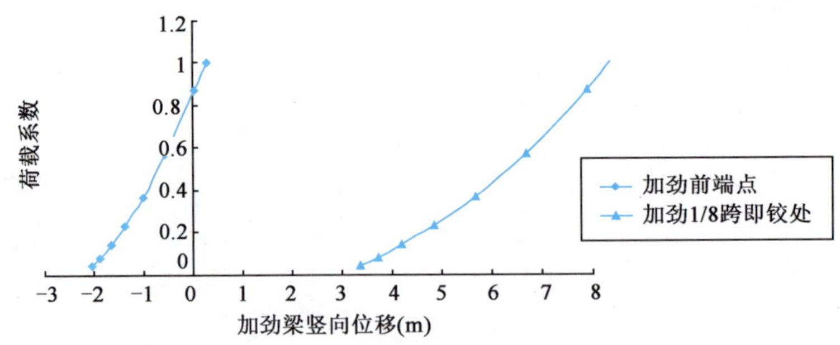

图 4.122 加劲梁典型节点荷载—位移曲线

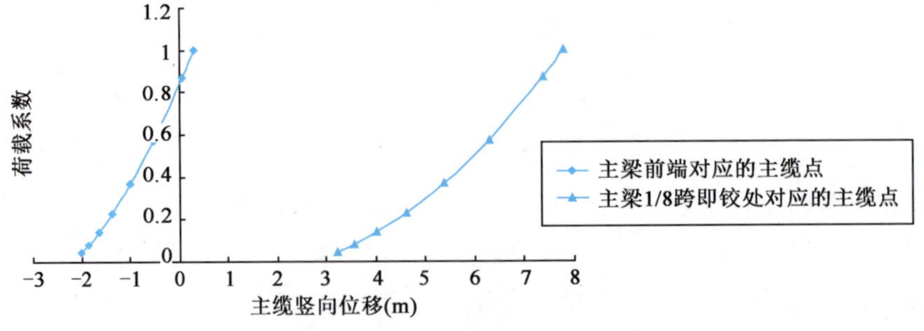

图 4.123 主缆典型节点荷载—位移曲线

由图 4.122、图 4.123 可知：加劲梁和主缆的位移随着荷载的加大逐渐增加，从加载初期直到结构发生破坏，荷载—位移曲线为非线性发展。

由以上的分析仍可以看出：对于悬索桥悬臂架设加劲桁梁的施工过程，若考虑施工时加劲梁荷载的变化，若吊机荷载布置在横梁竖杆处，在设置第二个临时铰后结构最后的破坏形式同样为吊索的连续破断，并且吊索的破断是一个连锁反应，即破坏是由于吊索的内力达到了其极限材料强度，从而使吊索连续退出工作所致。这种情况同样可以通过增加吊索的强度来提高结构的极限承载力。在整个极限承载力分析过程中，荷载位移—曲线关系为非线性关系。

通过本节的分析可以看出：对于考虑吊机荷载的变化时，当吊机荷载作用在加劲梁横梁竖杆处时，结构将发生横梁竖杆被压溃的局部杆件破坏；对于考虑加劲梁荷载的变化时，梁段间未设置临时铰前、设置一个临时铰后以及设置两个临时铰后 3 种不同情况下的破坏规律，均为吊索因强度不足而发生的连续破断。只是引起连续破断的因素不同。未设置临时铰前是由前端吊索破断引起的；设置一个临时铰后及设置两个临时铰后均是由第一个临时铰处的吊索引起的。

通过分析研究可以发现，在讨论的竖直平面内的荷载作用下，桁架加劲梁悬臂架设过程中结构的荷载—位移关系为非线性关系，结构的极限破坏基本上有两种可能，那就是吊机布置位置处的横梁竖杆的压溃和吊索因强度不足而发生的连续破断。从相应的荷载—位移曲线图可以看出，随着荷载的增加，结构的刚度逐渐增大，也就是结构进一步趋向刚化。这说明对于悬索桥这样的索支撑下的结构，在竖直平面内，结构的极限破坏不是结构的刚度不能保持外加荷载作用下的平衡而导致的，其加劲桁架在施工过程中不存在竖直平面内的稳定问题，用弹性理论计算的稳定系数实际是没有意义的。

通过以上的讨论，可以得出实际施工时需采取以下两点措施。

一种情况是结构的破坏是杆件强度不足导致的，因此需加强横桁竖杆以防止局部杆件的压屈破坏；对于此种情况，设计时已考虑即设计时已将横桁竖杆由常用的“工”形杆件设计成闭口“箱”形杆件，增加受压面积。

另一种情况是结构的破坏是吊索强度不足导致的，因此需要对铰处及前端吊索采取辅助安全措施以避免结构出现吊索连续破断的失稳破坏。因此实际施工时一方面在铰处需一直加挂临时索直至加劲梁完全合龙，另一方面安装下一个梁段时前一个梁段前端的临时吊索不能拆除，需等下一梁段吊索安装完毕后方可拆除。

第5章

钢桁加劲梁桥面吊机悬臂架设监控技术

研究山区峡谷钢桁梁悬索桥的施工监控新技术，是以提高钢桁架加劲梁悬索桥架设监控技术水平和保证坝陵河大桥的成功修建为目的，总结适宜山区峡谷钢桁梁悬索桥的施工监控方案，形成钢桁梁悬索桥施工监控准则。

钢桁梁架设监控技术的研究内容包括以下几方面。

(1)完善大跨径钢桁架加劲梁悬索桥施工监控计算的理论，编制计算程序。

(2)研究钢桁架加劲梁悬索桥施工监控重点，制订合理的监控方案。

(3)研究结构参数对施工过程的影响，建立适合于大跨径钢桁架加劲梁悬索桥参数识别的计算方法，编制计算程序。

(4)总结监控技术，形成监控参考准则。

5.1 钢桁加劲梁悬索桥计算理论

5.1.1 悬索桥的计算理论

1)主缆作为理想索的分析计算

对于悬索桥的主缆线形，传统的计算是将其按抛物线进行分析。由于跨度的增大、传统的加劲梁支承体系的变化，主缆抛物线形假设的误差偏大，不能满足工程精度要求。根据理论索的数学微分方程的解，借助有限元分单元的思路，将悬索桥主缆的理论线形假定为分段悬链线，采用迭代计算的方法，可以精确地计算出理论索假定下的悬索桥主缆线形。

精确理论的分段悬链线法采用以下假定。

①假定主缆与丝股是理想的柔性索，只能受拉，不能受压和抗弯。

②假定主缆与丝股的材料是理想弹性的，不考虑非弹性变形的影响。

③假定加劲梁的重量等通过吊索传到主缆上的力可作为集中力处理，不考虑散索套和索夹在主缆上长度的影响。

在上述假定之下，锚跨丝股与主缆都可以处理成分段悬链线：无其他外荷载作用的索段，在索自重的作用下，索段的线形是悬链线，索段与索段间满足力与变形的协调条件。针对这种理想的悬索，可以建立其精确的计算方法。

(1)解析的计算模式

为建立理论的计算模式，研究图 5.1 所示的柔性索段 AB。

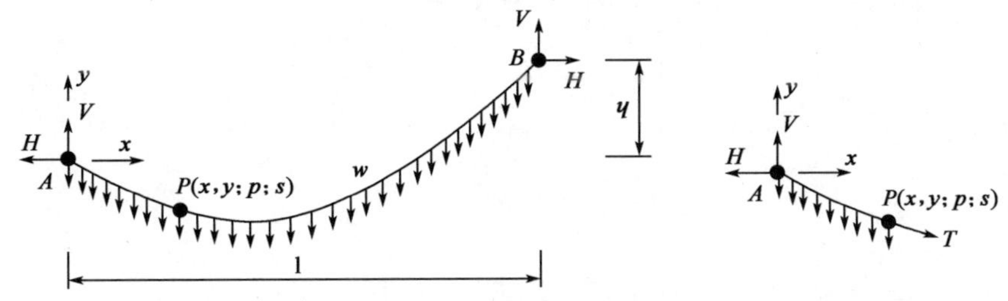

图 5.1　自重作用下的柔索

在图 5.1 所示的理论索中，假定其自重沿索长均布荷载为 w，弹性模量为 E，横断面积为 A，索段两端点跨度为 l，高差为 h，索段的无应力长度为 S_0，S_0 不一定大于 $\sqrt{l^2+h^2}$，S 为变形后的形状长度。索段 A 端的水平张力为 H，竖向反力为 V。索段上一点 P 在索段变形前的无应力索长轮廓线上的拉格朗日坐标为 s(迪卡尔坐标系和拉格朗日坐标系原点都为索段的左端点)；在自重 w 作用下索段变形后，这一点移动到迪卡尔坐标(x,y)和索段轮廓线的拉格朗日坐标 p。

根据上述定义，索段需满足的几何约束条件为

$$\left(\frac{\mathrm{d}x}{\mathrm{d}p}\right)^2+\left(\frac{\mathrm{d}y}{\mathrm{d}p}\right)^2=1 \tag{5.1}$$

在索段端点 A、B 需满足的边界条件为

$$\begin{cases} s=0\ 时, x=0, y=0, p=0 \\ s=S_0\ 时, x=l, y=h, p=S \end{cases} \tag{5.2}$$

根据质量守恒定律和水平、竖向的力平衡条件得

$$T\frac{\mathrm{d}x}{\mathrm{d}p}=H \tag{5.3}$$

$$T\cdot\left(\frac{-\mathrm{d}y}{\mathrm{d}p}\right)=V-W \tag{5.4}$$

$$W=ws \tag{5.5}$$

式(5.4)和(5.5)中 W 为索段在区间$(0,s)$的重量。

根据虎克定律，应力应变关系如下

$$T=EA\varepsilon=EA\left(\frac{\mathrm{d}p-\mathrm{d}s}{\mathrm{d}s}\right)=EA\left(\frac{\mathrm{d}p}{\mathrm{d}s}-1\right) \tag{5.6}$$

需要求解坐标 $x(s)$、$y(s)$、$\theta(s)$，张力 $T(s)$，张力的竖向分量 $V(s)$，伸长量 $\Delta(s)$和变形后的索段长 $p(s)$，这些量表征了悬索上任一点的内力、线形与拉格朗日坐标的关系。

①求解 $V(s)$、$T(s)$。

将式(5.5)代入式(5.6)得

$$V(s)=T\cdot\left(-\frac{\mathrm{d}y}{\mathrm{d}p}\right)=V-ws \tag{5.7}$$

将式(5.7)和式(5.3)两端平方相加后代入几何约束方程式(5.1)得到

$$T(s)=\left[H^2+(V-ws)^2\right]^{0.5} \tag{5.8}$$

②求解 $x(s)$。

利用式(5.3)、式(5.6)和式(5.8),可以得出下列推导

$$\frac{\mathrm{d}x}{\mathrm{d}s}=\frac{\mathrm{d}x}{\mathrm{d}p}\cdot\frac{\mathrm{d}p}{\mathrm{d}s}=\frac{H}{EA}+\frac{H}{\sqrt{H^2+(V-ws)^2}} \tag{5.9}$$

或

$$\mathrm{d}x=\frac{H}{EA}\mathrm{d}s+\frac{H\mathrm{d}s}{\sqrt{H^2+(V-ws)^2}} \tag{5.10}$$

将式(5.10)两端在$(0,s)$区间内直接积分,并注意到

$$\int_0^s\frac{\mathrm{d}s}{\sqrt{H^2+(V-ws)^2}}=-\frac{1}{w}\int_0^2\frac{\mathrm{d}(V-ws)}{\sqrt{H^2+(V-ws)^2}}=-\frac{1}{w}\ln\left[\frac{V-ws+T(s)}{H}\right]_0^s \tag{5.11}$$

即得

$$x(s)=\frac{Hs}{EA}+\frac{H}{w}\{\ln[V+\sqrt{H^2+V^2}]-\ln[V-ws+\sqrt{H^2+(V-ws)^2}]\} \tag{5.12}$$

式(5.12)表达了无应力索长上任意一点在变形后的横向位置,这里已经考虑了式(5.2)的边界条件。

③求解 $y(s)$。

利用式(5.4)、式(5.6)和式(5.8),可以得出下列推导

$$\frac{\mathrm{d}y}{\mathrm{d}s}=\frac{\mathrm{d}y}{\mathrm{d}p}\cdot\frac{\mathrm{d}p}{\mathrm{d}s}=-\frac{(V-ws)}{EA}-\frac{(V-ws)}{\sqrt{H^2+(V-ws)^2}} \tag{5.13}$$

或

$$\mathrm{d}y=-\frac{(V-ws)}{EA}\mathrm{d}s-\frac{(V-ws)\mathrm{d}s}{\sqrt{H^2+(V-ws)^2}} \tag{5.14}$$

类似于 $x(s)$的推导,将式(5.14)两端在$(0,s)$区间内直接积分即得

$$y(s)=\frac{ws^2-2Vs}{2EA}-\frac{1}{w}[\sqrt{H^2+V^2}-\sqrt{H^2+(V-ws)^2}] \tag{5.15}$$

式(5.15)表达了无应力索上任意一点在变形后的竖向位置,这里已经考虑了式(5.2)的边界条件。

④求解 $\Delta(s)$、$p(s)$和 $\theta(s)$。

利用式(5.6)和式(5.8),得到索段在区间$(0,s)$的伸长量和变形后的长度。

$$\begin{aligned}\Delta(s)=\int_0^s\frac{T(s)}{EA}\mathrm{d}s=&\frac{1}{2EAw}\\&\{V\sqrt{V^2+H^2}-(V-ws)\sqrt{(V-ws)^2+H^2}+H^2\\&[\ln(V+\sqrt{V^2+H^2})-\ln(V-ws+\sqrt{(V-ws)^2+H^2})]\}\end{aligned} \tag{5.16}$$

$$p(s)=s+\Delta(s) \tag{5.17}$$

$$\theta(s)=\arctan\left(-\frac{V-ws}{H}\right) \tag{5.18}$$

⑤求末端点的内力和位置。

根据式(5.7)~式(5.18),末端点的张力和位置如下

$$V(S_0)=V-wS_0 \tag{5.19}$$

$$T(S_0)=[H^2+(V-wS_0)^2]^{0.5} \tag{5.20}$$

$$l=\frac{HS_0}{EA}+\frac{H}{w}\{\ln[V+\sqrt{H^2+V^2}]-\ln[V-wS_0+\sqrt{H^2+(V-wS_0)^2}]\} \tag{5.21}$$

$$h=\frac{wS_0^2-2VS_0}{2EA}-\frac{1}{w}[\sqrt{H^1+V^2}-\sqrt{H^2+(V-wS_0)^2}] \tag{5.22}$$

$$\begin{aligned}\Delta(S_0)=&\frac{1}{2EAw}\\ &\{V\sqrt{V^2+H^2}-(V-wS_0)\sqrt{(V-wS_0)^2+H^2}+\\ &H^2[\ln(V+\sqrt{V^2+H^2})-\ln(V-wS_0+\sqrt{(V-wS_0)^2+H^2})]\}\end{aligned} \tag{5.23}$$

$$S=S_0+\Delta(S_0) \tag{5.24}$$

$$\theta(S_0)=\arctan\left(-\frac{V-wS_0}{H}\right) \tag{5.25}$$

可以看出，一条索段只要无应力长度(或跨度、两端点高差)和一个端点的 H、V 确定，通过式(5.19)～式(5.25)就可以计算出索段的内力和线形。也就是说，上列方程只有3个未知数。实际运用中，索段的内力往往在悬索的内力分析中通过各索段的几何相容条件和力学平衡条件中得出，在索段的分析中主要是求索段的线形。

有集中外荷载作用的主缆的受力图式相当于许多索段相连，并在连接点(下面称为分点)作用集中荷载。因为悬索桥的吊索可能为倾斜的，所以集中荷载不一定都在竖向，可以将分点的荷载分解为竖向和水平荷载。如图5.2所示，悬索上共有 $N+1$ 个分点(包括端点)，除作用有沿索曲线均匀分布的自重 w(图5.2未予示出)外，还作用有 $N-1$ 个竖向集中荷载 P_i 和横向集中荷载 $F_i(i=0,1,2,\cdots,N)$。其中两个端点的荷载为：$P_0=0,P_N=0,Q_0=0,Q_N=0$。$\overline{V}$、$\overline{V'}$ 分别为索段左右端竖向反力，$\overline{H}$、$\overline{H'}$ 分别为悬索左右端水平张力。

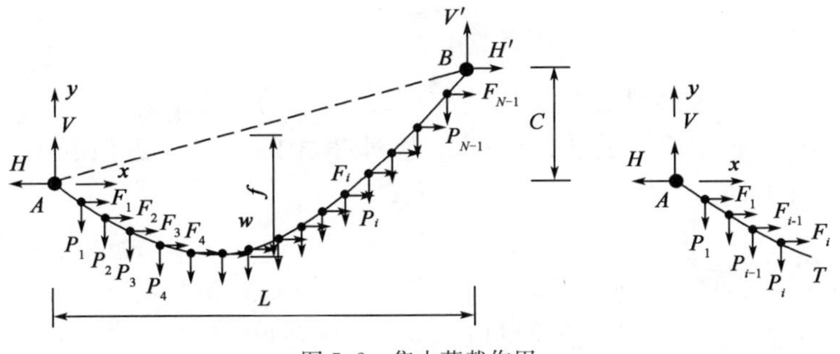

图5.2 集中荷载作用

以悬索左端点 A 为迪卡尔坐标和拉格朗日坐标原点，则悬索在各分点需要满足的几何相容条件为

$$s=S_{0,i}\text{ 时}, x_i=x_i^+=x_i^-, y_i=y_i^+=y_i^-, p_i=p_i^+=p_i^-, i=1,2,3,\cdots,N \tag{5.26}$$

这里：

$$x_i^+=\lim_{e\to 0}(x_i+e), x_i^+=\lim_{e\to 0}(x_i+e)$$

$$y_i^+=\lim_{e\to 0}(y_i+e), y_i^+=\lim_{e\to 0}(y_i-e)$$

$$p_i^+=\lim_{e\to 0}(p_i+e), p_i^+=\lim_{e\to 0}(p_i-e)$$

悬索在各分点满足的力学平衡条件为

$$H_i=\left(T\frac{\mathrm{d}_x}{\mathrm{d}p}\right)_i^+=\left(T\frac{\mathrm{d}x}{\mathrm{d}p}\right)_i^- -F_i=\overline{H}-\sum_{m=0}^{i-1}F_m, i=1,2,3,\cdots,N \tag{5.27}$$

$$\begin{aligned}V_i^+&=\left(-T\frac{\mathrm{d}y}{\mathrm{d}p}\right)_i^+=\left(-T\frac{\mathrm{d}y}{\mathrm{d}p}\right)_i^- -P_i=V_{i-1}^- -P_{i-1}\\&=\overline{V}-\sum_{m=0}^{i-1}P_m-\sum_{m=0}^{i-1}W_m,\ i=1,2,3,\cdots,N\end{aligned} \tag{5.28}$$

上列方程中的“+”表示从分点右边无限趋近于分点，“−”表示从分点左边无限趋近于分点；$S_{0,i}$表示第i段无应力索长，其中$S_{0,0}=0$；索段跨长$l_0=0$；H_i为第i索段的水平张力；V_i^-为i分点考虑集中荷载前的竖向张力，也是第$i-1$索段末端竖向张力；V_i^+为i分点考虑集中荷载后的竖向张力，也是第i索段始端的竖向张力。

悬索各分点的几何相容条件和力学平衡条件表达了在索段之间的内力、线形的关系。单独的一个索段有3个未知数，一个由N个索段组成的悬索就有$3N$个未知数，根据悬索各分点的几何相容条件和力学平衡条件，即水平张力与沿索均布荷载无关，全跨只要有一个分点的水平张力已知，可求出其他分点水平张力，也就是说，通过式(5.27)减少了$N-1$个未知数；同样式(5.28)也减少了$N-1$个未知数。因此，一个悬索有$N+2$个未知数。再看约束条件，两个端点的位置是确定的，因此第1索段与最后索段的相对高差C和相对跨度L已知，所以可以减少2个未知数。如果N个索段的索长已知时，这个悬索的线形和内力就全部确定了；如果N个索段的索长未知但已知跨长，由于考虑约束条件时已用了一个跨长，所以只能减少$N-1$个未知数，因此还剩1个未知数，常常这个未知数可以通过已知某点的高程或者通过邻跨悬索予以消去。

(2)有限元计算模型

对于分段悬链线，也可以采用有限元的方法进行计算。将每段悬链线分为一个或多个单元，采用空间悬链线单元来模拟电缆，集中力作用在单元的节点上。

对于悬链线单元，采用改进的迭代计算方法，刚度矩阵可采用近似的表达式，单杆端力的计算必须采用精确的计算表达式。

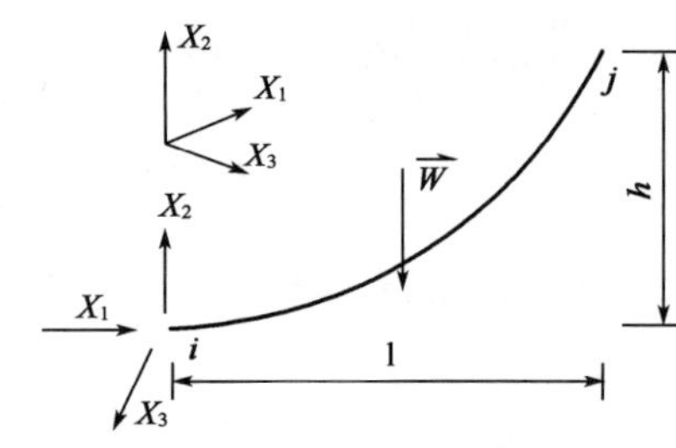

图5.3　空间悬链线有限元模型

如图5.3所示，一个空间悬链线单元沿空间弧长所受的均布荷载大小和方向都相等(这一点在结构离散单元划分时可以做到)，在整体坐标系$OX_1X_2X_3$下均布荷载矢量为$\vec{W}$。根据静力的平衡条件，该单元各点应该在同一平面(均布荷载矢量$\vec{W}$的平面)内。局部坐标系按如下建立：以单元左端点为原点，均布荷载矢量$\vec{W}$的方向为局部坐标系的x_2轴，均布荷载矢量$\vec{W}$所在平面法线方向为局部坐标系的x_3轴，x_1轴由右手螺旋法则确定。这样建立坐标系的目的是使局部坐标系下$W_2=\|\vec{W}\|$，$W_1=W_3=0$。

如果在单元局部坐标系下，单元左节点的坐标为(0,0,0)，右节点的坐标为$(l,h,0)$。则根据前面的推导有解析公式

$$\begin{cases} l = \dfrac{HS_0}{EA} + \dfrac{H}{W_2}\{\ln[V + \sqrt{H^2 + V^2}] - \ln[V - W_2 S_0 + \sqrt{H^2 + (V - W_2 S_0)^2}]\} \\ h = \dfrac{W_2 S_0^2 - 2VS_0}{2EA} - \dfrac{1}{W_2}[\sqrt{H^2 + V^2} - \sqrt{H^2 - (V - W_2 S_0)^2}] \end{cases} \tag{5.29}$$

式(5.29)中在初始状态一般已知 l、h 和 H，可以计算出无应力长度 S_0；在计算状态已知 l、h 和 S_0，可以计算出 H、V，单元两端的张力为

$$N_i = \sqrt{H^2 + V^2}, N_j = \sqrt{H^2 + (V - W_2 S_0)^2} \tag{5.30}$$

在这里也是通过解析法直接计算单元内力，为精确解。

2)主缆抗弯刚度的影响

实际上悬索桥的主缆或拉索并非完全柔性的，而是具有一定的抗弯刚度，在曲率变化处最为明显。例如，悬索桥主缆通过塔顶索鞍处、斜拉桥的拉索与梁连接处。悬索桥主缆有索夹的地方，由于索夹的夹紧作用和索夹本身的抗弯刚度，主缆在这些地方抗弯刚度是比较大的，为更精确地计算主缆的内力与线形，需要研究主缆及索夹抗弯刚度的影响。首先从解析方面入手，进行理论的探讨，以认识其规律性。

为了建立解析方程，先讨论比较简单但又接近实际的沿跨度作用分布荷载的情况。

如图 5.4 所示，设小垂度悬索在沿跨度分布竖向荷载 q(假定 q 为常数)作用下达到设计平衡位置。如果不考虑索的抗弯刚度，则根据力的平衡条件，索平衡状态的方程式为

$$y(x) = -\frac{qL}{2H}x + \frac{q}{2H}x^2 \tag{5.31}$$

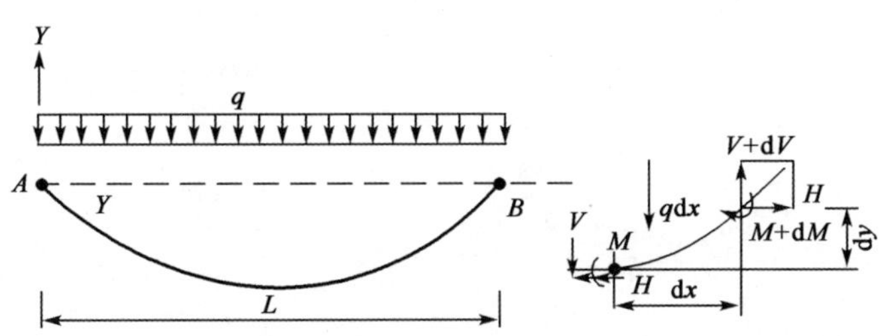

图 5.4 考虑抗弯刚度作用下的悬索

如果考虑抗弯刚度，则根据微分段的平衡条件

$$\sum Y = 0, \mathrm{d}V - q\mathrm{d}x = 0, \sum M = 0, M + \mathrm{d}M - M + H\mathrm{d}y - (V + \mathrm{d}V)\mathrm{d}x + \frac{1}{2}q\mathrm{d}x\mathrm{d}x = 0 \tag{5.32}$$

由式(5.32)消去 V 并略去高阶微量得

$$\frac{\mathrm{d}^2 M}{\mathrm{d}x^2} + H\frac{\mathrm{d}^2 y}{\mathrm{d}x^2} - q = 0 \tag{5.33}$$

若不考虑剪切变形时，弯矩 M 可写成

$$M = -EI\frac{\mathrm{d}^2(y - y_0)}{\mathrm{d}x^2} \tag{5.34}$$

式(5.34)中 EI 为抗弯刚度，将式(5.34)代入式(5.33)得

$$EI\frac{\mathrm{d}^4 y}{\mathrm{d}x^4}-H\frac{\mathrm{d}^2 y}{\mathrm{d}x^2}+q-EI\frac{\mathrm{d}^4 y_0}{\mathrm{d}x^4}=0 \tag{5.35}$$

y_0 为 $q\to 0$ 时，结构趋于形成的线形，以下先讨论小垂度情况，即假定 $y_0=0$ 的情况。这时式(5.35)变为

$$EI\frac{\mathrm{d}^4 y}{\mathrm{d}x^4}-H\frac{\mathrm{d}^2 y}{\mathrm{d}x^2}+q=0 \tag{5.36}$$

令 $\lambda^2=HL^2/EI$，式(5.36)的通解为

$$y(x)=C_1+C_2x+\frac{q}{2H}x^2+C_3\sinh\left(\frac{\lambda x}{L}\right)+C_4\cosh\left(\frac{\lambda x}{L}\right) \tag{5.37}$$

式(5.37)中 C_1、C_2、C_3 和 C_4 为由约束边界条件决定的待定常数。

(1)两端铰支

当约束边界条件为两端铰支时，则在两端点处

$$y(0)=0,y(L)=0,y''(0)=0,y''(L)=0 \tag{5.38}$$

用式(5.38)代入式(5.37)确定 4 个积分常数可得

$$y(x)=-\frac{qL}{2H}x+\frac{q}{2H}x^2+\frac{qL^2}{H\lambda^2}\left[1-\cosh^{-1}\left(\frac{\lambda}{2}\right)\cosh\left(\frac{\lambda x}{L}-\frac{\lambda}{2}\right)\right] \tag{5.39}$$

与式(5.31)相比，此式正好是抛物线方程加上几项。

令 $\xi=x/L$。式(5.39)可写为

$$y(\xi)=-\frac{qL^2}{2H}\xi+\frac{qL^2}{2H}\xi^2+\frac{qL^2}{H\lambda^2}\left[1-\cosh^{-1}\left(\frac{\lambda}{2}\right)\cosh\left(\lambda\xi-\frac{\lambda}{2}\right)\right] \tag{5.40}$$

跨中点的垂度为

$$f=y(0.5)=-\frac{qL^2}{8H}\left\{1-\frac{8}{\lambda^2}\left[1-\cosh^{-1}\left(\frac{\lambda}{2}\right)\right]\right\} \tag{5.41}$$

当 $\lambda\to 0$ 时，有

$$\frac{1-\cosh^{-1}\left(\frac{\lambda}{2}\right)}{\lambda^2}\to\frac{1}{8}\left[1-\frac{5}{12}\left(\frac{\lambda}{2}\right)^2\right],f\to-\frac{qL^2}{8H}\frac{5\lambda^2}{48}=-\frac{5qL^4}{384EI} \tag{5.42}$$

这是受均布荷载的简支梁的跨中挠度公式。

当 $\lambda\to\infty$ 时，有

$$\frac{1-\cosh^{-1}\left(\frac{\lambda}{2}\right)}{\lambda^2}\to 0,f\to-\frac{qL^2}{8H} \tag{5.43}$$

这是沿弦长均布荷载的悬索(抛物线)跨中垂度公式。

对于实际有抗弯刚度的悬索，显然其垂度在式(5.42)与式(5.43)间。

(2)两端固结

当约束边界条件为两端固结时，则在两端点处：

$$y(0)=y(L)=0,y''(0)=M_A/EI,y''(L)=M_B/EI,y'(0)=y'(L)=0 \tag{5.44}$$

把上列前 4 个边界条件代入式(5.37)并确定积分常数后可得

$$y(\xi)=-\frac{qL^2}{2H}\xi+\frac{qL^2}{2H}\xi^2+\frac{qL^2}{H\lambda^2}\left[1-\cosh^{-1}\left(\frac{\lambda}{2}\right)\cosh\left(\lambda\xi-\frac{\lambda}{2}\right)\right]-$$

$$\frac{M_A L^2}{EI\lambda^2}+\frac{(M_A-M_B)L^2}{EI\lambda^2}\xi+\frac{L^2\sinh^{-1}(\lambda)}{EI\lambda^2}[M_B\sinh(\lambda\xi)-M_A\sinh(\lambda\xi-\lambda)] \tag{5.45}$$

与式(5.40)相比,此式正好是两端铰接方程加上几项。由式(5.44)的边界条件得

$$M_A=M_B=\frac{qL^2}{\lambda^2}-\frac{qL^2}{2\lambda}\tanh^{-1}\left(\frac{\lambda}{2}\right)=qL^2\left[\frac{L}{\lambda^2}-\frac{1}{2\lambda}\tanh^{-1}\left(\frac{\lambda}{2}\right)\right] \tag{5.46}$$

设式(5.45)因为固结而增加的项为 $g(\xi)$,则

$$g(\xi)=-\frac{M_A L^2}{EI\lambda^2}+\frac{(M_A-M_B)L^2}{EI\lambda^2}\xi+\frac{L^2 c\mathrm{sech}(\lambda)}{EI\lambda^2}[M_B\sinh(\lambda\xi)-M_A\sinh(\lambda\xi-\lambda)] \tag{5.47}$$

因为固结对跨中点挠度的影响为

$$\begin{aligned}g(0.5)&=-\frac{(M_A+M_B)L^2}{2EI\lambda^2}+\frac{L^2\sinh^{-1}(\lambda)}{EI\lambda^2}\left[M_B\sinh\left(\frac{\lambda}{2}\right)+M_A\sinh\left(\frac{\lambda}{2}\right)\right]\\&=-\frac{(M_B+M_A)L^2}{2EI\lambda^2}+\frac{L^2}{2EI\lambda^2}\left[M_B\cosh^{-1}\left(\frac{\lambda}{2}\right)+M_A\cosh^{-1}\left(\frac{\lambda}{2}\right)\right]\\&=\frac{M_A L^2}{2EI\lambda^2}\left[\cosh^{-1}\left(\frac{\lambda}{2}\right)-1\right]+\frac{M_B}{2EI\lambda^2}\left[\cosh^{-1}\left(\frac{\lambda}{2}\right)-1\right]\end{aligned} \tag{5.48}$$

当 $\lambda\to 0$,式(5.48)为

$$g(0.5)\to-\frac{M_B L^2}{16EI}\left[1-\frac{5}{12}\left(\frac{\lambda}{2}\right)^2\right]-\frac{M_A L^2}{16EI}\left[1-\frac{5}{12}\left(\frac{\lambda}{2}\right)^2\right]$$

$$\lim_{\lambda\to 0} g(0.5)=-\frac{M_B L^2}{16EI}-\frac{M_A L^2}{16EI} \tag{5.49}$$

这是两端受集中弯矩的简支梁的跨中挠度公式。跨中总挠度为

$$y(0.5)\to-\frac{5qL^4}{384EI}-\frac{M_B L^2}{16EI}\left[1-\frac{5}{12}\left(\frac{\lambda}{2}\right)^2\right]-\frac{M_A L^2}{16EI}\left[1-\frac{5}{12}\left(\frac{\lambda}{2}\right)^2\right]$$

$$\lim_{\lambda\to 0} y(0.5)=-\frac{5qL^4}{384EI}-\frac{M_B L^2}{16EI}-\frac{M_A L^2}{16EI} \tag{5.50}$$

考察固端弯矩 M_A、M_B,由式(5.46)得

$$\lim_{\lambda\to 0}\left[\frac{1}{\lambda^2}-\frac{1}{2\lambda}\tanh^{-1}\left(\frac{\lambda}{2}\right)\right]=-\frac{1}{12},M_A=M_B=-\frac{1}{12}qL^2 \tag{5.51}$$

式(5.51)实际上为两端固结梁的固端弯矩公式。式(5.41)代入式(5.50)得

$$f=\lim_{\lambda\to 0} y(0.5)=-\frac{5qL^4}{384EI}+\frac{qL^4}{96EI}=-\frac{qL^4}{384} \tag{5.52}$$

式(5.52)实际上为受均布荷载的两端固结梁的跨中挠度公式,它等于受均布荷载的简支梁的跨中挠度与固端弯矩引起的跨中挠度的叠加。

当 $\lambda\to\infty$ 时,$\lim_{\lambda\to 0}\left[\frac{1}{\lambda^2}-\frac{1}{2\lambda}\tanh^{-1}\left(\frac{\lambda}{2}\right)\right]=0$,$M_A=M_B\to 0$,跨中垂度为 $f\to-\frac{qL^2}{8H}$,这是抛物线索跨中垂度公式。这说明当 λ 很大时,曲线形状又恢复为抛物线。

(3)一端固结另一端铰接

假如 A 端固结、B 端铰接,则在两支点处

$$y(0)=0,y(L)=0,y''(0)=M_A/EI,y''(L)=0,y'(0)=0 \tag{5.53}$$

把上列前两个边界条件代入式(5.35)并确定积分常数后可得

$$y(\xi)=-\frac{qL^2}{2H}\xi+\frac{qL^2}{2H}\xi^2+\frac{qL^2}{H\lambda^2}\left[1-\cosh^{-1}\left(\frac{\lambda}{2}\right)\cosh\left(\lambda\xi-\frac{\lambda}{2}\right)\right]-$$
$$\frac{M_A L^2}{EI\lambda^2}+\frac{M_A L^2}{EI\lambda^2}\xi-\frac{M_A L^2\sinh^{-1}(\lambda)}{EI\lambda^2}\sinh(\lambda\xi-\lambda) \tag{5.54}$$

与式(5.40)相比,式(5.54)正好是两端铰接方程加上几项,其中 M_A 为

$$M_A=-\frac{qL^2}{2\lambda}\frac{\lambda-2\tanh\left(\frac{\lambda}{2}\right)}{1-\lambda\tanh^{-1}(\lambda)} \tag{5.55}$$

式(5.55)因为固结而增加的项设为

$$g(\xi)=-\frac{M_A L^2}{EI\lambda^2}+\frac{M_A L^2}{EI\lambda^2}\xi-\frac{M_A L^2 c\mathrm{sech}(\lambda)}{EI\lambda^2}\sinh(\lambda\xi-\lambda) \tag{5.56}$$

因为固结对跨中点挠度的影响为

$$g(0.5)=-\frac{M_A L^2}{2EI\lambda^2}+\frac{M_A L^2\sinh^{-1}(\lambda)\sinh\left(\frac{\lambda}{2}\right)}{EI\lambda^2}=-\frac{M_A L^2}{2EI\lambda^2}\left[1-\cosh^{-1}\left(\frac{\lambda}{2}\right)\right] \tag{5.57}$$

当 $\lambda\to 0$ 时

$$g(0.5)\to-\frac{M_A L^2}{16EI}\left[1-\frac{5}{12}\left(\frac{\lambda}{2}\right)^2\right],\lim_{\gamma\to 0}g(0.5)=-\frac{M_A L^2}{16EI} \tag{5.58}$$

这是 A 端受集中弯矩的简支梁的跨中挠度公式。跨中总挠度为

$$y(0.5)\to-\frac{5qL^4}{384EI}-\frac{M_A L^2}{16EI}\left[1-\frac{5}{12}\left(\frac{\lambda}{2}\right)^2\right],\lim_{\lambda\to 0}y(0.5)=-\frac{5qL^4}{384EI}-\frac{M_A L^2}{16EI} \tag{5.59}$$

考察固端弯矩 M_A,由式(5.55)得

当 $\lambda\to 0$ 时

$$\lim_{\gamma\to 0}\frac{\lambda-2\tanh\left(\frac{\lambda}{2}\right)}{\lambda[1-\lambda\tanh^{-1}(\lambda)]}=-\frac{1}{4},M_A=-\frac{1}{8}qL^2 \tag{5.60}$$

式(5.60)实际上为 A 端固结梁的固端弯矩公式。将式(5.60)代入式(5.59)得

$$f=\lim_{\lambda\to 0}y(0.5)=-\frac{5qL^4}{384EI}+\frac{qL^4}{128EI}=-\frac{qL^4}{192} \tag{5.61}$$

式(5.61)实际上为受均布荷载的 A 端固结梁的跨中挠度公式,它等于受均布荷载的简支梁的跨中挠度与固端 A 的弯矩引起的跨中挠度的叠加。

当 $\lambda\to\infty$ 时

$$\frac{\lambda-2\tanh\left(\frac{\lambda}{2}\right)}{\lambda[1-\lambda\tanh^{-1}(\lambda)]}\to 0 \tag{5.62}$$

$M_A\to 0$,跨中垂度为 $f\to-\frac{qL^2}{8H}$,这是抛物线跨中垂度公式。这说明当 λ 很大时,曲线形状恢复为抛物线。

(4)讨论

通过上面的推导表明:索或梁并不是绝对的,参数 λ 反映了索梁的相互关系;在弯曲刚度不变的情况下,随着 λ 的变化,构件可能由梁变为索,也可能由索变为梁。构件张力越大,λ 就

越大，该构件表现出索的特性就越明显；构件的张力减小，该构件就逐渐表现出梁的特性。

参数 $\lambda^2=HL^2/EI$，其中 HL^2 在许多文献上定义为重力刚度。λ 就为重力刚度与抗弯刚度比值的平方根。当以重力刚度为主时，该构件主要表现为索的特性，当以弯曲刚度为主时，该构件主要表现为梁的特性。由于重力刚度的影响而使得构件的梁索特性变化，这也是结构几何非线性分析应当考虑的因素，其中梁单元的稳定函数就是精确考虑单元索梁特性的反应。

从参数 λ 可以看出，不仅抗弯刚度 EI 很小时能够将构件视为索，当张力很大时也可能具有较强的索特性。对于大跨径悬索桥，在成桥阶段由于索夹、缠丝的影响事实上已对各钢丝的独立变形产生了约束，形成了整体的弯曲刚度，但是由于此时的张力很大，所以表现出来的仍然是索特性。

图 5.5 中示出了 3 条曲线，分别为随着参数 λ 的变化，支点不同边界约束条件考虑抗弯刚度计算的跨中垂度和不考虑抗弯刚度时的比值 $\zeta=f_i/f_0$。可以看出：λ 很小时，跨中的垂度实际上为梁的挠度；λ 很大时，跨中垂度向索的垂度逼近，ζ 逐渐趋近于 1；ζ 在 λ 为 0～10 以内变化很快，由梁的特性为主迅速表现为以索的特性为主。不考虑抗弯刚度的影响时跨中挠度最大，两端铰接时次之，一端固结、另一端铰接时再次之，两端固结时跨中挠度最小。

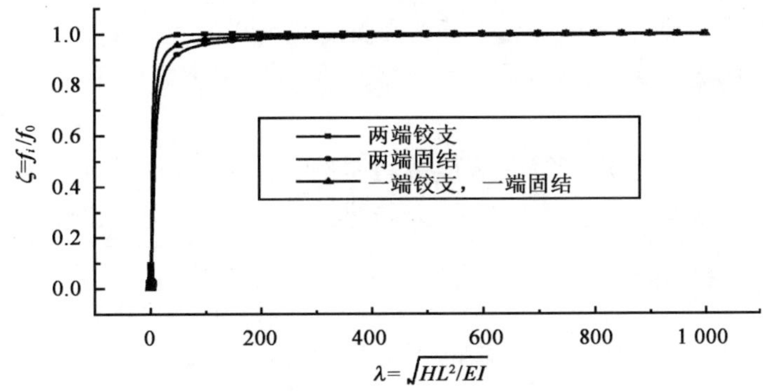

图 5.5　不同边界条件考虑抗弯刚度时跨中垂度随 λ 的变化

现在讨论几种跨度范围悬索桥的情况：

①跨度 500m 悬索桥，边跨跨度 200m，假定边跨不悬吊。

按一般的设计范围，可初步估算出成桥时主跨的 $\lambda=130\sim400$，边跨 $\lambda=50\sim160$。可见即使主缆截面的抗弯刚度等于相同直径的实心圆截面，中跨主缆的 $\lambda>100$，抗弯刚度的影响不明显；但是对于边跨，如果截面抗弯刚度比较大，λ 可能小于 100，主缆抗弯刚度可能对结构线形带来影响。

对于空缆状态，初步估算出主跨的 $\lambda=60\sim250$，边跨 $\lambda=25\sim100$。可见，此时需要考虑主缆抗弯刚度对架设线形的影响。

②跨度 1 000m 悬索桥，边跨跨度 350m，同样假定边跨不悬吊。

按一般的设计范围，可初步估算出成桥时主跨的 $\lambda=170\sim560$，边跨 $\lambda=70\sim230$。可见即使主缆截面的抗弯刚度等于相同直径的实心圆截面，中跨主缆的 $\lambda>100$，抗弯刚度的影响不明显；但是对于边跨，如果截面抗弯刚度比较大，λ 可能小于 100，主缆抗弯刚度可能对结构线形带来影响。

对于空缆状态，初步估算出主跨的 $\lambda=109\sim350$，边跨 $\lambda=40\sim140$。如果主缆的实际抗弯刚度比较小，如仅为同尺寸实心圆截面抗弯惯性矩的 1/10，则主缆抗弯刚度对主缆空缆线形基本没有影响，但如果比较大，空缆施工时应计及主缆丝股抗弯刚度的影响。

5.1.2 加劲桁架的非线性

桁架加劲梁悬索桥的非线性表现在以下几个方面。

(1)结构大位移效应。这是几何非线性中所应考虑的最基本的效应，其他几何非线性产生最根本的原因就是因为结构发生大位移。本项研究中采用拖动坐标法考虑大位移效应。

(2)外荷载的 $P\text{-}\Delta$ 效应。由于结构发生大位移，虽然自重荷载或者外荷载的大小和方向不发生变化，但有限元等效节点荷载却会发生变化。对于高耸结构桥塔，当处于竖直状态时，自重荷载将不会对结构产生弯矩，当桥塔倾斜时，自重荷载的 $P\text{-}\Delta$ 效应将产生弯曲等效节点荷载，从而加剧桥塔的弯曲，使弯矩增大，本研究中在每次迭代后均重新计算所有荷载的等效节点荷载。

(3)索的垂度效应。本研究中采用悬链线单元精确考虑索段的垂度。

(4)轴力—弯曲效应。这是梁单元内力之间相互影响的效应，本项研究采用解析方法，精确计算梁单元弯曲变形后的形状长度，并根据无应力长度不变原理计算梁单元真实伸长和轴力；由直接根据单元弯曲变形后的形状所推导的稳定函数计及轴力对弯矩的影响。

(5)杆索单元的应力刚化。本研究中通过单元无应力长度直接计算单元的内力，无论单元伸长量有多大，单元的无应力长度和质量均不变。在切线刚度矩阵中，为保证收敛迅速，考虑了几何刚度的影响。

(6)接触非线性。鞍座单元在每次迭代后均通过解析方法，精确确定单元的几何和内力状态；单向受力单元、间隙单元在每次迭代后都判断是否参与或者退出工作。

5.1.3 非线性计算的有效方法

对于几何非线性问题，目前广泛应用的求解方法有以下几种。

(1)增量求解法

将荷载项分为许多级，每级荷载对结构的位形改变很小，所以可以视每份荷载与位移增量之间的关系为线性关系，计算出每级荷载的位形改变量，并修正位形作为下一级荷载作用下计算位移增量的初始位形。通过逐步计算，使结构位形逐渐趋向于相应荷载下变形后的位形(图 5.6)。

(2)迭代求解法

迭代法求解是将整个等效总荷载一次性全部作用到结构上，取结构变形前的切线刚度矩阵计算出的线性解作为第一次近似解，用求出的位移修正结构的几何形态得到变形后的结构，再用此时的刚度矩阵和位移增量求出内力增量，并进一步求得内力向量。由于结构变形前后的结构刚度不同，产生了结点的不平衡荷载，将这些不平衡荷载作为结点荷载施加到各个结点上，以保持结点平衡，再计算出结构在不平衡荷载下的位移修正量，修正结构的几何形态，计算内力向量，如此反复迭代，计算出结构最终的变形与内力(图 5.7)。

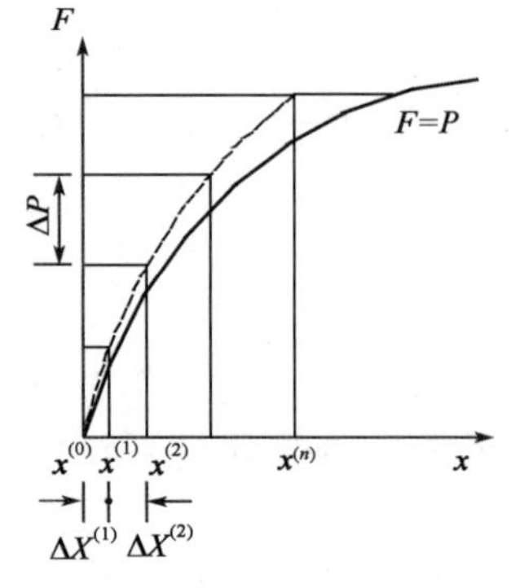

图 5.6 增量

(3)增量迭代求解法

在迭代法中，如果结构非线性太强或者外荷载太大，使得结构一次性位形改变过大，迭代就可能发散而使算法无法进行下去，因而有必要将荷载分级以增量的形式加载，在每级荷载内使用迭代法直到达到给定的精度，然后再进行下一级荷载的计算，这就是增量迭代混合法，如图 5.8 所示。与迭代法相比，用计算机实现时，增量迭代混合法并不增加太多的程式。

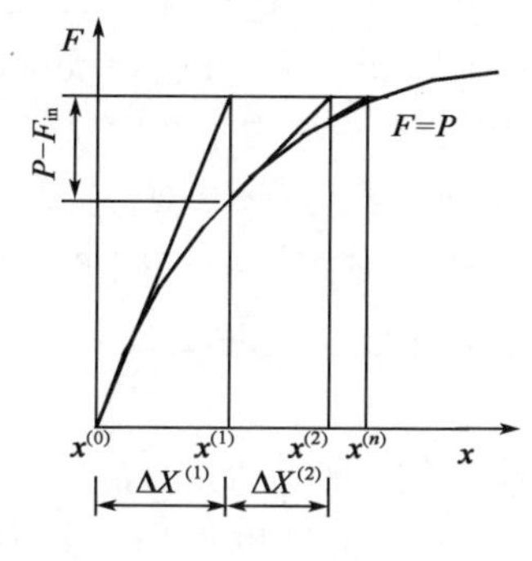

图 5.7 迭代

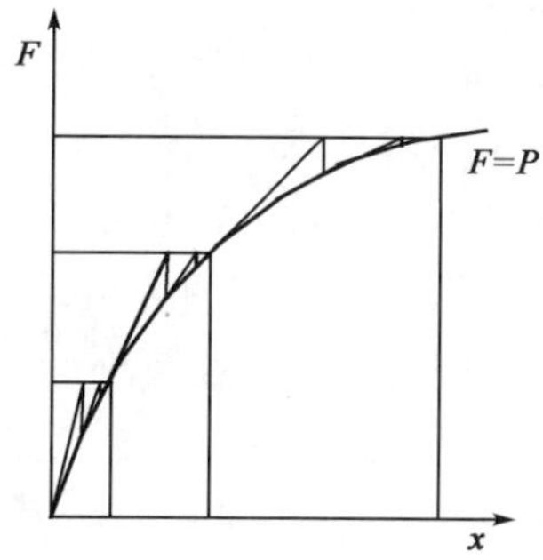

图 5.8 增量迭代混合法

3 种常用的非线性迭代计算过程如图 5.6～图 5.8 所示。

(4)几何非线性问题的精确求解法——改进的增量迭代法

由于几何非线性计算问题理论解具有唯一性，因此不管采用哪种迭代方法，都只是获取最终平衡状态的一种中间过程，结构从不平衡状态逐渐变成平衡状态可能并不会按所计算的中间过程进行，所以数值算法只是获得最终的平衡状态的一种手段。

仔细分析上述 3 种迭代方法可以发现，切线刚度矩阵对计算结果的精度有着重要的影响，KT 越是精确、非线性位移高阶项考虑得越多，求解精度就越高。因此从非线性问题提出以来，人们一直瞄准切线刚度矩阵[KT]的推导，从而导致了非常复杂而庞大的切线刚度矩阵。由于要获得精确的切线刚度矩阵是不容易的，许多学者投入了大量的时间加以研究。但是另一方面，如果能对迭代法进行改进，使计算结果的精度不依赖切线刚度矩阵，那样就可以不必追求切线刚度矩阵的精确性。

研究提出的改进迭代计算方法最根本的一点在于：计算内力矢量时，使用割线刚度矩阵 $\boldsymbol{K}_s$ 和总位移进行计算，避开使用切线刚度矩阵和误差积累，从而提高求解精度。如果更进一步，增量法也好，全量法也好，其目的不外乎是为了获得精确的内力矢量，因此关键的问题是求得最终内力状态的算法。我们知道，很多非线性问题事实上难于用有限元的刚度矩阵和位移来精确表达内力，因此在推导有限单元时遇到了巨大的困难，相反这些问题有限单元的解析解则容易获得(如悬链线单元，用有限元的方法获得切线刚度矩阵和割线刚度矩阵往往是困难的，但其解析解的表达式非常精确简单)。采用改进的迭代法，显然能够直接利用解析解来获得结构内力与变形关系的表达式，即是说能够精确地计算结构的最终状态的内力。

5.1.4 桥梁杆系结构非线性有限元模型

1)计算模型的主要单元

交通运输量的增大及建桥技术的进步，使现代桥梁的桥面宽度和跨度一般较大，对这类宽桥，由于空间效果明显，过去常用的平面分析法将带来较大的误差，只有空间分析法才能较精确地反映荷载作用下的内力分布,同时也能较精确地计算出结构的耦合效应。对于坝陵河大桥的施工过程,由于是采用桁片吊装施工,其计算过程必然是空间的,因此必须发展非线性的空间分析程序。

有限元技术为桥梁结构分析提供了一种有效而实用的分析工具,计算机技术的飞速发展使结构空间分析成为可能。然而,对某些桥梁结构(比如格构式桁架加劲梁)可能导致难以想象的计算量。为了获得理想的结果,在有限元建模和数值方法选用时,对于结构主要力学特性的模拟需要考虑研究人员和计算设备合理的工作能力及费用。判断某种桥梁数学模型合适与否是非常不容易的。精度要求必须与分析的困难性权衡。对于同一座桥应使用几种不同的模型进行模拟。比如,在作静力分析时使用非常细致的模型,而在分析风荷载反应时则使用相对简单的模型。

对于桁架梁桥,用空间杆系模型进行模拟无疑是非常精确的。对于大跨径正交异性板钢箱梁桥,如果将加劲梁的桥面板、腹板、底板、加劲肋和横隔板等各板件按板壳单元模拟,将主缆、吊索、桥塔用杆系模拟,甚至于将桥塔用实体单元模拟,建立这样一个离散模型,凭借现在的计算机技术进行全桥仿真分析仍然是很困难的,对于上千米的大跨径悬索桥,采用这种方式模拟计算在微机上几乎是不可能的。实践表明:将桥梁结构离散为空间杆系模型进行整体静动力分析(整体分析模型),再对某些重要局部结构用板壳单元和实体单元(局部应力分析模型)进行局部应力分析,这样将会得到精度非常高的结果,完全可以满足结构设计的需要。对于局部应力分析模型,现有通用程序 SAP、ANSYS 和 ANSTRAN 提供了非常完善的板壳单元和实体单元模型分析功能,在此不加讨论。对结构进行整体静动力分析时,通常将结构离散为索单元、杆单元和梁单元组成的杆系结构,这种模型在通用程序中往往无法考虑施工方法对恒载内力的影响、混凝土收缩徐变效应的影响、预应力效应的影响、影响线计算和加载等,所以一般在专用程序分析中进行。

借助于下列有限单元可以方便地将桥梁离散为空间杆系模型。

(1)杆(索)单元,有 2 个节点,每节点有 3 个平动自由度。索单元只能承受拉力;杆单元既能承受拉力,又能承受压力,用于大缆和吊杆(索)等的模拟。如图 5.9 所示,其节点位移矢量为:

$$\{\delta^e\} = \{U_{i1}, U_{i2}, U_{i3}, U_{j1}, U_{j2}, U_{j3}\}^T$$

(2)空间梁单元,用于加劲梁及桥塔等的模拟。该单元有 2 个节点,每节点有 3 个平动自由度和 3 个转动自由度,如图 5.10 所示,其节点位移矢量为:

$$\{\delta^e\} = \{U_{i1}, U_{i2}, U_{i3}, \theta_{i1}, \theta_{i2}, \theta_{i3}, U_{j1}, U_{j2}, U_{j3}, \theta_{j1}, \theta_{j2}, \theta_{j3}\}^T$$

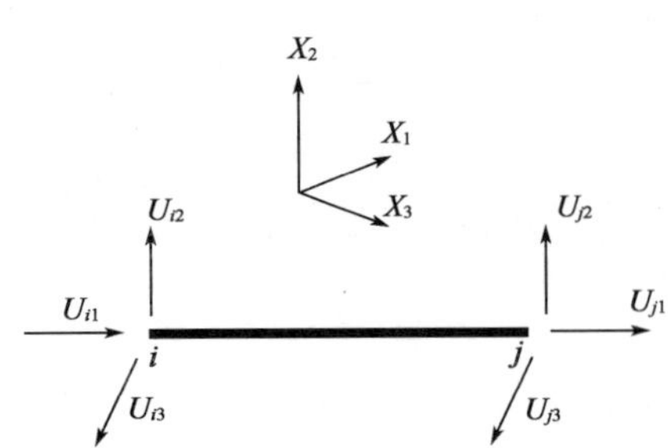

图 5.9 空间杆单元及节点位移

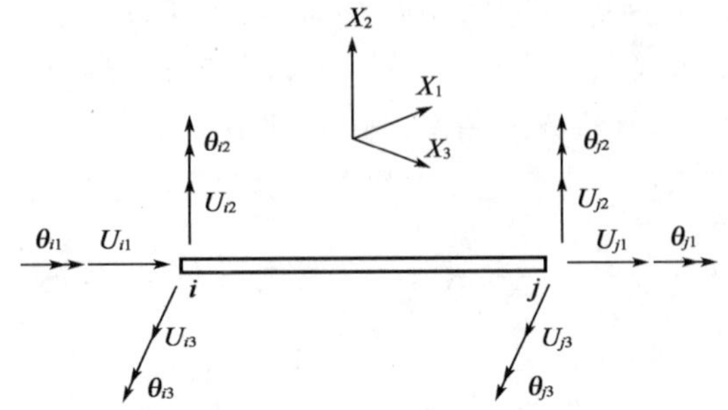

图 5.10 空间梁单元及节点位移

2)计算模型的主要单元

在上面的研究中,我们建立了改进的增量迭代法,这种方法的计算精度与切线刚度矩阵无关,而是与$\{P^{(m)}\}$和$\{F_{\text{in}}^{(m)}\}$的计算精度有关,并且指出在计算内力矢量时,并不一定局限于使用割线刚度矩阵。以下将介绍结构的内力向量$\{F_{\text{in}}^{(m)}\}$的精确计算。

结构内力向量$\{F_{\text{in}}^{(m)}\}$为各单元内力向量变换到整体坐标系并加以组集而得到,所以要保证$\{F_{\text{in}}^{(m)}\}$的精度,就必须精确计算各单元的内力。在结构大位移问题的计算中,节点的位移将引起每个单元的运动,设第 m 次迭代时结构的节点位移矢量为$\{\delta^{(m)}\}$,单元的节点位移矢量为$\{\delta^{(m)}\}^e$,这个运动可以分为以下两部分:

①单元的刚体运动,包括平动与转动;

②单元的自身的变形。

以上两部分运动中,真正能在单元两端产生杆端内力的为第二部分。易于理解,要精确计算结构的单元内力,就必须精确地扣除单元的第一部分位移。

(1)空间杆单元的内力计算

杆单元只能承受轴力,只能在单元的节点承受荷载,两端不传递弯矩。设总体坐标系中杆单元的初始状态及任意状态如图5.11所示。单元两端点初始状态坐标矢量分别为$\vec{X}_i$、$\vec{X}_j$,在荷载作用下两端的节点位移矢量分别为$\vec{\delta}_i$、$\vec{\delta}_j$,则单元的初始长度为

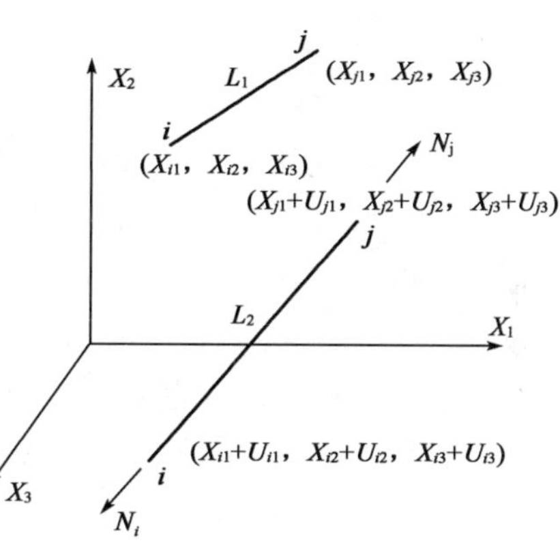

图5.11　杆单元状态

$$L_1 = \| \vec{X}_j - \vec{X}_i \| \tag{5.63}$$

单元变形后的长度为

$$L_2 = \| \vec{X}_j + \vec{\delta}_j - \vec{X}_i + \vec{\delta}_i \| \tag{5.64}$$

单元的内力增量为

$$N_j = N_i = \frac{EA}{S_0}(L_2 - L_1) \tag{5.65}$$

在这里没有采用杆单元的割线刚度矩阵和位移计算单元内力,而是运用了解析法直接进行计算,精确地扣除了单元的刚体运动。

(2)空间索单元的内力计算

索结构因为具有良好的性能而在桥梁结构中得到广泛运用,如斜拉桥的斜拉索、拱桥的施工吊装系统、悬索桥的主缆及施工猫道等,因此其力学特性的研究是非常重要的,目前有大量的学者投入研究,取得了丰硕的成果。索单元是一种几何非线性非常强烈的单元,刚度随着索单元的状态变化而迅速变化,在通用软件 ANSYS 中这类单元的非线性称为应力刚化。索结构计算可采用多种解析方法:分段直线法、分段抛物线法和分段悬链线法。在有限元法中,与解析法对应,同样有直杆单元、抛物线单元和其他曲线单元可以模拟索单元。

对于小垂度悬索,自重引起的内力在整个索张力中所占的成分很少,力学性能近似于直杆,可用直杆单元进行近似模拟计算。对于索单元垂度的考虑,已成熟的方法为将索单元仍作为杆单元进行计算,但将索单元垂度效应的影响用 Ernst 公式折减弹性模量的方法加以近似考虑。推导 Ernst 公式时是假定索在自重下呈抛物线,因此简单考虑了缆索的形状。这种方

法简单，程序编制时不用增加新的单元。Ernst 公式的等效切线模量为

$$E_{\mathrm{eq}}=\frac{E}{1+\frac{(\gamma L_{\mathrm{h}})^{2}A^{3}E}{12N^{3}}} \tag{5.66}$$

式中：N——索张力；

L_{h}——索水平投影长度；

γ——索的质量密度。

等效割线弹性模量为

$$E_{\mathrm{eq}}=\frac{E_{0}}{1+\frac{(\gamma L)^{2}A^{3}(N_{0}+N)E_{0}}{12N_{0}^{2}N^{2}}} \tag{5.67}$$

式中：N_0——索单元的初始张力。

现在研究得比较多的是多节点索单元，这种单元除端节点外，还有一个或以上的中间节点，用来模拟索的形状，通过多项式或拉格朗日插值函数，利用能量原理和单元节点位移协调条件建立单元刚度矩阵进行求解。这种方法理论上比直杆法或等效模量法精度高，但程序编制复杂，有时对单元刚度矩阵还得通过数值积分进行求解。

无论直杆单元、等效弹性模量法，还是多节点曲线单元，基于单元形状的考虑仍然是一种近似的单元。随着桥梁结构分析的更加精细化和适应任意结构的分析，有必要精确考虑索的实际形状和索所承担结构的自重。因此本项研究中建立一种比较简单而又能精确模拟索力学特性的单元——空间悬链线单元。事实上对于悬链线单元的刚度矩阵研究开始很早，但由于刚度矩阵复杂，迭代时收敛缓慢，处理特殊情况如垂直吊索、空间索、空间荷载等非常困难，并且计算单元的内力时运用了切线刚度矩阵，计算的结果仍是近似的，所以在工程实践中没有得到运用。本项研究中运用前面介绍的解析法直接计算单元的内力，解决了上述困难，得到的结果在理论上是精确的。

(3)空间梁单元的内力计算

空间梁单元计算状态的变形形状如图 5.12 所示，其中 $OX_1X_2X_3$ 为单元的局部坐标系（x_1 轴为单元两个节点的连线），θ_{iy}、θ_{jy} 为单元 i 端和 j 端绕 X_2 轴的转角变形（弦线与切线的

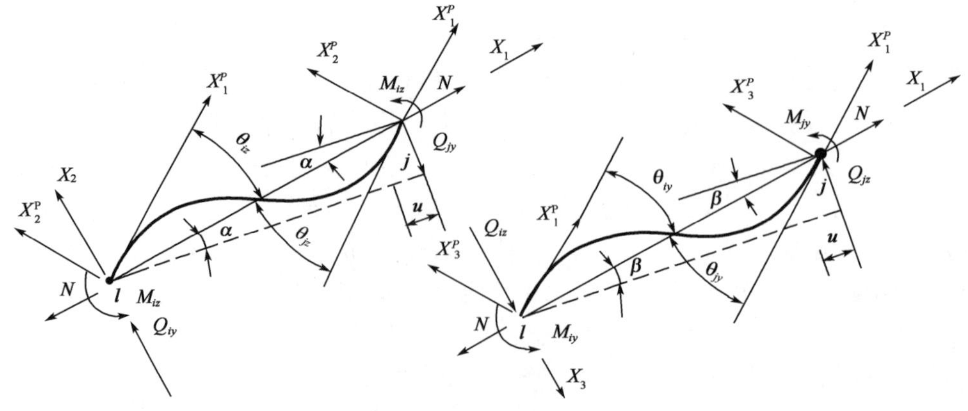

图 5.12 空间梁单元局部坐标系下的变形形状

夹角)；θ_{iz}^{s}、θ_{jz}^{s} 为 i 端和 j 端绕 X_3 轴的转角变形(弦线与切线的夹角)，M_{iy}、M_{jy} 为单元 i 端和 j 端绕 X_2 轴的弯矩；M_{iz}、M_{iy} 与 M_{jz}、M_{jy} 为单元 i 端和 j 端的扭矩；N 为单元的轴力。可以看出：θ_{iz}、θ_{iy}、θ_{jz}、θ_{jy} 都已精确扣除了单元的刚体运动，为单元的变形。根据单元变形后的形状可以直接推导出单元的变形弧长和内力计算公式。

①变形后的弧长计算。

根据图 5.12 得单元的弧长微分关系如下

$$ds^2 = dx^2 + dy^2 + dz^2 \text{ 或} \left(\frac{ds}{dx}\right)^2 = 1 + \left(\frac{dy}{dx}\right)^2 + \left(\frac{dz}{dx}\right)^2 \tag{5.68}$$

忽略式(5.68)的高次项，则单元的弧长与弦长之差为

$$\frac{d\delta}{dx} = \frac{1}{2}\left[\left(\frac{dy}{dx}\right)^2 + \left(\frac{dz}{dx}\right)^2\right] \tag{5.69}$$

即由于弯曲导致的弧长与弦长之差 δ_b 为

$$\delta_b = \frac{1}{2}\int_0^L \left[\left(\frac{dy}{dx}\right)^2 + \left(\frac{dz}{dx}\right)^2\right]dx \tag{5.70}$$

式中：L——单元两个节点之间的弦长。

如果单元发生弯曲，则 δ_b 始终为正，即单元的弧长始终大于弦长。令

$$H_y = \frac{1}{2}\int_0^L \left(\frac{dy}{dx}\right)^2 dx, H_z = \frac{1}{2}\int_0^L \left(\frac{dz}{dx}\right)^2 dx \tag{5.71}$$

现推导 X_1OX_2 平面的情况。如图 5.12 所示，曲率$\frac{d^2y}{dx^2}$为

$$\frac{d^2y}{dx^2} = \frac{1}{EI_z}\left[-M_{iz} + \frac{x}{L}(M_{iz} + M_{jz}) + N_y\right] \tag{5.72}$$

根据轴力 N 的不同情况可以求解微分方程式(5.72)。

a. $N<0$(压力)。

令参数 $\gamma^2 = -\frac{N}{EI_z}$，求解微分方程式(5.72)得

$$y = \frac{M_{iz}}{N} - \frac{x}{NL}(M_{iz} + M_{jz}) + C_1\sin\gamma x + C_2\cos\gamma x \tag{5.73}$$

将边界条件 $x=0$ 和 $x=L$ 时 $y=0$ 代入式(5.73)得

$$C_2 = -\frac{M_{iz}}{N}, C_1 = \frac{1}{N\sin\gamma L}(M_{jz} + M_{iz}\cos\gamma L) \tag{5.74}$$

将 C_1、C_2 代入(5.73)并对 x 求导得

$$\frac{dy}{dx} = -\frac{1}{NL}(M_{iz} + M_{jz}) + C_1\gamma\cos\gamma x - C_2\gamma\sin\gamma x \tag{5.75}$$

将式(5.75)代入式(5.71)并求得

$$A_1 = \gamma L(\cot\gamma L + \gamma L\csc^2\gamma L)(M_{iz}^2 + M_{jz}^2), A_2 = -2(M_{iz} + M_{jz})^2$$

$$A_3 = 2\gamma L\csc\gamma L(1 + \gamma L\cot\gamma L)M_{iz}M_{jz}, H_y = \frac{1}{2N^2L}[A_1 + A_2 + A_3] \tag{5.76}$$

$$H_y = \frac{(\gamma L)^2}{4N^2L}\{[(\gamma L)^2s^2 + 2s - c](M_{iz} - M_{jz})^2 + 2M_{iz}M_{jz}[(\gamma L)^2(s^2 - sc) + 4s - 2c]\}$$

$$H_y = \frac{L^3}{4(EI)^2}\left\{\left[s^2 + \frac{2s-c}{(\gamma L)^2}\right](M_{iz} - M_{jz})^2 + 2M_{iz}M_{jz}\left[(s^2 - sc) + \frac{4s-2c}{(\gamma L)^2}\right]\right\}$$

b. $N>0$(张力)。

令参数 $\gamma^2 = \frac{N}{EI_z}$,求解微分方程式(5.72)得

$$y = \frac{M_{zi}}{N} - \frac{x}{NL}(M_{iz} + M_{jz}) + C_1 \sinh \gamma x + C_2 \cosh \gamma x \tag{5.77}$$

将边界条件 $x=0$ 和 $x=L$ 时 $y=0$ 代入式(5.77)得

$$C_2 = -\frac{M_{iz}}{N}, C_1 = \frac{1}{N\sinh \gamma L}(M_{jz} + M_{iz}\cosh \gamma L) \tag{5.78}$$

将 C_1、C_2 代入式(5.77)并对 x 求导得

$$\frac{\mathrm{d}y}{\mathrm{d}x} = -\frac{1}{NL}(M_{iz} + M_{jz}) + C_1 \gamma \cosh \gamma x + C_2 \gamma \sinh \gamma x \tag{5.79}$$

将式(5.79)代入式(5.71)并求得

$$A_1 = \gamma L(\coth \gamma L + \gamma L \,\mathrm{csch}^2 \gamma L)(M_{iz}^2 + M_{jz}^2), A_2 = -2(M_{iz} + M_{jz})^2$$

$$A_3 = 2\gamma L \,\mathrm{csch}\, \gamma L(1 + \gamma L \coth \gamma L)M_{iz}M_{jz}, H_y = \frac{1}{2N^2 L}[A_1 + A_2 + A_3] \tag{5.80}$$

$$H_y = \frac{(\gamma L)^2}{4N^2 L}\{[(\gamma L)^2 s^2 - 2s + c](M_{iz} - M_{jz})^2 + 2M_{iz}M_{jz}[(\gamma L)^2(s^2 - sc) - 4s + 2c]\}$$

$$H_y = \frac{L^3}{4(EI)^2}\left\{\left[s^2 - \frac{2s-c}{(\gamma L)^2}\right](M_{iz} - M_{jz})^2 + 2M_{iz}M_{jz}\left[(s^2 - sc) - \frac{4s-2c}{(\gamma L)^2}\right]\right\}$$

c. $N=0$。

当 $N=0$ 时,可以推得

$$y = \frac{1}{EI_z}\left[-\frac{x^2}{2}M_{iz} + \frac{x^3}{6L}(M_{iz} + M_{jz}) + C_1 x + C_2\right] \tag{5.81}$$

将边界条件 $x=0$ 和 $x=L$ 时 $y=0$ 代入式(5.80)得

$$C_1 = \frac{L}{3}M_{iz} - \frac{1}{6}M_{jz}, C_2 = 0 \tag{5.82}$$

将 C_1、C_2 代入式(5.80)并对 x 求导得

$$\frac{\mathrm{d}y}{\mathrm{d}x} = \frac{1}{EI_z}\left[-M_{iz}x + \frac{x^2}{2L}(M_{iz} + M_{jz}) + \frac{L}{3}M_{iz} - \frac{1}{6}M_{jz}\right] \tag{5.83}$$

将(5.81)代入式(5.71),则得

$$H_y = \frac{L^3}{90(EI_z)^2}\left[(M_{iz} - M_{jz})^2 + \frac{1}{4}M_{iz}M_{jz}\right] \tag{5.84}$$

式(5.84)也可以用式(5.76)或式(5.80),令 $N \to 0$ 求极限得到,所以当 N 为任意值时,由式(5.76)、式(5.80)和式(5.84)所组成的公式计算 H_y 都是连续的。

按照上述方法同样可以求得 H_z,这样梁单元变形后的弧长度为

$$S = L + H_y + H_z \tag{5.85}$$

式中:L——梁单元的弦长。

②轴力计算。

在求得单元的长度后,可按下式求得单元的轴力

$$N_i = -N_j = \frac{EA}{S_0}(S - S_0) \tag{5.86}$$

式中：S_0——单元的无应力弧长。

③弯矩计算。

在 S_1OX_2 平面的弯矩计算如下

$$M_{iz} = s_2 \frac{4EI_z}{S_0}\theta_{zi} + s_3 \frac{2EI_z}{S_0}\theta_{jz}, M_{jz} = s_2 \frac{2EI_z}{S_0}\theta_{iz} + s_3 \frac{4EI_z}{S_0}\theta_{jz} \tag{5.87}$$

在 X_1OX_3 平面的弯矩计算如下

$$M_{iy} = s_4 \frac{4EI_y}{S_0}\theta_{iy} + s_5 \frac{2EI_y}{S_0}\theta_{jy}, M_{jy} = s_4 \frac{2EI_y}{S_0}\theta_{iy} + s_5 \frac{4EI_y}{S_0}\theta_{jy} \tag{5.88}$$

式(5.87)和式(5.88)中 S_0 为单元的无应力弧长；$s_2 \sim s_5$ 是稳定函数，为考虑轴力对弯曲刚度的影响系数，文献推导了稳定函数的计算公式，现直接给出如下。

令参数

$$\alpha = \sqrt{\frac{|N|}{EI_z}}S_0, \beta = \sqrt{\frac{|N|}{EI_y}}S_0 \tag{5.89}$$

a. 如果 $N>0$（拉力），稳定函数如下。

$$s_2 = \frac{1}{4}\frac{\alpha(\alpha\cosh\alpha - \sinh\alpha)}{2(1-\cosh\alpha)+\alpha\sinh\alpha}, s_3 = \frac{1}{2}\frac{\alpha(\sinh\alpha - \alpha)}{2(1-\cosh\alpha)+\alpha\sinh\alpha},$$

$$s_4 = \frac{1}{4}\frac{\beta(\beta\cosh\beta - \sinh\beta)}{2(1-\cosh\beta)+\beta\sinh\beta}, s_5 = \frac{1}{2}\frac{\beta(\sinh\beta - \beta)}{2(1-\cosh\beta)+\beta\sinh\beta} \tag{5.90}$$

b. 如果 $N<0$（压力），稳定函数如下。

$$s_2 = \frac{1}{4}\frac{\alpha(\sin\alpha - \alpha\cos\alpha)}{2(1-\cos\alpha)+\alpha\sin\alpha}, s_3 = \frac{1}{2}\frac{\alpha(\alpha - \sin\alpha)}{2(1-\cos\alpha)-\alpha\sin\alpha}$$

$$s_4 = \frac{1}{4}\frac{\beta(\beta\sin\beta - \beta\cos\beta)}{2(1-\cos\beta)-\beta\sin\beta}, s_5 = \frac{1}{2}\frac{\beta(\beta - \sin\beta)}{2(1-\cos\beta)+\beta\sin\beta} \tag{5.91}$$

c. 如果 $N=0$，稳定函数可以根据式(5.90)或式(5.91)，令 $N\to 0$ 求极限得到。

$$s_2 = s_3 = s_4 = s_5 = 1 \tag{5.92}$$

④转矩计算。

$$M_{xi} = -M_{xj} = \frac{GJ}{S_0}(\theta_{xj} - \theta_{xi}) \tag{5.93}$$

式中：S_0——单元的无应力弧长；

GJ——扭转刚度。

3）计算程序

根据上述分析过程编制可用于坝陵河大桥施工监控计算分析的程序，程序包括以下几方面的功能。

（1）主缆线形监控计算程序

主缆线形监控计算程序的计算模块采用解析表达式，用数值迭代法进行计算。主缆自重（包括缠丝及防护）按沿弧长的均布荷载处理，由吊索传递的荷载及施工临时荷载都按集中荷载处理，荷载模式与实际情况较为一致。集中荷载间的缆索曲线为悬链线，其索长用解析式计算，考虑了索截面变化对曲线形状的影响。两锚固点间的主缆，根据力的平衡条件和变形相容条件确定各部分的索力和曲线形状。所有的计算结果在理论上都是精确解。

计算程序适用于任意跨数的悬索桥，也可用于其他桥型的施工吊装系统的计算。主要计算功能如下。

①成桥主缆理想构形计算。

成桥主缆理想构形计算包括成桥状态各跨主缆索力的水平分量、竖向分量和桥塔的竖向反力；实际荷载下主缆曲线的真实线形；精确考虑索鞍内曲线线形后实际主缆的形状长度、无应力长度及伸长量；成桥状态索鞍与主缆的精确相对位置（切点、切线角等）；吊索的理论形状长度及无应力长度。

②空缆线形及理论预偏量计算。

空缆线形及理论预偏量计算包括标准温度下空缆线形；索夹的安装的理论位置；索鞍预偏量。

③丝股无应力下料长度计算。

丝股无应力下料长度计算包括各索鞍鞍槽内主缆丝股的无应力下料长度；各标记点间各主缆丝股的无应力下料长度；各根丝股的主缆无应力下料总长度；吊索丝股的无应力下料长度。

④施工监控过程计算。

施工监控过程计算包括塔与各鞍座变形对主缆线形影响的计算；温度对线形影响的计算；线形调整计算；索夹安装参数计算。

（2）加劲梁安装过程监控计算程序

该程序采用非线性有线元理论，以改进的增量迭代法为非线性迭代格式，以不平衡力和相对位移误差的无限范数作为迭代收敛检查准则，考虑空间单元的大位移、大转动影响，采用高精度的方法计算单元的内力及变形。软件按施工步骤自动形成各阶段的计算图式，适用于任何桥梁结构的计算，尤其是缆索承重桥梁——悬索桥、斜拉桥、悬吊斜拉混合协作体系的计算具有明显的优势。

软件能够考虑的几何非线性包括结构大位移效应、载荷非线性与 P-Δ 效应、索的垂度效应、梁的轴力—弯曲效应、杆索单元的应力刚化和接触非线性。

（3）软件主要功能

①按施工步骤形成各阶段的计算图式，计算所在阶段及以前所有发生的荷载下的变形、内力、应力；并计算与上一阶段的变形、内力、应力之差作为阶段的变形增量、内力增量、应力增量，以应用于施工控制。这种计算方法可很好地考虑结构几何非线性。可考虑的荷载包括结构自重、斜拉索的张拉、任意方向的集中力、任意方向的梯形分布荷载（可模拟均布荷载、三角形荷载）、支座沉降与节点强迫位移、单元或支座脱离工作的脱离力、拆除单元或者支座的拆除力和体系均匀温度变化与非均匀温度变化。

②计算使用阶段各种指定荷载，如风载、温度变化、支座沉降等作用下的内力、变形及应力。

③进行荷载组合，可将施工最后阶段结构的内力与应力、使用阶段指定荷载下的内力与应力、活载的最不利内力与应力以自定义系数的形式加以组合。

④可将各阶段的内力、位移、应力和荷载组合后的内力、应力直接生成 AutoCad 的 DWG

格式图形文件，便于计算报告的生成。

5.2　钢桁加劲梁施工监控技术

5.2.1　钢桁加劲梁施工监控的原则与内容

1)坝陵河大桥的结构特点

坝陵河大桥具有以下特点，施工控制应针对这些特点加以重点的考虑和研究。

(1)国内最大跨径的钢桁加劲梁悬索桥

坝陵河大桥为国内最大跨径的钢桁加劲梁悬索桥。国内已经建成的扁平钢箱加劲梁悬索桥的跨度已达到1 650m，在设计、施工及监控方面积累了丰富的经验，但已经建成的钢桁架加劲梁悬索桥跨度只有636m，且采用缆索吊吊装施工，先上弦完全铰接，二期等代恒载堆上去后，再进行刚结，桁高仅为3.5m。坝陵河特大桥作为国内首座跨度超过千米的钢桁加劲梁悬索桥，工程规模较大、建设条件复杂、技术难度大、项目创新点较多，其架设方案和施工控制技术的研究是大桥成功修建的关键。

(2)国内首次采用桥面吊机安装加劲梁的施工新工艺

坝陵河特大桥是国内首次采用桥面吊机吊装加劲梁的悬索桥。与斜拉桥不同，悬索桥在施工过程中极具柔性，应对桥面行走式吊机和运梁平车对结构的影响进行研究和进行现场监测。由于施工过程中结构杆件的应力变化比较快，结构构件的设计往往是施工内力控制，保证施工过程中结构杆件的强度和结构整体稳定性满足要求是施工监控的重点。由于运梁平车在已安装的梁上行走，在施工过程中应考虑运梁过程对结构的影响。

(3)国内首次采用刚铰混合法进行加劲梁安装施工的悬索桥

为避免完全刚接悬臂架设桁架加劲梁造成结构中已安装杆件内力过大的问题，本桥施工中采用了在适当位置设置上弦铰的施工方案。这是国内首次采用刚、铰混合法进行加劲梁安装施工的悬索桥。刚接法和刚、铰混合法施工的悬索桥的加劲梁往往具有较大的一期恒载内力，特别是在施工阶段，加劲梁的应力及位移有可能超限，应对加劲梁的设铰位置、设铰方式及施工过程作详细的仿真分析和现场监控，防止施工过程中出现结构位移和应力过大现象。

(4)加劲梁的制造线形确定非常重要

加劲梁的线形包括整体预拱度和局部节点间的角度关系。相邻制造单元间的转角关系和整体预拱度在各构件制造后就基本固定下来，在现场拼接及安装时能调整的量非常小，如果制造线形不准确，则可能带来两个问题：现场拼接及安装困难；梁段需要采用强制内力进行连接，使构件承担设计时没有计及的内力。因此施工监控应介入加劲梁的制造线形的确定。

(5)采用正交异性桥面板

坝陵河大桥采用正交异性钢桥面板，桥面板与桁梁以盆式橡胶支座相连，架梁时铺设部分正交异性钢桥面板。虽然设计时不考虑正交异性板参与结构整体受力，但根据过去在其他桁架式加劲梁悬索桥的施工监控和成桥静动力试验的经验，由于支座摩擦和多个支座间的协调难以一致，正交异性钢桥面板在施工过程中及后期使用阶段可能会参与结构整体作用，从而造成加劲梁形心整体上移，增大下弦杆的内力。施工监控中应针对这一问题布置应力应变测点，对正交异性钢桥面板的应力、应变进行监测。

(6)强烈的几何非线性

悬索桥由于在加劲梁架设过程中具有强烈的几何非线性，结构的变形和应力状态变化很大，温度、风、施工和制造误差等对线形影响非常敏感，仅从静力方面而论，为了使其按照设计目的在成桥后达到预定的线形和应力状态，必须对每一个架设阶段的变形和应力进行严密的分析，求出各阶段的形状控制高程和加劲梁中的内力以及对恒载、风载和其他外力的抵抗能力。虽然对一般其他形式的桥梁也都存在类似的问题，然而由于悬索桥具有以下显著的特点，其架设过程的计算更为重要且难度更大。

①变形前的初始内力对变形的影响不能忽略。

②结构包含柔性的缆索因而荷载作用下变形很大，属于大位移问题。

③各架设阶段的变形及应力状态与成桥后的状态紧密相关。

④伴随施工的进展，结构的形状明显改变，且架设过程的工况数多。

⑤结构是柔性的索与刚性大的加劲梁及塔的集合体，因而计算中易于产生计算误差。

⑥大位移问题的迭代计算中存在其解的收敛性与稳定性问题。

⑦施工监控过程中应考虑结构杆件和结构整体稳定性问题。

坝陵河大桥的施工监控方案应针对以上特点进行制订。

2)坝陵河大桥的施工监控计算原则

由于悬索桥各构件一旦被架设，其误差就不可能实施大的调整，为了使最终成桥状态与设计目标状态接近，就只能调整在该构件后面施工的构件的参数。因此，在收集已经安装构件的施工误差和后续待施工构件的设计参数的基础上进行监控计算是悬索桥监控最重要的手段。监控计算的作用是：校核设计参数，提供施工各阶段理想状态线形及内力数据，对比分析施工各阶段的实测值与理论值，对结构参数进行识别与调整，对成桥状态进行预测、反馈，提供必要的控制数据。

(1)设计复核、确定监控目标状态

设计单位着重于桥梁的成桥状态设计，从结构施工到最终的成桥状态的跟踪计算与误差调整主要由监控单位来完成。监控单位在接手设计图纸之后，必须对设计图纸进行必要的复核，目的是深入理解设计图纸，领会设计单位的意图，收集设计单位的设计参数；在与设计单位的计算参数协调一致的情况下独立地进行计算分析，与设计单位的结果进行比较，确定两者的目标状态是否一致。监控的最终目标是设计的成桥状态，如果监控目标与成桥目标状态不一致，那么监控是偏离方向的。对于悬索桥，监控复核内容如下。

①理论成桥状态复核。包括：各构件的质量计算；吊索张力计算；主缆丝股无应力长度计算；吊索无应力长度计算；主缆成桥线形计算；成桥状态各索鞍在桥塔上的相对位置计算。

②理论空缆线形复核。包括：理论空缆线形计算；理论预偏量计算；理论锚跨张力计算。

(2)上部结构施工过程理论仿真分析

以设计复核中建立的原始数据为基础，初步建立上部结构施工过程计算机仿真分析系统，对结构进行倒拆、正装计算，模拟施工过程的各临时连接、临时荷载，分析结构在理论施工状态(施工误差为0)下各阶段的施工参数，预测结构在各个阶段的形状。

(3)加劲梁理论制造线形的确定

以成桥状态为目标,计算确定加劲梁的理论制造线形,即确定预拼的线形。

(4)桥塔施工状态计算与控制指标计算

对于横桥向具有斜坡的桥塔,施工浇筑阶段与成桥状态相比,在横桥向必然存在着位置差,所以在施工时必须设置预偏量,以保证在成桥阶段塔顶的巨大压力下,塔柱能够达到设计斜坡状态。

对桥塔建立更详细的实体分析模型,计算桥塔的抗推刚度、预留恒载压缩量和允许纵向位移、允许扭转变形。确定后期施工时桥塔的安全指标。

(5)上部结构施工前施工监控数据的准备

设计图纸上给出的参数与实际采用材料的往往有差别,如丝股弹性模量和实际面积、钢梁面积和质量、桥塔位置与高程、材料热胀系数等,监控单位在前述设计参数与理论分析的基础上,向设计、施工(加工)、监理等单位收集有关计算的实际参数,引入施工和制造误差并反馈给计算机施工控制仿真分析系统,对分析模型进行修正,以便于模型更加符合实际。

(6)上部结构施工前的参数识别

①独塔状态桥塔位置及高程的确定。

根据桥塔几何测量结果和高程日照变化曲线确定独塔状态各控制点在设计温度下的位置与高程。

②塔、锚成桥状态位置及高程的确定。

根据独塔在设计温度下的位置与高程、塔结构混凝土收缩、徐变资料及塔底沉降资料预测桥塔成桥后的高程。

③主缆影响参数及误差分析。

考虑恒载重量误差、主缆的弹性模量误差、面积误差、制作长度误差等因素对主缆进行影响参数分析和误差分析,验算主缆锚固拉杆可调节长度是否足够。

(7)索鞍预偏量计算

根据前述理论数据,桥塔、锚碇的位置和高程施工误差数据(在猫道架设前这些数据应该详细测设,并作标记点),主缆丝股面积与弹模误差数据,桥塔预高量(恒载弹性压缩、收缩徐变量),丝股预抬高量(考虑恒载误差、主缆丝股的非弹性变形)计算各索鞍预偏量。

(8)丝股架设线形计算

根据实际的参数计算主缆架设时中心丝股的线形;计算主缆各根丝股架设线形相对于主缆中心的位置差和高程差,计算各种温度、跨度变化情况下的位置差和高程差修正系数,利用主缆中心位置的架设线形、各丝股相对于主缆中心的位置差和高程差、温度和跨度修正系数可以计算出任意丝股的架设线形。

(9)主缆锚固张力计算

计算架索阶段主缆各根丝股在各温度变化下的锚固点张力。提供丝股现场架设软件或者Excel计算表格。

(10)猫道架设监控计算

猫道是后续诸多工况施工的便道,猫道的线形将影响丝股架设的方便性。猫道架设监控计算内容如下。

①监控人员将根据锚碇的施工进度和上部结构施工的进度安排，与施工单位一起进一步设计猫道的施工过程，对拟定的施工方案进行分析比较，提出具体的施工建议和控制参数，完善施工过程，以满足施工进度要求。

②监控人员将按照施工过程计算架设各跨承重索时塔顶的位移和塔结构的内力；必要时提出合理的猫道承重索现场施工优化顺序。

③监控人员将按照施工过程计算架设横通道、铺设猫道面层等施工过程时塔顶的位移与内力，必要时提出合理的施工建议。

(11)主缆紧缆后的参数识别与架设精度分析

在主缆丝股架设完成并紧缆后，监控单位利用各丝股表面温度和主缆断面温度场测试数据进行参数识别，确定主缆测设实际平均温度；利用该平均温度和实测跨度、线形数据进行反馈计算，确定主缆架设的实际无应力长度；分析主缆的架设精度，并与国内外其他桥的主缆架设情况比较。考虑主缆架设误差、加劲梁质量误差和二期恒载误差，以最终的加劲梁线形为目标，调整加劲梁的架设预拱度。

(12)索夹安装位置和吊索下料长度计算

索夹位置受桥塔偏位、温度变化的影响非常显著。根据实际完成的线形计算索夹在各温度及桥塔偏位下的安装位置。在确定实际空缆线形后，需要重新计算吊索长度。悬索桥的加劲梁线形主要由空缆线形、吊索长度及加劲梁上的恒载决定；一旦丝股架设完成，空缆线形就已确定；吊索架设完成后，加劲梁的线形就已经确定；可见，悬索桥线形控制的关键在于控制主缆的架设线形、在完成的空缆线形上决定吊索长度。在吊索长度决定后，就不可能调整成桥线形，就是能够调整，也是微幅的。

以理论加劲梁线形为目标状态，利用主缆实际的架设线形和较准确的加劲梁一期恒载和二期恒载，考虑主缆的架设误差，在施工监控与仿真分析系统中可以计算出吊索的下料长度，监控单位计算出的调整后的吊索长度，经设计人员计算确认后，交由厂家并通过严格的监理达到吊索的制造精度，方可施工安装。

(13)加劲梁安装线形的确定及安装过程的计算

以成桥桥面线形为目标状态，在考虑各项施工误差的基础上，按照加劲梁的安装过程、考虑桥面行走式吊机和运梁平车，重新计算各阶段的主缆线形、加劲梁线形、桥塔偏位、主缆丝股张力变化等，研究制订塔顶鞍座的顶推方案，提出加劲梁各施工阶段的拼装线形，确定施工措施，同时验算在施工阶段的风荷载、温度变化下结构的安全性，在以后与各工况实测值比较，识别主缆的真实的弹性模量并反馈到仿真计算系统中，不断修正预测最终的成桥状态。

(14)加劲梁临时铰的刚接计算

在加劲梁安装完成后，监控单位通过对加劲梁线形测量数据进行分析，选择合适的刚接温度，计算加劲梁合理的刚接线形，提出供讨论的加劲梁刚接方案及合理的建议。

(15)二期恒载与成桥线形的计算

根据桥面铺装机械和设备情况和拟定的施工流程，按实际铺装容重和铺装过程，计算铺装阶段桥塔、加劲梁的结构内力与变形，提出施工控制建议；按吊索张拉完成的实际索力状态，确定成桥时的实际内力状态，提出是否需要调整吊索力的控制建议。

3)坝陵河大桥的施工监控测试原则

坝陵河大桥的施工过程比较复杂，施工控制针对多参数多元目标进行，为了进行参数识别、数据反馈和设计验证，需要进行监控测试的参数包括：桥塔应力；锚碇应力；主缆锚跨丝股张力；吊索索力；钢桁梁和正交异性板的应力、支座反力；温度场等。在悬索桥的施工过程中，不同阶段的监测内容可能不同，重要性等级及监测频率等级也会随着施工阶段而变化。根据各指标的情况，可以将监测内容的重要性划分为4个级别，将监测频率划分为3个级别。

监测内容的重要性等级为：1级，参数识别、数据反馈及安全性监测指标；2级，参数识别、数据反馈指标，但指标不会超限；3级，验证计算但指标不会超限；4级，参数识别指标。

监测频率等级为：1级，最高；2级，一般；3级，低。

(1)吊索索力监测

原则上需要对每一对吊索安装后的各施工工况的吊索力进行测量，这些索力是参数识别和进行实际内力状态计算的重要指标，对于长吊索，可以采用振动法进行测试；对于短吊索，宜采用锚索传感器或剪力销进行测量。

在加劲梁安装阶段的吊索索力测试重要等级为2级，测试频率等级1级，在加劲梁安装完毕后的二期恒载施工时，吊索索力测试重要等级降为3级，测试频率等级降为2级。

(2)主缆锚跨丝股张力监测

主缆锚跨丝股张力监测具有以下几个主要目的：①确保张力的准确；②为施工控制的误差分析、参数识别提供实测参数；③用于计算锚跨丝股的架设无应力长度和主缆锚跨张力的合力。基于索力监测的目的及其具体情况，每根丝股自张拉后应至少监测3次，即对相邻3d内张拉的丝股进行测试，此处称为短期监测索；同时在每个锚室内设置长期测试索，其数量为总数3%的丝股，每隔3d进行一次测试，以观测随着后期结构的施工及钢丝的非弹性变形等影响、丝股索力的时程变化情况。

对于主缆锚跨丝股张力测试，由于丝股相对较长，均采用弦振式索力仪进行监测；为了保证丝股千斤顶张拉测试的精度，一般宜在1号基准丝股张拉时在每锚固点安装压力传感器，一方面是为了长期监测基准丝股，另一方面是为了校核千斤顶和索力仪的精度。

在丝股架设阶段，丝股索力测试重要等级为2级，频率等级为1级；此后，丝股索力测试重要等级降为3级，频率等级为2级。

(3)索塔应力、温度的监测

索塔应力测点的布置应主要根据计算确定，并且尽量考虑在塔根部设置测试断面，同时也应考虑测试断面的布置要方便后期测试，尽量避开断面突变处，因为这些地方应力复杂，计算分析模型可能失真。每个塔肢测试断面应考虑在索塔的4个角点都设置测点。为了测试的方便及后期反馈的数据更合理，每个桥塔可选择一个断面进行断面温度测试。

索塔应力监测可采用埋入式钢筋计，其主要原因是：较为容易实现自动采集，精度高，温漂小。桥塔应力、温度测试重要等级为3级，频率等级为3级。

(4)加劲梁、正交异性板桥面应力、温度的监测

加劲梁监测的主要目的是确保主梁在整个桥梁的施工过程的安全，对于刚接法和刚铰混合法施工加劲梁的悬索桥显得尤为重要。从这个目的出发，加劲梁应力测试断面的布置应按照如下原则进行：测试断面主要根据理论计算选择施工过程中最不利的位置。

考虑到采集系统的方便程度及以后与健康监测系统连接，加劲梁及桥面应力监测可采用

电阻应变片或钢弦式应变传感器。

(5)温度的监测

由于温度对结构变形及内力的影响均较为显著,温度对结构的影响可以分为均匀温度影响与非均匀温度影响,均匀温度影响指整个结构均处于相同的温度场下,非均匀温度指结构各部分由于日照或热传导速度的影响造成各部分温度不一致的情况。均匀温度场的温度改变对结构的影响较小,因此,悬索桥的施工控制总选择在结构各部分温度尽量接近的情况下进行。

桥塔、锚碇、钢加劲梁的断面温度场均采用与应变测试相同的断面和测点,主缆纵向温度及桥塔阴阳面温度测试采用温度传感器。

主缆纵向温度及桥塔阴阳面温度测试采用温度传感器,精度为 0.1℃,测点位置纵向布置可参见图 5.13,主缆每个测点宜布置 3 个智能型温度传感器,每个塔柱阴阳面各布置 1 个温度传感器。

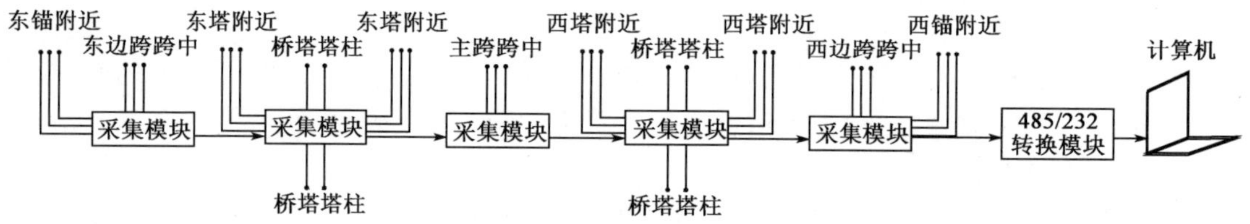

图 5.13　主缆纵向温度自动采集

国外资料表明,主缆表面内外温度存在着差异,并且主缆直径越大,内外温度相差越大。坝陵河大桥主缆直径约 80cm,为了准确确定主缆断面的平均温度,就必须知道主缆断面的温度场分布情况。应选一个主缆截面,沿截面均匀布置温度传感器,以确定主缆表面的内外温差及温度场。

4)坝陵河大桥的施工监控测量原则

悬索桥监控测量是为保证结构质量和提供量化的控制参数所需要进行的工作,是获得监控计算参数的直接手段,也是监理工作获得量化质量控制参数的一种重要途径。一般大跨径悬索桥施工中,监控单位需要进行部分重大工况的监控测量,如基准丝股架设监控测量、主缆成缆线形测量等。

(1)桥塔的施工监控内容。包括:锚锭和索塔基础沉降监测,此工作持续至上部结构架设完成的成桥状态;桥塔的线形(预偏量)监测。

(2)上部结构架设前的测量。包括:索塔顶部位置和扭转变形受温度影响的 24~36h 的静态变形监测;主鞍座和散索鞍三维位置以及各主索鞍座、各散索鞍的里程、中线和高差的测量。

(3)丝股架设阶段的测量。包括:基准丝股绝对垂度的监控;基准丝股上、下游相对垂度的监控;一般丝股相对垂度的监测。

(4)成缆线形的测量。包括:紧缆后主鞍座和散索鞍三维位置、中线和高差的测量;紧缆后主缆垂度监测;索夹放样位置的监测。

(5)架梁过程及桥面铺装过程的测量。包括:主缆架设阶段索塔的变位监测;加劲梁架设过程中梁段线形的监测;加劲梁架设过程中梁段中线的监测;加劲梁架设过程中主缆线形的监测;加劲梁架设过程中散索鞍位移的监测。

(6)成桥状态的测量。包括:成桥时主缆线形测量;成桥时加劲梁线形测量;加劲梁长度和方位的测量;主塔和主索鞍位置测量及跨径测量;散索鞍位置测量。

5.2.2 钢桁加劲梁施工监控参数影响与参数识别技术

1)参数影响与参数识别研究

通过悬索桥结构的施工过程仿真分析,可以确定悬索桥结构各施工阶段的理想状态。但是在实际悬索桥施工中,必然会受到各种误差的影响。如果不对各种误差加以辨识、修正和控制,将不可避免地使成桥后结构的整体受力状态及几何线形严重偏离设计目标,甚至影响结构的可靠性,即造成实际施工状态与设计不一致的问题,所以必须在施工控制系统中建立误差因素分析系统,对各种误差进行辨识、修正、控制。

2)悬索桥监控过程中的误差分析

(1)误差来源分析

特大跨径桥梁施工过程中误差的产生因素很多,主要可以分为计算误差、量测误差、施工操作误差等几大类。

无论是设计计算还是施工控制的仿真计算,不可避免地存在计算参数与实际参数的差异。施工控制的实时仿真计算目的就是尽可能采用实际计算参数或修正的计算参数来进行计算,减少计算误差。但是计算模型本身与实际模型不可能完全一致,并且目前采用的杆系程序进行施工计算存在着不能全面反映空间应力分布、对温度效应只能模拟分析等缺点。因此,施工控制计算只能提供目标的理论计算值或修正的理论计算值,并以此作为误差分析中的真值来评价误差状态。

各类测量仪器、测试元件及测试方法会导致测量误差,这些误差的产生及识别较容易,并且此类误差的特性是误差影响相对恒定,对结构产生的影响相对容易控制。

由于特大跨径桥梁存在着由构件分步形成桥梁和桥梁分步加载受力、变形分步累加形成的特点,在施工操作的结果中必然会产生相应的误差(如坝陵河大桥采用梁段拼接施工及吊索张拉等施工工序)。对于焊接钢箱梁,还存在焊缝收缩产生的施工状态误差。对此类误差的产生及误差影响的消除调整是施工控制分析的重点。

除误差分类可以明确外,施工误差的来源与实际结构施工具体情况密切相关。在本项目研究过程中不逐一研究其具体误差来源,而是在具体应用项目中加以关注。

(2)误差分布形态与参数识别

桥梁施工监控中实测数据与结构状态目标预测值的差异就是施工中的采样误差。目前的各类施工控制的理论的实质都是基于对采样误差的分析和确定调整方法以控制误差状态。施工误差的出现是不可避免的,但各类施工误差会出现不同的分布形态。常见的误差形态有图 5.14所示的三类。

图 5.14a)中的误差分布,由于其单个误差峰值较小,且正负误差分布均匀,类似于白噪声干扰,它对结构的影响很小,是施工控制所追求的理想状态。图 5.14b)中的误差分布,虽然其单个误差的峰值较小,但整体误差分布出现连续的正向或负向分布,特殊时会呈现积累放大现象。有积累的连续分布误差会对结构线形及内力产生不利影响,应分析具体情况加以控制和调整。图 5.14c)中的误差分布,虽然其整体误差均值较小,但出现单个误差峰值较大的情况,会对结构的局部内力和线形产生不利影响,应分析情况加以控制和调整。

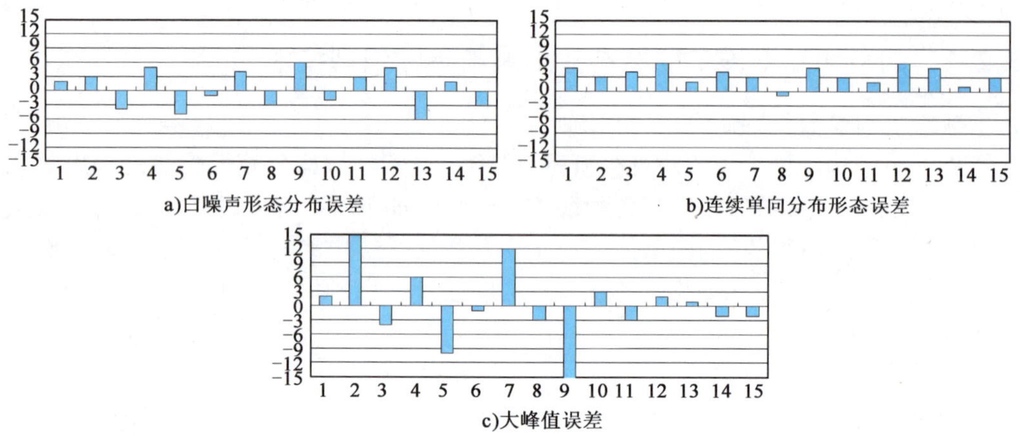

图 5.14 常见误差形态分布

施工控制中应根据施工反馈的数据与施工控制的预测计算的理论目标真值及施工控制的实时计算结果的修正目标真值进行比较,确定误差的实际分布状态和误差幅度。对连续分布误差和大峰值误差必须分析其产生原因及对结构的影响,从而确定处理办法。

施工中如出现有发散趋势的连续分布误差状态,这类误差的产生大多源于计算参数失真引起的目标真值失真,必须进行参数识别、参数修正或参数拟合,提供合理的目标真值。对于产生参数失真的原因必须进行认真分析,以便在施工中加以控制。

对于局部的大峰值误差情况,也应引起足够的重视,这类误差的产生原因主要是施工的临时荷载、局部焊接残余变形等,由于误差值较大,往往要分析其对结构安全,主梁线形的局部平顺性等的影响。

对于计算参数失真或其他原因等因素需要进行参数识别修正时,可利用神经网络控制系统中神经元的学习规则进行逐次的输入、输出、误差分析的训练,以确定神经元间连接的实际权系数。

(3)误差调整措施研究

桥梁结构的误差调整措施与桥梁的具体施工方法和设计限制条件有关,通常可以将误差的调整措施划分为有应力的误差调整措施和无应力的误差调整措施。

无应力的误差调整措施是指在误差调整中不产生结构整体或局部的内力改变的调整方法。在大跨度桥梁施工控制中,无应力的误差调整主要是指在调整线形误差时,为控制前期误差不至于累积发展而采取的后期构件安装高程时采用抬高立模(混凝土梁)或调整焊缝拼接间隙和(或)角度后进行拼装(焊接钢梁)等误差调整手段。

有应力的误差调整措施是指在误差调整中会产生结构整体或局部的内力改变的调整方法。对于内力误差,相应的误差调整措施必然是有应力改变的调整,如斜拉索索力误差的调整。对于线形类的误差调整,也可以采用有应力的误差调整措施来实现,如主梁的高程误差和索塔的偏位误差可以通过鞍座顶推、吊索张拉力的改变来实现。由于有应力的误差调整措施会造成结构局部或整体的内力关系改变,因此在应用中应仔细考虑以下因素来实施。

①误差调整措施会不会造成内力或应力的超限而产生安全隐患。

②误差调整措施的实施在消除一种施工误差时会不会引起其他施工误差的积聚。

③当前误差调整时会不会造成既有误差的较大改变，形成不良误差分布形态。

有应力的误差调整措施是本项目研究的重点，具体研究中主要以悬索桥的施工监控为代表进行结合实桥施工的技术研究。

(4)容许误差度指标体系

根据误差来源的分类，桥梁施工监控中的容许误差度指标体系由容许测量误差和容许施工误差两套体系构成。

容许测量误差度的确定目的是确保数据采集的可靠性和精度满足监控需要，用于指导测量测试方法和设备的选定。容许施工误差度的确定目的是合理监控提供指标限定，过于宽松的施工容许误差会诱发误差的过多积聚和不良分布形态产生，丧失误差调整的时机，影响到最终监控成果的质量，严重时会导致施工中的结构性事故发生；过于严格的误差容许度指标会导致无法把握桥梁施工的主要矛盾，为实现容许误差下施工而采取过多的误差调整措施会对施工顺畅实现带来较大的干扰。

3)参数识别技术研究

从现代工程学角度出发，把悬索桥的施工过程看作一个复杂的动态系统，运用现代控制理论，根据结构理想状态、现场实测状态的误差信息进行误差分析，并制订可调变量的最佳调整方案，指导施工现场调整作业，使桥梁结构施工的实际状态趋近于理想状态。在此基础上，根据已成结构的实际状态进行施工控制计算分析，预测后续施工可能出现的应力和变形状态，这即为施工控制的两大任务：结构的后期调整和前期预测。

在坝陵河悬索桥施工监控过程中，主要依赖控制测量的结果进行参数识别工作。桥梁施工控制测量内容包括高程、应力、索力等。有的参数(如重度、弹性模量等)可以通过现场试验或直接量测的方法确定；而有的参数(如梁段质量、临时荷载大小)与测量值之间的函数映射关系十分复杂，它们既不能通过直接量测方法得到，也难以通过现场试验的方法来确定。对于这一类参数，就只能通过一些控制理论的方法对它们进行分析，然后将修正以后的计算参数反馈到控制计算中去，重新计算出结构应力、变形等的理论期望值，以消除理论值与实测值之间的不一致。参数识别的主要方法有：影响矩阵法、最小二乘法、线性最小方差估计、极大似然法、回归分析等。近年来，有学者开始运用神经网络方法对主要影响结构偏差的计算参数进行识别，取得了较好的效果。

人工神经网络的基本思想是从仿生学的角度对人脑的神经系统进行模拟，使机器具有人脑那样的感知、学习和推理等智能。对于斜拉桥施工控制而言，由于控制系统存在求解的非线性和不确定性特点，因此可以利用神经网络系统能够充分逼近任意复杂的非线性关系、能够学习与适应不确定性系统的动态特性、可以采用并行分布处理方法进行快速求解等特点进行控制。

神经元是人脑的最基本单元，它能对接收到的信息进行处理。人脑神经元抽象化后得到一种人工神经元，称为 McCullock-Pitts 模型，如图 5.15 所示。

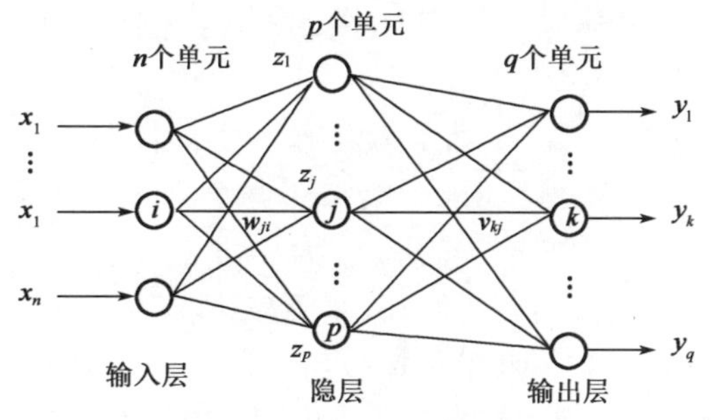

图 5.15　人工神经元模型

各个神经元间存在着相互的连接关系和不同的连接强度，构成施工控制的神经网络系统。每一神经元接收到相关神经元的输入信号，通过活化函数的运算得到其状态改变的效应输出。学习是神经网络的主要特征，学习规则是修正神经元之间连接强度的算法，使获得的知识结构适应周围环境的变化。

在桥梁的施工控制中，各个神经元的连接强度的确定也存在着一个学习过程和工作过程。许多神经元间的连接强度存在确定的幅度，其学习过程是无监督过程。但有一些神经元间的连接强度需要通过有监督的学习过程来获知。

神经网络控制工作中可选采用 BP(Back Propagation，误差反向传播)神经网络。BP 网络学习算法的基本思想是最小二乘法学习算法，网络的学习过程是一种误差边向后传播边修正权系数的过程。BP 网络是典型的多层网络，由输入层、隐含层和输出层构成，层与层之间采用完全连接方式，同一层的各节点之间不连接，每一层的节点输出送到下一层节点，输出值由前一层的输入、激励函数及其阈值决定。一个典型的 BP 神经网络如图 5.16 所示。

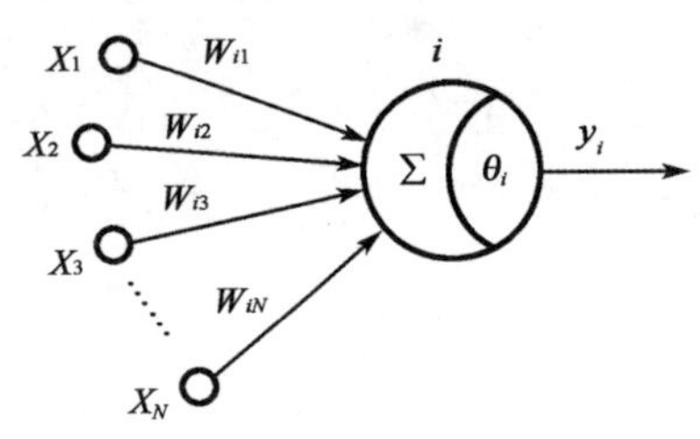

图 5.16　典型的 BP 神经网络

神经网络在桥梁施工控制中的应用，目前仍为尝试阶段，但神经网络具有非线性映射能力、自学习适应能力、联想记忆能力、并行信息处理方式及其优良的容错能力，这些特点使得神经网络非常适应于复杂系统的建模与控制，特别是当系统存在不确定因素时，更体现了神经网络方法的优越性。而大跨径桥的施工控制系统是一个复杂的系统，而且影响施工控制的因素具有不确定性，因此，神经网络在大跨径桥梁施工控制中的应用具有可行性。神经网络与一般的方法相比，具有以下 3 方面的优点：能避免数据的分析和建模工作，它是通过对大量的样本进行学习建立起自己的隐含知识库；不必事先假设方程模型，它自身具有很强的逼近复杂非线性函数的能力；具有较强的容错能力，即使样本中含有噪声或变形的输入模式，也并不影响网络的整体性能。

5.2.3　钢桁加劲梁施工方案参数影响分析

1)桥面吊机方案

坝陵河大桥采用的悬臂架设加劲桁梁的施工过程是相当复杂的，施工阶段内力受众多因素的影响，梁端的约束方式对结构内力影响较明显，以下将着重研究梁端约束方式对施工阶段内力的影响。研究时主要取用了不同的加劲梁端部纵向约束条件，研究主要取用了以下几种边界条件。

①方案一：加劲梁端部合龙前仅约束下端点横、竖向线位移，纵向自由。

②方案二：加劲梁端部合龙前仅约束下端点所有线位移。

③方案三：加劲梁端部合龙前下端点仅约束纵向线位移，上端点所有线位移均约束。

(1)边界条件对刚接施工过程的影响分析

表 5.1 列出了坝陵河大桥钢桁梁节段间全部刚接的悬臂架设过程，分别取边界条件为方案一、方案二和方案三几种情况下，主桁各类杆件及吊索最大、最小轴力(吊索受拉为正，主桁杆件受压为正)。

不同边界下全刚接施工主桁各类杆件及吊索最大、最小内力(单位:kN)　　表 5.1

方案	吊索	上弦杆		下弦杆		斜腹杆		竖腹杆	
	最大	最大	最小	最大	最小	最大	最小	最大	最小
一	4 978.4	21 510	−9 163	9 336	−21 660	6 064	−5 077	1 164	−3 358
二	4 941.6	21 510	−9 163	9 336	−21 420	6 026	−5 024	1 164	−3 328
三	4 774.1	18 940	−25 982	18 492	−18 877	10 300	−8.358	1 236	−3 205

图 5.17～图 5.21 分别为梁段间全刚接的悬臂架设过程，不同边界条件下吊索及主桁各类杆件内力包络图。

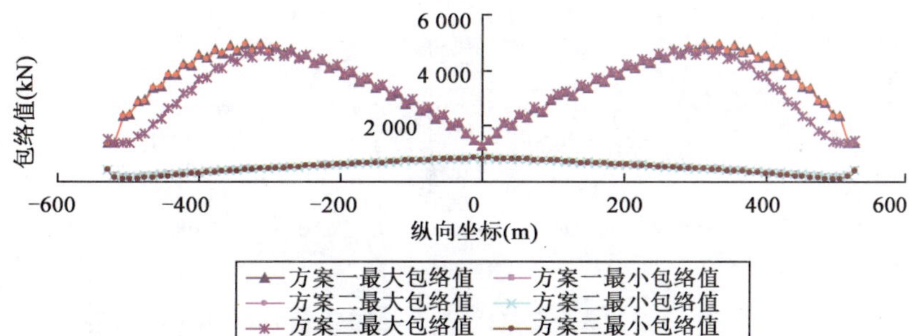

图 5.17　不同边界条件下全刚接施工过程中吊索索力包络图

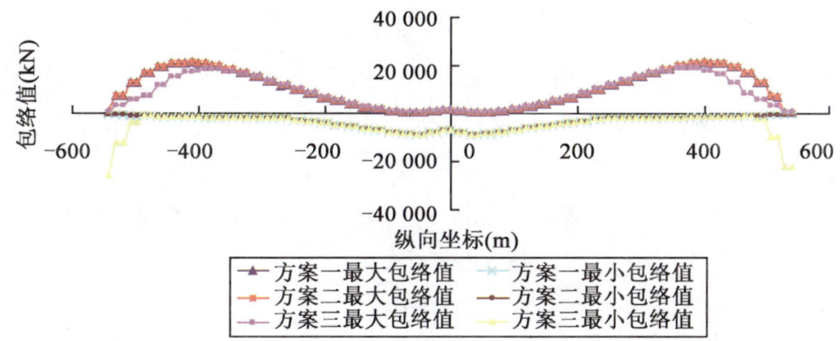

图 5.18　不同边界条件下全刚接施工过程中上弦杆轴力包络图

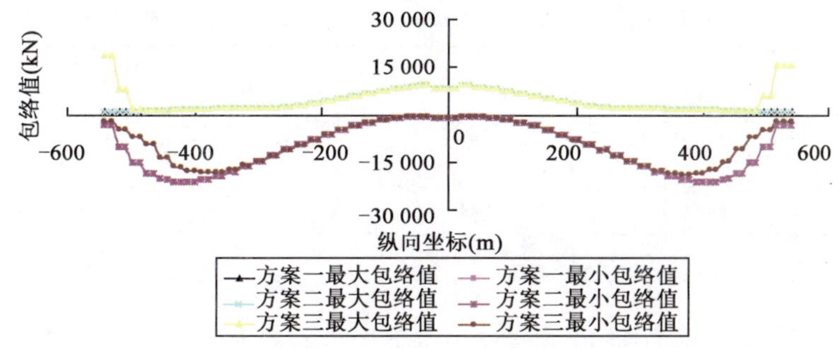

图 5.19　不同边界条件下全刚接施工过程中下弦杆轴力包络图

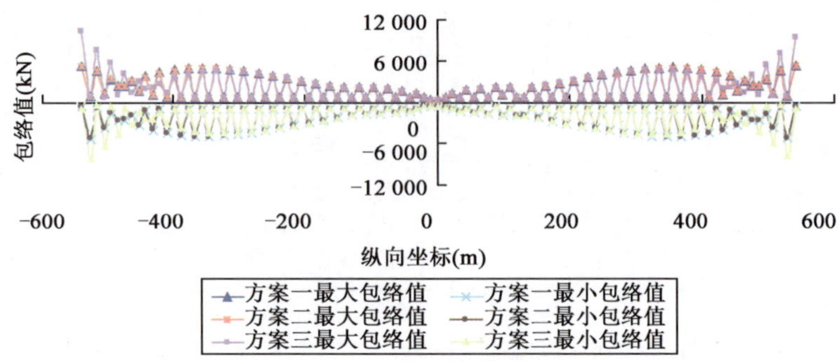

图 5.20　不同边界条件下全刚接施工过程中斜腹杆轴力包络图

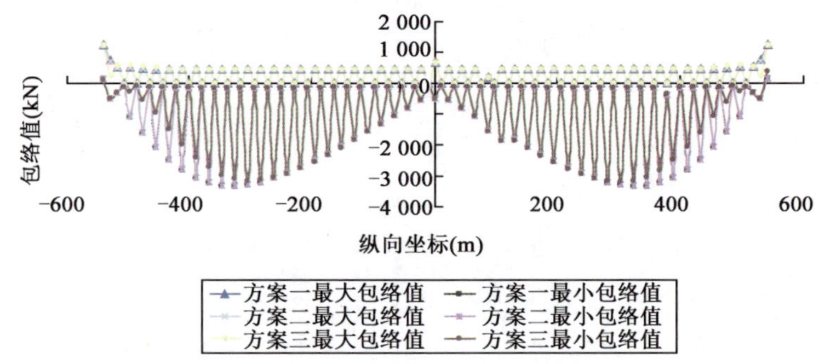

图 5.21　不同边界条件下全刚接施工过程中竖腹杆轴力包络图

从表 5.1 及图 5.17～图 5.21 中可以看出，加劲梁节段间在上下弦杆全部刚接，考虑剩余的桥面系及桥面铺装等其他荷载的施工过程情况下，在方案一和方案二两种边界条件下无论吊索还是主桁杆件的结构施工内力大小及变化规律基本相同；方案三的边界条件下 1/4 跨之前的几个梁段其吊索及竖腹杆的施工内力相对有一定程度的减小，而主桁 1/4 跨之前的几个梁段的上、下弦杆及斜腹杆受边界约束的影响杆件施工内力大幅增加，其余处的吊索及主桁梁杆件的内力则和前两个方案的施工内力相差不大。

(2)边界条件对刚-铰混合连接施工过程的影响分析

表 5.2 列出了刚-铰混合连接的悬臂架设过程中，边界约束条件分别为方案一、方案二和方案三几种情况下，主桁各类杆件及吊索最大、最小轴力(吊索受拉为正，主桁杆件受压为正)。

不同边界下刚-铰混合连接主桁各类杆件及吊索最大、最小内力(单位：kN)　　表 5.2

方案	吊索	上弦杆		下弦杆		斜腹杆		竖腹杆	
	最大	最大	最小	最大	最小	最大	最小	最大	最小
一	3 571.5	9 256	−9 163	9 336	−9 339	4 099	−3 218	1 164	−2 184
二	3 542.1	9 256	−9 163	9 336	−9 339	4 082	−3 166	1 164	−2 153
三	3 613.4	9 208	−34 519	26 907	−9 277	10 264	−8 294	1 236	−2 232

图 5.22～图 5.26 分别为刚-铰混合连接的悬臂架设过程中，不同边界条件下吊索及主桁各类杆件内力包络图。

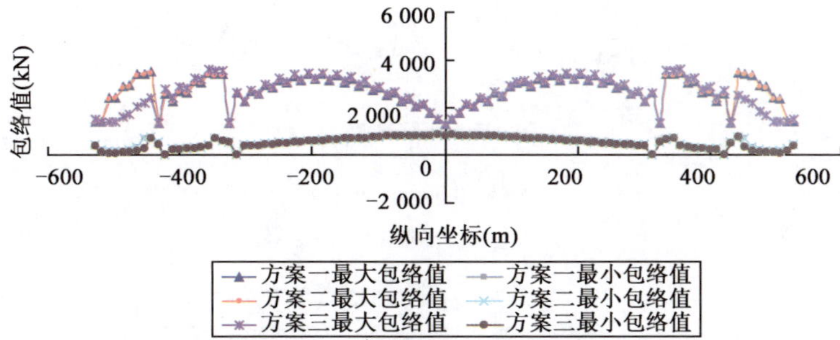

图 5.22　不同边界下刚-铰混合连接施工过程中吊索索力包络图

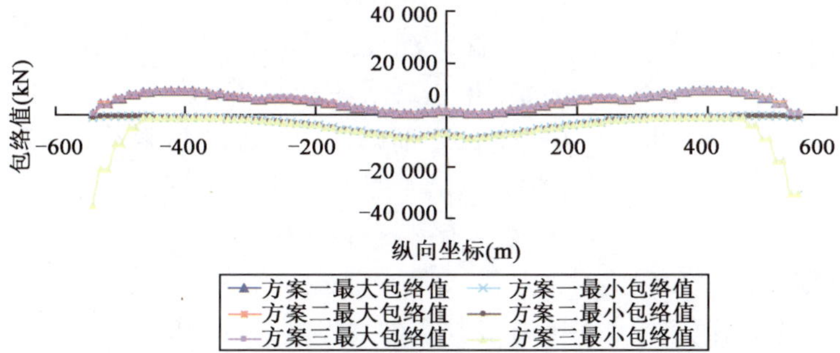

图 5.23　不同边界下刚-铰混合连接施工过程中上弦杆轴力包络图

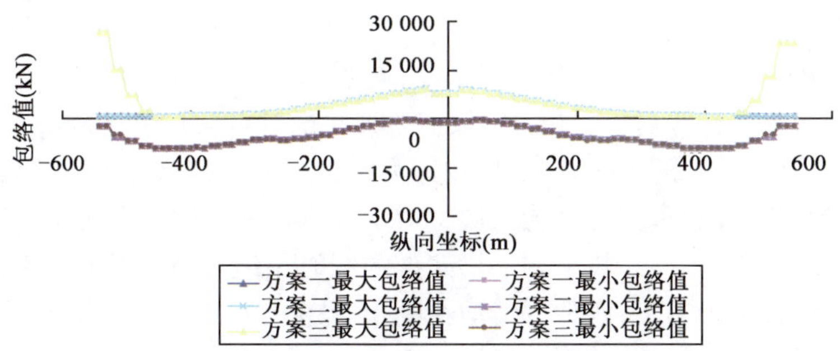

图 5.24　不同边界下刚-铰混合连接施工过程中下弦杆轴力包络图

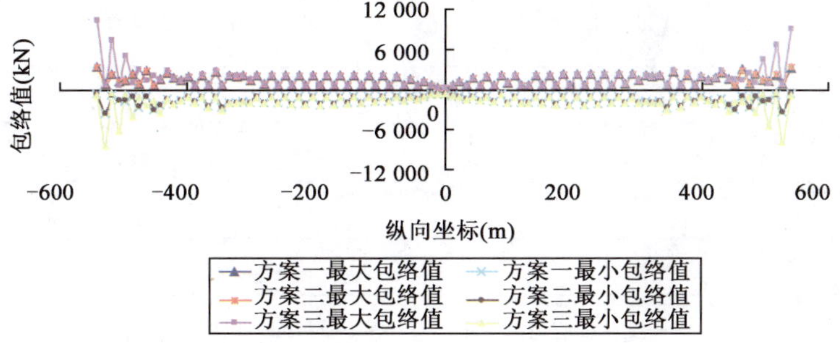

图 5.25　不同边界下刚-铰混合连接施工过程中斜腹杆轴力包络图

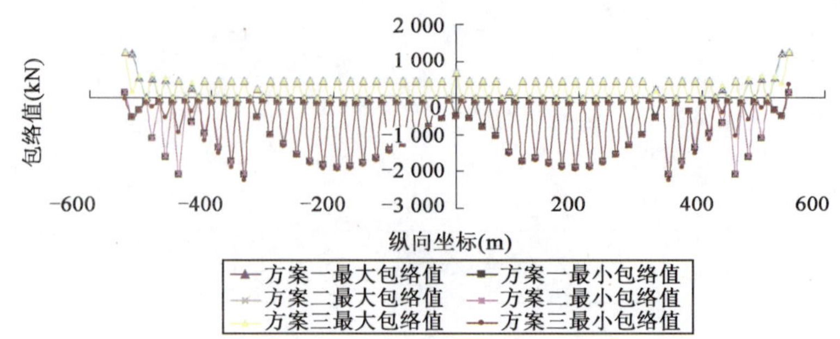

图 5.26　不同边界下刚-铰混合连接施工过程中竖腹杆轴力包络图

从表 5.2 及图 5.22～图 5.26 中可以看出，钢桁架加劲梁刚-铰混合连接的悬臂架设过程中，方案一和方案二两种边界条件下，无论吊索还是主桁杆件的结构，施工内力大小及变化规律基本相同；方案三的边界条件下，第一个铰之前的几个梁段的吊索及竖腹杆的施工内力相对有一定程度的减小，而主桁第一个铰之前的几个梁段的上、下弦杆及斜腹杆受边界约束的影响杆件施工内力大幅增加，其余处的吊索及主桁梁杆件的内力则和前两个方案的施工内力相差不大，由此可见其变化规律和刚接时的相同。

由以上对全刚接及刚-铰混合连接施工方案中边界条件影响的分析结果可以看出，对于靠近桥塔区的梁段，结构内力受梁端约束的影响比较大，在施工中一定要注意实际的主梁边界约束条件与计算采用的是否一致，否则可能导致结构安全性问题。

根据上述的研究，施工中采用方案二，即在加劲梁悬臂架设合龙前，约束端部下弦节点的所有线位移。

2)施工过程桥面板吊装数量的研究

根据 5.2.3 节中的计算可以看出：刚-铰混合连接的悬臂架设方法能够有效地减小大桥结构构件的内力，有利于施工的安全，因此坝陵河大桥采用的正是该施工方案。坝陵河大桥桥面结构采用正交异性钢桥面板，横向分为 4 块。为了确定在加劲梁架设时所安装桥面板的数量，同时考虑最有利于工程开展，比较了加劲梁架设的同时吊装内侧两块桥面板和加劲梁架设的同时吊装所有桥面板两种方案，两种方案均在刚-铰混合连接的悬臂架设下展开。

(1)加劲梁架设的同时吊装内侧两块桥面板

图 5.27～图 5.30 为该施工方案下主桁各杆件的应力包络图。图 5.30 为该方案下吊索的内力包络图。同时表 5.3 列出了该施工方案下主桁各杆件应力及吊索索力的最大、最小值。

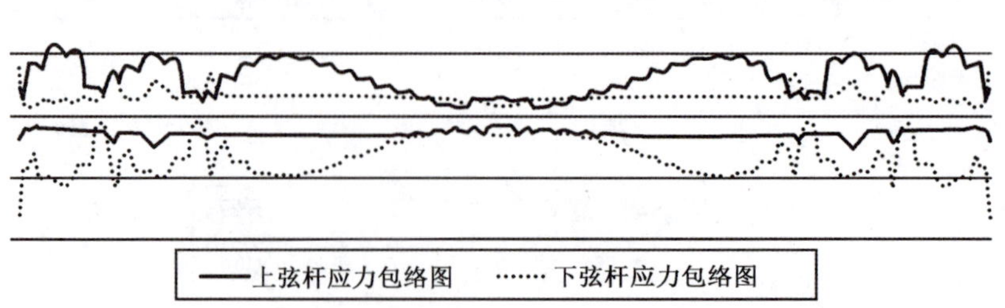

图 5.27　同时吊装内侧两块桥面板方案主桁上下弦杆应力包络图(单位：MPa)

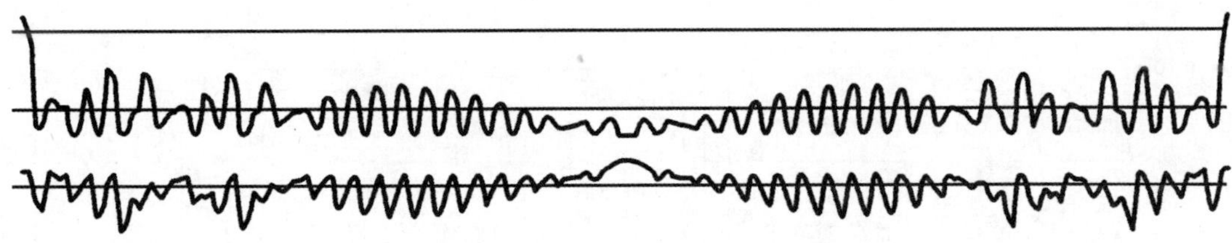

图 5.28　同时吊装内侧两块桥面板方案主桁斜腹杆应力包络图(单位:MPa)

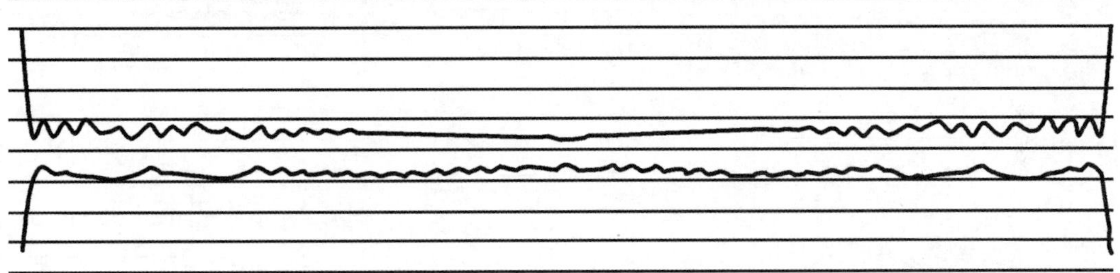

图 5.29　同时吊装内侧两块桥面板方案主桁竖腹杆应力包络图(单位:MPa)

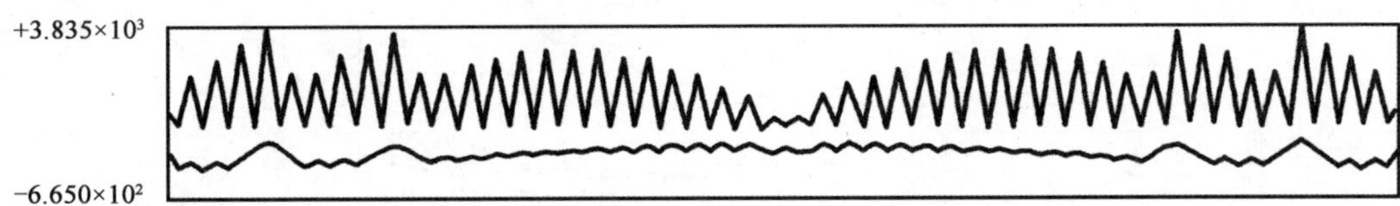

图 5.30　同时吊装内侧两块桥面板方案吊索轴力包络图(单位:kN)

同时吊装内侧两块桥面板方案中主桁各类杆件最大、最小应力及吊索最大、最小内力　表 5.3

项目	上弦杆(MPa)	下弦杆(MPa)	斜腹杆(MPa)	竖腹杆(MPa)	吊索(kN)
最大值	115.76	77.37	169.15	200.87	3 834
最小值	−51.18	−163.13	−108.3	−174.15	68.7

由图 5.27～图 5.30 及表 5.3 可以看出:架设加劲梁的过程中吊装相应梁段内侧两块桥面板时,加劲梁弦杆应力在−163.13～115.76MPa 之间变化,斜腹杆最大应力为 169.15MPa,竖腹杆最大应力为 200.87MPa,吊索最大索力为 3 834kN,因此该施工方案中构件均能达到相关规范对于结构安全系数的要求,该方案可行。

(2)加劲梁架设的同时吊装所有桥面板

分析该方案的可行性,首先要保证在该方案施工下,各主要结构的受力能够保证设计关于施工中安全系数的要求,因此计算时主要验算采用此方案进行安装时,主桁各杆件及吊索应力情况。图 5.31～图 5.35 给出了相应的结果。

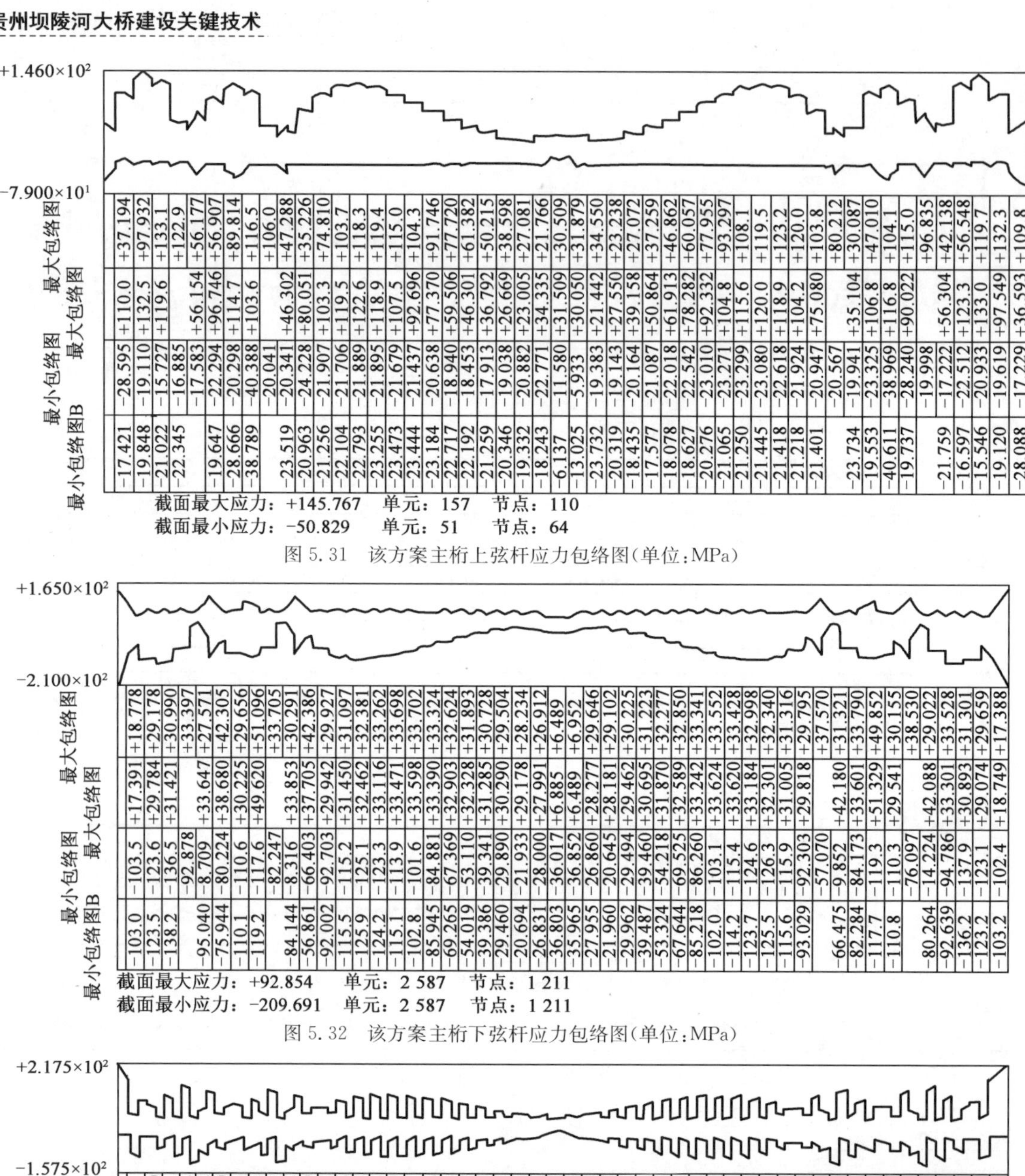

截面最大应力：+145.767　单元：157　节点：110

截面最小应力：−50.829　单元：51　节点：64

图 5.31　该方案主桁上弦杆应力包络图(单位：MPa)

截面最大应力：+92.854　单元：2 587　节点：1 211

截面最小应力：−209.691　单元：2 587　节点：1 211

图 5.32　该方案主桁下弦杆应力包络图(单位：MPa)

截面最大应力：+217.170　单元：49　节点：59

截面最小应力：−128.093　单元：257　节点：151

图 5.33　该方案主桁斜腹杆应力包络图(单位：MPa)

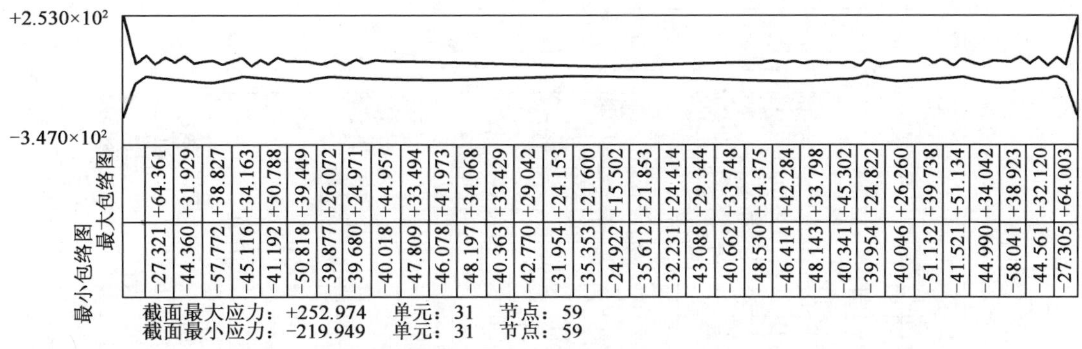

图 5.34　该方案主桁竖腹杆应力包络图(单位:MPa)

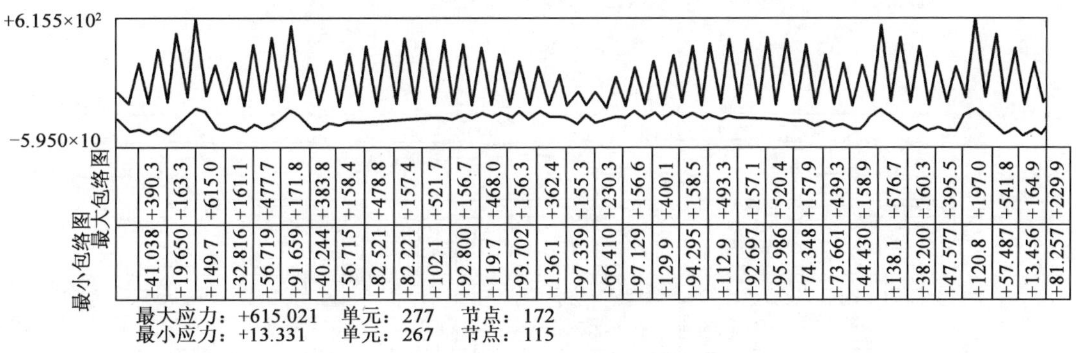

图 5.35　该方案吊索应力包络图(单位:MPa)

从图 5.31～图 5.35 可以看出,该方案由于增加了施工过程中结构所承受的荷载,使得主桁各杆件及吊索应力都较原方案(桥面吊机行进过程中仅安装内侧两块桥面板)大大增加,对结构受力不利。

综合考虑结构受力和采用桥面吊机悬臂施工方案时机具布置等因素,实际施工选择了方案一:加劲梁架设的同时吊装内侧两块桥面板。

3)对称与不对称施工方案比较

由于施工过程中各种因素的影响,难以避免会导致两岸进度的差异,从而使结构承受不对称荷载。为了分析这种不对称施工对结构受力的影响,拟以东岸领先于西岸一个节段的施工进度为控制,对大桥进行相关分析计算。从而比较对称与不对称施工对结构的影响,主要计算内容包括:主桁各杆件及吊索受力分析、梁端支座反力及梁端位移、临时铰相关数据计算。对称施工的结果将在下一节中详细给出。

(1)不对称施工方案下主桁各杆件及吊索受力分析

图 5.36～图 5.40 分别为钢桁梁在施工过程至成桥状态下上弦杆、下弦杆、主桁竖腹杆、斜腹杆的内力包络图及吊索的轴力包络图。其中应力与轴力均以受拉为负,受压为正。

由图 5.36～图 5.40 可知:上弦杆应力变化范围在－54.919～132.310MPa 之间;下弦杆应力变化范围在－177.916～83.193MPa 之间;主桁斜腹杆应力变化范围在－1 380～869.5MPa之间;主桁竖腹杆应力变化范围在－4 590～4 410MPa 之间;吊索索力最大值为 3 815MPa。结果表明:较对称施工而言,该方案使杆件内力有一定程度的增加。

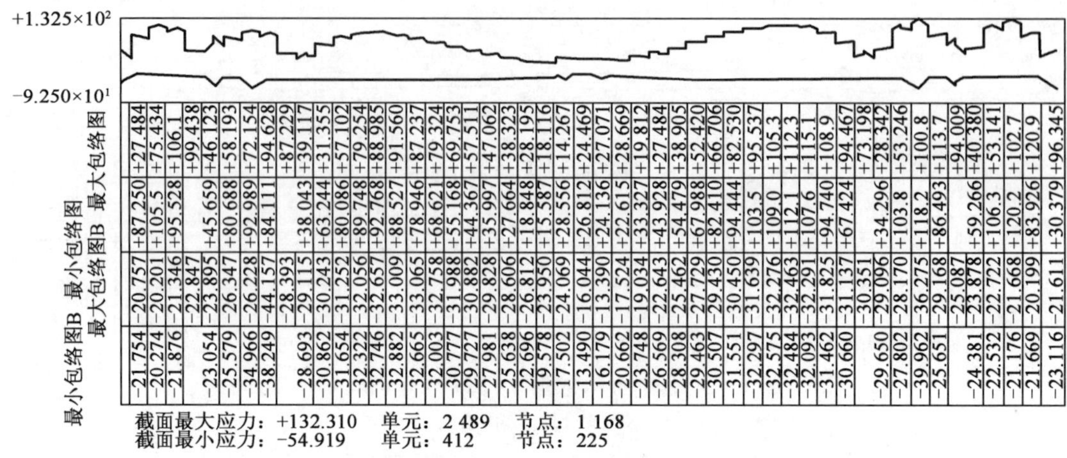

图 5.36 该方案主桁上弦杆应力包络图(单位:MPa)

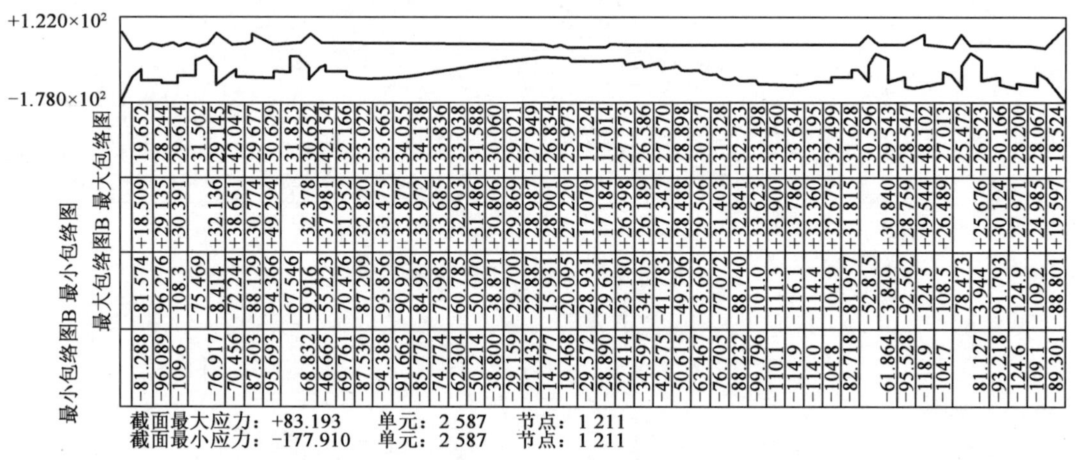

图 5.37 该方案主桁下弦杆应力包络图(单位:MPa)

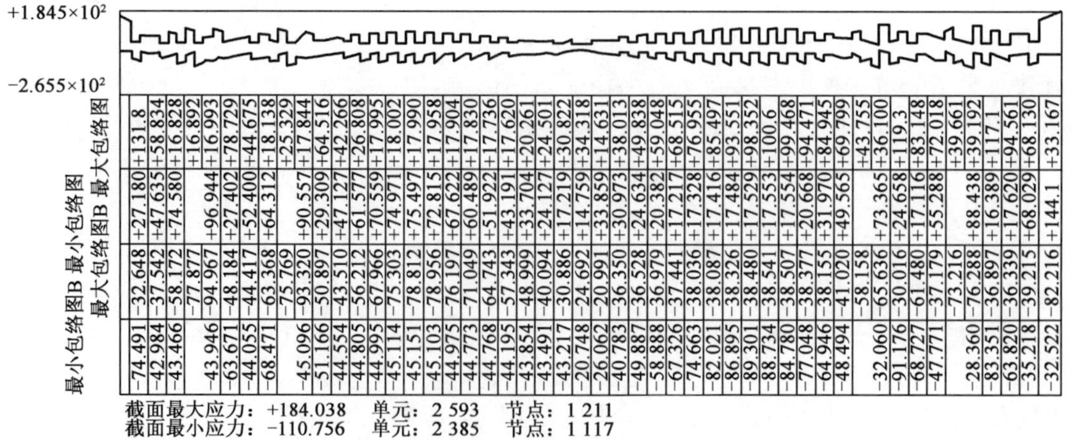

图 5.38 该方案主桁斜腹杆应力包络图(单位:MPa)

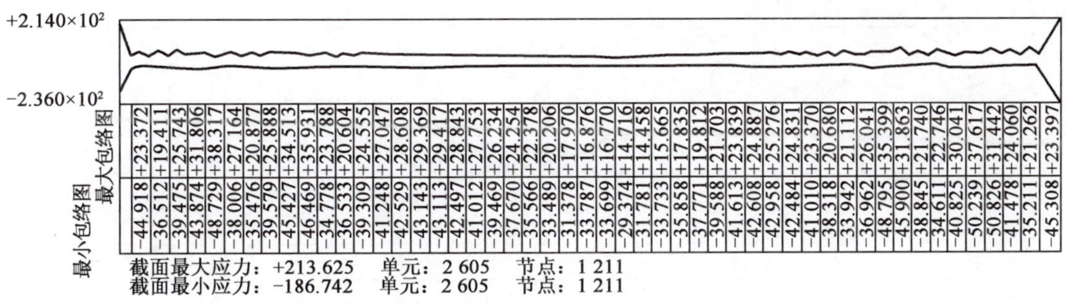

图 5.39　该方案主桁竖腹杆应力包络图(单位:MPa)

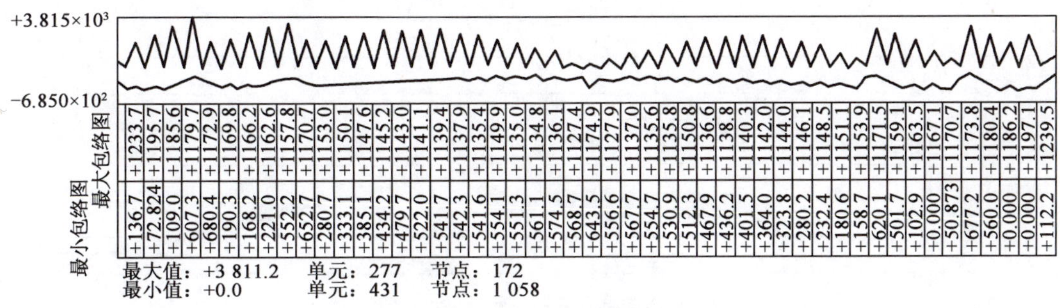

图 5.40　该方案吊索索力包络图(单位:kN)

(2)梁端反力

计算模型设置在钢桁梁架设阶段至合龙段施工前，梁端采用固定线位移、放松转动约束、在合龙前放松纵向位移的梁端约束方式。图 5.41～图 5.44 分别为该方案在此约束条件下东、西塔支座的纵向水平支反力及竖向支反力。在施工阶段，东塔支座纵向水平支反力的变化范围在－16～572kN 之间，西塔支座纵向水平支反力的变化范围在－690～17kN 之间；东塔支座竖向支反力的变化范围在 157～2 924kN 之间，西塔支座竖向支反力的变化范围在 149～3 180kN 之间。水平支反力以东岸指向西岸为正，竖向反力以数值向上为正。结果表明：该方案较原方案对西岸支座有一定的影响，而对东岸影响很小。

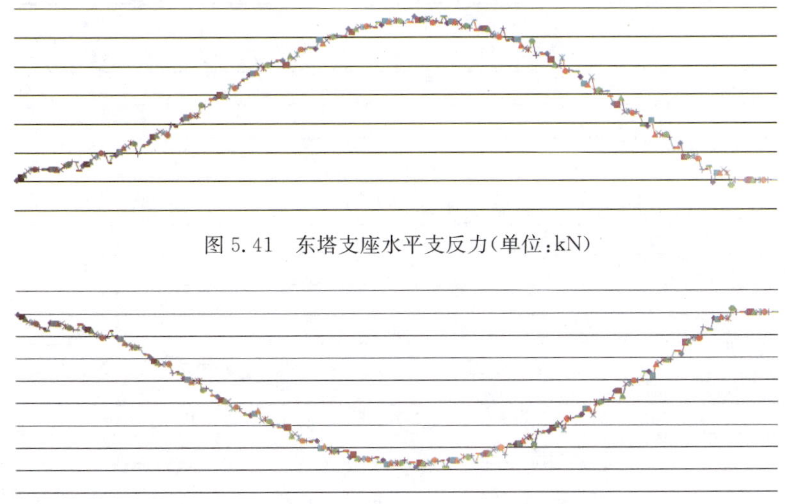

图 5.41　东塔支座水平支反力(单位:kN)

图 5.42　西塔支座水平支反力(单位:kN)

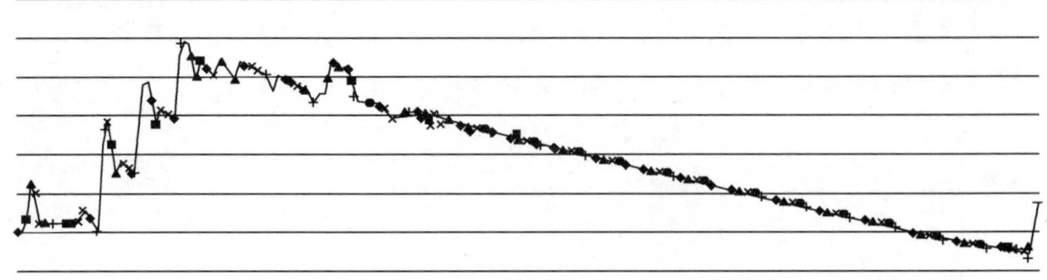

图 5.43　东塔支座竖向支反力(单位:kN)

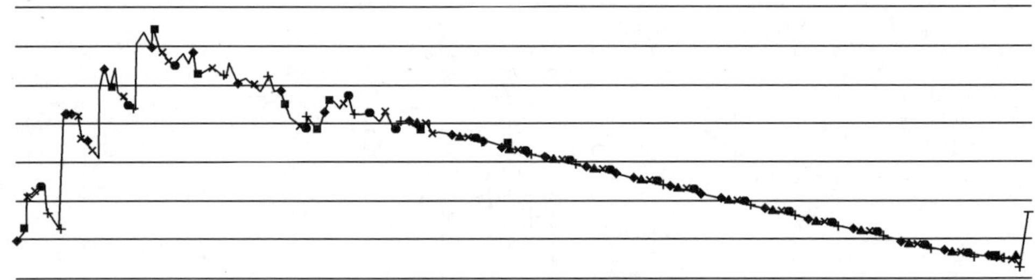

图 5.44　西塔支座竖向支反力(单位:kN)

(3)梁端纵向位移

在梁端下部约束情况下,梁端上部纵桥上位移变化见图 5.45、图 5.46,其中东塔变化范围在－120～486mm 之间(正值向河侧),西塔变化范围在－573～105mm 之间(负值向河侧)。需要注意的事,在架设前几个阶段,梁端上部位移变化较大,需要施工单位对跨梁轨道采取相应的措施。结果表明:该方案下梁端纵向位移变化不大,且对西岸的影响大于东岸。

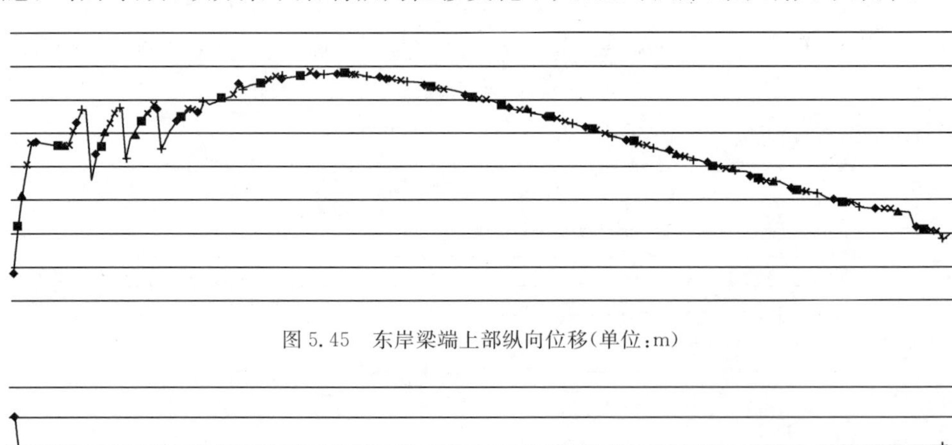

图 5.45　东岸梁端上部纵向位移(单位:m)

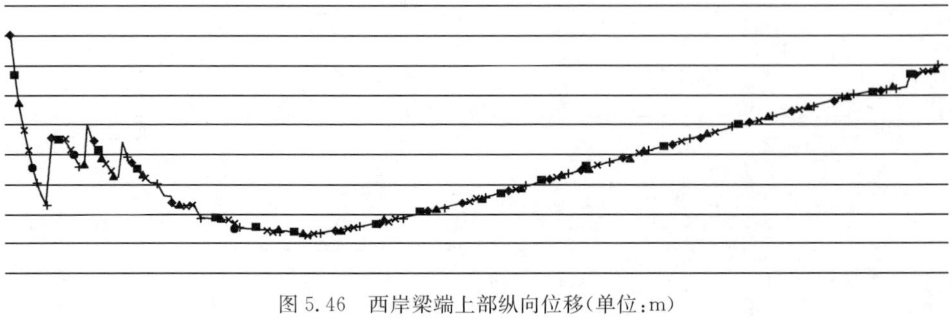

图 5.46　西岸梁端上部纵向位移(单位:m)

(4)临时铰相关参数计算

①临时铰前后梁段坡度差。

临时铰的存在使钢桁加劲梁在铰处会有一定的弯折,从而导致了临时铰前后梁段之间存在一定的夹角,产生坡度差。全桥共设4个临时铰,从东到西依次编为1～4号临时铰。该施工方案下,临时铰前后梁段的坡度差如图5.47～图5.50所示。

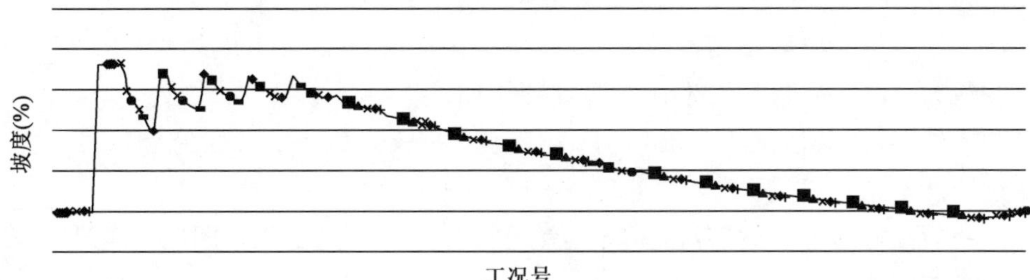

图5.47 临时铰1处前后梁段坡度差

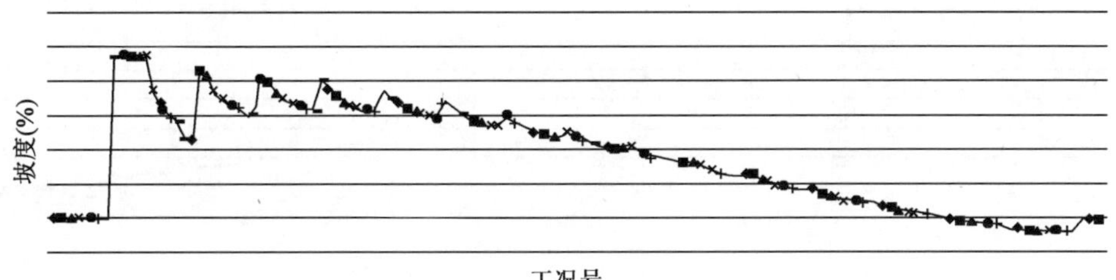

图5.48 临时铰2处前后梁段坡度差

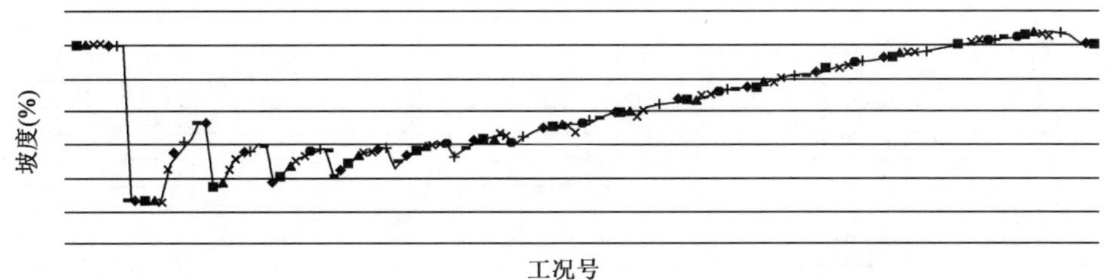

图5.49 临时铰3处前后梁段坡度差

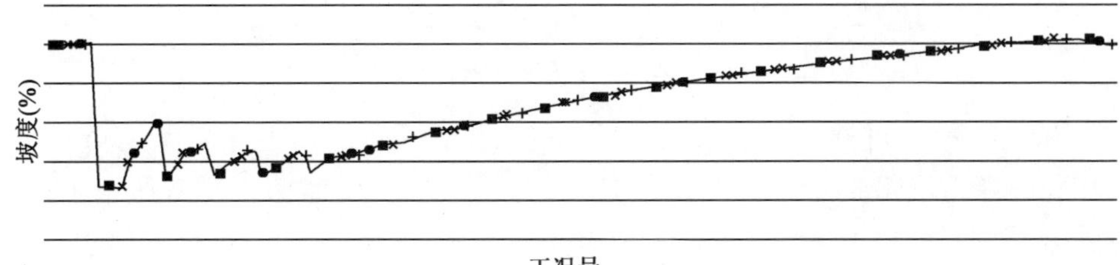

图5.50 临时铰4处前后梁段坡度差

由图 5.47～图 5.50 可以看出：

对于 1 号铰处先吊梁段 B5 梁段，最大坡度约为 2.9%，为上坡；1 号铰处后吊梁段 B6 梁段，最大坡度约为 7.8%，为上坡，最大坡度发生在 B6 梁段吊索安装就位时，吊机到达 B6 梁段后坡度 7.6%。

临时铰 2 处两吊装梁段坡度均为上坡，其中 B10 号梁段最大上坡约为 6.2%，B11 号梁段最大上坡约为 9.9%，且均发生在梁段安装初期。

临时铰 3 处两吊装梁段坡度均为下坡，其中 B10 号梁段最大下坡约为－4.2%，B11 号梁段最大上坡约为－8.7%，且均发生在梁段安装初期。

临时铰 4 处 B5 号梁段最大上坡约为 2.2%，B6 号梁段最大下坡约为－6.5%。

②临时铰处下弦开口量。

临时铰处下弦杆断开，下弦开口量将随着施工的进行发生变化。图 5.51、图 5.52 为采用该方案时临时铰处下弦杆开口量的变化。

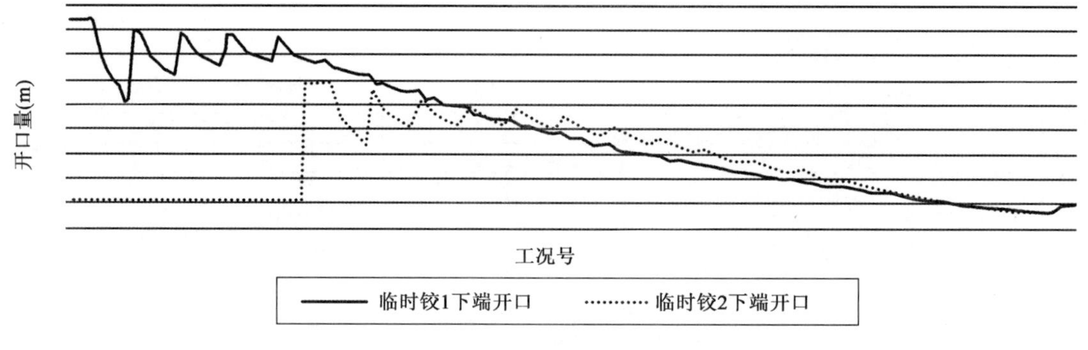

图 5.51 临时铰 1～2 处下弦杆开口量

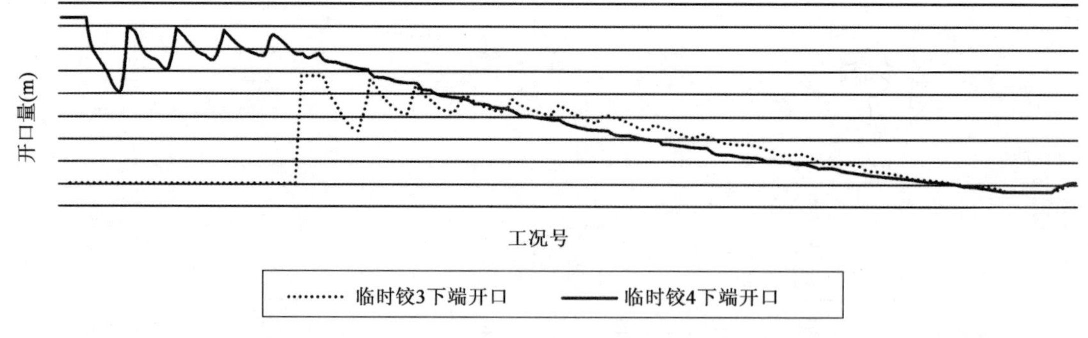

图 5.52 临时铰 3～4 处下弦杆开口量

从图 5.51、图 5.52 可知，临时铰 1～4 处下弦杆开口量最大值分别为 726mm、466mm、511mm、781mm，东岸侧临时铰下弦开口量较原方案有所减小，而西岸侧有所增大，且临时铰在第 179～183 工况(即架设 24 梁段前后)时开口量接近于 0mm，适合进行铰部刚接工作。

③临时铰销轴受力。

采用该方案施工时，临时铰 4 与临时铰 1 的受力相近，临时铰 3 与临时铰 2 的受力接近，详细内力数值受篇幅限制不具体列出，仅就计算结果给出分析结论。

不对称架设方案对杆件内力有一定程度影响，使内力最大值增加15%左右；对西岸侧支座反力的影响要比东岸显著得多，使东岸支座反力增大10%左右；对梁端位移的影响不大，对西岸的影响大于东岸。因此认为两岸施工进度可以有一定的差异，但是不能相差太多，建议保证不能超过一个节段，以保证施工的安全以及避免由不对称施工带来的对结构受力的不利影响。

4)吊索牵引方案比较研究

由于采用桥面吊机悬臂吊装的方式进行架设，吊索将不能直接安装，而需要通过临时索的牵引来提升加劲梁，使加劲梁吊点与主缆索夹之间的距离小于吊索无应力长度，并有一定的富余量(富余量是指按牵引力牵引临时索后，吊索处加劲梁节点和主缆节点间的距离相对吊索无应力长度的差值，正号表示两点间距离小于无应力长度，以便吊索的安装)。由于B6及B11是临时铰所在的节段，在安装主桁片的时候直接安装吊索就位，不需要进行牵引提升。计算时，通过改变临时索的无应力长度来实现对张拉牵引的模拟。图5.53为单点提升示意图，图5.54为两点提升示意图。图5.55、图5.56分别为两岸临时牵引设备。

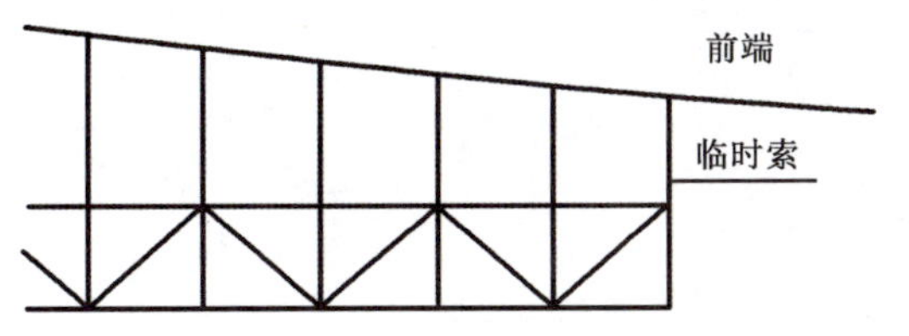

图5.53 单点提升示意图

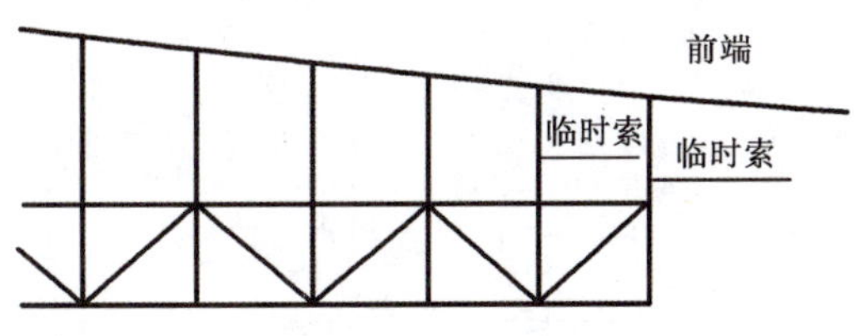

图5.54 两点提升示意图

图5.55 西岸临时牵引设备

图5.56 东岸临时牵引设备

(1)单点牵引方案

单点牵引时，通过每个节段最前端安装的临时索来进行提升。该方案下的临时索牵引力及牵引量如表5.4所示。

单点牵引数据 表 5.4

节段号	索号	牵引力(kN)	富余量(m)	节段号	索号	牵引力(kN)	富余量(m)
B3	4	0	0.073	B16	30	0	0.061
	5	2 022.93	0.071		31	2 948.53	0.142
B4	6	0	0.075	B17	32	0	0.062
	7	2 795.73	0.073		33	3 019.14	0.15
B5	8	0	0.078	B18	34	0	0.065
	9	3 501.77	0.091		35	3 005.04	0.158
B7	12	0	0.073	B19	36	0	0.067
	13	1 360.79	0.117		37	2 923.1	0.166
B8	14	0	0.057	B20	38	0	0.069
	15	2 099.45	0.084		39	2 788.42	0.173
B9	16	0	0.063	B21	40	0	0.07
	17	2 957	0.103		41	2 609.38	0.179
B10	18	0	0.06	B22	42	0	0.073
	19	3 253.04	0.106		43	2 409.66	0.184
B12	22	0	0.077	B23	44	0	0.074
	23	1 407.75	0.151		45	2 191.12	0.188
B13	24	0	0.07	B24	46	0	0.075
	25	2 027.04	0.138		47	1 965.87	0.19
B14	26	0	0.062	B25	48	0	0.076
	27	2 485.58	0.134		49	1 743.58	0.192
B15	28	0	0.06	B26	50	2 724.46	0.087
	29	2 776.7	0.137				

为了便于吊索的安装，牵引富余量均在 5cm 以上。结果显示单点提升 B10 梁段时牵引力最大达到了 3 253kN，对临时索不利。

(2)两点牵引方案

两点牵引时，通过每个节段最前端及梁段中部安装的临时索来进行提升。该方案下的临时索牵引力及牵引量如表 5.5 所示。

两点牵引数据 表5.5

节段号	索号	牵引力(kN)	富余量(m)	节段号	索号	牵引力(kN)	富余量(m)
B3	4	293.67	0.124	B16	30	1 568.41	0.138
	5	1 826.91	0.08		31	1 788.06	0.088
B4	6	925.62	0.197	B17	32	1 457.15	0.122
	7	2 106.8	0.067		33	1 915.15	0.089
B5	8	1 249.5	0.225	B18	34	1 615.23	0.129
	9	2 517.42	0.07		35	1 775.64	0.093
B7	12	1 346.76	0.196	B19	36	1 639.22	0.125
	13	484.26	0.086		37	1 654.12	0.096
B8	14	1 093.66	0.163	B20	38	1 663.59	0.121
	15	1 283.52	0.057		39	1 477.71	0.097
B9	16	1 406.79	0.208	B21	40	1 480.29	0.072
	17	1 813	0.086		41	1 284.07	0.051
B10	18	1 462.06	0.174	B22	42	1 735.47	0.115
	19	2 126.86	0.054		43	1 012.76	0.098
B12	22	1 339.1	0.134	B23	44	1 738.22	0.109
	23	473.34	0.061		45	773.58	0.097
B13	24	1 180.7	0.133	B24	46	1 382.41	0.059
	25	1 160.66	0.083		47	612.88	0.053
B14	26	1 244.14	0.114	B25	48	1 428.34	0.062
	27	1 525.69	0.062		49	367.14	0.058
B15	28	1 340.42	0.12	B26	50	2 724.46	0.087
	29	1 761.63	0.074				

为了便于吊索的安装，牵引富余量均在5cm以上。结果显示：两点提升时，除合龙段以外(合龙段为2 724.5kN)的其余梁段的最大牵引力为2 517.4kN，出现在提升B5梁段的时候。

由表5.4、表5.5可以看出，两点牵引方案中的力要明显小于单点牵引方案中的牵引力，为了保证施工中临时吊索的安全，建议采用两点牵引方案。由于两点牵引方案中的前后吊点的力之间存在相互影响以及不同富余量对结果有较大影响，建议施工时根据实际情况，在保证安全的情况下进行提升。

5.2.4 钢桁加劲梁施工方案分析

坝陵河大桥采用桥面吊机进行悬索桥加劲梁的悬臂架设，其加劲梁的施工过程是从主塔附近节段开始向跨中推进，首、次节段采用整体吊装的方式进行架设，后续梁段以两个节间为一个架设单元，循环进行。每个架设节段的过程为：首先一次吊装梁段主桁架、主横桁架，其次安装梁段前后两根吊索，接着安装梁段上下平联及附属设施还有内侧两块桥面板，最后桥面吊机前行至安装梁段的最前端进入下一个循环作业过程。本节主要对施工过程中各主要杆件及吊索的受力分析、施工过程中梁端反力及位移计算、首节段变形相关参数计算、临时铰相关参数分析、一般梁段施工阶段坡度变化、主缆索夹处倾角进行简要介绍。

对于整体结构，采用"桥梁结构空间非线性分析系统 BNLAS"，建立了空间计算模型，初步对成桥结构内力状态和施工过程进行了模拟分析。在进行该方案总体复核时暂不考虑顶推，将有限元模型中主索鞍与桥塔之间进行主从连接，并保证纵向能够自由移动。

1)各主要杆件及吊索受力分析

图 5.57～图 5.60 分别为钢桁梁在施工过程至成桥状态下上弦杆、下弦杆、主桁斜腹杆、竖杆的应力包络图及吊索的轴力包络图。其中应力与轴力均以受拉为负，受压为正。表 5.6 列出了该施工方案下主桁各杆件应力及吊索索力的最大、最小值。

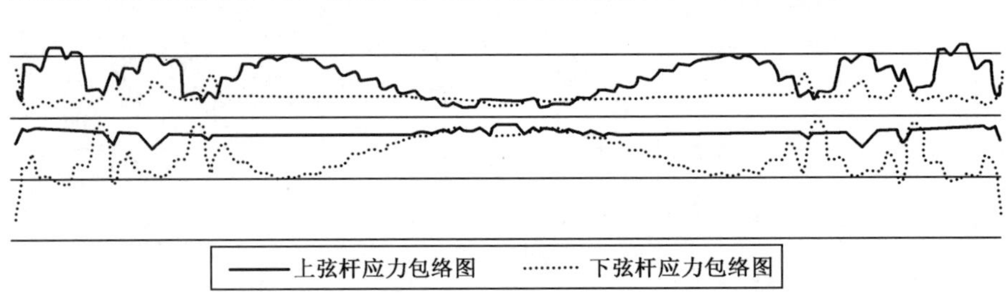

图 5.57　该方案主桁上下弦杆应力包络图(单位:MPa)

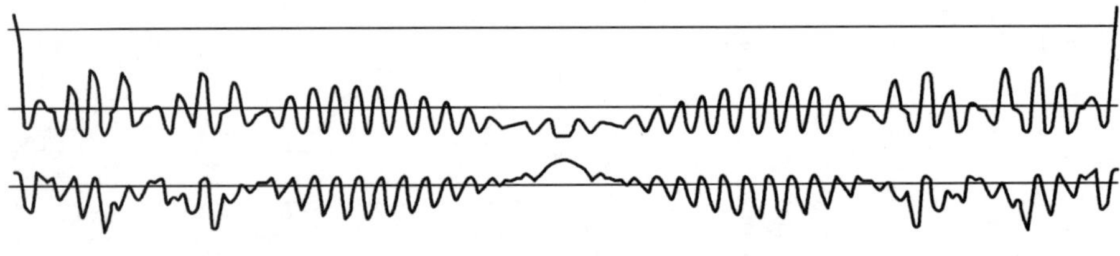

图 5.58　该方案主桁斜腹杆应力包络图(单位:MPa)

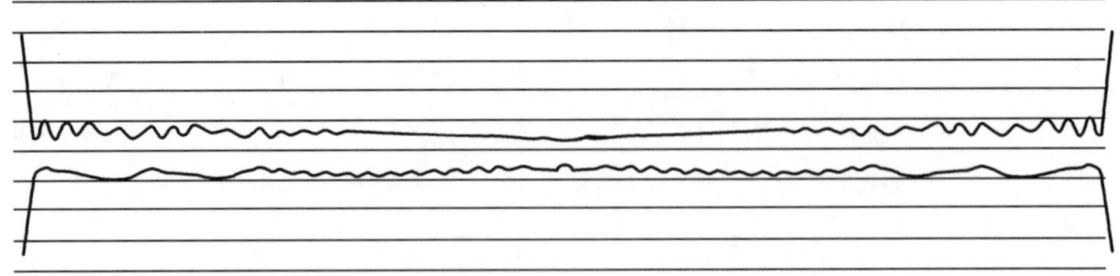

图 5.59　该方案主桁竖腹杆应力包络图(单位:MPa)

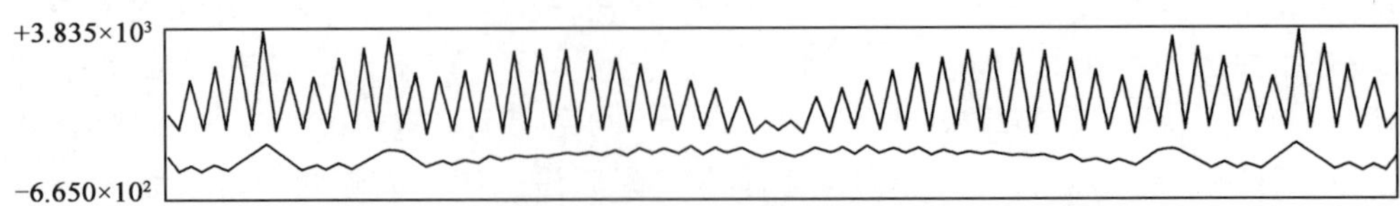

图 5.60　设置施工临时铰方案吊索轴力包络图(单位:kN)

该方案施工过程中主桁各类杆件最大、最小应力及吊索最大、最小内力　　表 5.6

项目	上弦杆(MPa)	下弦杆(MPa)	斜腹杆(MPa)	竖腹杆(MPa)	吊索(kN)
最大值	115.76	77.37	169.15	200.87	3 834
最小值	−51.18	−163.13	−108.3	−174.15	68.7

由图 5.57～图 5.60 及表 5.6 可以看出,该施工方案设置的临时铰能够有效地减小钢桁梁主要杆件的应力及吊索索力。由此可见:该悬臂架设方案能够满足结构及施工过程中对安全系数的相关要求。因此,本桥选取的该加劲梁吊装方案是安全可行的。

2)梁端反力及位移计算

(1)梁端反力

根据施工单位提供的资料,计算模型在钢桁梁架设阶段至合拢段施工前,梁端采用固定可转动约束,即约束纵向及竖向位移,在合拢前,仅约束竖向位移。图 5.61～图 5.64 分别为在此约束条件下东、西塔支座的纵向水平支反力及竖向支反力。在施工阶段,东塔支座纵向水平支反力的变化范围在－16～625kN 之间,西塔支座纵向水平支反力的变化范围在－624～17kN 之间;东塔支座竖向支反力的变化范围在 157～2 950kN 之间,西塔支座竖向支反力的变化范围在 149～2 965kN 之间。

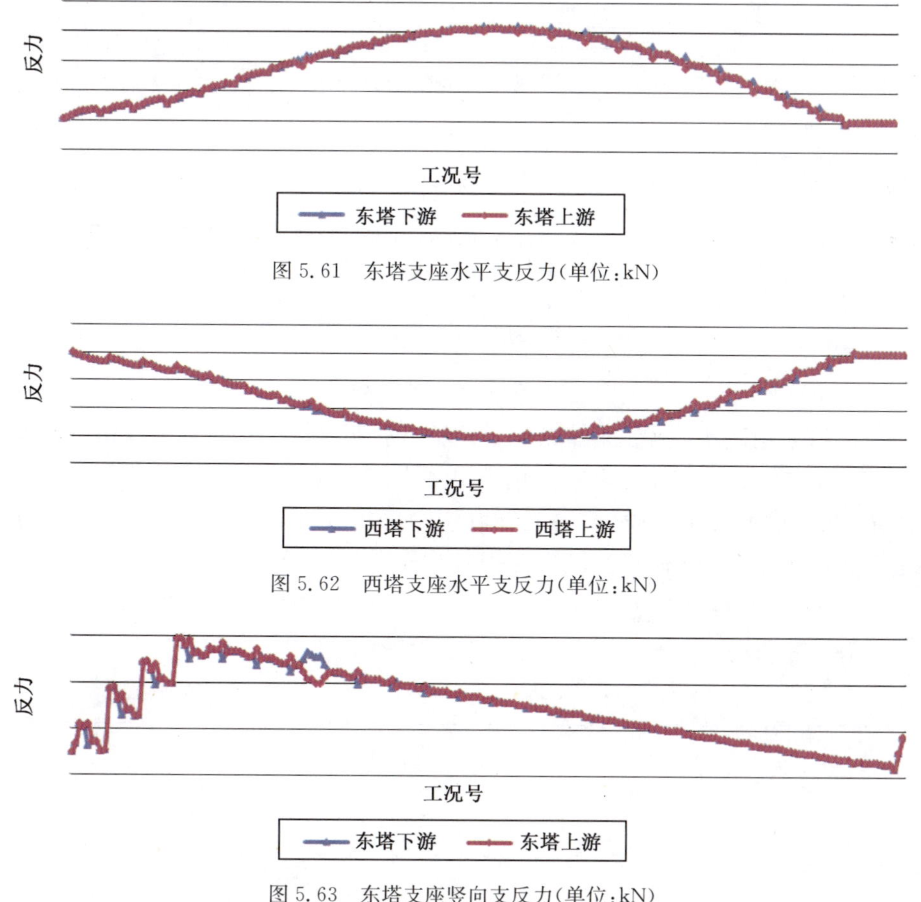

图 5.61　东塔支座水平支反力(单位:kN)

图 5.62　西塔支座水平支反力(单位:kN)

图 5.63　东塔支座竖向支反力(单位:kN)

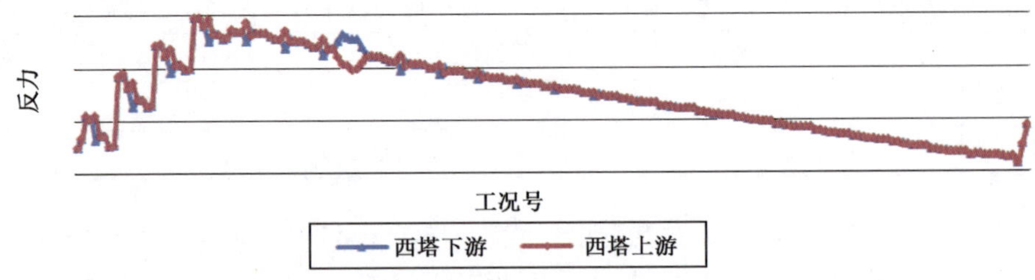

图 5.64　西塔支座竖向支反力(单位:kN)

(2)梁端纵向位移

在梁部纵向约束放松后,东、西塔处梁端底部纵向位移分别见图 5.65、图 5.66,其中东塔最大纵向位移 190mm(向河侧),西塔最大纵向位移－203mm(向岸侧),所有的位移值均相对于成桥状态。

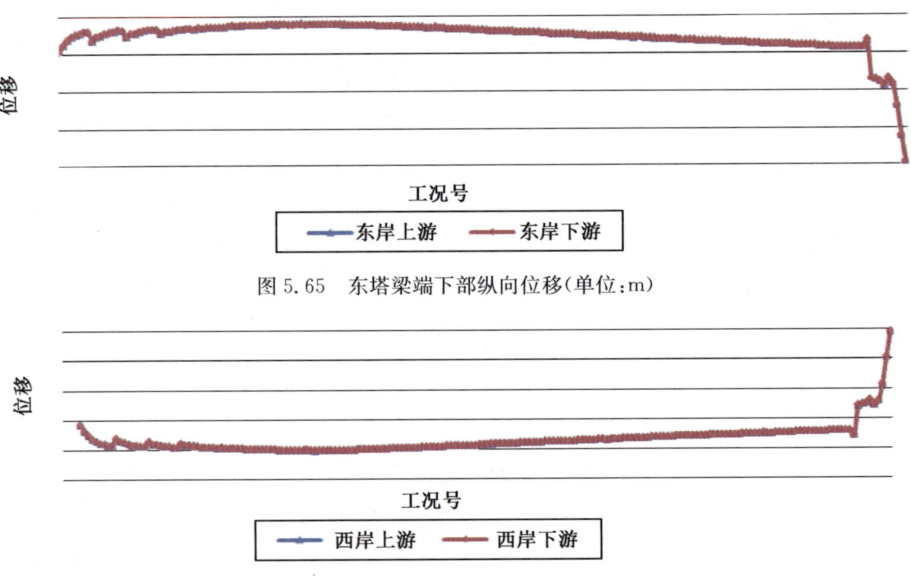

图 5.65　东塔梁端下部纵向位移(单位:m)

图 5.66　西塔梁端下部纵向位移(单位:m)

在梁端下部约束情况下,梁端上部纵桥上位移变化见图 5.67、图 5.68,其中东塔变化范围在－122～519mm 之间(正值向河侧),西塔变化范围在－535～104mm 之间(负值向河侧)。需要注意的是,在架设前几个阶段,梁端上部位移变化较大,需要施工单位对梁端与引桥间的临时导梁采取相应的措施,所有的位移值均相对于成桥状态。

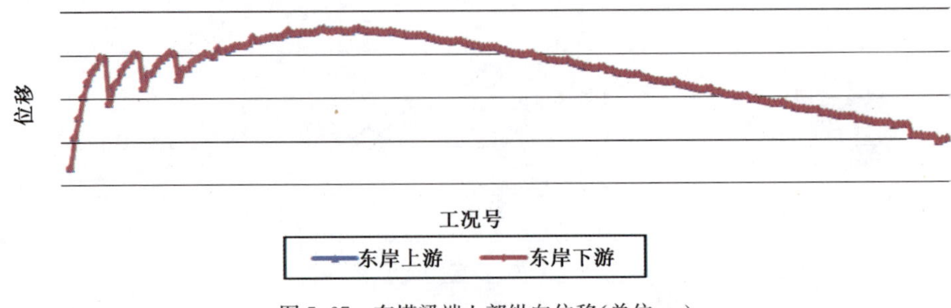

图 5.67　东塔梁端上部纵向位移(单位:m)

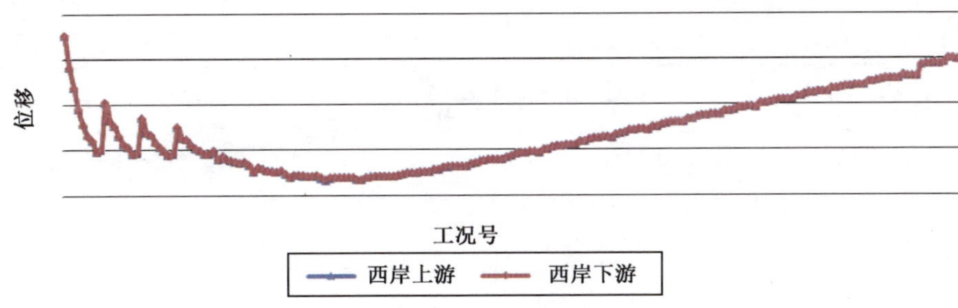

图 5.68　西塔梁端上部纵向位移(单位:m)

3)首节段相关变形参数

图 5.69、图 5.70 分别为东、西塔首节段在架梁过程中的坡度变化,坡度以沿路线里程前进方向,上坡为正,下坡为负。坡度均为实际梁段架设过程中的绝对坡度。东塔首节段坡度变化范围在－1.20%～4.83%之间,西塔首节段坡度变化范围在－3.60%～2.40%之间。首节段坡度在架设 1～6 号吊装梁段时起伏较大,此后变化相对稳定。

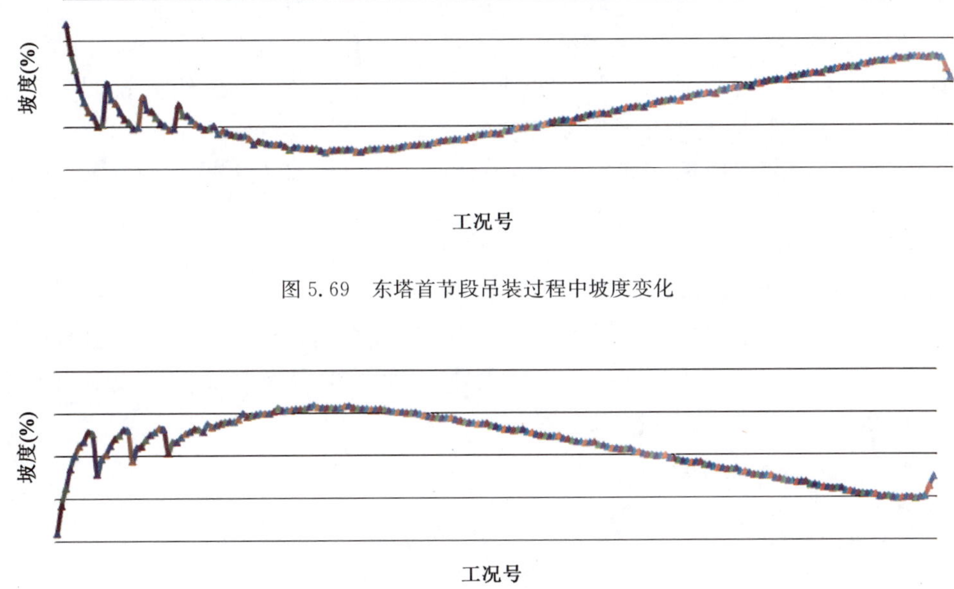

图 5.69　东塔首节段吊装过程中坡度变化

图 5.70　西塔首节段吊装过程中坡度变化

4)该方案下的临时铰处相关参数

由于采用了设置临时铰的刚-铰混合施工方法进行加劲梁的架设,必然导致在临时铰的前后加劲梁出现一个折角,从而使临时铰前后两节段加劲梁存在一定的坡度差,这就给相关设备经铰处前移时产生了困难。架设过程中的 4 个临时铰按从东到西编号为 1～4,由于两岸临时铰对称布置,因此临时铰 3 与临时铰 2 的情况基本一致,临时铰 4 和临时铰 1 的情况基本一致,此处仅列出临时铰 1 和临时铰 2 两侧梁段坡度差,如图 5.71、图 5.72 所示。其中梁段坡度以由东塔向西塔方向行进,上坡为正,下坡为负。

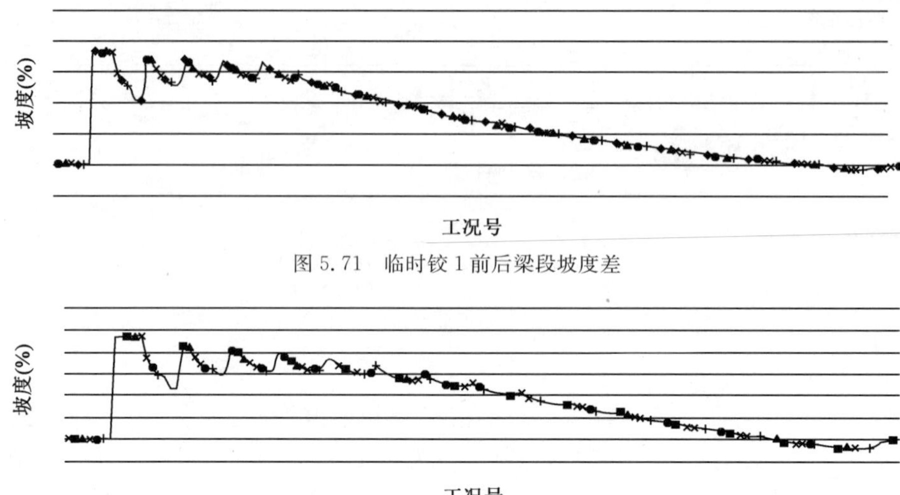

图 5.71　临时铰 1 前后梁段坡度差

图 5.72　临时铰 2 前后梁段坡度差

由图 5.71、图 5.72 可以看出：

对于 1 号铰处先吊梁段 B5 梁段，最大坡度约为 2.9%，为上坡；1 号铰处后吊梁段 B6 梁段，最大坡度约为 7.8%，为上坡，最大坡度发生在 B6 梁段吊索安装就位时。

临时铰 2 处两吊装梁段坡度均为上坡，其中 B10 号梁段最大上坡约为 6.1%，B11 号梁段最大上坡约为 9.9%，且均发生在梁段安装初期。

临时铰 3 处两吊装梁段坡度均为下坡，其中 B10 号梁段最大下坡约为－4.8%，B11 号梁段最大上坡约为－8.7%，且均发生在梁段安装初期。

临时铰 4 处 B5 号梁段最大上坡约为 2.2%，B6 号梁段最大下坡约为－6.5%。

5)一般梁段施工过程中的坡度变化

在施工过程中一般梁段的最大坡度为 9.20%，出现在架设 B12 梁段时其自身的坡度。所有梁段基本上均是在架设完成初期的坡度较大，随着后续梁段及其他构件或附属设施的安装就位，坡度趋于缓和，最终达到大桥纵坡要求。

5.2.5　特殊施工阶段控制

1)鞍座顶推方案研究

(1)悬索桥鞍座顶推

在悬索桥施工过程中，主缆内力通过塔顶主索鞍传递给桥塔。随着主梁的吊装，桥塔两侧主缆的不平衡力越来越大，使得桥塔发生纵向位移。最理想的情况是使索鞍可以自由滑动(提前设置好索鞍预偏量)，这样索鞍在不平衡力作用下滑动到平衡点，在施工结束时索鞍中心刚好滑动到塔顶中心位置(设计位置)。但出于施工安全和可控原则考虑，往往不能允许其自由滑动，而是对主索鞍进行人工的、可控的多次顶推，以此消除不平衡力，使塔身恢复竖直。在悬索桥主梁吊装阶段，主缆所受荷载的变化最大、最频繁，使得桥塔不断发生纵向位移，因此塔顶主索鞍的绝大部分顶推都在这个施工阶段进行。为了保证在施工中桥塔始终处于良好的受力状态，主索鞍的顶推时机、顶推量的选择成为主梁吊装施工阶段最重要的监控内容。索鞍的逐次顶推过程就是桥塔应力随时间的变化曲线逐次向自由滑移状态时曲线逼近的过程。进行顶推施工需要满足两个方面的要求，具体如下。

①在悬索桥上部结构施工控制中，为保证桥塔结构的安全，需要控制桥塔顶的位移。因此往往需要设计或施工控制单位给出桥塔顶的允许位移值。由于施工过程在不断变化，作用于桥塔顶的竖向力也在不断地变化，桥塔应力是轴向力和弯矩产生的应力的迭加。为保证桥塔结构的安全，应使桥塔结构的应力满足强度要求，同时桥塔结构也必须满足稳定性要求。对于混凝土桥塔的强度控制条件，一般采用截面不出现拉应力和压应力小于设计强度值控制；但在施工过程中，由于施工临时荷载作用是较短时间的，可考虑将不出现拉应力的条件放宽到拉应力不大于设计强度值。

②在悬索桥上部结构施工控制中，为确保主缆不在索鞍内发生相对滑移，必须保证主缆在塔顶处的水平不平衡力要大于主缆与索鞍之间的静摩擦力，同时还要满足设计上对主缆抗滑移系数的要求。

目前，常规悬索桥施工过程中采用的传统方法是将塔顶的主索鞍设预偏值，当塔顶水平位移达到一定程度时顶推主索鞍，以减小塔根弯矩，然后继续架设加劲梁，经过分阶段的数次顶推，最终在所有恒载施工完毕后将主索鞍顶推到设计位置固定。

(2)索鞍预偏量

由于桥塔设计的理论恒载状态是塔顶没有偏位，塔底没有弯矩，因此各索鞍在成桥恒载状态也就没有剪力。成桥状态各跨主缆在索鞍处的水平力保持平衡，但各跨作用在主缆上的外荷载并不相等，例如中跨较长、荷载较重，而边跨荷载较轻，甚至没有吊索荷载。在空缆状态这些外荷载还没有施加(梁段、索夹、吊索等还没有安装)，这种状态的主缆内力相当于成桥状态的主缆内力减去外荷载所产生的主缆内力，当然中跨减小得多，边跨减小得少，如果索鞍保持为成桥状态的位置，势必产生强大的不平衡力，该不平衡力将不得不由桥塔变形来予以消除，可能会发生如下情况。

①由于需要提供与成桥状态差不多的强大张力来调整丝股至成桥位置，调索非常困难，难以保证精度，并且需要特殊的设备。

②主缆丝股将克服与索鞍槽的摩擦力而在槽内滑动，造成施工困难，无法保证丝股垂度的架设精度。

③不平衡力通过丝股与索鞍槽的摩擦力传给索鞍，为保证支承与索鞍间的相对位置，索鞍的固定限位装置或临时支承就要做得非常强大，提高了施工的造价。

桥塔是高耸结构，不平衡力将引起桥塔的偏位和桥塔塔底的巨大弯矩，从而增加了桥塔的危险性。因此，靠主塔变形来改变大缆的跨度以减小不平衡力是不现实的。研究表明，跨度的改变能够引起跨中垂度的显著改变，从而改变悬索的内力，所以可以对滑板式索鞍进行偏移或者对摇轴式索鞍进行偏转，使其偏离成桥设计位置，以改变各跨大缆的跨度来调整各跨主缆的张力，并让相邻两跨主缆在索鞍处保持一定的平衡关系，这种偏移量或偏转量就是索鞍的预偏量。

(3)主索鞍与桥塔连接模拟

主索鞍与桥塔连接及顶推装置的模拟如图 5.73 所示。

主索鞍底面与桥塔塔顶之间建立主从约束，使主索鞍除纵向外的其他自由度均与桥塔塔顶保持一致。再利用两个刚性梁和一个刚性杆使主索鞍的纵向位移受刚性杆来控制。当计算阶段不是顶推工况的时候，由于刚性单元的存在使主索鞍不会发生与桥塔的相对偏位；而需要

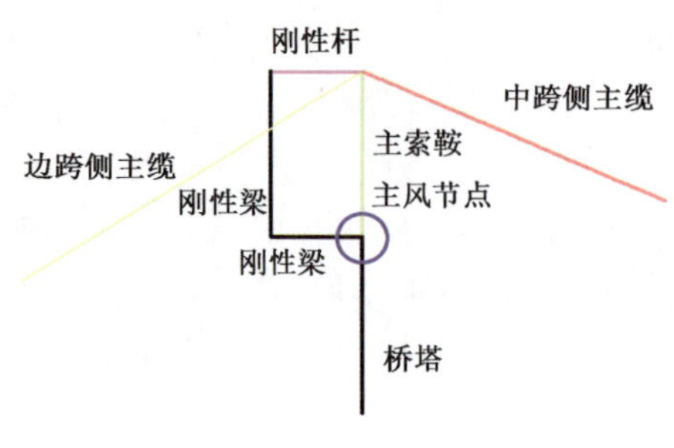

图 5.73 顶推装置模拟

进行顶推施工模拟时，可以通过改变刚性杆的无应力长度来实现主索鞍相对于桥塔的移位。

(4)坝陵河大桥顶推方案

①坝陵河大桥顶推方案一。

随着加劲梁的架设，为了保证上部结构施工安全顺利进行及满足施工准备的需要，需对鞍座进行顶推。为了验证顶推方案的可行性，对桥塔底应力、主缆在鞍座内抗滑移及顶推力进行了验算。鞍座与塔顶之间的摩擦系数取为 0.035，主缆在鞍座内滑动的摩擦系数取为 0.2。顶推方案一如表 5.7 所示。

顶 推 方 案 一 表 5.7

东塔			
顶推阶段	顶推量(mm)	预估最大顶推力(t)	顶推时间
第 1 阶段	230	309	B4 梁段完成，吊机已移至前端
第 2 阶段	290	428	B12 梁段完成，吊机已移至前端
第 3 阶段	300	579	B21 梁段完成，吊机已移至前端
第 4 阶段	248	721	两边桥面板安装完成后上桥面铺装前
西塔			
顶推阶段	顶推量(mm)	预估最大顶推力(t)	顶推时间
第 1 阶段	200	285	B4 梁段完成，吊机已移至前端
第 2 阶段	260	403	B12 梁段完成，吊机已移至前端
第 3 阶段	300	571	B21 梁段完成，吊机已移至前端
第 4 阶段	212	705	两边桥面板安装完成后上桥面铺装前

②坝陵河大桥顶推方案二。

对于悬索桥鞍座顶推来说，往往存在多种可行的方案，因此提出将原顶推方案的中的第二、第三次顶推往后推迟两个安装节段。该顶推方案具体如表 5.8 所示。

顶 推 方 案 二 表 5.8

东塔			
顶推阶段	顶推量(mm)	预估最大顶推力(t)	顶推时间
第 1 阶段	230	309	B4 梁段完成，吊机已移至前端
第 2 阶段	290	511	B14 梁段完成，吊机已移至前端
第 3 阶段	300	650	B23 梁段完成，吊机已移至前端
第 4 阶段	248	721	两边桥面板安装完成后上桥面铺装前
西塔			
顶推阶段	顶推量(mm)	预估最大顶推力(t)	顶推时间
第 1 阶段	200	285	B4 梁段完成，吊机已移至前端
第 2 阶段	260	480	B14 梁段完成，吊机已移至前端
第 3 阶段	300	632	B23 梁段完成，吊机已移至前端
第 4 阶段	212	705	两边桥面板安装完成后上桥面铺装前

按两种方案进行顶推施工时，桥塔塔底不出现拉应力，同时主缆在鞍槽内的抗滑移系数均较大，能够满足悬索桥进行鞍座顶推的相关要求，因此两种方案对于本桥来说都是安全可行的顶推方案。对于悬索桥鞍座顶推来说，往往不只有一种可行的方案，因此可以根据施工实测数据以及监控单位提出的监控指令进行本桥的鞍座顶推施工。

2)合龙方案研究

对于采用桥面吊机进行悬臂吊装的坝陵河大桥来讲，合龙段施工是大桥施工中的一个难点，也是一个关键工序，直接关系到大桥建设的成败。为了确保合龙段施工的顺利进行，在施工前需要进行充分的分析研究。本项目中研究了温度、压重以及吊索不同工况牵引对合龙的影响。对多个合龙段施工方案进行了全面的分析，以确定备选方案的可行性。进行合龙相关计算时，均考虑梁端临时支座已更换为永久竖向支座，所有临时铰已经完成铰部闭合工作。主要进行了以下的计算分析工作：温度对合龙施工的影响；压重对合龙施工的影响；合龙前主缆高程对合龙施工的影响；顶拉措施对合龙施工的影响；牵引不同吊索对合龙施工的影响；本桥最终合龙方案的相关计算。

(1)各种因素对合龙段开口量的影响

①温度对合龙段开口量的影响。

大桥在2009年5月中旬进行合龙，根据往年的统计，可知气温在15～30℃之间变化，为了选取合适的合龙温度，计算了合龙段在15～30℃之间不同温度下的开口量。本桥设计温度为20℃，在有限元分析模型中通过对全桥所有钢构件的整体升温和降温来实现温度从15～30℃之间的变化。表5.9给出了不同温度下的开口量。计算的工况是两岸桥面吊机均位于25梁段前端，26梁段所有杆件均未安装。

温度对合龙的影响计算(单位：m)　　表5.9

温度(℃)	15	16	17	18	19	20	21	22
上弦杆	0.110 1	0.111 6	0.113 4	0.114 9	0.116 3	0.117 3	0.117 7	0.119 2
下弦杆	0.137 6	0.138 7	0.139 5	0.140 6	0.141 7	0.143 1	0.142 8	0.143 9
差值	−0.027 5	−0.027 1	−0.026 1	−0.025 7	−0.025 4	−0.025 7	−0.025 1	−0.024 7
温度(℃)	23	24	25	26	27	28	29	30
上弦杆	0.120 6	0.122 1	0.123 5	0.124 9	0.126 4	0.127 8	0.129 2	0.130 7
下弦杆	0.145	0.146 1	0.147 2	0.148 3	0.149 3	0.150 4	0.151 5	0.152 6
差值	−0.024 4	−0.024	−0.023 7	−0.023 3	−0.023	−0.022 6	−0.022 3	−0.021 9

注：上弦杆=21.602−合龙段上弦杆两节点距离亦即文中所提的上弦开口量，其中21.602为合龙段上弦杆长度；下弦杆=21.595 6−合龙段下弦杆两节点距离亦即文中所提的下弦开口量，其中21.595 6为合龙段上弦杆长度；差值=上弦杆−下弦杆；如无特殊说明本章以下各表中相同文字与此表意义相同。

由表5.9可以看出当：全桥整体温度一致变化时，温度对开口量的影响较小。温度升高合龙段上下弦之间的开口差值略微减小，由于影响较小，因此对合龙温度没有特殊要求，但需要保证在温度较为稳定的情况下进行合龙施工。

②压重对合龙段开口量的影响。

由于纵坡及荷载未上全等因素的影响，合龙段上弦的开口量往往大于下弦杆的，为了消除这种差异，可以通过压重的方式来解决。这里提出的压重可以通过直接加配重、桥面板的安装差异、桥面吊机不同站位等方法实现。压重如图 5.74 所示。表 5.10 为第 25 节段架设完成后,未安装合龙段任何杆件,在不同工况下合龙段上下弦开口量的变化。其中配重施加于两岸 25 节段下横梁及下弦杆上。

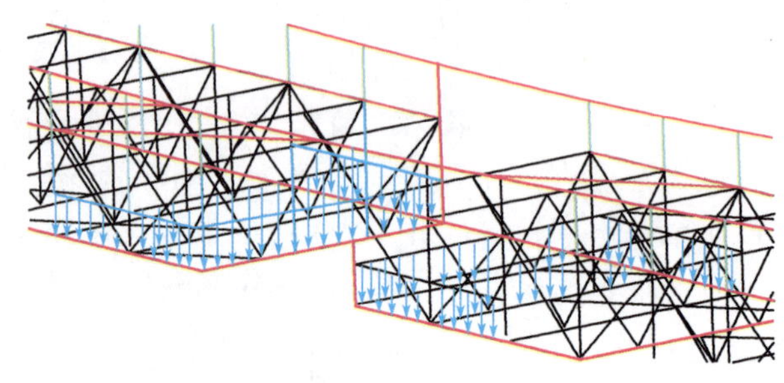

图 5.74 压重示意图

压重对合龙段开口量影响计算(单位:mm) 表 5.10

<table>
<tr><td rowspan="3">工况</td><td rowspan="3">东、西岸吊机均在 24 节段(安装桥面板)</td><td rowspan="3">东岸在 25 节段,西岸在 24 节段(安装桥面板)</td><td colspan="4">东、西岸吊机均在 25 节段前端</td></tr>
<tr><td rowspan="2">未安装桥面板</td><td colspan="3">安装桥面板</td></tr>
<tr><td>不压重</td><td>6kN/m(单侧总 60t)</td><td>8kN/m(单侧总 80t)</td></tr>
<tr><td>上弦杆</td><td>110.086</td><td>113.717</td><td>96.53</td><td>117.334 6</td><td>131.896</td><td>136.53</td></tr>
<tr><td>下弦杆</td><td>153.45</td><td>148.261</td><td>157.38</td><td>143.064 9</td><td>130.993</td><td>126.835</td></tr>
<tr><td>差值</td><td>−43.36</td><td>−34.54</td><td>−60.85</td><td>−25.730 3</td><td>0.903</td><td>9.695</td></tr>
</table>

由表 5.10 可以看出:当两岸第 25 节段架设完成桥面吊机前行且安装完 25 梁段桥面板后,可以通过在两岸 25 梁段下横梁及下弦杆施加单侧总共 60t 左右的配重后,合龙段上下弦开口量的差值较小,有利于合龙施工。

③合龙前主缆高程对合龙段开口量的影响。

由于外侧桥面板尚未安装,使大桥有一定数量的恒载仍未上齐,使大桥主缆的高程与成桥主缆高程存在较大差异,从而导致合龙段上下弦开口量的差异。表 5.11 给出的是第 25 节段架设完成后,安装好永久吊索及桥面板,两岸桥面吊机和移动防护平台均移动到 25 节段前端,此时主缆高程与成桥主缆高程的差异。

合龙前主缆高程与最终高程的差值计算(单位:m) 表 5.11

成桥	合龙前	安装 26 主桁横桁后	成桥与合龙差值	成桥与安装 26 主桁横桁后差值
95.752 3	98.888 3	98.674 8	3.136 0	2.922 5

根据表 5.11 所示内容可以看出,合龙前主缆高程与成桥主缆高程存在较大的差异,这使得加劲梁存在“上翘”的趋势,从而导致上弦开口量要大于下弦开口量。需要通过一些特定方式使上下弦开口量基本一致,以利于合龙施工。

④顶拉措施对合龙段开口量的影响。

上下弦开口量的差异还可以通过“下顶上拉”的方式来解决。第 25 节段架设完成后,安装好永久吊索及桥面板,东岸桥面吊机位于 25 节段前端,西岸桥面吊机位于 24 节段前端,两岸移动防护平台均移动到 25 节段前端。安装合龙段主桁片及主横桁片，预留合龙段杆件的一头(西岸侧)，采用下顶上拉的方式使合龙段上下弦开口量满足要求。在两岸 25 节段主桁 8 个节点进行顶拉，表 5.11 中的力为单个点的力。顶拉方式如图 5.75 所示。表 5.12 中给出了一定顶拉力作用下，合龙段上下弦开口量的变化，由表 5.75 可以看出施加一定的力就可以达到预期结果。

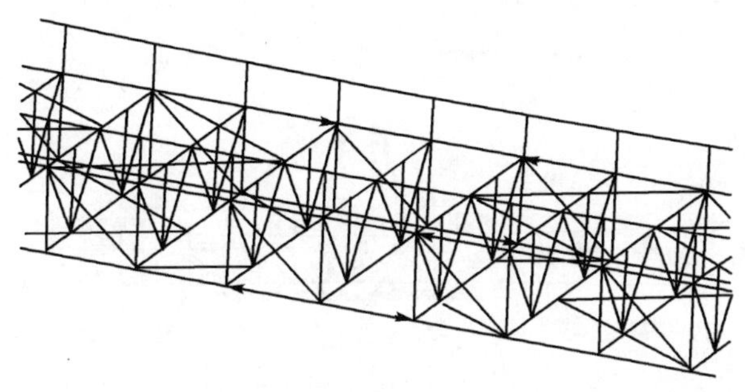

图 5.75　顶拉方式简图

顶拉措施对合龙段开口量的影响(单位:mm)　　表 5.12

位　　置	未　顶　拉	下顶 400kN，上拉 200kN	下顶 480kN，上拉 240kN
上弦杆	11.521	1.218	−0.84
下弦杆	14.14	−1.51	−4.63
差值	−2.62	2.726	3.795

⑤吊索牵引方式对开口量的影响。

a.牵引已安装吊索。

通过提升已安装梁段来实现对合龙段开口量的改变，为了验证方案的可行性，进行了计算。计算时考虑在进行牵引提升的吊索位置，用临时索来取代永久索，然后通过改变临时索的无应力长度从而达到张拉的目的。通过这种牵引提升期望能够达到减小合龙段上下弦开口差的目的，从而有利于强迫合龙。为验证这种方案的真实效果，此处以张拉 20 节段的 3 对吊索为例，计算合龙段上下弦开口量的差值的变化。该方案如图 5.76～图 5.79 所示。该方案施工过程为：

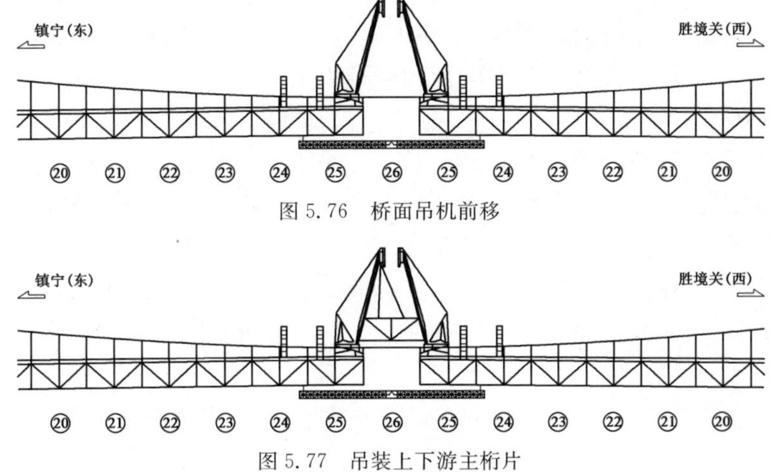

图 5.76　桥面吊机前移

图 5.77　吊装上下游主桁片

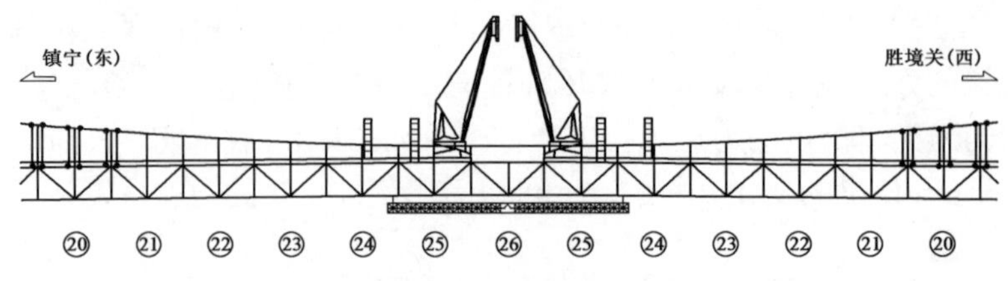

图 5.78 提升 B20 梁段吊索主桁合龙

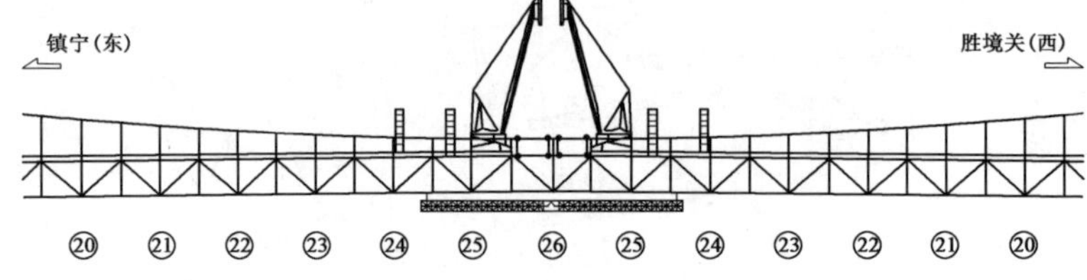

图 5.79 吊装平联并安装吊索

a)安装完成第 25 梁段后,两岸桥面吊机及移动防护平台均前移至 25 梁段前端;

b)装上下游主桁片,并仅将东岸侧与 25 梁段连接;

c)张拉 20 梁段处的临时索,提升加劲梁;

d)测量合龙开口量,利用手拉葫芦牵引,强迫合龙;

e)主桁合龙后,吊装主横桁片、上下平联及附属设施;

f)利用临时索提升梁段,安装跨中三对吊索,再吊装桥面板。

以 20 梁段 3 对吊索为例,每对吊索张拉到 200t 的力时开口量变化如表 5.13 所示。

牵引 20 梁段吊索对合龙的影响(单位:mm) 表 5.13

位　　置	未　张　拉	张拉 20 段 3 对吊索(每对 200t)
上弦杆	57.42	65.03
下弦杆	44.74	42.26
差值	12.69	22.77

由表 5.13 中所列结果可以看出,通过提升已经安装的第 20 节段对合龙段开口量的影响不大,甚至使上下弦开口差值变大,对合龙施工不利。因此认为对已安装吊索的牵引不能达到预期目标,该方案就本桥而言并非合理可行的合龙方案。

b. 跨中 3 对吊索后安装方案。

第 25 节段架设完毕,安装 E49 号吊索,E50 号吊索不安装,两岸桥面吊机均在第 48 节间,安装合龙段主桁片及主横桁片,预留合龙段杆件的一头(西岸侧),通过张拉 E49、E50 及 E51 号共 3 临时索来实现合龙。计算时,通过改变临时索的无应力长度就能实现有限元模型对牵引提升的模拟。该方案的施工过程如图 5.80~图 5.82 所示,施工过程为:

a)安装完成第 25 梁段后,两岸桥面吊机前移至第 48 节间,移动防护平台前移至 25 梁段前端;

b)吊装上下游主桁片,并仅将东岸侧与 25 梁段连接,利用加劲梁自重使其下挠以减小上下弦开口差;

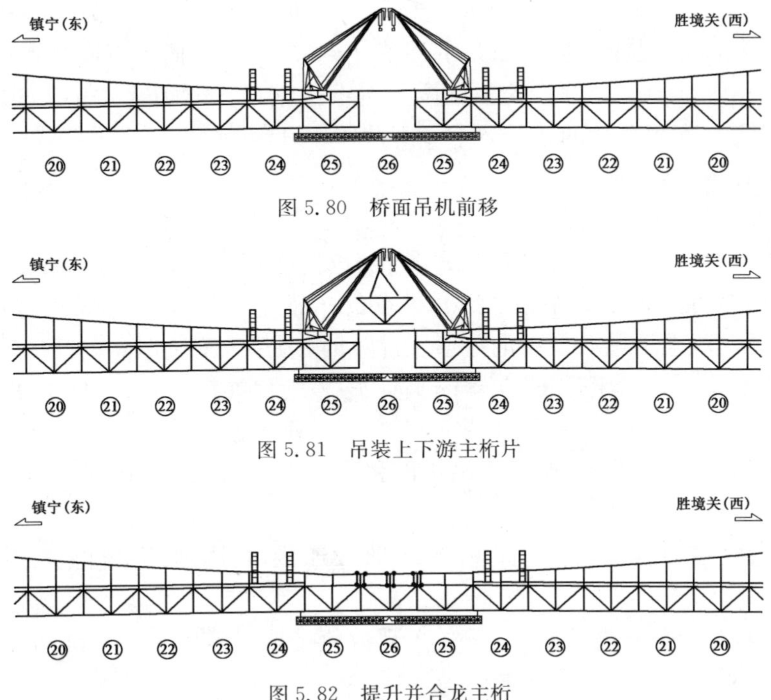

图 5.80　桥面吊机前移

图 5.81　吊装上下游主桁片

图 5.82　提升并合龙主桁

c)利用临时索对合龙段进行提升，根据实测数值选取适宜时机对合龙杆件西岸侧进行连接，并安装跨中 3 对吊索；

d)主桁合龙后，吊装主横桁片、上下平联及附属设施；安装桥面板。

采用该方案时，合龙段上下弦杆开口量变化及对应的临时索牵引力和牵引量如表 5.14 所示。图 5.83 为该方案下吊索的内力包络图。

跨中 3 对吊索后安装方案计算结果(单位：mm)　　　表 5.14

工况	架设完 25 节段	安装 26 主桁横桁后	张拉临时索后
上弦杆	117.33	91.51	−33.69
下弦杆	143.06	65.01	−7.40
差值	−25.73	26.50	−26.28
位置	E49	E50	E51
牵引力	1 255.047kN	1 255.047kN	1 255.047kN
牵引量	86.02	123.16	83.77

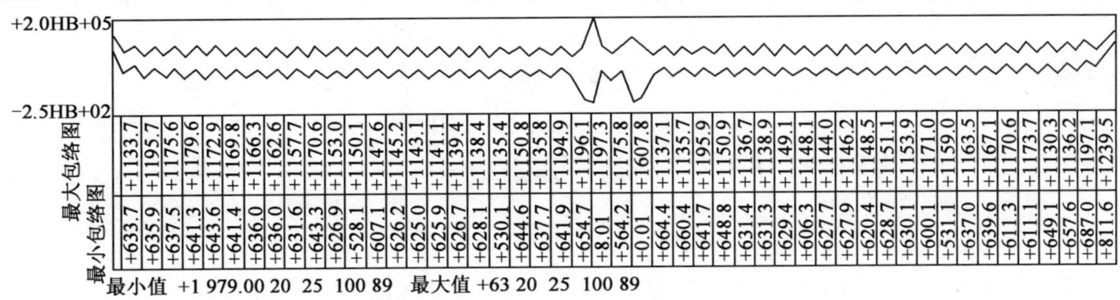

图 5.83　跨中 3 对吊索后安装方案下吊索索力包络图(单位：kN)

从结果可以看出，通过 3 对吊索的牵引提升，不但能使上下弦各自开口量达到可以进行强迫合龙施工的要求，还能使上下弦开口量的差值达到较小值，从而可以通过手拉葫芦对杆件进行一定牵引之后达到强迫合龙的目的。且该方案下吊索最大索力为 1 997.3kN，能够满足设计对吊索施工过程中安全系数的相关要求。因此跨中 3 对吊索后安装方案对于本桥来说是个可行的合龙方案。

c.跨中 5 对吊索后安装方案。

与前述 3 对吊索后安装方案类似，该方案暂不安装第 25 节段的两对吊索，留待合龙后利用临时索牵引，而后再安装永久吊索。5 个吊点的吊索不安装，使更多的钢桁梁处于悬臂状态，进一步减小合龙段上下弦开口量的差值。计算时，通过改变临时索的无应力长度就能实现有限元模型对牵引提升的模拟。该方案的具体施工过程如图 5.84～图 5.86 所示，施工过程为：

a)安装完成第 25 梁段后，两岸桥面吊机前移至第 48 节间，移动防护平台前移至 25 梁段前端；

b)吊装上下游主桁片，并仅将东岸侧与 25 梁段连接，利用加劲梁自重使其下挠以减小上下弦开口差；

c)利用临时索对合龙段进行提升，根据实测数值选取适宜时机对合龙杆件西岸侧进行连接，并安装跨中 5 对吊索；

d)主桁合龙后，吊装主横桁片、上下平联及附属设施；

e)安装桥面板。

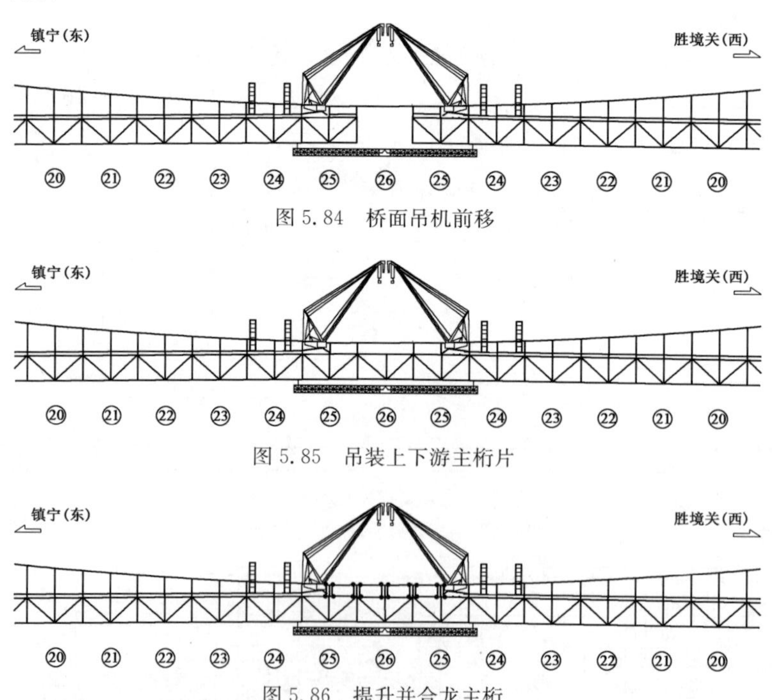

图 5.84　桥面吊机前移

图 5.85　吊装上下游主桁片

图 5.86　提升并合龙主桁

表 5.15 给出了该方案的开口量结果，表 5.16 为吊索牵引力及牵引量。

图 5.87 为该方案下吊索索力包络图。

跨中 5 对吊索后安装方案开口量变化(单位:mm)　　表 5.15

工况	架设完 25 节段	安装 26 主桁横桁后	张拉临时索后
上弦杆	117.33	128.75	−18.51
下弦杆	143.06	62.49	2.39
差值	−25.73	66.26	−20.90

跨中 5 对吊索后安装方案牵引力及牵引量结果　　表 5.16

位置	E48	E49	E50	E51	E52
牵引力(kN)	750.485	887.326	1 001.777	962.994	753.762
牵引量(mm)	32.62	66.29	95.34	72.72	38.35

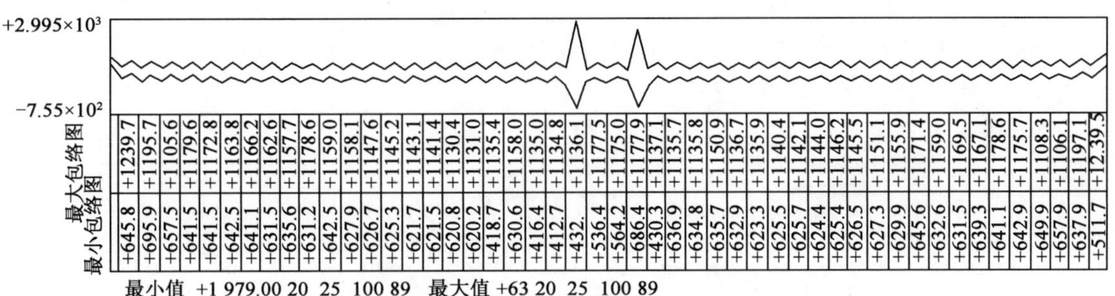

图 5.87　跨中 5 对吊索后安装方案下吊索索力包络图(单位:kN)

由结果可以看出,通过对后安装的 5 对吊索的牵引,可以使上下弦各自开口量达到强迫合龙施工的要求,同时还能有效减小上下弦开口量的差值,可以通过施工现场的一定处理就能成功合龙。且该方案下吊索索力最大值为 2 990.6kN,能够满足设计对于施工中吊索安全系数的相关要求。因此对于本桥来说,该方案是个可行的合龙方案。

(2)大桥最终合龙方案

通过对温度、压重以及不同的吊索牵引方案的分析研究,结合安装工期、现场条件、施工水平、施工安全性及可操作性,最终选定的合龙施工方案如下。

①安装完第 25 梁段后,桥面吊机前移至 25 梁段前端,同时该梁段的前端吊索不安装。

②主桁架采用桁片安装、单根杆件安装相组合的方法,主横桁片采用整体桁片安装,上下平联采用单个杆件安装,合龙口留于 26 梁段的东岸侧。

③在桥塔横梁处设置牵引装置,安装主桁架桁片及单根弦杆前,牵引钢桁梁使其纵向发生一定位移,以留出安装纵向开口。

④待上下游侧主桁片与弦杆安装后,测量合龙口纵、横、竖向开口差,及对角线误差。通过调整纵、横、竖向与上下弦开口差进行主桁合龙。

⑤主弦杆合龙后,拆除对拉索牵引装置和卷扬机牵引装置,安装主横桁片及合龙平联及附属构件。

⑥安装桥面板。

图 5.88～图 5.90 为最终合龙施工方案示意图。根据该合龙施工方案计算得到上下弦开口量结果如表 5.17、表 5.18 所示。图 5.91 给出了该方案下吊索索力包络图。

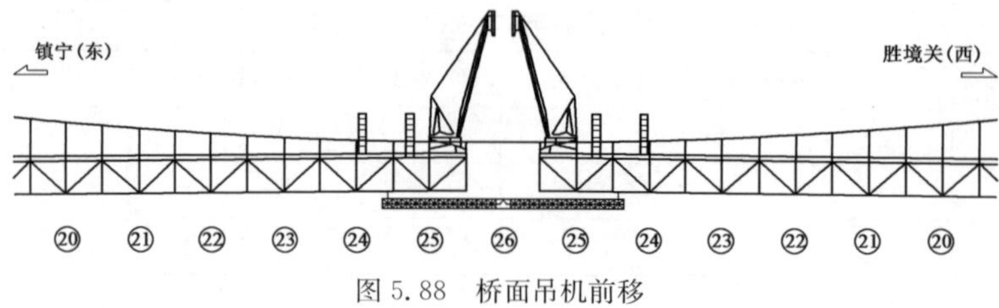

图 5.88 桥面吊机前移

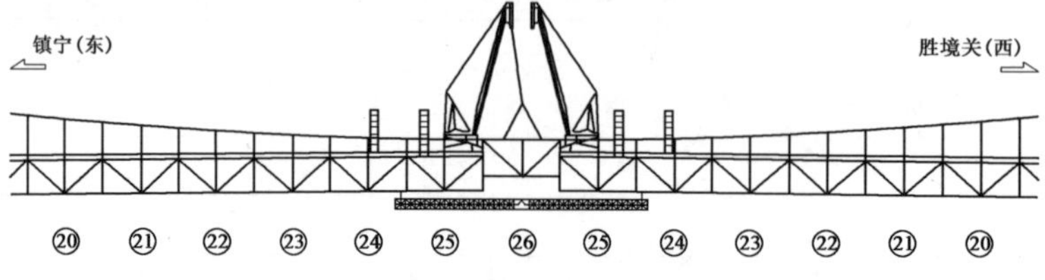

图 5.89 吊装上下游主桁片

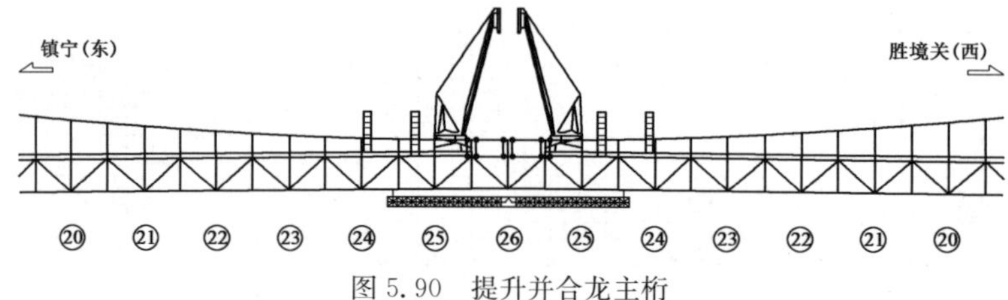

图 5.90 提升并合龙主桁

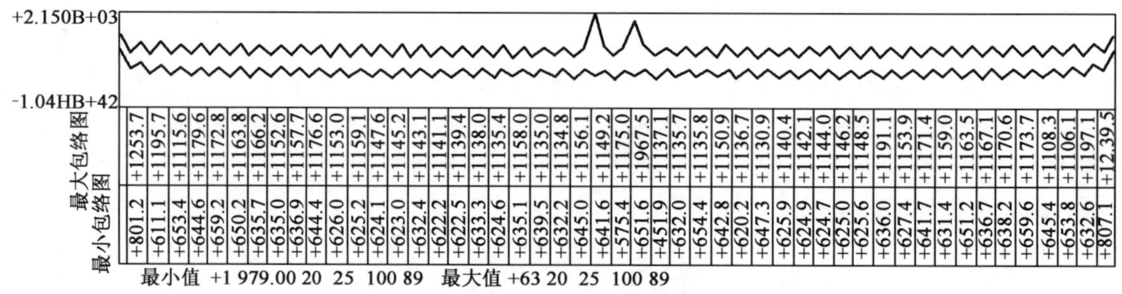

图 5.91 本桥最终合龙方案下吊索索力包络图(单位:kN)

合龙杆件所在节间上下弦开口量(单位:mm) 表 5.17

工　　况	安装两个主桁片	梁端纵向牵引
上弦杆	125.43	−38.25
下弦杆	134.99	−28.85

＊注:1. 上弦杆=10 801−合龙段上弦杆两节点距离,其中 10 801 为合龙节间上弦杆长度。
2. 下弦杆=10 797.8−合龙段下弦杆两节点距离,其中 10 797.8 为合龙节间下弦杆长度。

合龙杆件安装后跨中处上下弦合龙口富余量(单位:mm) 表 5.18

上弦杆	34.48
下弦杆	36.12

梁端牵引是指在安装两个主桁片之后,在梁端 4 个竖向支座节点位置各施加 175kN 的水平拉力。

由表 5.17、表 5.18 可以看出，该方案可以很好地解决合龙过程中上下弦开口量不足的问题，通过梁端纵向牵引使上下弦均能达到合龙施工要求。同时采用了 3 对吊索后安装的方法，很好地利用了钢桁梁本身的自重来使上下弦开口量的差值也满足施工要求，且该方案下吊索索力最大值为 2 149.2kN，能够满足设计对于施工中吊索安全系数的相关要求。因此对本桥而言，选定的方案是安全可行的大桥合龙方案。

(3)合龙开口误差调整

当合龙开口存在偏差时通过以下方式调整：纵向偏差通过梁端牵引装置调节；通过设于 B25 的走线卷扬机牵拉钢桁梁长对角线调节横向偏差；竖向偏差通过压重、临时吊索提升系统进行调整。上下弦开口量的差异通过顶拉结合措施调整。计算得到的 25 梁端中间吊索(即除未安装的 3 对吊索外，两岸最前端的吊索)的最大吊索力为 2 149.5kN，满足设计对施工过程中安全系数的相关要求。在实际施工中，可以考虑梁端牵引时采用较大的牵引力，从而使合龙段的开口达到一个较大值，然后慢慢地减小梁端的牵引量，达到合龙杆件逐渐合龙的目的。

3)临时铰闭合阶段的研究

在临时铰处，上弦杆处铰接，下弦杆处断开。随着梁段的架设，下弦杆的开口量也将随之改变。为了确保临时铰处下弦杆闭合工作的顺利开展，就要选取下弦杆开口量为零或者接近于零的施工工况进行铰部闭合工作。由于两岸临时铰对称布置，因此临时铰 3 与临时铰 1 的情况基本一致，临时铰 4 和临时铰 2 的情况基本一致，此处仅列出临时铰 1 和临时铰 2 处下弦杆开口量变化，如图 5.92、图 5.93 所示。

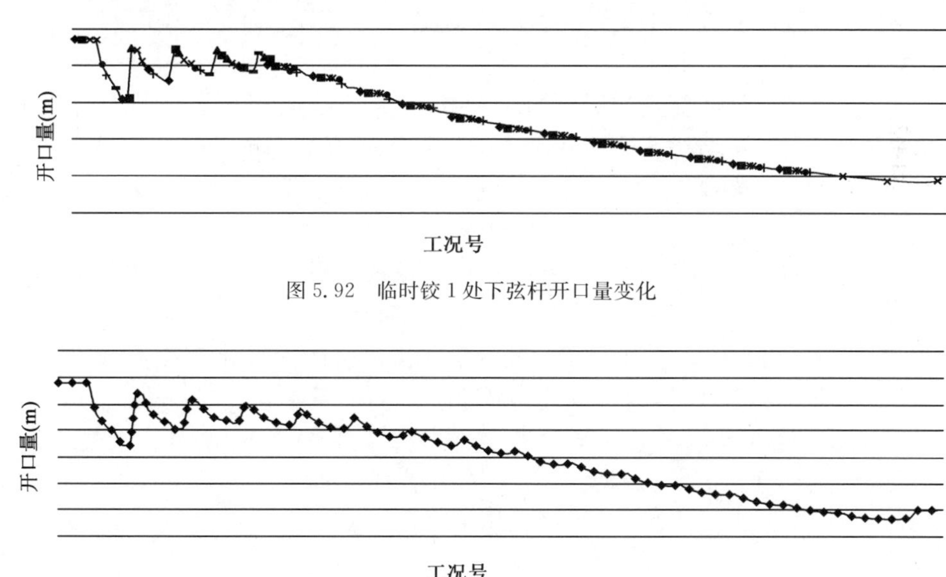

图 5.92　临时铰 1 处下弦杆开口量变化

图 5.93　临时铰 2 处下弦杆开口量变化

从图 5.92、图 5.93 可知，临时铰 1～4 处下弦杆开口量最大值分别为 739mm、480mm、479mm、735mm，且临时铰在第 182～185 工况(即架设 24 梁段前后)时开口量接近于 0mm，适合进行铰部刚接工作。在实际施工过程中，应该及时测量各临时铰下弦杆处的开口量，根据测量结果进行铰部闭合工作时机的选取。

5.2.6 坝陵河大桥参数识别

1)桥梁的几种线形

桥梁的成桥线形、制造线形及安装线形等彼此间是有区别的。成桥线形指桥梁竣工时的线形;制造线形是工厂预制构件时的线形,也是构件在无应力状态下的线形;安装线形指桥梁安装过程中各新增节点连成的线形。三者之间存在如下关系:

$$H_{\mathrm{e}} = H_{\mathrm{c}} - H_{\mathrm{v}} \tag{5.94}$$

$$H_{\mathrm{m}} = H_{\mathrm{c}} - H_{\mathrm{vT}} \tag{5.95}$$

式中:H_{e} ——桥梁的安装线形;

H_{c} ——桥梁的成桥线形;

H_{m} ——桥梁的制造线形;

H_{v} ——桥梁按零初始位移法安装时的成桥累计竖向位移;

H_{vT} ——桥梁按切线初始位移法安装时的成桥累计竖向位移。

在计算桥梁的制造线形时,可以采用以下的迭代来实现:首先,以桥梁的理论成桥线形作为制造线形,计算得到各节点的累计位移;其次,采用式(5.3)求得新的制造线形,以新的制造线形更新各节点坐标,并重新计算得到节点累计位移;最后,比较以新的制造线形计算得到的成桥线形与理论成桥线形之间的差异,如果差异不大,表明计算得到的制造线形是准确的,否则按之前步骤重新迭代计算直到满足要求为止。同时,制造线形与安装线形之间并无矛盾,实际上制造线形随着逐段加载将于梁段安装时在该梁段悬臂端达到安装线形。

2)切线初始位移法

切线初始位移法就是使新安装梁段的所有单元除共用节点外的其他节点沿着既有梁段悬臂端的切线方向。切线初始位移法在使用中一般是将所有结构单元一次安装上去,但各梁段的重量赋为0,随后再在某梁段实际安装时将该梁段的重量施加上去。事实上,只有“纯”悬臂梁,无重的未安装梁段才会随已有梁段的位移而发生刚体位移,即未安装梁段始终位于已安装梁段端部的切线方向上。此处所谓的“纯”悬臂梁是指悬臂的无重未安装梁段上没有斜拉索、桥墩等附属构件或者约束,且悬臂端自由,否则由于结构需满足变形协调条件,无重的未安装梁段除发生刚体位移外,梁段本身还会变形,也就是不满足切线方向的条件,如图5.94所示。

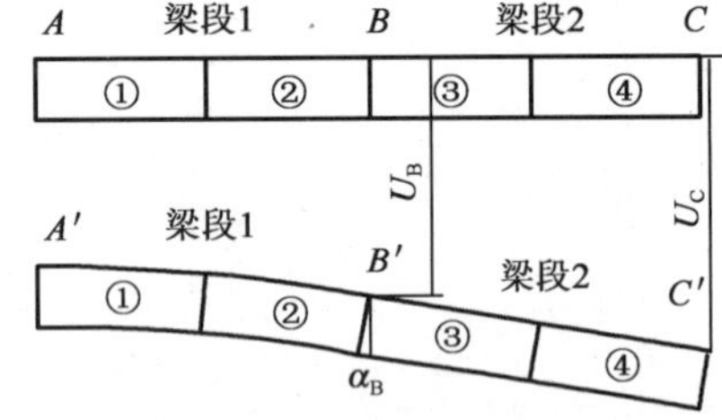

图5.94 切线初始位移法示意图

图5.94中,新安装梁段2中的C处的初始位移U_{C}为

$$U_{\mathrm{C}} = U_{\mathrm{B}} - L_{\mathrm{BC}} \sin\alpha_{\mathrm{B}} \tag{5.96}$$

式中:U_{B}、α_{B} ——连接点B的线位移、角位移;

L_{BC} ——BC距离,即梁段2的长度。

总的来说,切线位移法的使用条件是:未安装梁段重量为零,且必须是悬臂的。这样才能保证未安装梁段在已安装梁段的切线上。切线初始位移法的基础是无应力状态法,即安装的无重单元必须以实际梁单元的无应力状态进行安装。在实际分析中,必须首先确定结构的无应力状态。基于切线初始位移法的思想,本文将其方法应用于大跨径钢桁架悬索桥加劲梁吊装过程中。

3)坝陵河大桥参数敏感性分析

采用切线初始位移法建立坝陵河大桥正装有限元模型，并在此基础上对大桥的部分设计参数进行敏感性分析。大桥涉及的设计参数包括加劲梁的弹性模量、加劲梁的剪切模量、加劲梁的质量密度及加劲梁杆件的几何特性、主缆的轴向刚度及质量密度、吊索的轴向刚度及质量密度、桥塔的弹性模量。主缆、吊索的弹性模量及其面积对于主缆及吊索的轴向刚度而言有着同样的影响，因此仅对主缆及吊索的弹性模量进行敏感性分析。同时由于加劲梁杆件的几何尺寸是在现场测定，认定其为真实值，因此不对其进行敏感性分析。综合各方面考虑之后，表5.19列出了进行分析的设计参数。

待分析设计参数 表5.19

项目	主缆弹性模量	吊索弹性模量	桥塔弹性模量	加劲梁弹性模量	加劲梁剪切模量
原始值	1.97×10^8	1.19×10^8	3.50×10^7	2.10×10^8	8.10×10^7
增大10%	2.16×10^8	1.31×10^8	3.85×10^7	2.31×10^8	8.91×10^7
项目	中跨主缆重度	边跨主缆重度	吊索重度	加劲梁重度	弹性模量单位均为kPa，重度单位均为kN/m^3
原始值	78.748 8	78.710 7	85.234 2	95.877	
增大10%	86.623 68	86.581 77	93.757 62	105.464 7	

以下将对表5.19中涉及的参数进行敏感性分析。在敏感性分析过程中，温度采用设计时的基准温度值。

(1)主缆刚度误差影响

选取边跨跨中节点、中跨1/4跨主缆节点及中跨跨中节点的施工竖向挠度为比较对象，图5.95给出了主缆刚度增大10%对主缆的施工竖向累计位移的影响。如无特别，差值=某参数增大之后的结果－原模型计算结果。

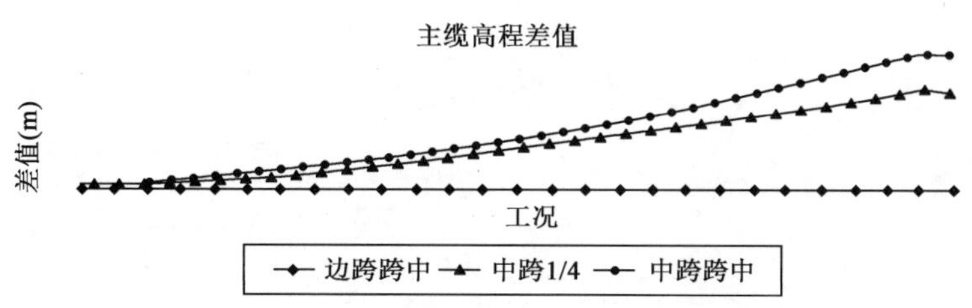

图5.95 主缆刚度增大10%对主缆高程的影响

由图5.95可以看出，主缆刚度增大10%对施工中主缆高程的影响显著，且随着施工的进行影响逐渐增大。其中对中跨主缆的影响明显大于边跨的，且对中跨跨中的影响最大。在成桥状态下，中跨跨中主缆高程增大了0.650 6m。

(2)主缆重度误差影响

图5.96为主缆重度增大10%对主缆高程的影响。由图5.96中可以看出，主缆重度误差对施工主缆高程影响显著，随着施工的进行，均呈现先减小后增大再减小的趋势。对于边跨而言，主缆重度增大使其主缆高程有所减小，其中对边跨跨中的最大影响是使其高程减小

0.110 6m;对于中跨而言,主缆重度增大对其施工过程主缆高程影响显著,其中以对中跨跨中的影响最大,最大能使其高程减小 0.527 6m,出现在安装完成 B11 梁段后。

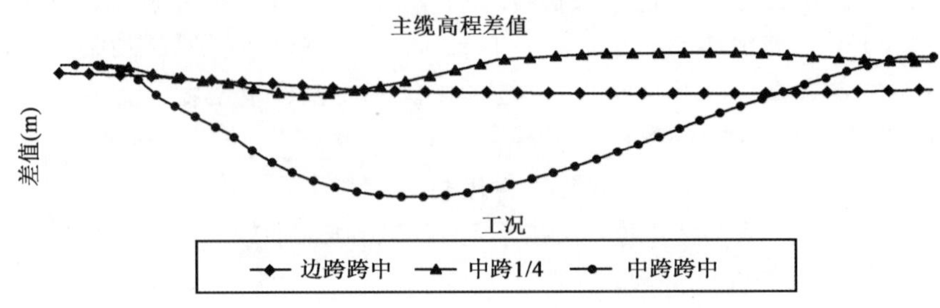

图 5.96 主缆重度增大 10%对主缆高程的影响

(3)吊索刚度误差影响

图 5.97 为吊索刚度增大 10%对主缆高程的影响。从图 5.97 可以看出,吊索刚度增大 10%将对施工过程主缆线形的影响极小,均不到 5mm。

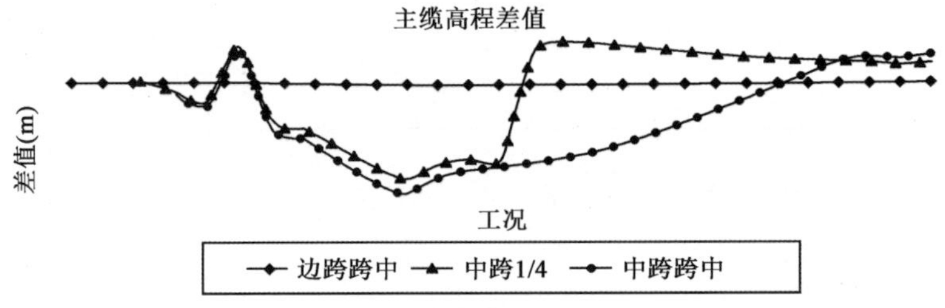

图 5.97 吊索刚度增大 10%对主缆高程的影响

(4)吊索重度误差影响

图 5.98 为吊索重度增大 10%对主缆高程的影响。

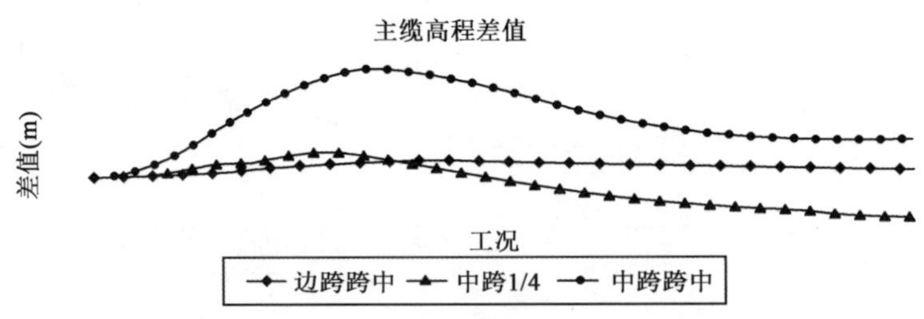

图 5.98 吊索重度增大 10%对主缆高程的影响

由图 5.98 可以看出,吊索重度误差对施工过程主缆线形影响很小。对于影响相对较大的中跨跨中主缆高程的最大影响是使其增加了 0.029 8m。

(5)加劲梁弹性模量误差影响

图 5.99 为加劲梁弹性模量增大 10%对主缆高程的影响。

由图 5.99 可以看出,加劲梁弹性模量的误差对施工过程主缆线形影响很小。对于影响相对较大的中跨跨中主缆高程的最大影响是使其增加了 0.012 5m,发生在安装完成跨中合龙梁段后。

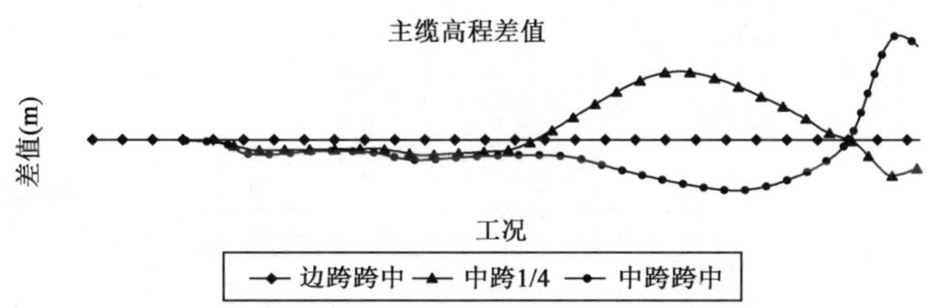

图 5.99　加劲梁弹性模量增大 10%对主缆高程的影响

(6)加劲梁剪切模量误差影响

图 5.100 为加劲梁剪切模量增大 10%对主缆高程的影响。可以看出,加劲梁剪切模量误差对施工过程主缆线形基本没有影响。

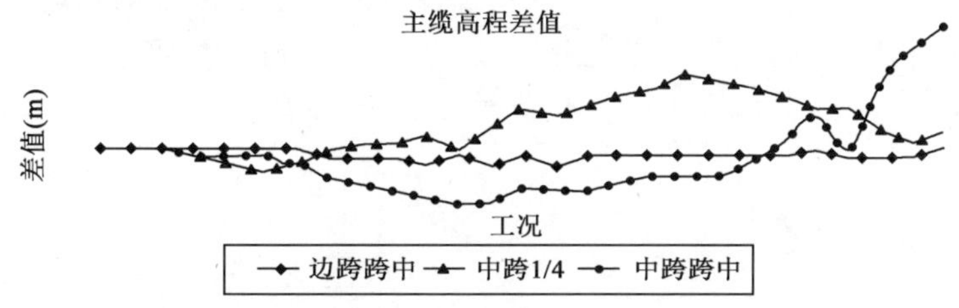

图 5.100　加劲梁剪切模量增大 10%对主缆高程的影响

(7)加劲梁单位长度自重误差影响

图 5.101 为加劲梁单位长度自重增大 10%对主缆高程的影响。可以看出,加劲梁剪切模量误差对施工过程主缆线形基本没有影响。由图 5.99、图 5.100 可以看出,加劲梁单位长度自重误差对施工过程主缆线形影响较大,且对中跨跨中的影响最大,最大影响是使其升高了 0.301 2m。施工过程中,对于中跨主缆而言,由于施工前期吊装梁段靠近桥塔使它们的高程要大于原始模型计算结果,且随着安装梁段的增多,它们的高程逐渐小于原始模型计算值;而边跨主缆一直大于原始模型计算高程。

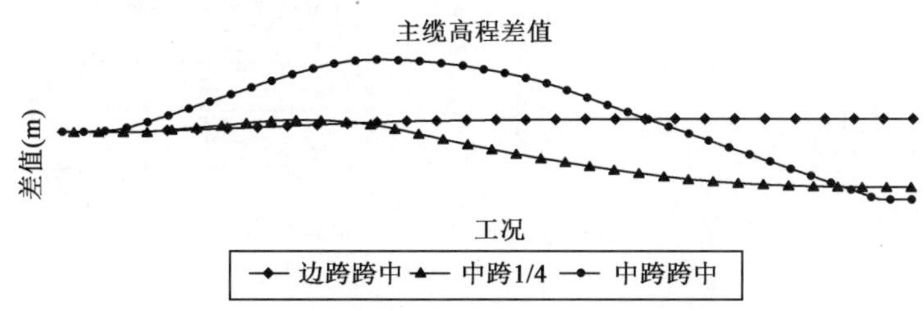

图 5.101　加劲梁单位长度自重增大 10%对主缆高程的影响

(8)桥塔刚度误差影响

图 5.102 为桥塔刚度增大 10%对主缆高程的影响。可以看出,桥塔刚度误差对施工过程主缆线形基本没有影响。可以看出,桥塔刚度误差对施工过程主缆线形影响很小。

通过比较某参数增大 10%对主缆线形的影响,得出主缆刚度、主缆重度及加劲梁单位长度自重 3 个参数是坝陵河大桥的主要设计参数。

4)坝陵河大桥有限元模型修正

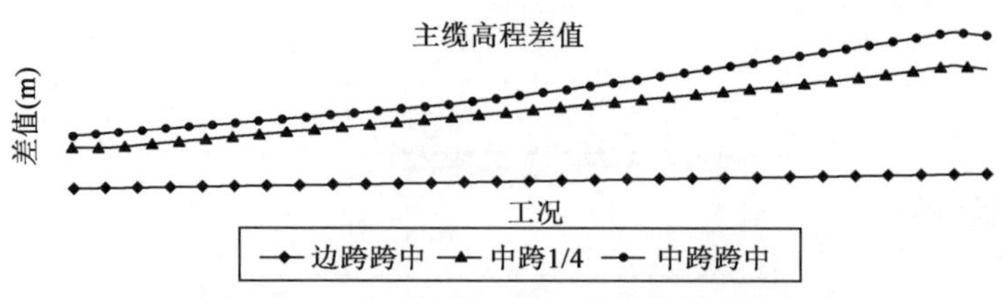

图 5.102　桥塔刚度增大 10%对主缆高程的影响

(1)有限元模型修正介绍

所谓模型修正(Model Updating),是将结构在各种环境下的静动力响应进行分析,并将得出的数据通过相应的理论和优化算法来校正理论的有限元模型,从而得出一个与试验结果相一致的数学模型。在前述敏感性分析的基础上,利用施工过程中的主缆累计竖向挠度值采用神经网络方法对大桥有限元模型进行修正,本节设计到的计算时温度均按现场实测值来取。模型修正的基本步骤包括:初始有限元建模、有限元分析、试验建模及分析、参数选择、敏感性分析、相关性分析、误差判断、收敛判断等。图 5.103 为有限元模型修正的一般过程。图 5.104 为 BP 神经网络流程。

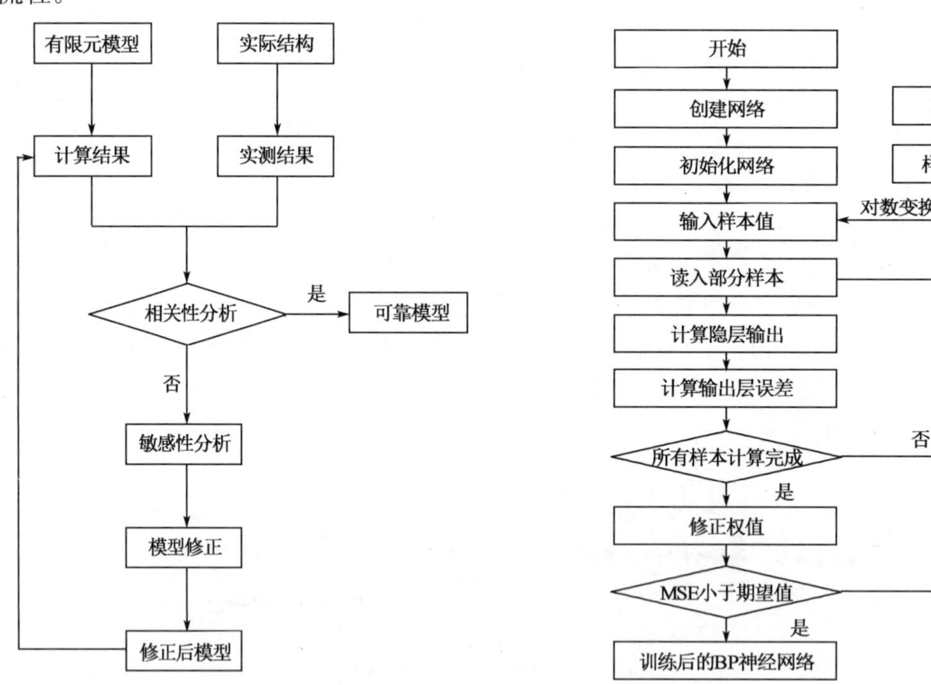

图 5.103　有限元模型修正一般过程

图 5.104　BP 神经网络流程

利用 MATLAB 中的神经网络工具箱进行 BP 神经网络模型的建立、训练以及参数的修正。在 MATLAB 中,如图 5.104 所示的 BP 神经网络训练过程可以采用 train 函数实现。训练函数有多种不同的类型,为了提高训练效率,采用 Levenberg-Marquardt 的 BP 算法训练函数(即 trainlm 函数),该函数也是 BP 算法的一种改进算法。

(2)坝陵河大桥有限元模型修正介绍

①相关性分析。

以坝陵河大桥跨中节点部分工况的挠度变化为分析对象,表 5.20 给出了主缆跨中节点累计竖向位移比较结果。

主缆中跨跨中累计竖向挠度比较　　表 5.20

工　况	实测值(m)	计算值(m)	绝对误差(m)	相对误差(%)
B6 梁段安装完成后	4.406 0	4.425 6	−0.019 6	−0.44
B9 梁段安装完成后	6.376 6	6.483 9	−0.107 3	−1.66
B11 梁段安装完成后	6.798 8	6.962 2	−0.163 4	−2.35
B14 梁段安装完成后	6.181 1	6.411 4	−0.230 3	−3.59
B22 梁段安装完成后	−1.667 3	−1.605 5	−0.061 8	3.85
铺装前	−7.880 3	−7.937 7	0.057 39	−0.72

由表 5.20 看出，在所比较的工况中，中跨跨中主缆累计竖向挠度绝对误差在 B14 梁段安装完成后达到最大，为−0.230 3m，此时相对误差为−3.59%；B22 梁段安装完成后相对误差达到最大，为 3.85%，此时绝对误差为−0.061 8m。虽然理论计算结果与实测值之间的相对误差均较小，但是某些工况绝对误差值较大，因此表明该有限元模型不能准确模拟大桥实际结构的施工过程，因此需要对其进行修正，使有限元分析结果能够用于对施工过程的预测及控制。

②网络设计。

对于悬索桥而言，在梁段架设前期，主缆受力较小，由于制作上存在长度不一的误差，因此主缆可能只有一部分参与受力，只有到达某个特定状态时，主缆才会全部参与受力。这就导致主缆的轴向刚度在架梁前期与后期存在不同程度的误差。因此，考虑对正装模型分两阶段进行修正。第一阶段从施工开始到架设完成 B14 梁段，第二阶段是剩余工况。第一阶段对大桥的主缆刚度、主缆重度及加劲梁单位长度自重进行修正；第二阶段仅针对大桥的主缆刚度进行修正，而主缆重度及加劲梁单位长度自重采用第一阶段修正后的值。

a.第一阶段模型修正。

建立如图 5.105 所示单隐层(三层)网络模型，其中有输入层为 4 个节点，输出层为 3 个节点，采用试凑法得出隐层为 9 个节点。输入层的节点对应 4 个不同工况下的累计竖向挠度，输出层节点对应 3 个不同的主要设计参数。

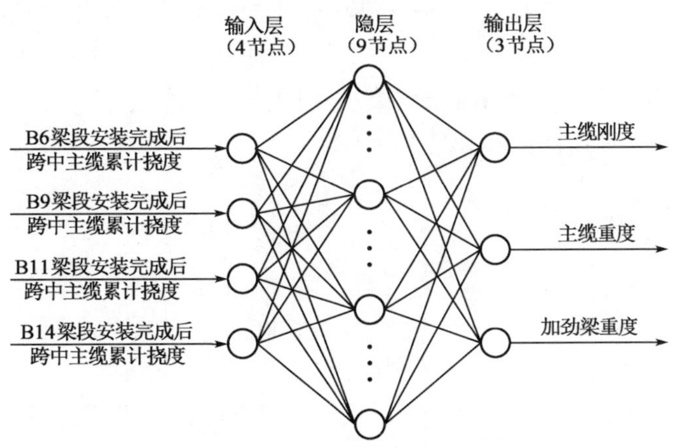

图 5.105　第一阶段网络结构示意图

b.第二阶段模型修正。

建立如图 5.106 所示单隐层(三层)网络模型，其中有输入层为 2 个节点，输出层为 1 个节点，采用试凑法得出隐层为 5 个节点。输入层的节点对应 2 个不同工况下的累计竖向挠度，输出层节点对应 1 个不同的主要设计参数。

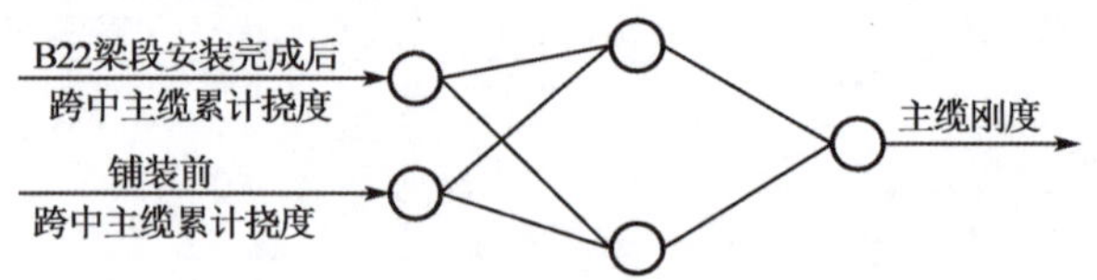

图 5.106　第二阶段网络结构示意图

③样本选取。

神经网络模型的精度取决于网络结构、训练算法和训练样本。目前结构工程领域中样本点的选择尚无规则可循。一方面，神经网络模型依靠学习样本数据来掌握所表述问题的所有模式，所以样本数据应具有代表性，能够反映出设计空间内各处的问题模式。另一方面，还必须考虑工程问题对计算量的要求。所以，样本点的数量和样本点的均匀性是神经网络最关注的特性。针对样本选取，目前广泛应用的是正交设计方法和均匀设计方法，其中后者是前者的发展。均匀设计法使得样本点按照严格的度量准则充分均匀地分布在设计空间上，且对同一水平无须重复试验，可以大大减少样本点数。因此，该法具有更好的均匀性，而且能够得到反映试验体系主要特征的结果。因此采用均匀设计方法来设计训练样本组。

针对坝陵河大桥，需要对两个不同阶段分别设计训练样本组。第一阶段时，将 3 个主要设计参数在其名义值 85%～115%之间变化，采用均匀设计表进行组合，共 31 个样本。第二阶段时，将主缆刚度在其名义值的 95%～105%之间变化，主缆重度及加劲梁单位长度自重取第一阶段修正之后的参数值，总共 10 个样本。将样本分为训练样本集与测试样本集两部分。

④模型修正。

将实测数据经过对数变换后输入到训练好的神经网络中，得到修正后的参数，其后将模型中的相关参数更新，从而得到新的理论值。模型修正一般是一个反复迭代的过程，当有限元模型计算结果与实测结果的差异达到目标值时，模型修正完成。在每次迭代过程中，都要在前次修正所得参数的基础上重新训练网络，而且每次样本数据均要在更新之后的模型中重新计算。

坝陵河大桥有限元模型分为两阶段进行修正，两阶段均只经过 1 次修正之后即达到理想结果。图 5.107、图 5.108 分别为两阶段网络训练的收敛曲线。

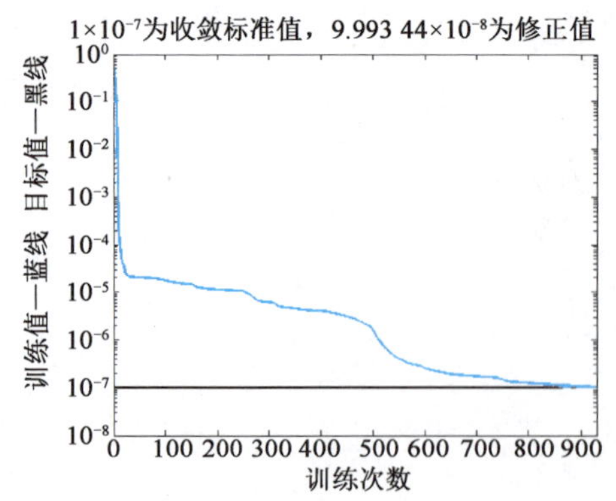

图 5.107　第一阶段网络训练收敛曲线

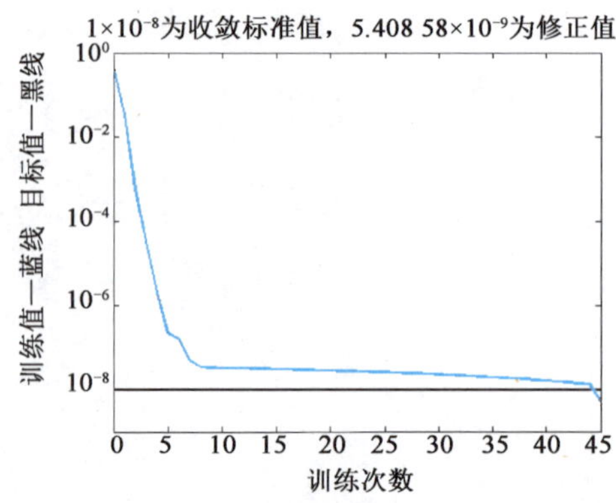

图 5.108　第二阶段网络训练收敛曲线

由图 5.107 可知，第一阶段模型修正时取 MSE（均方差）小于 1×10^{-7} 为收敛标准，经过 930 次训练之后达到收敛标准；由图 5.108 可知，第二阶段时取 MSE（均方差）小于 1×10^{-8} 为收敛标准，经过 45 次训练之后达到收敛标准。分别将两阶段的测试样本集输入到训练后的网络中，计算得到相应的网络输出值，该值与原计算值之间的差异如表 5.21 所示，其中数值均为经对数变换之后的值。由表 5.21 可以看出两者差别很小，因此该网络具有很好的泛化能力。

测试样本集对比结果　　表 5.21

第一阶段			第二阶段		
网络输出值	计算值	差值	网络输出值	计算值	差值
0.060 698	0.062 328	−0.001 63	0.020 474	0.021 189	-7.15×10^{-4}
0.060 698	0.061 892	−0.001 19			
0.060 698	0.064 924	−0.004 23			

表 5.22 为第一阶段模型修正之后，采用修正后参数计算得到的结果与实测数据的比较。表 5.23 为第一阶段模型修正之后得到的参数值。

第一阶段模型修正结果　　表 5.22

工　况	实测值(m)	计算值(m)	绝对误差(m)	相对误差(%)
B6 梁段安装完成后	4.406 0	4.344 3	0.061 7	1.42
B9 梁段安装完成后	6.376 6	6.365	0.011 6	0.18
B11 梁段安装完成后	6.798 8	6.856 5	−0.057 7	−0.84
B14 梁段安装完成后	6.181 1	6.286 1	−0.105 0	−1.67

第一阶段修正后的设计参数　　表 5.23

参　数	原　值	修正后	绝对误差	相对误差
主缆刚度(kPa)	1.97×10^{8}	1.78×10^{8}	-1.89×10^{8}	−9.60
边跨主缆重度(kN/m^3)	78.748 8	81.321 1	2.572 3	3.27
中跨主缆重度(kN/m^3)	78.710 7	81.281 7	2.571 0	3.27
加劲梁单位长度自重(kN/m)	95.877 0	101.549 9	5.672 9	5.92

第一阶段模型修正之后，主缆刚度较原值减小了 9.60%，而主缆重度及加劲梁单位长度自重分别增大了 3.27%及 5.92%，有限元计算结果与实测结果比较接近，相对误差均小于 2%，最大相对误差为 −1.67%，在 B14 梁段安装完成后工况出现，此时绝对误差仅为 −0.105 0m，而其他工况的相对误差均较小。因此，说明第一阶段修正之后的有限元模型能够较准确地反映实际结构在前期施工过程中的行为，可以用于大桥相应施工阶段的施工控制。

第二阶段模型修正是在第一阶段修正基础上进行的。表 5.24 为第二阶段模型修正前后，理论计算结果与实测数据的比较。此时修正前的模型中的主缆及加劲梁单位长度自重采用第一阶段修正后的参数值，而主缆刚度采用原名义值。表 5.25 为第二阶段模型修正之后得到的参数值。

第二阶段模型修正结果 表 5.24

	工况	实测值(m)	原计算值(m)	绝对误差(m)	相对误差(%)
第二阶段修正前	B22 梁段完成	−1.667 3	−1.706 1	0.038 8	−2.28
	铺装前	−7.880 3	−8.087 1	0.246 9	−3.05
第二阶段修正后	工况	实测值(m)	计算值(m)	绝对误差(m)	相对误差(%)
	B22 梁段完成	−1.667 3	−1.636 8	0.030 5	−1.83
	铺装前	−7.880 3	−7.973 8	−0.093 6	1.19

第二阶段修正后的设计参数 表 5.25

参　数	原　值	修　正　后	绝 对 误 差	相对误差(%)
主缆刚度(kPa)	1.966×10^{8}	$2.004\ 354\times10^{8}$	$0.383\ 54\times10^{7}$	1.95

第二阶段模型修正之后，主缆刚度增大了 1.95%，有限元计算结果与实测结果比较接近，相对误差均不足 2%，且最大绝对误差为−0.093 6m，在铺装前工况出现。因此，说明第二阶段修正之后的有限元模型能够较准确地反映实际结构在后期施工过程中的行为，可以用于大桥相应施工阶段的施工控制。

⑤结果讨论。

由第一阶段模型修正后的参数可以看出，主缆刚度较原值有所减小，这印证之前提出的在大跨径悬索桥施工前期主缆仅部分截面参与受力的设想。修正得到的加劲梁单位长度自重有一定的增加应包括两个方面的原因：其一为加劲梁自重本身，其二是在施工过程中堆放于加劲梁或者桥面之上的临时荷载。由于此类临时荷载的存在将对模型修正的结果存在一定的不利影响。

第6章

隧道锚设计及施工新技术

6.1 隧道锚勘察技术

6.1.1 勘察模式的构建和优化

在现有的勘察规范中,《岩土工程勘察规范》(GB 50021—2001)将岩溶地区工程地质勘察分为四个勘察阶段,即可行性研究勘察、初步勘察、详细勘察和施工勘察。《铁路工程不良地质勘察规范》(TB 10027—2012)也将岩溶地区的工程勘察划分了四个阶段,即踏勘、初测、定测和补定测的工程地质勘察。两个规范均对不同勘察阶段提出了一些专门针对岩溶的勘察要求,根据这些技术要求进行的勘察工作能够满足提供相应设计阶段所需的地质资料。《公路工程地质勘察规范》(JTJ 064—1998)对岩溶地区工程地质勘察只提出了初勘、详勘两个阶段,由于岩溶问题的复杂性,两个勘察阶段很难达到勘察目的和勘察精度,这是目前岩溶地区公路桥梁建设特别是大型桥梁建设中地基基础质量常出现重大问题的原因之一。

对于类似于坝陵河大桥这样的工程,应当根据桥梁工程建设的阶段划分,结合岩溶地区地质情况复杂多变的实际,大量的工程实践表明,采用四阶段进行工程地质勘察较为合理,即可行性研究(或选址)阶段工程地质勘察、初步设计阶段工程地质勘察(初勘)、施工图设计阶段工程地质勘察(详勘)和施工阶段工程地质勘察(施工勘察或售后服务)。按四阶段进行工程地质勘察可以循序渐进、逐层深入地对岩溶地质进行综合勘察,使勘察成果既满足工程建设各阶段要求,又能充分反映岩溶地质特征。

工程地质勘察工作由于所处建设阶段不同,目的任务各有不同、勘探的详细程度和精确程度也不相同。即使是同一阶段,也会因地质条件和工程背景的不同,选用不同的勘察方法,提出不同的勘察精度要求。同一地质目的由于所处勘察阶段不同,采用的勘察手段和精度要求也有较大差异。同一勘察手段由于所处勘察阶段不同,投入的工作量和对成果精度的要求也会有非常大的差异。

目前国内较为常用的勘察手段,几乎都引入到坝陵河大桥工程勘察中。仅在初步设计阶段,采用的地面物探方法就多达 9 种。在采用电磁波 CT 对西锚碇岩溶地质进行扫描的同时,又引进了具有世界先进水平的数字钻孔摄像技术进行岩溶地质的精细化勘察,该手段作为一种勘察方法以前仅在核废料和大型水利工程中使用,在国内桥梁工程地质勘察中为第一次运用。多单位、多手段同时对一项工程进行地质勘察在国内并不多见,在岩溶地区可以说是首开先河。多种勘察手段的集中使用,使坝陵河大桥勘察现场几乎成了岩溶地区各种勘察手段的试验场,其中以西锚碇工程地质勘察采用的勘察手段最为齐全也最为集中,其勘察成果成为坝陵河大桥工程勘察的集中代表。因此,通过对坝陵河大桥西锚碇勘察过程中各种手段组合及其效果的总结分析,对在岩溶地区处于不同勘察阶段的同类工程,根据不同勘察目的和任务,构建勘察手段的组合和优化模式,使其达到更加优质、高效、经济地完成勘察任务之目的,具有较好的典型意义和示范作用。

综合各种勘察规范规程和坝陵河大桥西锚碇的成功经验,对岩溶地区进行隧道锚勘察,应根据勘察阶段结合勘察目的进行勘察手段的组合和优化。即针对不同勘察阶段、不同地质目的采用不同的勘察手段及其组合模型。当勘察重点为岩溶地质现象的平面形态和分布范围时,勘察方法以工程地质测绘和地面物探为主;若是对岩溶的空间形态进行勘察,则应以钻探、电磁波 CT 和数字钻孔摄像相结合的勘察模式进行。

研究成果表明,在岩溶地区,采用四阶段按地质目的进行勘察手段的选择和模型组合能够更为科学、合理、经济地达到勘察目的。

1)按勘察阶段构建勘察模式

(1)选址或工可阶段

坝陵河大桥选址及工可阶段工程地质勘察的主要目的是:为线路选择或桥型选择提供地质依据。主要任务是:了解、分析线路或桥型方案布置区的主要工程地质条件。其重点是:基本查明工作区的基础地质条件,如地形地貌、地质构造、地层岩性,不良地质作用等。

选址或工可阶段要求工程地质勘察应达到的主要目的和需要完成的任务如下。

①初步查明勘察区地形地貌、地层岩性、地质构造、水文地质条件及不良地质等问题。

②研究区内地质构造、岩土体的分布、岩性、结构,以及基岩的埋藏深度、风化程度、岩溶发育的基本状况。

③评价与大桥桥位、桥型方案有关的区域地质稳定性、构造地质背景以及桥位区边坡稳定性。

④对可比线路进行地质对比分析,从地质角度对线路进行比选,推荐合适的线路方案。

⑤对已有桥型的重要工程区进行地质研究,分析桥型方案的地质可行性,推荐合适的桥型方案。

坝陵河大桥选线阶段地质勘察的主要目的是:为在 C、K 两条比选线路中做出选择,从工程地质角度对连续刚构与斜拉桥(三塔和两塔斜拉)两个桥型方案中进行比较和优选。为此,勘察单位在这个阶段采用地面调绘、工程物探、钻探和室内测试等手段相结合的组合方式进行勘察。根据勘察成果,按地质地貌、地层组构、地质构造、岩溶发育情况、不良地质发育和分布状况、地表及地下水、斜坡稳定性等方面为比选依据,从地质条件上对两条比选线路进行了对比,并根据对比结果推荐 C 线作为线路的首选方案。报告对连续刚构与斜拉桥方案中的桥墩位置的地质情况进行了初步分析与评价,根据评价结果提出了对部分桥墩位置进行适当移动的建议。

坝陵河大桥选址阶段勘察报告交由以中科院院士为首的专家组审查后,专家们一致认为:勘察工作技术线路正确、工作方法合理、取得的数据真实可靠,勘察结论正确、数据合理。专家组一致同意通过评审。

本着科学、合理、经济的原则,结合坝陵河大桥工程地质勘察经验,在岩溶地区类似工程相同阶段进行工程地质勘察，勘察手段的组合与优化的框架是：围绕勘察目的，以地质测绘为主，结合地面物探，辅以少量钻探和岩土测试。

a. 工程地质测绘：工程地质测绘是所有勘察工作展开的基础，在线路选择或工可阶段，其主要目的是为了研究拟建场地的地层、岩性、构造、地貌、水文地质条件及物理地质现象，对工程地质条件给予初步评价，为场址选择，部署和落实勘察方案提供基础地质依据。在本阶段，针对岩溶地区，工程地质测绘按照以下要求进行工作。

a）测绘范围的确定：对于桥梁建设等线状工程，工程地质测绘范围一般以桥轴线为中心，向两侧外延 200～500m。如遇重大不良地质现象，应加大测绘范围。

b）比例尺的选择：本阶段工程地质测绘的比例尺可选 1∶5 000～1∶25 000，主要是了解区域工程地质条件。针对地质条件复杂地段或桥型工程重点布置地段，可选择 1∶2 000～1∶5 000 比例尺进行测绘工作。

c）测绘精度要求：按填图时所划分单元的最小尺寸，一般为 2mm，但对工程建设有重要影响的地质现象，即使其图幅尺寸小于 2mm，也要用扩大比例尺的方法将其标注于图上。测绘点在图上的标注精度，一般为 2mm，《岩土工程勘察规范》（GB 50021—2001）规定为 3mm。

d）观察点、线的布置：观察点一般布置在不同时代的地层接触线；不同岩性的分界线；地质构造线；不同地貌单元的分界线及同一地貌的微地貌区；露头良好的地点；不整合面；地质物理现象分布地段。

观察线路的确定应综合考虑穿越法和追索法各自的优势，将两种方法结合起来。

e）测绘内容：测绘内容包括地形地貌、地层岩性、地质构造、不良地质现象、地表水、岩溶及地下水等。其中重点是地质构造和岩溶及地下水的有关内容。

f）资料分析整理：测绘工作的资料整理包括外业资料和成果图表两部分。

外业资料主要包括以下内容：检查各种野外记录所描述的内容是否齐全；详细核对所划分的地层、岩性、构造、地形地貌、地质成因界线是否符合野外实际情况，在不同图件中相互间的界线是否吻合；野外所填写的各种地质现象是否正确；核对所收集的资料与本次测绘的成果是否一致。如有不同，应分析其原因；整理核对野外所采集到的各种标本或照片。

成果编制主要是根据测绘的目的和要求，编制有关图表。必要时可根据测绘结果单独编制工程测绘报告。

b. 地面物探：地面物探工程在本阶段的主要目的和任务是基本查明勘察区的第四系厚度、岩溶发育规模和特点、隐伏地质构造等。在坝陵河大桥工程勘察中，地面物探方法共采用了多达 9 种进行工作，但是有些方法如对称四极剖面法等，由于地形地貌及测区地质体物性差异不明显等原因，并没有完全达到预期效果。综合分析类似坝陵河大桥的岩溶地质山区，大多为地形变化大，地下水埋藏深，岩溶洞穴形态复杂，充填、半充填和空溶洞并存等地质环境，要满足本阶段对物探工作的要求，则应对物探手段进行选择与优化。研究及实践表明，对同一地质现象，应采用两种以上物探方法进行勘察，并应对不同方法取得的成果资料加强综合分析和整理，消除因物探资料的多解性和不确定性，从而获得可信度和精确度都有保证的物探解释成果。

a）第四系厚度：为查明勘察区的第四系厚度，可供选择的物探方法有：高密度电法、浅层地震法等。在土层厚度小的岩溶裸露和硬质岩石区，土层与基岩间电性差异大，高密度电法和浅层地震法都能达到要求，获得较好的效果。由于土层薄，如果只为划分土层厚度而进行高密度电法勘察，电极设置距离可为1～2.5m。在软质岩石区，由于强风化或全风化层与第四系土层的电性差异小，不易区分土层与全风化和强风化的界线，可将其划为一个物探层。

b)破碎带或隐伏构造：可选用浅层地震法、高密度电法、联合剖面法、瞬变电磁法中的两种方法，再将两种方法取得的结果综合之后，往往能对破碎带或隐伏构造做出较为准确的判定。

c)岩溶洞隙：可选用高密度电法、音频大地电场法、地质雷达法等。高密度电法勘察深度大，可达100m以上。对充水或充填黏土的岩溶洞隙，如果高度在勘察深度的1/20以上，采用高密度电法能取得较好的效果，但对硬质岩石区的空溶洞，高密度电法则无法进行判断和识别。音频大地电场法对判定岩溶发育的平面位置有较好的效果却无法判断其发育深度。地质雷达在10m深度范围内勘察精度高，基本不受地形等外界因素影响。

勘察过程中，物探方法的组合还应根据测试深度和条件(如电极距)进行优化。总体上讲，直流电法如高密度电法受地形影响大，在陡坡地段顺坡向测试精度受到的地形干扰大。而瞬变电磁法受地形影响较小，音频大地电场法和地质雷达法基本不受地形影响，具有很好的适应性。

c.工程钻探：本阶段的工程钻探主要布置在工程地质测绘和地面物探勘察发现异常的重点地段，以及工程方案布置的重点地段。其主要目的是：

a)对物探和测绘发现的异常点进行勘察和验证；

b)可以基本查明勘探点的岩土层分布、厚度、岩土种类、岩体的风化程度和完整程度。

c)为室内物理力学性能测试选取钻探采集的岩芯样品。

d.岩土测试：在勘探孔现场对土层进行标准贯入试验或重型动力触探试验，以分析第四系土体的物理力学性质特征；采集岩、土样品进行室内土工试验和岩石试验，初步确定岩、土体的物理力学性质特征。

研究成果表明，在选址或工可阶段，工程地质勘察手段组合的优选模式是：以工程地质测绘为主，结合地面物探，辅以适量的工程钻探和岩土测试。工程地质测绘主要目的在于基本查明勘察区的地质背景和物理地质现象；地面物探主要用于查明岩溶、隐伏构造(破碎带)和第四系厚度；工程钻探主要对重要工程点和测绘及物探确定的地质异常点进行验证；少量的岩土测试用来初步确定勘察区岩土体的物理力学性质。采用这样的勘察手段组合，能够更为优质、高效、经济地完成勘察任务。

(2)初步设计阶段

一般情况下，进入到初步设计阶段时，工程设计方案已经明确，工程地质勘察能针对选定的桥型方案进行。该阶段工程地质勘察的主要目的和任务如下。

①在选址或工可阶段勘察基础上，进一步查明勘察区地形地貌、地层岩性、地质构造、水文地质条件及不良地质等。

②重点研究工作区内的地质构造，岩土体的分布、岩性、结构，基岩的埋藏深度、风化程度、岩溶发育状况，岩体完整性及岩土体的物理力学特征等。

③更为详细地进行桥位区工程地质测绘，调查统计岩体软弱结构面、破碎带、节理裂隙发育特征、产状和宽度。

④评价与大桥桥位、桥型方案有关的地质构造背景以及桥位区边坡稳定性。

⑤提供岩土体物理力学参数，为该桥的初步设计提供工程地质依据。

在坝陵河大桥工程地质勘察中，根据本阶段目的和任务，在充分利用前期地质测绘、地面物探、钻探、室内岩土测试已取得较为满意成果的基础上，在西锚碇区域勘察时采用了压水试验、岩体声波测试、孔间电磁波CT和数字钻孔摄像等手段，查明西锚碇区工程地质条件，为大桥初步设计和技术设计工作提供详尽的工程地质资料的任务，从工程地质角度为大桥工程设计打下了坚实基础。

在本阶段，针对坝陵河大桥西锚碇，各种勘察手段的工作目的和任务分别是：

①工程地质测绘。对前期勘察时的成果进行复核，重点是对岩溶发育规模的调查分析。测绘内容主要包括详细的地表地质构造、区域地质结构以及岩溶发育规模和特征。通过对桥址区地质背景的调查研究和岩溶形态与规模的调查分析，弄清主要岩溶的发育规律，分析评价锚碇区的岩溶发育史以及岩溶发育的基本特征。通过对地表节理裂隙、结构面的调查统计和综合分析，评价边坡岩体的整体稳定性和局部稳定性。本阶段工程地质测绘的比例尺一般选择在1∶500～1∶2 000。

②压水试验。其目的是通过压水试验查明西锚碇区的岩体完整程度和岩溶发育程度。压水试验工作虽然完成了，但试验效果并不理想。其主要原因是：西锚碇区浅部岩体节理裂隙发育强烈，岩体渗水性好，透水率高。岩体的完整程度受岩溶影响，在深度上的变化较大。由此认定，用压水试验来确定碳酸盐岩岩体完整程度的方式不甚科学。

③工程地质钻探。钻探孔位布置在西锚碇区两锚碇外侧，采用钻探手段的主要目的是：通过对钻探揭露的地质情况进行分析，对勘察区内的地质条件做出较为准确的判断，从而控制勘察区域的地质结构。在坝陵河大桥西锚碇工程勘察中，钻探工作的目的就是要控制西锚碇区域的地质构造，同时采取岩芯样品进行室内测试。施工完毕的钻孔还为需要在孔内进行的其他勘察手段提供了工作场所。

④岩体波速测试。其目的是通过测试工作确定岩体的风化程度和划分岩体的完整性程度。

⑤岩石室内测试。按照勘察技术要求，通过采集钻探岩芯的岩石样品进行室内测试，可以较为准确地确定勘察区岩体的物理力学指标。坝陵河大桥西锚碇勘察中进行的岩石室内测试，则是为隧道锚的设计提供岩体物理力学参数。

⑥电磁波CT。主要是通过测试查明孔间岩体的完整程度和岩溶裂隙的发育程度。在坝陵河大桥西锚碇勘察现场，一共安排了6个钻孔间7对电磁波CT剖面测试，基本上达到了勘察目的。

⑦数字钻孔摄像。引进数字钻孔摄像勘察手段，主要是为了对岩溶地区的岩体进行精细化观测。通过观测孔内岩溶发育特点和规模，统计孔内节理裂隙，对孔壁岩体的完整程度做出量化判断。

为能比较直观、方便地认知各种勘察手段在工程初步设计阶段勘察中的功能和效果，本节研究过程中以对岩体的风化程度、完整程度和岩体基本质量等级做出判断为条件，以西锚碇区钻孔的每10m深度为一个研究单元，将初步设计阶段用于揭露钻孔地质情况的四种勘察方法（钻探、钻孔波速、数字钻孔摄像、电磁波CT）并列在同一表格中进行比较。

经列表对比，在类似坝陵河大桥地质条件下的初步设计阶段工程地质勘察中，四种勘察手段功能和作用分别是：

a.工程地质测绘主要是针对选址和工可阶段未彻底查明的地质现象进行补充工作，重点在于研究勘察区的地质背景和岩溶发育规律，分析评价岩溶发育的规模和深度。

b. 钻探则能揭露岩土层的空间分布情况，初步定性判断岩体的风化程度和半定量判断岩体的完整程度，揭露岩溶发育深度和规模。岩体波速测试可以定量的判定岩体的风化程度和完整程度。

c. 电磁波 CT 可以定性查明钻孔间目前其他手段无法查明的岩体的完整性和岩溶发育的空间规模。数字钻孔摄像能对钻孔孔壁岩体的完整性进行精细化描述，同时分析统计岩体的节理裂隙。

d. 岩石室内测试却可以基本查明岩石的各种物理力学特征，为分析岩体力学性能提供有力的证据。四种勘察手段中的工程地质测绘属于浅部勘察，可以做到点面结合，但勘察深度十分有限；电磁波 CT 可以在一定条件下的有限范围内进行“面或线”勘察，而其他方法则属于“点”上勘探。通过精细化的点上勘察和定性及半定量的面线结合，既可大幅提高勘察精度，又能使勘察成果的内容丰富化，表达形式立体化。

坝陵河大桥西锚碇勘察成果查明了桥址区的地层岩性、地质构造、岩溶发育特征、水文地质、不良工程地质现象等工程地质条件，达到了初步设计阶段工程地质勘察所要求的深度；工程地质测绘、钻探、原位测试、室内试验和现场进行的孔间电磁波 CT、数字钻孔摄像、压水试验等手段取得的资料齐全、数据可信，可以作为初步设计阶段分析评价的依据；勘察成果还对悬索桥方案所涉及的工程地质条件和不良地质问题进行了综合分析。

根据勘察规范规程，结合坝陵河大桥西锚碇勘察经验，本阶段在岩溶地区进行勘察时应细化工程地质测绘，重视物探工作，强化工程钻探和各类测试。具体模式为：以工程钻探为基础，结合岩体波速测试、电磁波 CT、数字钻孔摄像及室内岩土测试，对重要地质现象和工程点有针对性地开展大比例尺工程地质测绘和地面物探工作。各手段的基本要求为：

①工程钻探。孔深以设计要求查明的勘察深度为准，孔距宜选择在 30m 以内，最大不超过 50m。钻探终孔孔径一般不得小于 75mm，如果是为其他勘察手段提供现场测试场所的钻孔，孔径则取决于满足测试条件的要求。需要采集样品送室内测试的钻孔，则应明确做出全孔段取芯的技术要求。在工程地质测绘和物探发现异常的位置，应当布置适量钻孔进行验证。

②岩体波速测试。需要特别注意击发能量与测量深度间的关系，如测量深度较大，需要制作安装具有较大击发能量的设备，对于孔壁破碎的孔段，应采取措施确保检波器能够接触孔壁，以保证测试工作的正常进行。

③电磁波 CT。进行电磁波 CT 扫描，一定要结合工作区特点按步骤进行工作。首先，要对被测区域的电磁场强背景做出分析判断，有针对性地进行方法的有效性试验，以便选择出合适的工作频率和发射、接收范围以及扫频间隔。在对试验工作进行分析总结后，根据场区特点选择有效的测试保障措施，防止由于频谱选择不当而导致测试失真。其次，要根据已有的钻探资料，分析工作区可能存在的不良地质现象及这些地质现象的电磁频谱反应。再其次，要根据工作对象的特点选择合适的剖面距离，防止由于剖面过长，或者岩体吸收率高造成电磁波穿透困难，从而导致测试失真甚至失败。在外业工作中可使用以下办法确保成果解释的合理性和科学性：

a. 可在同一剖面上将发射孔和接收孔相互调换进行测试比对以提高工作精度。

b. 在成果解释时应注意对不同频点的成像进行对照，查找出不同频点成像之间的异同及原因。

c. 一般情况下，可取已知钻孔勘察成果背景值的 2～3 倍作为经验值来标定异常幅值。

④数字钻孔摄像。数字钻孔摄像是钻探勘察的有力补充，对岩性划分和地质界线的判断均有非常好的效果。但要注意，在测试工作中特别是对节理裂隙的统计时不要好大喜功，将对工程本身和对岩体质量没有影响的充填方解石的节理统计进来，要把重点放在对重要工程性能进行分析上。勘察成果图像在条件具备时应将每一个钻孔的孔壁连续成像，形成钻孔数字岩芯。同时将成果与地质雷达和其他方法统一起来，使其对资料的解释更加准确，勘察成果内容的表达更加生动和丰富。

⑤工程地质测绘。以大比例尺测绘为主，重点针对前期未查明的地质现象进行细化。

⑥工程物探。根据工作区基本地质条件，有针对性地对岩溶和破碎带展开地质雷达、高密度电法和浅层地震以及音频大地电场法等物探工作。物探工作的主要目的是：查明岩溶发育规模和位置、岩体风化程度和完整程度。因此需要结合勘察深度和精度要求选用物探方法，例如，在多数岩溶洞穴未被充填的条件下，不宜使用高密度电法进行勘探；如果勘察深度要求超过 30m 深度的情况下，最好不要选择地质雷达方法。即使选用了理论上能满足勘察深度和精度要求物探方法，在正式开展工作前也应该对拟将采用的方法进行有效性试验。在勘察过程中最好采用两种或两种以上的物探方法，以便相互印证和补充。

(3)施工图设计阶段

坝陵河施工图设计阶段，桥型和主要工程布置均已经确定，较为丰富的前期勘察成果可供设计人员使用，本阶段工程地质勘察的主要目的和任务为：

①在充分研究桥位区前期地质资料的基础上，根据选定的桥型方案，查明地形地貌、地层岩性、地质构造、水文地质、不良环境工程地质等问题。

②重点查明索塔及东、西锚碇处岩土层的物理力学性质指标，水文地质条件，基岩的埋藏深度、岩性、风化程度、节理构造等情况。

③查明与西锚碇设计、建设相关的不良环境工程地质问题，提出相应的处理措施和建议。

④为施工图设计提供充分的工程地质依据。

在坝陵河大桥西锚碇施工图设计阶段，围绕工程地质勘察的主要目的和任务，在认真分析和充分吸收前期资料成果基础上，为进一步准确、全面地查明西锚碇锚塞体的地质条件，沿两锚缆的主缆方向布置和施工了两个斜硐进行勘察工作，并在硐内进行了必要的现场岩体试验。斜硐勘察和现场试验为隧道锚围岩等级的划分和设计参数的确定获取了大量数据，将斜硐勘察和现场试验获取的数据与初步设计阶段勘察成果进行综合分析得出的最终勘察成果查明了桥址区的地层岩性、地质构造、岩溶发育特征、水文地质条件、不良地质现象等工程地质条件和问题；工程地质测绘、物探、钻探、原位测试、电磁波 CT、数字钻孔摄像和室内试验所取得的资料可作为施工图设计的依据。

斜硐勘察的重点内容是：查明隧道锚硐室围岩的岩体质量等级，为现场大型试验工作提供场地。用于划分隧道围岩级别的勘察手段组合方式为：以斜硐开挖地质记录结合硐壁岩体超声波测试和岩样强度测试等手段，将各勘察手段获得资料分别进行定性和定量分析评价后，对围岩级别进行综合确定。经西锚碇施工开挖证实，详勘报告对围岩级别的确定准确度较高，在整个施工过程中，未发现勘察报告对围岩级别的划分及其稳定性评价与开挖揭露的实际情况存在明显出入。但由于岩溶发育复杂多变，在隧道锚施工开挖后发现少量小型岩溶洞隙未被查明。不过，未被查明的岩溶洞隙规模甚小，即使不对其进行特殊处理，也不会对工程施工进度和建设工程质量产生不良影响。

总结坝陵河大桥西锚碇勘察成果及施工开挖验证情况，对在岩溶地区进行类似该桥隧道锚工程施工图设计阶段的地质勘察时，应如何组合和优化各种勘察手段具有显而易见的现实意义。经过对坝陵河大桥西锚碇采用的勘察手段进行对比分析，岩溶地区桥梁隧道锚施工图设计阶段工程地质勘察优选模式为：在充分吸收前期成果的基础上，采用斜硐勘察、现场原位测试和物理模型试验相结合为基础，对斜硐勘察所发现的重大不良地质现象采用钻探、电磁波CT、数字钻孔摄像和地质雷达来综合查明隧道锚围岩级别和岩体力学性能是科学、可行和现实的。

需要强调的是，将各种勘察手段取得的成果进行全面整合，多角度查清隧道锚范围的工程地质条件特别是岩溶地质情况，是进行勘察手段组合与优化的前提条件。因此，在前期勘察已经查明了勘察区域范围内岩溶发育的基本规律和特征、地质结构与地质构造和斜坡稳定性等基本地质情况下，本阶段可先行采用斜硐勘察和原位试验两种手段。倘若前期勘察获取的资料尚不够翔实充分或在斜硐勘察中发现前期未曾查明的重大不良地质现象，则需要有针对性地补充适当的钻探工作，并在孔内或孔间进行岩体波速测试、电磁波 CT、数字钻孔摄像及地质雷达扫描等测试工作来对隧道锚围岩进行详细勘察。

在进行斜硐勘察施工前，应编制专门的勘察设计书，主要内容应包括技术措施、安全保障、进度计划等。设计书对斜硐的硐口位置、硐向和水平角要给予明确而清晰的规定。将硐口确定在地形起伏稍大的地段，且边坡稳定性较好位置为宜，这才有利于对硐室进行支护。硐向应以最大限度地揭露锚碇区的地质现象为依据，如条件许可，则应与隧道主缆方向一致。水平角与锚碇及锚塞的轴线相同。整个斜硐(包括试验支硐)均应控制在隧道锚设计的开挖范围内，以保证不会因为勘察斜硐的开挖而破坏隧道锚硐室岩体的自然结构和应力状态。如无法避免将在锚室或锚塞体外进行开挖，应在施工组织设计时采取有效措施对锚塞体外的开挖部分进行回填，回填材料性能应与围岩性能基本一致，以避免斜硐勘察施工破坏围岩的完整性和稳定性。勘察斜硐开挖断面为 2m×2m，硐顶断面宜采用弧形。在施工过程中地质技术人员应跟班作业，及时对硐室断面的地质情况进行认真仔细的地质记录，每间隔 5m 左右进行一次掌子面地质素描，对斜硐开挖揭露的地质情况要进行 1∶50 或 1∶100 的现场地质记录，对重要地质现象，还应放大比例尺记录，同时采取拍照、录像等措施详细记录硐内地质情况。在需要进行支护的硐段，地质记录和各种地质证据的收集均要求在支护作业之前完成，避免支护作业掩盖重要地质现象的问题发生。

现场大型原位测试是分析评价和确定岩体力学性能最有代表性的勘察技术手段。现场试验应编制专门的设计书并经专家评审通过后方可实施。原位测试的主要内容应包括硐室围岩完整性超声波检测、岩体直剪试验、结构面大剪试验、岩体与混凝土接触面直剪试验、锚塞体小比例尺物理模型试验等。试验结束后对岩体主要力学性能参数应进行数字反演计算，以验证试验参数的可靠性。

坝陵河大桥西锚碇斜硐勘察成果证明，在前期已基本查明锚碇区工程地质条件基础上，施工图设计阶段工程地质勘察采用硐探与现场原位测试相结合的方式来分析判定锚碇围岩等级和岩体力学性效果较好。并将现场原位测试取得的力学参数，再经过数字反演计算来加以验证和确认，将更有益于达到斜硐勘察精度达到施工设计所要求的可靠程度。

(4)施工阶段

工程建设进入到施工阶段时,工作区绝大多数地质情况已被前期勘察工作查明。但在岩溶地区,地质条件变化大,特别是岩溶发育在小范围上的无规律性和受勘察手段及工作量的限制,不可能把所有的地质问题彻底查清,所以在工程施工中仍然需要加强地质技术服务的跟进和配合。

施工阶段工程地质工作的主要目的和任务是:对现场开挖后的围岩级别进行跟踪分析和判断,并在必要时加以调整,以确保隧道施工在地质情报可靠的情况下进行。同时对施工开挖发现的地质异常情况进行分析判断和处理,以便对施工图设计阶段的勘察报告进行补充和完善。

根据上述目的和任务,在坝陵河大桥隧道锚施工阶段,业主单位在有勘察单位地质技术人员现场服务的基础上,又聘请了第三单位进行隧道锚开挖的超前预报工作并取得了较好的效果。研究成果和工程实例表明,在施工阶段,采用现场跟踪调查结合地质雷达扫描相结合的勘察手段组合模式,能够满足工程建设对地质技术服务的要求。但在工程施工过程中,如果出现施工图设计阶段勘察未查明的重大不良地质现象,则应有针对性的借助钻探、综合物探等其他手段开展工作。一般情况下,经过了前面几个阶段翔实认真的地质勘察工作之后,施工阶段发生这种现象的概率较小。

综合各阶段的勘察组合模式,将四阶段工程地质勘察的技术组合方式列于表6.1。

各阶段工程地质勘察组合模式　　表6.1

勘察阶段	主要勘察技术组合模式
选址或工可阶段	以工程测绘为主,结合地面物探,辅以适量的钻探和室内测试
初步设计阶段	以钻探为基础,结合岩体波速测试、电磁波CT和数字钻孔摄像及室内测试进行。对重要地质现象进行大比例尺的工程地质测绘和地面物探工作
施工图设计阶段	在充分吸收前期成果的基础上,采用斜硐勘察、现场原位测试的物理模型试验相结合,对重大不良地质现象采用钻探、电磁波CT和数字钻孔摄像以及地质雷达等综合勘察
施工阶段	现场跟踪调查服务结合地质雷达扫描

2)按地质目的构建勘察模式

(1)岩体风化程度的综合判定

目前在工程上确定岩体风化程度的主要方法有野外鉴别法、波速测试法和风化系数法等。

野外鉴别法是通过技术人员在野外对岩体的颜色、结构、节理裂隙发育程度等进行综合判定,其判定标准如表6.2所示。

野外判定岩石风化程度的方法　　表6.2

名　称	风化特征
未风化	结构构造未变,岩质新鲜
微风化	结构构造、矿物色泽基本未变,部分裂隙面有铁锰质渲染
弱风化	结构构造部分破坏,矿物色泽较明显变化,裂隙面出现风化矿物或存在风化夹层
强风化	结构构造大部分破坏,矿物色泽明显变化,长石、云母等多风化成次生矿物
全风化	结构构造全部破坏,矿物成分除石英外,大部分风化成土状

野外鉴别法属定性判别法，迄今为止还没有定量标准，主要依靠技术人员的经验结合表6.2的标准进行。依靠技术人员经验和表6.2给定的条件，对碳酸盐岩等硬质岩石风化程度的判别仍然有较大难度，需要综合考虑岩溶发育情况、节理裂隙的多少以及闭合情况等多种因素才能较为准确地判定。另外，虽然岩体风化程度的判定结果受技术人员素质影响较大，但只要技术人员经过一定的培训，掌握好判别标准，再加上认真负责的工作态度，在现场做出的判定一般不会出现很大差异。

波速测试法是根据岩体实测波速(一般在钻孔内进行)与新鲜岩石的波速进行综合对比后得出的波速比做出判定，其判定标准如表6.3所示。

波速比判定岩石风化程度的划分标准　　表6.3

风化程度	全风化	强风化	弱风化	微风化	新鲜岩石
波速比	0.2～0.4	0.4～0.6	0.6～0.8	0.8～0.9	>0.9

注：波速比 $=V_{pr}/V_{pm}$，V_{pr} 为岩体波速实测值，V_{pm} 为新鲜岩体波速值，计算时以微风化岩块波速峰值替代。

在用波速测试方法进行岩体风化程度的划分时，新鲜岩石的波速值一般用岩块波速测试值的峰值(也有人用平均值)来代替，基本不存在问题。而岩体波速测试一般采用超声波进行，在有地下水的情况下测试较为容易，如孔内无水又无法形成水柱，测试就无法进行。因此，用波速值来划分岩体的风化程度存在一定的局限性。另外，对硬质岩石而言，用波速比来划分其风化程度并不十分科学，因为岩体的工程性能更大程度上受岩体完整程度所控制，而不是由风化程度控制，同等风化程度的岩体由于其完整性不同，工程性能差异非常大。因此风化程度只是反映岩体工程性能的一个表征，需要作进一步的分析才能确定岩体的工程性能。

风化系数法是风化岩石样品的饱和单轴抗压强度与新鲜岩石的饱和单轴抗压强度的比值。即 $K_f=R_{cr}/R_{cm}$，岩体的风化程度根据风化系数来进行划分，其划分标准如表6.4所示。

风化系数判定岩石风化程度的划分标准　　表6.4

风化程度	全风化	强风化	弱风化	微风化	新鲜岩石
风化系数 K_f	—	<0.4	0.4～0.8	0.8～0.9	>0.9

注：风化系数 $K_f=R_{cr}/R_{cm}$，R_{cr} 为风化岩石的单轴饱和抗压强度，R_{cm} 为新鲜岩石的单轴饱和抗压强度。

在用风化系数来判断岩体的风化程度时，往往存在两个方面的问题，一是风化岩石样品的获得，二是新鲜岩石样品的获取。因钻探或其他工作基本都在风化岩层内进行，似乎风化岩石样品很容易获得，而实际工作中却并非如此。钻探、硐探等施工方法获得的岩石样品往往是该风化层的较好的岩石，或者说是同一风化带内风化程度最低的岩石，取得的样品不一定具有很好的代表性。石灰岩类的硬质岩石的风化多以化学风化为主，岩石风化程度受到多种因素的影响和控制，并不完全遵守从地表向地下呈带状风化的规则，再加上施工活动对风化层的扰动，以致难以在规定深度上取到新鲜岩石样品供室内测试使用。样品代表性较差和难以获得新鲜岩石样品的难题，对通过试验求取真实风化系数造成了一定困难，只得用微风化岩石的抗压强度来代替新鲜岩石的抗压强度，致使试验得到的风化系数往往比理论上的风化系数要高。由此可见：用风化系数来划分岩石的风化程度在理论上可行，而在实际工作中却存在较多困难，对试验取得的风化系数需要客观分析后才能采用。

除上述三种方法外，岩体风化程度的判定方法还有很多。例如，可以通过对不同风化程度的岩石的物理性质指标、岩石水理性质指标(如吸水率)与新鲜岩石的相应指标做比较,经统计得出判断结果。再如,通过大量统计不同风化状态下某种岩石的密度变化情况,编制出随风化程度变化的岩石密度变化曲线,再对照岩石变化曲线查明岩芯的风化程度。甚至,还可以通过分析岩石在不同风化程度下其化学成分的改变情况来判定风化状态。

由表 6.2、表 6.3 可以看出,波速比和风化系数多数情况下判定的岩体风化程度是一致的,并且与肉眼对岩芯的风化程度的判断几乎相同。但依据半定量指标波速比和风化系数 K_f 来判断岩体的风化程度仍嫌不够充分。如图 6.1 中的 BBCZK09 号孔在孔深 35.9～53.8m 处,V_p=5 200m/s,波速比为 0.92,该处岩样经试验获得风化系数 K_f=0.9,按波速比 0.92 应判定为新鲜岩石,按风化系数 K_f=0.9 则应该判定为微风化,判定结果稍有差异。孔内数字摄像资料显示该段孔壁较为破碎。钻探手段证实,该段岩芯采取率和岩石质量指标 RQD 值变化比较大,大部分 RQD 为 20%～50%,局部达 80%左右,岩芯完整程度差异也较大,岩芯断面也反映出岩石风化程度有所不同。在现场看到的钻探岩芯(图 6.1)情况比波速比和风化系数判定的岩石风化程度要强许多。由此可见,对地下岩石风化程度的认知,在某些情况下不能只依赖一两种手段得到的结论,需要结合数字钻孔摄像等其他手段来进行综合判定。坝陵河大桥勘察就是对多种勘察手段获取的数据进行综合分析比较后,最终判定该段岩石的风化程度为弱风化,此判断与工程开挖揭露的实际情况基本相符。

图 6.1　BBCZK09 号孔 36.5～44.3m 钻探岩芯

由于岩石的风化一般是渐变的,不是非此即彼的关系。风化程度对岩体质量的影响是相对的而不是绝对的,在实际工作只要能对其进行区分即可,没有必要也无法对其进行精确划分。在现有条件下,无论哪种判定方法,对岩石风化程度的判定都存在一定的片面性,只有将两种或更多方法结合起来才能做出较为接近客观真实的判定。

坝陵河大桥工程地质勘察中采用的勘察手段组合证明,波速比和风化系数以及岩芯的肉眼判断三种方法对岩体的风化程度判定结果基本一致,而且较为准确。就工程勘察而言,如不进行严格的科研活动,使用波速测试和钻探岩芯观测的方式来联合判定岩体的风化程度是可靠的,完全可以达到各个阶段工程地质勘察对岩体风化程度判别的技术精度要求。没有必要采用更多的勘察手段进行综合判定。

(2)岩体完整性的综合判定

岩体的完整性主要受节理、裂隙、岩溶孔隙、层面和各种结构面的综合影响。因此,借助恰当的勘察手段查明岩体的节理、裂隙、岩溶发育情况以及岩体的各种结构面是对岩体完整性做出判断的基础。一般来说,岩体的完整性评价主要通过岩芯的 RQD 值和岩体波速测试或钻孔超声波测试结果的完整性系数 K_v 进行综合评判(表 6.5)。这两种方法都只能对岩体的某个点上做出半定量判断,不能对岩体的某个面做出分析评价。为了解决对面的评价问题,坝陵河大桥工程地质勘察中在进行 RQD 统计和波速测试的基础上,增加了数字钻孔摄像和电磁波 CT 技术两种新方法来对岩体的完整性进行综合判定。

岩体完整程度划分对照　　表 6.5

完整程度	完整	较完整	较破碎	破碎	极破碎
完整性系数 K_v	>0.75	0.75～0.55	0.55～0.35	0.35～0.15	<0.15
RQD 值	>90	75～90	50～75	25～50	<25

表中：完整性系数 $K_v=(V_{pr}/V_{pm})^2$，各符号的意义同表 6.3。

在硬质岩石区通常情况下，钻孔波速变化曲线与 RQD 值的变化情况基本一致，RQD 值低(高)的地段，波速值也低(高)，在节理、裂隙或溶洞发育的地段，波速曲线明显骤降。证明使用波速曲线判断岩体完整程度，在绝大多数情况下能收到很好的效果。

以 RQD 来判别岩体完整程度，要求钻探施工必须使用 $\phi75$ 单动双管金刚石钻进工艺，而在实际工作中钻探却往往采用单管工艺进行，以致钻探统计的 RQD 值多数情况下比标准定义上的 RQD 值要低。另外，对于薄层状的缓倾角岩层，无论使用什么工艺进行钻探，其 RQD 值均会很低，若用 RQD 值作为标准对这类岩体做出判定，则完整程度必定较差，往往与岩体的实际完整性不符。以 RQD 值来判定岩体的完整程度，一般情况下都会降低对岩体完整性的判定。若以此作为工程设计的岩体力学参数依据，由于设计参数偏于保守，工程安全系数能够达到很高的水平，但经济性却较低；如采用 RQD 法对陡倾角岩层进行判定，以其为标准的判定结果往往又会好于岩体的真实完整性，据此提出的岩体力学参数往往高于岩体的真实性能，如将高于岩体真实性能的 RQD 值作为工程设计的主要参数，可能导致工程出现安全质量事故，具有很大的风险性。

由于岩体的波速值测试方便，新鲜岩石的波速值可用微风化岩石波速值的峰值来代替。与钻探相比，可以避免钻探由于工艺影响削弱了判断岩体完整性准确不高的缺点。因此，就勘察钻孔而言，可采用波速测试手段获得的完整性指数来对岩体完整性进行判断。但不论是钻探或者是波速测试，都是对岩体某个“点”做出的判断，其成果具有明显的局限性，需要综合其他方法对岩体的“面”做出的判断进行分析，才能对岩体的完整性形成比较全面的认识。

从表 6.2～表 6.5 可以看出，对于岩体完整性的判断，RQD 值和完整性系数 K_v 的判断结果大多相同，但在局部存在着差异。要对存在着的差异做出合乎实际情况的判别，需要引进其他手段来进行综合分析和判断。电磁波 CT 和数字钻孔摄像的同步引入，恰好弥补了 RQD 和完整性系数 K_v 的不足，使问题迎刃而解。

电磁波 CT 可以准确反映岩体强风化、节理、裂隙密集、溶洞发育等破碎程度较密集且明显的地段。坝陵河大桥施工情况证实，电磁波 CT 判断岩体“溶蚀裂隙较发育，泥质充填”的地段，往往在该段岩体均较破碎或有溶洞发育。电磁波 CT 判断岩体“岩体(基本)完整”的地段，经工程开挖后的实际情况验证，确有节理裂隙发育现象。由此可见，用电磁波 CT 查明钻孔间有无“溶蚀裂隙较发育，泥质充填”的情况是可靠的。

数字钻孔摄像能揭示岩体中节理裂隙的发育情况，包括节裂隙的发育位置、密度、连通情况、闭合情况等，对分析评价岩体的完整性有很大的帮助。将数字钻孔摄像的节理裂隙统计成果用于岩体完整性分析评价，因其能够提供直接的可视证据，对钻探、波速测试和电磁波 CT 成果形成了有力的验证和补充。但要注意，岩溶地质条件下，节理裂隙发育的地段岩体并不一定是破碎的问题。由于岩溶地区许多节理裂隙已被方解石充填，部分节理裂隙虽未被方解石脉冲填但处于闭合状态，使这两种节理裂隙在判断岩体完整性时产生的影响甚微。因此在进行数字钻孔摄像的节理裂隙统计时，应注意不要将所有的节理裂隙都统计在内，只需统计那些对岩体完整性有一定影响和未被方解石充填或未完全闭合的节理和裂隙，并注意区分节理裂隙与层面的关系。在坝陵河大桥勘察区内，因地形陡峭，岩层倾角较大，在岩体露头处统计结构面很不方便，使用数字钻孔摄像进行测量、统计节理裂隙后，对提高勘察精度起到了非常好的作用。

将坝陵河大桥西锚碇采用四种勘察手段相对比的方法对岩体的完整性进行综合判定，理论分析与施工揭露的地质情况均表明其综合划分科学合理。因此，对岩体完整性进行有效划分的优选勘察模式为：以岩体波速测试和数字钻孔摄像为基础，结合电磁波 CT 和工程钻探成果进行综合分析、评价和判断。通过该模式，在岩溶地区对岩体完整性进行详细勘察是完全可以做得到的。

(3)岩体质量的综合判定

经过钻探、室内岩石试验、钻孔波速测试、电磁波 CT、数字钻孔摄像等多手段的勘察，综合分析各手段的勘察成果后，即可根据岩石饱和单轴抗压强度及岩体完整程度，对钻探揭露范围内岩体的基本质量等级进行综合判定。判定方法见表 6.6、表 6.7。

岩石坚硬程度分类　　表 6.6

坚硬程度	坚硬岩	较硬岩	较软岩	软岩	极软岩
饱和单轴抗压强度(MPa)	$f_r>60$	$60\geqslant f_r>30$	$30\geqslant f_r>15$	$15\geqslant f_r>5$	$f_r\leqslant5$

岩 体 质 量 分 级　　表 6.7

完整程度 / 坚硬程度	完整	较完整	较破碎	破碎	极破碎
坚硬岩	Ⅰ	Ⅱ	Ⅲ	Ⅳ	Ⅴ
较坚硬岩	Ⅱ	Ⅲ	Ⅳ	Ⅳ	Ⅴ
较软岩	Ⅲ	Ⅳ	Ⅳ	Ⅴ	Ⅴ
软岩	Ⅳ	Ⅳ	Ⅴ	Ⅴ	Ⅴ
极软岩	Ⅴ	Ⅴ	Ⅴ	Ⅴ	Ⅴ

岩体基本质量等级由岩体坚硬程度和完整程度决定，因此查明岩体的坚硬程度和完整程度也就等同于查明了岩体的基本质量等级。如前所述，岩体坚硬程度可由岩石样品室内单轴饱和抗压强度试验成果分析统计而得，方法简单可靠。而岩体完整程度通过钻探、岩体波速测试、电磁波 CT 和数字钻孔摄像基本可以达到精细化勘察的程度。因此要对岩体基本质量等级进行科学、合理、客观、可靠的判定，其最佳勘察模式为：以岩石强度测试和数字钻孔摄像及波速测试为基础，结合工程钻探和电磁波 CT 来进行综合判定。

(4)围岩等级的综合划分

坝陵河大桥西锚碇区采用了工程地质测绘、地面物探、工程钻探、电磁波 CT、数字钻孔摄像、岩体波速测试、岩石室内测试、现场岩体试验等勘察手段进行综合勘察，并对现场测试数据进行了数字反演计算。对于锚碇区的工程地质勘察，其最终目的是为划分隧道锚的围岩级别和提供隧道锚施工设计参数。隧道锚围岩分级目前有多种方法,包括定性的、定量的和半定量的等。综观这些方法,不论是定性的或是定量的均未对岩溶地区的地质特点予以着重考虑,而在我国西部岩溶地区,因岩溶问题导致的工程勘察事故却屡有发生。岩溶作为一种特殊而复杂的地质现象,对岩体质量影响大,工程地质勘察由于受到技术、经济、时间等诸多因素限制,要彻底查明工作区的所有岩溶现象几乎不可能。现有围岩分级标准中又未对此进行专门的说明,因此研究和探讨岩溶地质对隧道锚围岩分级影响就很有必要。

①现有标准下的围岩分级情况。

隧道锚围岩级别的划分有定性和定量两种方法,定性方法主要根据《公路隧道设计规范》(JTG D70—2004)和《工程岩体分级标准》(GB 50218—1994),分类方式可以采用定性判别和定量判别两种,定性分类一般用于硐室现场编录时使用,定量分类一般在各项岩土测试结束后,进行资料分析整理时使用。通常需要把定性分类和定量分类结果进行对比分析,得出综合分类结果。

结合坝陵河大桥西锚碇勘察的钻探、岩体波速测试、电磁波 CT、数字钻孔摄像等方法获得的勘察成果,可以将西锚碇区岩体按钻探成果和斜硐勘探成果分别进行隧道锚围岩级别的定性分类,见表 6.8、表 6.9。

钻探划分的围岩级别 表 6.8

岩性及其风化程度	深度(m)	岩 芯 特 征	RQD(%)	围岩级别
弱风化泥晶灰岩	0～40	岩芯较破碎,以短柱和块状为主,孔壁出现掉块现象,需下管护壁	40～70	Ⅳ～Ⅴ
微风化泥晶灰岩	>40m	岩芯较完整,以柱状及长柱状为主	70～85	Ⅱ～Ⅲ
弱风化白云岩	0～45	岩芯较破碎,多呈块状及短柱状,孔壁掉块多,需下管才能钻进	50～75	Ⅳ～Ⅴ
微风化白云岩	>45	岩芯较完整,多呈长柱状,少量短柱及块状	65～85	Ⅱ～Ⅲ

斜硐勘察现场划分的围岩等级 表 6.9

硐 号	硐长(m)	垂直深度(m)	岩石风化程度	岩体完整程度	围岩级别
PD1	0～48.7	0～24.5	弱风化	张性层面间充填黏土夹碎石	Ⅴ
	48.7～59.0	24.5～32.7	弱风化	节理裂隙发育,但贯通性差	Ⅲ
	59.0～66.5	32.7～38.0	弱风化	受构造影响,岩体破碎,节理发育	Ⅳ
	>66.5	38m 以下	微风化	小节理发育,但未切割岩层	Ⅱ
PD2	0～30.1	21.1	弱风化	张性层面强发育,充填黏土夹碎石	Ⅴ
	30.1～38.0	21.1～26.9	弱风化	节理裂隙发育,岩体被切割成块状	Ⅲ
	38.0～45.4	26.9～32.0	弱风化	受隐伏断层影响,岩体极破碎	Ⅳ
	>45.4	32 以下	微风化	节理较发育,贯通性差,未切割岩层	Ⅱ

由于岩体完整程度的定性划分受工作人员技术素质和责任心影响,同一岩体由不同技术素质的人员来进行完整程度的现场划分时有可能出现不同的结果,导致围岩等级定性划分的不确定性。因此,在对围岩级别进行划分时不能只考虑定性因素,而应在定性划分的基础上,结合其他测试成果进行定量分析与计算,尽可能排除人员素质差异在进行岩体质量等级定量

划分过程中的影响。

在综合划分围岩等级时，定性划分是基础，定量划分是依据。对隧道围岩等级的划分应采取定性与定量相结合的方案进行。

按现有规范，进行围岩等级划分的定量指标是通过岩体波速测试成果和岩石单轴饱和抗压强度测试成果来计算岩体基本质量指标 BQ，根据 BQ 或修正后的[BQ]来确定围岩级别。

$$BQ = 90 + 3R_c + 250K_v \tag{6.1}$$

式中：R_c——岩石单轴饱和抗压强度，MPa；

K_v——岩体完整性系数，$K_v = (V_{pm}/V_{pr})^2$。

当 $R_c > 90K_v + 30$ 时，以 $R_c = 90K_v + 30$ 和 K_v代入计算 BQ 值。

当 $K_v > 0.04R_c + 0.4$ 时，以 $K_v = 0.04R_c + 0.4$ 和 R_c代入计算 BQ 值。

在实际分级时，对 BQ 根据地下水、软弱结构面和初始应力因素进行修正，以修正后的岩石基本质量指标[BQ]为围岩分级的最终依据。计算结果按表 6.10 给定的标准进行围岩级别的划分。

岩体的围岩定量分级指标 表 6.10

围岩级别	Ⅰ	Ⅱ	Ⅲ	Ⅳ	Ⅴ	Ⅵ
BQ 或[BQ]	>550	550～451	150～351	350～251	<250	—

注：围岩定量分级中对岩体而言，只有 5 级。Ⅵ级只针对第四系的软土及饱和粉细砂等。

如果使用定量分类法对探硐的围岩进行后期分类，其结果见表 6.11。

定量判定探硐围岩等级 表 6.11

硐　号	硐轴线长(m)	岩体完整系数 K_v	岩体质量指标 BQ	围岩级别
PD1	0～45	0.02～0.09	236	Ⅴ
	45～48.95	0.12	255	Ⅳ
	48.95～59.11	0.75～0.91	433	Ⅲ
	59.11～60.84	0.98	470	Ⅱ
	60.84～83.98	0.65～0.87	422	Ⅲ
PD2	0～31.70	0.02～0.07	235	Ⅴ
	31.70～32.25	0.31	301	Ⅳ
	32.25～40.3	0.54～0.83	387	Ⅲ
	43.2～44.5	0.39～0.51	333	Ⅳ
	44.5～68.86	0.67～0.87	431	Ⅲ

由表 6.10～表 6.11 可见定量判定与定性结果相近，但定量判定的围岩类型级别稍微偏低。主要原因是定量判定中的 K_v 值在测试过程中受斜硐施工影响，所测岩体完整程度比原始状态有所降低，从而影响了 BQ 值。但这种影响比较有限，其结论对工程来说是安全的。

②围岩分级探讨。

从坝陵河大桥西锚碇的围岩分级情况和现场开挖验证情况看，现有的分级标准基本统一，可以达到绝大多数工程项目对围岩分级的要求。但现有分级标准对在岩溶地区进行高精度工程地质勘察尚有一定的不足，一是分级略显粗略，用 6 级标准来涵盖所有的岩土条件过于粗糙,使得级与级间的差别过大。从定性角度看,许多岩体既可以划分为某一级,也可以划分为其上一级或下一级。这需要地质技术人员凭其经验和技术素养来把握,增加了准确分级的难度和随意性,也为工程设计带来了一定的不良影响。如果围岩等级划分偏高,可能会对工程设计和施工造成技术风险,如将围岩级别划得过低,又会造成经济上的浪费,甚至对工程建设决策产生不良影响。既要保证工程建设的顺利实施,又要做到科学、经济,则有必要对现有围岩分级标准在岩溶地区的应用进行研究和探讨,但限于本专题研究的篇幅和内容,对岩溶地区围岩分级标准的探讨将在以后进行。

在现有的围岩分级标准中,岩体强度分级是客观科学的,通过岩石室内试验成果统计值来确定岩体的强度是可行的,具有普遍性和代表性。但岩体完整程度的划分标准中定性标准由于执行者技术素质和经验的差异容易产生判定结束的不同;而定量标准由于测试的局限性,测试基本在测试对象的天然状态被改变后进行,测试成果并不代表测试对象的真实状态,从而导致定量判定的结果也不是标准状态下的结果。还有就是现有的划分标准对岩石而言只有5级,略显粗糙。

综合上述,对根据勘察目的确定的勘察技术组合如表6.12。

不同勘察目的工程地质勘察组合模式 表6.12

勘察目的	主要勘察技术组合模式
岩体风化程度	地质测绘、工程钻探和波速测试相结合
岩体完整程度	以岩体波速测试和数字钻孔摄像为基础,结合工程地质测绘、工程钻探、电磁波CT进行
岩体质量等级	以岩石强度测试、数字钻孔摄像和波速测试为基础,结合电磁波CT和工程钻探进行综合划分
围岩分级	以工程地质测绘、岩石试验、波速测试和数字钻孔摄像为基础,结合工程钻探、电磁波CT进行,必要时进行平(斜)硐勘察确定
浅部岩溶	以工程地质测绘和地面物探为主,结合其他手段进行
深部岩溶	以工程钻探、电磁波CT、数字钻孔摄像和孔内地质雷达相结合进行

6.1.2 综合勘查技术及其应用

1)建设背景及工程概况

悬索桥作为一种具有悠久历史的桥梁类型,在我国已有上百年的建桥史。由于我国西部地区建设高速公路的时间较晚,悬索桥以往只是在较低等级公路、跨径较小的桥梁上有应用。随着西部大开发战略的推进,我国西部岩溶地区高速公路基础设施投资逐年加大,高速公路建设的进程越来越快,在岩溶地区实施大型桥梁建设工程的现实要求日趋迫切,更多大跨径钢桁梁悬索桥将陆续在岩溶山区大型峡谷上出现。

锚碇是悬索桥建设必须采用的主要承力结构物,是悬索桥生命线的重要组成部分。大跨径钢桁架悬索桥的锚碇,往往具有构造复杂,投资比重大的特点。锚碇按受力方式主要分为重力锚和隧道锚两大类型。悬索桥建设采用重力锚方案,其弱点是工程量浩大,费用高,对环境影响大;如采用隧道锚,则为克服该弱点的一个重要工程措施。工程地质勘察作为设计工作的基础,在很大程度上决定着隧道锚的设计和施工方案成立与否,勘察成果的深度和精度则将直接影响到悬索桥能否修建等重大决策。隧道锚一般在地质构造简单、岩体完整、岩体物理力学性能较好的地方采用，以充分利用岩体自然条件，节约工程造价。

在我国西部岩溶地区，由于岩溶高度发育，地质构造复杂，岩体的完整性受到较大的影响。在岩溶山区采用隧道锚方案修建大跨径悬索桥，对工程地质勘察的要求极其严格。坝陵河大桥建设区岩溶高度发育，张节理和溶蚀裂隙对岩体完整性均有较大影响。因此，能否选择隧道锚方案，如何进行勘察、设计是对我国桥梁建设技术的一次挑战。

坝陵河大桥为沪瑞国道主干线上特大型工程之一，大桥从关岭县东北跨越坝陵河峡谷，峡谷两岸地势陡峭，地形起伏较大，变化急剧，河谷深切达 400～600m。该桥桥型选用了主跨 1 088m的钢桁加劲梁悬索桥方案。并根据地形和地质情况决定大桥东锚碇采用重力锚，西锚碇则采用隧道锚。

坝陵河大桥采用的隧道锚由两条锚索组成，对称分布于桥轴线的左右两侧，间距 30.8m，隧洞总轴线长 80.44m。从垂直地面算起最大深度约 95m，后端部总宽 49m，前锚室主缆中心线的水平角 45°，其中前截面尺寸为 10m×10.8m，后截面尺寸为 21m×25m，自由段长度 40m，锚固段长度 40m，设计锚索拉拔力达 30 000t/条，其斜度和断面尺寸均为世界第一，在当今世界在建桥梁中是最大的隧道锚。由于隧道锚所在位置为岩溶发育强烈的岩溶山区，地质条件非常复杂，因此隧道锚的建设成为坝陵河大桥的关键工程。

在岩溶山区修建大跨径的悬索桥具有较大的技术风险，特别是需要查明岩溶的发育状况、岩体完整性，以及是否能选择隧道锚方案进行桥梁建设更是具有较强的挑战性。同时要为隧道锚的设计和施工提供岩性和施工设计参数，指导设计和施工的顺利进行，就需要对作为先行者的工程地质勘察工作提出了更加严格的技术要求。要求工程地质勘察成果在很大程度上对隧道锚设计和施工方案的选择和确定具有重要的作用。勘察方案不仅在可靠性方面，也同时在技术经济性方面都具有很高的要求。

2)科学问题

由于在同类地区进行大型类似工程的实践较少，以往进行的专题研究深入程度及涉及内容都不大够。因此，抓住本次工程项目整合多种勘察手段，综合多种勘察技术所取得的成果这一难得的实践机会，尽量扩大对岩溶地区多种勘察手段整合模型研究的广度和深度。

岩溶发育的原因较为简单，但岩溶形态却极为复杂，选择一般的勘察手段对岩溶地质进行勘察往往具有较大的局限性，要对岩溶进行精细化的勘察，目前尚需要引进更先进的技术方法与现有勘察技术进行整合方可实现。坝陵河大桥西锚碇工程勘察在目前规范要求下，对新技术的引进和勘察技术整合进行了有益的尝试，取得了一定的经验。其中锚碇勘察成果经施工验证具有很高的可靠性。因此以其作为研究背景，对单一勘察方法的不足和多种方法相互印证的效果分别进行研究，综合考察多种勘察手段的组合运用，对岩溶发育的复杂性和多变性进行精细化勘察的成效。

但是，在单一工程成功经验为基础进行研究，形成的技术组合模式不可避免地存在着某些不足，尚需在以后的实践中不断总结和提高，其研究成果，对同类地质条件下的类似工程具有一定的指导和借鉴意义。虽然勘察技术的组合目前尚不具备对所有地区、所有类型的岩溶地质勘察都具有普遍意义，研究成果中针对岩溶地区的勘察工作程序和勘察成果内容表达方法仍具有一定的普遍指导意义。

3)国内外研究现状

通过对国内外文献的检索，在岩溶地区进行大型桥梁隧道锚的建设在国内外均属首次，因此在这方面的专门研究资料尚难查找。针对岩溶地质的工程勘察研究目前还停留在对单一方法的适用性研究上，而在坝陵河大桥勘察过程中采用的多种手段组合勘察研究尚未见报道有系统的研究成果。我国岩溶地质主要集中发育在西部地区，由于历史原因，西部地区进行大型工程建设相对较少，除水电工程外，公路建设在岩溶地区工程建设的技术手段相对落后，这也是目前国内在这方面研究较少的原因之一。

坝陵河大桥工程地质勘察引入目前国内外均较为先进和全面的手段进行工作，采用的勘察手段多，研究时间长，在我国同类工程的建设史上是一个重要的尝试。特别是数字钻孔摄像技术作为一种精细化的勘察手段，是一个利用更加微观的成果来充分研究工程场，达到更加宏观把握目的的方法。该方法在国内外工程勘察界均很少使用，应用在桥梁建设上则为首次。多种勘察手段综合形成的勘察结果，经过坝陵河大桥西锚碇隧道锚施工证实，工程地质勘察成果质量优、精度高，保障了隧道锚施工的顺利进行，没有发生由于未查明的复杂地质现象而导致工程施工受到影响的情况，这在岩溶发育复杂的西部地区特别是如此大的隧道锚施工中是非常少见的。因此，总结坝陵河大桥西锚碇工程勘察的成功经验，进行岩溶隧道锚工程地质勘察综合研究，具有很强的先导性和前瞻性，有着重要的现实和科技进步意义。研究成果将对同类地区进行类似工程的建设起到指导性和示范性的作用。

4)研究目的和意义

作为国内采用隧道式锚碇的最大跨径悬索桥，有必要在总结和借鉴国内外悬索桥锚碇勘察、设计和施工经验的基础上，以该桥隧道式锚碇为重点研究对象，探讨适合我国西部喀斯特地区，地质构造复杂、岩溶高度发育、岩体完整性相对较差的地质条件下的悬索桥隧道锚技术方案，并进一步对隧道锚结构与岩体的受力和稳定性、隧道锚施工技术和岩溶地质条件下的运营、养护等进行深入研究，可为西部地区同类工程的修建做好前期的技术储备。

随着大型隧道锚的逐渐实施，工程地质勘察作为隧道锚建设基础性工作，应当如何对岩溶地质进行精细化勘察以及选择什么样的勘察手段组合来进行勘察，不仅直接影响工程勘察的质量、造价和进度，影响到勘察成果的可靠度，还将不可避免地直接对工程建设产生重大影响。因此，对其方法、手段以及评价程序和内容进行深入研究。

坝陵河大桥工程地质勘察取得的成果，经设计、施工以及施工监控工作的验证，其成果质量是好的，除满足项目建设的需要外，还在综合勘察技术方法中得到了很多有益的启示和借鉴。因此，有必要以坝陵河大桥西锚碇工程地质勘察所取得的成果为基础，开展岩溶地区大型建设项目工程勘察多手段组合及优化研究，初步建立多种勘察手段在不同勘察阶段采用的程序和方法的理论模式，给今后在同类地区实施大型建设项目的工程地质勘察提供参考和借鉴。

坝陵河大桥工程地质勘察是贵州省首个运用多种国内外现有勘察技术手段，在岩溶地区实施的大型工程地质勘察项目。在勘察过程中，在岩溶地区综合运用工程地质勘察手段的组合和优化上进行了一些大胆的尝试，为开展适合我国西部山区特别是岩溶地区大跨径钢桁架加劲梁悬索桥的综合勘察技术的研究工作，探索岩溶地区工程地质勘察技术成果的整合模式，为贵州省乃至西部岩溶地区实施同类工程做好前期技术储备打下了一定的基础。本章通过对坝陵河大桥隧道锚工程地质勘察的研究，形成具有参考和借鉴意义的技术组合模型，不仅能促进贵州省工程地质勘察技术水平的提高，还将会使我国岩溶地区大跨径的桥梁建设水平实现跨越式发展，缩短中国和世界先进桥梁建设技术之间的差距。

坝陵河大桥西锚碇工程地质勘察，通过合理整合多种勘察手段，实行严谨缜密的过程控制，保障了最终勘察成果质量。用事实证明，通过进行高精度的工程地质勘察工作，在岩溶地区桥梁建设过程中完全有可能选用隧道锚方案。这样不仅可以充分利用岩溶地质体的力学性能，通过减少锚碇的混凝土量来节省开挖方量，缩短建设工期，降低工程造价，更重要的是由于隧道锚在进行施工时地表开挖量很少，对工程场地自然环境的影响大为降低，有利于保护工程场地范围岩溶地区极为脆弱的生态环境。

5)研究内容及方法

(1)研究内容

工程地质勘察作为工程建设的基础，其成果质量将直接影响整个项目的投资额度、建设质量和建设周期。采取多种技术手段在同一区域内实施勘察的情况将会重复发生且不断增多。通过对坝陵河大桥西锚碇岩溶隧道锚综合勘察技术进行分析研究，对其勘察过程中采用的技术手段效能予以比对，分析各种勘察手段的有效性和适用性，在遵循现行勘察设计规范要求的前提下，对岩溶地区类似工程建设的勘察方法的优化选配进行探索和研究，搭建起与类似地质条件相适应的多种勘察技术组合的初步方案，为西部岩溶地区大型桥梁建设和大型工程项目的工程地质勘察提出技术工作建议。因此，隧道锚综合勘察技术及设计参数试验的主要研究内容为：

①进行岩溶地区隧道锚综合勘察技术方法研究；

②提出勘察技术成果的整合方法和途径。

(2)研究方法

在现有技术条件下，在岩溶地区进行工程勘察可供的手段只有常规的不多几种方法，常用的勘察手段有地质调绘、工程物探、钻探、室内外测试等。各种方法均有一定的优势，对勘察对象(地质体)的某些属性能够收到较好的勘察效果，却不能对勘察对象的整体属性和特征进行全面了解。由于各种勘察方法都具有其自身的局限，例如物探方法易受到地形、地下水、岩溶充填特征等地质条件的影响，勘察成果具有较大的片面性，往往不能反映勘察对象复杂的综合地质特征。即使同时采用多种手段，也常由于缺乏对各手段进行技术组合和方法使用的优化，在很大程度上抑制了勘察成果的综合性和全面性。难以全面准确地反映复杂地质条件下岩溶地质的工程特征。本章研究的任务，是通过对不同的勘察手段进行综合分析和对比，针对不同勘察阶段、不同勘察目的，探寻科学、合理、经济的优化和组合勘察手段技术的方式，以及在实际工作中可以方便采用的方法；并从理论上对多种勘察手段取得的成果进行综合分析，查找各种手段之间的差异和互补关系进行研究。本章采用如图 6.2 所示的技术工作路线。

6)试验区工程地质特点及勘察情况

坝陵河大桥作为国内首座单跨超过千米的钢桁加劲梁悬索桥，建设规模大、地质条件复杂、技术难度大。桥址区的工程地质勘察作为工程设计和建设的基础，为保证勘察成果的可靠性和适用性，在勘察过程中运用并整合了工程地质测绘、工程测量、地面物探、工程钻探、压水试验、岩体波速测试、声波测井、室内岩土测试、电磁波 CT、数字钻孔摄像、斜硐勘探、现场大型直剪试验以及现场大比例尺物理模型拉拔试验等多种勘察手段，使其成为地质勘察史上同类工程采用手段最多，引用技术门类最全，勘察程序最为复杂，技术成果的综合分析方式相当可靠的工程勘察项目。

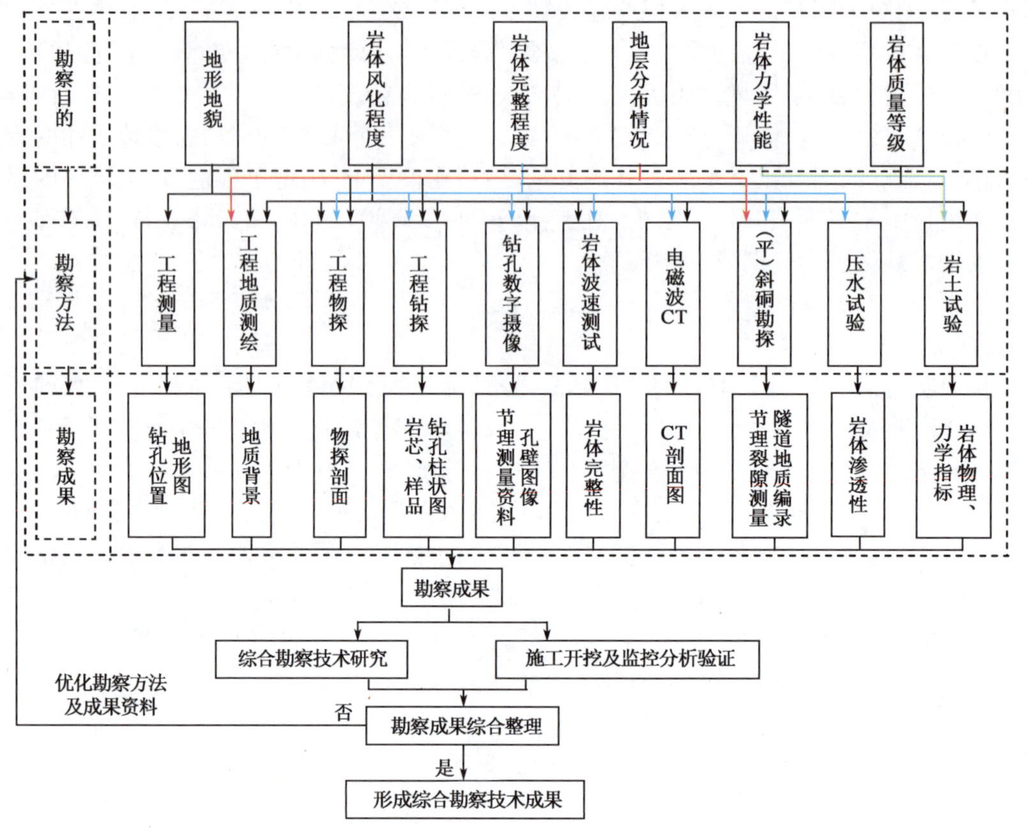

图 6.2　技术工作路线

坝陵河大桥勘察使用的技术手段中，数字钻孔摄像是国际上先进的勘察手段之一，在国内岩溶地区桥梁建设史上为首次应用。电磁波 CT 在国内岩溶地区同类工程上的使用也不多见。不同类型、不同原理的多种勘察手段的引进和使用，大桥西锚碇作为整个工程勘察中极其重要的部分，上述手段都在该区域得到了充分的应用。为考量各种技术手段在岩溶地区的勘察成效提供了可能性，也为研究在类似地区怎样整合优化各种技术手段，如何实现各手段的科学、合理、经济的配合创造了有利条件。

结合坝陵河大桥的工程勘察[初步设计阶段工程地质勘察、初步设计阶段补充勘察（悬索桥方案初步勘察）和施工图设计阶段工程地质勘察共三次工程地质勘察]开展了大量的工作。随着勘察阶段的逐步推进，三次勘察的内容和范围逐步得到扩大，每次勘察均在充分吸收前期工作成果的基础上进行更加精确的资料分析和整理。

(1)初步设计阶段工程地质勘察

在 C 线和 K 线同时进行，其目的是为确定桥址线路和桥型方案提供地质依据。因此，在勘察施工过程中主要采用了工程地质测绘、工程物探、钻探、室内岩土水测试等手段。初步设计阶段工程地质勘察成果的提交，为线路选择提供了科学的地质依据，也为设计单位选定桥型方案提供了新的地质依据。经业主单位组织国内权威专家与技术要求进行对比和评审，其工程勘察成果达到桥址选择的全部技术要求。

（2）初步设计阶段悬索桥方案补充勘察

重点采用了钻探、电磁波CT、数字钻孔摄像和室内岩土测试等勘察手段进行。勘察成果帮助设计单位和建设单位很快做出了以悬索桥为最后桥型及桥跨的决定。

（3）施工图设计阶段工程地质勘察

对工程地质勘察特别是西锚碇的工程地质勘察要求非常高，要求在已初步查明地质条件和前期工作资料的基础上，进一步分析研究现场岩体物理力学参数，并为施工图设计提供经济和技术可靠的锚碇构造物。因此，西锚碇在这一阶段，又采用了斜硐勘探、室内岩土测试、现场原位测试和物理模型试验等多种手段进行定性和定量的勘察测试，并采用相互验证和补充的方法进行分析，优化整合各个阶段取得勘察成果，形成供施工图设计和工程施工使用的综合勘察成果。各勘察手段在西锚碇的运用情况概述如下。

①工程地质测绘。

工程地质测绘工作贯穿工程勘察的全过程，是工程地质勘察外业工作的首要工作。在一般工程勘察中，工程地质测绘主要在初步设计阶段进行，随着勘察深度和精度的提高进行补充和完善。坝陵河大桥工程勘察的工程地质测绘工作以1∶1 000地形图作底图，测绘范围确定在以桥轴线为中心外扩200m的条带内。测绘路线采用穿越法和追索法相结合。观测点定位采用了目测法、半仪器法和仪器法。对重要地质点、勘探点充分利用了人工探坑和天然露头。在第四系覆盖段，辅以坑探、槽探和剥土等进行揭露，查明了地层结构及构造特征。

坝陵河大桥工程地质测绘的点、线布置密度和精度符合规范要求。通过工程地质测绘了解和掌握的西锚碇区范围内地质特点为：地质构造简单，地表未发现断裂构造，岩层呈单斜状产出。岩层倾向与坡向相接近，为顺向坡。岩层倾角75°～90°，局部发生波状起伏。坝陵河大桥西岸工程地质条件见图6.3。

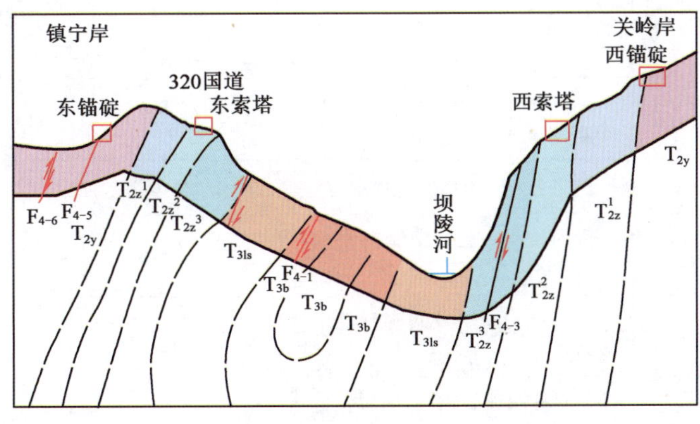

图6.3　坝陵河大桥桥轴线地质剖面示意图

地质测绘查明：本区地表零星分布第四系残坡积黏土夹碎石、角砾，厚度一般小于1m，主要分布于溶沟、溶槽内。基岩主要为三叠系中统竹竿坡组第一段（T_{2z^1}）薄～中厚层状泥晶灰岩，岩层单层厚度多在5～30cm，浅部基岩溶蚀—风化强烈，层间普遍夹5～50cm黏土层；其次为三叠系中统杨柳井组（T_{2y}）中～厚层状白云质灰岩、白云岩。隧道锚的锚塞主要分布在该地层内，桥址区大型岩溶也主要发育在该地层内。

工程地质测绘具有以下主要特点：

a. 工程地质测绘可以快速查明工作区的地形地貌、地质结构和构造，岩土的工程性能，不良地质作用以及水文地质条件等与工程建设密切相关的工程地质条件。通过测绘资料绘制的节理玫瑰花图和极射赤平投影图等，能够初步分析判断边坡岩体的稳定性，为线路及桥型方案的选择提供基础地质依据。

b. 地质测绘主要依靠地质技术人员肉眼观察，显然会受到人为因素制约，存在着勘察深度较浅；成果的可靠度和精度取决于地质技术人员的技术素养和责任感；对地质情况（特别是地下部分）的分析判断主观因素多等不足。

c. 由于经验丰富的地质技术人员认真地工作，地质测绘工作仍具有其他勘察手段不具备的优势，例如可快速进行地表节理裂隙统计、划分地质单元等。

②地面物探。

为达到勘察目的，获得丰富翔实的物探资料成果，结合坝陵河大桥桥址区的地形及岩层的物性特征，地面物理勘察采用了现有的多种方法进行，主要有：a. 浅层地震反射波法；b. 对称四级剖面法；c. 联合剖面法；d. 电测深法；e. 音频大地电场法；f. 中间梯度剖面法；g. 波速测试；h. 充电法。通过工作区范围内地质测绘和物探解释的相互印证，基本查明了大桥轴线附近土层及强风化层的深度及厚度、地层分界线、地下岩溶、断裂的分布及其特征等。

物探工作的主要目的为：初步查明桥址区的岩土层结构及其埋藏条件，重点查明土层的分布及厚度，基岩的风化界面；初步查明桥址区的岩溶发育程度、分布特征及其规模；初步查明桥址区断裂的分布、性质、产状、破碎带宽度等。

地面物探在C线和K线同时进行。物探方法、作用、效果及其工作量见表6.13。

地面物探方法、作用及效果一览 表6.13

序号	方法名称	作用	效果	控制深度（m）	工作量	
					剖面长度（km）	物理点
1	浅层地震反射波法	查明土层、强风化层的深度及厚度，岩溶断层的位置	明显	150	7.3	4 864
2	单孔波速测试法	测定主要岩土层的纵横波速	30m以下较差		5	140
3	对称四极剖面法	查明溶洞、地层界线的平面位置	明显	50	4.98	996
4	联合剖面法	重点查明断层及破碎带的平面位置	明显	50	0.61	122
5	音频大地电场法	与对称四极法相同，地形条件差时用于替代对称四极剖面法	明显	100	11.05	2 212
6	中间梯度法	重点查明高阻体（空溶洞）的平面位置	明显	100	0.415	83
7	电测深法	用于查明土层、强风化层的深度及厚度、岩深发育带的大致深度	砂、泥岩互层段不明显	50	—	86
8	充电法	用于查明S6泉点地下水与F4-1断层的关系	明显	—	0.57	114

物探成果经地面调绘和钻探验证，总体上讲有较好的吻合性。在坝陵河大桥工程地质勘察中物探手段主要用于：

a. 查明第四系及强风化层厚度。由于两者电阻率无明显差异，物探成果将其归为一层进行解释。在碎屑岩区域取得的浅层地震成果，经与钻探成果进行比较，划分的风化层厚度与钻探相近，而电测深物探方法划分的厚度相对较浅。在碳酸岩区域，电测深划分的强风化界面与钻探有很好的对应性，而浅层地震的强风化带由于包含了破碎的中风化岩和浅部节理裂隙密集发育带，划分的厚度普遍偏深。

b. 查明岩溶（或岩溶裂隙发育带）的分布情况。物探手段的综合成果表明桥址区岩溶较发育，仅C线就发现27处岩溶发育带。其发育层位为白云岩、泥晶灰岩、泥灰岩夹泥岩及砂质灰岩等。经BCZK08～BCZK11及BCZK16等钻孔验证，在物探划分的岩溶发育带上确有岩溶现象，证明物探划分的岩溶位置较为准确。在岩溶发育形态和规模上，西岸岩溶主要表现为以层间溶蚀为主，在浅部（20m以内）多呈无充填的空溶隙；深部多充填黏土，发育深度主要在50m以内。东岸岩溶发育受构造影响明显，发育深度较大，80m以下尚有岩溶发育异常带出现。

后期的多种勘察手段成果表明：物探划分的岩溶发育带在平面上较为准确，但在深度上与实际情况有较大差别。

c. 确定断层及断层破碎带的位置。坝陵河西岸经物探勘察未发现断层及其破碎带。在东岸有明显反应的是发育于砂质灰岩中的F4-3断层，在联合剖面上呈高阻反交点。而发育于泥岩中的F_{4-4}由于其电性差异不明显，电法勘探未能发现，浅层地震反映该区为基岩破碎体，宽度20～40m。

d. 查明基岩破碎带的分布范围。浅层地震发现桥位区在C线存在7处基岩破碎带。这些破碎带间无明显的联系，均呈孤立状态。

e. 划分岩性分界面。由于坝陵河东岸岩层在电性上存在明显差异，物探成果显示岩层分界面明显而准确。而西岸由于地形、岩溶及破碎岩体等影响，电性分辨率差，无法准确划分岩性界面。

地面物探手段用于坝陵河大桥工程地质勘察的结果证明其具有这样的特点。

a. 使用地面物探手段，对具有明显物性差异的地质体，往往具有事半功倍的作用，可以达到在短期内基本查明工作区岩土体工程性能的目的。

b. 物探工作存在着三个方面的先天不足：一是地形条件复杂限制了某些方法（如对称四极剖面）的开展，削弱了其成果解译的可靠性；二是在地下水埋藏较深的情况下，许多与水有关的物性无法显示，从而影响了测试效果；三是物探对地质现象的解译本身就具有多解性，往往需要工程技术人员凭借其经验或与其他方法取得的结论比对后，才能做出较为准确的判断。

c. 针对物探工作的特点，在新工作区进行工作时应先进行方法的有效性试验，确定合理的测试参数，对同一地质现象，一般应采用两种或两种以上的方法进行勘察，并对勘察结果进行综合解译，以利于提高成果的可靠度。

③测量定位。

a. 钻孔测量定位。

根据桥位区1∶1 000电子地形图和中交公路规划设计院提供的钻孔坐标，按照现场给定的

2个控制点(C022:X=2 872 729.858,Y=563 613.364,H=953.245;C023:X=2 873 191.320,Y=563 619.568,H=1 020.683)的三维坐标,使用NIKON DTM530全站仪,采用极坐标法进行钻孔定位测量。坐标系统采用1954年北京坐标系统,高程采用国家85高程基准。对每个钻孔在开钻前都要进行实地测量定位,经与地形图进行比对,确认定位无误后方可开钻。钻探开工后再次进行钻孔定位复测,以检验施工钻孔孔位的准确性。前后对比测量定位,为所有勘察钻孔位置均符合设计要求提供了保证,未出现超过设计范围的孔位误差,钻孔测量定位满足现行勘察规范和设计单位的具体要求。

b. 斜硐定位定向测量。

在坝陵河大桥悬索桥方案的初勘阶段,根据设计单位给定的两斜硐硐口坐标,采用全站仪从东岸的两个控制点(C022和C023)引测,对硐口予以测量定位。并在两硐口附近设置了3个半永久性的测量标志点作为斜硐施工过程中的临时控制点(图6.4)。斜硐在施工过程中每掘进5m左右或在倾角变化处均采用经纬仪和电子测距仪配合进行硐向和倾角的测量和复核。保证施工按设计要求进行。硐内测量控制如图6.5所示。

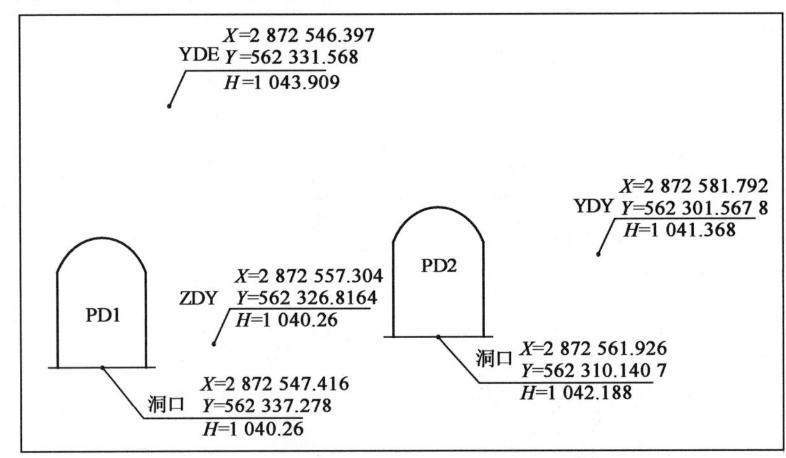

图6.4 西锚碇斜硐勘察施工放样平面示意图

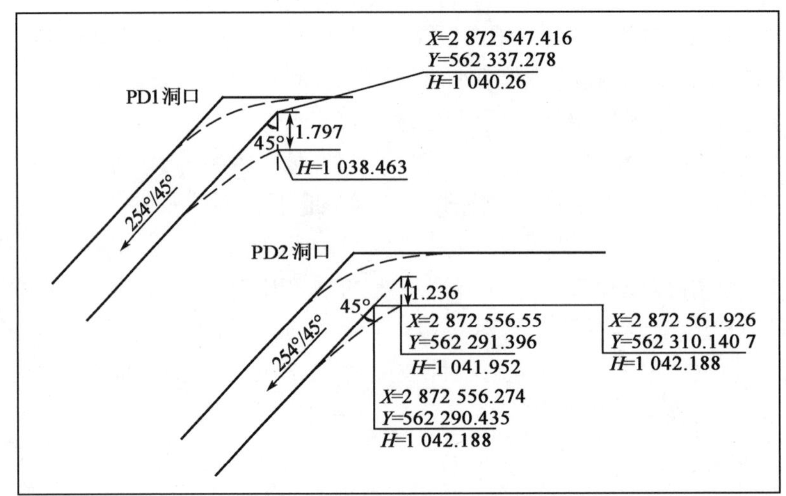

图6.5 西锚碇斜硐勘察施工控制测量剖面示意图

在现有技术条件下，测量设备和仪器完全可以满足项目建设需要。测量技术人员的责任心基本是决定测量成果精度的唯一要素。

④工程地质钻探。

坝陵河大桥西锚碇工程勘察布置的钻孔数量、位置、设计孔深等均结合研究要求和现行规范规程标准，由设计单位提出。勘察过程中的钻探施工严格执行下列技术要求(即钻孔取芯技术操作规程)。

a. 钻孔口径：勘察孔口径为 ϕ75～130mm，土层采用无泵干钻取芯，基岩采用合金或金刚石钻头钻进。

b. 孔深：终孔原则以设计孔深为准，并结合具体的地质情况合理确定终孔深度。

c. 岩芯采取率：根据要求和实际计算，岩芯采取率达到以下要求，黏土层高于 85%，强风化岩石多高于 50%，弱风化完整岩石高于 70%，微风化岩石高于 85%，破碎带大于 40%且每回次均有块状岩芯。当遇黏土充填的溶洞，采用无水和压入钻进，取得原状土芯供地质人员进行鉴定。遇极破碎地层时，为保证岩芯采取率，每回次进尺控制在不大于 1m 范围内，且每回次均有岩芯供地质人员进行鉴定。

d. 钻探班报表：报表记录清楚、完整，真实反映了孔内情况，并据钻孔岩芯完整程度分段进行 RQD 值统计。

e. 编录工作：钻探过程中，地质技术人员跟班作业，及时编录岩芯，绘制钻孔工程地质柱状图。

f. 岩芯处置：按地层岩土自上而下的顺序进行岩芯编号、填卡、装箱，并按单孔单箱拍摄岩芯照片。

g. 孔壁保护：钻孔结束后钻机留于现场协助数字钻孔摄像工作，然后下塑料管保护孔壁，使钻孔可供电磁波 CT 测试使用。

h. 钻孔验收：每个钻孔施工结束后，经钻孔实施单位按照技术要求自检合格后，填写报验申请表和质量验收表，由钻孔实施单位项目技术负责和勘察工程的监理单位派驻现场的监理工程师现场对钻孔按照孔深、岩芯采取率、样品数量、钻探记录、地质编录等进行验收。经验收合格并协助数字钻孔摄像及其他现场试验后方可移机进行下一钻孔的施工。

工程地质钻探工作严格执行了钻探操作规程，各项技术指标达到了相关规范和专题技术要求。坝陵河大桥西岸钻探及斜硐工作布置见图 6.6。

西锚碇区钻探工作主要在悬索桥方案初勘阶段进行，共布置钻孔 6 个，孔深 100～120m，实际完成钻孔 6 个，钻探进尺 660.80m。

钻探能够获取勘察深度内的岩土体空间分布的主要数据，可用于直接划分地层、岩性、探明勘探点位的岩体风化程度、完整程度、岩溶发育特点等各种主要地质现象。钻孔还能为其他勘察测试手段提供工作场所。钻探采取的岩芯可供地质技术人员进行岩层鉴定，也可以用来进行各种物理力学参数的室内测试。对于重要工程，通过对岩芯的永久保存，还可供建设工程维护、维修、鉴定时作为重要资料使用。钻探是现有勘察手段中最重要、最常用的手段之一，具有许多其他手段无法达到的优势。但钻探施工需要相应的环境和技术条件，以致其应用也受到很大的限制。这些限制在坝陵河大桥勘察过程中主要表现为：

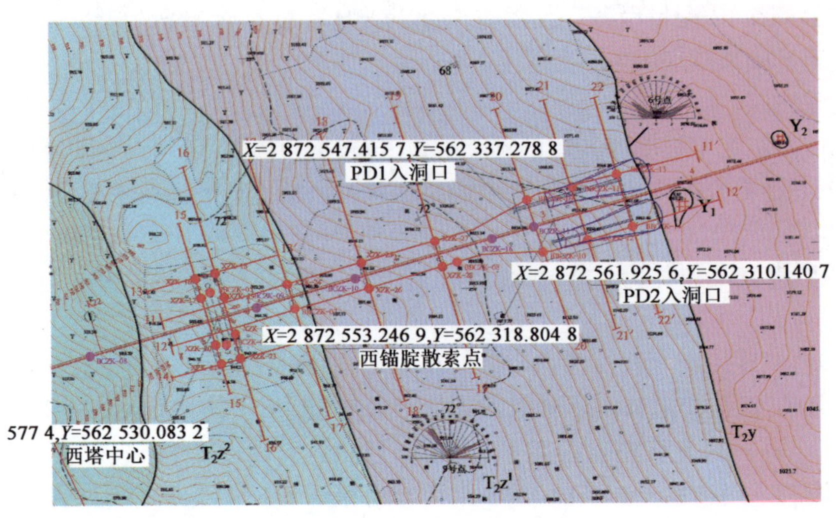

图 6.6 坝陵河大桥西岸钻孔及斜硐平面位置图

a. 现有的勘察技术基本都要求进行全孔段取芯，因此需要大量的水作为冷却冲洗液进行钻进。由于公路桥梁勘察往往在崇山峻岭间进行，解决施工用水难度极大，有时甚至无法解决。

b. 钻探施工是在地质体内部进行，被钻进地层往往受到扰动，破坏了勘察对象的天然状态，干扰了某些重要的地质信息。比如，通过钻探可以获得岩体某些结构面的倾角，却不能获得其倾向。

c. 由于受现有钻探技术限制，在某些地层实施钻进难度极大，如流沙层、深大溶洞、硬度极大的地层等。

d. 对于破碎和风化程度高的地层，由于取芯困难，钻探所获得的信息有限。

e. 设备搬迁困难，特别是在人迹罕至的地区进行工程建设时更是如此。

工程钻探作为一种半直接的勘察方法，其主要成果为钻孔地质柱状图，反映的是勘探点及该点铅直方向一定深度的地质情况，其质量和精度取决于钻探技术工人和地质记录人员的技术素养和工作责任心。在岩溶地区，钻探的可靠度和代表性受到很大的挑战。如果钻孔位置恰好在石芽上或岩溶洞穴壁上，即使由高素质的钻探技术工人和地质技术人员完成各自的工作任务，钻探成果也只能反映为完整岩石，而实际地质情况却是强岩溶发育，在岩溶强发育区经常遇到类似现象。此外，钻探得到的地质剖面是由地质技术人员根据其经验“以点代面”推测而得，特别是在根据钻探结果对岩溶洞穴的平面规模和走向做出推断时，基本由地质技术人员的经验来决定成图效果和质量，因此带有很浓的主观臆断色彩。钻探的上述缺陷，在很大程度上制约了钻探技术在工程勘察上的应用。虽然现在的钻探工艺和技术有了很大改进，可以解决上述问题中的部分问题，但费用高，施工期长，使这些工艺和技术在实践中难以推广和应用。因此，在勘察过程中，需要有其他方法来对钻探成果进行校核和补充，才能保证钻探剖面接近真实的地质情况。

⑤压水试验。

在悬索桥初步设计阶段工程地质勘察中，以查明西锚碇区的岩体完整程度和岩溶发育程度，掌握岩体破碎特征，为锚碇设计、施工开挖提供水文地质参数为目的，选择西锚碇区6个钻孔中的4个进行了压水试验。工作按照《水利水电工程钻孔压水试验规程》(SL 31—2003)要求，在钻孔内见弱风化岩石起自上而下分段依次进行，试验段间隔长度为5m，若遇地层破碎，则以破碎段长度为试验长度，试验压力设定为0.3/0.6/1.0MPa，每1min或2min记录1次流量和压力数据。当同一压力下两次数据之差小于最大流量的2%时试验终止。考虑到桥址区属碳酸盐岩地区，岩溶裂隙较发育，对压水试验的终止条件另行做出以下规定：当压力较小而孔内渗入量大于120L/min时，连续记录5次读数(一般为10min)后试验终止。试验流量计采用水表，计时器为秒表，压力计采用1.6MPa压力表，仪器仪表均符合规范的要求。

压水试验成果表明，西锚碇区浅部岩体节理裂隙发育强烈，渗水性好，透水率高。随着深度的增加，渗水性减弱有减弱趋势但不成线性关系。岩溶发育没有规律且深度较大，孔深100m以下仍然存在岩溶裂隙，岩体完整性受岩溶控制，试验成果见表6.14。

西锚碇区压水试验成果　　表6.14

孔号	岩性	试验深度(m)		高程(m)		吕荣值(lu)	渗透系数 K(m/d)
		起	止	起	止		
BBCZK09	泥晶灰岩	41.60	47.05	1 007.626	1 002.176	1.77	0.019
		47.00	52.00	1 002.226	997.226	1.13	0.012
		67.00	76.93	982.226	972.296	3.15	0.039
		76.90	88.32	972.326	960.906	2.07	0.026
		88.30	100.00	960.926	949.226	0.81	0.010
		其余段岩体渗透系数均大于0.413 5m/d					
BBCZK10		28.00	39.33	1 008.074	996.744	9.10	0.115
		48.70	58.71	987.374	977.364	5.39	0.066
		58.70	68.70	977.374	967.374	5.49	0.068
		68.70	80.00	967.374	956.074	7.11	0.090
		80.00	90.40	956.074	945.674	7.23	0.090
		90.20	100.02	945.874	936.054	7.00	0.086
		其余段岩体渗透系数均大于0.677 6m/d					
BBCZK13	白云岩	82.50	92.15	984.469	974.819	4.28	0.053
		92.00	103.81	974.969	963.159	3.96	0.051
		110.30	120.84	956.699	946.129	0.81	0.023
		其余段岩体渗透系数均大于0.142m/d					
BBCZK14		66.00	75.50	996.326	991.469	8.96	0.110
		110.02	120.02	955.949	945.949	8.46	0.139
		其余段岩体渗透系数均大于0.652m/d					

⑥岩土样室内测试。

针对西锚碇区浅部岩体较破碎的特点，除对浅部岩体采取岩块样进行现场点荷载试验外。还采集了弱风化及微风化岩层的代表性样品，送岩土测试、检测单位进行室内物理力学参数测试和岩矿鉴定。由于西锚碇区为基岩裸露区，第四系土层薄，无法在钻孔中采集土样进行常规物理力学试验，只得在施工图设计勘察阶段，从斜硐中采取土样，测试土体物理力学参数。

室内外测试的最终目的是测定岩土体的物理、力学、水理性质指标，为岩土工程设计和施工提供地质依据和计算参数。坝陵河大桥工程勘察按照《公路土工试验规程》(JTG E40—2007)等技术规范要求，为室内测试采集的岩样多达320件，同时还根据土层的性质和状态分层采集了大量土样进行室内土工试验。室内岩土试验提供的岩土层物理力学指标参数，成为坝陵河大桥工程地质勘察成果的重要依据。室内岩土试验项目和工作量根据项目特点而定，一般而言，样品数量越多，可供分析统计的参数就越多，试验结果就越接近岩体的真实性。

室内岩土物理力学性能试验不可能在岩体的天然状态下进行，样品的代表性就成为室内试验成果质量的控制因素。在同样地层条件下，用破碎岩体的碎块进行点荷载试验得到的成果换算成单轴饱和抗压强度时，往往比用较完整岩芯样品直接进行饱和单轴抗压强度试验获得的数值要高，这样的试验结果显然是不合理的。而在实际工作中，破碎岩样不能用于测试，以致供室内试验的样品一般都采集自完整性相对较好的岩体。因此，如何对室内试验所获参数进行分析和修正就显得尤为重要了，而分析和修正试验结果的能力和水平，与工程技术人员自身技术素养的呈正相关关系。

⑦波速测试。

在坝陵河大桥西锚碇勘察的工作中，受施工和地质条件限制，部分钻孔有水或能通过注水形成暂时性水柱，另一部分则不具备在孔内形成暂时性水柱的条件，在钻探过程中只得选用互补性很强的声波测井和岩体波速测试两种方法交替进行，划分出了岩体的风化程度和完整程度，基本确定了岩体的质量等级。

随着斜硐掘进到设计深度，在硐壁上再次采用小型气动设备钻孔进行硐壁岩体完整性波速测试。经斜硐工程掘进过程检验，波速测试成果的准确性相对其他方法获取的结论要高出许多，对围岩级别的划分基本可以能起到量化的作用。

钻孔波速测试成果见表6.15，硐壁波速测试成果见表6.16。

钻孔波速测试成果　　表6.15

孔　号	深度(m)	平均波速(m/s)	波速比	风化程度	完整性指数(K_v)	完整程度
BBCZK09	35.9～53.8	V_p=5 200	0.9	微风化	>0.75	完整
	53.8～61.8	V_p=3 500	0.61	弱风化	>0.38	较破碎
	61.8～98.9	V_p=5 000	0.88	微风化	>0.75	完整
BBCZK10	36～37	V_p=3 600	0.64	弱风化	>0.38	较破碎
	37～97.9	V_p=4 700	0.83	微风化	>0.7	较破碎
BBCZK11	0～6.3	V_p=595 V_s= 581	<0.4	强风化	<0.15	破碎
	6.3～31.9	V_p=2 565 V_s=1 517	0.64	弱风化	<0.41	较破碎
	31.9～97.9	V_p=5 100	0.9	微风化	>0.75	较完整

续上表

孔　号	深度(m)	平均波速(m/s)	波速比	风化程度	完整性指数(K_v)	完整程度
BBCZK13	0～16	V_p=2 540 V_s=1 397	<0.4	弱风化	<0.64	较破碎
	16～59.1	V_p=2 833 V_s=2 584	0.71	弱风化	0.5	较破碎
	59.1～67.8	V_p=4 400	0.73	微风化	0.59	较完整
	67.8～76.8	V_p=5 300	0.88	微风化	>0.75	完整
	76.8～77.2	<3 000	—	—	—	裂隙
	77.2～98.9	V_p=5 300	0.88	微风化	>0.75	完整
	94.8～95.1	<3 000	—	—	—	裂隙
BBCZK14	73.5～80	V_p=5 000	0.83	微风化	>0.75	完整
	80～87.6	V_p=4 100	0.68	微风化	0.5	较破碎

西锚碇硐壁波速测试成果　　表 6.16

硐深(m)	平均波速 V_{pm}(m/s)	完整系数 K_v	完整程度	硐深(m)	平均波速 V_{pm}(m/s)	完整系数 K_v	完整程度
PD1				PD1			
10～48.95	592～1 676	0.02～0.12	极破碎	74.61～75.55	4 070	0.72	较完整
48.95～54.45	4 222～4 577	0.75～0.91	完整	75.55～76.35	4 343	0.82	完整
56.20～57.20	4 138	0.74	较完整	76.53～77.40	2 208	0.21	破碎
57.20～60.84	4 363～4 785	0.83～0.99	完整	77.40～76.53	3 846	0.64	较完整
60.84～61.64	3 900	0.66	较完整	76.53～79.26	4 190	0.76	完整
61.64～63.25	4 304～4 490	0.80～0.88	完整	79.62～80.23	4 145	0.75	较完整
63.52～64.55	4 149	0.75	较完整	80.23～82.26	4 300～4 496	0.80～0.88	完整
64.55～66.55	4 196～4 243	0.76～0.78	完整	82.26～83.06	4 153	0.75	较完整
66.49～67.44	3 870	0.65	较完整	83.06～83.98	4 466	0.87	完整
67.44～74.61	4 185～4 479	0.76～0.87	完整				
PD2				PD2			
10.15～31.7	658～1 273	0.02～0.07	极破碎	37.95～39.25	3 950	0.68	较完整
31.70～32.25	2 656	0.31	破碎	39.25～40.30	4 214	0.77	完整
32.25～32.70	3 520	0.54	较破碎	40.30～41.40	2 979～3 416	0.39～0.51	较破碎
32.70～33.35	3 584	0.56	较完整	44.5～36.25	4 275～4 452	0.79～0.86	完整
33.35～34.35	3 378～3 407	0.50～0.60	较破碎	63.25～64.60	3 935	0.67	较完整
34.35～35.30	3 810～3 877	0.63～0.65	较完整	66.76～68.86	4 382～4 480	0.83～0.87	完整
35.30～37.95	4 365～4 401	0.83～0.84	完整				

波速测试是一种常在钻孔内进行的现场测试方法，其作用在于划分地下岩体的风化程度和完整程度，进而为进行岩体评价提供量化依据。波速测试还能在平硐或斜硐内硐壁上钻孔

进行，以测定硐室开挖后的硐室围岩松动圈和应力集中区范围。在坝陵河大桥工程勘察中，既在钻孔内进行了声波测井，又在斜硐侧壁上钻孔进行了波速测试。两种测试方式与其他勘察方法进行印证，都取得了良好的效果。特别是在西锚碇的斜硐内进行的硐壁测试对划分围岩的风化程度、完整程度和分析判定围岩等级起到了明显作用。但波速测试方法受限制较多，特别是在地下水埋深大，而岩体完整程度较差的地区，由于没有水作为耦合剂，声波测井受到很大的限制，甚至无法正常进行。现在虽然有人提出无水状态下以充气气囊加水（也有人说不加水）作为耦合剂来测定岩体纵波波速，但目前未能从理论上阐述清楚，实际工程中也没有使用非常成功的例子，学术界对此方式的认同程度很低。如使用黄油作为耦合剂，一是成本过于高昂，二是由于黄油黏聚力大，测试探头无法在孔中灵活移动，倘若孔深超过 5m，测试工作则基本无法在孔内进行。岩体波速测试由于受击发能量限制，导致测试深度受到很大影响。

波速测试需要在平（斜）硐内施工钻孔，由于受操作场地和设备性能等因素影响，钻孔口径一般都比较小，孔深也较浅，难以为测试提供非常适宜的条件，从而影响测试效果。除上述不利因素外，由于受测试深度限制，波速测试只能在孔壁附近很小范围内进行，试验深度一般不大于平硐的水平尺寸，由于平（斜）硐施工开挖，岩体的原始状态遭受一定破坏，也会影响到测试成果的精度和合理性。

⑧孔间电磁波 CT。

频率较高且有一定能量的电磁波在完整、均匀的岩体中传播时常常表现为较强的场强，吸收系数非常小，能量衰减弱；而在完整性相对较差的低阻异常带，如与围岩具有明显电性差异的低阻岩体、溶蚀溶洞区、岩体破碎、裂隙发育或局部软弱夹层充填区，电磁波在传播过程中，其能量的一部分或大部分会被吸收，场强相对减弱，吸收系数增大。以这个理论为基础开发形成的电磁波 CT 勘察手段，利用岩体完整性的差异或构造作用形成的岩体结构变化引起电磁波在岩体中传播时的能量变化特性，着重对坝陵河大桥西锚碇进行专门勘察，重点查明西锚碇区内相邻钻孔之间的岩溶发育特点和规模、软弱结构面或破碎带分布规律等不良地质特征。

电磁波 CT 是作为一种物探手段。在一定的间距范围内，可以查明勘测方向的地质剖面上是否有岩溶发育、岩溶发育规模、具体位置、发育分布规律以及破碎岩体的分布范围等诸多不良地质现象，在岩性变化大的条件下还能确定岩性分界线。只要工作频率和解释判断方法选择得当，电磁波 CT 就能取得令人满意的测试效果，完全可供地质技术人员对岩体的风化程度和完整程度进行综合评价。

坝陵河大桥的工程勘察中，电磁波 CT 获取的划分岩体完整程度、风化程度、岩性差异和岩溶发育规模的成果图件，为查明岩体质量等级以及岩溶发育方向和规模起到了重要作用。

由于受到岩性变化、剖面长度（即孔间距离）等因素的影响，加之电磁波 CT 测量的物理量是介质（岩体）的吸收系数，而吸收系数本身不是岩体的固有属性，容易受岩体风化程度、完整程度、岩溶发育程度、充填介质、含水量等诸多因素影响，造成测量结果的多解问题，增加了电磁波 CT 解释的难度，需要结合其他勘探方法才能得出可靠的结果。采用电磁波 CT 划分岩体的完整性，是相对的而不是绝对的，它只能对岩体完整程度进行定性区别而不是定量分析。不能将电磁波 CT 测试成果作为划分岩体质量等级的直接依据，也不能以电磁波 CT 测试结果为依据对隧道锚围岩等级做出直接判断。因此，在工程勘察中，将电磁波 CT 作为一种独立的勘察手段使用存在着较大的技术风险，只能作为其他勘察方法的补充和印证措施。另外，由于电磁波信号的自然衰减，其测试间距受到限制，对一般硬质岩，其有效测试长度最大只能达到 50m 左右(30m 内更为可靠)，对软质岩石和破碎岩体，其测试距离更小。

⑨数字钻孔摄像。

为进一步查明岩体结构、构造、岩溶发育情况及完整程度，对岩溶地质进行精细化勘察，坝陵河大桥勘察引进了具有世界先进水平的数字钻孔摄像勘察技术，该技术在国内桥梁勘察工程史上也是首次应用。在实际工作中采用前视法和数字全景法两种成像方法交叉进行勘察。对浅部较破碎岩体，以前视法为主，对钻孔深部及较完整岩体则多采用全景法。并在孔内进行节理裂隙统计，精确划分岩体的完整性。其工作原理见图 6.7。数字钻孔摄像是一种新的勘察手段，下面对其原理和工作过程作个简单介绍。

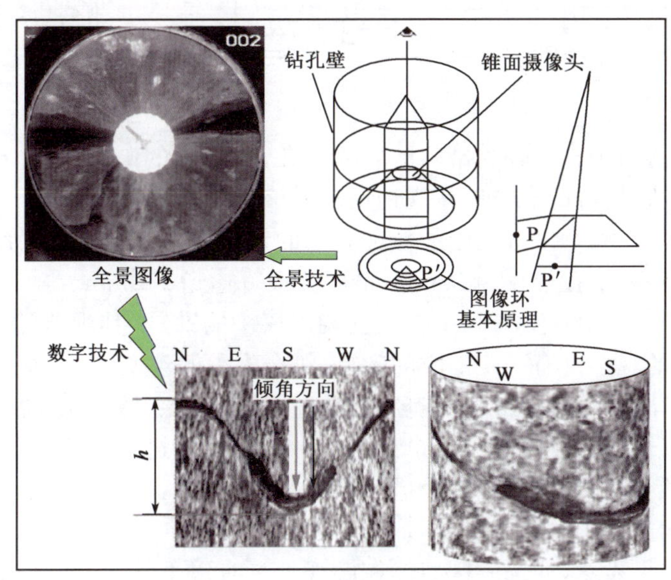

图 6.7　数字钻孔摄像原理图解

a. 数字式全景钻孔摄像系统。

该系统是一套全新的先进的智能型勘探设备。它集电子技术、视频技术、数字技术和计算机应用技术于一体，较好地解决了钻孔内的工程地质信息采集的完整性和准确性问题。数字式全景技术摆脱了钻孔摄像技术长期停留在模拟方式下以观察为主的钻孔电视模式，为目前钻孔摄像技术的最高水平。该系统由硬件和软件两大部分组成，不仅具有全景观察的能力，而且还有测量、计算和分析功能，其总体结构如图 6.8 所示。硬件部分由全景摄像探头、图像捕获卡、深度脉冲发生器、计算机、录像机、监视器、绞车及专用电缆等组成。软件部分包括用于现场使用的实时监视系统和用于室内处理的统计分析系统两部分。可以实现图像的快速存储、快速还原变换及显示、对探测结果的快速浏览、实时计算与分析等。

数字式全景钻孔摄像系统可以测量钻孔孔壁上的裂隙产状和裂隙宽度。并能够对探测结果进行统计分析和建立数据库。

b. 前视全景钻孔电视。

前视全景钻孔电视是一套实用和轻便的井下电视系统。它具有全景观察的能力，观察范

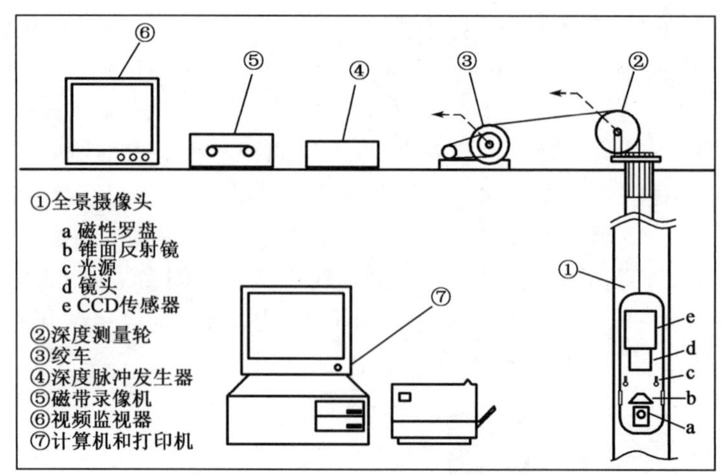

图 6.8 数字式全景钻孔摄像系统框图

围广、距离远。特别适用于岩层较为破碎区域的钻孔，对孔内的破碎状态、破碎体及裂隙内的充填物、裂隙的发育情况等都能清晰、直观地反映。该系统具有以下特点。

a)适用范围非常广泛，不仅可以用于各种方向的钻孔，如垂直、倾斜、水平钻孔等，而且对钻孔孔径的要求不高，最小孔径仅为 38mm，最大孔径可达到 150mm。

b)探测结果清晰直观，由于 CCD 摄像机安装于探头的前部，其观测的区域为探头前方的钻孔孔壁，因此这样的观察具有一定的空间效果，符合人类的观察习惯，便于解读观察成果。

c)携带方便操作简单，该设备质量很轻，只需进行简单连接便可直接进行操作。

坝陵河大桥勘察采用前视法和数字全景法两种方法交叉进行数字钻孔摄像，虽然有少数钻孔由于孔壁完整性差，掉块太多而未能进行全孔测试，但对钻孔揭露的浅部较破碎岩体，在钻探的密切配合下均进行了测试。

数字钻孔摄像成果显示，西锚碇区岩体在微观上具有以下特征：浅部岩体较破碎，溶蚀较明显，节理裂隙较发育，而深部孔壁基本完整，裂隙较规则，但局部仍可见溶蚀现象。利用数字摄像技术对钻孔进行孔内节理裂隙统计，揭示各钻孔主要特征如下。

BBCZK09：30m 内孔壁较破碎，40m 以下局部破碎，但大体完整。共统计裂隙 15 条，其中 12 条分布在 60～100m 深度中。50～62.4m 内近垂直裂隙发育。90～90.6m、96.8～100.0m 发育有 NE 向溶隙。

BBCZK10：40m 以内孔壁较破碎，40～70m 仅局部破碎。共统计裂隙 33 条，其中 70m 以下的有 16 条，为 NE 向，隙宽变化不大。倾向为 NE 向的裂隙共有 29 条，占总数的 87.9%，裂隙总体上无充填。

BBCZK11：30m 以内孔壁较破碎，28.5m 溶蚀明显。30～60m(图 6.9)孔壁仍较破碎，但可见局部完整。60m 以下统计了 28 条裂隙，其中倾向为 NE 的裂隙有 22 条。裂隙未见充填，2～3 条遭到溶蚀。

BBCZK12′：40m 以内孔壁破碎，溶蚀明显的有 11.9m，占总长(40m)的 29.8%，其中 30.0m处发育有 5.8m 深的溶蚀。40～70m 段岩溶发育，但仍有局部孔壁完整。70m 以下溶蚀减弱，裂隙较为发育，孔深 108m 以下仍有裂隙发育(图 6.10)，统计了 60 条，占本孔总数(72 条)的 83.3%，其中倾向为 NE 的裂隙有 56 条，个别裂隙充填有方解石。

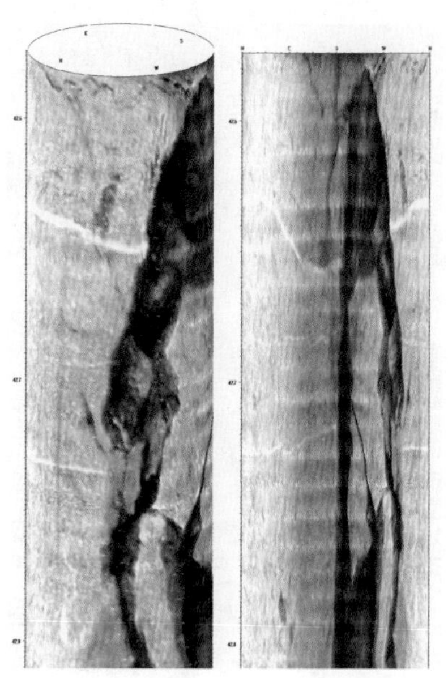

图 6.9　BBCZK11 孔深 42.6～42.8

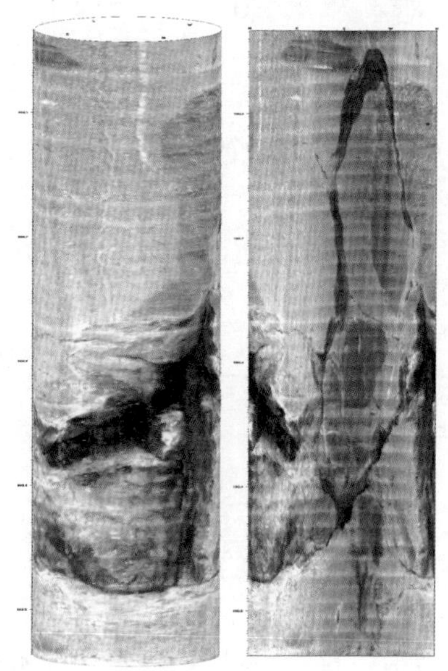

图 6.10　BBCZK12′孔深 108.1～108.5

BBCZK13：60m 以内岩溶发育(图 6.11)，局部孔壁完整；60～80m 间仅局部发育岩溶。80m 以下统计了 12 条裂隙，占本孔所统计数的 75%，其中倾向为 NE 向的 6 条(本孔内倾向为 NE 的裂隙有 10 条)，SW 向的 3 条，未见有方解石充填。

BBCZK14：70m 以内的孔壁比较破碎，溶蚀明显的地段计有 7 段，孔深 40.5～41.1m 处岩溶较发育(图 6.12)，节理裂隙长度合计 8.4m，占本节深度(70m)的 12%。70m 以下仅局部发育岩溶，本孔统计的裂隙计 39 条全在此深度以下，其中倾向为 NE 的裂隙有 36 条。

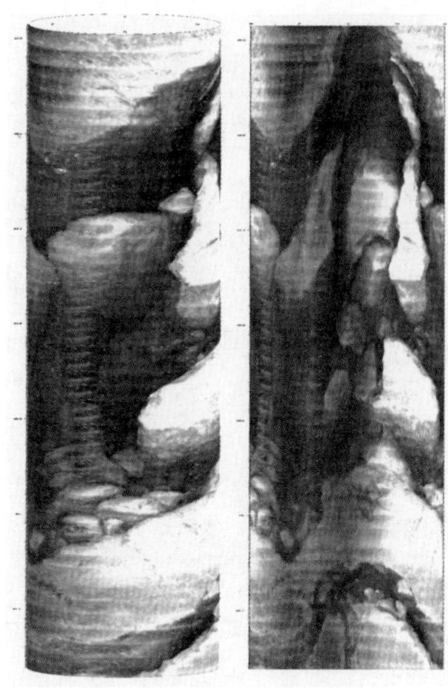

图 6.11　BBCZK13 孔深 40.5～41.1m

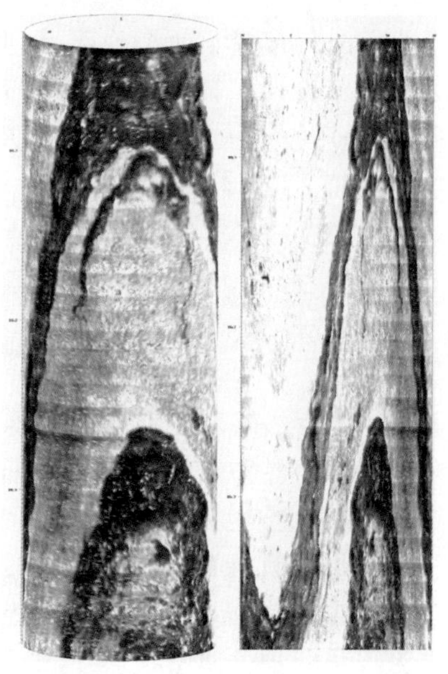

图 6.12　BBCZK14 孔深 40.5～41.1m

数字钻孔摄像系统集电子技术、视频技术、数字技术和计算机应用技术于一体，是一种全新的、先进的智能型勘察手段。该手段的应用，很好地解决了钻孔内的工程地质信息采集的完整性和准确性问题，摆脱了钻孔摄像技术长期停留在模拟方式下以观察为主的钻孔电视模式。数字钻孔摄像系统不仅具有全景观察的能力，而且还有测量、计算和分析功能，并能通过对钻孔进行详尽的摄像勘察，查明孔内不良地质条件，同时还可用于查明孔内裂隙的分布和位置，确定其倾角、倾向等几何特征参数。数字钻孔摄像是钻探工作的很好补充，它与钻探的比较见表 6.17。

数字钻孔摄像与钻探比较表 表 6.17

方　法	对　象	岩　性	结构面产状	充填情况	破碎描述
钻孔取芯	岩芯	确定	倾角	充填物	破碎岩芯
钻孔摄像	完整孔壁	区分	倾向和倾角	充填物及其状态	破碎孔壁及形态

数字钻孔摄像的数字全景法主要对钻孔完整程度较好的孔壁岩体进行勘察，可以统计分析岩体的细微结构；前视全景法更适合于较破碎岩体的“电视录像”。两种方法交互进行，能从不同角度对钻孔孔壁进行研究。钻孔摄像成果主要以代表数字全景技术的平面展开图、虚拟钻孔岩芯图和孔内节理、裂隙量测统计成果以及代表前视全景技术的实测图像等形式提交。可供技术人员分析判断岩体的完整性，也可供第四系覆盖区进行岩体稳定性的分析评价。但是，由于该方法光源有限，勘探范围较小，只能对钻孔的孔壁进行观测。若遇直径大于 1m 以上的溶洞，只能判断溶洞的高度，尚不能判断洞体的平面大小。从总体上讲，该方法目前还仅使用于“点”上勘探，需要其他方法配合才能扩展到对“面”的勘察上来。

⑩斜硐勘探。

在坝陵河大桥施工图设计勘察阶段，根据设计要求针对大桥西岸隧道锚进行了斜硐勘察。沿锚碇主缆轴线方向共布置了两个斜硐，硐向与主缆轴线走向一致，为 253°48′46″，其中 PD1 设计硐长 102m，PD2 设计硐长为 85m，坡度 45°，实际施工长度分别为 90.0m 和 71.60m。在斜硐施工过程中，地质技术人员随开挖掘进及时进行地质编录，并绘制相关图件，随时进行围岩等级的分析和判断。

斜硐勘察最大限度地揭露了西锚碇区岩体的工程状态，发现了其他勘察手段未曾发现的地质现象，如 $F_{4\text{-}9}$ 小断层(图 6.13)。同时在斜硐中进行了大量的现场原位岩体物理力学性能测试，为大量采集锚碇设计所需的岩体力学参数，更加准确全面地判定硐室的围岩等级提供了极好的条件。

借助斜硐查明了西锚碇区在勘察深度范围内岩体的风化程度和完整程度，并通过统计浅部岩体中的节理裂隙和各种结构面，为科学合理地划分岩体围岩级别提供了直观、翔实的依据。经斜硐勘察，在开挖长度(深度)内的主要地质特征如下。

PD1：0～48.7m(垂直深度 0～24.5m)：弱风化泥晶灰岩间夹溶蚀风化夹泥层(互层产出)。泥晶灰岩和溶蚀风化夹泥层的厚度比例在 20m 以内为 28∶72，20.0～48.7m 为37∶63。其中泥晶灰岩为浅灰～灰色薄层状，岩体由于受构造挤压影响，岩石较破碎，局部见滴水现象。该段岩体节理、裂隙比极为发育，走向杂乱，贯通性较差，长度一般小于 0.30m。性质以张性为

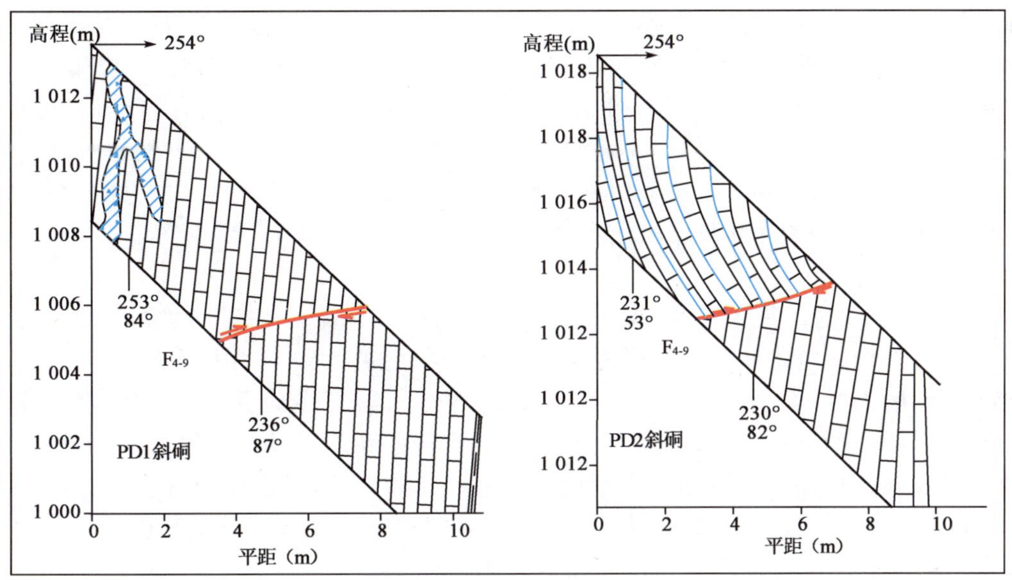

图6.13　斜硐施工揭露的$F_{4\text{-}9}$小断层

主，结构面粗糙，多充填方解石细脉及黄褐色钙泥质薄膜。经统计分析，节理主要发育有4组。在40.0m处，由于受构造挤压影响，岩层倾向发生变化，倾向由北东向南西逐渐过渡。20m以内结构较松散，以下结构紧密。呈块(石)碎(石)状结构，稳定性差。围岩坍塌、掉块严重，围岩级别为Ⅳ级。

48.7～59.0m(垂直深度24.4～32.7m)：岩性为浅至灰色薄～中厚层状泥晶灰岩，夹少量1～20cm层间溶蚀—风化夹泥层，风化夹泥层为含碎(块)石的褐黄色黏土层，厚度占总厚度的7.4%。层间碎(块)石属弱风化，呈碎(石)块(石)镶嵌结构，局部地段为压碎结构。泥晶灰岩：灰色中厚层状，岩质较新鲜，表面有风化迹象。由于受构造影响，岩体较破碎，局部可见滴水现象。节理、裂隙比较发育，充填有方解石细脉及钙泥质薄膜。贯通性较差。性质为微张性，结构面粗糙。软弱层为灰褐色泥岩与层间泥质夹层，岩层间结合良好，不至于产生滑动，但泥岩遇水后易软化，局部见滴水现象。围岩稳定条件总体较好，但拱顶无支护时会发生剥落和掉块等不稳定现象。围岩分级为Ⅲ级。

59.0～66.5m(垂直深度32.7～38.0m)：岩性为浅至灰色薄～中厚层状泥晶灰岩，呈弱风化。由于层间逆断层的影响，岩体受挤压严重，岩石破碎，溶蚀风化强烈，结构面之间夹15%左右黏土。节理、裂隙杂乱发育，贯通性差，沿裂隙面可见黄褐色黏土充填，表现为土夹石镶嵌松散结构。该断层断距小，为层间错动，断层带宽度15～20cm，断层泥呈黏土夹碎石状，胶结松散。该段岩体呈块(石)碎(石)状结构，稳定性较差，坍塌、掉块严重。围岩级别为Ⅳ级。

66.50～90.0m(垂直深度38.0～54.60m)：微风化泥晶灰岩：灰～深灰色中厚层状，岩质新鲜，局部层面见少量灰黑色泥岩，岩体受构造影响，节理、裂隙较发育，贯通性差，节理倾向151°～165°，倾角45°～75°。围岩级别为Ⅱ级，围岩岩体稳定。

PD2：0～30.1m(垂直深度0～21.1m)：弱风化泥晶灰岩间夹溶蚀风化夹泥层(互层产出)。泥晶灰岩与溶蚀风化夹泥层按厚度比例为35∶65。其中泥晶灰岩为浅灰～灰色，薄至中厚层状，局部见溶蚀现象。受构造挤压影响和重力作用，加上近地表岩层产状直立，层面多呈张性，沿层面充填残积红黏土夹碎石。岩层间黏接性能较低，岩体极破碎，呈碎块状。硐内局部见滴水现象。节理、裂隙杂乱发育，但贯通性差，长度一般小于0.30m。沿节理、裂隙充填方解石细脉及泥质薄膜。在17.70～18.10m处见一溶洞，沿岩层走向方向延伸，可见深度0.80m，高0.60m，坑道施工积水均往此洞排泄。局部层面呈波状起伏，个别地段倾向南西。溶蚀风化夹泥层：黄褐色黏土夹碎石、块石，厚度5～25cm，硬塑状。碎、块石分布杂乱，无规律，呈次棱角状。成分为泥晶灰岩风化残块，含量约40%，呈土夹石镶嵌结构。围岩级别为Ⅳ级，稳定性较差。

30.1～38.0m(垂直深度21.1～26.9m)：岩性为浅至灰色薄～中厚层状泥晶灰岩，夹少量1～20cm层间溶蚀—风化夹泥层，为含碎(块)石的褐黄色黏土层，夹泥层含量占6.1%。属弱风化，碎(石)块(石)镶嵌结构为主。其中泥晶灰岩为灰～深灰色薄至中厚层状，岩质较新鲜，岩体较完整，表面稍有风化迹象。由于受构造影响，岩体破碎，节理、裂隙发育，杂乱，贯通性差。溶蚀风化夹泥层呈黄褐色黏土含水量碎石、块石，软塑状，局部见灰黑色泥岩，遇水易软化，但层间结合较好。围岩级别为Ⅲ级，总体稳定条件较好，但局部地段为压碎结构，易产生坍塌、掉块。

38.0～45.4m(垂直深度26.9～31.9m)：岩性为浅至灰色薄～中厚层状泥晶灰岩，呈弱风化。受构造影响，岩体破碎，溶蚀风化强烈，结构面之间夹黏土，黏土含量占11.5%左右。整体呈块(石)碎(石)状结构。由于层间逆断层的影响，岩体受挤压严重，岩体破碎，节理、裂隙杂乱发育，贯通性差。该断层断距小，属层间错动，断层带宽度10cm，可见泥质黏土夹碎石。上盘岩层为薄至中厚层状泥晶灰岩局部见薄层黄褐溶蚀风化夹泥层。岩层产状231°∠53°。下盘岩层为灰色中厚层状泥晶灰岩，局部见少量黄褐溶蚀风化夹泥层，岩质新鲜完整。产状230°∠82°。围岩级别为Ⅳ级，稳定性较差，坍塌、掉块严重。

45.4～71.60m(垂直深度31.9～48.9m)：微风化泥晶灰岩，灰～深灰色，岩质新鲜，岩体完整，局部见灰黑色钙质泥岩，厚度2～5cm。岩层产状68～73°∠79～86°。围岩稳定条件较好，基本不需要支护，围岩级别为Ⅱ级。在66.00m处左侧壁见溶洞，该溶洞高6～8m，宽2m左右，呈管状发育。

硐探能够最为直观、最大程度揭示勘察对象中的各种地质现象，是目前勘察效果最好的手段。掘进与地质编录及现场摄像组合进行，能详细描述硐室围岩的各种地质特征，如岩性及其风化程度、层间溶蚀—风化夹泥层、破碎带、节理裂隙、滴水现象及围岩的稳定性等，还可以直接确定各种地质现象的精确位置。另外，探硐提供的空间可用于进行原位岩土试验，以保证勘察成果最大限度地接近勘察对象的真实情况。但是，硐探费时、费力，成本高，在一般工程项目中不易得到运用。即使在坝陵河这样的岩溶发育区采用了硐探手段，由于岩溶发育在小范围内的无规律性和不可预见性，小直径硐探揭露的地质情况与实际开挖的锚硐实体地质情况也可能存在差异。如何通过模拟工作来确定实际开挖后的地质现象和各种围岩特征尚有待研究。

⑪现场岩体试验。

为准确测试西锚碇岩体的各种物理力学参数，给设计和施工方提供可靠的地质勘察资料，在坝陵河大桥施工图设计阶段于斜硐内进行了现场岩体试验，主要包括以下内容。

a. 岩体声波测试：在两勘察斜硐的一侧硐口下10m处向下每1m左右打一深2m的波速

测试孔，孔内每 0.2m 进行一次跨孔波速测试。目的在于测试围岩的风化程度和完整程度，为评价围岩等级提供依据。

b. 锚碇区岩体与混凝土接触面直剪试验：进行了 2 组，其目的在于测定岩石与混凝土面的摩擦力。

c. 岩层间泥化夹层原状样中剪试验：选择了 3 组代表性样品进行测试，其目的在于测试浅部破碎岩体及其夹泥层的强度参数。

d. 锚碇拉拔试验：试验安排在 2 号平硐的左侧硐内进行，为减少反力系统的安装和模型硐的开挖等困难，同时也为模拟隧道锚的真实受力状态，加载采用后推法。选 1/20 和 1/30 两种比例模型进行试验，试验终止条件为尽量做到岩体破坏，或加荷至 10 000kN。

e. 压缩流变试验：在室内进行 1 组 3 件试验。

f. 锚碇区岩体变形试验：共进行了 3 组试验。

坝陵河大桥西锚碇区工程勘察岩土试验工作量见表 6.18。

西锚碇工程勘察岩土测试工作量统计　　表 6.18

序　号	项　目		单　位	完成工作量
1	岩体现场试验	斜硐围岩声波检测	点	849
		混凝土与岩体接触面直剪	组/点	2/11
		岩体变形试验	组/点	3/6
		锚塞体原位模型	组	2
2	室内模拟试验	泥化夹层原状样中剪试验	组/件	3/18
		岩石压缩流变试验	组/件	1/3
		软化系数	组	2
		岩石静强性模量	组	2
3	采样测试	岩样	组	320
		土样	组	6

原位试验是解决室内测试因样品代表性和差异性而产生的试验成果与试验对象的物理力学性质不完全一致的最好方法之一。原位试验获得的结果能更加接近被测对象的真实状态，测试得到的各种指标较室内测试更为接近岩体性能的真实属性。但现场测试受试验条件、样品选择、数据记录、工作场所等诸多因素影响，相对而言较为费时费力，一般工程大多不易采用。即使某项工程采用了现场原位试验这一手段，勘察施工现场上可供进行试验的点（样品）往往较少，以致同一指标试验数据数量较少，难以满足对试验数据进行数理统计的要求。如果把未经数理统计的原位测试数据直接作为设计参数使用，将给工程带来很大风险。这是因为，模型体与工程实体之间并不是简单的比例关系，岩体在工程状态下的受力和变形模式与模型试验状态相比要复杂得多，工程状态下的岩体工程性能与小比例模型试验所获得的参数间的复杂关系目前尚未全部破解。现在较好的解决办法之一就是在物理模拟的基础上再进行数字模拟（反演计算）。通过数字反演计算来验算试验参数可靠性，使其尽可能接近岩体的真实状态。

⑫数字反演。

严格地说，数字反演尚不是传统意义上的勘察方法，它只是选择岩土试验参数的一个验算过程。通过数字反演分析计算可以验证其他方法所提供的各种岩土物理力学参数是否可靠，现阶段通常作为工程地质勘察的辅助手段和验证手段使用。数字反演成果可以直观地通过各种图形进行表达，有利于各种勘察手段的专业人员对参数所表达的工程意义进行形象识别，反演成果能够帮助工程技术人员对试验参数进行分析和筛选，在众多数据中挑选出最合适的参数来进行工程设计和施工。但当前的现实情况是，进行数字反演对技术人员的理论水平和实践经验都有较高要求，普通工程勘察技术人员由于受理论知识和实践经验等因素限制，很难使用数字反演方法对各种参数进行分析和确认。

6.1.3 勘察成果整合

大型项目的工程地质勘察，往往由不同的单位采用不同的方法从不同的角度去进行有针对性的专题研究。坝陵河大桥西锚碇工程地质勘察，就由贵州省地矿局第二工程勘察院、中科院地质与地球物理研究所、中科院武汉岩土力学研究所、长江委长江工程地球物理勘测研究院、中国水电顾问集团长沙勘测设计研究院等单位分别采用不同勘察手段，在不同研究方向上获取与勘察手段相对应的专题研究成果。由于不同的勘察手段在不同的勘察阶段，可能由不同单位承担，即使是同一勘察手段，因处在不同的勘察阶段，勘察精度也有所不同。况且，无论何种勘察手段，都只是从不同的侧面对相同的研究对象进行研究，其各自的研究成果都只反映了研究对象的某一方面或几方面的属性，对同一地质现象的解释不可能完全一致，有时甚至可能出现不同勘察手段对同一地质现象的解释产生矛盾的现象。而勘察工作指向的地质体，其客观存在的属性不会因为勘察手段的不同而发生改变。因此，需要对不同勘察手段取得的成果进行综合分析和整合，才能更加客观真实地展示勘察对象的真实属性。坝陵河大桥工程地质勘察报告，就是综合吸收工程地质测绘、地面物探、工程钻探、电磁波 CT、数字钻孔摄像和室内外岩土测试成果的基础上，对各手段的勘察成果进行整合，排除各个勘察手段获得的数据和成果中的不确定成分后，综合分析得出最后的勘察报告。

坝陵河大桥勘察成果经受住了大桥地基基础施工特别是西锚碇隧道锚的施工开挖检验。整修工程施工未发现与勘察成果出入较大的重要地质现象。不曾因为出现勘察报告中没有预见到的复杂地质条件而使工程施工受到影响。勘察报告与现场施工之间差距微小的情况，在岩溶高度发育，地质条件复杂地区并不多见。坝陵河大桥工程勘察所采用的多种勘察手段及其组合模式是成功的，勘察成果的整合方式科学、合理。

总结坝陵河大桥工程地质勘察成果整合，主要包括勘察手段组织整合和勘察成果技术整合两个方面。组织整合主要是将多单位、多手段组合为一体，屏蔽掉各个勘察手段在同时进行工作时可能产生的互相干扰；技术整合却使勘察成果既能综合体现不同勘察手段的工作特点，又能使不同手段的勘察成果得以融会贯通，形成对同一地质现象的统一认识。组织整合和技术整合的目的，都在于避免因勘察手段不同和工作方法的差异导致对同一地质现象的误读。

1）勘察手段的组织整合

勘察过程中，不同的勘察方法往往由不同的勘察队伍实施，就是同一方法也可能在不同的勘察阶段由不同的勘察队伍来进行。为保证不同勘察队伍、不同勘察方法在同一项目中能够充分发挥各自的特色和长处，就需要围绕勘察目的，从施工管理角度，采用组织手段对多个勘察单位和多种勘察手段进行有效整合。在坝陵河大桥工程勘察过程中，先后有5个勘察单位，1个监理单位进入现场工作。由于组织合理、措施得当，不仅没有发生相互影响工作的事件，各单位、各手段反而还从其他勘察手段那里取长补短，为勘察项目顺利推进和勘察成果的升华打下了良好基础。坝陵河大桥勘察过程组织整合实践说明，在岩溶地区大型建设项目工程地质勘察，可借鉴如下措施保障勘察工作顺利进行。

(1)构建统一质量控制原则

不同勘察手段有不同的特点，对各勘察手段的质量控制方式上各有特色。要把各种勘察手段的成果质量纳入有效控制之中，就需要针对整个勘察施工过程建立兼顾各勘察手段特点的统一质量控制原则，质量控制原则的要点是：

①严格执行规程规范。按照项目的技术要求，制定各种勘察方法的实施细则，经监理部认可后，在工作中严格执行。对尚无规范的勘察手段，则在工作开始前依据工程特点和勘察目的，订立具体的技术要求和工作标准。

②各种勘察手段在施工过程中，应及时向项目监理部汇报工作进展及取得的成果，由监理部和项目组按照统一的检查验收标准对正在进行作业或刚完成的工序进行检查、复核和验收，以便及时发现问题并采取措施加以改进和完善，促进各种勘察手段能够最大限度地发挥其功效。

③各种勘察手段在工作中要随时保持联系和沟通，对重要的地质现象通过技术工作会议集思广益，力求不同勘察手段对同一地质现象形成基本一致的解释。

④聘请与各勘察手段对应的专家学者依据国家标准、勘察纲要和工程特点进行外业验收。

⑤聘请知名专家学者对勘察成果进行综合评审。

(2)建立成果相互印证机制

勘察过程的同一时段，多种勘察手段几乎为平行推进，由于各种勘察手段各有侧重，以致对同一地质体的解译成果可能不尽相同。但地质体的真实状况，不会因为勘察方法的不同而改变。应当把各种勘察手段对地质体的认识与地质体真实情况之间的误差压缩到最小，从而保证勘察成果的科学性。要达此目的，在勘察过程中建立并应用技术成果相互印证机制是个非常有效的举措，成果印证机制的主要内容有：

①各勘察手段都必须根据规范规程，按照技术要求和勘察纲要进行施工；工艺流程接受全程监理；数据采集须经技术负责人审查，确保原始数据的真实性和可靠性。

②各种勘察手段的初步成果在单位内审的基础上，报项目监理部进行初审；初步成果提交单位再根据监理部的初审意见进行补充、修改和完善。

③由项目监理部组织召开技术工作会和专题会议，各勘察手段对自己的初步勘察成果要在会上予以说明。对同一地质现象，各勘察手段经过对照、印证、辨别后尽可能得到同一解，促使勘察成果趋向一致。

④个别地质现象若暂时不能形成一致解释时，由勘察项目的地质技术负责人在综合分析各方法成果的基础上予以统一。并要求各勘察手段在充分反映各自的勘测成果基础上，注意吸收其他手段的勘察成果，经印证互补后形成基本一致的认识。

(3)组织整合效果

采用反复召开各种勘察手段参加的技术工作会议和专题会议，各技术方法之间完全可以实现融会贯通。经过分析、研究、比较和讨论，对各种勘察手段取得的成果进行汇总与整合，往往能对勘察区的主要工程地质问题形成基本一致的解释。坝陵河大桥工程地质勘察过程中，采用技术工作会议和专题会议的方式对各种勘察手段取得的成果进行整合，营造出了相互印证共同进步的多赢格局，工作质量和最终技术成果达到甚至超过了预期目的。

2)勘察成果的技术整合

一般情况下，经过前述多种勘察手段组合和组织整合后，勘察成果均能满足一般项目的技术要求和精度标准。但要形成高水平的综合勘察成果，只是进行简单的勘察手段的组合和勘察工作的组织整合还不能满足要求，还不足以保证能将勘察成果提升到新的高度。这是因为一般工程项目和大型工程项目在岩体设计参数的选择方法以及勘察成果的表达方式上存在着很大的差别。重大项目对岩体设计参数的可靠性要求比一般项目要严格得多，也就是说，重大项目的岩体技术参数不仅要进行一般项目所采用的数理统计，对那些无法进行数理统计的试验参数，尚需采用适当的方法对其进行验算或验证，以证明其可靠性。同样，作为大型项目，对勘察成果的表达方式也会提出更加严格的要求，一是要求内容丰富，二是要求表达科学，还有就是要求尽可能将所有勘察手段的技术成果融会贯通，采用统一表达方式来展示不同手段的技术成果。

就岩体设计参数而言，采取了大量岩石样品进行室内物理力学性能测试，经过对测试成果进行数理分析与统计，获得的设计参数已经可以满足一般工程的需要。但类似坝陵河大桥这样的重大工程，室内测试得出的数据不能单独作为设计采用的岩体物理力学性能参数，于是岩体设计参数的选择就成为关键问题。因为，岩体与岩块之间的物理力学参数并不等同，如果采用室内测试成果进行参数分析往往反映的是岩块的力学参数。况且室内测试在参数选择和推荐过程中容易受人的经验和理论水平影响，同样的工程同样的测试成果可能会出现不同的推荐数据，因而不能被大型工程设计单独采用。

大型工程项目设计对岩体参数的选择，现在较为通用的方法是利用现场大型岩体模拟试验采集数据，现场岩体试验虽然摆脱了采用室内岩块试验数据推算岩体性能的局限，但无论多大比例尺的现场模拟试验，始终不可能达到与工程实体相同的受力状态，模型试验与工程实体受力状态间总是不可避免地存在着差异。而这种差异并不按模型试验与工程实体之间的比例呈线性关系，直到现在，仍无法知道模型试验与工程实体的各种参数之间存在何种数学表达关系。要使现场模拟试验选取的设计参数具有更高的可靠性和准确性，进行岩体物理力学参数的数字反演计算，不失为一个较为科学的技术整合途径。坝陵河大桥就是借助这个途径解决了岩体设计参数选择难题，并取得了很好的效果。

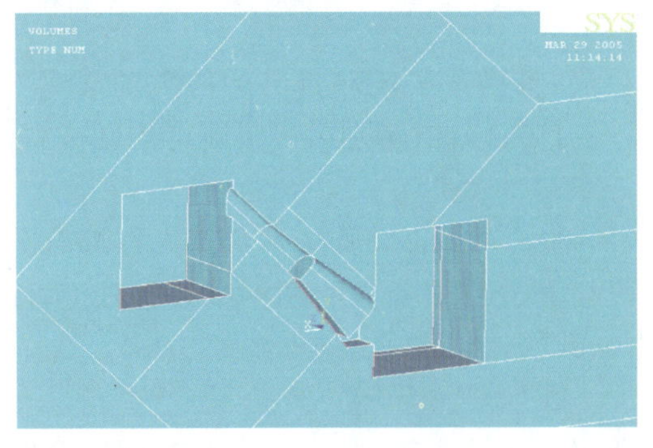

图 6.14　锚塞体位置示意图

(1)围岩力学参数反演

为了验证模型试验结果的合理性，给锚塞体计算提供科学合理的岩体力学参数。我们结合现场岩体试验，以锚塞体原位模型试验的数据为依据，通过有限元计算，进行岩体力学参数反演。参数反演使用 ANSYS 程序进行有限元计算，ANSYS 是目前国内最通用的大型工程计算软件，其功能强大，可以满足绝大多数工程的需求。锚塞体位置如图 6.14所示。

①计算模型的建立。

计算模型的建立一般以小比例模型试验为基础，按工程可能的最大工况条件进行计算范围的设置。工程输入参数为工程实体的理论计算参数，而岩体参数以现场模型试验结果进行输入。现以坝陵河西锚碇拉拔试验为例进行介绍：

用锚塞体建立计算模型，取铅直方向为 y 向，垂直于勘探洞轴线方向为 z 向，按右手定则确定 x 向。模型范围包括主硐以及 4 个试验支硐，四周岩体向上取 8m，向下取 10m，两侧各取 10m，以满足模拟应力位移影响范围所需的空间。模型以上直到地表的岩体应力影响以面荷载的形式加在上表面。外围岩体底面约束竖向位移，四周约束横向位移。岩体和混凝土栓塞均使用 SOLID45 单元模拟。根据现场岩体试验参数，岩体采用正交各向异性弹塑性材料模拟，岩层倾角 85°，为计算方便，取为 90°。混凝土锚塞采用各向同性线弹性材料模拟。岩体与混凝土接触面使用接触单元。按照实际试验过程，1/30 比例模型分 10 级加载，最高加到 1 000t；1/20 比例模型，分 11 级加载，最高加到 1 500t。两模型具有相似性，如图 6.15、图 6.16 所示。

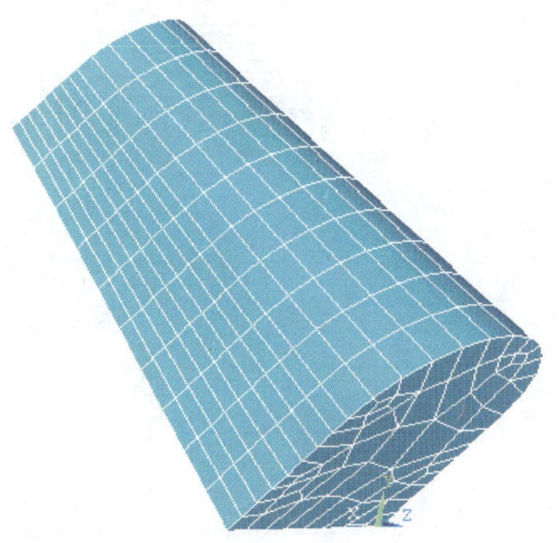

图 6.15 锚塞体网格示意图(1/30 比例模型)

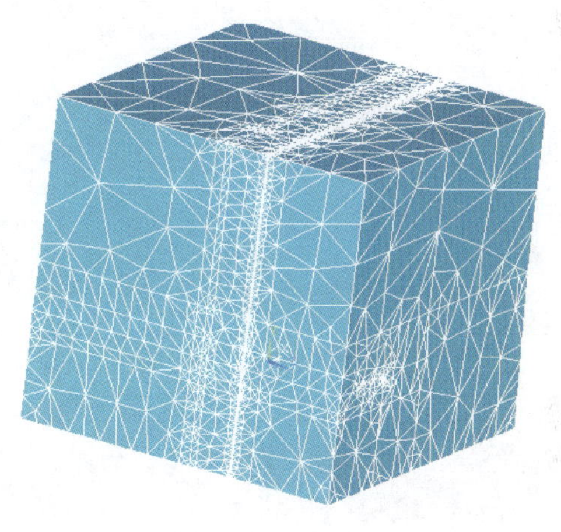

图 6.16 锚塞体网格示意图(1/20 比例模型)

②计算过程。

按照设计要求，有限元计算一般分为五步进行：

a. 未开挖情况下，岩体在自重应力作用下变形。

b. 勘探硐开挖后岩体变形情况。

c. 试验支硐开挖，锚塞体开挖。

d. 浇注锚塞体。

e. 试验模拟计算，分级加载。

③1/20 比例模型计算结果。

所采用材料参数为：混凝土锚塞：综合变形模量 24GPa，泊松比 0.167，重度 24kN/m^3。

岩体：水平向弹性模量 2.17GPa，铅直向弹性模量 18GPa，泊松比 0.25，黏聚力 4.5MPa，内摩擦角 34°，重度 22.5kN/m^3。

锚塞与岩体接触面:黏聚力 0.31MPa,摩擦系数 1.03。

相应的计算结果见图 6.17～图 6.24。

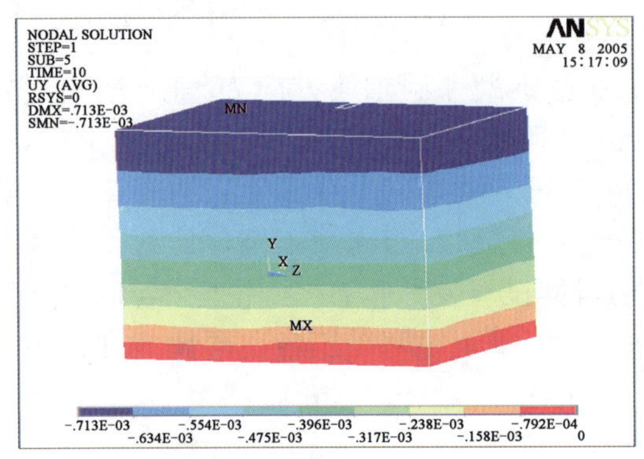

图 6.17 自重应力下岩体初始

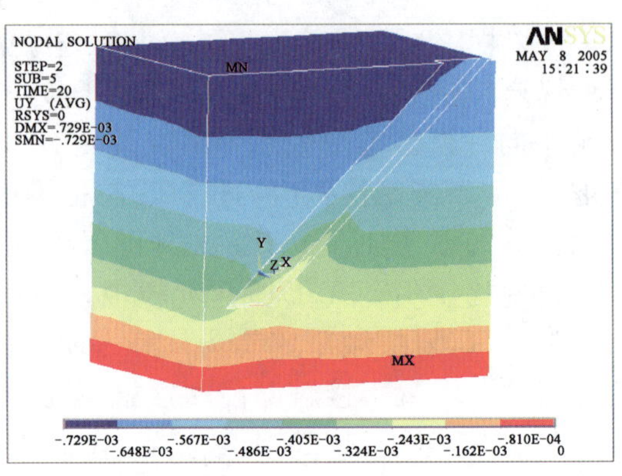

图 6.18 勘探硐开挖后岩体位移(y 向)

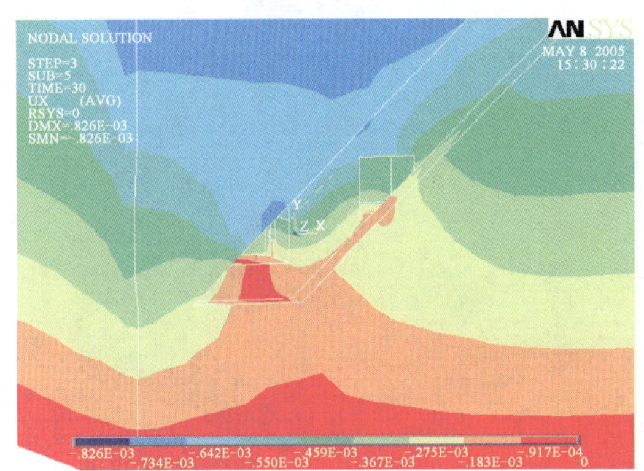

图 6.19 试验支硐开挖后岩体位移(y 向)

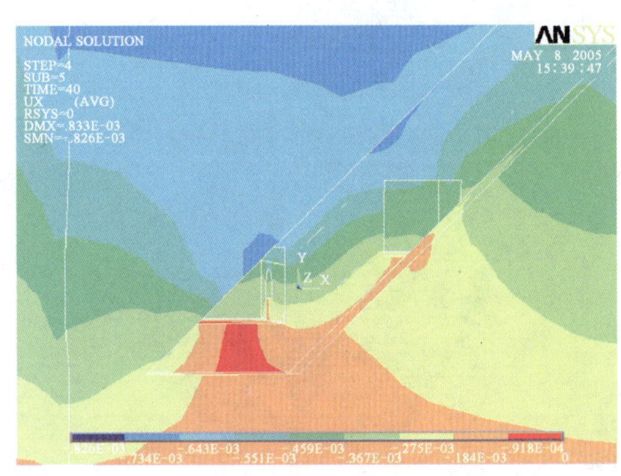

图 6.20 试验锚塞体浇注后岩体内位移(y 向)

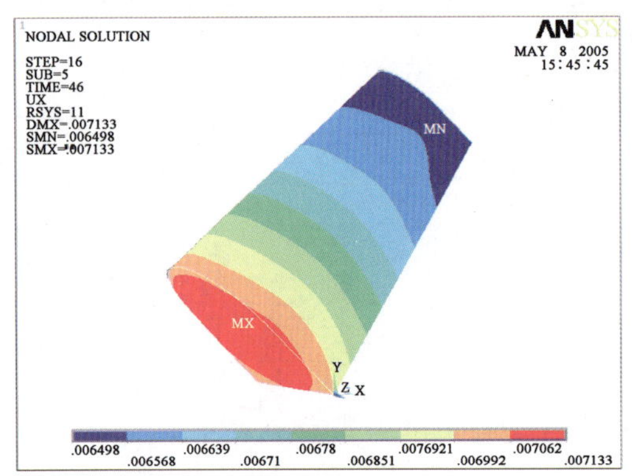

图 6.21 试验加载后锚塞体内的位移(轴向)

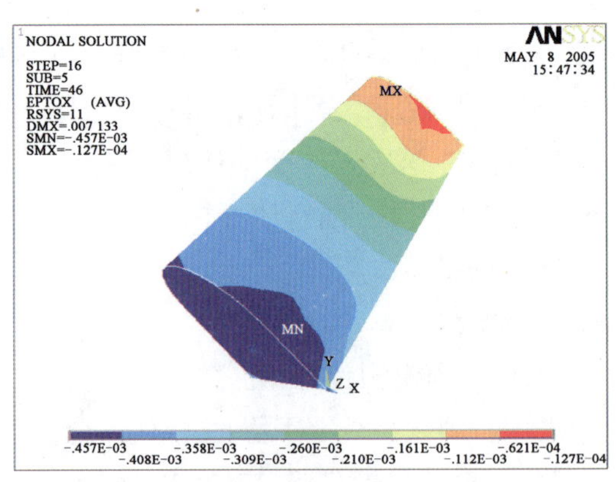

图 6.22 试验加载后锚塞体内应变(轴向)

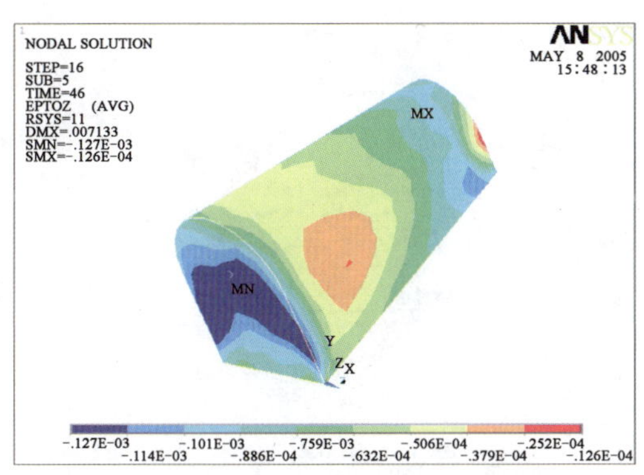

图 6.23　试验加载后锚塞体内应变（z 向）

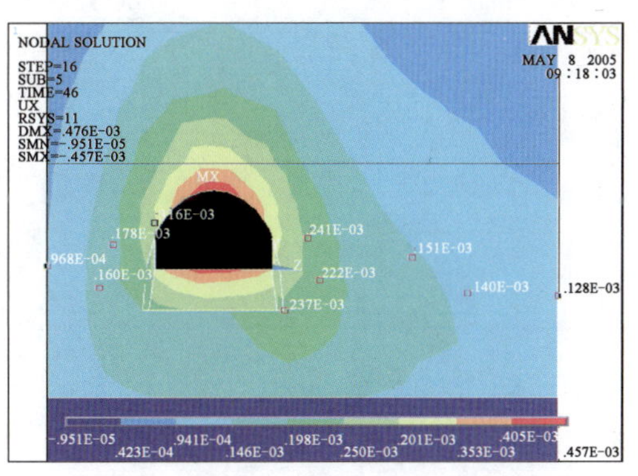

图 6.24　试验加载后锚塞体后端位移（x 向）

④1/30 比例模型计算结果。

所采用材料力学参数为：

混凝土锚塞：综合变形模量 24GPa，泊松比 0.167，重度 24kN/m^3。

岩体：水平向弹性模量 8.68GPa，铅直向弹性模量 15GPa，泊松比 0.25，黏聚力 4.5MPa，内摩擦角 34°，重度 22.5kN/m^3。

锚塞与岩体接触面：黏聚力 0.31MPa，摩擦系数 1.03。

相应的计算结果见图 6.25～图 6.31。

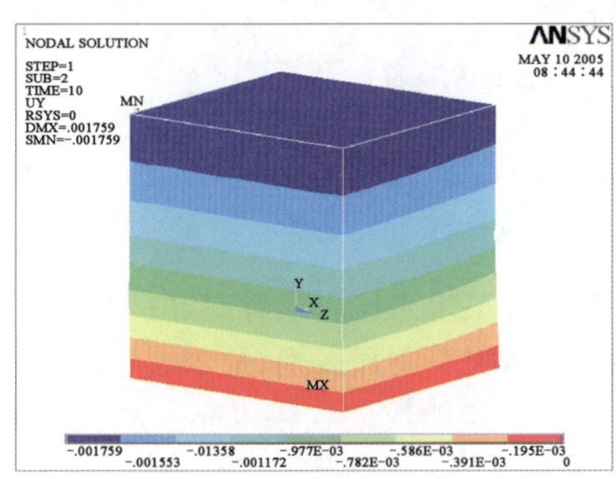

图 6.25　自重应力下岩体位移（y 向）

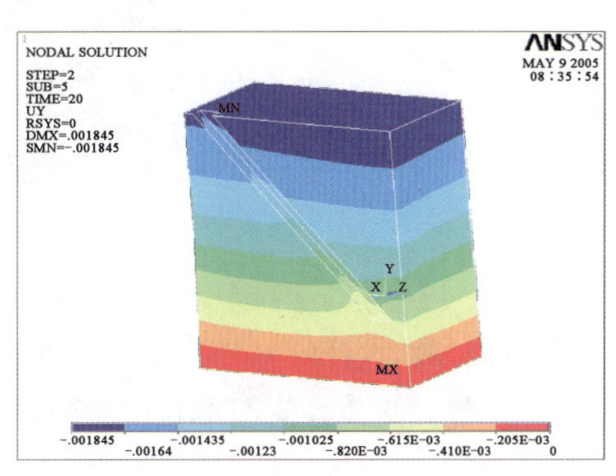

图 6.26　勘探硐开挖后岩体位移（y 向）

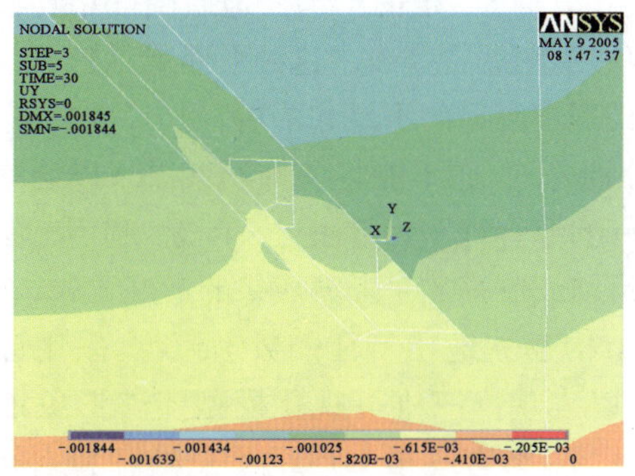

图 6.27　试验支硐开挖后岩体位移（y 向）

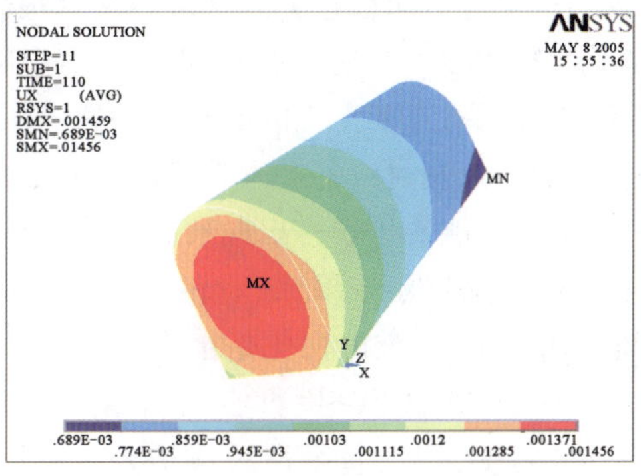

图 6.28　试验加载后锚塞体位移（轴向）

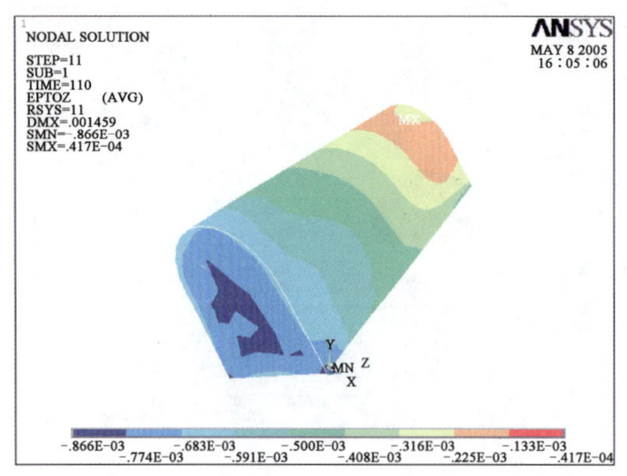

图 6.29 试验加载后锚塞体内应变(轴向)

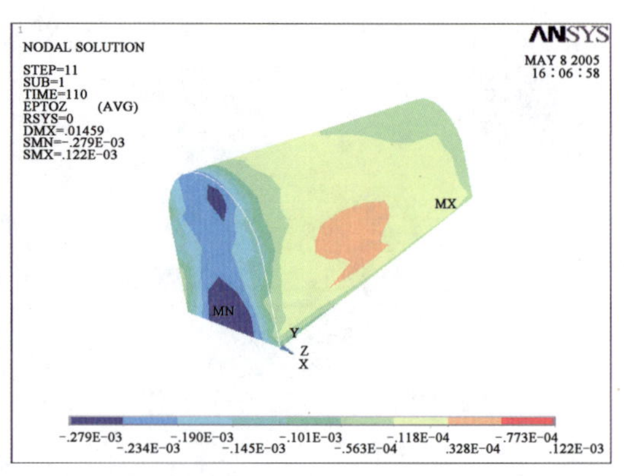

图 6.30 试验加载后锚塞体内应变(z 向)

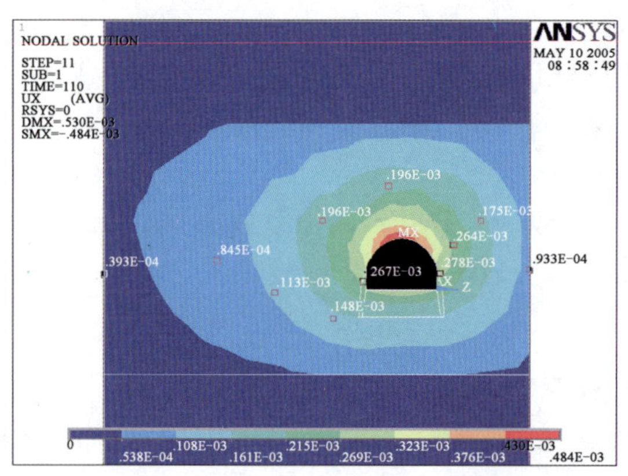

图 6.31 试验加载结束后锚塞体后端岩体位移(x 向)

将 1/20 和 1/30 的计算结果进行比较,从两个计算结果对比可以看出,由于岩体选取了两种不同的材料参数,在计算开挖过程中岩体位移变化情况有明显区别,两个模型计算锚塞体应变及位移的分布规律和数值基本与试验数据保持一致,说明反演成果可靠。也证明了试验数据是可靠的,可以作为大桥西锚碇设计的依据使用。

(2)勘察成果的三维数字化表达

现有的勘察成果表达方式一般以文字报告为主,附以一定的平剖面地质图或钻孔地质柱状图,如果勘察手段中有硐探手段,则增加一个硐探展示图即告完成。这种平面展示形式的勘察成果,已经与今天对重要工程的勘察成果的表达方式存在明显的不足和落后。其最大的不足是:只能在进行图件编制时将各勘察手段取得的成果分别陈列,而不能将各种勘察成果以统一的图件展示出来,不可能真正表达出勘察成果特别是图件的综合性。为解决这一问题,利用三维数字可视化技术将所有勘察成果综合起来进行表达,是目前编制高质量勘察成果的最好方式。

地质信息的三维可视化是指以适当的数据结构建立地质特征的数学模型,采用计算机图形技术,将数学描述以 3D 真实感图像的形式予以表现。三维可视化模型能够形象地表达地质构造的“真实”形态特征以及构造要素的空间关系,结合三维 GIS 的信息处理和空间分析功能,可以使地质构造分析更为直观、准确,为地质构造研究定量化开拓了一条现实的途径。这项技术能够最大限度地增强地质分析的直观性和准确性，做出符合地质现象分布变化规律的工程设计与施工方案，从而减少技术人员个体差异造成对地质问题认识的差异，消减地下工程设计、施工面临的巨大风险。

地质构造的三维可视化技术包括数学建模和可视化显示两方面。构建三维模型的方法可分为表面建模法(Facial Mode1)和实体建模法(Volumetric Model)两大类。两类方法的核心都是数据结构，良好的数据结构是一个成功三维的标志，同时还能很好地反映地物的空间拓扑关系。

三维地质建模与可视化是实现“数字地质”亟待研究和解决的关键技术问题，目前复杂地质体三维模拟面临三大困难：一是三维空间数据获取的艰难性。三维复杂地质对象建模与可视化主要依赖于输入原始数据。而原始数据的获得主要是依据钻探，但在一个特定的研究区域内，工程钻探获取的钻孔数据有限，且分布不均，有的区域相对密集，有的区域则非常稀疏甚至没有采样数据。另外，从钻孔资料揭示出来的地层分层参数只在该钻孔的有限范围(孔直径)内有效，各钻孔之间并无相应的关联参数。工程钻探获取的有限数据，使模型的建立十分困难，往往导致无法准确地描述地质体空间属性的变化特征。二是地质体空间关系的复杂性。多种地质因素使地质体及其空间关系变得异常复杂。由于地质体包含如逆层、断层、倒转、褶皱等多值面的地质现象，增加了数据结构拓扑关系以及相应算法的复杂程度，至今仍然缺乏成熟的解决方案。虽然长期的地质勘探研究工作积累了包含许多地质对象的庞大而复杂的空间模型，但将这些模型用于确定地质对象在空间、时间和结构上的相互关系并保持它们的一致性还有一定的困难，即使在一些工程上可以对确定对象建立模型，却因工作量太大而未曾尝试。三是空间分析能力的局限性。地质现象中存在的复杂性和不确定性等客观因素以及三维地质建模的应用目的各异等主观因素，使三维模型的建立缺乏完备且统一的技术理论，导致现有系统缺乏空间分析能力。

目前的地质勘察过程中，主要是通过钻孔，得到地层分界，然后通过地质人员的判断来确定钻孔之间的地层，最后用剖面图表达出来。工程勘察中真实的钻孔数量往往太少，由钻孔形成的地质剖面和地质人员判断的地层常常会有比较大的区别。从而导致二维剖面图的绘制困难。简单地将技术人员绘制的二维剖面图导入GOCAD，然后建成三维地质模型的方式是不科学的。为了解决在没有剖面图的条件下，要在三维地质模型中体现地质人员的判断，可以增加虚拟钻孔。具体方式为：首先构建类似平面形状的虚拟钻孔群，然后在这些钻孔中施加地质人员认可的地层分界面，最后建成需要的地质模型。坝陵河大桥三维地质模型就是地质勘察成果，采用增加虚拟钻孔的办法建立的，其中西锚碇区域的三维模型完全满足了勘察成果高质量表达和指导施工的要求。坝陵河大桥勘察成果三维数字可视化模型的建立，为岩溶地区类似工程建立全方位GIS数据库及虚拟现实模型做了有益的探索，具有现实和科技进步意义。

建立三维数字可视化数据库是进行研究的基础，需采用Microsoft Access数据库软件。Access可以实现的功能有：

①数据库中包含多个表，每个表可以分别表示和存储不同类型的信息。

②通过建立各个表之间的关联，从而将存储在不同表中的相关数据有机地结合起来。

③通过创建，用户可以在1个或多个数据表中检索、更新和删除记录，并且可以对数据库中的数据执行各种计算。

④通过创建联机窗体，用户可以直接对数据库中的记录执行查看和编辑操作。

⑤通过创建表，用户可以将数据以特定的方式加以组织，从而达到分析和打印的目的。采用 Access 数据库进行数据编制，不但有利于地质信息的存取、修改，还可通过对数据库的访问实现虚拟现实三维地质模型。

在坝陵河大桥勘察中，通过对三维地质图的可视化表达进行专项研究，取得了一定的成果，丰富了勘察成果的表达方式。而最有价值的是：通过这一研究，能够使不同手段获得的勘察成果真正实现统一和谐，并以直观、生动、形象为特点，指导工程建设顺利实施。现将主要研究成果简单展示和介绍如下，见图 6.32～图 6.39。

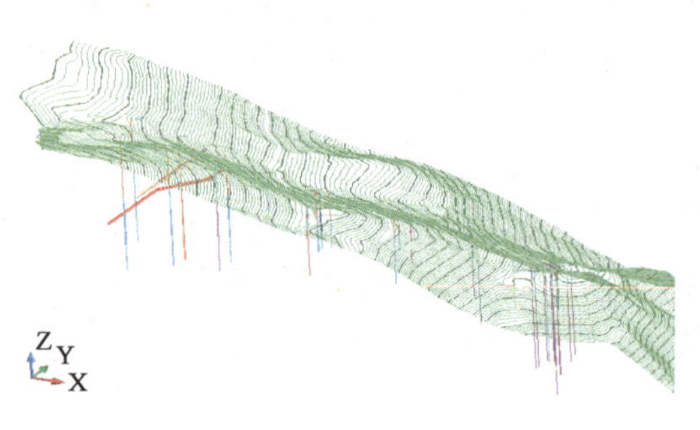

图 6.32　坝陵河大桥西岸相应位置插入剖面

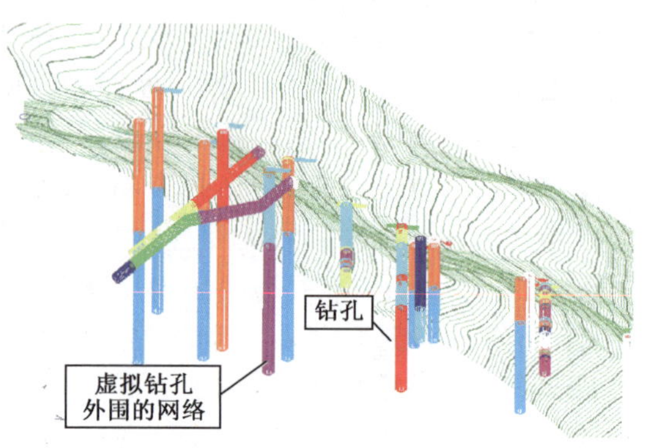

图 6.33　坝陵河大桥西岸增加的虚拟钻孔

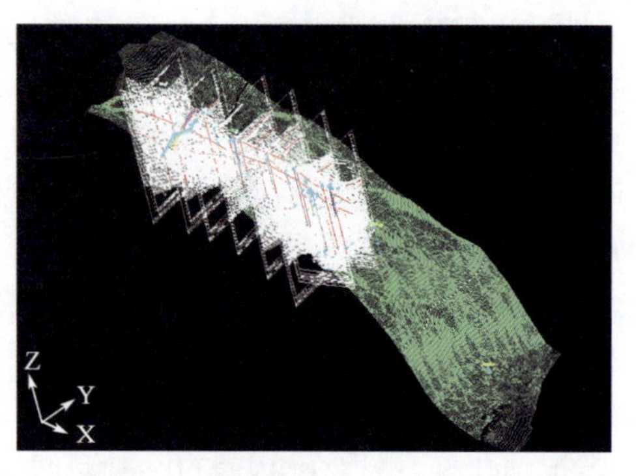

图 6.34　坝陵河大桥西岸相应位置插入剖面

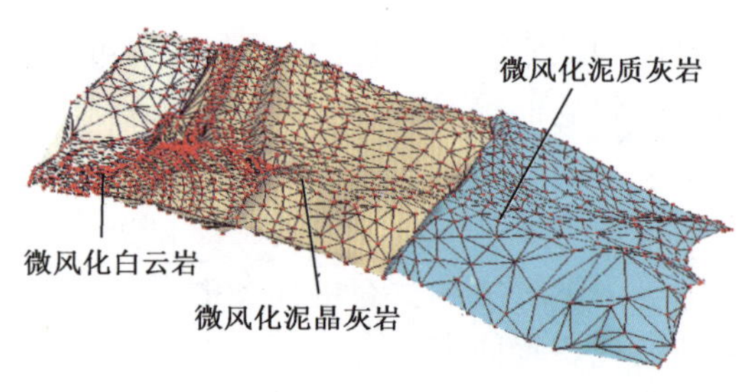

图 6.35　在 GOCAD 中实现代表不同地层的不规则三角面片网

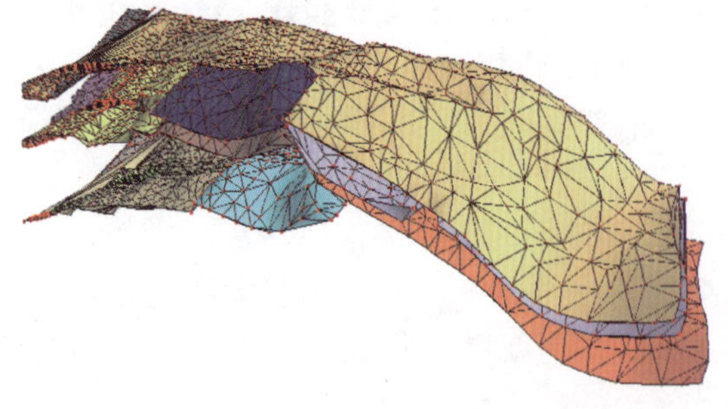

图 6.36　在 GOCAD 中实现代表不同岩体的不规则三角面片网

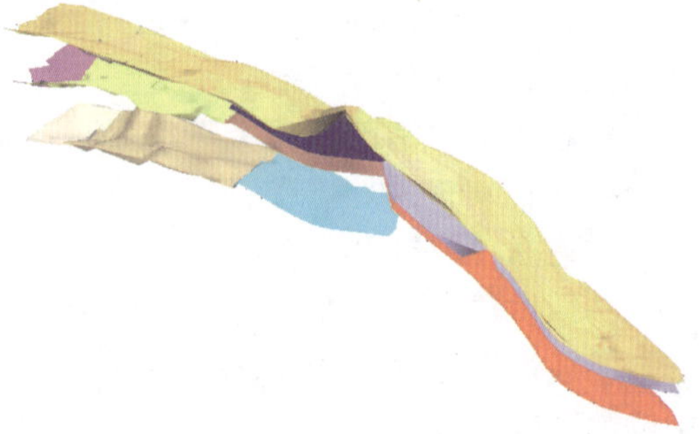

图 6.37　三维数字地质面模型

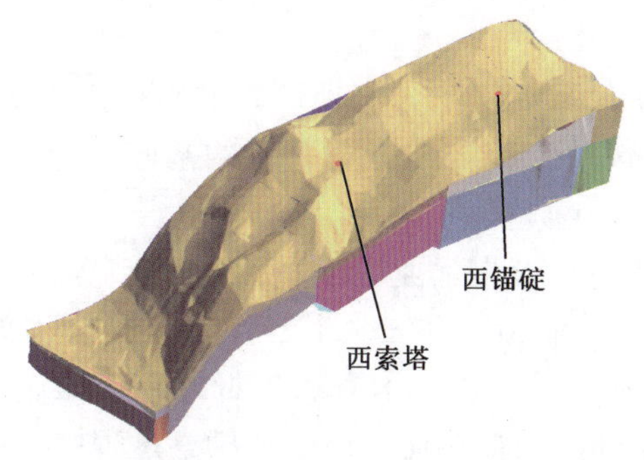

图 6.38 坝陵河大桥西岸研究区域三维地质模型

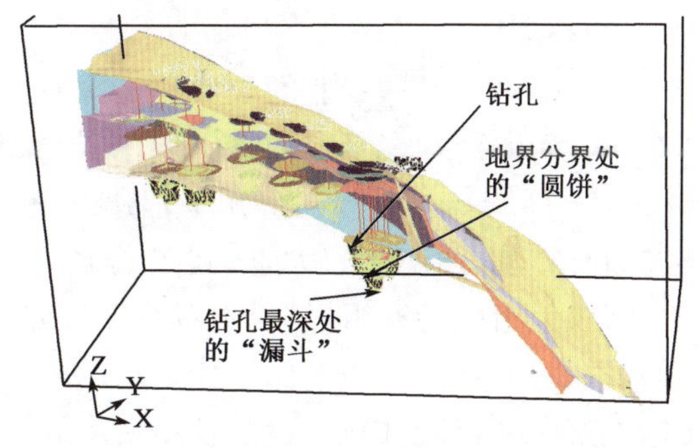

图 6.39 坝陵河大桥西岸三维地质模型纵剖面

通过三维数字化地质模型的建立和计算，将钻探、电磁波 CT、数字钻孔摄像以及各种试验成果综合起来，形成可视化的三维地质图，丰富了成果的表达形式。借助模型，还可对岩溶隧道锚地质条件进行更加深入的研究。三维数字可视化技术为勘察成果数字化、三维化和可视化提供了平台，是勘察成果目前最好的表达方式。采用这项技术能使勘察成果高质量地承载起指导设计和施工的任务，达到提高勘察成果利用率和更有利于指导工程施工的目的。

3)技术成果的评价体系

工程勘察作为重大工程的重要技术工作之一，应该建立起行之有效的技术成果评价体系。坝陵河大桥工程勘察成果质量评价体系主要包含三个方面的内容，即勘察单位的内部评价(内部审查)；第三方评价(工程监理)；外部评价(专家咨询评审)。

(1)内部评价

内部评价由勘察单位负责，主要针对项目技术工作过程进行质量控制，保证过程质量符合《规范》和项目要求。坝陵河大桥工程勘察过程中，勘察单位对进入现场工作的每一工艺都做了施工方案设计，并要求施工单位在实际工作中严格执行。施工方案设计在实施过程中若要变更，须将变更理由报现场监理和设计单位，经监理、设计单位评估签认才能修改或变更。施工单位每完成一道工序，都要自行对照技术标准进行施工自检，自检合格并经项目技术负责人确认后，报监理进行检查验收。现场工作结束，项目组编制初步成果报告，由项目实施单位进行内部质量审查，经审查合格后再报监理部进行审查。注重过程控制，保证每个工艺和每道工序质量，是提升坝陵河大桥勘察成果质量的主要因素。

(2)第三方评价

目前较为常用且有效的方式是：委托富有经验的勘察单位作为第三方，对工程地质勘察质量进行全程监理。坝陵河大桥工程勘察就采用了这种方式，由项目勘察设计总承包单位直接委托具有多年桥梁勘察经验的省外勘察单位进驻现场，对整个勘察过程实行全程监理。监理单位从审查施工组织设计开始，通过现场观察、巡视和抽查、参与工序质量验收、对重要地质现象召开专题会议、对勘察初步成果进行审查和参与成果报告最终评审等方式，保证了勘察工作原始数据的采集真实可靠，提高了勘察成果质量。经专业监理单位协调，各勘察单位与不同勘察手段间的协调配合得以实现，有利于各勘察手段对存在于勘察对象中的地质现象形成较为一致的认识，为勘察成果正确反映地质体客观实际创造了良好的技术氛围。

(3)外部评价

外部评价是以本专业的权威和资深专家承担咨询评审任务为表现形式的质量控制措施。针对坝陵河大桥勘察工作的特殊要求，勘察设计总包单位在委托专业监理的基础上，于 2003 年 11 月～2005 年 4 月，在贵州工程建设史上首开先河地邀请了中科院地质所、长江委员会三峡勘测研究院、西南交通大学、同济大学、贵州省地矿局、贵州工业大学、江苏省地矿局等单位的技术权威组成专家组，先后对勘察工作进行了四次外业验收和三次报告评审。每次验收，专家们都在听取项目承担单位工作汇报的基础上，亲临现场对各技术方法的野外施工操作进行实地观察印证，再与规范规程、技术要求和勘察纲要进行认真对比。由于在勘察过程中各单位都严格按照国家规范及技术要求组织施工，所取得的成果经受住了本专业专家的严格检查，专家们认为：勘察的外业工作目的和任务明确、技术方法合理、勘察手段恰当、完成的实物工作量满足了与各手段对应的规范和工程设计的要求，取得的数据可信。为确保勘察工作质量，以王思敬院士为首专家组对不同阶段的勘察报告进行了三次评审，经专家组成员逐字推敲逐段审查，3 个阶段的勘察成果都得到专家组的肯定。专家们对坝陵河大桥各勘察阶段所选用的勘察手段的针对性，以及各勘察手段的印证补充的组合方式倍加赞赏。认为坝陵河大桥的工程地质勘察工作十分有效地把各项技术手段有机地整合为一体，全面完成了合同规定的任务，符合勘察规范要求。对报告的评定是：内容丰富、翔实，图文并茂，分析论证合理，结论建议明确，专家组一致同意通过评审，并对施工图设计阶段的勘察报告给予了以下评价：

①勘察的目的、任务明确，技术路线和工作方法合理，较好地完成了合同及工作大纲规定的勘察任务。

②通过勘察，查明了桥址区的地层岩性、地质构造、岩溶发育特征、水文地质、不良地质现象等工程地质条件和问题，报告达到了施工图设计阶段的工作深度。

③工程地质测绘、物探、钻探、电磁波 CT、数字钻孔摄像、斜硐勘探、原位测试和室内试验所取得的资料齐全、数据可信，分析评价合理，结论正确。

④西锚碇区所进行的岩土物理力学试验项目可以满足工程设计、计算要求，试验方法正确，取样和现场试点具有代表性，试验成果可靠。

⑤综合勘察成果可作为施工图设计及大桥施工的工程地质依据。

坝陵河大桥勘察不仅在施工过程中采用了组织措施和技术手段两种方式对各种勘察手段进行整合，从施工组织和技术工作两个方面建立了成果检验和印证机制，还引入了勘察监理和专家评审相结合的方法对勘察成果进行客观评价。坝陵河大桥勘察过程中，通过三级质量控制体系的建立，对各种勘察手段的整合以及各勘察手段成果之间的相互检验、印证起到了非常积极的作用。

6.2 隧道锚围岩质量评价及计算参数

本节主要是针对贵州岩溶地区地质条件，采用数值方法对隧道锚围岩稳定分析及破坏模式研究，评价锚碇的承载能力，探讨锚碇的结构及岩体的变形机制，为隧道锚碇的设计提供科学依据，而且也为西部地区同类工程的修建提供技术支持和经验。

坝陵河大桥桥址区位于我国西南地区康滇地带的东部边缘，在西部岩溶化高山峡谷中修建跨径超过千米的大跨径钢桁梁悬索桥在国内尚属首次。该地区岩溶高度发育，张节理和溶蚀裂隙对岩体完整性均有影响。锚碇作为悬索桥的主要承力结构物，是悬索桥生命线的组成部分，正确评价其承载能力及合理选择隧道锚的设计尺寸是大桥的关键技术之一。为确保大桥的顺利建设和安全运营，如何对在该地区修建隧道式锚碇进行研究具有重要意义。研究隧道锚围岩稳定及破坏模式，主要包括以下几项研究内容。

(1)研究隧道锚的受力特点以及相关围岩力学参数。

对隧道锚-岩体系统进行力学分析，论证在主缆拉力的作用下锚碇体及岩体各部位的受力状态；探索岩体中应力组合传递的模式。在此基础上提出合理的岩体力学参数组合及岩体力学试验方法。

(2)评价隧洞基坑边坡及锚碇开挖围岩的稳定性。

对隧道锚基坑开挖中的边坡变形及稳定性进行评价和力学分析，探讨基坑边坡变形破坏模式，以及必要的边坡支护措施。

对锚碇开挖中斜洞围岩的变形及稳定性进行评价和力学分析，探讨围岩变形破坏模式及松弛影响深度，以及必要的围岩支护措施。

(3)主缆作用下锚塞体及围岩应力、变形和稳定性。

对主缆作用下锚塞体及围岩应力、变形和稳定性进行力学分析；探讨岩体力学性能和锚塞体及围岩应力、变形和稳定性的关系；研究不同围岩力学参数对锚塞体变形和稳定性的影响。进而研究隧道锚—岩体的变形机制和可能的破坏模式，探讨隧道锚—岩体系统的整体安全性能。

(4)通过现场缩尺锚碇拉拔试验的数值反演分析，研究隧道锚碇的几何尺寸效应与隧道锚—岩体系统的承载力及其变形的规律。

6.2.1 节理描述及统计分析

1)岩体质量评价的其他非岩溶因素研究

(1)岩石物理力学性质测试

贵州地矿局第二工程勘察院、中科院地质与地球物理所、北科大土木与环境工程学院等多家单位对场区的岩石做了大量岩石力学试验。二勘院给出的推荐值是通过统计分析得到均值、标准差、变异系数、修正系数，修正后最终得到标准值。表中的综合值是对比分析二勘院及北科大的试验数据，结合现场考察的感性认识得到的，强度综合值取较小的以保证安全裕度。

(2)节理描述及统计分析

①实测节理数据汇总。

节理野外实测工作分两次进行，共测得节理 173 条。野外工作在 9 个岩体露头上实测节理 146 条，参与网络模拟的节理共 173 条。其中灰岩露头 2 个，测量节理 27 条；泥质灰岩露头 4 个，测量节理 60 条；砂质灰岩露头 3 个，测量节理 59 条；零星测量节理和层面(仅测量倾向、倾角)分别为 27 条、19 个(表 6.19)。

节理和层面工作量 表 6.19

岩组	泥晶灰岩	泥质灰岩	砂质灰岩	白云岩
露头(个)	2	4	3	
节理(条)	27	60	59	
零星测量节理(条)		6	13	8
层面(个)	3	6	5	5

图 6.40 是实测节理方位极点等面积投影等值线图,图 6.41 分别是白云岩、泥晶灰岩、泥质灰岩和砂质灰岩中测量的节理倾向、倾角玫瑰图,图 6.42 是实测节理倾向、倾角玫瑰图。从图 6.40～图 6.42 中可以得出西岸自然边坡整体发育的优势节理有三组,产状为 155°∠57°、220°∠34°、333°∠46°(表 6.20)。共有 144 条节理分别属于 3 个统计优势节理组,占参与网络模拟节理数量的 83.2%。

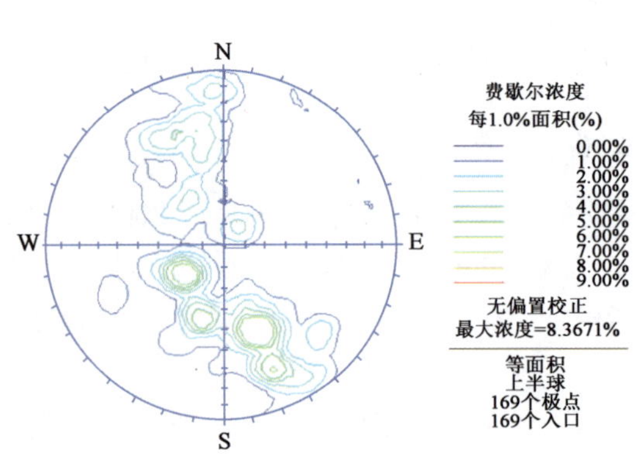

图 6.40 实测节理极点等面积投影等值线图

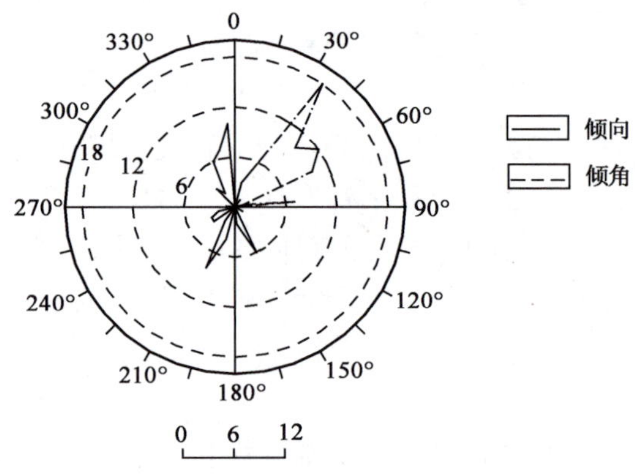

图 6.41 砂质灰岩中节理倾向、倾角玫瑰图

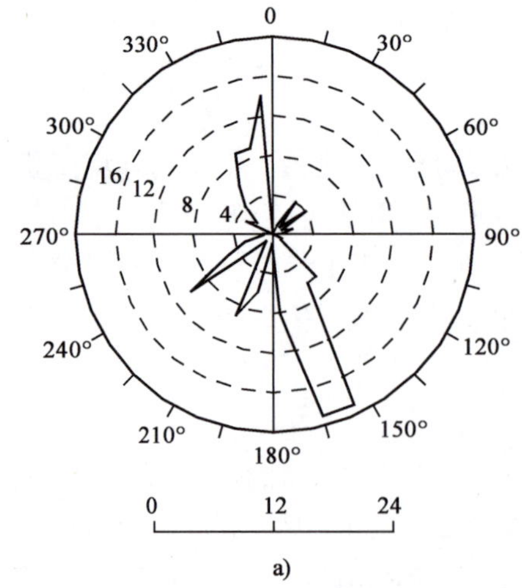

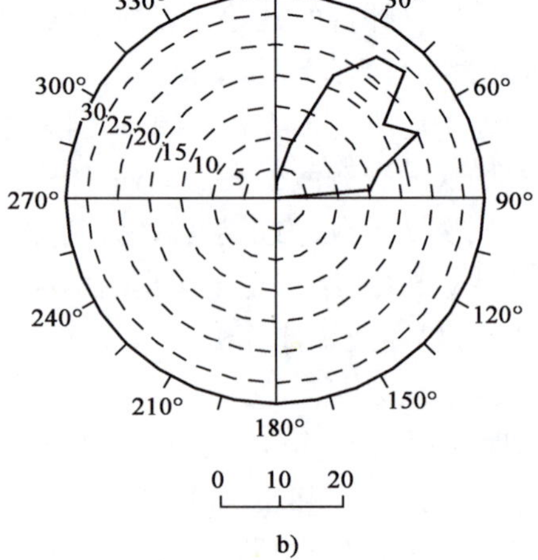

图 6.42 实测节理倾向、倾角玫瑰图

西岸自然边坡整体发育的优势节理组产状　　表 6.20

节 理 组	平均倾向(°)	平均倾角(°)	节理条数	Fisher 分布密度函数 k 值
1	155	57	65	13.481 5
2	220	34	40	17.975 2
3	333	46	39	17.917 1

②结构面产状的统计概率分布模型及数字特征。

表 6.21～表 6.23 分别是节理组 1 的倾向、倾角及其迹线长度的频度分布情况(数值栏括号中的数字表示该倾向或倾角值重复出现的次数,下同)。

节理组 1 倾向频次分布　　表 6.21

倾向范围(°)	中 值 (°)	频　次	数 值 (°)
130～140	135	6	130(2), 135(4)
140～150	145	6	140(2), 145(4)
150～160	155	19	155(6), 158, 152, 150(6), 154(4), 153
160～170	165	19	160(15), 165(3), 163
170～180	175	8	172(5), 175(3)

节理组 1 倾角频次分布　　表 6.22

倾角范围(°)	中 值 (°)	频　次	数 值 (°)
32～42	37	8	37, 33, 32, 35(3), 40, 36
42～52	47	19	43(2), 49(2), 44(2), 51, 47(2), 42, 50, 45(8)
52～62	57	6	60(2), 53, 56, 58, 54
62～72	67	12	63(2), 62, 65(4), 68, 70, 64(3)
72～82	77	10	73(3), 77, 75, 72, 80(4)

节理组 1 迹线长度的频次分布　　表 6.23

迹线长度范围(m)	中 值 (m)	频　次	数 值 (m)
0.2～0.7	0.45	26	0.42, 0.48, 0.4(8), 0.2(2), 0.55, 0.6(6), 0.35(2), 0.5(2), 0.65, 0.32, 0.3
0.7～1.2	0.95	17	0.8(3), 1.0(3), 1.1(3), 0.93, 0.86(2), 0.7(3), 0.75, 1.07
1.2～1.7	1.45	7	1.2(5), 1.5(2)
1.7～2.2	1.95	5	1.75(2), 1.7, 2.0, 2.2

③节理网络计算机模拟。

节理网络计算机模拟采用蒙特卡洛(Monte Carlo)法模拟节理组的几何参数,在观察窗口(即截面)上绘制节理形态,程序界面如图 6.43 所示。若观察窗口的产状改变,节理分布及其产状也随之改变,通过节理网络计算机模拟即能表示任意截面上节理的分布组合形态,所以具有直观、快速的特点。图 6.44～图 6.46 是观察窗口分别为倾向 0°、倾角 0°(边长为 10m 的立方块体顶面),倾向 90°、倾角 90°(边长为 10m 的立方块体左侧面)和倾向 0°、倾角 90°(边长为

10m 的立方块体前侧面)的节理组合形态,图 6.47 是边长为 10m 的立方块体表面节理形态。图 6.47 中红颜色代表节理组 1,绿颜色代表节理组 2,蓝颜色代表节理组 3。

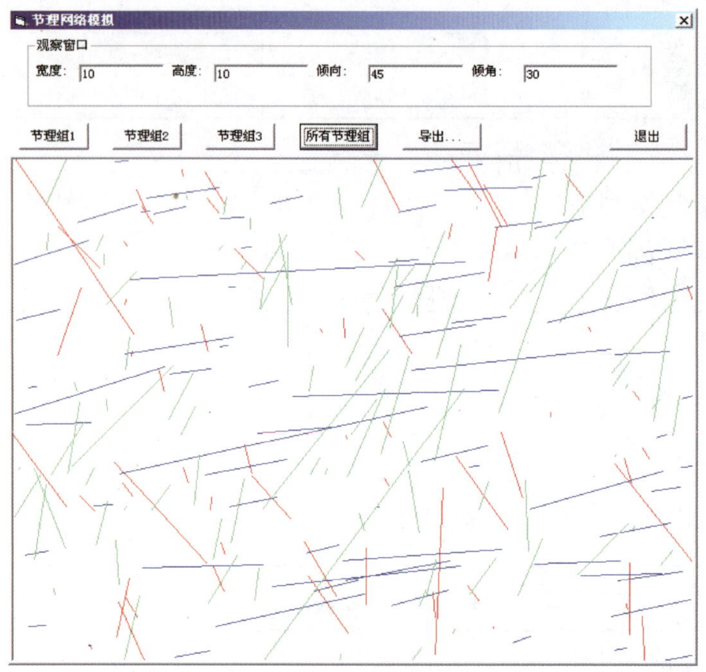

图 6.43　节理网络计算机模拟程序运行界面(观察窗口倾向 45°、倾角 30°)

图 6.44　边长为 10m 立方块体顶面节理形态

图 6.45　边为 10m 立方块体左侧面节理形态

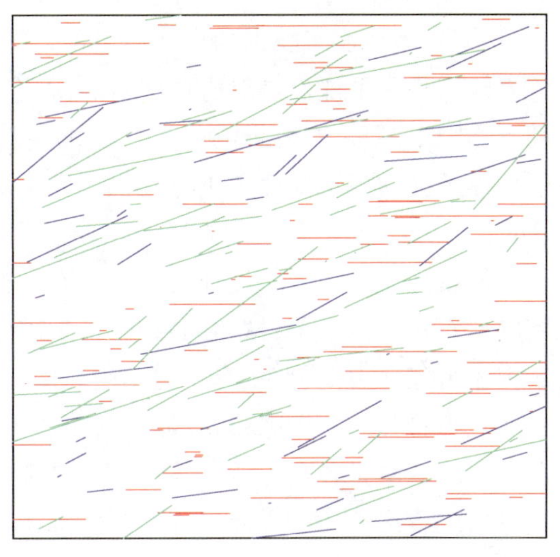

图 6.46　边长为 10m 立方块体前侧面节理形态

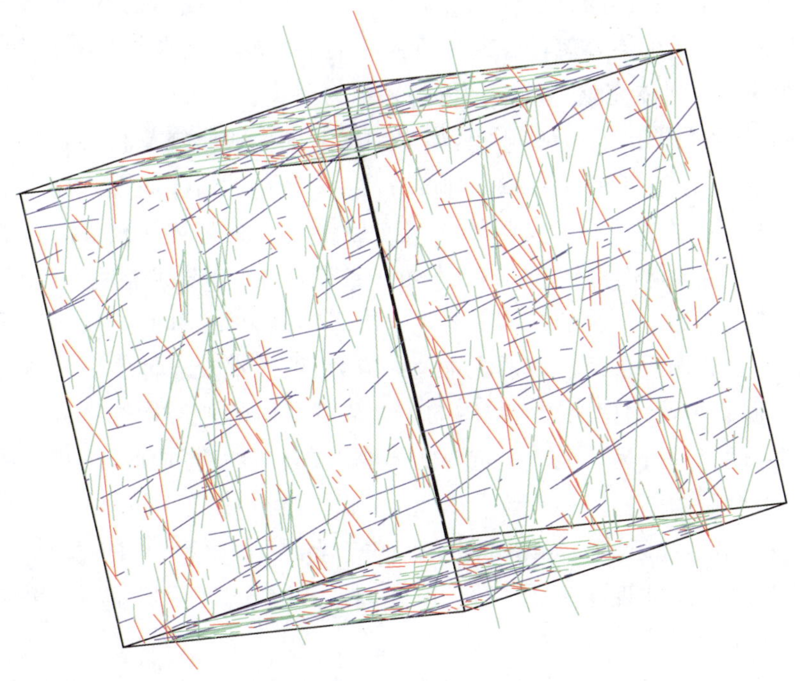

图 6.47　边长为 10m 立方块体表面节理形态

(3)地下水情况

本次勘察除东塔钻孔揭露地下水外,其余的钻孔均未揭露到地下水位。因此桥址区悬索桥方案中,地下水只对东塔深基础施工可能会产生影响,若锚碇基础埋深小于 80m,则地下水对研究区无太大影响。

2)裂隙溶蚀岩体工程质量评价体系

(1)基于多尺度溶蚀率的岩体质量评价的原理

岩体工程质量评价是对岩体的多层次、多方面的综合评价,岩体的溶蚀破损仅是其一个方面的影响因素,但是岩溶影响是多层次的,在岩体质量评价的各个层次上皆须考虑岩溶的作用。岩体溶蚀的多尺度性则正好提供了在多层次上引入岩石/岩体溶蚀率,参与岩体质量评价体系。

①岩石强度。岩体质量评价的最基本层次为完整岩石,即岩体的基质。岩石力学试验所测到的岩石强度包含了岩石结晶和微细裂隙的组合的力学性能。对溶蚀化岩石其力学试验的岩芯中还可包含10厘米级溶孔的作用。然而,25厘米级的溶孔也影响岩石的基本强度,但往往不能参与岩芯的力学试验,以显示其对岩体质量的贡献。为此,引入25厘米级至10厘米级孔洞的总溶蚀率对岩石力学强度的权重参数进行修正是必要的。设该尺度范围总溶蚀率为(ξ_R),则溶蚀岩石的强度调整系数为($1-\xi_R$)。

②岩体完整性。岩体质量评价的第二层次为岩体的完整性评价,这是高一级层次,也是岩体质量评价中的核心部分。但是,溶蚀造成岩体完整性的受损,至今尚未得到应有的重视。溶孔、溶洞、溶隙及其组合使岩体的完整性大为降低。地质勘探所揭露的25厘米至米级以上尺度的勘探所揭露的溶蚀结构不容忽视。勘探所揭露的溶蚀率可为此提供相应的大于25厘米级空洞的总溶蚀率(ξ_I),岩体完整性的溶蚀调整系数为($1-\xi_I$)。

在这层次的岩体质量评价中,有些规范,如水利水电工程地质规范和Q分类等还规定要考虑切割岩体,从而破坏岩体完整性的结构面强度特性。对于溶蚀岩体而言,则是评价溶隙、溶孔、溶洞,及溶蚀破碎岩石中的泥质充填或夹泥层。通过溶蚀夹泥的描述和测量结果,根据夹泥率给出溶蚀岩体夹泥岩率(ξ_S),从而得到岩体泥化特性或蚀变特性的溶蚀调整系数($1-\xi_S$)。

③岩体赋存状态。第三层次的评价主要是解决岩体赋存状态问题,属于宏观地质和工程条件的评价。各主要岩体质量评价体系注意到地应力、地下水及岩体主要结构面产状与岩体开挖面关系等。地质、地球物理工作所揭露的较大范围地体的地质构造特征及其整体复杂性对小范围隧洞围岩的工程行为可能产生重要的影响。在岩溶发育地区,工程外围的溶蚀破损程度在一定程度上会制约围岩的稳定性。为此,可根据地球物理资料,如电磁波CT,估测宏观整体溶蚀率(ξ_K),给出场区溶蚀岩体赋存条件的宏观溶蚀调整系数($1-\xi_K$)。

除上述三个层次的溶蚀程度4项参数调整外,对各常规的评价权重项还需考虑岩溶特点进行描述和参数界定。

本节内容主要根据西岸隧道锚碇区的岩溶研究结果,对溶蚀化弱风化及灰岩、微风化泥质灰岩、弱风化白云岩和微风化泥晶白云岩体做出质量评价。

国内外有多种岩体质量评价方法:有定性、定量、定性和定量相结合;有单因素分类;有多因素综合分类。本文主要以国内广泛使用的《工程岩体分级标准》(GB 50218—1994)和《水利水电工程地质勘察规范》(GB 50287—1999),结合国际上常用的岩体地质力学分类(CSIR分类)和巴顿岩体质量分类(Q分类)方法作为基本框架,引入相应的多尺度溶蚀率

(ξ)及溶蚀调整系数($1-\xi$)，进行溶蚀调整，最终可以确定研究区围岩级别及相关参数，提出综合推荐。

(2)《工程岩体分级标准》(GB 50218—1994)

中华人民共和国国家标准《工程岩体分级标准》采用定量为主、定性为辅的方法。定量分级是根据岩石物理力学参数，经计算而获得岩体基本质量指标(BQ)，从而建立量的概念。定性为辅是利用工程实践经验，在现场对影响岩体质量的诸因素进行鉴别、判断，从整体上去把握。对岩体分级时采用定性与定量相结合综合评定岩体级别，有利于提高分级的准确性和可靠性。

通常认为岩体基本质量主要由岩石坚硬程度和岩体完整程度两个因素确定，岩石坚硬程度和岩体完整程度分别用定性划分和定量指标两种方法确定。坚硬程度的定量指标，采用岩石单轴饱和抗压强度(R_c)，定性描述和定量指标之间有一个对应关系，便于校核。岩体完整程度的定量指标，采用岩体完整性指数，即 $K_v=(V_{pm}/V_{pr})2$，式中 V_{pm} 为岩体弹性纵波速度(km/s)，V_{pr} 为岩石弹性纵波速度(km/s)。当无条件取得实测值时，也可用岩体体积节理数(J_v)确定对应的 K_v 值。岩体基本质量 BQ 根据岩石单轴饱和抗压强度 R_c(MPa)和岩体完整性系数 K_v，按下式计算 $BQ=90+3R_c+250K_v$(当 $R_c>90K_v+30$ 时，应以 $R_c=90K_v+30$ 和 K_v 代入计算 BQ 值；当 $K_v>0.04R_c+0.4$ 时，应以 $K_v=0.04R_c+0.4$ 和 R_c 代入计算 BQ 值)，然后根据标准对工程岩体进行分级。

采用国家标准《工程岩体分级标准》为基本框架时，仅对岩石强度 R_c、岩体完整性 K_v 及岩体基本质量[BQ]等 3 项进行溶蚀调整。

岩石强度 R_c 及其调整 R_c 的值最终确定岩石的坚硬程度表 6.27。表 6.27 中弱风化层的两组岩石的坚硬程度，从岩石力学试验的参数的描述要比在现场的实地观察的定性描述的硬度大，为安全起见，将分级采用的抗压强度修改为最小试验值，弱风化泥晶灰岩单轴抗压强度修正为 34MPa，弱风化白云岩单轴抗压强度修正为 26MPa。

岩石单轴抗压强度试验中已包含<10cm 以下溶孔的溶蚀率对岩石强度的贡献，但 10～25cm(不包括 10cm 和 25cm)孔洞溶蚀率对岩石强度的贡献则需加以调整。

浅部弱风化岩体中<25cm 孔洞溶蚀率占总溶蚀率的比例为 0.24，其值为 $0.24\times0.07=0.0168$；<10cm 尺度孔洞溶蚀率占总溶蚀率的比例为 0.09，其值为 $0.09\times0.07=0.0063$。由此，10～25cm(不包括 10cm 和 25cm)尺度孔洞溶蚀率为 $0.0168-0.0063=0.0105$，对岩石强度影响的溶蚀率系数可取 $\xi_1=0.01$，相应弱风化岩体中岩石强度调整系数为 0.99，调整后岩石强度取值为 $R_{ck}=R_c(1-0.01)$。

深部微风化岩体的整体溶蚀率较低，但考虑微观溶蚀率数值甚低，也取与上述相同的溶蚀调整系数，即 0.99。

岩体的完整程度可以用节理面信息作定性描述，也可用完整性指数来定量描述。结构面信息可从软弱夹泥层和节理面统计信息中提取，完整性指数可用岩体、岩石的纵波平方比得到。纵波波速可从野外验收资料中得到。岩体完整程度描述如表 6.24 所示。

岩体完整程度定性定量描述 表 6.24

岩性及其风化程度	结构面发育程度		主要结构面的结合程度	主要结构面类型	岩体完整性指数	溶蚀率调整后完整性指数	岩体完整程度	
					(K_v)	(K_{vk})	定量分类	分级采用级别
弱风化泥晶灰岩	3	0.2	结合差(张开度大于 3mm,多为泥质或方解石填充)	节理、裂隙、层面	0.17	0.16	破碎	破碎
微风化泥晶灰岩			结合一般(张开度 1～3mm,多为泥质或方解石填充)	节理、裂隙、层面	0.72	0.70	较完整	较完整
弱风化白云岩	3	0.2	结合差(张开度大于 3mm,多为泥质或方解石填充)	节理、裂隙、层面	0.57	0.55	较完整	较破碎
微风化白云岩			结合一般(张开度 1～3mm,多为泥质或方解石填充)	节理、裂隙、层面	0.79	0.77	完整	较完整

注:根据岩石坚硬程度和完整程度通过 $BQ=90+3R_c+250K_v$(当 $R_c>90K_v+30$ 时,应以 $R_c=90K_v+30$ 和 K_v 代入计算 BQ 值;当 $K_v>0.04R_c+0.4$ 时,应以 $K_v=0.04R_c+0.4$ 和 R_c 代入计算 BQ 值)可得到岩体基本质量指标。

岩体完整性已包含<25cm 以下溶孔的溶蚀率对岩石强度的贡献,但>25cm 以上尺度孔洞溶蚀率对岩体完整性的贡献则需加以考虑。

浅部弱风化岩体中>25cm 孔洞溶蚀率占总溶蚀率的比例为 0.58,溶蚀率值为 $0.57\times 0.07=0.04$;对岩体完整性的溶蚀调整系数可取 0.96,相应弱风化岩体完整性调整后为 $K_{vk}=K_v(1-0.04)$。

深部微风化岩体的整体溶蚀率较低,设定为弱风化岩体的 50%,则相应的调整系数 0.98,调整后得 $K_{vk}=K_v(1-0.02)$。

考虑溶蚀调整后,得到溶蚀岩体的基本质量指标 BQ_k(表 6.25)。

$$BQ_k=90+3R_{ck}+250K_v \tag{6.2}$$

岩体基本质量分级 表 6.25

岩性及风化程度	基本质量定性特征	岩体基本质量指标(BQ_k)	基本质量级别	备注
弱风化泥晶灰岩	较软岩,岩体破碎	231	V^+	定性与定量评价基本吻合
微风化泥晶灰岩	较坚硬,岩体较完整	399	III^0	
弱风化白云岩	较软岩,岩体较破碎	304	IV^0	
微风化白云岩	较坚硬,岩体较完整	386	III^0	

《工程岩体分级标准》对地下工程 BQ 进行修正时,主要考虑了地下水、主要软弱结构面产状、初始应力状态。根据工程地质勘察得到的资料,研究区地下水埋深大、不属于高应力区,故只考虑地下水及主要结构面产状对岩体质量的影响,按 $[BQ]=BQ-100(K_1+K_2+K_3)$ 进行

修正，最后按场区溶蚀率进行调整，得到表 6.26。

工程岩体详细分级　　表 6.26

岩性及其风化程度	岩体基本质量指标 BQ_k	地下水影响修正系数 K_1	主要软弱结构面产状影响修正系数 K_2	初始应力状态影响修正系数 K_3	岩体基本质量指标修正值 $[BQ_k]$	溶蚀调整后岩体质量值 $[BQ]_k$	工程岩体级别
弱风化泥晶灰岩	231	0.05	0.1	0	216	208	$Ⅴ^0$
微风化泥晶灰岩	399	0	0.2	0	379	373	$Ⅲ^-$
弱风化白云岩	304	0.05	0.1	0	304	293	$Ⅳ^0$
微风化白云岩	386	0	0.2	0	366	360	$Ⅲ^-$

从场区溶蚀对工程岩体赋存状态的影响考虑，采用跨钻孔电磁波 CT 所测得的溶蚀破碎带所占比例，作为场区宏观溶蚀率进行调整。相应于浅部弱风化岩体宏观溶蚀率为 0.035，深部微风化岩体为 0.017。最终裂隙溶蚀岩体的质量指标的宏观调整系数相应取 0.965 及 0.983，得 $[BQ]_k = BQ_k(1-\xi_k)$。

(3)《水利水电工程地质勘察规范》(GB 50287—2006)

《水利水电工程地质勘察规范》规定了以控制围岩稳定的岩石强度(A)、岩体完整程度(B)、结构面状态(C)、地下水(D)和主要结构面产状(E)等 5 项因素之和的总评分为基本判据，围岩强度应力比为限定判据。

采用《水利水电工程地质勘察规范》为框架进行溶蚀岩体质量评价时，要考虑全部 4 项因数的调整，包括岩石强度 R_c、岩体完整性 K_v、岩体结构面状态 C 及岩体质量 T 等 3 项进行溶蚀调整。其中结构面状态(C)包含结构面张开度、粗糙度及泥化程度，从溶蚀影响角度可以按岩体溶蚀结构面的夹泥率做出调整。

①根据溶蚀调整后岩石单轴抗压强度值 R 查《水利水电工程地质勘察规范》表 P.0.3-1 可以得到岩石强度评分 A_k 值，如表 6.27 所示。

岩石强度评分 A_k 计算　　表 6.27

岩性及其风化程度	溶蚀调整后岩石单轴抗压强度 R 分级采用值 R_c(MPa)	A_k 值
弱风化泥晶灰岩	33.7	11.1
微风化泥晶灰岩	44.6	14.9
弱风化白云岩	25.7	8.5
微风化白云岩	34.9	11.6

②根据溶蚀调整后岩体完整性指数 K_{vk} 查表 P.0.3-2 可得岩体完整程度评分 B_k，如表 6.28所示。

岩体完整程度评分 B_k 计算　　表 6.28

岩性及其风化程度	岩体完整性指数(K_{vk})	B_k 值
弱风化泥晶灰岩	0.163	6.5
微风化泥晶灰岩	0.705	28.2
弱风化白云岩	0.547	21.9
微风化白云岩	0.774	31.0

③根据野外工作得到的节理面信息，对照规范查表 P.0.3-3 可得，结构面状态评分。如对溶蚀结构的夹泥测量结果所述，岩体裂隙夹泥率 ξ_S 在浅部弱风化岩体中为 20%，而深部微风化岩体中仅 5%，则相应调整系数选用 0.80 及 0.95，获得 C_k 后纳入评价，如表 6.29 所示。

结构面状态评分 *C* 表 6.29

岩性及其风化程度	结构面描述	夹泥率 ξ_S	*C* 值
弱风化泥晶灰岩	张开大于 5mm，泥质填充，呈互层状	0.20	5
微风化泥晶灰岩	张开大于 5mm，泥质填充	0.05	7
弱风化白云岩	张开大于 5mm，泥质填充	0.20	5
微风化白云岩	张开大于 5mm，泥质填充	0.05	7

根据 $A_k+B_k+C_k$ 的值和地下水的活动状态对应规范，查表 P.0.3-4 得到，地下水评分 D_k，如表 6.30 所示。

地下水 D_k 的评分表 表 6.30

岩性及其风化程度	基本评分因素 $A_k+B_k+C_k$	地下水活动状态	地下水 D_k 评分
弱风化泥晶灰岩	23.3	干燥	−8.78
微风化泥晶灰岩	49.8	渗水、滴水	−3.84
弱风化白云岩	28.6	干燥	−7.54
微风化白云岩	49.5	渗水、滴水	−3.62

最后，根据主要结构面和洞轴线的空间关系，查表 P.0.3-5 得到结构面产状修正值 *E*，如表 6.31 所示。

主要结构面产状 *E* 评分 表 6.31

岩性及其风化程度	结构面走向与洞轴线夹角	结构面倾角	洞顶 *E* 评分	边墙 *E* 评分
弱风化泥晶灰岩	86	25	−2	−5
微风化泥晶灰岩				
弱风化白云岩				
微风化白云岩				

④根据 $T=A_k+B_k+C_k+D+E$ 值，经溶蚀调整后得岩体质量指标 T_k 对照规范，查表 P.0.1可以得到岩体级别，计算总表如表 6.32 所示。

溶蚀岩体质量指标 T_k 表 6.32

岩性及其风化程度	岩石强度评分 *A*	岩体完整程度评分 *B*	结构面状态评分 *C*	地下水评分 *D*	主要结构面产状评分 *E*		围岩总评分 T_k		岩体级别
					洞顶	边墙	洞顶	边墙	
弱风化泥晶灰岩	11.1	6.5	5	−8.78	−2	−5	11.3	8.3	V^0
微风化泥晶灰岩	14.9	28.2	7	−3.84	−2	−5	41.4	40.4	IV^+
弱风化白云岩	8.5	21.9	5	−7.54	−2	−5	24.8	21.9	IV^-
微风化白云岩	11.6	31.0	7	−3.62	−2	−5	43.1	40.1	IV^+

(4)RMR 分类

RMR 分类是 I. T. Bieniawski 于 1973 年提出的一种岩体质量评价方法，由岩石单轴抗压强度，RQD(大于 10cm 岩芯的采取率)，不连续面间距，不连续面状态和地下水 5 类参数组成。评价时，根据实际的各类参数情况，分别给予评分。然后将各个评分值相加得到岩体质量总分，并作修正。最后，用修正后的岩体质量总分(RMR)，对照标准得到岩体的类别、岩体强度指标值(表 6.33)。

节理条件评分　　表 6.33

岩性及其风化程度	节理条件	节理条件评分值	备　注
弱风化泥晶灰岩	含 3～10cm 软弱夹泥层	0	深部夹泥层的宽度和频度都有所减少
微风化泥晶灰岩	含 3～10cm 软弱夹泥层	2	
弱风化白云岩	含 3～10cm 软弱夹泥层	0	
微风化白云岩	含 3～10cm 软弱夹泥层	2	

采用 RMR 分类作为基本框架时，只对岩石强度 R_c、岩体完整性 K_v(即 RQD)及岩体基本质量 RMR 等 3 项进行溶蚀调整，获得溶蚀岩体的工程质量 RMR_k。

根据现场的地质勘察，统计分析得到的节理信息，对照标准，可得到节理条件评分。

根据节理方向和洞轴走向的关系，得到 RMR 的修正值，如表 6.34。

节理方向 RMR 修正　　表 6.34

岩性及其风化程度	节理与隧道关系描述(有利与否)	修　正　值	备　注
弱风化泥晶灰岩	有利	−5	岩层走向与洞轴线近垂直，沿倾向掘进
微风化泥晶灰岩	有利	−2	
弱风化白云岩	有利	−5	
微风化白云岩	有利	−2	

最后，将五类因素汇总，相加得到总评分 RMR，进行溶蚀调整后参照 RMR 标准，确定岩体级别 RMR_k，见表 6.35。

岩体质量 RMR_k 分级　　表 6.35

岩性及其风化程度	岩石强度评分值	岩芯质量指标(RQD)$_k$评分值	节理间距评分值	节理条件评分值	地下水条件评分值	节理方向修正值	总评分值 RMR	溶蚀调整后评分值 RMR_k	岩体级别
弱风化泥晶灰岩	3.8	2.9	8	0	15	−5	24.7	23.7	$Ⅳ^-$
微风化泥晶灰岩	3.9	12.7	11	2	12	−2	39.6	38.8	$Ⅳ^+$
弱风化白云岩	1.9	7.7	9	0	15	−5	28.6	27.5	$Ⅳ^0$
微风化白云岩	3.9	7.8	12	2	12	−2	35.7	35.0	$Ⅳ^+$

(5)Q 分类

Barton 等人于 1974 年提出，岩体质量指标为

$$Q=\left(\frac{RQD}{J_n}\right)\cdot\left(\frac{J_r}{J_a}\right)\cdot\left(\frac{J_w}{SRF}\right) \tag{6.3}$$

式中：RQD——大于 10cm 岩芯的采取率；

J_n——节理组数；

J_r——节理面粗糙度系数；

J_a——节理蚀变程度；

J_w——水的影响；

SRF——地应力影响。

6 个参数的组合，反映岩体质量的 3 个方面：RQD/J_n为岩体完整性；J_r/J_a表示结构面（节理）的形态和充填物特征及其次生变化程度；J_w/SRF 表示水与地应力对岩体质量的影响。评价时，根据 6 个参数的实际情况，确定 A、B、C 各自的值。然后代入公式，求得岩体质量指标 Q 值，按 Q 值将岩体分为 9 类。

采用 Q 分类，对 RQD 及蚀变影响需要作溶蚀调整。RQD 调整后得 RQD_k。蚀变影响可参考岩体夹泥率调整，得 J_{ak}。

其他，如节理组数、粗糙度及蚀变影响等信息可从上文中查到，对照标准分别给 6 个参数打分，然后按岩体基本质量指标计算公式计算 Q 值，并作宏观溶蚀调整，得 Q_k 如表 6.36 所示。

Q_k值围岩分类 表 6.36

岩性及其风化程度	岩石质量指标 RQD_k	节理组数 J_n	节理粗糙度系数 J_r	节理蚀变影响系数 J_{ak}	裂隙水折减系数 J_w	应力折减系数 SRF	Q 值	溶蚀调整后 Q_k	岩体级别	参照级别
弱风化泥晶灰岩	20.8	12	4.0	4.0	1.0	5.0	0.35	0.3	坏	Ⅳ$^-$
微风化泥晶灰岩	63.1	9	3	3.0	1.0	2.5	2.80	2.7	不良	Ⅳ$^+$
弱风化白云岩	27.8	12	4.0	4.0	1.0	5.0	0.46	0.4	坏	Ⅳ$^-$
微风化白云岩	37.8	9	3	3.0	1.0	2.5	1.68	1.6	不良	Ⅳ$^+$

注：1. 弱风化层三组节理加些任意节理，微风化层主要是三组节理，相应的 J_n 分别为 12，9。

2. 弱风化层以不连续节理为主，微风化层节理粗糙，波状起伏，相应的 J_r 分别取 4，3。

3. 为了便于和其他方法对比将巴顿的 9 个级别归并为 5 级（特别好的作为Ⅰ级，其余两级相并），得到参照级别。

4. 关于节理还需进一步的详细统计工作。

（6）小结

根据多尺度溶蚀率，提出 3 层次（岩石强度、岩体完整性、岩体赋存特性），共 4 项调整系数（加岩体夹泥特性一项），评价溶蚀对岩体质量的影响（表 6.37）

溶蚀调整系数 表 6.37

序 号	调整内容	浅部弱风化岩体		深部微风化岩体	
		溶蚀率 ξ	调整系数（$1-\xi$）	溶蚀率 ξ	调整系数（$1-\xi$）
1	岩石强度	$\xi_R=0.01$	0.99	$\xi_R=0.01$	0.99
2	岩体完整性	$\xi_I=0.04$	0.96	$\xi_I=0.02$	0.98
3	岩体夹泥特性	$\xi_S=0.2$	0.8	$\xi_S=0.05$	0.95
4	岩体赋存特性	$\xi_F=0.035$	0.965	$\xi_F=0.017$	0.983

岩体分级结果列于表 6.38。

四种方法的溶蚀岩体分级对比综合　　表 6.38

岩性及其风化程度	国标[BQ]$_k$	水工 T_k	RMR_k	Q_k^*	最低级别	最高级别	推荐级别
弱风化泥晶灰岩	V^0	V^0	IV^-	IV^-	V^0	IV^-	V^0
微风化泥晶灰岩	III^-	IV^+	IV^+	IV^+	IV^+	III^-	IV^+
弱风化白云岩	IV^0	IV^-	IV^0	IV^-	V^0	IV^0	IV^-
微风化白云岩	III^0	IV^+	IV^+	IV^+	IV^+	III^0	IV^+

注：巴顿法将围岩分为 9 类，为便于比较，将其分为等效的 5 级（特别好的作为Ⅰ级，其余两级相并），溶蚀调整后用 Q_k^* 表示。

由表 6.39 可见，各种方法分级之间不大于半级，而推荐级别与最高或最低级相差亦不大于半级，比较合理。

6.2.2　裂隙溶蚀岩体质量评价及参数确定

本节研究的中心任务是探讨坝陵河大桥西岸锚碇工程区边坡裂隙溶蚀岩体的工程质量及参数确定。工程岩体质量评价及参数确定已有大量研究，并获得广泛应用，成为岩石工程力学参数确定和设计的依据。但是大多用于裂隙岩体，着重考虑岩体的裂隙特征，而溶蚀化岩体由于其发育的极度不均一性和模糊性，则很少涉及。本章节将多尺度溶蚀率概念引入裂隙溶蚀岩体的质量评价，为此提出了一种可行途径。

1）裂隙溶蚀岩体质量评价基本思路

岩体质量评价是通过对影响工程岩体稳定性的工程地质条件和制约岩石物理力学特性因素的分析，将岩体质量分成若干级别，在广泛的工程类比的基础上，确定岩体的物理力学参数和稳定性，为工程设计、岩体开挖、边坡加固、支护衬砌提供指导。工程岩体分级及质量评价借助岩体的一些简单易测的指标，把地质条件和岩体力学参数联系起来，并借鉴已建工程设计、施工和处理的成功经验和失败教训，对岩体进行归类，从而对岩体质量进行评估。岩体分级方法以地质调查和简易的岩石力学测试为基础，在规划或可研阶段是选点、拟定开挖方案及工程预算的基本依据；在设计阶段可辅助设计，并提取进一步分析计算所必需的岩石物理力学参数；在施工阶段可依据开挖揭露的地质问题，重新评价岩体稳定性，进行优化设计。

工程岩体分类及质量评价方法深受国内外研究人员及设计人员的重视，其理论与方法日趋完善。一个完整的工程岩体分级方法，主要包括三个组成部分，即分级因素（输入部分）、分级标注、工作指标（输出部分），见图 6.48。

20 世纪早期，国际上代表性的岩体质量评价方法主要有 Terzaghi 分类（1946 年）、Lauffer 分类（1958 年）和 Deere 的 RQD 分类（1964 年），这些分类多偏重于单一或定性指标。

20 世纪 70 年代后，岩体质量分类由定性到定量，单因素向多因素发展，代表性的方法主要有美国的 Wickham 岩石结构（RSR）分类，挪威 Barton 的 Q 系统，南非 Bieniawski 的 RMR

分类，日本菊地宏吉的坝基岩体分类，西班牙 Romana 的边坡岩体 SMR 分类，美国 Williamson 的统一分类等。

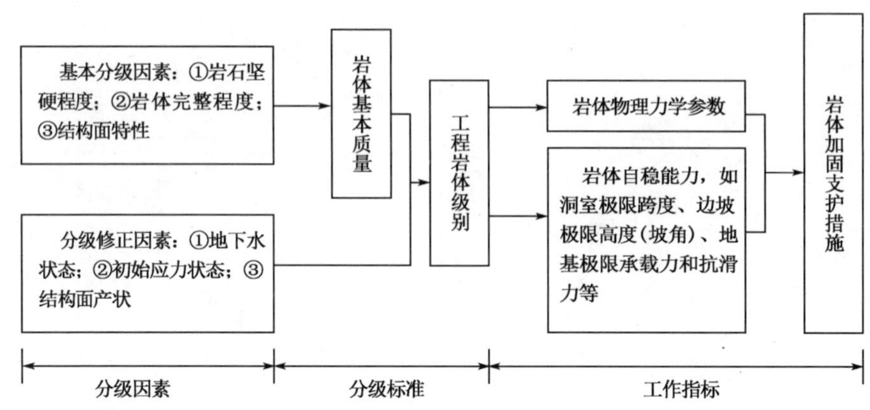

图 6.48　工程岩体分级的基本结构

我国对岩体质量评价研究开展较晚，主要有谷德振、黄鼎成的 Z 分类，王思敬等人的弹性波指标 Za 分类、岩体力学性能质量系数 Q 分类，关宝树的围岩质量 Q 分类，陈德基的块度模数 MK 分类，以及曹永成等的 CSMR 方法等。我国已形成工程岩体分级国家标准标，水利水电地质勘察规范也制订了岩体分级方法，在工程勘测、设计中得到广泛应用。

本节的内容是对坝陵河大桥西锚碇区的弱风化灰岩、微风化灰岩、弱风化白云岩和微风化白云岩体做出质量评价。以国内广泛使用，且已成为国家标准的《工程岩体分级标准》（GB 50218—1994）和《水利水电工程地质勘察规范》（GB 50287—1999）为主，结合国际上常用的岩体地质力学分类（CSIR 分类）和巴顿岩体质量分类（Q 分类）方法为基础，考虑溶蚀岩体特征，综合确定边坡岩体级别及其相关工程参数。

目前广泛应用的岩体质量评价方法，包括上述四种评价体系在内，主要是针对节理裂隙岩体，着重考虑节理、断裂等结构面对岩体质量的影响，而溶蚀化岩体则缺乏研究。坝陵河大桥处于灰岩、白云岩溶蚀化比较严重的区域，溶洞、溶孔、溶蚀裂隙及溶蚀夹泥发育，对工程岩体的质量和参数的影响不容忽视。

鉴于岩体质量评价方法已经比较成熟，并已纳入国家标准和规范，本章采用它们作为方法的基本框架，重点放在解决溶蚀的影响问题。在分析溶蚀发育的尺度规律的基础上，本节提出利用多尺度溶蚀率对岩石强度、岩石完整性、弱面特性，以及岩体赋存状态等岩体质量权重参数进行多层次引进，提出调整系数，再结合其他指标，如岩石单轴强度、RQD、岩石完整性系数，以及岩体基本质量等做出岩体质量评价，并在此基础上确定岩体力学参数，提供设计应用。这一研究在溶蚀化岩体质量分级及评价方向上进行了有益的探索，为完善碳酸岩岩溶地区的岩体质量评价提供一种可行的途径。

2）工程地质条件及岩溶发育概况

（1）基本工程地质条件

桥址场区地形表现为，碳酸盐岩形成峰峦连绵起伏的山体沿河岸平行展布。河谷两岸峰体多呈锥状，峰锥之间常形成“V”形或马鞍形地形，连绵的峰锥一般形成地表分水岭。碎屑岩地层则形成宽达 800m 的河谷及东岸缓坡。

河谷两岸地形呈不对称展布，东岸河谷地形宽缓，地形坡度 15°～30°，局部达 60°～70°；西岸地形较陡，地形坡度 40°～70°，近河谷一带多为陡崖。

西岸隧道锚碇区处于斜坡中部，地形较陡，坡度约 50°，在其西侧为一缓坡，其地形概貌如图 6.49所示。

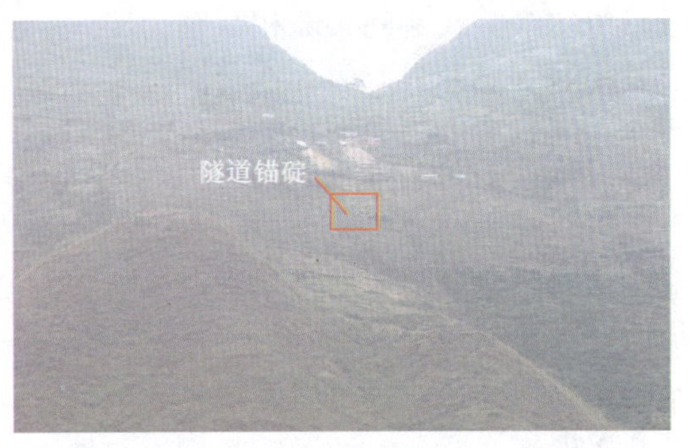

图 6.49 坝陵河大桥西岸地貌

西岸隧道锚碇区内基岩裸露，出露地层为三叠系中统竹杆坡组第一段（T_{2z}^{1}）的泥晶灰岩和杨柳井组（T_{2y}）的白云岩及白云质灰岩，为桥址区岩溶最发育的地段。该区东段（钻孔 BBCZK09～BBCZK12）为竹杆坡组第一段的泥晶灰岩，为易溶岩组。该段岩体完整性随深度增加而逐渐变好，但具有明显的不均匀性。该区西段（钻孔 BBCZK13～BBCZK14）为杨柳井组的白云岩及白云质灰岩，属于易溶岩组，浅表溶沟、溶槽发育，沟槽内多充填有第四系红黏土。该区钻探反映在地表下 40m 以内岩体均较为破碎，50m 以下岩溶发育明显减弱，岩体完整性较好。

西岸隧道锚碇区内岩层产状正常，无大规模断层，边坡稳定，工程地质条件较好。但岩溶发育，工程区岩体中发现落水洞等溶洞，且表层岩石风化，强烈溶蚀，夹泥层发育，施工中安全甚为重要。

(2)岩溶发育概况

根据现场勘察，该区岩溶主要特征如下。

①岩溶发育具有多层性。

不同高程的剥离面及常见的泉和地下河反映出岩溶发育具有多层性。桥址区岩溶的多层性发育的另一个表现在地下岩溶的垂直分带上，钻探揭示地下岩溶发育程度随深度增加而减弱。从浅到深岩溶规模总体由溶洞向溶隙过渡。除东索塔下岩溶发育规模相对较大外，其余地段深部岩溶发育的规模均较小。

②岩溶发育的方向性。

岩溶发育的方向受制于碳酸盐岩的分布状况及地质构造和地形特征。

在陡倾的紧密褶皱中，碳酸盐岩与碎屑岩呈条带状分布，岩溶多沿构造线方向发育，且发育部位以易溶岩与非易溶岩的接触带靠近易溶岩一侧为特点。

岩溶发育方向还受构造节理及断裂走向的控制，“X”形节理和断裂密集发育部位，控制着地表、地下岩溶的初始发育方向。早期的岩溶作用首先追寻构造节理扩展，后期发育形成岩溶管道、地下河及地表洼地、谷地等岩溶形态。岩溶发育的方向性在桥址区西岸（关岭岸）尤为明显，由于岩体浅部层面呈张性，岩溶多沿层面发育，钻探、钻孔电磁波 CT 和数字钻孔摄像均反映岩溶发育具有明显的方向性。电磁波 CT 反映 BBCZK09 钻孔在不同方向岩溶发育深度和强度均不同。桥址区岩溶主要表现为顺层面及地质构造面发育。

③岩溶发育的继承性。

中新世以来的大面积间歇性抬升影响，河流深切，使区域地下水排泄基准面间断性下降，造成岩溶多层发育。而岩溶发育过程中，后期溶蚀总是在前期溶蚀的基础上继续或叠加发展形成新的岩溶。就桥址区而言，岩溶发育的继承性主要表现在深部岩溶规模小且与浅部岩溶间以竖向溶隙或层间裂隙相联系。

④岩溶发育具有多元性。

区内岩溶经历了漫长的岩溶化时期，分水岭地带保持着第三纪形成的峰丛谷地等壮年期岩溶（古岩溶），在此基础上发育了岩溶漏斗、落水洞、岩溶管道及溶洞、溶隙等各种岩溶形态，其明显的跌水形态反映了岩溶发育的阶段性。

西岸隧道锚碇部分位于岩溶发育强烈的竹杆坡组第一段的泥晶灰岩之中，地表上为基岩裸露区。浅表溶沟、溶槽等相对发育，沟槽宽度一般均小于 0.5m，深度小于 15m 为主。钻探和斜硐施工中均在该地层发现较多的溶蚀洞隙，这些洞隙以无充填为主。电磁波 CT 和数字钻孔摄像证实这些溶蚀洞隙的规模与地面调绘和钻探反映的基本相符，即以竖向发育为主，竖向规模远大于平面规模。如在西岸隧道锚碇 PD2 斜硐施工中于该硐斜长 66m（垂直深度约 47m）处发现一管状溶洞，该洞高 6m 以上，最大宽度为 1.6m。

桥址区岩溶发育程度受岩层及构造的控制，在西岸，由于较大规模的岩溶形态发育深度较浅，一般在地表以下 50m 以内，且岩溶以竖向发育为主，平面规模不大，总体上对场地稳定性不会产生较大的不良影响。但在引桥区当基础埋深较浅时，应注意浅层岩溶洞穴顶板的稳定性，因此在基础设计时应根据荷载情况选择合适的基础持力层及基础埋置深度，将基础置于完整性和稳定性均较好的岩溶底板上，从而确保岩溶地基的稳定性。

在西岸隧道锚碇区，受岩层影响，岩溶发育深度较大，但溶洞以沿层面发育为主，个体平面规模不大，且主要集中在非锚固区，因此本区的岩溶对大桥建设的施工和场地稳定性影响有限。但由于这些洞隙的存在，加上沿层面发育的张性结构面，会将地表水迅速转入地下，对锚碇的防水防潮影响较大。

3）岩溶发育多尺度规律及特征

（1）不同尺度的溶蚀类型

根据地面地质调绘，桥址区岩溶形态以浅表的溶沟、溶槽为主，多沿层间发育，其平面规模一般不大，宽度多小于 0.5m，但沿层面纵向发育明显，深度达 20m 左右。在东西两岸的锚碇区附近的地形较缓处均有岩溶竖井分布于杨柳井地层之中，其中西岸的竖井发育在距西锚碇边界约 20m 以外，不在大桥建设范围之内，也不在锚碇区内，对大桥建设和运营影响甚微。东锚碇南侧的溶洞发育于锚碇南侧边缘，发育深度大于 15m，最大宽度 5m。根据地面调绘结合电磁波 CT 判断，该溶洞未穿过锚碇区，只在其边缘发育。可通过施工处理降低其影响。

勘察过程中在碳酸盐岩组中共施工 54 个钻孔，其中有 28 个钻孔不同程度的遇有溶洞或溶隙。根据分类统计结果，岩体总溶蚀率为 7%（溶洞、溶隙总长/钻孔总深），岩溶高度除东索塔 80m 以下受岩性和构造影响，岩溶规模较大外，其余地段岩溶以＜2m 者为普遍，占 70%以上。对于东索塔深部岩溶由于受区域构造影响，岩溶发育最大竖向规模达 16m。洞内充填碎石夹黏土，呈全充填状，充填物密实度较好。

岩溶发育深度较大。根据区域构造历史，结合地面调查、物探和钻探及数字钻孔摄像成果综合分析，在桥址区西岸自地表向下 50m 深度内为岩溶相对较发育带，向下岩溶逐渐减弱。钻孔揭露之岩溶洞穴在东岸多被充填，充填物为红黏土含碎石，西岸地表溶沟、溶槽内多充填黏土，浅部岩溶以空溶洞为主，少量有充填。

溶蚀结构从其发育的尺度规模上可以分为以下几类。

①管道型溶洞。

锚碇区位于斜坡的垂直入渗带，主要发育落水洞类溶蚀管道。在2号锚洞口上方发现溶洞。该溶洞洞口呈透镜体状，顺层面发育，长约2m，高0.8m，深2m。洞壁有钙质结晶，洞顶板有诸多类似石钟乳状的小柱状结晶体。洞内及周边有很多黄色泥质物，洞内干燥，干黄泥硬度较大。向下发育枝杈通道，有不同程度的黄泥充填。这类溶洞对工程可能造成直接危害，在勘探揭露的基础上，应采取避让或处理措施，以保证安全。

又如，在西岸隧道锚碇PD2斜硐施工中于该硐斜长66m(垂直深度约47m)处发现一管状溶洞，该洞高6m以上，最大宽度为1.6m。

根据地面地质调绘，桥址区岩溶形态以浅表的溶沟、溶槽为主，多沿层间发育，其平面规模一般不大，宽度多小于0.5m，但沿层面纵向发育明显，深度达20m左右。在东西两岸的锚碇区附近的地形较缓处均有岩溶竖井分布于杨柳井地层之中，其中西岸的竖井发育在距西锚碇边界约20m以外，不在大桥建设范围之内，也不在锚碇区内，对大桥建设和运营影响甚微。东锚碇南侧的溶洞发育于锚碇南侧边缘，深度大于15m，最大宽度5m。根据地面调绘结合电磁波CT判断，该溶洞未穿过锚碇区，只在其边缘发育。可通过施工处理降低其影响。

对这类溶洞要求勘探定位，作为特定洞穴处理，在岩体质量评价中可考虑作为尺度溶蚀结构，以宏观溶蚀率对场区岩体进行赋存状态的溶蚀调整。

②溶隙-溶孔-破碎溶蚀带。

这类溶蚀结构由裂隙发育的碎裂岩体，经过强烈溶蚀形成的溶蚀破碎岩带，或呈囊状，常随机分布。在锚碇区勘探过程中，采用电磁波CT探测，发现为数甚多的溶隙-溶孔-破碎溶蚀带(图6.50～图6.52)。

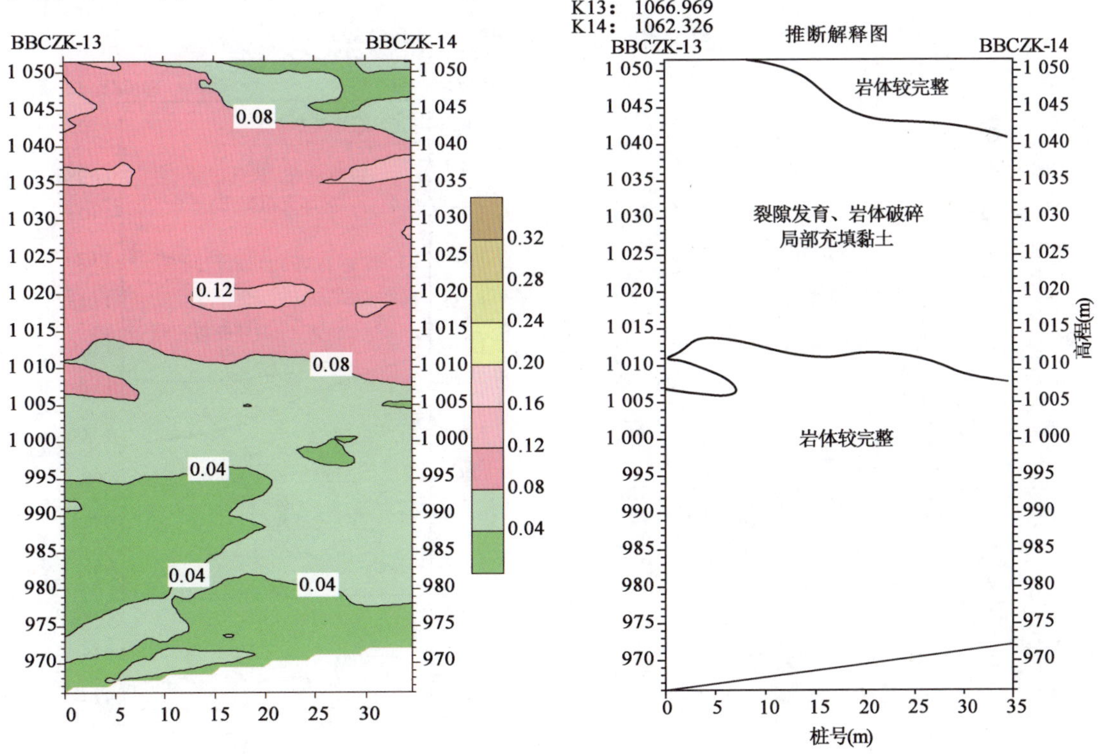

图6.50 西锚碇BBCZK13～BBCZK14电磁波CT剖面图

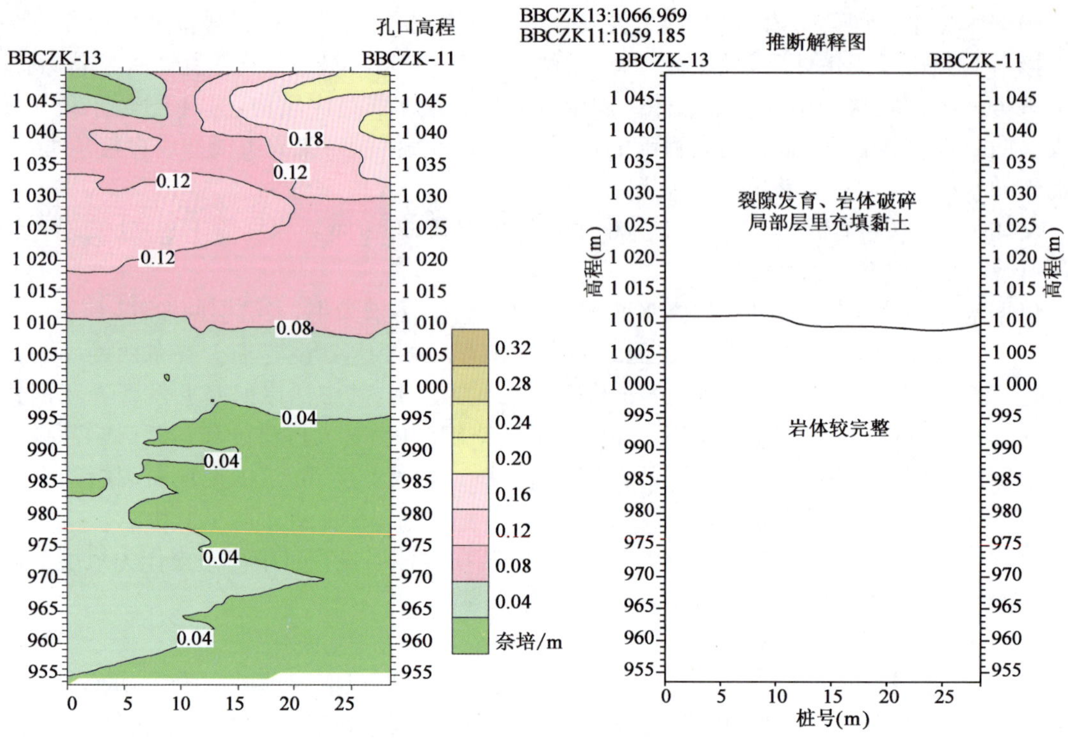

图 6.51　西锚碇 BBCZK13～BBCZK11 电磁波 CT 剖面图

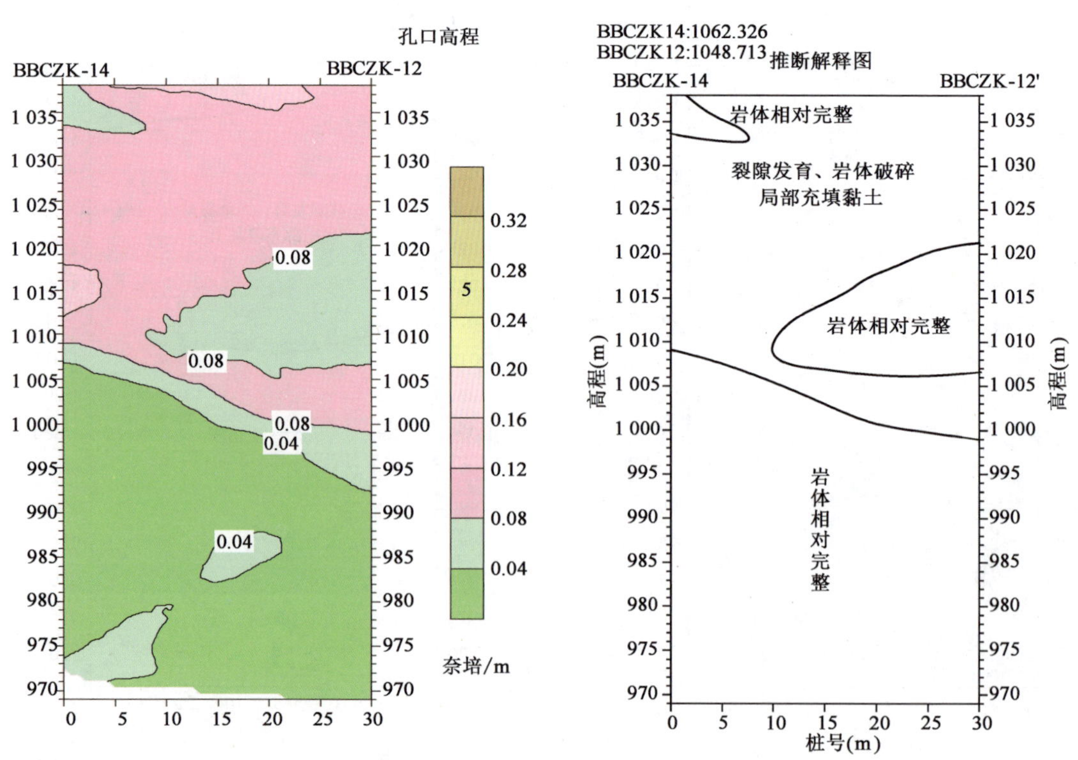

图 6.52　西锚碇 BBCZK14～BBCZK12′电磁波 CT 剖面图

根据长江委长江地球物理勘测研究院10对钻孔的电磁波CT和钻孔揭露实况对比可确定电磁波吸收系数达0.08～0.12奈培/m以上部位，可能发育溶隙-溶孔-破碎溶蚀带，构成锚碇大尺度岩体的质量受损区，而在常规的岩体质量评价中未能充分考虑。

通过8对钻孔的电磁波CT发现，30m以内溶蚀破碎带的面积率达12%，而在30m以下则仅为3.5%(表6.39)。

溶蚀破碎带的电磁波吸收系数　　表6.39

序　号	钻　孔　号	电磁波吸收系数标准(奈培/m)	30m以内面积率(%)	30m以下面积率(%)
1	01-02	>0.12	0.11	0.07
2	03-04	>0.12	0.16	0.10
3	05-06	>0.08	0.05	0.04
4	09-10	>0.08	0.13	0.03
5	11-12	>0.08	0.13	0
6	13-14	>0.12	0.07	0
7	11-09	>0.08	0.14	0
8	13-11	>0.12	0.13	0.04
9	平均	—	0.12	0.035

③溶隙-溶孔

在锚碇区灰岩及白云岩中发育大量溶隙和溶孔，呈分散随机分布。通过武汉岩土所完成的三维钻孔录像成果，可见裂隙溶蚀扩张，局部形成孔洞(图6.53～图6.55)。

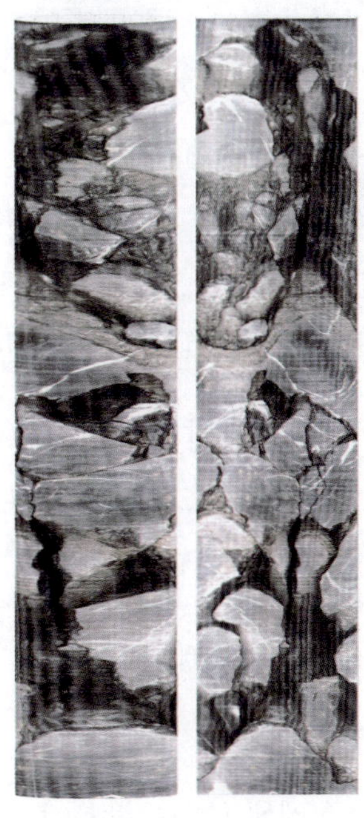

图6.53　溶蚀孔洞

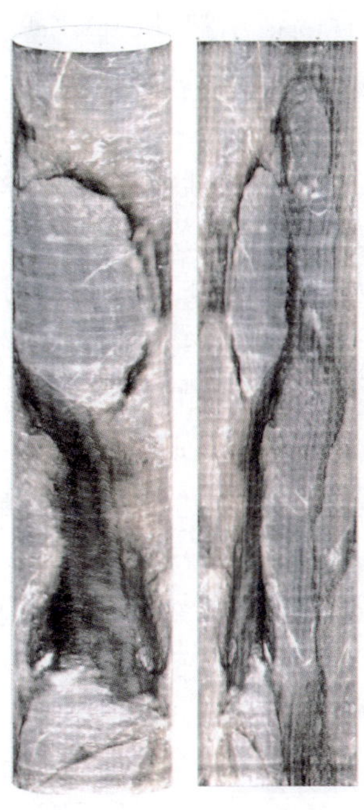

图6.54　溶蚀裂隙

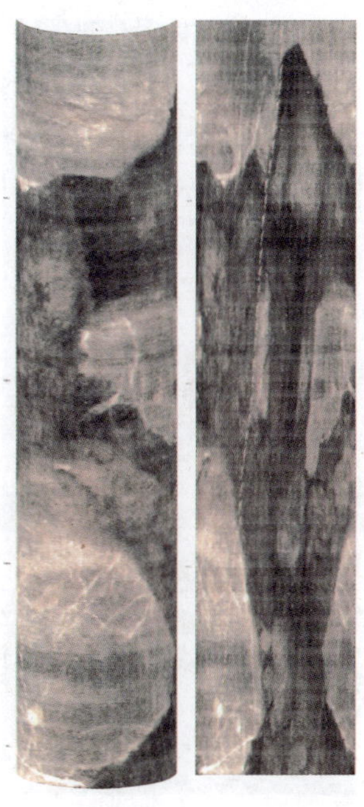

图6.55　沿裂隙发育的溶蚀孔洞

钻孔中反映岩芯采集率及 RQD 值甚低。锚碇区 30m 深以内，弱风化泥晶灰岩(T_{2Z}^{1})及粉晶大理岩(T_{2y})的钻孔岩芯采取率仅为 0～40%，而 30～50m 以下的微风化岩石岩芯采取率则可达 40%～80%。根据岩芯采取率换算出微风化岩与弱风化验溶蚀率比值约为 0.6，其中白云岩比灰岩小(表 6.40)。这表明岩石溶蚀程度随深度增加而减弱。弱风化带岩石卸荷、张开，风化破碎，溶蚀比较发育，而深部微风化岩溶蚀程度相对较低。在岩体工程质量评价中应予以分别考虑。

微风化与弱风化岩石岩芯采取率及溶蚀率比值 表 6.40

钻 孔 号	岩 性	岩芯采取率比值	溶蚀率比值	溶蚀率平均比值
11	泥晶灰岩	1.5	0.67	0.69 (0.6～0.7)
10		1.7	0.71	
22	粉晶白云岩	1.3	0.5	0.56 (0.3～0.5)
23		2.7	0.29	
24		1.3	0.86	
		2.7	0.29	
25		1.3	0.5	

④溶孔。

小尺度溶孔往往伴随微小裂隙发育，也可为孔隙溶蚀扩张的结果，属于小尺度溶蚀结构。厘米至 10 厘米级小孔可在岩芯或岩样上观察(图 6.53～图 6.55)。10 厘米级以上溶孔(洞)只能在岩石露或探洞中观察，进行统计。它们虽在岩块质量上作用不大，但可影响工程围岩的完整性。

显然，小尺度溶孔所占岩体溶蚀率的很小部分，其中厘米级尺度溶孔对岩石质量影响已在岩芯的力学试验中得到反映，但 10 厘米级溶孔对岩石影响仍需考虑。

⑤层面及裂隙夹泥。

在强烈风化溶蚀的岩体中孔洞、层面及裂隙的充填及夹泥现象甚为突出，在下节作详细研讨。

上述岩体溶蚀结构尺度相差甚大，只能通过不同的勘测手段进行揭露和统计研究。各不同手段所获得的溶蚀程度和溶蚀率的数据有所交叉和重复，增加了研究和统计的复杂性。同时，本项研究也发现，不同尺度的溶蚀结构则构成对岩体不同尺度工程质量的影响，需在不同层次上予以关注。

图 6.56 锚碇洞口岩体夹泥层

(2)夹泥层统计分析

溶蚀岩体在卸荷、风化及溶蚀作用下，各类结构面张开拓宽，充填次生夹泥，尤以层面裂隙最为严重，形成夹泥层(图 6.56)。

中科院地质与地球物理研究所在勘探 1 号斜洞内，距洞口 28～34m 的左洞壁对夹泥层作了精细统计，测线水平，走向 260°，发现在该区段，平均 18cm 的岩体中夹 4.1cm 黄色的软弱泥层，夹泥率达 22.7%。夹泥层的平均走向为 166.6°，平均倾角 83.5°，接触面粗糙，潮湿但少见滴水现象。沿测线剖面如图 6.57 所示。

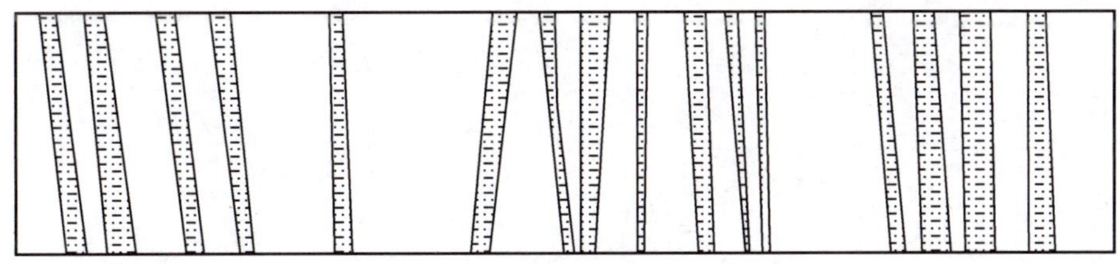

图 6.57 夹泥层测线剖面图

2006 年 3 月，西锚锭施工期间，工程现场实地考察对洞口开挖段进行了观察和地质描述，对夹泥层的线密度、平均间距、频度、面积溶蚀率等指标进行了统计，见表 6.41。从设计阶段勘察探洞的情况来看，随着洞深的增加，夹泥层的频度与厚度有所降低，及至洞深 70 多米处夹泥层频度约 2～3 条/m，夹泥率为 5%～6%。

夹泥层统计 表 6.41

测线编号	位 置	线密度(%)	平均间距(cm)	频度(条/m)	面积溶蚀率(%)
R-R-01	右洞右壁钢拱架外沿 160 方向 2.9m 为起始桩号+0	19.67～37	21.43	4.67	19.74～39.37
R-R-02	0+7.8～0+10.8	13～33	27.27	3.67	13.05～24.48
L-L-01	左洞左壁钢拱架外沿 305 方向 15m 为起始桩号+0	28.33～44.67	16.67	6	28.44～47.53
L-L-02	+3～+6	17～28.67	25	4	17.06～30.51
均值	—	19.5～35.84	22.59	4.585	19.57～35.47

(3)多尺度的溶蚀率研究

根据贵州省地矿局第二工程勘察院对 30m 深以内的钻孔资料统计，总溶蚀率为 7%。图 6.58为不同等效直径溶蚀体在总溶蚀率中所占比例的累积曲线。其中曲线 1 为从大尺度到小尺度的累积，表示曲线上数值大于该等效直径的溶蚀体在总溶蚀率中所占的比例。曲线 2 则相反。

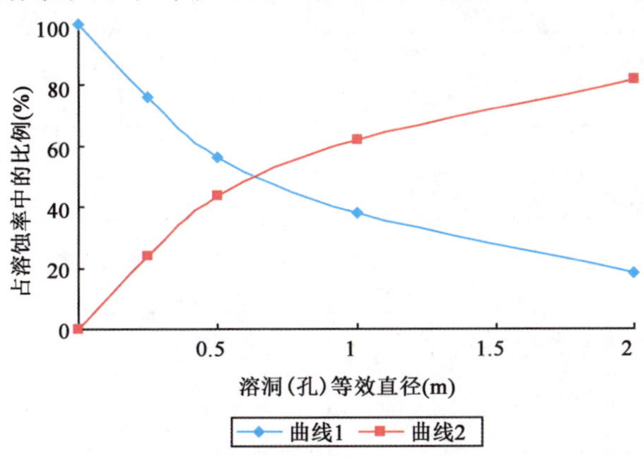

图 6.58 不同等效直径溶洞(孔)占溶蚀率比例的累积曲线

根据钻孔岩芯采取率及电磁波 CT 资料分析，深部微风化岩体的溶蚀程度远较上部弱风化岩体低。考虑 0.5 的降低率，做出图 6.59，为不同尺度岩体的溶蚀率累积曲线。

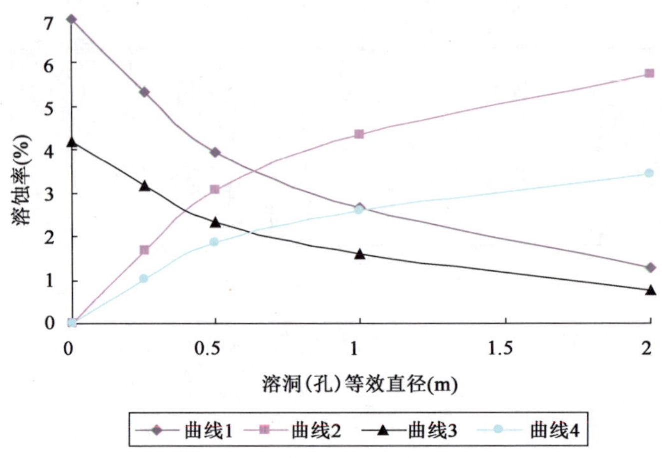

图 6.59　不同等效直径溶洞(孔)溶蚀率的累积曲线

曲线 1、2 为浅层弱风化溶蚀岩体，曲线 3、4 为深部微风化溶蚀岩体。其中曲线 1、3 为从大尺度到小尺度的累积，表示曲线上数值大于该等效直径的孔洞总溶蚀率。曲线 2、4 则相反。

6.2.3　计算参数推荐值

(1)计算参数推荐值的方法

根据岩体质量评价的具体分值，参照相关规范给出的岩体物理力学参数范围，利用线性插值的方法得到不同规范推荐的岩体物理力学参数(表 6.42、表 6.43)，然后选择不同规范推荐的最小值作为最终岩体力学参数(表 6.42)。

岩体物理力学计算参数 1　　　　表 6.42

岩性 \ 参数		弱风化泥晶灰岩	微风化泥晶灰岩	弱风化白云岩	微风化白云岩
内摩擦角 ϕ(°)	国标$[BQ]_k$	25.5	37.6	29	36.5
	水工 T_k	24.2(0.45)	36.9(0.75)	26.1(0.49)	36.9(0.75)
	RMR_k	19.2	35	23.4	30.8
	最小值	19.2	35	23.4	30.8
	最大值	25.5	37.6	29	36.9
	推荐值	19(0.34)	35(0.70)	23(0.42)	30(0.58)
黏聚力 c(MPa)	国标$[BQ]_k$	0.085	0.528	0.220	0.522
	水工 T_k	0.135	0.619	0.201	0.618
	RMR_k	0.121	0.200	0.142	0.179
	最小值	0.085	0.200	0.142	0.179
	最大值	0.135	0.619	0.220	0.618
	推荐值	0.085	0.200	0.142	0.179

续上表

岩性 \ 参数		弱风化泥晶灰岩	微风化泥晶灰岩	弱风化白云岩	微风化白云岩
变形模量 E(GPa)	国标[BQ]$_k$	0.85	6.82	1.68	5.67
	水工 T_k	0.81	4.39	1.28	4.38
	最小值	0.81	4.39	1.28	4.38
	最大值	0.85	6.82	1.68	5.67
	推荐值	0.81	4.39	1.28	4.38
抗拉强度 σ_t(MPa)	国标[BQ]$_k$	0.107	0.520	0.259	0.526
	水工 T_k	0.175	0.619	0.251	0.618
	最小值	0.107	0.520	0.251	0.526
	最大值	0.175	0.619	0.259	0.618
	推荐值	0.107	0.520	0.251	0.526

注：1. 表 6.42、表 6.43 中国标和水工所列参数参照《工程岩体分级标准》(GB 50218—1994)表 C.0.1 和《水利水电工程地质勘察规范》(GB 50287—1999)表 D.0.3 得到。RMR 所列参数参照张永兴主编的《岩石力学》(中国建筑工业出版社)P57 表 3-9 得到。

2. 由于国外资料不全，Q 分类，RMR 分类推荐值有待进一步完善。

3. 抗拉强度通过库仑摩尔模型中 $\sigma_t=(2C\cos\phi)/(1+\sin\phi)$得到。

4. 推荐值以考虑国标和水工规范推荐的值为主，结合现场观察得到的感性认识，最终得到对工程有一定安全储备的参数值。

5. 内摩擦角一栏中括号内值为摩擦系数 $\tan\phi$。

岩体物理力学参数 2　　表 6.43

岩性 \ 参数		弱风化泥晶灰岩	微风化泥晶灰岩	弱风化白云岩	微风化白云岩
重度(kN/m^3)	国标[BQ]$_k$	23.4	23.8	22.6	23.5
	推荐值	23.4	23.8	22.6	23.5
泊松比 γ	国标[BQ]$_k$	0.34	0.26	0.34	0.26
	推荐值	0.34	0.26	0.34	0.26

整理表 6.42、表 6.43，得到最终计算参数推荐值，如表 6.44 所示。

岩体参数推荐值　　表 6.44

岩性及其风化程度	内摩擦角 ϕ (°)	黏聚力 c (MPa)	变形模量 E (GPa)	抗拉强度 σ_t (MPa)	重度 γ (kN/m^3)	泊松比 μ
弱风化泥晶灰岩	19(0.34)	0.085	0.81	0.107	23.4	0.34
微风化泥晶灰岩	35(0.70)	0.200	4.39	0.520	23.8	0.26
弱风化白云岩	23(0.42)	0.142	1.28	0.251	22.6	0.34
微风化白云岩	30(0.58)	0.179	4.38	0.526	23.5	0.26

注：内摩擦角一栏中括号内值为摩擦系数 $\tan\phi$。

(2)小结

本节以坝陵河大桥隧道锚碇边坡岩体为实例，提出岩体溶蚀的多尺度性及多尺度溶蚀率概念，并建立了以现行规范为框架的基于多尺度溶蚀率的溶蚀调整方法及裂隙溶蚀岩体质量评价和分级体系。

通过地质测量、钻孔岩芯及采取率分析、钻孔录像、跨孔电磁波CT等分析研究，揭示了岩体裂隙溶蚀的多尺度规律。根据不同尺度范围的溶蚀率，提出对岩石强度、岩体完整性、岩体夹泥性及岩体赋存特性4项溶蚀调整系数，并纳入现有国标及相应规范，完成裂隙溶蚀岩体质量评价和分级。研究结果以坝陵河大桥隧道锚碇边坡岩体为实例，提出并建立了裂隙溶蚀岩体质量评价和分级体系。同时，在此基础上参考已有规范的资料，确定了岩体力学性能参数，为进一步隧道锚碇边坡稳定性分析及设计计算提供了依据。

6.3 隧道锚边坡整体稳定性分析

传统的边坡稳定极限平衡分析方法采用垂直条分法，没有考虑岩质边坡中存在的断层、节理等不连续结构面的特征，以及在岩体中设置的工程结构物。对于坝陵河大桥的隧道锚碇边坡，由于植入了与水平线夹角为45°的锚碇，因而只能采用任意分块的多块体破坏模式进行稳定性分析。Sarma首先提出对滑坡体进行斜分条的极限分析方法。岩质边坡二维多块体破坏的极限平衡稳定性分析方法假定边坡中的失稳岩体由若干具有倾斜界面的条块组成，条块本身为刚体，相邻条块沿界面和底面滑动，采用静力平衡条件或虚功原理(或功能平衡条件)来计算安全系数。

利用虚功原理进行岩质边坡稳定性分析，是一个重要的简化求解途径。采用多个块体破坏机构的分析方法，假定块体的底面和侧面均达到了极限平衡状态，安全系数可通过功能平衡的虚功原理表达式来求解。功能平衡方程中仅有安全系数一个未知数，条块底部和界面上的法向压力和切向摩擦力并不出现，求解大为简化。另一方面，岩质边坡本身存在的陡倾角结构面规定了岩体内块体边界面的倾斜角度，故在很多情况下不必通过数学规划来寻找临界斜分条的破坏模式。尤其，在边坡岩体坡面或内部含有不同方向的集中荷载，可能形成非共点力，造成块体的转动。因此，虚功原理分析更加建议可行。本章提出并发展了基于虚功原理的任意多块体分析方法，结合工程地质勘察资料，考虑岩层层面和不利结构面组合及锚碇工程荷载作用，研究了坝陵河大桥西岸隧道式锚碇边坡的整体安全性。

6.3.1 分析原理

1)虚功原理

体系受任意的平衡力系作用，给体系以几何可能的位移和变形，体系上所有外力在位移上所做的虚功总和W_e等于体系内力在变形上所做的虚功总和W_i，即$W_e=W_i$，这就是虚功原理。这里几何可能的位移和变形指的是微小的、并满足变形连续条件的位移和变形。

(1)边坡安全系数的定义

定义安全系数F是这样的一个数值，如果材料的抗剪强度指标c和ϕ按下式降低为c_e和ϕ_e，那么，边坡处于极限平衡状态。

$$\begin{cases} c_e = \dfrac{c}{F} \\ \phi_e = \arctan\dfrac{\tan\phi}{F} \end{cases} \tag{6.4}$$

F 常以隐式出现在求解全安系数的方程式中，需要进行迭代计算。

对于耗资巨大、极端重要的大型悬索桥的隧道式锚碇边坡来说，应对其整体安全性提出严格要求，因此采用岩体强度参数的安全性判据作为衡量标准是合理的。

(2)摩尔—库仑相关联流动法则及“组合摩擦力”的概念

对于岩土材料，常用的摩尔—库仑屈服准则为

$$f(\tau,\sigma) = \tau - c - (\sigma - u)\tan\phi = 0 \tag{6.5}$$

式中：σ、τ——分别为剪切破坏面上的法向和剪切应力；

c、ϕ——分别为材料的有效应力抗剪强度指标；

u——孔隙水压力。

在一般的岩土材料中，还需要引入不容许出现拉应力的限制条件：

$$\sigma_3 \geqslant 0 \tag{6.6}$$

式中：σ_3——岩土体内任一点的小主应力，定义压应力为正。

若将材料的破坏准则设为与塑性势面相重合，并按正交定律确定塑性应变率称为相关联流动法则。在图 6.60 中，剪切破坏面 AB 上侧区域为塑性区，有位移速度；而在其下侧的区域为刚性区。因此剪切破坏面 AB 将是速度场的间断线。根据相关联流动法则，对于摩尔—库仑材料，沿破坏面可得到法向速度 V_n 和切向速度 V_s 应遵守的关系

$$\frac{V_n}{V_s} = \frac{\partial f/\partial\sigma}{\partial f/\partial\tau} = -\tan\phi \tag{6.7}$$

式(6.7)表明对适用于相关联流动法则的摩尔—库仑材料，剪切过程伴有剪胀现象，并且穿过速度间断线时速度的变化矢量倾斜间断线于 ϕ 角，即塑性速度与破坏面的夹角为 ϕ。

破坏面上的内力在塑性速度上做的功率称为内能耗散。摩尔—库仑材料破坏面上单位面积所耗散的塑性功率为

$$\mathrm{d}D = \tau V_s + \sigma V_n = (\tau\cos\phi - \sigma\sin\phi)V = (c\cos\phi - u\sin\phi)V \tag{6.8}$$

对式(6.8)的物理意义可通过图 6.60 解释。滑面上的剪切力包括两部分，一部分为凝聚力 c，其值为 $c_e A$，A 为滑面面积；另一部分是摩擦力，其值为 $N \cdot \tan\phi$，它与法向力 N 一起，构成一个与滑面法线方向夹角为 ϕ 的合力 P，称其为“组合摩擦力”。这个“组合摩擦力”的大小通常是未知的，但它的方向至少一部分是已知的，即与法线方向夹角为 ϕ。塑性速度 V 与滑面夹角为 ϕ，这样 P 与 V 垂直。在计算滑面上所有力在 V 上所做的功时，只有内聚力 c 和孔压 u 在 V 上做功，由此即可得到式(6.8)。

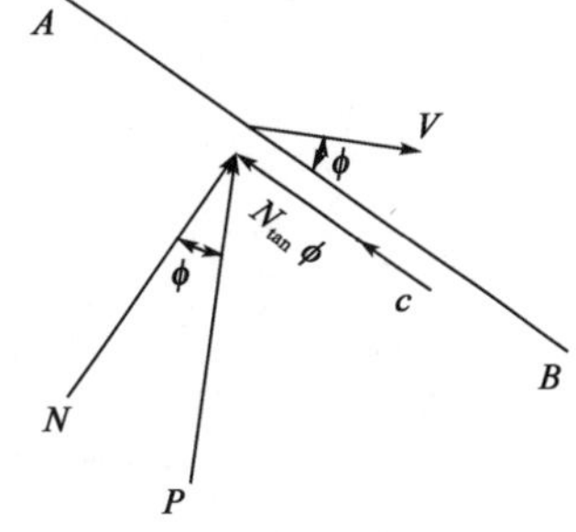

图 6.60　“组合摩擦力”概念

(3)应用虚功原理求解双块体稳定问题

考察如图 6.61 所示的由两个块体组成的平面滑动问题。设作用在左边块体上的体积力为 W_1，作用在滑面上的切向力可分成两部分，一部分为凝聚力 $c_{l,e}$，其值为 $c_{l,e}A$，另一部分为法向力形成的摩擦阻力与法向力 N_l 构成的合力 $P_{l,e}$，它与滑面法向夹角为 ϕ_{el}。对左块体建立静力平衡方程

$$W_1 + P_{l,e} + P_{j,e} + c_{l,e} + c_{j,e} = 0 \tag{6.9}$$

式中：$P_{l,e}$、$c_{j,e}$——分别为右侧块体通过倾斜边界 AB 作用于左

侧块体的力。

对右边块体有

$$W_{\mathrm{r}}+P_{\mathrm{r,e}}-P_{\mathrm{j,e}}+c_{\mathrm{r,e}}-c_{\mathrm{j,e}}=0 \tag{6.10}$$

式(6.9)和式(6.10)为矢量表达式，在 x、y 方向投影，可建立4个方程式，其中包含了 $P_{\mathrm{l,e}}$、$P_{\mathrm{r,e}}$ 和 $P_{\mathrm{j,e}}$ 这三个未知量，同时还包括安全系数 F，它隐含于强度指标 c_{e} 和 ϕ_{e} 中。总计为4个未知量。因此，这个块体系统的安全系数 F 是静定可解的。

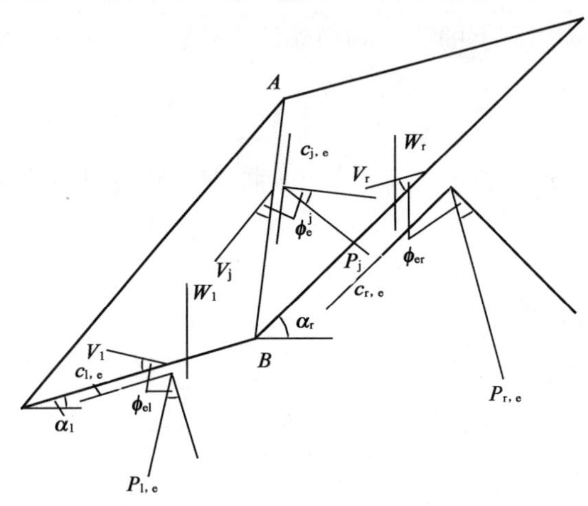

图6.61 应用虚功原理求解双块体稳定问题

(4)应用虚功原理求解多块体稳定问题

如图6.62所示，作为解题的第一步，先建立一个协调的速度场 V_i，要求每个 V_i 均与底滑面夹角 ϕ_i，而沿相邻块体界面确定的相对速度 V_i^j 与界面夹角为 ϕ_{e}^j。同样，P_i 和 P_i^j 分别与 V_i 和 V_i^j 垂直，相应的内能耗散为零。根据外力功和内能耗散相等的原理，可以获得以下等式。

$$\sum_{i=1}^{n}A_i c_{\mathrm{e}i}\cos\phi_{\mathrm{e}i}V_i+\sum_{i=1}^{n-1}A_i^j c_{\mathrm{e}i}^j\cos\phi_{\mathrm{e}i}^j V_i^j=\sum_{i=1}^{n}W_i V_i\cos\psi_i \tag{6.11}$$

式(6.11)中左侧两项分别为块体底面和侧面的内能耗散，右侧为外力所做的功。其中，每一块体的 V_i 和 V_i^j 都可表达为左侧的一个块体 V_1 的线性函数，因而安全系数可通过式(6.11)唯一地确定。

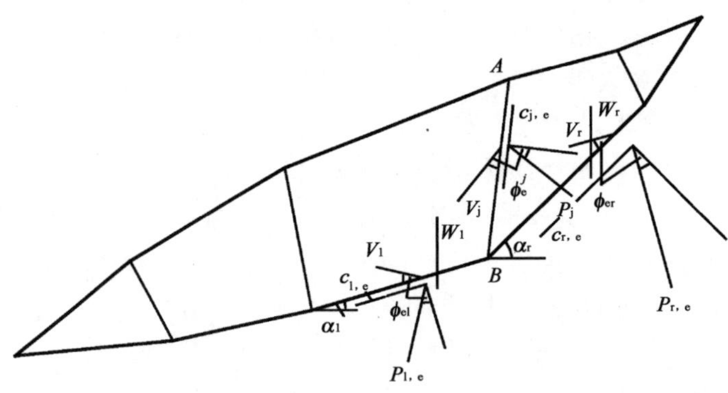

图6.62 应用虚功原理求解多块体稳定问题

(5)各块体的绝对速度及其分界面的相对速度

功能平衡方程中各个块体的绝对速度和相对速度均可表达为左侧第一个块体速度的线性函数,这样式(6.11)这一功能平衡方程最终仅包含安全系数 F 这一个未知量。

考察相邻的两个块体,如图 6.63 所示。左右两个块体的绝对速度分别为 V_l 和 V_r,各相对其块体倾斜 ϕ_l 和 ϕ_r,与正 x 轴夹角为 θ_l 和 θ_r。沿着块体界面,左边块体相对右块体的速度为 V_j,这一速度相对界面的倾角为 ϕ_{ej}或$(\pi-\phi_{ej})$,具体为何值取决于左边的块体相对于右边的块体是向上还是向下运动,分别如图 6.63a)和图 6.63b)所示。

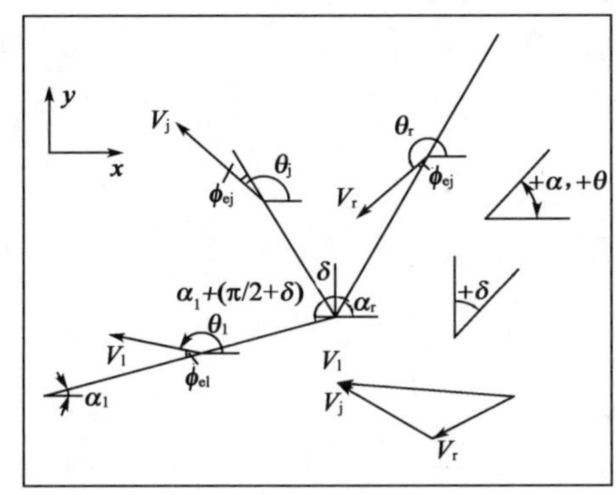

a)左块体相对右块体向上运动

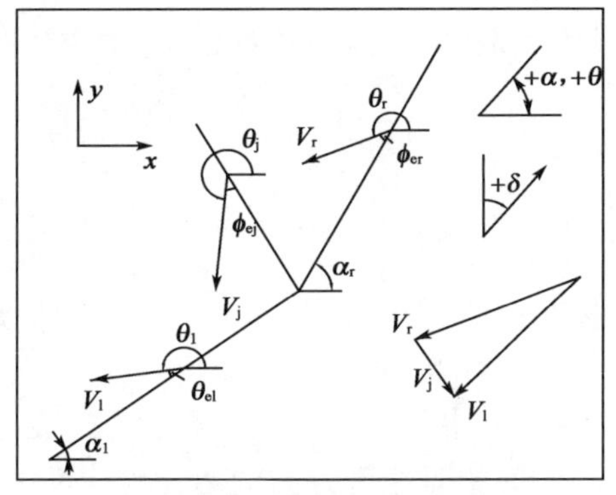

b)左块体相对右块体向下运动

图 6.63　块体间相对运动的两个方向

为了使由 n 个块体组成的机构的位移是协调的,相邻两个块体的移动不能导致它们重叠或分离。也就是说,速度多边形要闭合,即

$$V_r + V_j = V_l \tag{6.12}$$

考察图 6.63 所示的速度三角形,则

$$V_r = V_l \frac{\sin(\theta_l - \theta_j)}{\sin(\theta_r - \theta_j)} \tag{6.13}$$

$$V_j = V_l \frac{\sin(\theta_r - \theta_l)}{\sin(\theta_r - \theta_j)} \tag{6.14}$$

式中:θ_l、θ_r、θ_j——分别为速度与 x 轴的夹角,均定义为从 x 正方向开始反时针旋转为正,同时 $0 \leqslant \theta \leqslant 2\pi$。

并且

$$\begin{cases} \theta_l = \pi + \alpha_l - \phi_{el} \\ \theta_r = \pi + \alpha_r - \phi_{er} \end{cases} \tag{6.15}$$

式中:α_l、α_r——分别为左侧块体底滑面和右侧块体底滑面与水平方向的夹角。

如前所述,左边的块体相对于右边的块体既可以向上移动,也可以向下移动。大多数情况下,左边块体应相对右边块体向上移动。但是如果 V_r 处于 V_l 的上方,即 $\theta_r \leqslant \theta_l$,如图 6.63b)所示。那么左边块体有可能相对于右边块体向下滑动。例如,当左边块体底部为一软弱面时,其摩擦角很小,这时相对速度相对界面的倾角应为$(\pi-\phi_e)$。另外,当 α 有一向下的突变时,相对速度相对界面的倾角应为$(\pi-\phi_e)$。

对块体界面,计算 θ_j 的计算公式分以下两种情况。当 $\theta_l < \theta_r$ 时,左侧块体相对右侧块体向

上移动，有

$$\theta_{\mathrm{j}}=\frac{\pi}{2}-\delta+\phi_{\mathrm{ej}} \tag{6.16}$$

反之则有

$$\theta_{\mathrm{j}}=\frac{3\pi}{2}-\delta-\phi_{\mathrm{ej}} \tag{6.17}$$

式中：δ——界面相对正 y 轴的倾角，即从正 x 轴顺时针向 y 轴转为正。

计算从第一个界面开始，将式(6.16)或式(6.17)代入式(6.12)。按照递推关系，第 k 个界面右边块体的速度都可以表示成第一个块体的速度 V_1 的函数。

$$V=\kappa V_1 \tag{6.18}$$

其中

$$\kappa=\prod_{i=1}^{k}\frac{\sin(\alpha_i^{\mathrm{l}}-\phi_{\mathrm{e}i}^{\mathrm{l}}-\theta_i^{\mathrm{j}})}{\sin(\alpha_i^{\mathrm{r}}-\phi_{\mathrm{e}i}^{r}-\theta_i^{\mathrm{j}})} \tag{6.19}$$

式中：上标 l、r——分别为界面左和右的物理量；

j——界面上的物理量。

计算从第一个界面开始，到第 k 和 $k+1$ 个块体的界面终止。

(6)块体间相对速度方向的两种可能性

在边坡发生滑动时，处于下侧的滑块要阻止上面的滑块滑下来，因此在通常情况下，界面上的作用力(下滑块传给上滑块的力)总是向上的。但是，在少数情况下，处于下侧的滑块“自身难保”，要拖着下侧的滑块下滑，此时界面上的作用力会出现相反的方向。为此，在进行极限平衡分析时，需要考虑条间作用力方向的两种可能性。

这一问题的数学力学命题是，按式(6.13)和式(6.14)计算所得的 V_{r} 和 V_{j} 均不应为负值。如果忽视了这一条件，将导致内能耗散为负，Drucker 准则将受到破坏。从计算成果来看，在这种情况下会出现滑面上的 c 值越大，安全系数反而越小的反常规现象。

为确保 V_{r} 和 V_{j} 为正，需要考虑相邻块体间相对移动方向的两种情况。

情况 1，左块体相对右块体向上移动，即 $\theta_{\mathrm{l}}<\theta_{\mathrm{r}}$，则应按式(6.16)定义 θ_{j}。

情况 2，左块体相对右块体向下移动，即 $\theta_{\mathrm{l}}>\theta_{\mathrm{r}}$，则应按式(6.17)定义 θ_{j}。

同时，还要求满足以下的变形协调条件。

对情况 1

$$\theta_{\mathrm{l}}-\theta_{\mathrm{j}}>0 \tag{6.20}$$

对情况 2

$$\left.\begin{aligned}\theta_{\mathrm{l}}-\theta_{\mathrm{j}}&<0\\ \theta_{\mathrm{r}}-\theta_{\mathrm{j}}&>-\pi\end{aligned}\right\} \tag{6.21}$$

满足这些条件意味着，如果 V_1 为正，则由式(6.13)和式(6.14)求解的速度 V_{r} 和 V_{j} 也为正。

另外还有以下显而易见的几何合理条件

$$\frac{\pi}{2}-\alpha_{\mathrm{r}}>\delta>-\left(\frac{\pi}{2}+\alpha_{\mathrm{l}}\right) \tag{6.22}$$

(7)基于虚功原理的岩质边坡整体稳定性分析的基本命题

将某一边坡的塑性区离散为一系列具有倾斜界面的块体，如图6.64所示。每一块体都视为刚体，其变形速度为 V_i，与该块体底面线夹角为 ϕ_{ei}，该块体与右边相邻块体的相对速度为 V_i^j，此相对速度与该两块体的交界面的夹角为 ϕ_{ei}^j。内能耗散发生于该块体的底面和块体间的界面，在块体内为零。若滑坡体被分成 n 个块体，因而就有 $n-1$ 个界面。式(6.20)可以变为以下的近似表达式：

$$\sum_{i=1}^{n-1}\Delta D_{ie}^{j}+\sum_{i=1}^{n}\Delta D_{ie}=\sum_{i=1}^{n}E_iV_i \tag{6.23}$$

式中：ΔD_{ie}——第 i 个块体底滑面的内能耗散；

ΔD_{ie}^{j}——沿块体间界面的内能耗散；

下标 e——相应的强度参数隐含了安全系数 F。

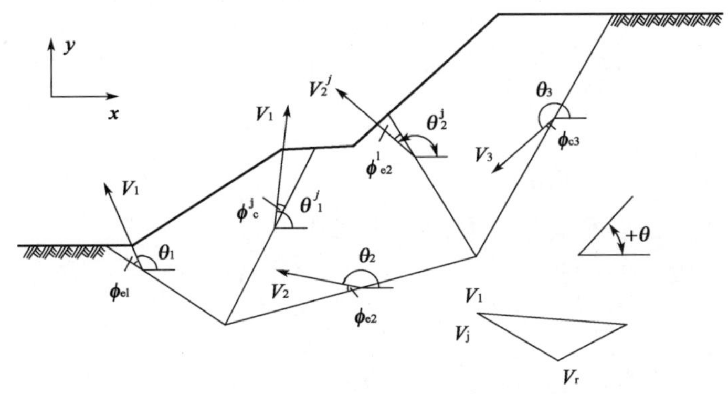

图6.64　计算多块体模式速度场示意图

2)与不平衡推力法和摩根斯坦—普莱斯方法的比较

(1)不平衡推力法

不平衡推力法(imbalance thrust force method)亦称传递系数法或剩余推力法，是我国工程技术人员创造的一种实用滑坡稳定性分析方法。由于该法计算简单，并且能够为滑坡治理提供设计推力，因此在工业与民用建筑部门、水利部门和铁路部门得到了广泛的应用，在国家规范和行业规范中都将其列为推荐方法使用。该分析方法除可用于分析边坡稳定性外，在进行支护设计时也常用它求出土条间的作用力。

不平衡推力法是针对滑面为折线形的条件下提出的，假定条间力合力的作用方向与相邻的上一条块的底滑面方向平行。

土条受力如图6.65所示，取土条底面切线方向的力平衡方程为

$$S_{mi}+P_i-P_{i-1}\cos(\alpha_{i-1}-\alpha_i)-W_i\sin\alpha_i=0 \tag{6.24}$$

按摩尔—库仑强度准则，有

$$S_{mi}=\frac{S_{\alpha i}}{F}=\frac{C_i}{F}+N_i'\frac{\tan\phi_i}{F}=C_{mi}+N_i'\tan\phi_{mi} \tag{6.25}$$

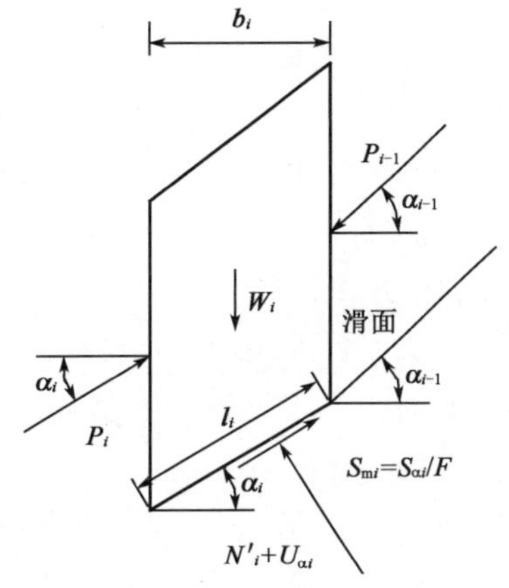

图6.65　不平衡推力法计算图

$$C_i = c_i l_i$$

将式(6.25)代入式(6.24)得

$$N_i \tan\phi_{mi} = P_{i-1}\cos(\alpha_{i-1} - \alpha_i) - P_i + W_i \sin\alpha_i - C_{mi} \tag{6.26}$$

取土条底面法线方向的力平衡方程为

$$N_i' + U_{\alpha i} - W_i \cos\alpha_i - P_{i-1}\sin(\alpha_{i-1} - \alpha_i) = 0 \tag{6.27}$$

将式(6.27)代入式(6.26)得

$$P_i = W_i \sin\alpha_i - (W_i \cos\alpha_i - U_{\alpha i})\tan\phi_{mi} - C_{mi} + P_{i-1}\psi_i \tag{6.28}$$

其中

$$\psi_i = \cos(\alpha_{i-1} - \alpha) - \tan\phi_{mi}\sin(\alpha_{i-1} - \alpha_i) \tag{6.29}$$

或

$$\psi_i = \cos(\alpha_{i-1} - \alpha_i) - \frac{\tan\phi_i}{F}\sin(\alpha_{i-1} - \alpha_i) \tag{6.30}$$

式中： i——土条编号；

F——安全系数；

$S_{\alpha i}$——条底可获得的抗剪力，$S_{\alpha i} - c_i l_i + N_i' \tan\phi_i$；

c_i、ϕ_i、l_i——分别为条底有效黏聚力、内摩擦角和长度；

S_{mi}——条底发挥的抗剪力；

$U_{\alpha i}$——孔隙水压力；

W_i——土条重力；

N_i'——条底有效法向力；

α_i——条底倾角；

P_i、P_{i-1}——分别为土条左、右条间力。

工程应用中不平衡推力法通常有 3 种形式，第 3 种方法不用迭代便可求解，是《岩土工程勘查规范》(GB 50021—2001)建议的方法。

(2)改进的摩根斯坦—普莱斯(Morgenstern-Price)方法

摩根斯坦—普莱斯(Morgenstern-Price)方法(简记为 M-P 方法)同时满足力和力矩平衡条件、迭代过程中遇到较少的数值困难，因此是在工程中普遍采用的边坡稳定严格条分分析方法。

M-P 方法假定条间切向力与法向力成比值关系，该比值是一个未知比例系数 λ 和指定函数 $f(x)$ 的乘积 $\lambda f(x)$。通过求解每一土条的力平衡条件和整个滑体的力矩平衡条件，建立两组平衡方程，求解安全系数 F_s 和比例系数 λ，使得问题静定可解。

高度 h_i、宽度 b_i、底滑面倾角 α_i 的第 i 土条，受到 10 个力(图 6.66)：①自重 W_i；②地震力 $K_c W_i$，K_c 为水平地震系数；③坡面荷载 $Q_{(i)}$，与竖直方向夹角 ω_i，图 6.66 中为正方向；④地下水压力合力 $U_i = u_i b_i \sec\alpha_i$，$u_i$ 为平均孔隙水压力；⑤条底有效法向力 N_i'；⑥条底能够发挥的抗剪力 $S_i = (N_i' \tan\phi_i' + c_i' b_i \sec\alpha_i)/F_s$，$c_i'$ 和 ϕ_i' 分别为条底土体的有效黏聚力和内摩擦角；⑦法向条间力 E_i(左)和 E_{i-1}(右)，作用点距条底的垂直距离分别为 z_i 和 z_{i-1}；⑧切向条间力 $\lambda f_i E_i$(左)和 $\lambda f_{i-1} E_{i-1}$(右)。

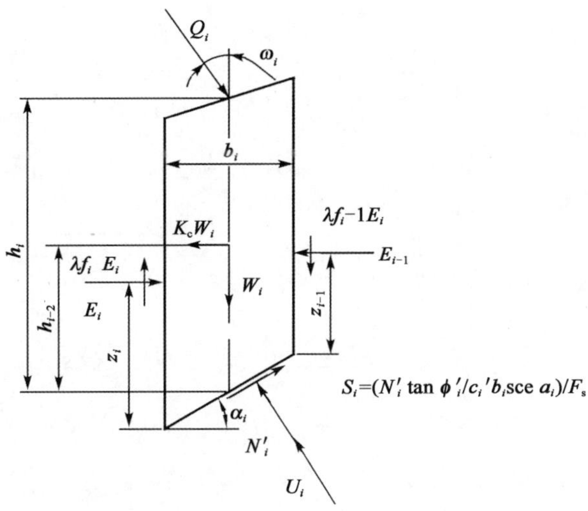

图 6.66 M-P 方法土条受力示意图

分别考察第 i 土条底法向和切向的力平衡条件,有

$$N'_i = (W_i + \lambda f_{i-1} E_{i-1} - \lambda f_i E_i + Q_i \cos\omega_i)\cos\alpha_i + (-K_c W_i + E_i - E_{i-1} + Q_i \sin\alpha_i)\sin\alpha_i - U_i \tag{6.31}$$

和

$$\frac{N'_i \tan\phi'_i + c'_i b_i \sec\alpha_i}{F_s} = (W_i + \lambda f_{i-1} E_{i-1} - \lambda f_i E_i + Q_i \cos\omega_i)\sin\alpha_i - (-K_c W_i + E_i - E_{i-1} + Q_i \sin\alpha_i)\cos\alpha_i \tag{6.32}$$

将式(6.31)代入式(6.32)得到

$$E_i[(\sin\alpha_i - \lambda f_i \cos\alpha_i)\tan\phi'_i + (\cos\alpha_i + \lambda f_i \sin\alpha_i)F_s] = E_{i-1}[(\sin\alpha_i - \lambda f_{i-1}\cos\alpha_i)\tan\phi'_i + (\cos\alpha_i + \lambda\varphi_{i-1}\sin\alpha_i)F_s] + F_s T_i - R_i \tag{6.33}$$

其中

$$R_i = [W_i \cos\alpha_i - K_c W_i \sin\alpha_i + Q_i \cos(\omega_i - \alpha_i) - U_i]\tan\phi'_i + c'_i b_i \sec\alpha_i \tag{6.34}$$

$$T_i = W_i \sin\alpha_i + K_c W_i \cos\alpha_i - Q_i \sin(\omega_i - \alpha_i) \tag{6.35}$$

式中:R_i——除条间力外其他力贡献的抗剪力总和;

T_i——引起边坡不稳定的力在土条底面的切向力分量。

重写式(6.33),简化为

$$E_i \phi_i = \psi_{i-1}\phi_{i-1} + F_s T_i - R_i \tag{6.36}$$

其中

$$\phi_i = (\sin\alpha_i - \lambda f_i \cos\alpha_i)\tan\phi'_i + (\cos\alpha_i + \lambda\varphi_i \sin\alpha_i)F_s \tag{6.37}$$

$$\phi_{i-1} = (\sin\alpha_{i-1} - \lambda f_{i-1}\cos\alpha_{i-1})\tan\phi'_{i-1} + (\cos\alpha_{i-1} + \lambda f_{i-1}\sin\alpha_{i-1})F_s \tag{6.38}$$

$$\psi_{i-1} = [(\sin\alpha_{i-1} - \lambda f_{i-1}\cos\alpha_i)\tan\phi'_i + \frac{(\cos\alpha_i + \lambda f_{i-1}\sin\alpha_i)F_s]}{\phi_{i-1}} \tag{6.39}$$

如果考虑到最上部土条和最下部土条条间法向力 $E_0=0$ 和 $E_n=0$,从式(6.36)递推得到安全系数 F_s 的隐式表达式

$$F_s = \frac{\sum_{i=1}^{n-1}(R_i \prod_{j=i}^{n-1}\psi_j) + R_n}{\sum_{i=1}^{n-1}(T_i \prod_{j=i}^{n-1}\psi_j) + T_n} \tag{6.40}$$

安全系数 F_s 隐含在式(6.40)方程两边，需用数值迭代法得出解答。

以第 i 土条底面中点为支点，考察力矩平衡条件

$$E_i\left(z_i - \frac{b_i}{2}\tan\alpha_i\right) = E_{i-1}\left(z_{i-1} + \frac{b_i}{2}\tan\alpha_i\right) - \lambda\frac{b_i}{2}(f_iE_i + f_{i-1}E_{i-1}) + k_cW_i\frac{h_i}{2} - Q_i\sin\omega_i h_i \tag{6.41}$$

令 $M_i = E_iz_i$ 和 $M_{i-1} = E_{i-1}z_{i-1}$ 为法向条间力的力矩，整理式(6.41)得到

$$M_i = M_{i-1} - \lambda\frac{b_i}{2}(f_iE_i + f_{i-1}E_{i-1}) + \frac{b_i}{2}(E_i + E_{i-1})\tan\alpha_i + K_cW_i\frac{h_i}{2} - Q_i\sin\omega_i h_i \tag{6.42}$$

考虑到 $M_0 = E_0z_0 = 0$ 和 $M_n = E_nz_n = 0$，从式(6.42)递推得到比例系数 λ 的显式表达式

$$\lambda = \frac{\sum_{i=1}^{n}[b_i(E_i + E_{i-1})\tan\alpha_i + K_cW_ih_i + 2Q_i\sin\omega_i h_i]}{\sum_{i=1}^{n}[b_i(f_iE_i + f_{i-1}E_{i-1})]} \tag{6.43}$$

对于某边坡潜在滑移面，选用不同的条间力函数 $f(x)$，将得到不同的 λ 和 F_s 值。迭代计算前，λ 和 F_s 的初始值仅对迭代收敛所需步数有影响，对于最终收敛值无影响。据式(6.37)，为使推力连续有效地从一个土条传递到其紧邻的下一个土条，须满足

$$\phi_i = (\sin\alpha_i - \lambda f_i\cos\alpha_i)\tan\phi'_i + (\cos\alpha_i + \lambda f_i\sin\alpha_i)F_s > 0,$$

即对于给定的 λ，F_s 的初值的选取需遵守式(6.44)。

$$F_s > -\frac{(\sin\alpha_i - \lambda f_i\cos\alpha_i)\tan\phi'_i}{(\cos\alpha_i + \lambda f_i\sin\alpha_i)} \tag{6.44}$$

迭代算法有以下步骤：①垂直条分滑坡体；②对所有分条，运用式(6.34)和式(6.38)计算每一分条的 R_i 和 T_i；③指定条间力函数 $f(x)$；④假定 λ、F_s 的初值，通常在初次计算时选取 $\lambda=0$ 和 $F_s=0$；⑤对所有分条，应用式(6.37)～式(6.39)计算每一分条的 ϕ_i 和 ψ_{i-1} 值；⑥运用式(6.40)计算 F_s 值；⑦为减少迭代步数，运用⑥步算出的 F_s 值和假定的 λ 值，重复第⑤和⑥步一次，计算 ϕ_i、ψ_{i-1} 和 F_s 的改进值，该步骤可选；⑧对所有土条，据式(6.36)计算每一土条的 E_i 值；⑨据式(6.43)计算 λ 值；⑩采用⑥或⑦步和⑨步得到的 F_s 和 λ 值，重复⑤～⑨步，直到相邻两次计算的 F_s 和 λ 的差值同时在给定的误差范围内（$|\Delta F_s| \leqslant \varepsilon_1$ 且 $|\Delta\lambda| \leqslant \varepsilon_2$），得到 F_s 和 λ 的终值。

关于条间力函数 $f(x)$，应选取迭代步数少、收敛速度快、形式简单的函数形式，不同的研究者曾采用过不同的函数，如：①常数函数(constant function)，$f(x)=1$，此时 M-P 方法变为斯宾塞方法(Spencer's method)，即 Spencer 方法是 M-P 方法的一个特例；②半波正弦函数(half-sine function)，$f(x)=\sin(x)$；③截断正弦函数(clipped sine function)；④$f(x)=\sin^{\mu}[\pi(x-a/b-a)^{\nu}]$，其中 a 和 b 分别为滑体两端点的横坐标值，μ 和 ν 为指定的两个非负数，通常

取μ＝0～5.0和v＝0.5～2.0。

(3)两种方法的比较

在某些情况下，不平衡推力法的误差非常大，如果不加限制地使用该方法，可能会给工程带来巨大隐患。针对不平衡推力法存在的问题，通过理论分析和算例比较，认为折线形滑面的计算精度与滑面控制点处滑面倾角的变化密切相关，通过控制该变化角度可以控制其精度，工程中建议将滑面控制点处的倾角变化小于10°作为该方法的适用条件，超过该限制应对滑面进行处理使它满足使用条件或采用其他的分析方法。

基于虚功原理的边坡整体安全系数分析方法更适用于滑体边界被断层和节理等结构面切割成为任意折线形、块体边界为任意角度直线的岩质边坡安全系数的求解，以较少的分块就能保证计算精度并满足工程要求。

6.3.2　西岸隧道锚边坡整体安全性分析

1)西岸隧道式锚碇边坡整体安全性分析

(1)工程地质条件

坝陵河大桥桥位区西岸(关岭岸)隧道式锚碇地段处于斜坡中部，出露的岩层均属于硬质岩组，岩体物理力学参数进行了适当的调整，列于表6.45。岩层倾角75.90°，局部发生波状起伏；倾向与坡向接近，为顺向坡。弱风化岩体直接出露于地表，微新岩体埋深30～50m。由于岩溶较发育，地表形成大量的溶沟溶槽，沟槽内多充填有第四系红黏土。

坝陵河悬索桥西锚碇区岩体物理及力学强度参数取值　　表6.45

岩性及其风化程度	岩体分级	内摩擦角 ϕ (°)	黏聚力 c (MPa)	抗拉强度 σ_t (MPa)	重度 G (kN/m³)
弱风化泥晶灰岩	Ⅴ⁰	19	0.12	0.17	22.0
微风化泥晶灰岩	Ⅳ⁺·	32	0.19	0.62	24.8
弱风化白云岩	Ⅳ⁻	25	0.15	0.26	23.5
微风化白云岩	Ⅳ⁺·	28	0.17	0.65	25.4
弱风化泥质灰岩	Ⅳ⁻	25	0.15	0.26	23.5
微风化泥质灰岩	Ⅳ⁺·	28	0.17	0.65	25.4

西岸隧道式锚碇坐落于边坡浅表弱风化～微新岩体中。弱风化～微新岩体的工程地质条件关系到锚碇隧洞的成洞条件及锚碇体系在主缆拉力荷载作用下的整体稳定状态。西岸锚碇边坡岩体在浅部节理裂隙发育，岩体透水性较好，渗透系数高；随着深度的增加，透水性逐渐减弱。由于地形和岩层倾角均较陡，不利于地下水的汇集和侧向径流，地下水位埋藏较深。据工程勘察资料，西岸锚碇边坡出露的灰岩和白云岩的产状为：倾向50°～80°，倾角48°～87°。主要发育三组优势节理：155°∠57°、220°∠34°、333°∠46°。在岩层层面、不利结构面组合切割和深部岩溶发育情况下，在主缆巨大拉力下，不能够排除存在深部拉裂滑移面威胁西岸锚碇边坡整体稳定性的可能性。

(2)隧道式锚碇设计荷载

西岸每根主缆缆力(P)约为278 800kN，水平夹角约26°。锚体中设预应力锚固系统，主缆索股通过索股锚固连接器与锚体中的预应力锚固系统连接。锚塞体前锚面施加预应力面荷载 3 224kPa,后锚面施加预应力面荷载 1 033kPa。前锚面施加主缆拉力产生的均布荷载 1 902kPa(对应主缆最大拉力 278 800kN,通过锚塞体内部结构构造及工程措施可转化为后锚面上施加均布顶推力约 574kPa)。散索鞍压力产生的支墩斜面均布荷载 1 318kPa(对应压力 87 440kN,对应面积 $4.244\times15\text{m}^2$,作用力与水平线夹角为 54.5°,而单个散索鞍支墩底面积约 519.2m^2)。支墩顶面回填部分可按回填至高程 1 045m 考虑,等于计入回填压力。

在进行西锚碇边坡整体安全性分析时,应考虑的工程主动力包括主缆拉力产生的均布顶推力 p,散索鞍压力与支墩自重在散索鞍支墩基坑顶面上产生的倾斜表面荷载 q(图 6.67～图 6.69)。

(3)隧道式锚碇边坡破坏模式

①散索鞍支墩边坡滑动破坏。

该破坏模式如图 6.67 所示,滑裂面由 $ABCD$ 组成,滑体由 3 个块体组成,在铅直剖面上总面积约 1 894.942 9m^2。其基本数据列在表 6.46 中。

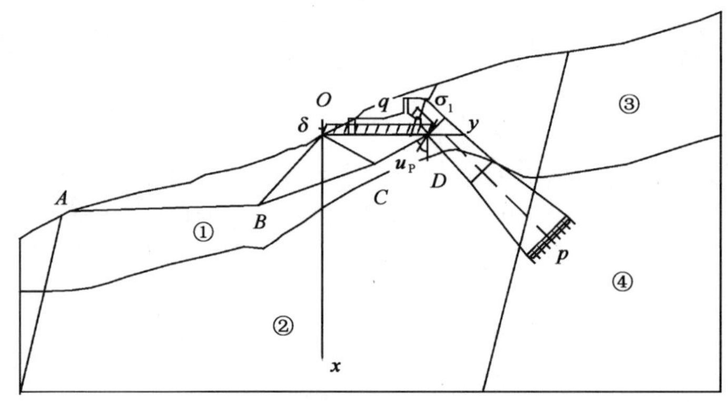

图 6.67 散索鞍支墩边坡滑动破坏模式

散索鞍支墩边坡滑动破坏滑体基本数据 表 6.46

块体序号	底滑面线长度(m)	块体界面线长度(m)	块体侧面面积(m^2)	底滑面倾角(°)	块体界面与铅直线夹角(°)
1	*AB*/84.506 1	*OB*/42.087 3	*OAB*/1 058.220 1	2	42
2	*BC*/54.543 3	*OC*/26.405 8	*OBC*/541.064 1	20	−61
3	*CD*/26.397 8	*OD*/46.190 1	*OCD*/295.658 7	29	—

散索鞍压力与支墩自重在散索鞍支墩基坑顶面上产生的倾斜表面荷载 q 的合力取 87 440kN,作用力与水平线夹角为 54.5°,散索鞍支墩底面积约 519.2m^2;因为散索鞍支墩的自重比散索鞍压力小得多,计算时未考虑散索鞍支墩的自重力(下同)。按照前述虚功原理,计算安全系数:当 $F=2.482$ 时虚功率差值约为 2.766×10^3 W(图 6.68);而当 $F=2.483$ 时,虚功率差值约为 -4.557×10^3 W。因此,散索鞍支墩边坡滑动破坏的安全系数为 2.482,处于稳定状态。

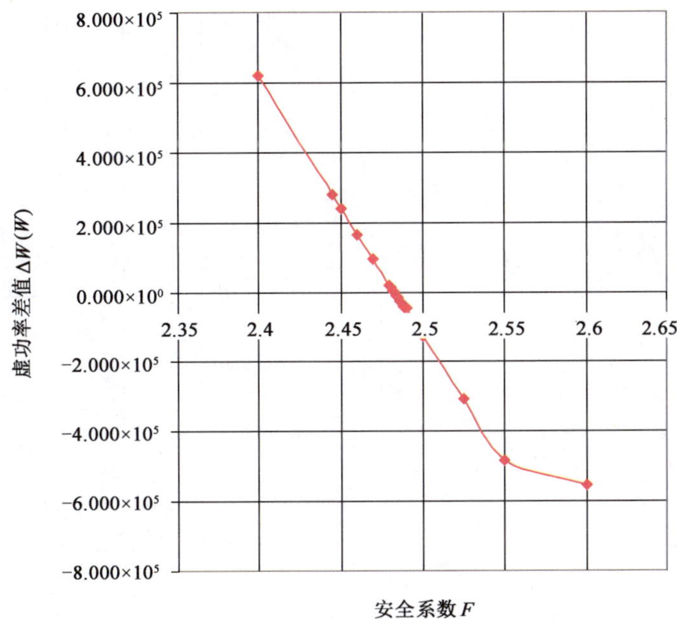

图 6.68　散索鞍支墩边坡破坏模式求解安全系数迭代计算过程中虚功率差值随安全系数的变化情况

②浅层滑移破坏。

该破坏模式如图 6.49 所示，滑裂面由 *ABCDEF* 组成，后缘拉裂面 EF 顺岩层面，底滑面 *DE* 段切割锚塞体上部，基本数据列在表 6.47 中。

浅层滑移破坏滑体基本数据　　表 6.47

<table>
<tr><th>块体序号</th><th colspan="2">底滑面线/长度(m)</th><th colspan="2">块体界面线/长度(m)</th><th colspan="2">块体剖面面积(m^2)</th><th>底滑面倾角(°)</th><th>交界面与铅直线夹角(°)</th></tr>
<tr><td>1</td><td colspan="2">AB/93.480 5</td><td colspan="2">IB/27.487 1</td><td colspan="2">ABI/1 196.947 9</td><td>2</td><td>−34</td></tr>
<tr><td rowspan="2">2</td><td rowspan="2">BC/65.510 3</td><td>28.786 5</td><td rowspan="2">OC/45.426 3</td><td>28.354 6</td><td rowspan="2">BCOI/
1 862.731 8</td><td>1 599.042 7</td><td rowspan="2">5</td><td rowspan="2">−40</td></tr>
<tr><td>36.723 8</td><td>17.071 7</td><td>261.917 3</td></tr>
<tr><td rowspan="2">3</td><td colspan="2" rowspan="2">CD/39.098 1</td><td colspan="2" rowspan="2">GD/30.258 9</td><td rowspan="2">OCDG/
1 351.399</td><td>686.457 2</td><td rowspan="2">18</td><td rowspan="2">−42</td></tr>
<tr><td>664.942 0</td></tr>
<tr><td>4</td><td colspan="2">DE/17.442 1</td><td colspan="2">EH/49.989 1</td><td colspan="2">EFH/1 388.970 4</td><td>18</td><td>−48</td></tr>
<tr><td rowspan="2">5</td><td rowspan="2">EF/ 54.389 2</td><td>1.308 2</td><td colspan="2" rowspan="2">—</td><td colspan="2" rowspan="2">DEHG/525.068 9/82.291 9</td><td rowspan="2">76</td><td rowspan="2">—</td></tr>
<tr><td>53.081 0</td></tr>
</table>

散索鞍压力与支墩自重在散索鞍支墩基坑顶面上产生的倾斜表面荷载 q 的合力取 87 440kN，作用力与水平线夹角为 54.5°；后锚面上施加的均布顶推力转化到锚塞体剪断面上的均布力 p_0 约为 6.702×10^3kN/m，作用力与水平线夹角为 45°。按照前述虚功原理，计算安全系数：当 $F=2.976$ 时，虚功率差值约为 8.581×10^3W(图 6.70)；而当 $F=2.977$ 时，虚功率差值约为 -5.084×10^3W。因此浅层滑动破坏的安全系数为 2.976，处于稳定状态。

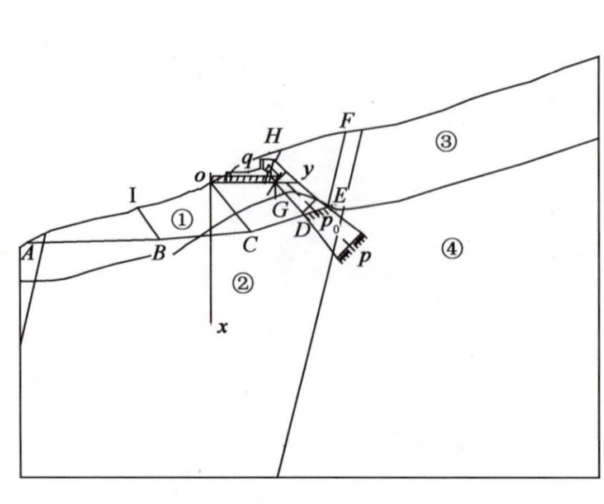

图 6.69　浅部滑动破坏模式

ABCDEF-滑裂面；①-弱风化泥晶灰岩；②-微风化泥晶灰岩；③-弱风化白云岩；④-微风化白云岩

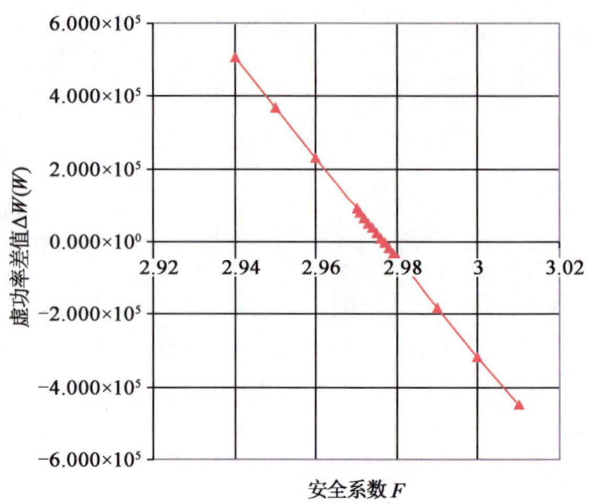

图 6.70　浅层滑移破坏模式求解安全系数迭代计算过程中虚功率差值随安全系数的变化情况

③深部滑移破坏。

该破坏模式如图 6.71 所示，滑裂面由 *ABCDEFGH* 组成，后缘拉裂面 *FG* 顺岩层面，底滑面 *EF* 段沿后锚面，基本数据列在表 6.48 中。

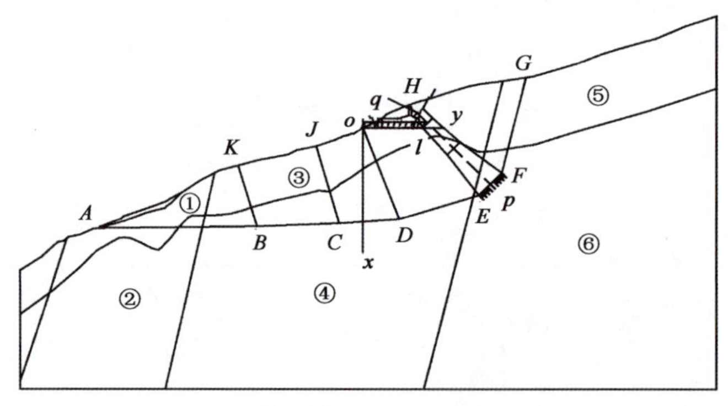

图 6.71　深部滑移破坏模式

①-弱风化泥质灰岩；②-微风化泥质灰岩；③-弱风化泥晶灰岩；④-微风化泥晶灰岩；⑤-弱风化白云岩；⑥-微风化白云岩；*ABCDEFG*-滑裂面

深部滑移体基本数据　　表 6.48

块体序号	底滑面线长度(m)	块体界面线长度(m)	块体双侧面面积(m^2)	底滑面面积(m^2)	块体界面面积(m^2)	底滑面倾角(°)	块体界面与铅直线夹角(°)
1	124.7	50.7	6 056.5	6 859.8	2 788.5	1	−17
2	64.3	63.9	7 247.1	3 539.9	3 514.5	2	−16
3	46.9	77.9	5 995.7	2 581.5	4 284.5	4	−21
4	64.2	68.9	7 527.5	3 532.1	3 789.5	17	−37
5	25.0	80.4	1 560	1 375	4 422.0	45	−53
6	78.0	—	6 491.8	4 291.2	—	76	—

散索鞍压力与支墩自重在散索鞍支墩基坑顶面上产生的倾斜表面荷载 q 的合力取 87 440kN，作用力与水平线夹角为 54.5°；主缆拉力产生的均布顶推力 p 的合力取278 800kN，作用力与水平线夹角为 45°。按照前述虚功原理，计算安全系数：当 $F=3.574$ 时，虚功率差值约为 1.816×10^4 W(图 6.72)；而当 $F=3.575$ 时，虚功率差值约为 -1.017×10^4 W。因此，深层滑动破坏的安全系数为 3.574，处于稳定状态。

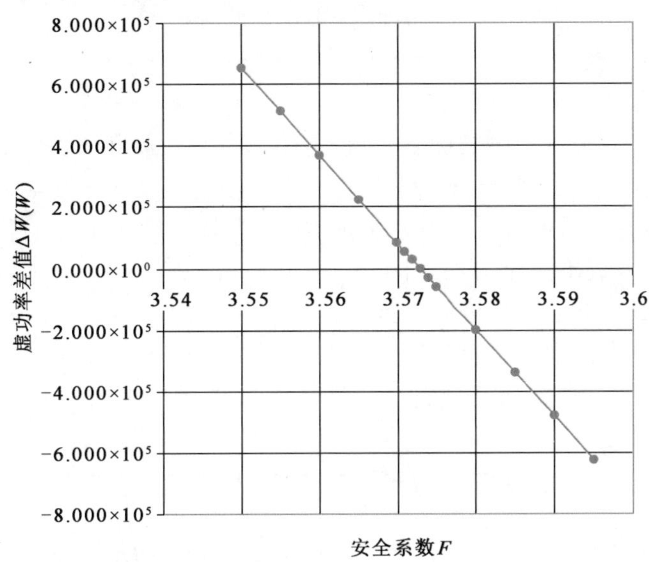

图 6.72 深部滑移破坏模式求解安全系数迭代计算过程中虚功率差值随安全系数的变化情况

(4)反算隧道锚极限承载力

已知单根主缆设计缆力 $P=2.788\times10^5kN$，与水平面夹角为 26°；经过散索鞍后改变方向，成与水平面夹角 45°进入前锚室。试做如下推算：主缆在散索鞍处形成的张角为 161°，角分线与水平面夹角恰为 54.5°；但按 $2P\cdot\cos(161°/2)$ 计算得出 9.203×10^4 kN，与散索鞍压力设计值 8.744×10^4 kN 有出入，误差约为 5.2%。如以 9.203×10^4 kN 代替散索鞍压力设计值，重新计算隧道锚边坡三种破坏模式的安全系数，分别得到 2.435、2.966 和 3.568，与散索鞍压力设计值计算的安全系数误差分别为－1.9%、－0.34%和－0.17%。这就启示我们，可以采用安全系数为 1.0 来反算隧道锚的极限承载力，即边坡处于极限平衡状态情况下的最大工程荷载。分别令安全系数 $F=1.0$，以 $2P\cdot\cos(161°/2)$ 代替散索鞍压力值，不断增大主缆拉力 P，进行迭代计算，最终使得虚功率差值为 0 的 P 值即为隧道锚极限承载力。经过计算，三种破坏模式当隧道锚边坡处于极限平衡状态时，最大工程荷载 P 分别为 2.134×10^6 kN、2.355×10^7 kN 和 2.751×10^7 kN。

通过该方法反算的主缆拉力的最大荷载取 2.134×10^6 kN(该值约为设计主缆拉力的7.65倍)，此时散索鞍支墩边坡处于极限平衡状态；对应到施加在后锚面上的均布面力荷载约为 2.844MPa，为设计值的 4.95 倍。因此，从隧道锚边坡的整体安全性分析结果来看，隧道锚的极限承载力约为 2.844MPa，说明隧道锚边坡在设计缆力情况下有足够的安全性保证。

2)小结

本节基于虚功原理的任意分块多块体整体分析得到坝陵河大桥西岸隧道式锚碇边坡三种

破坏模式的稳定系数:散索鞍支墩边坡滑移 2.48;浅层滑移 2.98;深部滑移 3.574,均处于稳定状态。

稳定系数为 1.0 时,计算得上述 3 种情况下最小极限承载力为设计值的 4.95 倍。

6.3.3 基于 Sarma 法的准三维隧道锚边坡整体安全性分析

1)基于 Sarma 法的准三维隧道锚碇边坡整体安全性分析

(1)边坡分析 Sarma 法

目前各类边坡极限平衡分析方法大多采用铅直分块方法,不适宜于倾斜深埋的隧道锚碇的边坡分析。Sarma 有着任意分块的优点,比较适用。在有外荷载条件下的边坡,容易出现块体的非共点力情况,这时应在分块上下功夫,使外荷载的作用力线尽量接近块体的重心,以满足共点力的要求,任意分块具有此种优势。同时,由于有外荷载集中力的存在,平面解也不符合实际工况,因而必须发展准三维方法。因此,本节在 Sarma 法的基础上,提出并发展了基于 Sarma 法的准三维隧道锚碇的边坡极限平衡分析。

采用 Sarma 法进行稳定性分析,安全系数计算步骤如下。

将边坡划分为若干滑块,块间接触面不一定是铅直的,可以为倾斜面。第 i 块受力分析如图 6.73 所示。

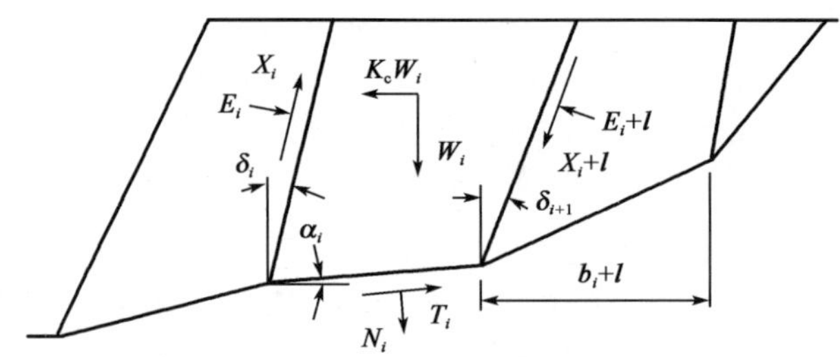

图 6.73 Sarma 法计算简图

根据条块垂直和水平方向力的平衡,可以得到

$$N_i\cos\alpha_i + T_i\sin\alpha_i = W_i + X_{i+1}\cos\delta_{i+1} - X_i\cos\delta_i - E_{i+1}\sin\delta_{i+1} + E_i\sin\delta_i \tag{6.45}$$

$$T_i\cos\alpha_i - N_i\sin\alpha_i = K_cW_i + X_{i+1}\sin\delta_{i+1} - X_i\text{in}\delta_i + E_{i+1}\cos\delta_{i+1} - E_i\cos\delta_i \tag{6.46}$$

式中:E、X——分别为作用于条块的法向力和切向力;

δ_i——条块左侧界面的倾角;

K_c——虚设的水平力系数。

根据 Mohr-Coulomb 破坏准则,在底面和左、右界面有

$$T_i = (N_i - U_i)\tan\phi_i + c_ib_i\sec\alpha_i \tag{6.47}$$

$$X_i = (E_i - PW_i)\tan\phi_i^j + c_i^jd_i \tag{6.48}$$

$$X_{i+1} = (E_{i+1} - PW_{i+1})\tan\phi_{i+1}^j + c_{i+1}^jd_{i+1} \tag{6.49}$$

式中:ϕ_i^j、c_i^j——分别为界面上的平均摩擦角和黏聚力;

d——界面的长度;

b——条块底面的宽度;

PW——界面上的孔隙水压力。

将式(6.47)～式(6.49)代入式(6.45)和式(6.46),消去 T_i、X_i、X_{i+1}和 N_i 可以得到

$$E_{n+1} = \alpha_i + E_i \mathrm{e}_i - p_i K_c \tag{6.50}$$

式(6.50)是个循环式,可以得到

$$E_{n=1} = \alpha_n = E_n \mathrm{e}_n - p_n K_c$$

$$E_{n+1} = (\alpha_n + \alpha_{n-1} \mathrm{e}_n) + E_{n-1} \mathrm{e}_n \mathrm{e}_{n-1} - (p_n + p_{n-1} \mathrm{e}_n) K_c \tag{6.51}$$

进一步得到

$$\begin{aligned} E_{n+1} = & (\alpha_n + \alpha_{n-1} \mathrm{e}_n + \alpha_{n-2} \mathrm{e}_n \mathrm{e}_{n-1} + \cdots + a_1 \prod_2^h \mathrm{e}_n) \\ & - K_c (p_n + p_{n-1} \mathrm{e}_n + p_{n-2} \mathrm{e}_n \mathrm{e}_{n-1} + \cdots + p_1 \prod_2^h \mathrm{e}_n) + E_{n-1} \mathrm{e}_n \mathrm{e}_{n-1} \end{aligned} \tag{6.52}$$

计算 K_c,如果没有外荷载,则 $E_{n+1} = E_n + 0$,可以得到 K_c 的表达式,K_c 为零时对应的即为安全系数。

(2)准三维隧道锚碇的边坡极限平衡分析

在进行隧道锚碇边坡分析时,首先要解决合理分块问题。在考虑地质结构的同时,要按照锚碇的设置分块。锚碇体单独分为一块(*EFHI*),为倾斜块,其他按预设的可能滑动面折线段分块。滑动体分块结果见二维示意图(图 6.74)。

如图 6.74 所示,滑裂面由 *ABCDEFG* 折线组成,后缘拉裂面 *FG* 顺岩层面,底滑面 *EF* 段沿后锚面,以后滑面 *DCB* 向坡下发展,在 *A* 滑出。

图 6.75 为图 6.74 的准三维滑动示意图,图 6.75 中切成的条块体包含两个隧道锚碇及散索鞍支墩基坑,而底滑动面则由 *ABCDEFG* 在条块体中组成的折面构成。准三维条块宽度为 55m。滑动面的抗剪强度参数按其所在地质单元采用,当同一段滑面穿过不同地质单元时,则采取其加权平均值。

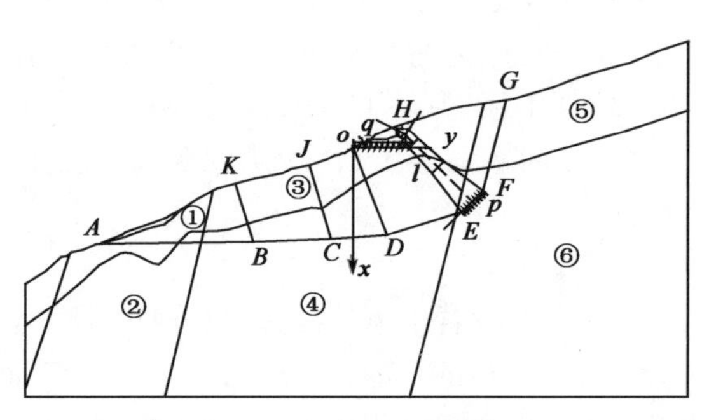

图 6.74 深部滑移分块模型

①-弱风化泥质灰岩;②-微风化泥质灰岩;③-弱风化泥晶灰岩;④-微风化泥晶灰岩;⑤-弱风化白云岩;⑥-微风化白云岩;*ABCDEFG*-预设滑移面;

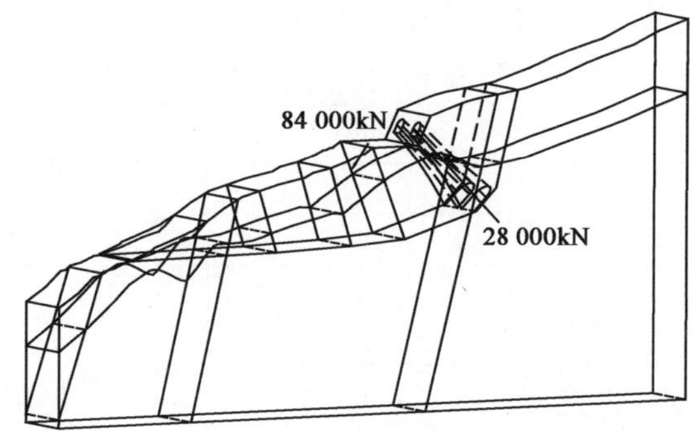

图 6.75 深部滑移准三维示意图

考虑到边坡两侧受内聚力 c 的影响,在准三维条件下将侧面及底滑面 c 值进行加权平均,得到一个新的 c 值。将新 c 值配置到相应的底滑面端上,并乘以条块宽度 55m,即可按 Sarma 平面法进行计算。底滑面及侧面的计算参数见表 6.49。同样,交界面上强度参数 c 值,也乘

以条块宽度 55m,其计算参数见表 6.50。

稳定分析中底滑面的强度参数 表 6.49

块体序号	基本强度等效参数(底面及侧面)		转移到底滑面 c 值	修正为 55m 宽底面等效值	
	c(kPa)	ϕ(°)	c(kPa)	c(kPa)	ϕ(°)
1	157.7	26.2	297.1	16 340.8	25.0
2	161.7	26.7	492.8	27 108.6	32.0
3	168.8	28.0	560.9	30 853.8	32.0
4	179.7	30.1	562.8	30 958.0	32.0
5	380.0	22.8	651.2	35 815.7	22.0
6	139.8	22.9	351.4	19 326.5	25.0

稳定分析中块体界面的强度参数 表 6.50

块体界面序号	块体界面基本强度等效值		修正为 55m 宽度等效 c 值
	c(kPa)	ϕ(°)	c(kPa)
1-2	141.8	23.0	7 798.8
2～3	148.9	24.3	8 190.1
3～4	164.8	27.3	9 064.0
4～5	380	23.0	20 900.0
5～6	380	23.0	20 900.0

底滑面及侧面加权平均 $\bar{c}$ 值的计算法如下：

$$\bar{c} = \frac{c \times (S_{底滑面} + 2S_{侧面})}{S_{底滑面}} \tag{6.53}$$

大桥主拉缆索在边坡上产生荷载有两处：散索鞍压力与支墩自重在散索鞍支墩基坑顶面上产生的倾斜表面荷载 q 的合力，设计值为 2×84 000kN，作用力与水平线夹角为 54°；主缆拉力产生的均布顶推力 p 的合力，设计值为 2×280 000kN，作用在锚碇上，作用力沿锚碇轴线向上，与水平线夹角为 45°。

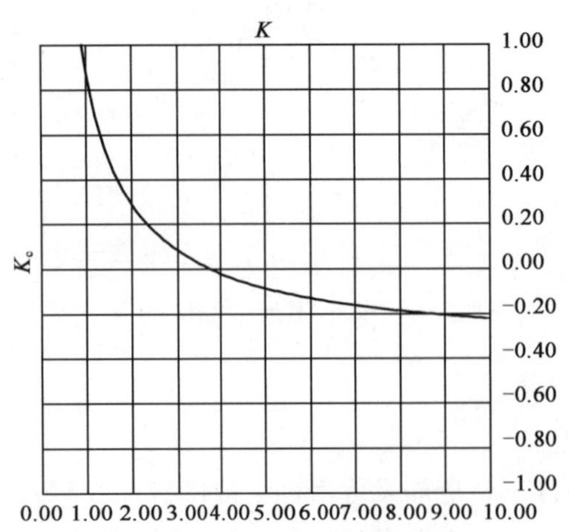

图 6.76 K_c～K 计算结果曲线

(3)计算结果

在计算中，假设若干 K_c 值，求得相应的 K 值，做出 K_c～K 曲线(图 6.76)。然后由 K_c=0 与曲线的交点，得到相应的 K 值。K=3.76，即为深层滑动破坏的稳定系数，受载边坡处于稳定状态。

(4)荷载增倍-强度参数减倍条件下的极限承载力分析

在本次分析中，应用准三维方法还计算了隧道锚碇边坡的极限荷载及岩体强度极限折减率，探讨了隧道锚碇边坡安全极值规律。

在计算中考虑了极端条件，以同等倍率，对隧道锚碇荷载增倍，同时对岩体强度参数减倍，从而得到边坡稳定系数 K 与增减倍率的关系(图 6.77、图 6.78)。

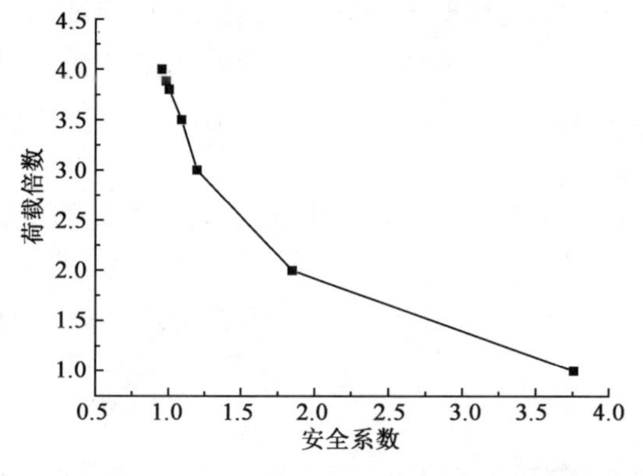

图 6.77　荷载倍数与安全系数的关系

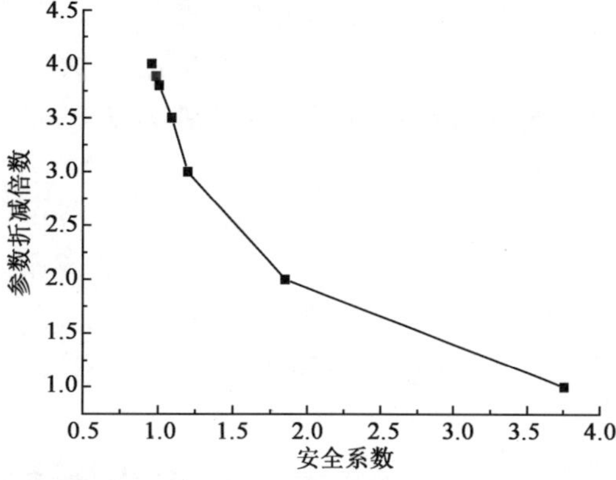

图 6.78　强度参数折减倍数与安全系数的关系

图 6.77 为边坡稳定系数 K 与隧道锚碇荷载增倍率的关系。当 $K=1.0$ 时，相应的荷载为隧道锚碇的安全极限荷载，即 3.8P。这表明，隧道锚碇荷载达到设计值的 3.8 倍时，即使岩体强度参数同样减倍，锚碇边坡仍然安全。

图 6.78 为边坡稳定系数 K 与岩体强度参数减倍率的关系。当 $K=1.0$ 时，相应的岩体强度参数为隧道锚碇的安全极限值，即 1/3.8。这表明，隧道锚碇岩体强度参数，由于长期运用及环境风化影响降到设计值的 1/3.8 时，即使荷载同样增倍，锚碇边坡仍然安全。由上述计算，极端条件下锚碇边坡极限安全超载系数仍达 3.8，边坡有很高的安全余度。

2)小结

传统的边坡稳定极限平衡分析方法采用垂直条分法，没有考虑岩质边坡中存在的断层、节理等不连续结构面的特征以及岩体内设倾斜结构物；采用任意多块体破坏模式分析岩质边坡的稳定性更合理可行。

利用虚功原理进行岩质边坡稳定性分析，是一个重要的简化求解途径。采用多个块体破坏机构的分析方法，假定块体的底面和侧面均达到了极限平衡状态，安全系数可通过功能平衡的虚功原理表达式来求解。功能平衡方程中仅有稳定系数一个未知数，条块底部和界面上的法向压力和切向摩擦力并不出现，求解大为简化。

本节采用的基于虚功原理的边坡整体安全性分析方法无须计算条间力，代之计算的是各块体的速率，判断收敛的条件是虚功(率)差值为零。该方法计算精度优于不平衡推力法隐式解；随着岩土体的内摩擦角增大与摩根斯坦-普赖斯严格垂直条分法的误差越来越小，因此该方法更适用于滑体边界被断层和节理等结构面切割成为任意折线形、块体边界为任意角度直线的岩质边坡安全系数的求解，能够以较少的分块保证计算精度并满足工程要求。

结合工程地质勘察资料，考虑岩层层面和不利结构面组合，把坝陵河大桥西岸隧道式锚碇边坡的破坏模式分为三种情况：散索鞍支墩边坡滑动破坏、浅层滑移破坏、深部滑移破坏。

基于虚功原理，由于锚碇工程荷载作用，详细研究了坝陵河大桥西岸隧道式锚碇边坡三种破坏方式的稳定性,散索鞍支墩边坡滑动破坏、浅层滑移破坏和深部滑移破坏的安全系数分别为 2.482、2.976 和 3.574,均处于稳定状态。

分别令三种破坏模式处于临界状态,反算缆力的极限值,取三者之中的较小值,即散索鞍支墩边坡处于极限平衡状态的单根主缆缆力为 2.134×10^{6}kN。从隧道锚边坡的整体安全性角度获得的隧道锚极限承载力约为 2.844MPa,说明隧道锚边坡在设计缆力情况下极限承载力可达设计荷载的 4.95 倍,有足够的安全性保证。

本节试图发展一种准三维 Sarma 分析方法,研究坝陵河大桥隧道锚碇边坡的稳定性,得到深部滑移稳定系数为 3.76,同基于虚功原理法所得结果 3.57 很接近。考虑在极端条件下,荷载倍增—强度参数倍减时,极限承载力仍达设计值的 3.8 倍,表明锚碇边坡的安全余度高。

6.4 现场缩尺试验的尺度效应和极限承载力分析

本节通过现场缩尺试验与数值模拟相结合,通过耦合反演,研究了工程岩体的尺度效应,确定了隧道锚的极限承载力,为大型隧道锚工程的安全评价提供了有效的途径。

6.4.1 现场缩尺模型试验参数反演

(1)分析方法及目的

锚碇现场缩尺模型试验反演的分析方法及目的是运用数值模拟方法反演岩体变形参数,为锚碇隧洞开挖围岩稳定性分析及在大桥荷载作用下围岩变形计算提供岩体力学参数。通过现场缩尺试验与数值模拟反演相结合,尚可研究工程岩体的尺度效应,确定了隧道锚的极限承载力,为大型隧道锚工程的安全评价提供了有效可靠的途径。

(2)计算模型

计算剖面如图 6.79 所示,坐标原点位于模型中轴面左下角点,采用右手坐标系。勘探斜硐长度 91.63m,轴线与水平面夹角成 45°,断面为拱形,上部半圆直径 0.84m,下部矩形长 1.68m,高 1.16m。1 号、2 号、3 号和 4 号试验支硐都为长方体,尺寸分别为 2.0m×2.5m×6.0m、2.0m×3.0m×6.0m、2.0m×2.0m×5.0m 和 2.0m×2.5m×5.0m,其中 1 号支硐与 2 号支硐水平距离 3.5m,3 号支硐与 4 号支硐水平距离2.5m。4 个试验支硐、1/20 锚碇和 1/30 锚碇都布置在微风化白云岩岩层中。三维地质几何模型以勘探斜硐中轴面为对称面,左右各截取 50m,勘探斜硐、四个试验支硐、1/20锚碇和 1/30 锚碇的网格剖分如图 6.80 所示,共有节点 30 877 个,四面体和六面体单元 148 172 个;1/20 缩尺锚碇网格剖分如图 6.81 所示。计算模型采用弹塑性材料本构模型,弹塑性模型中破坏准则采用摩尔—库仑准则。计算模拟过程中边坡表面采

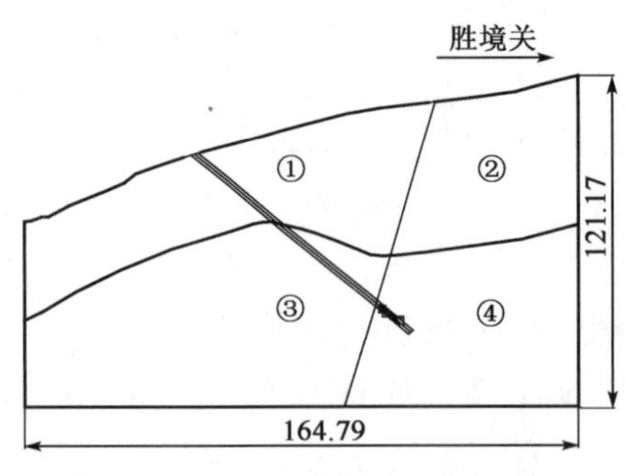

图 6.79 地质几何模型顺桥向剖面(单位:m)
①-弱风化泥晶灰岩;②-微风化泥晶灰岩;③-弱风化白云岩;④-微风化白云岩

用自由边界，其余各面均采用固定边界。

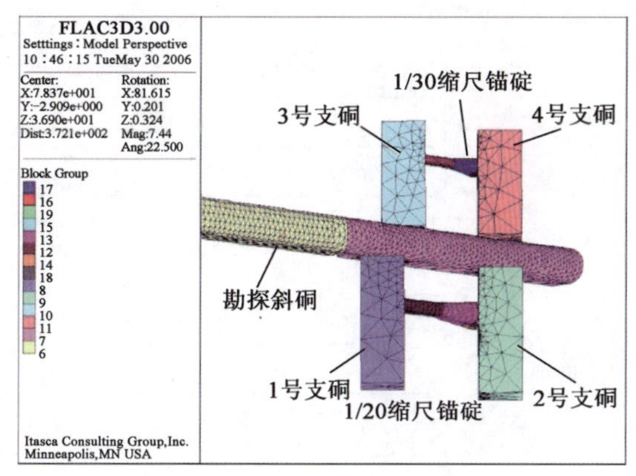

图 6.80 勘探斜硐、四个试验支硐、1/20 和 1/30 缩尺锚碇的网格剖分

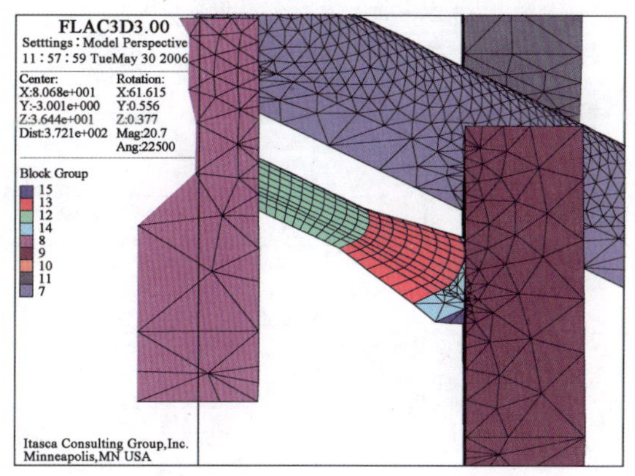

图 6.81 1/20 缩尺锚碇网格剖分

按照现场缩尺锚碇拉拔试验的千分表位置，在数值计算模型中布置了位移监测节点。表 6.51列出了锚碇模型数值计算位移监测节点与缩尺锚碇现场拉拔试验模型前、后部位移测试千分表对照情况。

数值计算模型中位移监测点布置 表 6.51

1∶20 锚碇模型数值计算位移监测节点与 1/20 锚塞体现场拉拔试验模型前、后部位移测试千分表对照					
后部	千分表编号	节点编号	前部	千分表编号	节点编号
	1	7832		1	6990
	2	8523		2	7890
	3	5012		3	6184
	4	3910		4	861
	5	603		5	831
	6	435		6	6251
	7	555		7	2879
	8	3984		8	4085
	9	3786		9	5230
	10	6765		10	6471
	11	7288		—	—
	12	5777		—	—
	13	574		—	—
	14	532		—	—
	15	6925		—	—

续上表

1∶30 锚碇模型数值计算位移监测节点与 1/30 锚塞体现场拉拔试验模型前、后部位移测试千分表对照					
后部	千分表编号	节点编号	前部	千分表编号	节点编号
	1	7736		1	7932
	2	8940		2	5636
	3	7743		3	5633
	4	7153		4	332
	5	52		5	3367
	6	34		6	1862
	7	33		7	2713
	8	6698		8	321
	9	1772		—	—
	10	6605		—	—
	11	7725		—	—
	12	73		—	—

(3)计算步骤

计算步骤与斜硐勘察和现场锚碇缩尺模型拉拔试验相对应：

①边坡岩体在自重力作用下达到初始平衡状态；

②勘探斜硐开挖；

③四个试验支硐开挖；

④缩尺锚碇隧洞开挖；

⑤缩尺锚碇锚塞体混凝土浇筑；

⑥缩尺锚碇锚塞体后锚面上施加分级均布面力荷载，进行参数反演分析。

(4)参数初值

岩体参数初值采用岩体质量评价的成果。

(5)反演分析

由于现场锚碇拉拔试验的缩尺锚碇及位移变形监测千分表都布置在微风化白云岩岩体中，并且隧道锚锚塞体后半段在微风化白云岩岩层中施作，后锚面承载围岩主要为微风化白云岩岩体，因此数值计算反演参数确定为微风化白云岩岩体的变形模量。

进行岩体物理力学参数反演分析时，在后锚面上施加的分级荷载与现场缩尺锚碇拉拔试验施加的荷载相同。

对于 1/30 锚碇，微风化白云岩的变形模量取 11.79GPa，数值计算位移与现场试验实测位移较吻合。对于 1/20 锚碇，微风化白云岩的变形模量取 1.81GPa，数值计算位移与现场试验实测位移较吻合。

(6)参数反演结果

隧道锚及其围岩在大桥荷载作用下的变形，是确保大桥运营期安全的重大问题。锚碇隧洞开挖及在大桥荷载作用下围岩变形计算中，微风化白云岩岩体的变形模量推荐采用 1/20 锚碇反演得到的数值 1.81GPa。

6.4.2　极限承载力反演分析

（1）极限承载力反演分析

①承载性能的影响因素。

正确评价隧道式锚碇的承载能力是合理选择隧道锚的设计尺寸的关键技术之一。影响隧道式锚碇的承载性能的影响因素主要是：

a. 隧道式锚碇的几何尺寸，包括锚塞体的长度，锚塞体后锚面上部拱形半圆的直径，下部矩形倾斜边墙的高度，锚碇轴线与水平线的夹角；

b. 围岩的工程地质性质；

c. 悬索桥主缆拉力；

d. 隧道式锚碇的内部结构设计；

e. 隧洞的支护设计。

锚碇受到地形、地质条件的限制，对于围岩的工程地质条件要求比较严格。隧道锚一般在节理较少、岩体性能较好的地方采用，以充分利用岩体自然条件，节约工程造价。锚塞体结构尺寸的确定，除与设计主缆缆力的数值大小有关外，还应考虑如何充分利用锚塞体围岩的力学性能。如果锚塞体长度加长，如保持锚塞体外缘斜度不变，两锚塞体间距离变小，使得围岩的岩体质量有进一步下降的趋势，围岩的承载性能下降。隧道式锚碇锚塞体尺寸的比选应综合考虑充分利用锚塞体围岩力学性能、施工对锚体围岩的扰动以及散索鞍支墩的稳定性等。

隧道式锚碇隧洞的支护设计应使混凝土锚塞体与围岩紧密结合形成整体，共同承载巨大主缆拉张力。围岩的工程地质特性是影响隧道式锚碇承载性能的重要影响因素。

②极限承载力反演分析。

以缩尺比例为 1/50 和 1/40、1/30 和 1/20、1/10 和 1/8 各为一组，建立 3 组共 6 个缩尺锚碇数值模型，分别计算其极限承载力，对隧道式锚碇的极限承载力进行反演分析。

（2）缩尺锚碇数值模型

考虑到极限承载力反演计算的可对比性以及预测真实隧道式锚碇的极限承载力的需要，三组缩尺锚碇数值模型与真实尺寸的隧道式锚碇开挖围岩稳定性计算采用的地质剖面尺寸相同。

三组缩尺锚碇的极限承载力反演计算数值模型中的斜硐、试验支硐按照现场缩尺锚碇模型原位试验（图 6.82）布置。根据缩尺比例不同，试验支硐的位置和尺寸做了相应的调整（表 6.52）。三维计算模型以斜硐中轴面为对称面，左右各截取 50m，坐标原点位于模型中轴面左下角点，采用右手坐标系。试验支硐、缩尺锚碇都布置在微风化白云岩岩层中。计算模型采用摩尔-库仑（Mohr-Coulomb）弹塑性材料本构模型。计算模拟过程中边坡表面采用自由边界，其余各面均采用固定边界。三组缩尺锚碇模型的网格剖分见图 6.82～图 6.84。

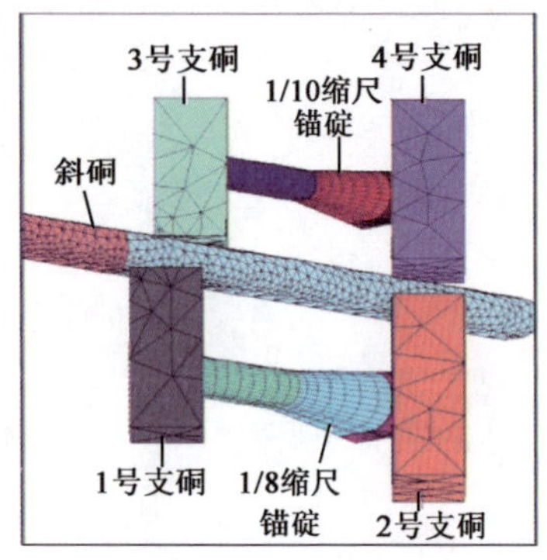

图 6.82 第一组缩尺锚碇模型的网格剖分

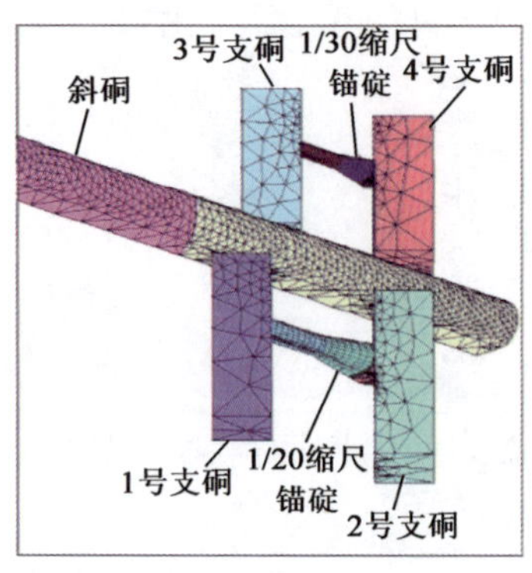

图 6.83 第二组缩尺锚碇模型的网格剖分

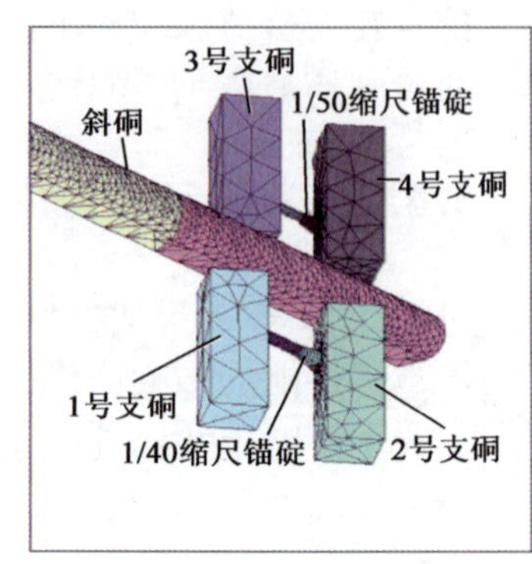

图 6.84 第三组缩尺锚碇模型的网格剖分

缩尺锚碇极限承载力反演数值计算模型尺寸 表 6.52

缩尺锚碇极限承载力反演数值计算模型尺寸			第一组	第二组	第三组
缩尺锚碇			1/8 和 1/10	1/20 和 1/30	1/40 和 1/50
斜硐			长度 91.63m,轴线与水平面夹角成 45°,断面为拱形,上部半圆半径 0.84m,下部矩形长 1.68m,高 1.16m		
试验支硐	宽(m)×高(m)×进深(m)	1 号	3.0×4.0×7.0	2.0×2.5×6.0	2.0×2.5×5.0
		2 号	3.0×7.0×8.0	2.0×3.0×6.0	2.0×2.5×5.0
		3 号	3.0×4.0×6.0	2.0×2.0×5.0	2.0×2.5×5.0
		4 号	3.0×7.0×7.0	2.0×2.5×5.0	2.0×2.5×5.0
	水平距离(m)	1-2 号	8.0	3.5	2.5
		3-4 号	7.0	2.5	2.0
节点			13 568	25 087	17 804
单元(六面体和四面体共计)			67 877	120 943	96 480

(3)计算参数

计算参数采用岩体质量评价和围岩参数反演的结果(即微风化白云岩的变形模量取 1.81GPa)。

(4)计算步骤

计算步骤分为 6 步:

①边坡岩体在自重作用下达到初始平衡状态;

②斜硐开挖;

③4 个试验支硐开挖;

④缩尺锚碇隧洞开挖;

⑤缩尺锚碇锚塞体混凝土浇筑;

⑥在缩尺锚碇锚塞体后锚面上施加分级均布面力荷载,直到围岩发生完全塑性破坏,取终级荷载作为该缩尺锚碇的极限承载力。

(5)计算结果分析

经过反复试算,得到的各缩尺锚碇的终极荷载列在表 6.53 中。

各缩尺锚碇能够承受的极限荷载 表 6.53

缩尺锚碇	1/50	1/40	1/30	1/20	1/10	1/8
极限承载力(MPa)	241.00	179.34	87.40	54.48	106.60	40.75

随着缩尺比例的增大,缩尺锚碇的极限承载力减小。从图 6.85 的半对数坐标图中可以看出,锚碇缩尺比例与极限承载力呈非线性关系,以负幂乘函数曲线拟合数值模拟结果,可得回归方程和相关系数的平方为

$$y = 11.584x^{-0.6972}(R^2 = 0.5858) \tag{6.54}$$

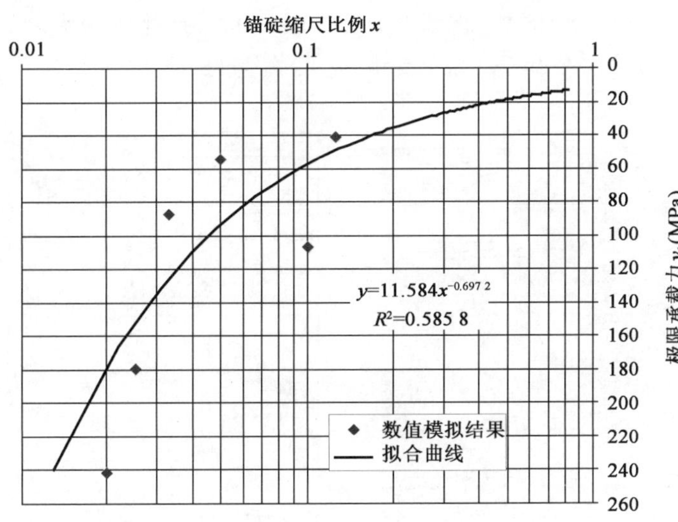

图 6.85 锚碇缩尺比例与极限承载力的关系

剔除较差的数据点(1/10, 106.60)后,重新拟合,得到修正的结果(图 6.86)。

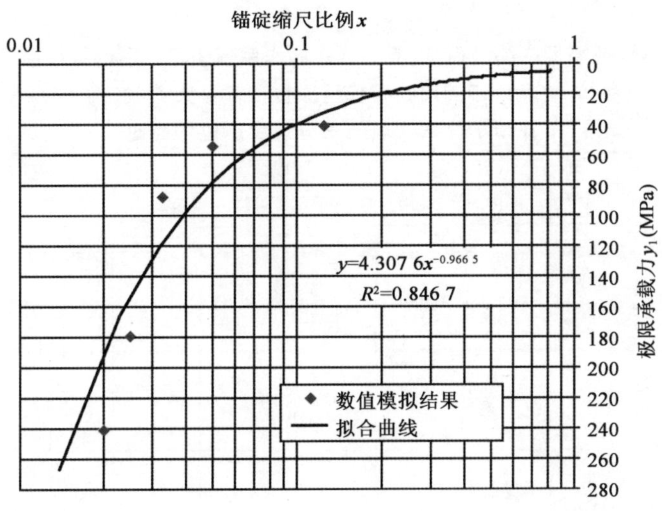

图 6.86 锚碇缩尺比例与极限承载力的关系(修正)

$$y = 4.7036x^{-0.9665} (R^2 = 0.8467) \tag{6.55}$$

据式(6.55),外推缩尺比例 1/1 的锚碇(即真实尺寸的锚碇)的极限承载力为 4.7036MPa,该值约为工程设计荷载的 7.84 倍。

若在第二组缩尺锚碇(即 1/20 和 1/30 缩尺锚碇)的数值模型中,布置与现场缩尺锚碇模型原位试验位移量测的千分表位置相同的位移监测节点,可以得到在施加终级荷载后,数值计算模型缩尺锚碇"隧洞围岩"中各位移监测节点产生的总位移(表 6.54 和表 6.65)。这里用双引号特指数值计算模型中的锚碇隧洞围岩,是为了与现场缩尺锚碇模型原位试验或真实锚碇隧洞围岩相区别。为便于比较,表 6.54、表 6.65 中还分别列出了现场缩尺锚碇模型原位试验最大荷载作用下锚塞体后部千分表实测位移。在终级荷载作用下,数值计算模型两个支硐之间的缩尺锚碇"隧洞围岩"塑性区贯通(图 6.87、图 6.88),并产生了很大的塑性位移,负值的出现是因为"隧洞围岩"朝 2 号支硐(和 4 号支硐)边墙临空面"挤出"的结果。

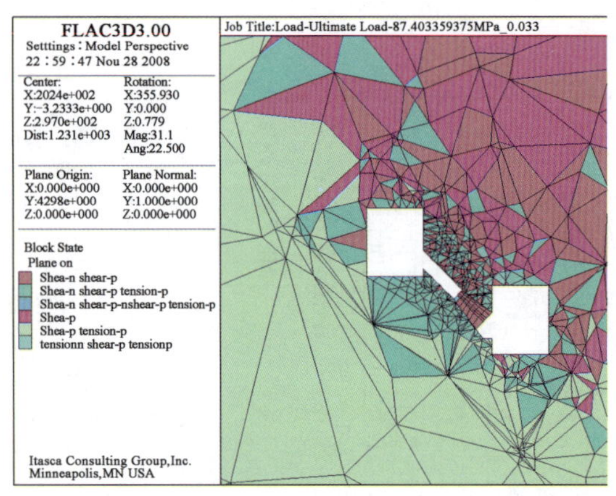

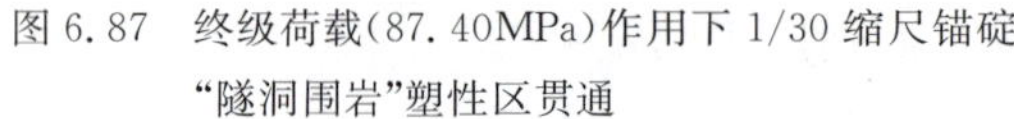
图 6.87 终级荷载(87.40MPa)作用下 1/30 缩尺锚碇"隧洞围岩"塑性区贯通

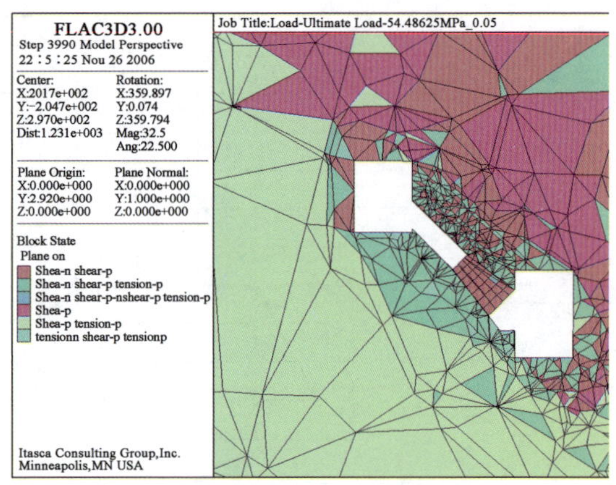

图 6.88 终级荷载(54.48MPa)作用下 1/20 缩尺锚碇"隧洞围岩"塑性区贯通

1/30 缩尺锚碇数值模型在终级荷载(87.40MPa)作用下锚塞体后部位移监测节点产生的总位移与 1/30 现场缩尺锚碇模型原位试验最大荷载(18.93MPa)作用下锚塞体后部千分表实测位移对比 表 6.54

节点编号	4098	4111	4113	4115	3242	3215	3213	3240	4117	4118	4121	4108
位移(mm)	−4.36	−4.94	−6.98	−10.33	219.67	288.74	289.91	218.06	−2.70	−4.23	−9.08	−6.76
千分表号	1	2	3	4	5	6	7	8	9	10	11	12
实测值(μm)	85	116	183	252	977	820	713	995	−328	−100	−79	−35

1/20 缩尺锚碇数值模型在终级荷载(54.48MPa)作用下锚塞体后部位移监测节点产生的总位移与 1/20 现场缩尺锚碇模型原位试验最大荷载(12.56MPa)作用下锚塞体后部千分表实测位移对比　表 6.55

节点编号	4042	4056	4055	3231	2823	3237	4054	4041
位移(mm)	−4.54	−0.52	0.96	213.44	235.57	239.76	40.89	−13.36
千分表编号	1	3	4	5	6	7	8	11
实测位移(μm)	655	2 805	5 220	4 431	3 779	4 887	1 783	134

(6)小结

通过隧道锚碇现场模型试验实测位移反演锚碇隧洞围岩参数，推荐微风化白云岩岩体的变形模量选用 1.81GPa。

隧道锚承载力的影响因素包括隧道锚尺寸、围岩的工程地质性质、悬索桥主缆拉力、隧道锚的内部结构设计和隧洞的支护设计等。

结合现场缩尺试验结果，运用数值反演分析方法，探求隧道锚的极限承载力。以缩尺比例为 1/50 和 1/40、1/30 和 1/20、1/10 和 1/8 各为一组，按照现场试验的硐室布置，建立 3 组共 6 个缩尺锚碇数值模型，分别计算其极限承载力，得到极限承载力与锚碇缩尺比例呈负幂乘函数关系，以下式表达

$$y = 4.703\,6x^{-0.966\,5}\,(R^2 = 0.846\,7) \tag{6.56}$$

利用锚碇缩尺比例与极限承载力关系曲线外推全尺寸真实隧道锚碇($x=1.0$)的极限承载力约为 4.703 6MPa，高于工程设计荷载，其名义安全度可达为 7.84，考虑到尺寸放大后的岩体参数不确定性，该值仍不低于 5.0。

虽然现场试验规模小，且数量有限，但在此基础上通过数值模拟反演外推，掌握岩体的尺度效应规律，可以比较可靠地获取全尺寸锚碇的极限承载力，做出工程安全度的比较客观的评价。

6.5 隧道锚施工开挖仿真优化分析

隧道锚一般在节理较少、岩体性能较好的地方采用，以充分利用岩体自然条件，节约工程造价，尤其在大桥两侧有高陡岩坡时更为适宜。而坝陵河大桥位于我国西南地区康滇地带的东部边缘，是国内在喀斯特地区修建的最大跨径悬索桥。该地区岩溶高度发育，张节理和溶蚀裂隙对岩体完整性均有影响。

本节的主要研究目标是进行坝陵河大桥隧道锚陡倾角复杂围岩的大断面施工仿真分析，不仅能为坝陵河大桥的结构设计和隧道锚开挖控制提供依据，也为岩溶地区类似桥梁隧道锚的设计和施工提供理论支持和积累建设经验。

(1)研究目标

主要是针对倾斜式大断面隧道锚隧洞及相应地质条件，采用数值方法对隧道锚隧洞结构进行围岩开挖、支护和加载等工作状态进行仿真模拟分析，以期确定合理的开挖顺序及施工流程，并对支护形式和参数提出优化建议；通过隧道锚施工期和运行期不同工况条件的计算分析，研究隧道锚围岩的稳定性；通过围岩的应力、变形和塑性区分析，优选隧道锚施工开挖方

案；进一步优化隧道锚围岩支护参数，提出支护参数调整建议；为隧道锚的安全性评价提供理论依据。

(2)研究内容

根据现场工程地质条件、工程设计资料以及隧道锚原位模型试验的成果，建立隧道锚开挖支护和加载分析的地质概化模型；为施工仿真分析提供基础模型。

对隧道锚的开挖施工进行计算机数值仿真分析，设计多组符合工程实际的施工方案及开挖进尺，通过对比分析施工开挖引起的变形、破坏损伤区以及隧洞的整体稳定性等指标，选取合理的开挖施工方案，特别是锚塞体段的开挖施工方案，为工程的施工提供技术指导。

根据选定的施工方案，由开挖施工阶段获得的围岩位移监测信息，通过位移反分析进一步论证围岩体的计算参数；采用包含遗传算法等优化方法的数值计算方法，对隧洞支护结构(锚索、锚杆及衬砌等)的设计参数进行优化，为工程的动态优化设计提供依据。

根据优化结果，分析锚塞体加载条件下隧洞围岩的变形破坏特征，并对比计算不同参数对隧道锚整体稳定性的影响，为工程的安全性评价提供依据。

(3)关键技术

本节采用的关键技术为隧道锚围岩、结构的精细模拟；隧道锚合理施工方案和开挖进尺的选择和隧道锚支护设计的动态优化。

6.5.1 仿真原理

(1)仿真技术的基本概述

“仿真”一词译自英文 simulation，另一个曾用的译名是“模拟”。1961 年，G. W. Morgenthler 首次对仿真一词做了技术性的解释，认为“仿真”意指在实际系统不存在的情况下，对于系统或活动本质的复现。近 30 年来，仿真技术的发展使人的认识与概念得以深化。这种演变过程在 A. Alan 和 B. Pritsker 所著的《仿真定义的汇编》一书中得到了集中反映。

从普遍意义上讲，仿真技术是应用于系统的，就是说系统是仿真的研究对象，而系统模型化又是进行仿真的核心和必要前提。无论是工程系统还是非工程系统都可以建立一定形式的模型。模型一般分为物理模型和数学模型两大类。物理模型与实际系统有相似的物理性质，这些模型可以是按比例缩小了的实物外形。数学模型是用抽象的数学方程描述系统内部物理变量之间的关系而建立起来的模型，通过对系统的数学模型的研究可以揭示系统的内在运动和系统的动态性能。数学模型可以分为静态模型和动态模型。静态模型的一般形式是代数方程、逻辑方程式。动态模型又分连续系统模型和离散系统模型。离散系统模型分为时间系统和离散事件模型。时间离散系统又称为采样控制系统，一般用差分方程、离散状态方程和脉冲传递函数来描述，这种系统的特性其实是连续的，仅仅在采样的时刻点上来研究系统的输出。离散事件模型用概率模型描述，输入和输出在系统中是随机发生的，一般要用概率模型来描述这种系统。

在系统研究中，建立系统模型是重要的一步。建立了系统模型之后，紧接着就是对系统模型进行分析研究，解出系统的动静态过程及其特性，而这一点往往是系统研究中最主要的目的。简单的系统可用数学分析它的数学模型，或者就直接在系统上进行试验研究；复杂的系统用这些方法很难进行，从而采用仿真技术。

早期一般采用物理仿真来研究系统，比如：用于土木建筑、水利工程、船舶、飞机的比例仿真，用于电力系统的动态模拟试验。这种物理仿真真实感强，但花费大，试验周期长，修理模型不方便。

随着计算机的引入又发展了数值计算方法，计算机求解复杂系统的数学模型功能强，故现在主要是采用计算机仿真。但计算机一般不能直接运用数学模型，而需要采用某些数值计算方法或经模拟机的排题转换为仿真模型，然后在计算机上运行。因此，仿真模型是在计算机上能够计算的模型，这样，系统、模型、计算机就构成计算机仿真的三个基本要素，把它们联系起来实现仿真要经过三个基本过程：建立系统模型、建立仿真模型、仿真运行（实验）。

计算机仿真（Computer Simulation）技术是当前应用最广泛的实用技术之一。计算机仿真技术是以数学理论、相似原理、信息技术、系统技术及其应用领域有关的专业技术为基础，以计算机和各种物理效应设备为工具，利用系统模型对实际的或设想的系统进行试验研究，并借助专家经验知识、统计数据和信息资料对试验结果进行分析研究，进而做出决策的一门综合性的技术。

计算机仿真技术作为分析和研究系统运动行为、揭示系统动态过程和运动规律的一种重要的手段和方法，随着20世纪40年代第一台计算机的诞生而迅速发展。特别是近些年来，随着系统科学研究的深入，控制理论、计算技术、信息处理技术的发展，计算机软件、硬件技术的突破，以及各个领域对仿真技术的迫切需求，使得系统仿真技术有了许多突破性的进展，在理论研究、工程应用和工具开发等许多方面都取得令人瞩目的成就，形成一门独立发展的综合性科学。

（2）相似理论

相似理论是系统仿真学科的最主要的基本理论之一。相似理论包括相似性原理、相似方法和实现相似的方法。

相似性原理就是指按照某种相似方式或相似规则对各种事物进行分类，获得多个类集合；在每一个类集合中选取一个具体事物并对它进行综合性研究，获得有关信息、结论和规律性的东西；这种规律性的东西可以方便地推广到该类集合的其他事物中去。相似性具有下列性质：

①自反性；

②对称性；

③传递性；

④相似的系统可以用文字相同的方程组描述，或者说它们具有相同的数学描述；

⑤表达相似系统的对应量在四维空间互相匹配且成一定的比例关系；

⑥由于描述相似系统的对应量互成比例，同时描述相似系统的方程又是相同的，所以各对应量的比例不能是任意的，而是彼此相约束的。

在系统仿真学科中有多种相似方式，如：

①比例相似。比例相似包括几何相似和综合参量比例相似。几何比例相似是几何尺寸按一定比例放大或缩小，而将原始方程变换成模拟计算机的排题方程或某些定点运算的仿真计算机的仿真程序，就是按照综合参量比例相似原则进行变换的。

②感觉信息相似。感觉相似包括运动感觉信息相似、视觉相似和音响感觉相似等，各种训练模拟器及当前正蓬勃兴起的虚拟现实技术，都是应用感觉信息相似的例子。

③数学相似。应用原始数学模型、仿真数学模型、数字仿真或模型仿真近似地而且尽可能逼真地描述某一系统的物理或主要物理特性，则为性能相似。

④逻辑相似。由于客观世界的复杂性，人们的认识在各方面都受到一定的限制，人的经验也是有限的，因此，人们分析、综合事物的思维方法以及由此而得出的结论，一般来说也只能是相似的。

(3)计算机仿真技术的发展

计算机仿真技术的发展大致经历了模拟计算机仿真(20 世纪 40 年代末 20 世纪 60 年代)、数学/模拟混合计算机仿真(20 世纪 50 年代末～20 世纪 70 年代)及全数字计算机仿真(20 世纪 60 年代到现在)三个主要阶段。而全数值计算机仿真又可分为两个阶段。20 世纪 60 年代末～20 世纪 80 年代初，属于第一阶段。在这一阶段中，从方法论角度来看是以研究模型实验为主，从仿真工具的研究来看，则是以各种仿真语言为主。由于缺乏对建模的支持，而仿真工具又有一定的缺陷(比如人人及人机接口不够直观、理想，没有统一的数据管理等)，因此仿真效率不高。20 世纪 80 年代到 20 世纪 90 年代则属于第二阶段。这一阶段(或称现代仿真技术阶段)内主要特征是:按照仿真的基本概念框架(建模实验分析)已形成了一整套先进的建模与仿真的方法，并通过建立一体化仿真环境来支持与实现它。从方法论角度来看，已经将研究扩展到建模及分析阶段，从仿真工具的研究来看，则是以建立能支持建模实验分析仿真全过程的一体化仿真环境为主，并充分采用了先进的计算机技术(如图形技术、数据库技术等)。

我国计算机仿真技术的研究与应用开展较早，发展迅速。20 世纪 50 年代开始，在自动控制领域首先采用仿真技术，面向方程建模和采用模拟计算机的数据仿真获得较普遍的应用，同时采用自行研制的三轴模拟转台的自动飞行控制系统的半实物仿真试验已开始应用于飞机、导弹的工程型号研制中。20 世纪 60 年代，在开展连续系统仿真的同时，已开始对离散事件系统(例如交通管理、企业管理)的仿真进行研究。20 世纪 70 年代，我国训练仿真器获得迅速发展，我国自行设计的飞行模拟器、舰艇模拟器、火电机组培训仿真系统、化工过程培训仿真系统、机车培训仿真器、坦克模拟器、汽车模拟器等相继研制成功，并形成一定市场，在操作人员培训中起了很大作用。20 世纪 80 年代，我国建设了一批水平高、规模大的半实物仿真系统，如射频制导导弹半实物仿真系统、红外制导导弹半实物仿真系统、歼击机工程飞行模拟器、歼击机半实物仿真系统、驱逐舰半实物仿真系统等，这些半实物仿真系统在武器型号研制中发挥了重大作用。20 世纪 90 年代，我国开始对分布交互仿真、虚拟现实等先进仿真技术及其应用进行研究，开展了较大规模的复杂系统仿真，由单个武器平台的性能仿真发展为多武器平台在作战环境下的对抗仿真。

据有关资料记载，面临着全面禁止核武器试验和化学武器试验的形势，美国、俄罗斯等军事强国都花费大量的人力财力从事计算机仿真技术的研究。他们认为，当在实际系统上进行试验比较危险或者难以实现时，计算机仿真技术就成了十分重要，甚至必不可少的工具。计算机仿真具有经济、可靠、安全、灵活、可多次重复使用等优点，已成为许多复杂系统(工程的、非工程的)分析、设计、试验、评估等不可缺少的重要手段。

近年来，美国在总结成功经验的基础上，更加重视仿真，已将发展“合成仿真环境”作为国防科技发展的七大科技推动领域之一。所谓合成仿真环境，就是在广泛采用 GIS 及相关的计算机技术(如虚拟现实技术)的基础上，创造一种进行武器系统研究和训练的人工合成环境，在新武器系统研制过程中，用仿真试验(虚拟样机)代替实际样机试验，使新技术、新概念、新方案在虚拟战场条件下反复进行演示验证和分析比较，从而确定最佳方案，选择最优技术途径。

(4)计算机仿真技术的应用

由于仿真技术在应用上的特殊功效(安全性与经济性),以及计算机技术的突飞猛进,50 年来仿真技术获得了十分广泛的应用。首先是由于仿真技术在应用上的安全性,因此,航空、航天、武器系统、核电站及潜艇等,一直是仿真技术应用的主要领域。其次,仿真技术在应用上的经济性,也是被广泛采用的十分重要的因素。世界各国几乎所有大型的发展项目,如阿波罗登月计划、战略防御系统、计算机集成制造、并行工程等,因为投资极大,又有相当大的风险,而仿真技术的应用可以用较小的投资换取风险上的大幅度降低,都十分重视仿真技术的应用。仿真能得到大规模运用,主要有以下几点原因:一个新方案实施以前能得到试验;能研究复杂系统内部的相互作用;为危险性试验提供了一个分析工具;能模拟环境的改变及模型对这些改变的反映;能验证分析结果的有效性;为系统试验提供一个方便的手段;仿真是一个廉价的工具。

计算机仿真的优势主要体现在:灵活快速,它允许对试验进行控制,允许对敏感性问题进行分析。不需要影响实际系统。由此可见,仿真是一个很好的培训工具。

(5)仿真技术在地下工程中的应用

随着计算机技术的发展,地下工程的研究方法也同其他领域一样,有了突破性发展的机遇,系统仿真早已不是单纯的模型试验了。地下工程结构及工程所对应的地质条件越来越复杂,人们对工程质量的要求越来越高,因此,单纯用模型试验已不能满足这种日益增长的需求。将计算机仿真技术用于地下工程,可以克服模型试验存在的一些问题,因为做计算机仿真,对一个模型,可以进行多次试验,能任意修改模型参数,而且不用耗费大量的时间、场地,还能根据需要改变环境。应用计算机仿真技术,可以以图像的形式直观地表达出结构动态变化的过程。目前,计算机仿真技术已应用到了地下工程的诸多方面,如水电工程的地下洞室群的开挖支护过程仿真、地下采矿选线数值仿真、隧道施工仿真等,使地下工程施工参数分析、施工方案的选择从单纯凭施工经验进行决策的阶段进入施工过程仿真试验、施工参数数值分析、施工方案优化等科学领域,而且,仿真技术朝着精细化、一体化的方向发展,更加提高了人们对工程不利问题的认识和预处理能力,为工程的安全施工及设计优化提供更多有价值的信息。

本次研究采用三维拉格朗日有限差分软件 FLAC^{3D},对坝陵河大桥西锚碇隧道锚的施工开挖进行仿真分析,通过围岩的应力、变形和塑性区分析,优选隧道锚施工开挖方案;对隧道锚的支护参数进行优化,特别是隧道锚两隧洞中间岩墙的支护参数进行优化计算,并提出支护参数调整建议;在此基础上,通过施工期间监测信息的位移反分析,并根据施工开挖后隧道锚围岩的塑性区以及变形特征对隧道锚的安全性进行评价。

6.5.2　施工方案及支护参数优化

1)计算条件

(1)工程地质概化

根据计算要求及工程地质条件,进行工程地质概化,建立计算区域的工程地质概化模型。地质概化模型包含弱风化岩体和微风化岩体,其中每个风化层又包括两种岩性:泥晶灰岩和白云岩。

因为本节主要研介绍隧道锚施工开挖方案、支护参数优化及参数反演,故在计算模型中没有考虑边坡开挖的影响,而认为边坡已经开挖完成并支护。

(2)计算坐标系及计算范围

X 轴正向:沿坝陵河大桥轴线方向,方向指向镇宁(东)。

Y 轴正向:垂直于沿坝陵河大桥轴向,方向指向北。

Z 轴正向:竖直向上。整个坐标系按右手法则形成。

计算坐标原点:坝陵河大桥轴线 K22+300.000 点处,高程 0.00m。

计算域范围为:X 方向 300m,以 K22+300.000 为中心,在大桥轴向上向东西方向各延伸 150m;Y 方向 300m,以坝陵河大桥轴线为界,左右各 150m;Z 方向最低高度为海拔 700m,山顶最高约 1 100m。计算域范围见图 6.89。

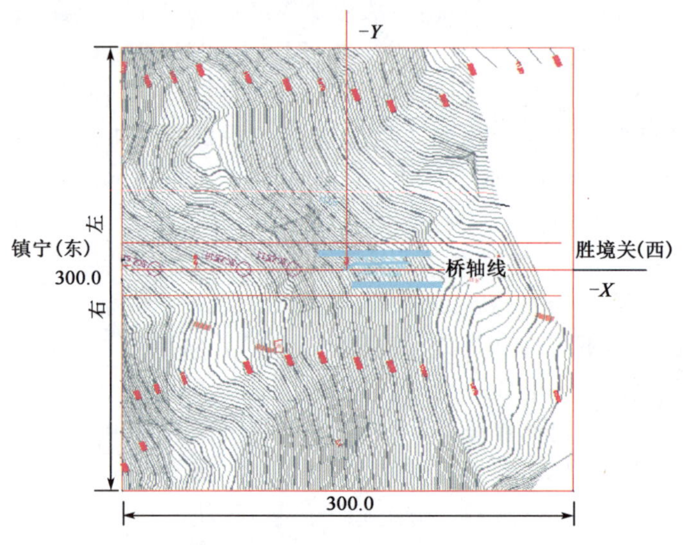

图 6.89 坝陵河大桥隧道锚计算范围

(3)计算参数

坝陵河西锚碇区岩体力学参数试验成果见表 6.56;根据试验研究报告,弱风化与微风化岩石的饱和单轴抗压强度平均值分别为 52.2MPa、55.9MPa;按照《工程岩体分级标准》(GB 50218—1994)中岩石坚硬程度的定性划分标准,均属于较坚硬Ⅲ类围岩。结合锚碇区工程地质条件和岩体结构特征、类比相关工程经验并参考现行的《水利水电工程地质勘察规范》(GB 50487—2008)、《混凝土重力坝设计规范》(DL 5108—1999)、《工程岩体分级标准》(GB/T 50218—2014)等规范文件给出参数推荐值。

岩(块)体力学参数试验成果 表 6.56

岩体及其风化程度	饱和密度	岩体抗剪断强度		层间夹泥抗剪强度		变形模量 E_0 (GPa)		泊松比 μ	
	ρ_s (kg/m³)	f'	c' (MPa)	ϕ (°)	c (MPa)	平行岩层	垂直岩层	平行岩层	垂直岩层
微风化泥晶灰岩	2.40	0.92	0.71	—	—	10.0	2.0	0.28	0.35
破碎夹泥带	—	0.32	0.35	10	0.01	0.05		0.40	

计算过程中采用的强度参数根据推荐值(表 6.57)的参数取值范围选用一组低值进行计

算，变形参数还需要进行位移反演获得更准确的参数；具体计算参数见表 6.58。

岩体物理力学参数推荐值　　表 6.57

岩性及其风化程度		重力密度 (kN/m^3)	抗剪(断)强度		变形模量 E_0 (GPa)	泊松比 μ	抗拉强度 (MPa)
			ϕ(°)	c(MPa)			
弱风化岩体	泥晶灰岩	25.0	28.0～36.0	0.40～0.52	2.0～5.0	0.35	0.2
	白云岩	25.3	30～38.5	0.41～0.53	3.0～6.0	0.30	0.3
微风化岩体	泥晶灰岩	25.5	33.0～43.0	0.60～0.77	6.0～13.0	0.30	0.3
	白云岩	25.8	34.0～44.0	0.68～0.88	6.0～13.0	0.28	0.4
夹层	—	19.0	13.5～18.0	0.01～0.05	0.04～0.06	0.45	0.0

计算采用力学参数　　表 6.58

岩性及其风化程度		重力密度 (kN/m^3)	抗剪(断)强度		变形模量 E_0 (GPa)	泊松比 μ	抗拉强度 (MPa)
			ϕ(°)	c(MPa)			
弱风化岩体	泥晶灰岩	25.0	33.0	0.47	2.0	0.35	0.2
	白云岩	25.3	35.0	0.48	3.0	0.30	0.3
微风化岩体	泥晶灰岩	25.5	39.0	0.70	6.0	0.30	0.3
	白云岩	25.8	40.0	0.80	6.0	0.28	0.4
夹层	—	19.0	16.7	0.05	0.05	0.45	0.0
混凝土	C30	25.0	45.0	1.50	28.0	0.167	1.5

(4)施工过程概化

隧洞部分开挖步骤如图 6.90 所示，第 1 断面为散索鞍支墩基坑开挖面，第 2 断面是隧洞前端断面，第 4 断面为前锚面，第 3 断面为第 2 断面和第 4 断面沿隧洞轴向的中面，第 6 断面为后锚面，第 5 断面是第 4 断面和第 6 断面沿隧洞轴向的中面，第 7 断面为隧洞底端面，用这 7 个面把隧洞分为 6 部分(段)。表 6.59 列出了隧洞开挖方案，施工过程模拟见表 6.60、表 6.61。

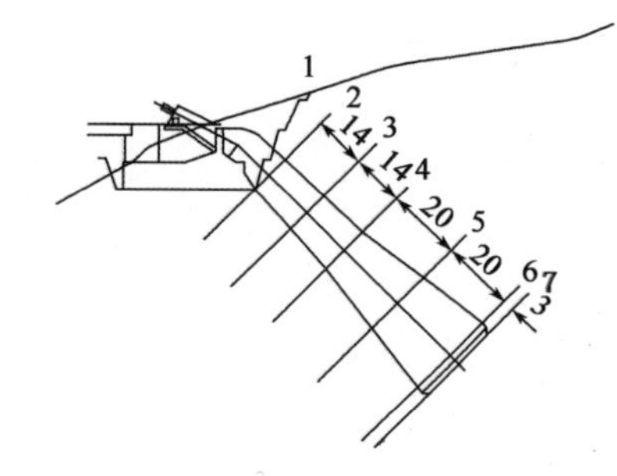

图 6.90　隧道锚隧洞开挖顺序示意图(尺寸单位：m)

隧 洞 开 挖 方 案　　表 6.59

开挖步	方案 A(平行开挖)	方案 B(左洞先开挖)
第一步	左、右洞 1-2 断面之间部分	左洞 1-2 断面之间部分
第二步	左、右洞 2-3 断面之间部分	左洞 2-3 断面之间部分和右洞 1-2 断面之间部分
第三步	左、右洞 3-4 断面之间部分	左洞 3-4 断面之间部分和右洞 2-3 断面之间部分
第四步	左、右洞 4-5 断面之间部分	左洞 4-5 断面之间部分和右洞 3-4 断面之间部分
第五步	左、右洞 5-7 断面之间部分	左洞 5-6 断面之间部分和右洞 4-5 断面之间部分
第六步	—	左洞 6-7 断面之间部分和右洞 5-6 断面之间部分
第七步	—	右洞 6-7 断面之间部分

隧道锚开挖支护施工过程概化(隧道锚左洞先开挖)　　表 6.60

加载顺序	加载过程	加载步	说明
1	隧洞开挖支护	mao1	左洞 1-2 断面之间部分
		mao2	左洞 2-3 断面之间部分和右洞 1-2 断面之间部分
		mao3	左洞 3-4 断面之间部分和右洞 2-3 断面之间部分
		mao4	左洞 4-5 断面之间部分和右洞 3-4 断面之间部分
		mao5	左洞 5-6 断面之间部分和右洞 4-5 断面之间部分
		mao6	左洞 6-7 断面之间部分和右洞 5-6 断面之间部分
		mao7	右洞 6-7 断面之间部分
		liner	隧道锚隧洞衬砌
2	锚塞体回填	huitian	锚塞体回填
3	公路隧道开挖	tunnel	公路隧道开挖

施工过程概化表(隧道锚隧洞平行开挖)　　表 6.61

加载顺序	加载过程	加载步	说明
1	隧洞开挖支护	mao1	左、右洞 1-2 断面之间部分
		mao2	左、右洞 2-3 断面之间部分
		mao3	左、右洞 3-4 断面之间部分
		mao4	左、右洞 4-5 断面之间部分
		mao5	左、右洞 5-7 断面之间部分
		liner	隧洞衬砌
2	锚塞体回填	huitian	锚塞体回填
3	公路隧道开挖	tunnel	公路隧道开挖

(5)计算结果说明

为方便计算结果的说明,表 6.62、图 6.91～图 6.94 给出了各典型剖(切)面位置示意图。

计算成果中位移的方向与各坐标轴相同,各图中未加特别说明的,其位移的单位均为 m;计算结果中的应力约定:拉为正,压为负,应力单位是 Pa。

典型剖面位置　　表 6.62

剖面	在模型中坐标位置	设计布置
A-A	$Y=14$ 剖面	右隧洞轴线剖面
B-B	$Y=0$ 剖面	桥轴线剖面(基坑平面 *C-C* 剖面)
C-C	$Y=-14$ 剖面	左隧洞轴线剖面
D-D	$Y=-23$ 剖面	—
G-G	$X=-20$ 剖面	—
H-H	$X=-30$ 剖面	—
I-I	$X=-50$ 剖面	—

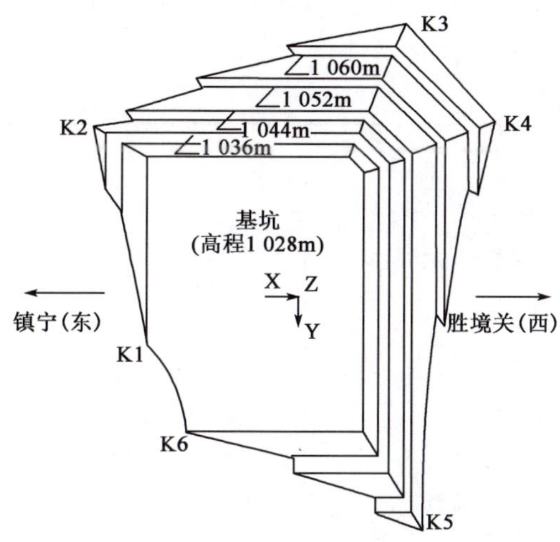

图 6.91 基坑边坡平面示意图

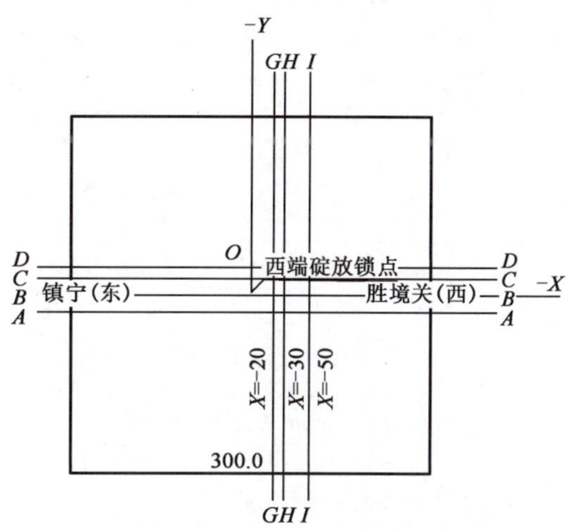

图 6.92 提交成果横剖面与纵剖面示意图

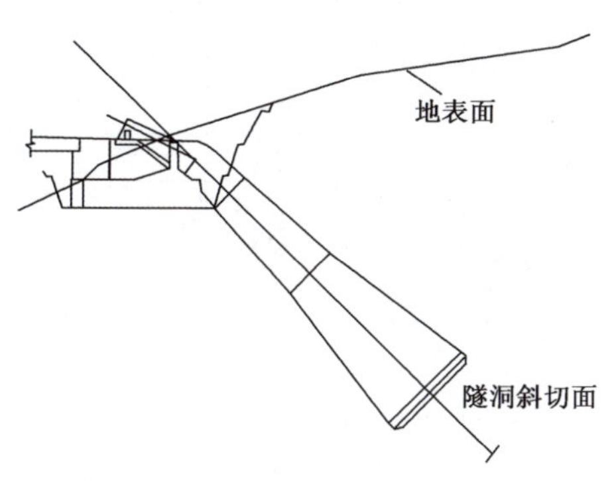

图 6.93 提交成果斜切面示意图

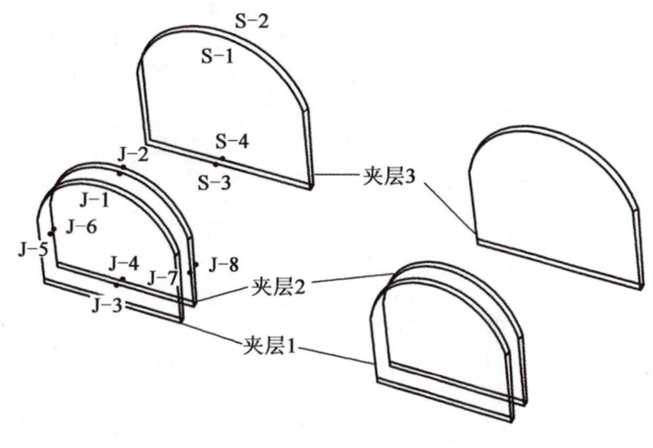

图 6.94 夹层两侧计算监控点示意图

2)隧道锚隧洞开挖优化分析

计算模型共划分单元 69 249 个,节点总数 43 917;计算网格见图 6.95。采用弹塑性模型,屈服准则为 Mohr-Coulomb 准则。

计算时所施加的边界约束条件:地表为自由边界;底面被固定,其余各面均受到法向位移约束。

边坡支护有 20 根预应力锚索(包括坡面上和基坑内前支墩底部)和 468 根普通钢筋锚杆;隧洞支护 60 根预应力锚索和约 7 200 根普通钢筋锚杆,隧道锚两隧洞之间锚塞体段岩墙采用大约 340 根水平预应力对拉锚杆加固。计算过程中,

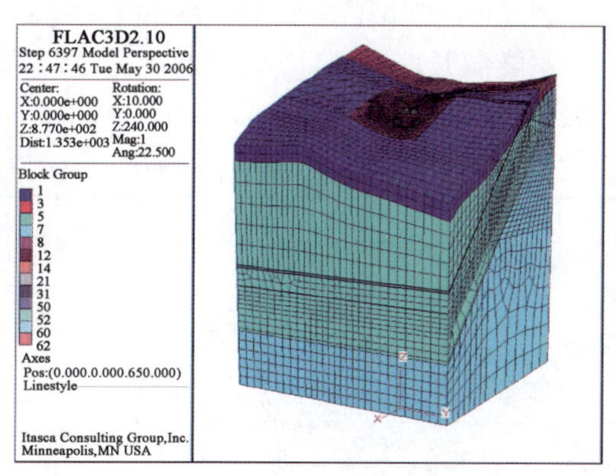

图 6.95 坝陵河大桥隧道锚计算网格

(单元 69 249,节点 43 917)

隧道锚隧洞和公路隧道的施工模拟中，先开挖，并立即进行锚杆支护，在结果的处理上看成一个施工步；然后在预设的网格内进行混凝土回填模拟衬砌过程。计算工况列于表 6.63 之中。

计算工况 表 6.63

序号	计算方案	荷载及计算参数组合					
		自重应力	开挖荷载	衬砌支护	锚杆支护	锚索支护	预应力锚杆
1	按方案 A(平行开挖)分 5 段进行隧洞开挖	√	√	√	√	√	—
2	按方案 B(左洞先开挖)分 6 段进行隧洞开挖，左洞掌子面超前 20m	√	√	√	√	√	—
3	按方案 B(左洞先开挖)进行隧洞开挖，每次开挖进尺 6～8m，左洞掌子面超前 20m	√	√	√	√	√	—
4	按方案 B(左洞先开挖)进行隧洞开挖，每次开挖进尺 3～4m，左洞掌子面超前 20m	√	√	√	√	√	—
5	按方案 B(左洞先开挖)进行隧洞开挖，每次开挖进尺 3～4m，左洞掌子面超前 30m	√	√	√	√	√	—
6	按方案 B(左洞先开挖)进行隧洞开挖，每次开挖进尺 3～4m，左洞掌子面超前 10m	√	√	√	√	√	—
7	按方案 B(左洞先开挖)分 6 段进行隧洞开挖，10t 预应力对拉锚杆，左洞掌子面超前 20m	√	√	√	√	√	√
8	按方案 B(左洞先开挖)分 6 段进行隧洞开挖，15t 预应力对拉锚杆，左洞掌子面超前 20m	√	√	√	√	√	√
9	按方案 B(左洞先开挖)分 6 段进行隧洞开挖，20t 预应力对拉锚杆，左洞掌子面超前 20m	√	√	√	√	√	√
10	按方案 B(左洞先开挖)分 6 段进行隧洞开挖，25t 预应力对拉锚杆，左洞掌子面超前 20m	√	√	√	√	√	√
11	按方案 B(左洞先开挖)分 6 段进行隧洞开挖，30t 预应力对拉锚杆，左洞掌子面超前 20m	√	√	√	√	√	√

注：表中的计算方案均考虑了夹层的影响。

(1)各施工开挖方案隧洞开挖变形分析

表 6.64 列出了方案 6 隧洞各段开挖后各剖面最大位移表，表 6.65 为方案 1～方案 5 各开挖方案隧洞开挖完成后各剖面最大位移。图 6.96～图 6.101 示出了各方案不同开挖步的变形矢量。

隧洞各段开挖后各剖面最大位移(方案 6)(单位：mm) 表 6.64

开挖步	*A-A* 剖面	*C-C* 剖面	*G-G* 剖面	*H-H* 剖面	*I-I* 剖面	斜切面
mao1	0.38	2.14	0.54	0.20	0.05	1.84
mao2	2.08	3.92	3.43	1.03	0.11	3.20
mao3	6.10	4.39	5.08	2.49	0.54	4.05
mao4	6.16	4.69	5.48	3.03	2.87	4.30
mao5	6.18	5.09	5.64	3.49	5.05	4.39
mao6	6.18	5.22	3.86	3.57	5.18	3.90
mao7	6.18	5.28	3.86	3.60	5.33	3.89

各开挖方案隧洞开挖完成后各剖面最大位移(单位:mm) 表 6.65

方 案	A-A 剖面	C-C 剖面	G-G 剖面	H-H 剖面	I-I 剖面	斜切面
方案 1	6.13	5.31	5.64	3.57	5.34	4.40
方案 2	6.00	5.25	3.87	3.59	5.27	3.90
方案 3	6.21	5.26	3.84	3.61	5.29	3.90
方案 4	6.19	5.27	3.84	3.60	5.29	3.88
方案 5	5.98	5.27	3.89	3.60	5.29	3.94

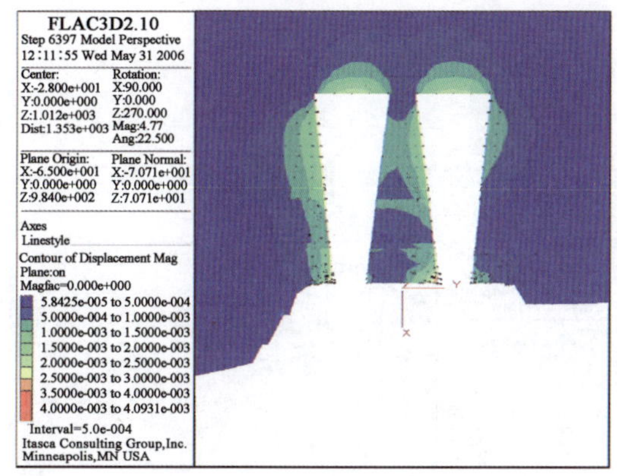

图 6.96 隧道锚隧洞开挖完成后(斜切面)变形矢量图(方案 1)

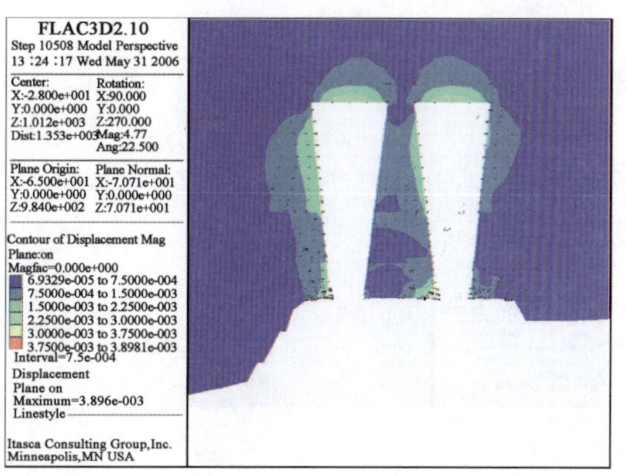

图 6.97 隧道锚隧洞开挖完成后(斜切面)变形矢量图(方案 2)

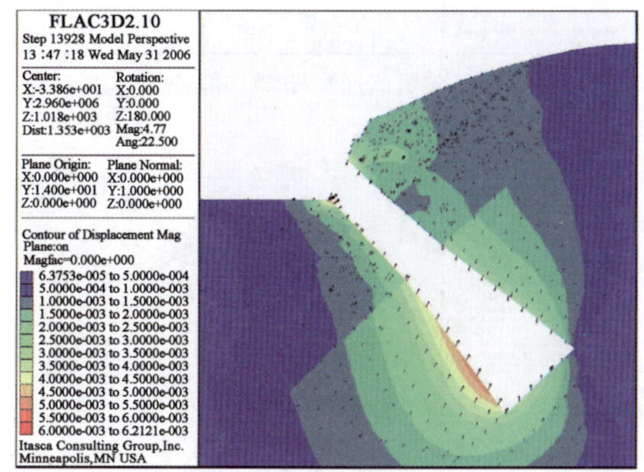

图 6.98 隧道锚隧洞开挖完成后(A-A 剖面)变形矢量图(方案 3)

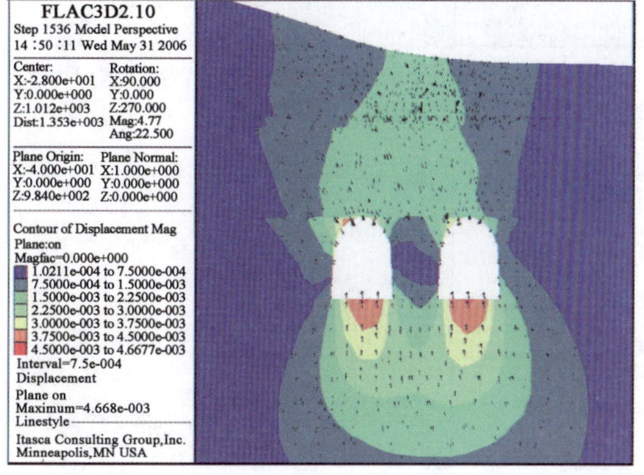

图 6.99 隧道锚隧洞开挖完成后(H-H 剖面)变形矢量图(方案 4)

从表 6.64、表 6.65 和图 6.96、图 6.97 可以看出,隧道锚两隧洞平行开挖引起的变形大于错开开挖产生的变形。

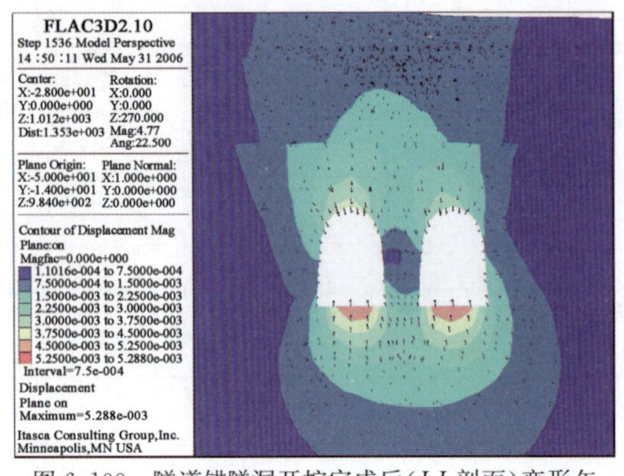

图 6.100 隧道锚隧洞开挖完成后(*I-I* 剖面)变形矢量图(方案 5)

图 6.101 隧道锚隧洞开挖完成后(斜切面)变形矢量图(方案 5)

(2)各施工开挖方案隧洞开挖塑性区

图 6.102～图 6.109 显示了各施工开挖方案隧洞开挖塑性区。从方案 1 与方案 2 的对比分析中可知:开挖顺序对隧道锚隧洞的塑性破坏区影响显著,因此在开挖施工中应避免双洞平行推进的施工顺序。

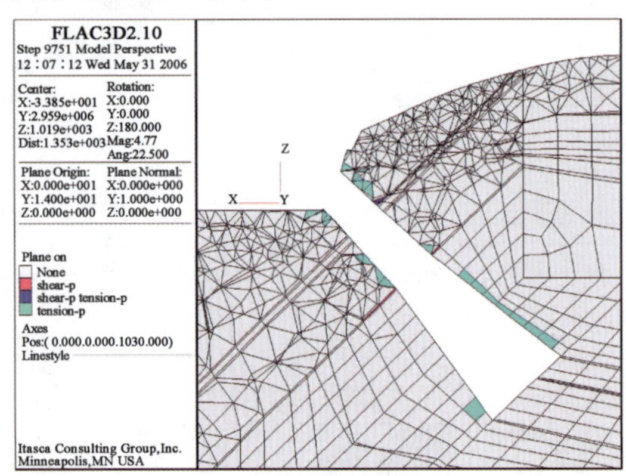

图 6.102 隧道锚隧洞开挖完成后(*A-A* 剖面)塑性区图(方案 1)

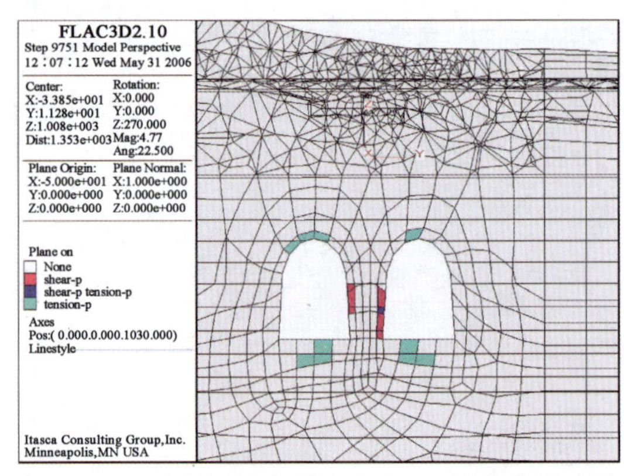

图 6.103 隧道锚隧洞开挖完成后(*I-I* 剖面)塑性区图(方案 1)

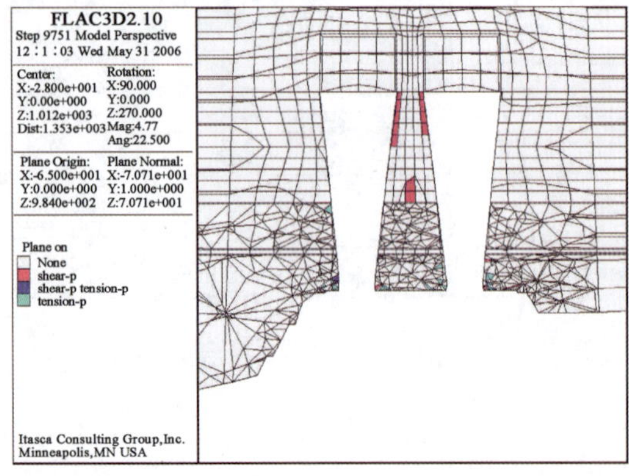

图 6.104 隧道锚隧洞开挖完成后(斜切面)塑性区图(方案 1)

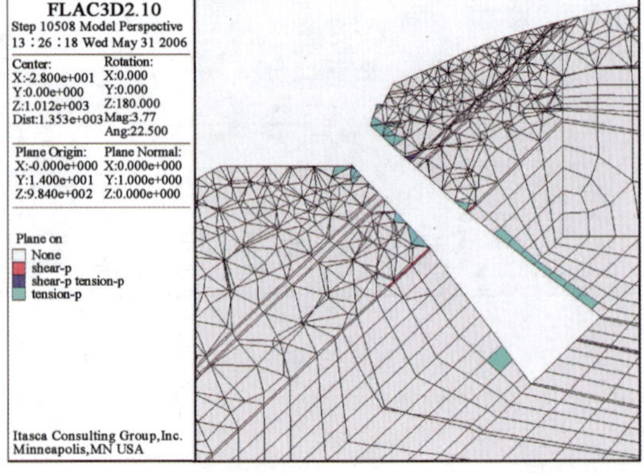

图 6.105 隧道锚隧洞开挖完成后(*A-A* 剖面)塑性区图(方案 2)

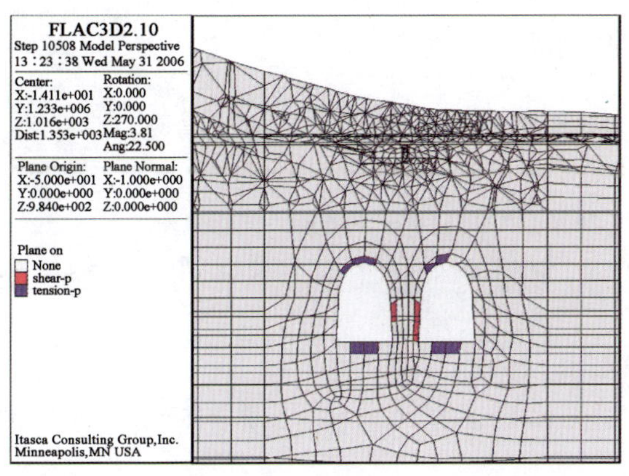

图 6.106　隧道锚隧洞开挖完成后(*I-I* 剖面)塑性区图(方案 2)

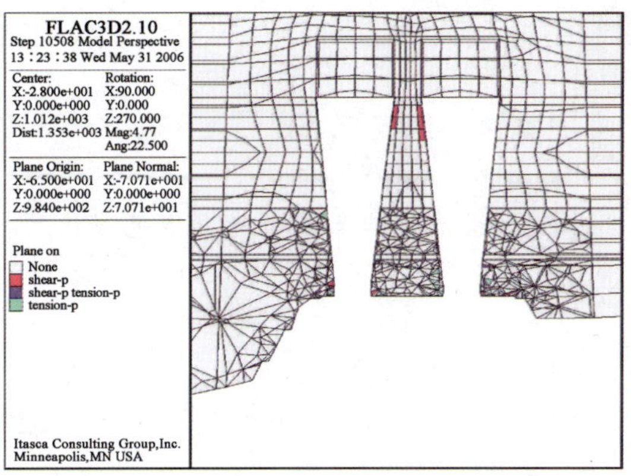

图 6.107　隧道锚隧洞开挖完成后(斜切面)塑性区图(方案 2)

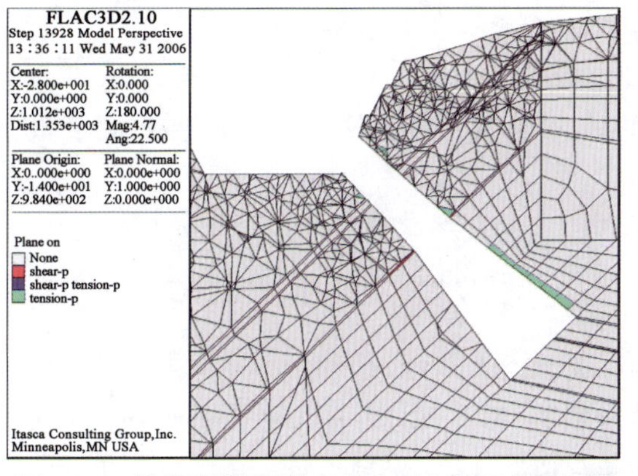

图 6.108　隧道锚隧洞开挖完成后(*C-C* 剖面)塑性区图(方案 3)

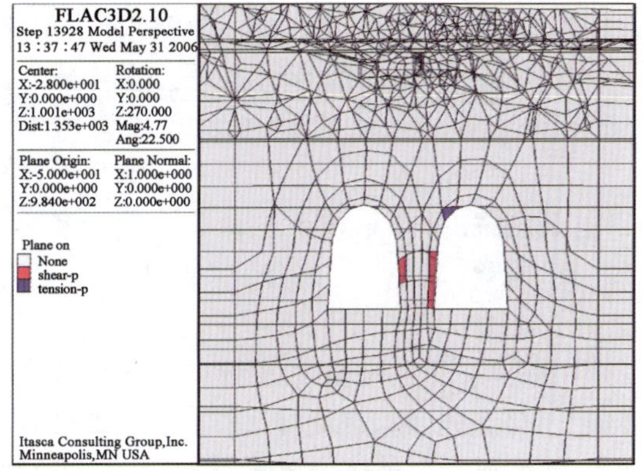

图 6.109　隧道锚隧洞开挖完成后(*I-I* 剖面)塑性区图(方案 3)

随着开挖进尺的减小，塑性区的体积也随之逐渐变小，开挖进尺与塑性区的体积成正相关，因此施工中应采用“短进尺，分台阶”进行开挖。

参考文献

[1] 包贵鑫,刘峰,等. VB 实现 SQL Server 数据库备份和恢复的方法使用[J]. 鸡西大学学报,2006,6(3):57-59.

[2] 卞昭庆. 我国岩土工程标准规范现状[J]. 工程勘察,2004(1):16,20.

[3] 蔡加兴. 电磁波 CT 技术在水库堤坝隐患探测中的应用[J]. 人民长江,2002,33(1):21-22.

[4] 蔡美峰. 岩石力学与工程[M]. 北京:科学出版社,2002.

[5] 曹代勇,李青元,朱小弟,等. 地质构造三维可视化模型探讨[J]. 地质与勘探,2001,37(4):60-62.

[6] 曹俊兴. 跨孔地震波及电磁波层析成像研究[D]. 成都:成都理工学院,1996.

[7] 陈国亮. 岩溶地区地面塌陷的评价与处理[J]. 工程勘察,1983(1): 25-30.

[8] 陈江,等. 图解精讲 Access2003[M]. 北京:中国水利水电出版社,2004.

[9] 陈肇元. 土建结构工程的安全性与耐久性[M]. 北京:中国建筑出版社,2003.

[10] 陈滋康,等. 地震勘探方法在岩溶地区的应用研究[M]. 桂林:广西师范大学出版社,1988.

[11] 戴定璇. 瞬变电磁法在工程地质勘察中的应用[J]. 物探与化探,1995.

[12] 邓举智,莫撼,刘庆成. 探地雷达在岩溶探测中的应用[J]. 物探与化探,2001,25(6):474-476.

[13] 董清华. 井间电阻率层析成像研究[D]. 成都:成都理工学院,1996.

[14] 方利成,杜彬,张晓峰,等. 隧道工程病害防治图集[M]. 北京:中国电力出版社,2000.

[15] 冯乃谦. 高性能混凝土结构[M]. 北京:机械工业出版社,2004.

[16] 冯乃谦. 新实用混凝土大全[M]. 北京:科学出版社,2005.

[17] 高大钊. 岩土工程标准规范实施手册[M]. 北京:中国建筑工业出版社,1997.

[18] 葛修润,王川婴. 数字全景钻孔摄像技术和数字钻孔[J]. 地下空间,2001,21(4):254-261.

[19] 工程地质手册编写委员会. 工程地质:第四版[M]. 北京:中国建筑工业出版社,2007.

[20] 龚洛书,柳春圃. 混凝土的耐久性及其防护修补[M]. 北京:中国建筑工业出版社,1990.

[21] 关榆君. 基于 Access 数据库的唐山公交线路查询系统开发[J]. 信息技术与网络服务,2006,(28):37-38.

[22] 管群. VR-GIS 技术在岩土工程中的应用[D]. 四川:四川大学,2002.

[23] 贵州省地方标准. 贵州建筑地基基础设计规范(DB 22/45—2004). 贵阳:贵州省建设厅,2004.

[24] 贵州省地方标准. 贵州建筑岩土工程技术规范(DB 22/46—2004). 贵阳:贵州省建设厅,2004.

[25] 贵州省地矿局第二工程勘查院,中交公路规划设计院. 坝陵河大桥西锚碇施工图设计阶段工程地质勘查报告[R]. 2005.

[26] 贵州省地矿局第二工程勘察院,中交公路规划设计院. 沪瑞国道主干线贵州省镇宁至胜

境关公路第三合同段(CK20+700~CK22+150)坝陵河大桥初步设计工程地质补充勘察野外验收资料[R]. 遵义:贵州省地矿局第二工程勘察院,2004.

[27] 贵州省地矿局第二工程勘察院. 沪瑞国道主干线贵州省镇宁至胜境关公路第三合同段(CK20+700~CK22+150)坝陵河大桥施工图设计阶段工程地质勘察报告[R]. 遵义:贵州省地矿局第二工程勘察院,2005.

[28] 郭贵安,魏柏林. 井间电磁波CT技术在溶洞探测中的应用[J]. 华南地震,1999,19(4):28-34.

[29] 郭正言,刘长平. 地质雷达在岩溶地区公路工程勘察中的应用[J]. 公路,1999(11).

[30] 何兵寿. 地质雷达的模拟计算及应用[D]. 北京:中国矿业大学,1999.

[31] 何继善. 电法勘探的发展和展望[J]. 地球物理学报:Vol. 40 增刊,1997.

[32] 贺怀建,白世伟,赵新华,等. 三维地层模型中地层划分的探讨[J]. 岩土力学,2002,23(5):637-639.

[33] 黄伯瑜. 岩溶地基稳定性评价与工程处理[J]. 勘察科学技术,1988(3):1-6.

[34] 黄家会,宋雷,等. 跨孔雷达层析成像技术用于地下深部岩层特性研究[J]. 中国矿业大学学报,1999(6).

[35] 黄耀荣. 试论岩溶地区工程地质勘察的重要性[J]. 桂林冶金地质学院学报,1993,13(3);325-326.

[36] 中国工程建筑标准化协会标准. CECS 220—2007 混凝土结构耐久性评定标准[S]. 北京:中国计划出版社,2007.

[37] 季常煦. 地下工程结构混凝土的耐久性分析研究[D]. 武汉:武汉理工大学学报,2006.

[38] 蒋邦远. 瞬变电磁法勘探[M]. 北京:地质出版社,1998.

[39] 金伟良, 赵羽习. 混凝土结构耐久性[M]. 北京:科学出版社,2002.

[40] 李大心. 探地雷达方法与应用[M]. 北京:地质出版社,1994.

[41] 李黔西. 充电法探测充水岩溶裂隙的应用效果[J]. 西部探矿工程. 2003(3):9-10.

[42] 李清泉,李德仁. 三维空间数据模型集成的概念框架研究[J]. 测绘学报,1998,27(4):325-330.

[43] 李彦军. 岩溶地质综合勘察方法[J]. 铁道建筑,2000,5: 8-9.

[44] 李张明. 电磁波层析成像技术在溶洞探测中的应用[J]. 中国岩溶,1995,14:372-377.

[45] 林宗元. 岩土工程勘察设计手册[M]. 沈阳:辽宁科学技术出版社,1996.

[46] 刘传正. 地质灾害勘查指南[M]. 北京:地质出版社,2000.

[47] 刘广润,程伯禹. 岩溶塌陷的类型、成因机制及防治途径兼论武汉市岩溶塌陷勘查工作要点[J]. 工程地质学报,2001,9(4):414-417.

[48] 刘国兴. 电法勘探在吉林双阳地区寻找隐伏溶洞的应用[J]. 吉林地质,1994,13(1):80-84.

[49] 刘凯,路新瀛. 混凝土结构耐久性设计与耐久性寿命预测[J]. 四川建筑科学研究,2006,32(4):77-79.

[50] 刘荣桂,陈妤,颜庭成. 氯盐环境条件下预应力混凝土氯离子侵蚀模型研究[J]. 混凝土理论研究,2006(9):1-4.

[51] 刘少华,程朋根,陈红华.三维地质建模及可视化研究[J].桂林工学院学报,2003,23(2):154-160.

[52] 刘晓东,张虎生,黄笑春,等.高密度电法在宜春市岩溶地质调查中的应用[J].中国地质灾害与防治学报,2002,13(1):72-75.

[53] 刘秀伟,何心明.坝陵河大桥综合工程勘察手段运用[J].岩土工程界,2006,8.

[54] 刘自明.桥梁工程养护与维修手册[M].北京:人民交通出版社,2004.

[55] 马国彦,等.岩体灌浆排水锚固理论与实践[M].北京:中国水利水电出版社,2003.

[56] 毛善君.灰色地理信息系统——动态修正地质空间数据的理论和技术[J].北京大学学报:自然科版,2002,38(4):556-562.

[57] 欧阳立胜.电磁波CT技术在探测堤坝工程中的应用[J].华南地震,2002,22(1):64-69.

[58] 潘炜.刘大安.钟辉亚.三维地质建模以及在边坡工程中的应用[J].岩石力学与工程学报,2004,23(4):597-603.

[59] 邱陶兴,王洪涛,陶裕录.电磁波井间成像技术及其在岩土工程中的应用[J].华南地震,1994,14:16-23.

[60] 任美锷.刘振中.岩溶学概论[M].北京:商务印书馆,1983.

[61] 日本土木学会.平成11年版コンクリート標準示方書【施工編】—耐久性照查型—[R].社团法人 土木学会,平成12年1月第1版.

[62] 日本土木学会.平成11年版コンクリート標準示方書【施工編】—耐久性照查型—改訂資料[R].社团法人 土木学会,平成12年1月20日 第1版.

[63] 孙广忠.岩体结构力学[M].北京:科学出版社,1988.

[64] 孙敏,陈军.基于几何元素的三维景观实体建模研究[J].武汉测绘科技大学学报,2000,25(3):233-237.

[65] 孙振.隧道式锚碇受力机理研究[D].成都:西南交通大学,2005.

[66] 唐新建,任伟中,王川婴.多尺度数字高程模型[J].岩土力学,2006,27(12):2294-2298.

[67] 田金华,马俊生,池秀文.滑坡可视化及可视化软件IDL[J].西部探矿工程,2004,3:179-182.

[68] 中华人民共和国行业标准.TB 10027—2001 铁路工程不良地质勘察规程[S].北京:中国铁道出版社,2002.

[69] 王川婴,LAW,K. Tim.钻孔摄像技术的发展与现状[J].岩石力学与工程学报,2005,24(19):3440-3448.

[70] 王川婴,葛修润,白世伟.前视全景钻孔电视及其应用[J].岩石力学与工程学报,2001,增刊:1687-1691.

[71] 王川婴,葛修润,白世伟.数字式全景钻孔摄像系统及其应用[J].岩土力学,2001,22(4):522-525.

[72] 王川婴,葛修润,白世伟.数字式全景钻孔摄像系统研究[J].岩石力学与工程学报,2002,21(3):398-403.

[73] 王川婴,庞智成,陈晓东.岩体完整性指标IRMI的工程应用与分析[J].岩土力学:增刊.

[74] 王明华. 工程岩体三维地质模型与可视化研究[D]. 武汉:中国科学院武汉岩土力学研究所,2004.

[75] 王新友,李宗津. 混凝土使用寿命预测的研究进展[J]. 建筑材料学报,1999,2(3):249-256.

[76] 卫军,杨曼娟,朱玉,等. 悬索桥隧道式锚碇设计及结构性能分析[J]. 城市道桥与防洪,2005(6):49-52.

[77] 魏群. 数字城市可视化仿真三维实体建模及虚拟现实软件系统的自主研发[C]//第二届中国国际数字城市建设技术研讨会论文集,知识产权出版社,2006.

[78] 文学东,卢秀山,李青元,等. 基于三棱柱的三维地质体建模及可视化研究[J]. 测绘科学,2005,30(5):82-85.

[79] 吴立新,陈学习,史文中. 基于GTP的地下工程与围岩一体化真三维空间构模[J]. 地理于地理信息科学,2003,19(6):1-6.

[80] 夏炎. 三维矢量结构地质模型及其微机可视化图形显示系统研究[D]. 北京:中国矿业大学北京研究生部,1997.

[81] 夏宇靖,等. 瑞雷波勘探方法研究——瑞雷波地震法探测洞穴和其他地质体方法[R]. 1991.

[82] 肖柏勋. 工程地球物理学进展[M]. 武汉:武汉水利水电大学出版社,2000.

[83] 岩土工程手册编委会. 岩土工程手册[M]. 北京:中国建筑工业出版社. 1994.

[84] 燕云. 利用数据库技术开发水文资源管理系统探讨[J]. 电脑知识与技术,2006:24-26.

[85] 杨文彩. 地球物理反演和地震层析成像[M]. 北京:地震出版社,1989.

[86] 张建桃. 公路边坡的工程地质三维建模与稳定性分析[D]. 徐州:中国矿业大学,2005.

[87] 张渭军,王文科. 基于钻孔数据的地层三维建模与可视化研究[J]. 大地构造与成矿学,2006,30(1):108-113.

[88] 张咸恭. 王思敬. 张倬元. 中国工程地质学[M]. 北京:科学出版社,2000.

[89] 张永兴. 岩石力学[M]. 北京:中国建筑工业出版社,2004.

[90] 张宇旭. 隧道工程常见滨海的危害及成因分析[J]. 国外建材科技,2008(1).

[91] 张誉,蒋利学,张伟平,等. 混凝土结构耐久性概论[M]. 上海:上海科学技术出版社,2003.

[92] 章国成,杨利伟,王天稳. 混凝土碳化深度预测模型的对比分析[J]. 建筑技术开发,2005,32(3):81-82.

[93] 赵明阶,刘绪华,敖建华,等. 隧道顶部岩溶对围岩稳定性影响的数值分析[J]. 岩土力学,2003,24(3):445-449.

[94] 赵铁军,朱金铨,冯乃谦. 混凝土孔隙分析中的表征参数[J]. 水泥基复合材料科学与技术,2000(3):5-11.

[95] 郑颖人,时为民,杨明成. 不平衡推力法与Sarma法的讨论[J]. 岩石力学与工程学报,2004,23(17):3030-3036.

[96] 中国工程院土木水利与建筑学部工程结构安全性与耐久性研究咨询项目组. 混凝土结构耐久性设计与施工指南[M]. 北京:中国建筑工业出版社,2004.

[97] 中华人民共和国国家标准. GB/T 50269—1997 地基动力特性测试规范[S]. 北京:中国

建筑工业出版社,1997.

[98] 中华人民共和国国家标准. GB 50218—1994 工程岩体分级标准[S]. 北京:中国建筑工业出版社,1995.

[99] 中华人民共和国国家标准. GB/T 50266—1999 工程岩体试验方法标准[S]. 北京:中国建筑工业出版社,1999.

[100] 中华人民共和国国家标准. GB 50007—2002 建筑地基基础设计规范[S]. 北京:中国建筑工业出版社,2002.

[101] 中华人民共和国国家标准. GB 50287—1999 水利水电工程地质勘察规范[S]. 北京:中国建筑工业出版社,1999.

[102] 中华人民共和国国家标准. GB 50021—2001 岩土工程勘察规范[S]. 北京:中国建筑工业出版社,2001.

[103] 中华人民共和国行业标准. JTJ/T 066—1998 公路全球定位系统(GPS)测量规范[S]. 北京:人民交通出版社,1998.

[104] 中华人民共和国行业标准. DZ/T 0072—1993 电阻率测深法技术规程[S]. 北京:地质出版社,1993.

[105] 中华人民共和国行业标准. DZ/T 0073—1993 电阻率剖面法技术规程[S]. 北京:地质出版社,1993.

[106] 中华人民共和国行业标准. JTJ 064—1998 公路工程地质勘察规范[S]. 北京:人民交通出版社,1999.

[107] 中华人民共和国行业标准. JTG D30—2004 公路工程技术标准[S]. 北京:人民交通出版社,2004.

[108] 中华人民共和国行业标准. JTJ 004—1989 公路工程抗震设计规范[S]. 北京:人民交通出版社,1989.

[109] 中华人民共和国行业标准. JTG D30—2004 公路路基设计规范[S]. 北京:人民交通出版社,2004.

[110] 中华人民共和国行业标准. JTJ 024—1986 公路桥涵地基与基础设计规范[S]. 北京:人民交通出版社,1986.

[111] 中华人民共和国行业标准. JTJ 063—1985 公路隧道勘测规程[S]. 北京:人民交通出版社,1985.

[112] 中华人民共和国行业标准. JTG D70—2004 公路隧道设计规范[S]. 北京:人民交通出版社,2004.

[113] 中华人民共和国行业标准. JTJ 042—1994 公路隧道施工技术规范[S]. 北京:人民交通出版社,1994.

[114] 中华人民共和国行业标准. JTJ 051—1993 公路土工试验规程[S]. 北京:人民交通出版社,1993.

[115] 中华人民共和国行业标准. DZ/T 0170—1997 浅层地震勘察技术规范[S]. 北京:地质出版社,1997.

[116] 中华人民共和国行业标准. TB 10012—2001 铁路工程地质勘察规范[S]. 北京:中国

铁路出版社,2001.

[117] 中华人民共和国国家标准. GB 50218—1994 工程岩体分级标准[S]. 北京:中国计划出版社,北京:中国计划出版社,1995.

[118] 中华人民共和国国家标准. GB 50287—1999 水利水电工程地质勘察规范[S]. 北京:中国计划出版社,1999.

[119] 周爱国. 隧道工程现场施工技术[M]. 北京:人民交通出版社,2004.

[120] 周桂明,王欢. 如何做好混凝土的养护[J]. 商品混凝土,2007(5):66-67.

[121] 周思孟. 复杂岩体若干岩石力学问题[M]. 北京:中国水利水电出版社,1998.

[122] 卓宝熙. 工程地质遥感判译与应用[M]. 北京:中国铁道出版社,2002.

[123] 钻孔电磁波法编写组. 钻孔电磁波法[M]. 北京:地质出版社,1982.

[124] ACI 201. 2R-01: Guide to Durable Concrete. ACI Committee 201, 2012.

[125] Andrew T. Chamberlain. Cave detection in limestone using ground penetrating radar [J]. Journal of Archaeological Science,2000(27):957-964.

[126] C. W. Yu, John W. Bull. Durability of materials and structures in building and civil engineering[J]. Dunbeath : Whittles Publishing, 2006:43-44

[127] Gong JY. Cheng PG. Wang YD. Three-dimensional modeling and application in geogical exploration engineering[J]. Computers and Geosciences,2004,30(4):391-404.

[128] Homer H. Thomas S. A survey of construction and manipulation of oetree[J]. CVGIP,1998. 43:409-431.

[129] Houlding S W. 3D geoscience modeling-computer techniques for geological characterization[M]. NewYork:Springer-Verlag,1994.

[130] Jean-Jacques Royer. 3D modeling and visualization[R]. 9th International CODATA Conference Data Visualization. Earth and Geo Science. 7-10 November 2004.

[131] lixin Wu, Shanjun Liu, Yuhua Wu, Chuanying Wang. Precursors for rock fracturing and failure-Patr I: IRR image abnormalities[J]. International Journal of Rock Mechanics & Mining Sciences,2006, 43: 473-482.

[132] lixin Wu, Shanjun Liu, Yuhua Wu, Chuanying Wang. Precursors for rock fracturing and failure-Patr II: IRR image abnormalities[J]. International Journal of Rock Mechanics & Mining Sciences,2006, 43: 483-493.

[133] Penttala V. Concrete and sustainable development[J]. ACI Materials Journal,1997, 94(5):409-416.

[134] Shi W Z. Development of A hybrid model for three-dimensional GIS[J]. Geo-Spatial Information Science,2000,3(2):6-12.

[135] Victor J D. Delaunay triangulation in TIN creation:A overview and a linear-time algorithm[J]. GIS,1993. 7(6):501-524.

[136] Wang C. Y, LAW, K. T, Pang, Z. C,Ji, X. W. Evaluating rock mass integrity based on whole-hole imaging[J]. Proceedings of the 59th Canadian Getechaical and 7rd joint IAH-CNC and CGS Ground water speciality conference, Vancouver, Canada, Oct. 1-3, 2006: 515-521.

[137] Wang, C. Y. , Law, K. T. , Feng, X. T. 2003. Borehole Camera Technology for Major Constructions[J]. Proceedings of the 12th Panamerican Conference for Soil Mechanics and Geotechnical Engineering and the 39th U. S. Rock Mechanics Symposium, Cambridge, 2003.

[138] Law, K. T. , Wang, C. Y. , Sheng, Q. 2004. Consideration of a rock slope stability with the aid of borehole camera technology[J]. Proceedings of the Ninth International Symposium on Landslide, Rio De Janeiro, Jun. 28-Jul. 2, 2004: 495-500.